Langenscheidt
Universal-Wörterbuch

Polnisch

Polnisch – Deutsch
Deutsch – Polnisch

Langenscheidt

Langenscheidt Universal-Wörterbuch Polnisch

Bearbeitet von: Anette Dralle, Damian Mrowiński

Entwickelt auf der Basis des
Langenscheidt Universal-Wörterbuch Polnisch

Lexikografische Bearbeitung: Susanne Brudermüller, Urszula Czerska, Piotr Krzemiński, Ewa Lemiesz, Dr. Anke Levin-Steinmann, Anne Mählmann, Beata Petrat, Gudrun Pradier

1. Auflage 2024 (1,02 - 2025)

www.langenscheidt.com

Projektleitung: Ursula Martini
Typgografisches Konzept nach:
KOCHAN & PARTNER GmbH, München
Satz: Claudia Wild, Konstanz
Druck und Bindung: Druckerei C. H. Beck, Nördlingen
Printed in Germany

ISBN 978-3-12-514583-2

Inhalt | Spis treści

Hinweise für die Benutzung | Jak korzystać z tego słownika

Die Stichwörter sind streng alphabetisch geordnet.

Die Tilde ersetzt das Stichwort in den Wendungen und in den idiomatischen Ausdrücken:

> **fassen** chwytać ⟨-ycić⟩; (*enthalten*) ⟨po⟩mieścić; **sich kurz ~** streszczać ⟨-ścić⟩ się
>
> **grać ⟨za-⟩** spielen; **~ w karty** Karten spielen; **~ na fortepianie** Klavier spielen

Das Genus der Substantive (M, F, N bzw. *m*, *f*, *n*) und Wortartangaben wie ADV, PRÄP bzw. *adv*, *präp* usw. stehen in Kapitälchen bzw. in kursiver Schrift. Das Genus der Substantive ist auch bei Übersetzungen stets angegeben:

> **Menü** N menu *n* **Menüleiste** F IT pasek *m* menu
>
> **wzdłuż** ADV längs; PRÄP (*gen*) längs (*gen*), entlang (*akk*)

Polnische Verben treten meist als imperfektive und perfektive Verben auf. In beiden Wörterbuchteilen ist das perfektive Verb in spitzwinkligen Klammern angegeben. Der Bindestrich ersetzt den leicht zu ergänzenden Teil eines perfektiven Verbs:

> **hinfahren** zawozić ⟨-wieźć⟩; VI ⟨po⟩jechać

tańczyć ⟨po-, za-⟩ tanzen

Die Rektion, d. h. die zum Stichwort gehörenden Präpositionen bzw. die Kasusangaben im Deutschen und im Polnischen, ist vor allem dann aufgeführt, wenn sich beide Sprachen hierin unterscheiden:

gratulieren ⟨po⟩gratulować (**zu** *dat gen*)

zajeżdżać ⟨-jechać⟩ vorfahren; einkehren (**do** *gen* bei *dat*)

Adverbien, die von Adjektiven gebildet werden, aber nicht als selbstständiges Stichwort erscheinen, sind nach dem betreffenden Adjektiv in Klammern angegeben:

dobry (-rze) gut

Erläuternde Hinweise in kursiver Schrift erleichtern die Wahl der richtigen Übersetzung. Im polnisch-deutschen Teil werden diese Hinweise auf Polnisch gegeben, im deutsch-polnischen Teil auf Deutsch:

gwiazda Stern *m*; *filmowa* Star *m*

anmachen *Feuer* rozniecać ⟨-cić⟩; *Salat* przyrządzać ⟨-dzić⟩; *Licht* włączać ⟨-czyć⟩

Sachgebiete werden meist abgekürzt in verkleinerten Großbuchstaben angegeben:

ćwikła F GASTR Rote-Rüben-Salat *m*; rote Rüben *fpl* mit Meerrettich

Wymowa języka niemieckiego

Spółgłoski

Wiele spółgłosek w języku niemieckim wymawia się w większości wyrazów tak samo jak w języku polskim (np. b, d, f, k, l, m, n, w, x). Pozostałe spółgłoski wymawiane są następująco:

c	w wyrazach obcych jak *c* lub *k*	**Celsius, Café**
	w połączeniach *ck* jak k	**Jacke**
ch	po samogłoskach a, o, u i po au jak *ch*	**doch**
	przed s jak *k*	**Wachs**
	przed -sam i końcówkami osobowymi rozpoczynającymi się od -s jak *ch*	**wachsam, lachst**
	w wyrazach obcych jak *sz*	**Chance**
	w pozostałych przypadkach miękko, prawie jak *ś*	**ich, richtig, Milch**
g	na początku wyrazu lub między dwoma samogłoskami twardo jak *g*	**gehen**
	na końcu wyrazu jak *k*	**weg**
	w zapożyczeniach z francuskiego jak *ż*	**Genie**
p	podobnie jak w polskim, ale z większym przydechem	**Pommes**
q	w połączeniach *qu* jak *kw* w *kwartał*	**Quark**
r	w nagłosie i w wygłosie przed spółgłoskami drżące	**reden, Fahrt**
	w końcówce er zwokalizowane	**Papier**

s	przed lub między samogłoskami jak *z*	**sie**
	przed *p* i *t* na początku sylab jak *sz*	**spät, Stadt**
	w pozostałych przypadkach jak *s*	**ist**
	w połączeniach *sch* jak *sz*	**schnell**
ß, ss	zawsze jak *s*	**Straße, Flüsse**
t	podobnie jak w polskim, ale z większym przydechem	**Tat**
	w połączeniach *tsch* jak *cz*	**deutsch**
	w połączeniach *tz* jak *c*	**Platz**
v	jak *f*	**viel**
	w większości wyrazów obcego pochodzenia jak *w*	**Vase**
z	jak *c*	**Zahn**

Samogłoski

Samogłoski w języku niemieckim mogą być wymawiane krótko, jak w języku polskim, lub długo.

a	krótko jak polskie *a*	**lassen**
	długo, prawie jak *aa* w *ach*	**Staat, fahren**
e	krótko, bardziej zmiękczone niż polskie *e*	**sprechen**
	długo, prawie jak *ej* w *hej!*	**geben**
	na końcu wyrazu zredukowane, słabo słyszalne	**bitte**
ä	krótko jak polskie *e*	**Lärm**
	długo, prawie jak *e* w *ech!*	**Träne, Fahrt**

i	krótko jak polskie *i*	**ihm**
	długo, prawie jak *ij* w *kij*	**Titel**
	w połączeniach *ie* jak *ij* w *kij*	**hier**
o	krótko jak polskie *o*	**voll**
	długo, prawie jak *o* w *och!*	**ohne**
ö	krótko jak *y*, lecz z ustami ułożonymi do *u*	**können**
	długo jak y, lecz z ustami ułożonymi do *u*	**böse**
u	krótko jak polskie *u*	**Bund**
	długo, prawie jak u w *uuu!*	**gut**
ü	krótko jak *y*, lecz z ustami ułożonymi do *i*	**Mütze**
	długo jak *y*, lecz z ustami ułożonymi do *i*	**Blüte**
y	jak niemieckie *ü*	**Hygiene**

Dyftongi

W języku niemieckim występują dyftongi, czyli dwugłoski. Są to połączenia dwóch samogłosek w jednej sylabie.

ai, ay, ei, ey	jak *aj* w m*aj*	**Mais, Bayern, nein, Meyer**
au	jak *ał* w mi*ał*	**Haus**
äu, eu	jak *oj* w w*oj*sko	**Bräutigam, neun**

Polnisch – Deutsch

a und; aber; ~ **to** und zwar
abecadło N ABC *n*
abonament M Abonnement *n* **abonent(ka)** M(F) Abonnent(in) *m(f)*; *użytkownik* Teilnehmer(in) *m(f)*
absolutny absolut
absolwent(ka) M(F) Absolvent(in) *m(f)*
absorbować ⟨**za-**⟩ absorbieren; *fig* in Anspruch nehmen, beanspruchen
abstrakcyjny abstrakt
absurd M Unsinn *m*
aby damit, dass; um zu
aczkolwiek obwohl, obschon
adaptacja F Adaption *f*, Anpassung *f*; Umarbeitung *f*; Umbau *m*
administracja F Verwaltung *f* **administrator(ka)** M(F) Verwalter(in) *m(f)* **administrować** verwalten (*inst akk*)
adnotacja F Anmerkung *f*
adopcja F Adoption *f*
adrenalina F Adrenalin *n*
adres M Adresse *f*, Anschrift *f*
adresat(ka) M(F) Empfänger(in) *m(f)*, Adressat(in) *m(f)*
adresować ⟨**za-**⟩ adressieren (**do** *gen* an *akk*)
adwokacki Anwalts- **adwokat** M Rechtsanwalt *m* **adwokatka** F Rechtsanwältin *f*
aerobik M Aerobic *n* od *f*
afera F Affäre *f*, Skandal *m*
Afganistan M Afghanistan *n*
afisz M Plakat *n*, Aushang *m*
Afryka F Afrika *n* **afrykański** afrikanisch
agat M Achat *m*
agencja F Agentur *f*
agent(ka) M(F) Agent(in) *m(f)*; HANDEL Vertreter(in) *m(f)*
aglomeracja F: ~ **miejska** Ballungsgebiet *n*
agrafka F Sicherheitsnadel *f*
agresja F Aggression *f*
agrest M Stachelbeere *f*
agresywny aggressiv
AIDS M Aids *n*
akacja F Akazie *f*
akademia F Akademie *f*; *uroczysta* Gedenkfeier *f* **akademicki** Studenten- (**-ko**) akademisch **akademik** M Akademiemitglied *n*; *umg* Studentenwohnheim *n*
akcent M Akzent *m* **akcentować** ⟨**za-**⟩ betonen; hervor-

heben
akceptować ⟨za-⟩ akzeptieren; *weksel* annehmen
akcesoria PL Accessoires *npl*; Zubehör *n*
akcja F Aktion *f*; *w powieści* Handlung *f*; HANDEL Aktie *f* **akcjonariusz(ka)** M(F) Aktionär(in) *m(f)* **akcyjny** Aktien-
akredytywa F Akkreditiv *n*
aksamit M Samt *m*
akt M Akt *m*; THEAT Aufzug *m*; *ślubu, urodzenia* Urkunde *f*; **~ oskarżenia** Anklageschrift *f*; **akta** *pl* Akten *fpl*
aktor(ka) M(F) Schauspieler(in) *m(f)* **aktorstwo** N Schauspielkunst *f*
aktówka F Aktentasche *f*; Kollegmappe *f*
aktualny aktuell
aktyw M Aktiv *n*; **aktywa** *pl* HANDEL Aktiva *pl* **aktywacja** F Aktivierung *f*; *urządzenia* Einschaltung *f*; TEL Freischaltung *f* **aktywność** F Aktivität *f* **aktywny** aktiv
akumulator M Akku *m*, Akkumulator *m*; AUTO Batterie *f*
akurat gerade; **~ teraz** ausgerechnet jetzt
akwarela F Aquarell *n*
akwarium N Aquarium *n*
Akwizgran M Aachen *n*
alarm M Alarm *m* **alarmować** ⟨za-⟩ alarmieren **alarmowy** Alarm-
albo oder; **~ ... ~** entweder ... oder
albowiem denn, weil
album M Album *n*
ale KONJ aber; PARTIKEL doch
aleja F Allee *f*
alergia F Allergie *f* **alergiczny** allergisch
alfabet M Alphabet *n*; **~ dla niewidomych** Brailleschrift *f*
alibi N Alibi *n*
alimenty PL Alimente *pl*, Unterhalt *m*
alkohol M Alkohol *m* **alkoholiczka** F Alkoholikerin *f* **alkoholik** M Alkoholiker *m* **alkoholowy** alkoholisch **alkomat** M Alkoholmessgerät *n*, Alkomat *m*
alpejski Alpen-; alpin
alpinista M Alpinist *m* **alpinistka** F Alpinistin *f*
Alpy PL Alpen *pl*
aluzja *f* Anspielung *f* (**do** *gen* auf *akk*)
aluminiowy Alu(minium)-
amator(ka) M(F) Liebhaber(in) *m(f)*; SPORT Amateur(in) *m(f)* **amatorski** Amateur-; THEAT Laien-
ambasada F Botschaft *f* **ambasador(ka)** M Botschafter(in) *m(f)*
ambicja F Ehrgeiz *m* **ambitny** ehrgeizig
Ameryka F Amerika *n* **Amerykanin** M Amerikaner *m* **Amerykanka** F Amerikanerin *f* **amerykański** amerikanisch
amortyzator M Stoßdämpfer

m
amputować amputieren
analiza F Analyse *f* **analizować** ‹z-› analysieren
analogiczny analog
ananas M Ananas *f*
anatomia F Anatomie *f*
anegdota F Anekdote *f*
aneks M *do tekstu* Anhang *m*, Beilage *f*; *do słownika* Nachtrag *m*
anemia F Blutarmut *f*
Angielka F Engländerin *f* **angielski (po -ku)** englisch; **ziele angielskie** Gewürzkörner *npl* **Anglia** F England *n* **Anglik** M Engländer *m*
ani nicht einmal, kein(e); auch nicht, überhaupt nicht; ~ ... ~ weder ... noch
anioł M Engel *m*; ~ **stróż** Schutzengel *m*
ankieta F Umfrage *f*; (*kwestionariusz*) Fragebogen *m* **ankietować** eine Umfrage durchführen
anonimowy (-wo) anonym
antena F Antenne *f*
antybiotyk M Antibiotikum *n*
antyczny antik
antyk M Antiquität *f*; (*starożytność*) Antike *f*
antykoncepcyjny: **środek** M ~ MED Verhütungsmittel *n*
antykwariat M Antiquariat *n*
aparat M Apparat *m*, Gerät *n*
apartament M Appartement *n*
apatyczny apathisch
apel M Appell *m*
apelacja F Berufung *f* **apelacyjny** Berufungs- **apelować** ‹za-› appellieren; JUR Berufung einlegen
apetyt M Appetit *m*; **pobudzający** ~ appetitanregend
aplikacja F IT *mobilna* App *f od m*
aprobata F Billigung *f* **aprobować** ‹za-› billigen
apteczka F Hausapotheke *f*; *podręczna* Verband(s)kasten *m*
apteka F Apotheke *f* **aptekarka** F Apothekerin *f* **aptekarz** M Apotheker *m*
Arab(ka) M(F) Araber(in) *m(f)*
arabski (po -ku) arabisch
arbuz M Wassermelone *f*
archeolog M Archäologe *m*, Archäologin *f*
architekt M Architekt(in) *m(f)*
architektka F Architektin *f*
architektura F Architektur *f*
archiwum N Archiv *n*
arena F Arena *f*; *w cyrku* Manege *f*
areszt M Haft *f*; *na majątku* Arrest *m* **aresztować** ‹za-› verhaften **aresztowanie** N Verhaftung *f*
Argentyna F Argentinien *n*
argument M Argument *n*
aria F Arie *f*
arkusz M *papieru* Bogen *m*
armata F Kanone *f*
armator M Reeder(in) *m(f)*
armia F Armee *f*; **Armia Zbawienia** Heilsarmee *f*
arogancki (-ko) arrogant, an-

maßend
aromat M Aroma *n*; Duft *m*
arteria F Arterie *f*; **~ komunikacyjna** Verkehrsader *f*
artretyzm M Arthritis *f*; Gicht *f*
artykuł M Artikel *m*; **artykuły** *pl* **spożywcze** Nahrungsmittel *npl*, Lebensmittel *npl*
artysta M Künstler *m* **artystka** F Künstlerin *f* **artystyczny** künstlerisch; (*piękny*) kunstvoll
asfaltowy Asphalt-
asortyment M Auswahl *f*, Sortiment *n*
astma F Asthma *n*
astronomiczny astronomisch
asystent M Assistent *m*; Gehilfe *m* **asystentka** F Assistentin *f*; Gehilfin *f*
atak M Angriff *m*; MED Anfall *m* **atakować ⟨za-⟩** angreifen
Atlantyk M Atlantik *m*
atlas M (*zbiór map*) Atlas *m* **atmosferyczny** atmosphärisch
atom M Atom *n* **atomowy** Atom-
atrakcyjny attraktiv, anziehend
atrament M Tinte *f*
atut M Trumpf *m*
audycja F Sendung *f*; **~ na żywo** INTERNET Livestream *m*
aukcja F Auktion *f*
Australia F Australien *n* **australijski** australisch
Austria F Österreich *n* **austriacki** österreichisch **Austriaczka** F Österreicherin *f*
Austriak M Österreicher *m*
autentyczny authentisch
auto N Auto *n*, Wagen *m* **autobus** M (Auto)Bus *m* **autobusowy** (Auto)Bus- **autokar** M Reisebus *m*
automat M Automat *m* **automatyczny** automatisch
autonomia F Autonomie *f*, Unabhängigkeit *f*
autor(ka) M(F) Autor(in) *m(f)*; Verfasser(in) *m(f)*; Urheber(in) *m(f)*
autostop M: **autostopem** per Anhalter
autostrada F Autobahn *f*
awans M Aufstieg *m*, Beförderung *f* **awansować** V/I aufsteigen, aufrücken, befördert werden; V/T befördern
awantura F Krach *m*, Streit *m*; Krawall *m*
awaria F Panne *f*, Störung *f*; SCHIFF Havarie *f*
Azja F Asien *n* **azjatycki** asiatisch
azyl M Asyl *n* **azylant(ka)** M(F) Asylbewerber(in) *m(f)*
aż bis; **~ do** bis zu, bis nach, bis an
ażeby damit; um zu; dass

B

baba F Weib *n*; *Schimpfwort* Memme *f* **babcia** F Oma *f* (a. *pej alte Frau*) **babka** F Großmutter *f*; *umg* (*młoda kobieta*) Biene *f*

bać się sich fürchten, Angst haben (*gen* vor *dat*)

badacz(ka) M(F) Forscher(in) *m(f)* **badać ⟨z-⟩** forschen, erforschen; MED, JUR untersuchen **badanie** N Untersuchung *f*; Forschung *f* **badawczy** Forschungs- **(-czo)** prüfend

bagaż M Gepäck *n*; **~ bezpłatny** FLUG Freigepäck *n* **bagażnik** M AUTO Kofferraum *m*; *na dachu* Dachgepäckträger *m*

bagno N Sumpf *m*, Moor *n*

bajka F Märchen *n*

bak M Tank *m*

bakłażan M Aubergine *f*

bakteria F Bakterie *f* **bakteriobójczy (-czo)** bakterizid

bal M *drewniany* Bohle *f*; (*zabawa*) Ball *m*

balet M Ballett *n* **baletnica** F Balletttänzerin *f*

balkon M Balkon *m*; THEAT Rang *m*

balon M Ballon *m* **balonik** M Luftballon *m*; *umg* (*alkomat*) Röhrchen *n*

balsam M Balsam *m*

bałagan *umg* M Unordnung *f*, Durcheinander *n*

Bałkany PL Balkan *m* **bałkański** Balkan-

bałtycki baltisch, Ostsee- **Bałtyk** M Ostsee *f*

bałwan M Schneemann *m*; (*wysoka fala*) Woge *f*, Brecher *m*; *fig* Trottel *m*

banalny banal

banan M Banane *f*

banda F Bande *f*

bandaż M Bandage *f*; Binde *f* **bandażować ⟨za-⟩** MED verbinden

bandera F SCHIFF Flagge *f*

bank M HANDEL Bank *f*; **~ danych** Datenbank *f*; **dane** *pl* **konta bankowego** Bankverbindung *f*

banknot M Banknote *f*, Geldschein *m* **bankomat** M Geldautomat *m*, Bankautomat *m*

bankowości PL: **~ online** INTERNET Onlinebanking *n* **bankowy** Bank-

bankructwo N Bankrott *m* **bankrutować ⟨z-⟩** Bankrott machen

bańka F Kanne *f*; (*pęcherzyk*) Blase *f*; **~ mydlana** Seifenblase *f*

bar M Bar *f*; Schnellimbiss *m*, Imbissstube *f*

baran M Widder *m* **baranek** M Lamm *n* **baranina** F Hammelfleisch *n*

bardziej mehr; **tym ~, że** zu-

mal, dass **bardzo** sehr
bariera F Barriere *f*; (*granica*) Schranke *f*
bark M Schulter *f*
barman(ka) M(F) Barkeeper(in) *m(f)*
barok M Barock *m* **barokowy** Barock-; barock
baron M Baron *m*
barszcz M Rote-Rüben-Suppe *f*
barwa F Farbe *f* **barwić** ⟨**za-**⟩ färben **barwnik** M Farbstoff *m* **barwny** farbig
barykada F Barrikade *f*
baryłka F Fässchen *n*
bas M Bass *m*
basen M *pływacki* Bassin *n*, Schwimmbecken *n*; MED Bettpfanne *f*
baśń F Märchen *n*, Fabel *f*
bateria F Batterie *f*
Bawarczyk M Bayer *m* **Bawaria** F Bayern *n* **Bawarka** F Bayerin *f* **bawarski** bayrisch
bawełna F Baumwolle *f*
bawić V/T unterhalten; erheitern; V/I weilen; **~ się** spielen (*inst* mit *akk*; **w** *akk akk*); sich amüsieren
bawół M Büffel *m*
baza F Basis *f*
bazar M Basar *m*
bazowy Basis-; grundlegend
bazylia F Basilikum *n*
bażant M Fasan *m*
bąbel M Blase *f*
bądź[1] KONJ oder; **~ … ~** entweder … oder; PARTIKEL **co ~** immerhin; **kto ~** wer auch immer; irgendwer
bądź[2] *Imperativ von być* sei; **~ taki dobry** sei so gut …
beczeć *owca* blöken; *koza* meckern; *umg* plärren
beczka F Fass *n*; Tonne *f*
befsztyk M Beefsteak *n*
bekon M geräucherter Frühstücksspeck *m*
Belg(ijka) M(F) Belgier(in) *m(f)*
Belgia F Belgien *n* **belgijski** belgisch
belka F Balken *m*
bełkot M Gestammel *n* **bełkotać** ⟨**wy-**⟩ stammeln
benzyna F Benzin *n* **benzynowy** Benzin-; **stacja** *f* **benzynowa** Tankstelle *f*
beret M Baskenmütze *f*
Berlin M Berlin *n* **berlińczyk** M Berliner *m* **berliński** Berliner
bestseller M Bestseller *m*
besztać ⟨**z-**⟩ *umg* ausschimpfen
beton M Beton *m* **betonowy** Beton-
bez[1] M Flieder *m*; **czarny ~** Holunder *m*
bez[2] PRÄP ohne (*gen akk*); **~ mała** beinahe, fast; **~ ustanku** unaufhörlich
bezalkoholowy alkoholfrei **bezbarwny** farblos **bezbłędny** fehlerfrei **bezbolesny** schmerzlos **bezbożny** gottlos **bezbronny** wehrlos (**wobec** *gen* gegen *akk*)

bezcelowy (-**wo**) zwecklos **bezcen**: **za ~** spottbillig **bezcenny** unschätzbar **bezchmurny** wolkenlos **bezczelny** unverschämt **bezczynny** untätig
bezdomny obdachlos **bezduszny** herzlos **bezdzietny** kinderlos **bezglutenowy** glutenfrei **bezgotówkowy** (-**wo**) bargeldlos **bezgraniczny** grenzenlos **bezinteresowny** uneigennützig
bezkarny straffrei **bezkrytyczny** kritiklos **bezlaktozowe** laktosefrei **bezlitosny** unbarmherzig **bezludny** unbewohnt; *ulice* menschenleer
bezład M Unordnung *f*
bezmyślny gedankenlos
beznadziejny hoffnungslos
bezokolicznik M Infinitiv *m*
bezołowiowy *benzyna* bleifrei
bezpartyjny parteilos
bezpieczeństwo N Sicherheit *f* **bezpiecznik** M Sicherung *f* **bezpieczny** sicher
bezpłatny kostenlos, frei **bezpłodny** unfruchtbar; *fig* fruchtlos **bezpodstawny** grundlos **bezpośredni** (-**nio**) unmittelbar **bezprawny** rechtswidrig **bezprzewodowy** (-**wo**) drahtlos **bezradny** ratlos
bezrobocie N Arbeitslosigkeit *f* **bezrobotny** arbeitslos; SUBST M Arbeitslose(r) *m*
bezsenność F Schlaflosigkeit *f* **bezsensowny** sinnlos **bezsilny** machtlos; ratlos **bezskuteczny** wirkungslos; erfolglos **bezsporny** unbestritten **bezstronny** unparteiisch
beztroski (-**ko**) sorglos **bezwartościowy** (-**wo**) wertlos **bezwarunkowy** (-**wo**) bedingungslos, unbedingt
bezwład M Lähmung *f*; Trägheit *f* **bezwładny** gelähmt; träge
bezwzględny rücksichtslos; (*absolutny*) unbedingt
beżowy (-**wo**) beige
bęben M Trommel *f* **bębenek** M ANAT Trommelfell *n* **bębnić** trommeln; *fig umg* klimpern
białaczka F Leukämie *f* **białko** N Eiweiß *n*; **~ oka** Augenweiß *n*, das Weiße im Auge
białoruski (**po** -**ku**) weißrussisch, belarussisch **Białoruś** F Weißrussland *n*, Belarus *n*
biały (-**ło**) weiß
Biblia F Bibel *f* **biblijny** biblisch; Bibel-
biblioteka F Bibliothek *f* **bibliotekarka** F Bibliothekarin *f* **bibliotekarz** M Bibliothekar *m*
bibuła F Löschpapier *n* **bibułka** F *do papierosów* Zigarettenpapier *n*
bicie N Schlagen *n*, Prügeln *n*; **~ serca** Herzklopfen *n*
bić schlagen; prügeln (**się** sich); VI *serce* klopfen; **~ brawo** klat-

schen

bidon M Trinkflasche *f*

biec ⟨po-⟩ laufen, rennen

bieda F Armut *f*, Not *f* **biedak** M Arme(r) *m*; armer Schlucker *m* **biedny** arm; SUBST M Arme(r) *m*

biedronka F Marienkäfer *m*

bieg M Lauf *m*; AUTO Gang *m*; SPORT **~ zjazdowy** Abfahrtslauf *m*; **z biegiem czasu** im Laufe der Zeit **biegacz(ka)** M(F) Läufer(in) *m(f)* **biegać** laufen; herumlaufen **biegle** fließend; flott **biegły** bewandert, erfahren; SUBST M Sachverständige(r) *m* **biegnąć** → **biec**

biegun M GEOG, ELEK Pol *m*

biegunka F MED Durchfall *m*

biel F Weiß *n* **bieleć ⟨wy-⟩** weiß werden **bielić ⟨po-⟩** weißen **⟨wy-⟩** bleichen **bielizna** F Unterwäsche *f*

biernik M GRAM Akkusativ *m*

bierny passiv

bierzmowanie N REL Firmung *f*

bieżący (-co) laufend; fließend

bieżnia F SPORT (Renn)Bahn *f* **bieżnik** M Tischläufer *m*; AUTO Lauffläche *f*

bigos M GASTR Bigos *m*; *umg fig* Durcheinander *n*

bijatyka F Prügelei *f*

bikini N Bikini *m*; **dół** *m* **od bikini** Bikinihose *f*; **góra** *f* **od bikini** Bikinioberteil *n*

bilans M Bilanz *f*

bilard M Billard *n*

bilet M Karte *f*, *na przejazd* Fahrkarte *f*; **~ powrotny** Rückfahrkarte *f*; **~ wstępu** Eintrittskarte *f* **bileter(ka)** F Platzanweiser(in) *m(f)*

bimber *pop* M schwarzgebrannter Schnaps *m*

biodro N Hüfte *f*

biografia F Biografie *f*

biologia F Biologie *f* **biologiczny** biologisch

biskup M Bischof *m* **biskupstwo** N Bistum *n*

biszkopt M Biskuit *m od n*

bitwa F Schlacht *f* (**pod** *inst* bei *dat*; **nad** *inst* am *dat*)

biuletyn M Bericht *m*; Bulletin *n*

biurko N Schreibtisch *m* **biuro** N Büro *n*; **~ w domu** Homeoffice *n*; **~ podróży** Reisebüro *n* **biurokracja** F Bürokratie *f* **biurowiec** M Bürohaus *n* **biurowy** Büro-

biust M Busen *m*; (*popiersie*) Büste *f* **biustonosz** M Büstenhalter *m*, BH *m*

biżuteria F Schmuck *m*

blacha F Blech *n* **blacharz** M Klempner(in) *m(f)*

bladość F Blässe *f* **blady (-do)** blass

blaknąć ⟨wy-⟩ bleichen, verbleichen

blankiet M Vordruck *m*

blask M Glanz *m*, Schein *m*

blaszany Blech-, blechern

blat M Platte *f*

blednąć ⟨z-, po-⟩ erblassen
bliski (-ko) nah, nahe (*gen* bei *dat*, an *dat*); **z bliska** aus der Nähe **bliskość** F Nähe *f* **bliskoznaczny** synonym, sinnverwandt
blizna F Narbe *f*
bliźni M Mitmensch *m* **bliźniaczy** (-czo) Zwillings- **bliźniak** M Zwilling *m* **bliźnięta** PL Zwillinge *pl*
bliższy (-żej) näher
blog M IT Blog *m*; **pisać ~a** bloggen
blok M Block *m* **blokada** F Blockade *f*; **~ kierownicy** Lenkradsperre *f* **blokować** ⟨za-⟩ blockieren; sperren
blond blond **blondyn** M Blonde(r) *m* **blondynka** F Blonde *f*, Blondine *f*
bluszcz M Efeu *m*
bluza F Jacke *f*; Blouson *n od m*
bluzka F Bluse *f*
błagać flehen (**o** *akk* um *akk*) **błagalny** flehentlich
błahostka F Kleinigkeit *f* **błahy** belanglos
bławatek M Kornblume *f*
błazen M Narr *m* **błazeński** (-ko) närrisch, albern
błąd M Fehler *m*; Irrtum *m*
błądzić irren
błąkać się umherirren
błędny irrig, falsch
błękit M Bläue *f*, Himmelsblau *n* **błękitny** blau, himmelblau
błogi (-go) glückselig
błogosławić ⟨po-⟩ segnen **błogosławieństwo** N Segen *m* **błogosławiony** REL selig
błona F FOTO Film *m*; **~ śluzowa** ANAT Schleimhaut *f*
błonica F Diphtherie *f*
błonnik M Zellulose *f*
błotnik M Kotflügel *m*
błotnisty (-to) sumpfig; schlammig **błoto** N Schlamm *m*
błysk M Aufblitzen *n* **błyskać** ⟨-snąć⟩ blitzen; blinken **błyskawica** F Blitz *m*, Blitzstrahl *m* **błyskawiczny** blitzschnell; → zamek **błyskotliwy** (-wie) glänzend **błyskowy** Blitz-; Blink-
błysnąć PF → błyskać
błyszczący glänzend; **na błyszcząco** auf Hochglanz **błyszczeć** ⟨za-⟩ glänzen, funkeln
bo denn, weil, da
bochenek M (Brot)Laib *m*
bocian M Storch *m*
boczek M (Bauch)Speck *m*
boczny Seiten-, Neben-
bodziec M Impuls *m*; Ansporn *m*; BIOL Reiz *m*
bogacić ⟨wz-⟩ **się** reich werden **bogactwo** N Reichtum *m*; (*obfitość*) Fülle *f*; **bogactwa** *pl* **naturalne** Bodenschätze *mpl*
bogacz M Reiche(r) *m* **bogaty** (-to) reich
bogini F Göttin *f*
bohater(ka) M(F) Held(in) *m(f)*

boisko N Sportplatz *m*
boja F Boje *f*
bojaźliwy (-wie) furchtsam; verschüchtert
bojownik M Kämpfer *m* **bojowy (-wo)** kämpferisch; Kampf-, Gefechts-
bok M Seite *f*; Flanke *f*
boks M Boxen *n*; *garażowy* Box *f* **bokser** M Boxer(in) *m(f)*
boleć schmerzen; **boli mnie …** mir tut … weh **bolesny (-śnie)** schmerzhaft
bomba F Bombe *f*
bombka F Weihnachtsbaumkugel *f*
bon M Bon *m*, Gutschein *m*
bonifikata F Preisnachlass *m*; SPORT Vorgabe *f*
borowik M Steinpilz *m*
borówka F Heidelbeere *f*
borsuk M Dachs *m*
boski (-ko) göttlich; **Matka Boska** Mutter *f* Gottes
bosy (-so) barfuß
Bośnia F Bosnien *n* **bośniacki** bosnisch **Bośniaczka** F Bosnierin *f*, **Bośniak** *m* Bosnier *m*
bowiem denn, nämlich
boży göttlich; **Boże Ciało** *n* Fronleichnam *m*; **Boże Narodzenie** *n* Weihnachten *n od pl*
bóbr M Biber *m*
Bóg M Gott *m*; **~ zapłać!** Gott vergelt's!
bój M Kampf *m*, Schlacht *f*
bójka F Schlägerei *f*
ból M Schmerz *m*; **~ gardła** Halsschmerzen *pl*; **bóle** *pl* **porodowe** Wehen *pl*
bór M Wald *m*
bóstwo N Gottheit *f*
brać ⟨wziąć⟩ nehmen; **~ się** herangehen (**do** *gen* an *akk*); **~ ze sobą** mitnehmen
brak M Mangel *m* (*gen* an *dat*); **odczuwać ~** vermissen (*gen akk*) **brakować** fehlen, mangeln (*gen* an *dat*)
brama F Tor *n* **bramka** F Tor *n* **bramkarz** M SPORT Torwart *m*
bransoletka F Armband *n*
branża F Branche *f*, Zweig *m* **branżowy** Fach-
brat M Bruder *m*; **bracia** *mpl* Gebrüder *pl*, Brüder *pl*; **~ cioteczny, stryjeczny** Cousin *m* **bratanek** M Neffe *m* **bratanica** F Nichte *f* **braterstwo** N Brüderschaft *f* **bratowa** F Schwägerin *f*
brawo N Bravo *n*, Beifall *m*
Brazylia F Brasilien *n* **brazylijski** brasilianisch
brąz M Bronze *f* **brązowy** Bronze- **(-wo)** braun
brednie FPL Geschwätz *n* **bredzić** *w gorączce* fantasieren; faseln
brew F (Augen)Braue *f* **brnąć** stapfen; waten
broda F Kinn *n*; (*zarost*) Bart *m* **brodaty** bärtig **brodawka** F Warze *f*
brodzić waten **brodzik** M (Dusch)Becken *n*; (Kinder)-

Plantschbecken *n*
brokuł M Brokkoli *pl*
bronić **⟨-o⟩** verteidigen; schützen, beschützen; **broń Boże!** Gott bewahre!
broń F Waffe *f*; **~ jądrowa** Kernwaffe *f*
broszka F Brosche *f*
broszura F Broschüre *f*
browar M (Bier)Brauerei *f*
bród M Furt *f*; **w ~** *fig* in Hülle und Fülle
brud M Schmutz *m*, *umg* Dreck *m* **brudny** **(-no)** schmutzig, dreckig **brudzić** **⟨za-⟩** beschmutzen, dreckig machen (*inst* mit *dat*)
bruk M Pflaster *n*
Bruksela F Brüssel *n*
brukselka F Rosenkohl *m*
brunatny braun **brunet(ka)** M(F) Braunhaarige(r) *m*/*f*(*m*); Brünette *f*
brutalny roh, brutal
brutto brutto
bruzda F Furche *m*
brwi PL → brew
brylant M Brillant *m*
bryła F Klumpen *m*; MATH Körper *m*; **~ lodu** Eisblock *m*
Brytania F: **Wielka ~** Großbritannien *n* **Brytyjczyk** M Brite *m* **Brytyjka** F Britin *f* **brytyjski** britisch
brzdąc *umg* M Knirps *m*
brzeg M Rand *m*; *rzeki* Ufer *n*
brzemię N Bürde *f*
brzęczeć **⟨za-⟩** summen; *szkło* klirren **brzęczenie** N Summen *n*
brzęk M Klirren *n*; Gerassel *n* **brzękać** **⟨-knąć⟩** klirren; klimpern
brzmieć **⟨za-⟩** lauten; tönen, ertönen **brzmienie** N Klang *m*; Wortlaut *m*
brzoskwinia F Pfirsich *m*
brzoza F Birke *f*
brzuch M Bauch *m* **brzuszny** Bauch-
brzydki **(-ko)** hässlich **brzydnąć** **⟨z-⟩** hässlich werden **brzydota** F Hässlichkeit *f*
brzydzić się sich ekeln (*inst*, *gen* vor *dat*)
buchać **⟨-chnąć⟩** VI *płomień* emporschlagen, entgegenschlagen; *dym* hervorquellen; *umg* v/t klauen
buda F Bude *f* **budka** F (kleine) Hütte *f*; Häuschen *n*; Kiosk *m*; Telefonzelle *f*
budowa F Bau *m* **budować** **⟨z-⟩** bauen, erbauen **budowla** F Bauwerk *n*, Gebäude *n* **budowlany** Bau- **budownictwo** N Bau *m*; Bauwesen *n*
budujący **(-co)** erbaulich **budulec** M Baumaterial *n*; *fig* Substanz *f*
budynek M Gebäude *n*
budyń M Pudding *m*
budzić **⟨z-⟩** wecken, aufwecken; **~ się** aufwachen **budzik** M Wecker *m*
budżet M Etat *m*, Haushalt *m*
budżetowy Etat-, Haushalts-
bufet M Imbissstube *f*; Theke

f; ~ **śniadaniowy** Frühstücksbüfett *n*
bujać VI schweben; *umg* flunkern; V/T schaukeln **bujny** üppig; *włosy* dicht
buk M Buche *f*
bukiet M (*wiązanka*) Strauß *m*; *wino* Blume *f*
bulgotać blubbern
Bułgaria F Bulgarien *n* **Bułgar(ka)** M(F) Bulgare *m*, Bulgarin *f* **bułgarski (po -ku)** bulgarisch
bułka F Semmel *f*
buntować ⟨z-⟩ aufwiegeln; ~ **się** rebellieren; meutern **buntownik** M Rebell(in) *m(f)*, Meuterer *m*
bura *umg* F Rüffel *m*, *umg* Anpfiff *m*
burak M Rübe *f*
burczeć ⟨burknąć⟩ brummen
burmistrz M Bürgermeister(in) *m(f)*
bursztyn M Bernstein *m*
burta F Bord *m*
bury (-ro) braungrau
burza F Sturm *m*; Gewitter *n* **burzliwy (-wie)** stürmisch **burzyć ⟨z-⟩** zerstören; niederreißen ⟨**wz-**⟩ aufwiegeln; ~ **się** brodeln; aufschäumen
burżuazja F Bürgertum *n*, Bourgeoisie *f*
but M Schuh *m*; Stiefel *m*;; ~ **trekkingowy** Wanderschuh *m*;; ~ **trekkingowy z cholewką** Wanderstiefel *m*;; ~ **narciarski** Skistiefel *m*
buta F Hochmut *m*
butelka F Flasche *f*, Trinkflasche *f* **butelkowy** Flaschen-
butla F *na gaz* Ballon *m*
butwieć ⟨z-⟩ modern, *pf* vermodern
buzia *umg* F Gesicht *n* **buziak** *umg* M Kuss *m*; Gesichtchen *n*
by damit, dass; um zu
być sein; (*czasownik posiłkowy czasu przyszłego*) werden; ~ **może** (es) kann sein, vielleicht
bydlę N Vieh *n* **bydło** N Vieh *n*
byk M Stier *m*, Bulle *m*
byle[1] PARTIKEL: ~ **gdzie** irgendwo; ~ **kto** der erste Beste
byle[2] KONJ wenn nur
były ehemalig
bynajmniej durchaus nicht, keinesfalls
bystry (-ro) schnell; *strumień* reißend; *człowiek* scharfsinnig
byt M Dasein *n*, Existenz *f* **bytować** existieren
bywać oft gehen; (*zdarzać się*) geschehen, vorkommen; verkehren (**u** *gen* bei *dat*, **w** *lok* in *dat*) **bywalec** M Stammgast *m*
bzdura F Quatsch *m* **bzdurny** unsinnig
bzykać ⟨-knąć⟩ summen

C

cackać się zu viel Umstände machen (**z** *inst* mit *dat*) **cacko** N *fig* Kleinod *n*, kleines Kunstwerk *n*

cal M Zoll *m*

całkiem ganz **całkowity** (**-cie**) ganz, vollkommen; ADV *a.* gänzlich

cało → cały

całodobowy ganztägig **całokształt** M Gesamtheit *f*, Gesamtbild *n* **całoroczny** ganzjährig **całość** F das Ganze

całować ⟨**po-**⟩ küssen (**się** sich) **całus** M Kuss *m*

cały ganz (**-ło**) heil, unversehrt; **całymi dniami** tagelang

camping → **kemping**

campingowy → **kempingowy**

cebula F Zwiebel *f*

cech M Zunft *f*, Innung *f*

cecha F Merkmal *n*; Eigenschaft *f*; Eigentümlichkeit *f* **cechować** kennzeichnen; charakterisieren

cedzak M GASTR Durchschlag *m* **cedzić** ⟨**prze-**⟩ seihen, durchseihen

cegła F Ziegelstein *m*

cel M Ziel *n*; Zweck *m*; **celem** zwecks

cela F (Gefängnis)Zelle *f*

celiakia F Glutenintoleranz *f*

celniczka F Zollbeamtin *f* **celnik** M Zollbeamte(r) *m*

celny[1] treffsicher; *strzał* genau

celny[2] Zoll-; **odprawa** *f* **celna** Zollabfertigung *f*

celować ⟨**wy-**⟩ zielen (**do** *gen* auf *akk*) **celownik** M Visier *n*; FOTO Sucher *m*; GRAM Dativ *m*

celowo → celowy **celowość** F Zweckmäßigkeit *f* **celowy** zweckdienlich (**-wo**) absichtlich

celujący (**-co**) ausgezeichnet; *ocena* sehr gut

cement M Zement *m*

cena F Preis *m* **cenić** *fig* schätzen **cennik** M Preisliste *f* **cenny** wertvoll

cent M Cent *m*

centrala F Zentrale *f* **centralny** zentral, Zentral- **centrum** N Mitte *f*, Zentrum *n*; **~ wellness & SPA** Wellnessbereich *m*

centymetr M Zentimeter *m od n*

cenzura F POL Zensur *f*

cera F Teint *m*, Gesichtsfarbe *f*

ceramiczny keramisch, Keramik- **ceramika** F Keramik *f*

cerata F Wachstuch *n*

ceregiele PL: **bez ceregieli** ohne Umstände

ceremonia F Zeremonie *f*; **ceremnonie** *pl* Umstände *pl*

cerkiew F orthodoxe Kirche *f*

cerować ⟨**za-**⟩ *pończochy*

stopfen
cesarz(owa) M(F) Kaiser(in) *m(f)*
cewka F TECH Spule *f*; ~ **moczowa** Harnröhre *f*
cętkowany gesprenkelt
chaber M Kornblume *f*
chaos M Chaos *n*
charakter M Charakter *m*; ~ **pisma** Handschrift *f* **charakterystyczny** charakteristisch **charakterystyka** F Charakteristik *f*; Kennlinie *f* **charakteryzować** charakterisieren, kennzeichnen
charytatywny karikativ, wohltätig
chata F Hütte *f*
chcieć wollen; mögen (*gen akk*)
chciwość F Gier *f*, Habsucht *f* **chciwy (-wie)** gierig; habgierig
chełpić się angeben, prahlen (*inst* mit *dat*)
chemia F Chemie *f* **chemiczny** chemisch
chęć F Lust *f* (**do** *gen* zu *dat*) **chętka** F Gelüst *n*, Lust *f* **chętny** bereitwillig, willig
chichotać kichern
Chinka F Chinesin *f* **Chiny** PL China *n* **Chińczyk** M Chinese *m* **chiński (po -ku)** chinesisch
chipsy MPL (Kartoffel)Chips *mpl*
chirurg M Chirurg(in) *m(f)*
chlapać planschen ⟨**-pnąć**⟩ spritzen, bespritzen (*inst* mit *dat*)
chleb M Brot *n*
chlew M (Schweine)Stall *m*
chlor M Chlor *n*
chluba F Ruhm *m*; Stolz *m* **chlubny** ruhmvoll
chlupać → chlupotać
chlupotać gluckern; plätschern; planschen
chlustać ⟨**-snąć**⟩ V/I spritzen; hervorsprudeln, sprudeln; V/T bespritzen (**na** *akk akk*)
chłeptać schlürfen
chłodnia F Kühlhaus *n* **chłodnica** F AUTO Kühler *m* **chłodnik** M Gemüsekaltschale *f* **chłodny (-no)** kühl **chłodziarka** F Kältemaschine *f*; Kühlschrank *m* **chłodzić** ⟨**o-**⟩ kühlen, abkühlen
chłonąć ⟨**w-**⟩ absorbieren; aufnehmen
chłop M Bauer; *umg* Kerl *m* **chłopak** M Junge *m* **chłopczyk** M kleiner Junge *m* **chłopiec** M Junge *m* **chłopięcy** knabenhaft **chłopka** F Bäuerin *f* **chłopski** bäuerlich, Bauern-
chłód M Kühle *f*, Kälte *f*
chmiel M Hopfen *m*
chmura F Wolke *f* **chmurzyć** ⟨**za-**⟩ **się** sich bewölken; *fig* sich verdüstern
chociaż → choć
choć obgleich, obwohl; (wenn) nur *od* doch
chodnik M Bürgersteig *m*,

Gehweg *m*; (*dywan*) Brücke *f*, Läufer *m* **chodzić** gehen; ~ **do szkoły** Schule besuchen; **chodzi o** es geht um

choinka F Christbaum *m*

cholera F MED Cholera *f*; *pop* ~! verflixt nochmal!

cholesterol M Cholesterin *n*; **bez cholesterolu** cholesterinfrei

chomik M Hamster *m*

chorągiew F Fahne *f* **chorąży** M (*oficer*) Fähnrich *m*; Bannerträger *m*

choroba F Krankheit *f* **chorobliwy** (-wie) krankhaft **chorobowy** Krankheits-; Kranken- **chorować** krank sein; leiden (**na** *akk* an *dat*) **chorowity** kränklich

Chorwacja F Kroatien *n* **chorwacki** (po -ku) kroatisch **Chorwat(ka)** M(F) Kroate *m*, Kroatin *f*

chory krank; SUBST M Kranke(r) *m*

chować ⟨s-⟩ verstecken, verbergen ⟨wy-⟩ großziehen, aufziehen; *nur impf zwierzęta* halten

chód M Gang *m*

chór M Chor *m*

chów M Zucht *f*, (Tier)Haltung *f*

chrabąszcz M Maikäfer *m*

chrapać schnarchen **chrapanie** N Schnarchen *n*

chroniczny chronisch

chronić ⟨o-, u-⟩ schützen, bewahren (**od** *gen*, **przed** *inst* vor *dat*); ~ ⟨s-⟩ **się** Schutz suchen

chropowaty (-to) rau, uneben

chrupać knabbern, knuspern **chrupiący** (-co) knusprig

chrypka F Heiserkeit *f*

chrzakać ⟨-knąć⟩ sich räuspern; *świnia* grunzen

chrzan M Meerrettich *m*

chrząstka F Knorpel *m*

chrząszcz M Käfer *m*

chrzcić ⟨o-⟩ taufen **chrzciny** PL Taufe *f* **chrzest** M Taufe *f* **chrzestny**: **matka** F **chrzestna** Taufpatin *f*; **ojciec** *m* ~ Taufpate *m*

chrześcijanin M Christ *m* **chrześcijanka** F Christin *f* **chrześcijański** christlich **chrześcijaństwo** N Christentum *n* **chrześniaczka** F Patenkind *n* **chrześniak** M Patenkind *n*

chrzęścić knirschen; *łańcuch* klirren, rasseln

chudnąć ⟨s-⟩ abmagern **chudość** F Magerkeit *f* **chudy** (-do) mager

chuligan M Rowdy *m*, Halbstarke(r) *m/f(m)*

chusteczka F → chustka

chustka F *na głowę* Kopftuch *n*; *do nosa* Taschentuch *n*

chwalić ⟨po-⟩ loben; ~ **się** sich rühmen (*inst gen*) **chwała** F Ruhm *m*; ~ **Bogu**! Gott sei Dank!

chwast M Unkraut *n*
chwiać ⟨**za-**⟩ (hin und her) wiegen, biegen (*akk, inst akk*); ~ **się** wanken, schwanken; wackeln **chwiejny** *charakter* schwankend; wackelig
chwila F Augenblick *m*; Weile *f* **chwilowy** (**-wo**) augenblicklich; zeitweilig
chwycić PF → **chwytać**
chwyt M Griff *m* **chwytać** ⟨**-ycić**⟩ greifen, ergreifen, packen
chyba wohl; ~ **że** es sei denn, dass
chybiać ⟨**-ić**⟩ verfehlen (*gen akk*) **chybiony** verfehlt, Fehl-
chytry (**-rze**) listig; schlau
ci PL → ten
ciało N Körper *m*; Leib *m*; **górna część ciała** Oberkörper *m*; → **boży**
ciarki PL Gänsehaut *f*, Schauer *m*
ciasnota F Enge *f* **ciasny** (**-no**) eng, knapp
ciastko N (ein Stück) Kuchen *m*; Gebäck *n* **ciasto** N Teig *m*; (*wypiek*) Kuchen *m*
ciąć ⟨**po-**⟩ schneiden
ciąg M Zug *m*; (*szereg*) Reihe *f*; (*bieg*) Lauf *m*; ~ **dalszy** Fortsetzung *f* **ciągłość** F Kontinuität *f*; Stetigkeit *f*; Fortdauer *f* **ciągły** (**-le**) fortwährend, stetig, Dauer- **ciągnąć** ⟨**po-**⟩ ziehen; schleppen (**się** sich)
ciąża F Schwangerschaft *f* **ciążyć** lasten (**na** *lok* auf *dat*)
cichnąć ⟨**u-**⟩ verstummen **cichy** (**-cho**) still, leise; ruhig
ciec → cieknąć
ciecz F Flüssigkeit *f*
ciekawość F Neugier *f* **ciekawy** (**-wie**) neugierig; *film* interessant, spannend
ciekły flüssig **cieknąć** fließen, rinnen; *statek* leck sein
cielak M → cielę
cielę N Kalb *n* **cielęcina** F Kalbfleisch *n* **cielęcy** Kalb(fleisch)-
ciemię N ANAT Scheitel *m*
ciemnia F FOTO Dunkelkammer *f* **ciemnieć** ⟨**po-**⟩ dunkel werden **ciemność** F Dunkelheit *f* **ciemny** (**-no**) dunkel, finster
cieniować tönen, schattieren
cienki (**-ko**) dünn; (*delikatny*) fein
cień M Schatten *m*
cieplarnia F Treibhaus *n*
cieplny Wärme-
ciepławy (**-wo**) lauwarm
ciepło N Wärme *f*; → ciepły
ciepły (**-ło**) warm
cierniowy Dornen- **ciernisty** dornig **cierń** M Dorn *m*, Stachel *m*
cierpieć leiden; dulden **cierpienie** N Leiden *n*, Leid *n*
cierpki (**-ko**) herb
cierpliwość F Geduld *f* **cierpliwy** (**-wie**) geduldig
cierpnąć ⟨**ś-**⟩ *noga* einschlafen
cieszyć freuen (**się** sich); ~ **się**

sich erfreuen (*inst gen*)
cieśnina F (Meer)Enge *f*
cięcie N Schnitt *m*; (*cios*) Hieb *m*
ciężar M Gewicht *n*; Last *f* **ciężarna** schwanger **ciężarowy** Lastkraft- **ciężarówka** F Lastwagen *m*, Lkw *m*, *umg* Laster *m*
ciężki (-ko) schwer
ciocia F Tante *f*
cios M Hieb *m*, Schlag *m* **ciosać** behauen
cioteczny → brat, siostra
ciotka F → ciocia
ciskać ⟨**cisnąć**[1]⟩ werfen
cisnąć[2] ⟨**na-**⟩ drücken; ~ **się** sich drängen
cisza F Stille *f*
ciśnienie N Druck *m*
ciuchy *umg* MPL getragene Sachen *fpl*, *umg* Klamotten *fpl*
ciułać ⟨**u-**⟩ sparen, zusammensparen
ckliwy (-wie) rührselig
clić ⟨**o-**⟩ verzollen
cło N Zoll *m*; Zollgebühr *f*
cmentarz M Friedhof *m*
cmokać ⟨**-knąć**⟩ schnalzen; (*całować*)*umg* knutschen
cnota F Tugend *f* **cnotliwy (-wie)** tugendhaft
co was; ~ **do** bis (auf); was … betrifft; ~ **godzinę** jede Stunde; ~ **za** was für ein; **w razie czego** falls etwas sein sollte; auf alle Fälle; **po czym** danach; **o czym** wovon; worüber; davon; darüber

codziennie täglich, Tag für Tag **codzienność** F Alltag *m*; Alltäglichkeit *f* **codzienny** täglich, alltäglich
cofać ⟨**cofnąć**⟩ zurückziehen (**się** sich); *samochód* zurücksetzen; *zegar* zurückstellen; *słowa* widerrufen; ~ **się** zurückweichen, zurücktreten
cokolwiek irgendetwas, was auch immer; ein wenig
coraz immer; ~ **lepiej** immer besser; ~ **więcej**
coroczny alljährlich
coś etwas
córeczka F Töchterchen *n*
córka F Tochter *f*
cóż was
COVID-19 MED COVID-19 *f od m*, Covid-19 *f od m*
cuchnąć *umg* stinken
cucić ⟨**o-**⟩ (wieder) zu sich bringen
cud M Wunder *n* **cudaczny** wunderlich **cudny** wunderschön **cudo** N Wunderding *n*; Wunderwerk *n* **cudowny** wunderbar
cudzołóstwo N Ehebruch *m*
cudzoziemiec M Ausländer *m* **cudzoziemka** F Ausländerin *f* **cudzoziemski** fremdländisch, fremd
cudzy fremd
cudzysłów M Anführungszeichen *npl*
cukier M Zucker *m* **cukierek** M Bonbon *m od n* **cukiernia** F Konditorei *f* **cukierniczka**

F Zuckerdose *f*
cukinia F Zucchini *f*
cukrowy Zucker- **cukrzyca** F Diabetes *m*, Zuckerkrankheit *f*
cumować ⟨za-⟩ *statek* festmachen
cwał M Galopp *m*
cwany gewieft, gerissen
cyberprzemoc F IT Cybermobbing *n*
cyfra F Ziffer *f* **cyfrowy (-wo)** Ziffer(n)-, Zahlen-; zahlenmäßig; digital
cygaro N Zigarre *f*
cylinder M Zylinder *m*
cyna F Zinn *n*
cynamon M Zimt *n*
cyniczny zynisch
cynk M Zink *m*
cypel M Kap *n*; Spitze *f*, Ende *n*
Cypr M Zypern *n* **Cypryjczyk** M Zypriote *m*; Zyprer *m* **Cypryjka** F Zypriotin *f*; Zyprerin *f* **cypryjski** zypriotisch
cyrk M Zirkus *m*
cytat M Zitat *n* **cytować ⟨za-⟩** zitieren
cytryna F Zitrone *f*
cywilizacja F Zivilisation *f*
cywilny zivil
czad M Kohlendunst *m*
czaić ⟨za-⟩ się lauern
czajka F ZOOL Kiebitz *m*
czajnik M Teekessel *m*
czapka F Mütze *f*, Kappe *f*
czapla F Reiher *m*
czar M Zauber *m*; Bann *m*
czarnorynkowy Schwarzmarkt- **czarny (-no)** schwarz
czarodziej(ka) M Zauberer *m*, Zauberin *f* **czarować** zaubern, hexen **⟨o-⟩** bezaubern **⟨za-⟩** verzaubern **czarownica** F Hexe *f* **czarownik** M Zauberer *m*
czart M Teufel *m*
czarujący (-co) bezaubernd
czas M Zeit *f*; **po czasie** zu spät; **~ poza sezonem turystycznym** Nebensaison *f* **czasami** bisweilen, manchmal
czasem manchmal
czasopismo N Zeitschrift *f*
czasowy (-wo) zeitlich; zeitweilig
czaszka F Schädel *m*
czat M IT Chat *m* **czatować** chatten
cząsteczka F Teilchen *n*
cząstka F Teilchen *n*
czat M: **~ internetowy** IT Chat *m*
czcić anbeten, verehren
czcionka F Druckbuchstabe *m*; Type *f*
czczy: **na ~o** auf nüchternen Magen
Czech M Tscheche *m* **Czechy** PL Tschechien *n*; *region* Böhmen *n*
czego → **co**
czek M Scheck *m*
czekać ⟨za-, po-⟩ warten; erwarten (**na** *akk akk*) **czekanie** N Warten *n*
czekolada F Schokolade *f*
czekoladka F Schokoladenbonbon *m od n* **czekolado-**

wy Schokoladen-
czemu → co
czepiać ‹-ić› się sich hängen (*gen* an *akk*); *umg* herumhacken (auf *dat*)
czereśnia F Süßkirsche *f*
czernieć ‹s-› schwarz werden
czerń F Schwarz *n*
czerpać schöpfen
czerstwy (-wo) altbacken; *fig* rüstig, frisch
czerwcowy Juni- czerwiec M Juni *m*
czerwienić ‹za-› się sich röten; rot werden, erröten czerwień F Rot *n* czerwony (-no) rot
czesać ‹u-› kämmen (**się** sich)
czeski (po -ku) tschechisch, böhmisch Czeszka F Tschechin *f*
cześć F Ehre; ~! *umg na powitanie* hallo!; *na pożegnanie* tschüss!
często → częsty częstokroć oftmals; häufig częstość F Häufigkeit *f* częstotliwość F Frequenz *f*
częstować bewirten ‹po-› anbieten (**k-o** *inst* j-m *akk*)
częsty (-to) häufig; ADV *a.* oft
częściowy (-wo) teilweise
część F Teil *m*
czkawka F Schluckauf *m*
człon M Glied *n* członek M Mitglied *n*; ANAT Glied *n*; ~ **rodziny** Familienangehörige(r) *m/f(m)* członkostwo N Mitgliedschaft *f*
człowiek M Mensch *m*
czołgać się kriechen
czoło N Stirn *f*; **na czele** an der Spitze czołowy Stirn-; vordere(r); Spitzen- czołówka F Spitze *f*, Spitzengruppe *f*
czop M Zapfen *m*; Spund *m*
czopek M MED Zäpfchen *n*
czosnek M Knoblauch *m*
czółno N Kahn *m*
czterdziesty vierzigste(r)
czterdzieści vierzig czternasty vierzehnte(r) czternaście vierzehn
czterokrotny viermalig cztery vier czterysta vierhundert
czubek M Spitze *f*
czucie N Gefühl *n*
czuć ‹po-› fühlen, empfinden; spüren
czujnik M Sensor *m* czujny wachsam
czułość F Empfindlichkeit *f*; Zärtlichkeit *f* czuły empfindlich (**na** *akk* für *akk*) (-le) zärtlich
czupryna F Haarschopf *m*
czuwać aufpassen; nicht schlafen; wachen
czwartek M Donnerstag *m*
czwarty vierte(r) czworoboczny viereckig czwórka F Vier *f*, Vierer *m*
czy: ~ **jesteś zdrowy?** bist du gesund?; ~ ... ~ ob ... oder
czyhać lauern (**na** *akk* auf *akk*)
czyj, czyja, czyje wessen
czyjkolwiek wessen auch immer czyjś jemandes, ir-

gendjemandes
czyli das heißt, oder
czym womit; → **co**; ~ ... **tym** je ... desto
czyn M Tat *f* **czynić** ⟨u-⟩ tun, machen **czynnik** M Faktor *m*
czynność F Aktivität *f*; Funktion *f*; Tätigkeit *f* **czynny** tätig, aktiv; in Betrieb
czynsz M Miete *f*
czystość F Reinheit *f*; Sauberkeit *f* **czysty** (**-to**) rein; sauber **czyszczenie** N Reinigen *n*; Reinigung *f* **czyścić** ⟨wy-⟩ reinigen; putzen **czyściec** M REL Fegefeuer *n*
czytać lesen **czytelnia** F Lesesaal *m* **czytelny** leserlich

Ć

ćma F Nachtfalter *m*
ćwiartka F Viertel *n*
ćwiczenie N Übung *f* **ćwiczyć** ⟨wy-⟩ trainieren; üben (**się** sich, **w** *lok* in *dat*)
ćwierć F Viertel *n*
ćwikła F GASTR Rote-Rüben-Salat *m*; rote Rüben *fpl* mit Meerrettich

D

dach M Dach *n* **dachówka** F Dachziegel *m*
dać PF → dawać
daktyl M Dattel *f*
dal F Ferne *f*, Weite *f*; → skok
dalece: **tak** ~ dermaßen; so weit, so sehr **dalej** weiter, ferner **daleki** (**-ko**) weit, entfernt; **z daleka** von Weitem; von weither
dalekobieżny: **pociąg** M ~ Fernzug *m* **dalekowzroczny** weitsichtig
dalszy weiter; Fort-
dama F Dame *f* **damski** Damen-
dancing M → dansing
dane PL Angaben *pl*; Daten *pl*
Dania F Dänemark *n*
danie N Gang *m*, Gericht *n*
dansing M Tanzlokal *n*; **iść na** ~ tanzen gehen
dar M Gabe *f*; Geschenk *n*
daremny vergeblich **darmo**: **za** ~ (für) umsonst **darmowy** (**-wo**) kostenlos, Gratis-
darowizna F Schenkung *f*
darowywać ⟨**-ować**⟩ schenken; *karę* erlassen
daszek M (Mützen)Schirm *m*; kleines Dach *n*
data F Datum *n* **datek** M Spende *f*, Gabe *f* **datować**

datieren **datownik** M Datumstempel *m*
dawać ⟨**dać**⟩ geben **dawca** M Spender *m* **dawka** F Dosis *f* **dawkować** dosieren
dawniej früher, einst **dawno** lange her, längst; **od dawna** seit Langem **dawny** früher, ehemalig; alt
dąb M Eiche *f*
dąć ⟨**za-**⟩ blasen, wehen
dąsać się schmollen
dążenie N Streben *n*, Bemühung *f* **dążyć** streben (**do** *gen* nach *dat*), anstreben (*akk*)
dbać sorgen (**o** *akk* für *akk*), sich kümmern (um *akk*) **dbałość** F Sorgfalt *f*; Sorge *f* **dbały** sorgsam; besorgt
dealer M HANDEL Vertragshändler(in) *m(f)*; (Drogen)Dealer(in) *m(f)*
debata F Beratung *f*; Debatte *f*
debil *umg* M Schwachkopf *m*; *umg* Idiot *m*
debiut M Debüt *n* **debiutować** ⟨**za-**⟩ debütieren
dech M Atem *m*
decydować ⟨**z-**⟩ entscheiden (**o** *lok* über *akk*); **~ się** sich entschließen **decydujący** (**-co**) ausschlaggebend, entscheidend **decyzja** F Entscheidung *f*; *z urzędu* Bescheid *m*
dedykować ⟨**za-**⟩ widmen
defekt M Fehler *f*; Panne *f*
deficyt M Defizit *n*, Mangel *m*; Fehlbetrag *m*
defilada F Vorbeimarsch *m*, Parade *f*
definicja F Definition *f*
defraudacja F Unterschlagung *f*; Veruntreuung *f*
dekada F Dekade *f*
deklaracja F Deklaration *f*, Erklärung *f* **deklarować** ⟨**za-**⟩ deklarieren, angeben
dekolt M Dekolleté *n*
dekoracja F Dekoration *f*; *orderem* Verleihung *f*
dekret M Dekret *n*, Erlass *m*
delegat(ka) M(F) Delegierte(r) *m/f(m)*
delfin M Delfin *m*
delikatesy PL Delikatessen *fpl*, Feinkost *f*; Delikatessengeschäft *n* **delikatny** delikat; zart; fein
demaskować ⟨**z-**⟩ entlarven
demokracja F Demokratie *f*
demokratyczny demokratisch
demolować ⟨**z-**⟩ demolieren
demon M Dämon *m*
demonstracja F Demonstration *f*; Vorführung *f* **demonstrować** ⟨**za-**⟩ zeigen; demonstrieren
denat(ka) M(F) *samobójca* Selbstmörder(in) *m(f)*; *zamordowany* Mordopfer *n*
denerwować ⟨**z-**⟩ aufregen (**się** sich)
dentysta M Zahnarzt *m* **dentystka** F Zahnärztin *f* **dentystyczny** Zahnarzt-, zahnärztlich

departament M Abteilung *f*; Departement *n*
depesza F Pressemitteilung *f*
depilacja F Enthaarung *f*, Depilation *f*
depozyt M FIN Depositen *npl*; Depot *n*; Verwahrung *f*
depresja F Niedergeschlagenheit *f*; Depression *f*; Tiefdruckgebiet *n*
deptać ⟨z-⟩ treten, zertreten
deptak M (Kur)Promenade *f*
deputowana F Abgeordnete *f* **deputowany** M Abgeordnete(r) *m*
deseń M Muster *n*
deser M Dessert *n*
deska F Brett *n* **deskorolka** F Skateboard *n*
deszcz M Regen *m*; **pada ~** es regnet **deszczowy (-wo)** regnerisch
detal M Einzelteil *n*, Detail *n*; Einzelhandel *m* **detaliczny** detailliert; Einzel(handels)-
detektyw M Detektiv *m*
dezynfekować ⟨z-⟩ desinfizieren
dętka F (Rad)Schlauch *m*
diabelny → diabelski
diabelski Teufels-; höllisch
diabeł M Teufel *m*
diagnoza F Diagnose *f*
dialog M Dialog *m*
diament M Diamant *m*
didżej M DJ *m*; Discjockey *m*
dieta F Diät *f*; **~ służbowa** Tagesgeld *n*; Spesen *pl*
dinozaur M Dinosaurier *m*
dla (*gen*) für (*akk*); wegen (*gen*); zu (*dat*) **dlaczego** weshalb, warum **dlatego** deshalb, darum; **~ że** weil
dławić würgen; *a. fig* drosseln
dłoń F Handfläche *f*; Hand *f*
dłubać stochern (**w** *lok* in *dat*); *w nosie* bohren; *umg* fummeln, basteln
dług M Schuld *f*
długi lang **długo** lange; **na ~** für lange Zeit **długofalowy (-wo)** *fig* langfristig **długoletni** langjährig **długopis** M Kugelschreiber *m* **długość** F Länge *f* **długoterminowy (-wo)** langfristig **długotrwały** von langer Dauer **długowłosy** langhaarig
dłużej länger **dłużnik** M Schuldner *m* **dłużny** schuldig
dłużyć się langsam vergehen, sich hinziehen
dmuchać ⟨-chnąć⟩ blasen
dniówka F Arbeitstag *m*; Tagelohn *m*
dno N Boden *m*; Grund *m*
do (*gen*) nach (*dat*); zu (*dat*); an (*akk*); in (*akk*); für (*akk*); **~ domu** nach Hause; **~ ciebie** zu dir; **~ lasu** in den Wald
doba F Tag *m* (und Nacht *f*), 24 Stunden; *fig* Epoche *f*, Zeit *f*
dobiegać ⟨-biec⟩ eilen, laufen (**do** *gen* zu *dat*); erreichen; herannahen; zu hören sein
dobierać ⟨-brać⟩ aussuchen, finden; sich noch mehr nehmen (*gen* von *dat*)

dobijać ⟨**-bić**⟩ den Gnadenstoß geben (*akk dat*); **~ targu** handelseinig werden **dobitny** nachdrücklich, laut und deutlich

doborowy erlesen, auserlesen **dobór** M Auslese *f*; Auswahl *f* **dobrać** PF → dobierać

dobranoc! gute Nacht! **dobranocka** F Gutenachtgeschichte *f*

dobro N Wohl *n*; *materialne* Gut *n* **dobrobyt** M Wohlstand *m* **dobroczynność** F Wohltätigkeit *f* **dobroczynny** wohltätig **dobroć** F Güte *f* **dobroduszny** gutmütig **dobrodziejstwo** N Wohltat *f* **dobrotliwy** (**-wie**) gütig **dobrowolny** freiwillig

dobry (**-rze**) gut

dobudówka F Anbau *m*

dobytek M Habe *f*

docelowy (**-wo**) Ziel-, End-

doceniać ⟨**-ić**⟩ zu schätzen wissen; richtig einschätzen *od* bewerten

dochodowy gewinnbringend, rentabel; **podatek** *m* **~** Einkommensteuer *f*

dochodzenie N JUR Untersuchung *f*; **~ w sprawie (zagubionego) bagażu** Gepäckermittlung *f* **dochodzić** ⟨**dojść**⟩ sich nähern (**do** *gen dat*); erreichen (*akk*); *do słowa* kommen; (*gen*) *praw* geltend machen

dochowywać ⟨**-ować**⟩ bewahren; *fig* halten, einhalten (*gen akk*)

dochód M Einkommen *n*; Ertrag *m*

dociąć PF → docinać

dociekać ⟨**-ciec**⟩ erforschen (*gen akk*) **dociekliwy** (**-wie**) tiefgründig; interessiert, wissbegierig

docierać ⟨**dotrzeć**⟩ gelangen (**do** *gen* bis *akk*, zu *dat*), erreichen (*akk*)

docinać ⟨**-ciąć**⟩ anpassen; *fig* hänseln (*dat akk*), sticheln (gegen *akk*) **docinek** M Stichelei *f*

dociskać ⟨**-snąć**⟩ zudrücken; **~ się** sich durchdrängen

doczekać się PF erleben (*gen akk*); *końca* abwarten **doczepiać** ⟨**-ić**⟩ anhängen **doczesny** vergänglich

dodać PF → dodawać **dodatek** M Beilage *f*; Anhang *m*; Zuschlag *m*; **~ na dzieci** Kindergeld *n* **dodatkowy** (**-wo**) zusätzlich **dodatni** (**-nio**) positiv; günstig **dodawać** ⟨**-dać**⟩ hinzufügen; addieren **dodawanie** N Addition *f*

dofinansowywać ⟨**-ować**⟩ subventionieren

dogadywać → dogryzać; **~** ⟨**-dać**⟩ **się** einig werden **dogadzać** ⟨**-godzić**⟩ zufriedenstellen (*dat akk*) **doganiać** ⟨**-gonić**⟩ einholen **dogasać** verglimmen

doglądać aufpassen (*gen* auf

akk)
dogodny bequem; günstig; *czas* passend **dogodzić** PF → dogadzać **dogonić** PF → doganiać
dogotowywać ⟨**-ować**⟩ (gar) kochen
dogrywka F SPORT Verlängerung *f*
dogryzać ⟨**-yźć**⟩ sticheln (*dat* gegen *akk*); hänseln (*akk*)
doić ⟨**wy-**⟩ melken
dojazd M Anfahrt *f*; Zufahrt *f* **dojazdowy** Zufahrts- **dojeżdżać** ⟨**-jechać**⟩ (fahrend) erreichen (**do** *gen akk*), gelangen (bis *akk*, nach *dat*, zu *dat*), ankommen
dojrzałość F Reife *f* **dojrzały** (**-le**) reif
dojrzeć[2] PF erblicken
dojrzewać ⟨**dojrzeć**[1]⟩ reifen
dojrzewanie N Reifen *n*
dojście N Zugang *m*; *fig* Beziehungen *fpl*, Vitamin B *n* **dojść** PF → dochodzić
dokańczać ⟨**-kończyć**⟩ beenden
dokazywać ausgelassen sein, herumtollen
dokąd wohin
dokładać ⟨**dołożyć**⟩ zulegen (**do** *gen* zu *dat*) **dokładność** F Genauigkeit *f* **dokładny** genau
dokoła ringsum
dokonywać ⟨**-nać**⟩ tun (*gen akk*); durchführen; *cudu* vollbringen; *przestępstwa* begehen
dokończenie N Beendigung *f*; Schluss *m* **dokończyć** PF → dokańczać
dokręcać ⟨**-cić**⟩ *śrubę* anziehen, festdrehen
dokształcać ⟨**-cić**⟩ fortbilden **dokształcający** Fortbildungs-
doktor M Doktor *m* **doktorat** M Doktorwürde *f*; Dissertation *f*
dokuczać ⟨**-czyć**⟩ necken; belästigen; plagen, quälen (*dat akk*) **dokuczliwy** (**-wie**) lästig, *ból* unausstehlich
dokument M Urkunde *f*; Unterlage *f*; **dokumenty** *pl* (*dowód tożsamości*) Papiere *pl*; **dokumenty** *pl* **na podróż** Reiseunterlagen *fpl*
dola F Los *n*, Schicksal *n*
dolać PF → dolewać
dolar M Dollar *m*
dolegać schmerzen **dolegliwość** F Leiden *n*
doliczać ⟨**-czyć**⟩ dazurechnen, hinzurechnen
dolina F Tal *n*
dolny untere(r), Unter-; Nieder-
dołączać ⟨**-czyć**⟩ beifügen (**do** *gen dat*); **~ się** sich anschließen (**do** *gen dat*)
dołożyć PF → dokładać
dom M Haus *n*; Heim *n*
domagać się fordern, verlangen (*gen akk*)
domek M Häuschen *n*
domieszka F Zusatz *m*, Bei-

mischung *f*
domięśniowy (-wo) intramuskulär
domniemany mutmaßlich
domofon M Gegensprechanlage *f*
domostwo N Haus *n* **domowy** häuslich, Haus-; → wojna
domysł M Vermutung *f* **domyślać** ⟨-lić⟩ **się** vermuten (*gen akk*) **domyślny** scharfsinnig
doniczka F Blumentopf *m*
doniesienie N Meldung *f*; (*donos*) Anzeige *f* **donieść** PF → donosić
doniosły (-śle) bedeutsam, wichtig
donos M Anzeige *f*; Denunziation *f* **donosiciel(ka)** M(F) Denunziant(in) *m(f)* **donosić** ⟨-nieść⟩ melden (**o** *lok akk*); denunzieren (**na** *akk akk*) **donośny** laut
dookoła → dokoła
dopadać ⟨-paść⟩ erwischen (*gen akk*); *drzwi* sich stürzen (auf *akk*) **dopasowywać** ⟨-ować⟩ anpassen (**do** *gen* an *akk*) **dopaść** PF → dopadać
dopatrywać ⟨-trzyć⟩ achtgeben (*gen* auf *akk*); ~ **się** finden, entdecken (*gen akk*)
dopełniacz M Genitiv *m* **dopełniać** ⟨-ić⟩ auffüllen, nachfüllen; ergänzen; *obowiązku* erfüllen (*gen akk*)
dopiero erst; ~ **co** (so)eben
dopilnować PF überwachen (*gen akk*)
doping M Doping *n*; Ansporn *m*
dopisek M Nachtrag *m*; (Rand)Bemerkung *f*
dopłacać ⟨-cić⟩ zuzahlen, nachzahlen **dopłata** F Nachzahlung *f*; Strafporto *n*; BAHN Zuschlag *m*
dopływ M Nebenfluss *m*
dopomagać ⟨-móc⟩ helfen, behilflich sein **dopominać** ⟨-mnieć⟩ **się** verlangen, fordern (**o** *akk akk*)
dopóki solange; so lange wie
doprawdy wirklich
doprawiać ⟨-ić⟩ abschmecken (*inst* mit *dat*)
doprowadzać ⟨-dzić⟩ führen, bringen (**do** *gen* zu *dat*); *przewód* legen, verlegen; TECH zuführen
dopuszczać ⟨-ścić⟩ zulassen, gestatten; ~ **się** verüben (*gen akk*) **dopuszczalny** erlaubt, zulässig
dopytywać ⟨-tać⟩ **się** erfragen (**o** *akk akk*); sich erkundigen (nach *dat*)
dorabiać ⟨-robić⟩ *klucz* nachmachen; V/I sich *etw* dazuverdienen
dorada F Dorade *f*
doradca M Berater(in) *m(f)*; Ratgeber(in) *m(f)* **doradzać** ⟨-dzić⟩ raten, anraten **dorastać** ⟨-rosnąć⟩ heranwachsen **doraźny** sofortig;

Not-

doręczać ⟨**-czyć**⟩ aushändigen; *pocztę* zustellen **doręczenie** N Zustellung *f* **doręczyciel(ka)** M(F) Briefträger(in) *m(f)*; Zusteller(in) *m(f)* **doręczyć** PF → doręczać

dorobek M Gut *n*; Habe *f*; (*twórczość*) Werk *n*, Errungenschaft *f* **dorobić** PF → dorabiać

doroczny alljährlich **dorodny** stattlich

dorosły erwachsen; SUBST M Erwachsene(r) *m* **dorosnąć** PF → dorastać

dorożka F Droschke *f*

dorównywać ⟨**-nać**⟩ gleichkommen

dorsz M Dorsch *m*, Kabeljau *m*

dorywczy (**-czo**) gelegentlich

dorzucać ⟨**-cić**⟩ hinzutun (*gen akk*); *węgla* nachlegen

dosadny derb, deftig

dosięgać ⟨**-gnąć**⟩ reichen (*gen* bis zu, zu *dat*); erreichen (*akk*)

doskonalić vervollkommnen (**się** sich) **doskonały** (**-le**) vollkommen; hervorragend

dosłowny wörtlich

dosłyszeć PF hören, verstehen; **nie** ~ nicht verstanden haben; schwer hören

dostać PF → dostawać

dostarczać ⟨**-czyć**⟩ liefern

dostateczny ausreichend, genügend **dostatek** M Wohlstand *m* **dostatni** (**-nio**) wohlhabend

dostawa F Lieferung *f* **dostawać** ⟨**-stać**⟩ erhalten, bekommen; erreichen **dostawca** M Lieferant(in) *m(f)*, Zusteller(in) *m(f)*

dostęp M Zutritt *m*, Zugang *m*; ~ **do internetu** IT Internetzugang *m* **dostępny** zugänglich; *cena* erschwinglich

dostojny würdevoll; ehrwürdig

dostosowywać ⟨**-ować**⟩ anpassen (**do** *gen* an *akk*)

dostrzegać ⟨**-ec**⟩ (mit dem Auge) wahrnehmen; erblicken **dostrzegalny** sichtbar; wahrnehmbar

dosyć genug; ziemlich

dosypywać ⟨**-pać**⟩ nachschütten

doszczętny restlos, völlig

doszkalać ⟨**-szkolić**⟩ fortbilden, schulen

dościgać ⟨**-gnąć**⟩ einholen

dość → dosyć

doświadczać ⟨**-czyć**⟩ erleben, erfahren; prüfen, auf die Probe stellen **doświadczalny** Versuchs- **doświadczenie** N Erfahrung *f*; Versuch *m* **doświadczony** erfahren

doświadczyć PF → doświadczać

dotacja F Beihilfe *f*, Zuwendung *f*

dotąd bis hierher; bis jetzt

dotkliwy (**-wie**) empfindlich

dotknąć PF → dotykać **dot-**

knięcie N Berührung *f*
dotrwać PF ausharren; erhalten bleiben
dotrzeć PF → docierać
dotrzymywać ⟨-mać⟩ *słowa* halten; *terminu* einhalten; *towarzystwa* leisten
dotychczas bisher, bis jetzt **dotychczasowy** bisherig
dotyczący betreffend **dotyczyć** betreffen (*gen akk*)
dotyk M Berührung *f*; Tastsinn *m* **dotykać ⟨dotknąć⟩** berühren, befühlen (*gen akk*); *fig* verletzen
doustny MED oral
dowcip M Witz *m* **dowcipny** witzig
dowiadywać ⟨-wiedzieć⟩ się sich erkundigen (**o** *akk*, *lok* nach *dat*); erfahren (*akk*)
dowierzać trauen; **nie ~** misstrauen
dowieść PF → dowodzić² **dowieźć** PF → dowozić
dowodowy Beweis-
dowodzić¹ befehligen, anführen (*inst akk*)
dowodzić² ⟨-wieść⟩ beweisen (*gen akk*)
dowolny beliebig; frei; SPORT Kür-
dowozić ⟨-wieźć⟩ fahren, bringen (**do** bis zu *dat*)
dowód M Beweis *m*; Beleg *m*; **~ osobisty** Personalausweis *m*
dowóz M Zufuhr *f*
doza F Dosis *f*
dozgonny ewig, bis ans Grab
doznawać ⟨-znać⟩ empfinden; erfahren
dozorca M Aufseher *m*; Hausmeister *m* **dozorczyni** F Aufseherin *f*; Hausmeisterin *f*
dozować → dawkować
dozór M Aufsicht *f*
dozwolony gestattet
dożylny intravenös
dożynki PL Erntefest *n*
dożywać ⟨-yć⟩ erleben (**do** *gen akk*) **dożywotni (-nio)** lebenslänglich
dół M Grube *f*; **w ~** abwärts, hinunter
drabina F Leiter *f*
dramat M Drama *n* **dramatyczny** dramatisch
drań M Lump *m*, Schuft *m*
drapacz M: **~ chmur** Wolkenkratzer *m* **drapać ⟨po-⟩** kratzen (**się** sich)
drapieżnik M ZOOL Raubtier *n* **drapieżny** ZOOL Raub-
drasnąć PF ritzen **draśnięcie** N Schramme *f*, Kratzer *m*
drażetka F Dragee *n*
drażliwy (-wie) reizbar; *temat* heikel **drażnić ⟨po-⟩** reizen; ärgern
drąg M Stange *f* **drążek** M Knüppel *m*; Hebel *m* **drążyć ⟨wy-⟩** aushöhlen
dres M Trainingsanzug *m*
dreszcz M Schauer *m*, Schauder *m*; **mieć dreszcze** frösteln, schaudern
drewniany hölzern, Holz-
drewno N Holz *n*

Drezno N Dresden *n*
dręczyć peinigen, quälen
drętwieć ⟨z-⟩ *ze strachu* erstarren; *noga* einschlafen
drgać ⟨drgnąć⟩ zucken; beben; schwingen **drgawki** FPL Zuckungen *fpl*
drink M Trunk *m*
drobiazg M Kleinigkeit *f*; Bagatelle *f* **drobiazgowy (-wo)** pedantisch, kleinlich; haarklein **drobne** PL Kleingeld *n* **drobnostka** F Kleinigkeit *f* **drobny (-no)** klein, gering; fein
droga F Weg *m*, Straße *f*
drogeria F Drogerie *f*
drogi (-go) teuer; *fig a.* lieb **drogocenny** kostbar
drogowskaz M Wegweiser *m* **drogowy** Weg-, Straßen-; **wypadek ~** Verkehrsunfall *m* **drogówka** F Verkehrspolizei *f*
dron M MIL Drohne *f*
drożdże PL Hefe *f* **drożdżowy** Hefe-
drożeć ⟨po-⟩ teurer werden **drożyzna** F Teuerung *f*
drób M Geflügel *n*
dróżka F Pfad *m*
druciany Draht-
drugi zweite(r); andere(r); **po drugie** zweitens
drugorzędny zweitklassig
druk M Druck *m*; Drucksache *f* **drukarka** F IT Drucker *m* **drukarnia** F Druckerei *f* **drukarz** M Drucker(in) *m(f)* **drukować ⟨wy-⟩** drucken
drut M Draht *m*
drużyna F SPORT Mannschaft *f* **drużynowy** Mannschafts-
drwić spotten **⟨za-⟩** verspotten (**z** *gen akk*) **drwina** F Gespött *n*, Spott *m*
drzazga F (Holz)Span *m*, Splitter *m*
drzeć ⟨po-⟩ reißen, zerreißen
drzemać dösen, ein Nickerchen machen **drzemka** F Schläfchen *n*; Nickerchen *n*
drzewo N Baum *m*; Holz *n*
drzwi PL Tür *f*
drżeć ⟨za-⟩ zittern, *pf a.* erzittern; beben
duch M Geist *m*
duchowieństwo N Geistlichkeit *f* **duchowny** geistlich; SUBST M Geistliche(r) *m* **duchowy (-wo)** geistig, Geistes-
dudek M ZOOL Wiedehopf *m*
dudnić ⟨za-⟩ dröhnen
duma F Stolz *m* **dumny** stolz
Dunka F Dänin *f* **Duńczyk** M Däne *m* **duński (po -ku)** dänisch
dureń *umg* M Dummkopf *m* **durny** dumm, *pop* bescheuert
dusić ⟨u-⟩ würgen, *pf* erwürgen; *potrawę* dünsten, schmoren; **~ się** ersticken; *fig* **⟨z-⟩** ersticken
dusza F Seele *f* **duszność** F Schwüle *f*; MED Atemnot *f* **duszny (-no)** schwül; stickig **duszony** gedünstet, Schmor-
dużo viel **duży** groß

dwa zwei **dwadzieścia** zwanzig
dwakroć zweimal **dwanaście** zwölf **dwieście** zweihundert
dwoisty **(-ście)** zweifach; zwiespältig **dwojaczki** PL Zwillinge *pl* **dwojaki** **(-ko)** zweierlei **dwoje** zwei
dworcowy Bahnhofs- **dworzec** M Bahnhof *m*
dwójka F Zwei *f*, Zweier *m*
dwór M Hof *m*; Landgut *n*; Gutshof *m*
dwubarwny zweifarbig **dwucyfrowy** zweistellig **dwudniowy** zweitägig **dwudziesty** zwanzigste(r) **dwukołowy** Zweirad-, zweirädrig **dwukropek** M Doppelpunkt *m* **dwukrotnie** zweimal; zweifach **dwukrotny** zweimalig **dwunasty** zwölfte(r)
dwuosobowy *pokój* Doppel- **dwupiętrowy** zweistöckig **dwupokojowy** Zweizimmer- **dwustronny** zweiseitig **dwutygodnik** M Halbmonatsschrift *f* **dwuznaczny** zweideutig
dygnitarz M Würdenträger(in) *m(f)*
dygotać zittern, beben
dykta F → sklejka
dyktando N Diktat *n* **dyktator** M Diktator *m* **dyktatura** F Diktatur *f* **dyktować** ⟨**po-**⟩ diktieren
dylemat M Dilemma *n*
dym M Rauch *m* **dymić** **(się)** rauchen
dymisja F Rücktritt *m*; Abschied *m*; **podać się do dymisji** zurücktreten
dynamiczny dynamisch
dyndać baumeln; schlenkern
dynia F Kürbis *m*
dyplom M Diplom *n* **dyplomacja** F Diplomatie *f*; Taktgefühl *n* **dyplomata** M Diplomat *m* **dyplomatka** F Diplomatin *f* **dyplomatyczny** diplomatisch
dyrekcja F Direktion *f* **dyrektor(ka)** M(F) Direktor(in) *m(f)*
dyrygent(ka) M(F) Dirigent(in) *m(f)*
dyscyplina F Disziplin *f*; Zweig *m*
dysk M Diskus *m*; Scheibe *f*; **twardy** ~ IT Festplatte *f*
dyskoteka F Disko *f*, Diskothek *f*
dyskretny diskret
dyskusja F Diskussion *f*
dyskwalifikować ⟨**z-**⟩ disqualifizieren
dysponować verfügen (*inst* über *akk*) **dyspozycyjny** verfügbar; einsatzbereit
dystans M Distanz *f*, Entfernung *f*
dystrybucja F Verteilung *f*; Vertrieb *m* **dystrybutor** M Händler(in) *m(f)*; Tanksäule *f*
dysza F Düse *f* **dyszeć** keuchen, schnaufen
dywan M Teppich *m*

dyżur M Dienst *m*; **nocny ~** Nachtdienst *m* **dyżurny** diensthabend; SUBST M Diensthabende(r) *m* **dyżurować** Dienst haben

dzban M Krug *m* **dzbanek** M Kanne *f*

dziać się geschehen, sich ereignen

dziad M Großvater *m*; *umg* alter Knacker *m*; Alte(r) *m*, Greis *m*; (*żebrak*) Bettler *m* **dziadek** M Großvater *m*; **~ do orzechów** Nussknacker *m*

dział M Teil *m*; Zweig *m*; Abteilung *f* **działacz(ka)** M(F) Funktionär(in) *m(f)* **działać** arbeiten, funktionieren ⟨**z-**⟩ handeln; wirken **działalność** F Tätigkeit *f* **działanie** N Handeln *n*; *leku* Wirkung *f*

działka F Grundstück *n*, Parzelle *f*

działo N Geschütz *n*

dziąsło N Zahnfleisch *n*

dziczyzna F Wild *n*, Wildbret *n*

dziecięcy kindlich **dziecinny** kindlich; kindisch **dzieciństwo** N Kindheit *f*

dziecko N Kind *n*

dziedzic M Erbe *m* **dziedzictwo** N Erbe *n*, Erbschaft *f* **dziedziczka** F Erbin *f* **dziedziczny** erblich **dziedziczyć** ⟨**o-**⟩ erben

dziedzina F Fach *n*, Bereich *m*, Gebiet *n*

dziedziniec M Hof *m*

dzieje PL Geschichte *f* **dziejowy** geschichtlich

dziekan M Dekan(in) *m(f)*; Vorsteher(in) *m(f)*

dzielenie N Teilen *n* **dzielić** ⟨**po-**⟩ teilen (**się** sich; **czym z** *inst* etw mit *dat*); MATH dividieren

dzielnica F Stadtteil *m*, Stadtviertel *n*; Bezirk *m* **dzielnicowy** Bezirks-

dzielny tapfer; tüchtig

dzieło N Tat *f*; Werk *n*

dziennie täglich **dziennik** M Tagebuch *n*; (Tages)Zeitung *f*; (Amts)Blatt *n* **dziennikarka** F Journalistin *f* **dziennikarz** M Journalist *m* **dzienny** täglich, Tages-

dzień M Tag *m*; **co ~** jeden Tag; **~ powszedni** Wochentag *m*; **~ dobry!** *po południu* guten Tag!, *przed południem* guten Morgen!

dzierżawa F Pacht *f* **dzierżawca** M Pächter *m* **dzierżawić** ⟨**wy-**⟩ pachten

dziesiątka F Zehn *f* **dziesiąty** zehnte(r)

dziesięciobój M SPORT Zehnkampf *m* **dziesięciolecie** N Jahrzehnt *n* **dziesięć** zehn **dziesiętny** Dezimal-

dziewczę N → **dziewczyna**

dziewczęcy Mädchen- (**-co**) mädchenhaft **dziewczyna** F Mädchen *n* **dziewczynka** F (kleines) Mädchen *n*

dziewiątka F Neun *f* **dzie-**

wiąty neunte(r)
dziewica F Jungfrau *f* **dziewiczy** (**-czo**) jungfräulich; **~ las** *m* Urwald *m*
dziewięć neun **dziewięćdziesiąt** neunzig **dziewięćdziesiąty** neunzigste(r) **dziewięćset** neunhundert **dziewiętnasty** neunzehnte(r) **dziewiętnaście** neunzehn
dzięcioł M Specht *m*
dziękczynny Dank(es)-
dzięki[1] PL Dank *m*; **~ Bogu!** Gott sei Dank!
dzięki[2] PRÄP dank (*dat gen, dat*)
dziękować ⟨**po-**⟩ danken (**za** *akk* für *akk*)
dzik M Wildschwein *n* **dziki** (**-ko**) wild
dziobać ⟨**-bnąć**⟩ picken; hacken
dziób M Schnabel *m*; *statku* Bug *m*
dzisiaj heute **dzisiejszy** heutig **dziś** → dzisiaj
dziupla F (Nist)Höhle *f*
dziura F Loch *n*; **~ ozonowa** Ozonloch *n* **dziurawić** ⟨**po-, prze-**⟩ löchern, durchlöchern **dziurawy** löcherig; *statek* leck **dziurka** F Loch *n* **dziurkacz** M Locher *m* **dziurkować** ⟨**po-**⟩ lochen; perforieren
dziwactwo N Absonderlichkeit *f*; Schrulle *f* **dziwaczka** F Sonderling *m* **dziwaczny** komisch; verschroben **dziwak** M Sonderling *m*
dziwić ⟨**z-**⟩ wundern (**się** sich)
dziwny seltsam, sonderbar
dzwon M Glocke *f* **dzwonek** M Klingel *f*; **~ na komórkę** TEL Klingelton *m* **dzwonić** ⟨**za-**⟩ läuten, klingeln; anrufen (**do** *gen akk*) **dzwonnica** F Glockenturm *m*
dźwięczeć ⟨**za-**⟩ klingen, tönen, *pf* erklingen, ertönen
dźwięczny klangvoll
dźwięk M Klang *m*, Ton *m*
dźwiękowy Ton-
dźwig M Kran *m*; (*winda*) Lift *m*, Aufzug *m* **dźwigać** tragen ⟨**-gnąć**⟩ heben **dźwignia** F Hebel *m*
dżdżownica F Regenwurm *m*
dżdżysty (**-sto**) regnerisch
dżem M Marmelade *f*
dżinsy PL Jeans *pl*
dżokej M Jockey *m*
dżuma F Pest *f*
dżungla F Dschungel *m*

e-book M E-Book *n*
echo N Echo *n*
edukacja F Erziehung *f*; Bildung *f*
edycja F Edition *f*; Auflage *f*
efekt M Effekt *m*; Ergebnis *n*
efektowny effektvoll
egipski ägyptisch **Egipt** M

Ägypten *n*
egoista M Egoist *m* **egoistka** F Egoistin *f* **egoistyczny** egoistisch **egoizm** M Egoismus *m*
egzamin M Prüfung *f*
egzekucja F *długu* Zwangsvollstreckung *f*; *kary śmierci* Hinrichtung *f* **egzekwować** **⟨wy-⟩** fordern; *dług* einziehen; vollstrecken
egzema F Ekzem *n*
egzemplarz M Exemplar *n*
egzotyczny exotisch
egzystencja F Existenz *f*
ekipa F Equipe *f*, Mannschaft *f*
ekler M *(zamek błyskawiczny)* Reißverschluss *m*; GASTR Eclair *n*
ekolog M Ökologe *m*, Ökologin *f* **ekologiczny** ökologisch
ekonomia F Wirtschaftslehre *f* **ekonomiczny** ökonomisch
ekran M Bildschirm *m*; *w kinie* Leinwand *f* **ekranizacja** F Verfilmung *f*
ekspedient(ka) M(F) Verkäufer(in) *m(f)*
ekspedycja F Expedition *f*
ekspert M Sachverständige(r) *m/f(m)* **ekspertyza** F Gutachten *n*
eksperyment M Experiment *n*, Versuch *m*
eksploatacja F Ausbeutung *f*; Abbau *m*; Nutzung *f* **eksploatować** ausbeuten; abbauen; nutzen
eksplozja F Explosion *f*
eksponat M Ausstellungsstück *n*; Exponat *n* **eksponować** ausstellen; hervorheben
eksport M Export *m* **eksportować** exportieren **eksportowy** Export-
ekspres M Expresszug *m*; Eilbrief *m* **ekspresowy** Express-, Eil-
ekstra extra; super, prima, toll
ekstremalny extrem
ekwipunek M Ausrüstung *f*
elastyczny elastisch; flexibel
elegancja F Eleganz *f* **elegancki (-ko)** elegant
elektorat M Wähler *mpl*; Wählerschaft *f*
elektrociepłownia F Heizkraftwerk *n* **elektron** M PHYS Elektron *n* **elektroniczny** elektronisch **elektronika** F Elektronik *f* **elektrownia** F Kraftwerk *n*
elektryczność F Elektrizität *f*; elektrisches Licht *n* **elektryczny** elektrisch; Elektro-
elektryk M Elektriker(in) *m(f)*
element M Element *n* **elementarny** elementar **elementarz** M Fibel *f*
elewacja F ARCH Fassade *f*
eliminacyjny: **zawody** PL **eliminacyjne** Ausscheidungskämpfe *pl* **eliminować** **⟨wy-⟩** ausschließen; eliminieren
elita F Elite *f* **elitarny** Elite-; elitär
e-mail M E-Mail *f*

emalia F Emaille *f*
embrion M Embryo *n*
emeryt(ka) M(F) Rentner(in) *m(f)* **emerytalny** Renten- **emerytura** F Rente *f*; Pension *f*; **przejść na emeryturę** in den Ruhestand treten, in Rente gehen
emigracja F Emigration *f*; **na emigracji** im Exil **emigrant(ka)** M(F) Emigrant(in) *m(f)*
emocja F Emotion *f* **emocjonalny** emotional
emulsja F Emulsion *f*
encyklopedia F Enzyklopädie *f*, Lexikon *n*
energetyczny Energie-; energetisch **energia** F Energie *f*; *do działania* Tatkraft *f*
energiczny energisch
entuzjazm M Enthusiasmus *m*; Begeisterung *f* **entuzjazmować się** sich begeistern (*inst* für *akk*)
enzym M BIOL Enzym *n*
e-papieros M E-Zigarette *f*
epidemia F Epidemie *f*; Seuche *f*
epilepsja F Epilepsie *f*
epizod M Episode *f*
epoka F Epoche *f*, Zeitalter *n* **epokowy** epochemachend
era F Ära *f*, Zeitalter *n*; **naszej ery** unserer Zeitrechnung *f*
erotyczny erotisch
esej M Essay *n*
esencja F Essenz *f*
eskorta F Eskorte *f*; **pod eskortą** unter Bewachung **eskortować** geleiten
estetyczny ästhetisch
Estonia F Estland *n* **Estonka** F Estin *f* **Estończyk** M Este *m* **estoński (po -ku)** estnisch
etap M Etappe *f*
etat M Planstelle *f* **etatowy** im Stellenplan vorgesehen; fest angestellt
etui N Hülle *f*, Etui *n*; **~ na komórkę** Handyhülle *f*, Handytasche *f*
etykieta F Etikette *f*; Etikett *n*; Aufkleber *m*
euro N Euro *m*
Europa F Europa *n* **Europejczyk** M Europäer *m* **Europejka** F Europäerin *f* **europejski** europäisch
ewakuacja F Evakuierung *f* **ewakuować** evakuieren
ewangelia F Evangelium *n* **ewangelicki** evangelisch **ewangeliczka** F Protestantin *f* **ewangelik** M Protestant *m*
ewentualny eventuell
ewidencja F Registrierung *f*; Kartei *f*, Datei *f*
ewolucja F Evolution *f*; Entwicklung *f*
express M → **ekspres**

F

fabryczny Fabrik- **fabryka** F Fabrik *f*
fabularny: **film** M ~ Spielfilm *m* **fabuła** F Handlung *f*; Story *f*
facet *umg* M *umg* Kerl *m*, Typ *m*
fach M Fach *n* **fachowiec** M Fachmann *m*, Fachfrau *f* **fachowy (-wo)** fachmännisch
fajerwerk M Feuerwerk *n*
fajka F Pfeife *f*; *umg* Glimmstängel *m*
fajny prima, super, toll
faks M Fax *n*, Faxgerät *n* **faksować** faxen
fakt M Tatsache *f* **faktura** F Rechnung *f* **faktyczny** tatsächlich
fala F Welle *f* **falisty (-to)** wellenförmig **falować** wogen
fałd M Falte *f* **fałda** F Falte *f*
fałsz M Falschheit *f* **fałszerstwo** N Fälschung *f* **fałszować ⟨s-⟩** fälschen **fałszywy (-wie)** falsch
fan M Fan *m*; Anhänger(in) *m(f)* **fanatyk** M Fanatiker *m*
fantastyczny fantastisch; Sciencefiction- **fantazja** F Fantasie *f*
farba F Farbe *f* **farbować ⟨po-⟩** färben; VI abfärben
farmaceuta M Pharmazeut *m* **farmaceutka** F Pharmazeutin *f*
farsz M GASTR Füllung *f*
fartuch M Schürze *f*
fascynować ⟨za-⟩ faszinieren, begeistern
fasola F Bohne *f*
fason M Fasson *f*; Schnitt *m*; *umg* **z fasonem** mit Bravour
faszystowski faschistisch **faszyzm** M Faschismus *m*
fatalny fatal, verhängnisvoll; *umg a.* scheußlich
fatyga F Mühe *f* **fatygować ⟨po-⟩** bemühen (**się** sich)
faul M SPORT Foul *n*
faworyt M SPORT Favorit *m*; Liebling *m*
fax → faks
faza F Phase *f*
federacja F Föderation *f*, Bund *m* **federalny** Bundes-
felieton M Feuilleton *n*
feministka F Feministin *f*
ferie PL Ferien *pl*
fermentować ⟨s-⟩ gären
festiwal M Festival *n*
festyn M (Volks)Fest *n*
figa F Feige *f*
figiel M Streich *m*
figura F Figur *f*; Gestalt *f* **figurować** registriert *od* verzeichnet sein
fikcyjny Schein-; fiktiv
filar M Pfeiler *m*; *fig* Stütze *f*
filharmonia F Philharmonie *f*
filia F Filiale *f*
filiżanka F Tasse *f*

film M Film *m* **filmować** ⟨s-⟩ filmen **filmowy** Film-
filologia F Philologie *m* **filozofia** F Philosophie *m*
filtr M Filter *m od n*
finał M Finale *n*
finanse PL Finanzen *pl* **finansować** ⟨s-⟩ finanzieren **finansowy** Finanz- **(-wo)** finanziell
finisz M SPORT Endspurt *m* **finiszować** spurten
Fin(ka) M(F) Finne *m*, Finnin *f* **Finlandia** F Finnland *n* **fiński (po -ku)** finnisch
fioletowy (-wo) violett
fiołek M Veilchen *n*
firanka F Gardine *f*
firma F Firma *f* **firmowy** Firmen-; **danie** *n* **firmowe** Spezialität *f* des Hauses
fiskus M Fiskus *m*
fitness M Fitness *f*
fizyczny physikalisch; physisch; **pracownik** ~ *m* Arbeiter(in) *m(f)*
fizyka F Physik *f*
flaga F Flagge *f*
flaki MPL GASTR (Kuttel)Flecke *pl*, Kutteln *fpl*
flakon M Flakon *m* **flakonik** M Fläschchen *n*
flamaster M Filzstift *m*
flądra F Flunder *f*
fleksitarianin M Flexitarier *m*
fleksitarianka F Flexitarierin *f*
flesz M Blitzlicht *n*
flet M Flöte *f*
flirt M Flirt *m* **flirtować** flirten
flota F Flotte *f*
foka F Seehund *m*; Robbe *f*
folder M IT Ordner *m*, Verzeichnis *n*; Prospekt *m*
folia F Folie *f* **foliowy** Folien-
folklor M Folklore *f*
fontanna F Fontäne *f*, Springbrunnen *m*
forma F Form *f* **formalność** F Formalität *f* **formalny** formal; formell, offiziell
format M Format *n* **formować** ⟨u-⟩ formen; formieren
formularz M Formular *n* **formuła** F Formel *f* **formułować** ausdrücken; formulieren
forsa F *umg* Moneten *pl*, Kohle *f*, Kies *m*
forsować ⟨s-⟩ forcieren **forsowny** anstrengend
fort M Fort *n* **forteca** F Festung *f*
fortel M List *f*, Trick *m*
fortepian M Klavier *n*
fortuna F Glück *n*, Fortuna *f*; Vermögen *n*
forum N Forum *n*
fosa F (Burg)Graben *m*
fotel M Sessel *m*
fotograf M Fotograf(in) *m(f)* **fotografia** F Fotografie *f*, Foto *n* **fotografować** ⟨s-⟩ fotografieren **fotokopia** F Fotokopie *f* **fotoreporter(ka)** M(F) Fotoreporter(in) *m(f)*
fragment M Ausschnitt *m*; Fragment *n*
frak M Frack *m*

Francja F Frankreich *n* **francuski (po -ku)** französisch **Francuz(ka)** M(F) Franzose *m*, Französin *f*
frank M Franken *m*
fraszka F *(błahostka)* Lappalie *f*; Epigramm *n*
frędzla F Franse *f*
front M Front *f* **frontowy** Vorder-; Front-
froterować ⟨wy-⟩ bohnern
fruwać ⟨frunąć⟩ fliegen; flattern; *kartki* auffliegen
frytki FPL Pommes frites *pl*
fryzjer(ka) M(F) Friseur(in) *m(f)*
fryzura F Frisur *f*
fundacja F Stiftung *f* **fundament** M Fundament *n* **fundować ⟨za-⟩** *umg* spendieren **fundusz** M Fonds *m*
funkcja F Funktion *f* **funkcjonalny** funktional **funkcjonariusz** M Beamte(r) *m*, Beamtin *f* **funkcjonować** funktionieren
funt M Pfund *n*
furgonetka F Lieferwagen *m*
furia F Wutanfall *m*; Wut *f*
furtka F Pforte *f*
futbol M Fußball *m*
futro N Fell *n*; *płaszcz* Pelz *m*
futryna F (Tür)Rahmen *m*
futrzany Pelz-
fuzja[1] F Fusion *f*
fuzja[2] F *(strzelba)* Büchse *f*, Flinte *f*

G

gabinet M Arbeitszimmer *n*; Kabinett *n*; **~ lekarski** Sprechzimmer *n*
gablota F Vitrine *f*
gad M Reptil *n*
gadać *umg* reden **gadanie** N Gerede *n* **gadanina** *umg* F Gerede *n*; *umg* Geschwätz *n*
gadatliwy geschwätzig
galanteria F Galanterie *f*
galareta F Gelee *n od m*; *słona* Sülze *f*
galeria F Galerie *f*
galop M Galopp *m* **galopować ⟨po-⟩** galoppieren
galowy Gala- **(-wo)** festlich
gałąź F Zweig *m*
gałka F Knauf *m*; Drehknopf *m*; **~ oczna** Augapfel *m*
gang M (Verbrecher)Bande *f*; Gang *f* **gangster** M Gangster *m*; Verbrecher(in) *m(f)*
ganić ⟨z-⟩ tadeln, rügen
gapa F: **jechać na gapę** schwarzfahren; **pasażer** *m* **na gapę** blinder Passagier *m*; Schwarzfahrer(in) *m(f)*
gapić się gaffen, glotzen
garaż M Garage *f*
garb M Buckel *m*
garbaty (-to) bucklig **garbić się ⟨z-⟩** sich krumm halten
garderoba F Garderobe *f*;

Kleidung *f*
gardło N Kehle *f*; *umg* Hals *m*; ANAT Rachen *m*
gardzić → pogardzać
garmażeryjny: **wyroby** PL **garmażeryjne** Fertiggerichte *pl*
garnek M Topf *m*
garnitur M Anzug *m*; *mebli* Garnitur *f*
garsonka F Kostüm *n*
garstka F Handvoll *f*
garść F (*dłoń*) Hand *f*; Handvoll *f*
gasić ⟨**z-**⟩ *ogień, pragnienie* löschen; *silnik* abstellen **gasnąć** ⟨**z-**⟩ erlöschen
gastronomiczny gastronomisch; Gastronomie-
gaśnica F Feuerlöscher *m*
gatunek M Sorte *f*; Qualität *f*; BIOL Art *f* **gatunkowy** Qualitäts-, Marken-
gaworzyć *dziecko* lallen
gaz M Gas *n*; **~ ziemny** Erdgas *n*; **gazy** *pl* **spalinowe** Verbrennungsgase *npl*
gaza F Gaze *f*, Mull *m*
gazeta F Zeitung *f*, Blatt *n* **gazetowy** Zeitungs-
gazociąg M Gasfernleitung *f* **gazomierz** M Gaszähler *m* **gazowany** Gas-; mit Kohlensäure **gazownia** F Gaswerk *n* **gazowy** Gas-
gaźnik M AUTO Vergaser *m*
gąbka F Schwamm *m*
gąsienica F Raupe *f*
gąszcz M Dickicht *n*
gdakać ⟨**za-**⟩ gackern
gderać nörgeln, *umg* meckern
gdy als; wenn **gdyby** falls; wenn **gdyż** da, denn, weil
gdzie wo **gdziekolwiek** irgendwo; irgendwohin **gdzieś** irgendwo
gej M *umg* Schwule(r) *m*
gen M Gen *n*
generacja F Generation *f*; PHYS Erzeugung *f*
generalny allgemein; Haupt-; General-
generał M General *m*
genetyczny genetisch
genialny genial **geniusz** M Genie *n*
geografia F Geografie *f*, Erdkunde *f* **geometria** F Geometrie *f*
gest M Geste *f*
gęba *pop* F Mundwerk *n*, Maul *n*
gęgać *gęś* schnattern
gęstnieć ⟨**z-**⟩ dick *od* dicht(er) werden **gęstość** F Dichte *f*
gęsty (**-to**) dickflüssig, dick; dicht
gęś F Gans *f*
giąć ⟨**z-**⟩ biegen; PF *a.* verbiegen
giełda F FIN Börse **giełdowy** Börsen-
giętki (**-ko**) biegsam **giętkość** F Biegsamkeit *f*
gigantyczny gigantisch; riesig; gewaltig
gimnastyczny gymnastisch; Turn- **gimnastyka** F Gym-

nastik *f*, Turnen *n*
gimnazjum N Gymnasium *n*
ginąć ⟨**z-**⟩ *tracić życie* umkommen; *znikać* verschwinden, abhanden kommen
ginekolog M Frauenarzt *m*, Frauenärztin *f*, Gynäkologe *m*, Gynäkologin *f*
gips M Gips *m*; Gipsverband *m* **gipsować** ⟨**za-**⟩ gipsen, vergipsen
gitara F Gitarre *f* **gitarzysta** M Gitarrist(in) *m(f)*; Gitarrespieler(in) *m(f)*
glazura F Glasur *f*
gleba F Boden *m*
gliceryna F Glyzerin *n*
glina F Lehm *m*, Ton *m* **gliniany** Ton-, Lehm- **gliniasty** lehmig
glista F Regenwurm *m*
glob M Erdkugel *f*
glon M Alge *f*
gluten M Gluten *n*; **bezglutenowy** glutenfrei
gładki (**-ko**) glatt **gładzić** ⟨**wy-**⟩ glätten ⟨**po-**⟩ streicheln **głaskać** ⟨**po-**⟩ streicheln
głaz M Felsblock *m*
głębia F Tiefe *f* **głębina** F Tiefe *f* **głęboki** (**-ko**) tief **głębokość** F Tiefe *f*
głodny (**-no**) hungrig **głodować** hungern **głodówka** F Hungerstreik *m*; Abmagerungskur *f*
głos M Stimme *f*; **prosić o ~** ums Wort bitten **głosić** ⟨**o-**⟩ verkünden **głoska** F (Sprach)-Laut *m* **głosować** ⟨**za-**⟩ stimmen, abstimmen **głosowanie** N Abstimmung *f*
głośnik M Lautsprecher *m*
głośny (**-no**) laut
głowa F Kopf *m*; Haupt *n* **głowica** F Kopf *m*; Knauf *m*
głód M Hunger *m*
główka F Köpfchen *n* **głównie** hauptsächlich **główny** Haupt-; Grund-
głuchawy schwerhörig **głuchnąć** ⟨**o-**⟩ taub werden **głuchoniema** F Gehörlose **głuchoniemy** gehörlos; SUBST M Gehörlose(r) *m* **głuchota** F Taubheit *f* **głuchy** taub (**-cho**) dumpf
głupi (**-pio**) dumm **głupiec** M Dummkopf *m*, Tor *m* **głupota** F Dummheit *f* **głupstwo** N Dummheit *f*
gmach M Gebäude *n*
gmatwać ⟨**po-**, **za-**⟩ durcheinanderbringen
gmina F Gemeinde *f* **gminny** Gemeinde-
gnębić (*trapić*) bedrücken ⟨**z-**⟩ unterdrücken
gniazdo N Nest *n*; **~ wtyczkowe** Steckdose *f*
gnić ⟨**z-**⟩ faulen, *pf* verfaulen
gnieść ⟨**z-**⟩ drücken, *pf a.* zerdrücken
gniew M Zorn *m* **gniewać** ⟨**roz-**⟩ ärgern, verärgern; **~ się** sich ärgern (**na** *akk* **o** *akk* über *akk* wegen *gen*) **gniew-**

ny zornig
gnieździć się nisten
gnój M Mist *m*, Dung *m*
godło N Emblem *n*, Wappen *n* **godność** F Würde *f*; *umg a.* Name *m* **godny** würdig
godzić ⟨**po-**⟩ aussöhnen (**z** *inst* mit *dat*; **się** sich)
godzina F Stunde *f* **godzinny** Stunden-, einstündig
godziwy (**-wie**) angemessen
goić ⟨**wy-, za-**⟩ (**się**) heilen
gol M SPORT Tor *n*, Torschuss *m*
golarka F Rasierapparat *m*
golas M: **na golasa** nackt
golenie N Rasieren *n*; **maszynka** *f* **do golenia** Rasierapparat *m*
goleń F Schienbein *n*
golf M SPORT Golf *m*; Rollkragenpullover *m*; Rollkragen *m*
golić ⟨**o-**⟩ rasieren (**się** sich)
golonka F Eisbein *n*
gołąb M Taube *f* **gołąbek** GASTR M Kohlroulade *f*
gołoledź F Glatteis *n*
goły (**-ło**) nackt; bloß; kahl
gonić V/T jagen, verfolgen; V/I rennen; streben (**za** *inst* nach *dat*) **goniec** M Bote *m*, Botin *f*; *szachy* Läufer *m* **gonitwa** F Rennen *n*
gończy: **list** M **~** Steckbrief *m*
gorąco N Hitze *f* **gorący** (**-co**) heiß; hitzig
gorączka F Fieber *n* **gorączkować** fiebern; **~ się** sich ereifern
gorczyca F Senf *m*, Senfkorn *n*
gorliwość F Eifer *m* **gorliwy** (**-wie**) eifrig
gorszący (**-co**) anstößig **gorszy** (**-rzej**) schlechter, schlimmer **gorszyć** ⟨**z-**⟩ Anstoß erregen; **~** ⟨**z-**⟩ **się** Anstoß nehmen (*inst* an *dat*)
gorycz F Bitterkeit *f*
gorzałka F *umg* Schnaps *m*
gorzej → gorszy
gorzki (**-ko**) bitter **gorzknieć** ⟨**z-**⟩ bitter werden; *fig* verbittert werden
gospoda F Gasthaus *n*
gospodarczy Wirtschafts- (**-czo**) wirtschaftlich **gospodarka** F Wirtschaft *f* **gospodarny** wirtschaftlich **gospodarować** wirtschaften
gospodarstwo N Wirtschaft *f*; (Bauern)Hof *m*; **~ domowe** Haushalt *m*; **~ rolne** landwirtschaftlicher Betrieb *m*
gospodarz M Landwirt *m*; Hausherr *m*; Bauer *m*; Hauseigentümer *m* **gospodarzyć** → gospodarować **gospodyni** F Landwirtin *f*; Hauseigentümerin *f*
gościć ⟨**u-**⟩ V/T bewirten; V/I zu Gast sein, weilen
gościec M Rheuma *n*
gościna F: **w gościnie** zu Gast **gościnny** gastfreundlich
gość M Gast *m*; Besucher(in) *m(f)*
gotować ⟨**u-**⟩ kochen **goto-**

wany gekocht
gotowość F Bereitschaft *f* **gotowy** fertig; bereit
gotów → gotowy **gotówka** F Bargeld *n*
gotycki gotisch
goździk M Nelke *f*
góra F Berg *m*; **góry** *pl* Gebirge *n* **górka** F Hügel *m* **górny** obere(r), Ober- **górować** überragen (**nad** *inst akk*) **górski** Berg-; Gebirgs-; → pasmo
górzysty bergig, gebirgig
gówno *vulg* N Scheiße *f*
gra F Spiel *n*
grab M Hainbuche *f*, Weißbuche *f*
grabarz M Totengräber *m*
grabić[1] ⟨**za-**⟩ *liście* harken
grabić[2] ⟨**o-**⟩ rauben, plündern, berauben, ausplündern
grabie PL Harke *f*, Rechen *m*
graca F Hacke *f*
gracz M Spieler(in) *m(f)*
grać ⟨**za-**⟩ spielen; **~ w karty** Karten spielen; **~ na fortepianie** Klavier spielen
grad M Hagel *m* **gradobicie** N Hagelschlag *m*
graficzny grafisch **grafik** M Grafiker(in) *m(f)*; *wykres* Zeitplan *m*
gram M Gramm *n*
gramatyka F Grammatik *f*
granat M Granate *f* **granatowy (-wo)** dunkelblau
granica F Grenze *f*; **za granicą** im Ausland; **za granicę** ins Ausland **graniczyć** grenzen (**z** *inst* an *akk*)
grasować um sich greifen, wüten
gratis frei, gratis **gratisowy (-owo)** frei, gratis
gratulacja F Glückwunsch *m*
gratulować ⟨**po**⟩ gratulieren
Grecja F Griechenland *n*
grecki (po -ku) griechisch
Greczynka F Griechin *f*
grejpfrut M Grapefruit *f*
Grek M Grieche *m*
grill M Grill *m*
grobowiec M Gruft *f* **grobowy (-wo)** Grab(es)-
groch M Erbse *f* **grochówka** F Erbsensuppe *f*
grodzić ⟨**o-**⟩ umzäunen
grom M Donner *m*, Donnerschlag *m*
gromada F Schar *f*, Haufen *m*; BIOL Art *f* **gromadzić** ⟨**na-**, **z-**⟩ sammeln, ansammeln anhäufen; **~** ⟨**z-**⟩ **się** sich sammeln, sich versammeln
gromić ⟨**z-**⟩ schelten, ausschelten
grono N Traube *f*; **~ znajomych** Bekanntenkreis *m*
grosz M Groschen *m*
groszek M Erbsen *fpl*
groza F Grausen *n*; Entsetzen *n* **grozić** drohen (*inst* mit *dat*)
groźba F Drohung *f* **groźny** drohend; bedrohlich
grób M Grab *n*
gród M Burg *f*
grubas *umg* M Dicke(r) *m/f(m)*

grubość F Dicke *f*, Stärke *f*
gruboziarnisty grobkörnig
gruby (-bo) dick
gruchać gurren
gruczoł M Drüse *f*
gruda F Klumpen *m*
grudka → gruda
grudzień M Dezember *m*; **w grudniu** im Dezember
grunt M Grund *m*, Boden *m* **gruntowny** grundlegend; gründlich
grupa F Gruppe *m*; **~ wycieczkowa** Reisegruppe *f* **grupowy** Gruppen-
grusza F Birnbaum *m* **gruszka** F Birne *f*
gruz M Schutt *m*; **gruzy** *pl* Ruinen *fpl*
Gruzin M Georgier *m* **Gruzinka** F Georgierin *f* **gruziński (po –ku)** georgisch **Gruzja** F Georgien *n*
gruźlica F Tuberkulose *f*
gryczany Buchweizen-
grymas M Grimase *f*
grypa F Grippe *f*
grys M Grieß *m*; Splitt *m* **grysik** M Grießbrei *m*
gryzący ätzend, beißend
gryzoń M Nagetier *n*
gryźć ⟨u-⟩ beißen
grzać ⟨o-, z-⟩ wärmen, *pf a.* erwärmen
grzałka F Tauchsieder *m*
grzanka F Toast *m*
grząski (-sko) sumpfig
grzbiet M Rücken *m*; **~ górski** Bergrücken *m*
grzebać graben; wühlen **⟨po-⟩** begraben **⟨wy-⟩** ausgraben **grzebień** M GEOG Kamm *m*
grzech M Sünde *f*
grzechotać klappern **grzechotka** F Rassel *f*, Klapper *f*
grzeczność F Höflichkeit *f* **grzeczny** höflich; artig
grzejnik M Heizkörper *m*
grzeszyć ⟨z-⟩ sündigen
grzęznąć ⟨u-⟩ versinken; stecken bleiben
grzmieć ⟨za-⟩ donnern **grzmot** M Donner *m*
grzyb M Pilz *m*
grzywa F Mähne *f* **grzywka** F Pony *m*
grzywna F Bußgeld *n*
gubić ⟨z-⟩ verlieren
gulasz M Gulasch *m*
guma F Gummi *m od n*; **~ do żucia** Kaugummi *m* **gumka** F *do ścierania* Radiergummi *m*; Gummiband *n* **gumowy** Gummi-
gust M Geschmack *m*
guz M Beule *f*; Tumor *m*, Geschwulst *f*
guzdrać się *umg* trödeln; bummeln
guzik M Knopf *m*
gwałcić ⟨z-⟩ vergewaltigen **gwałt** M Vergewaltigung *f*, Gewalttat *f*; Zwang *m*
gwałtowność F Gewalttätigkeit *f*; Heftigkeit *f* **gwałtowny** gewalttätig; heftig
gwar M Stimmengewirr *n*

gwara F Mundart *f*, Dialekt *m*
gwarancja F Garantie *f*; Bürgschaft *f* **gwarantować** ⟨**za-**⟩ garantieren; bürgen
gwarny (**-no**) laut
gwiazda Stern *m*; *filmowa* Star *m* **gwiazdka** F Sternlein *n*; Weihnachten *n od pl* **gwiazdkowy** Weihnachts- **gwiazdozbiór** M Sternbild *n*
gwiaździsty voller Sterne; sternförmig
gwiezdny Stern-
gwint M Gewinde *n*
gwizd M Pfeifen *n*; Pfiff *m* **gwizdać** ⟨**-dnąć**⟩ pfeifen **gwizdek** M Pfeife *f*
gwóźdź M Nagel *m*
gzyms M Sims *m od n*; GEOG Felsvorsprung *m*

haczyk M Häkchen *n*; Angelhaken *m*
haft M Stickerei *f* **haftować** ⟨**wy-**⟩ sticken
hak M Haken *m*
haker M IT Hacker *m*
hala F Halle *f*; *górska* Alm *f*
halka F Unterrock *m*
hałas M Lärm *m* **hałasować** lärmen, rumoren **hałaśliwy** (**-wie**) laut, lärmend
hamak M Hängematte *f*
hamować ⟨**za-**⟩ bremsen **hamulec** M Bremse *f*; ~ **bezpieczeństwa** Notbremse *f*
handel M Handel *m*; ~ **zagraniczny** Außenhandel *m* **handlarka** F Händlerin *f* **handlarz** M Händler *m* **handlować** handeln (*inst* mit *dat*)
handlowiec M Kaufmann *m*, Kauffrau *f* **handlowy** Handels-
hangar M Flugzeughalle *f*
haniebny schändlich, schmählich
hańba F Schande *f*, Schmach *f* **hańbić** ⟨**z-**⟩ entehren, schänden
haracz M Schutzgeld *n*
harcerka F Pfadfinderin *f* **harcerz** M Pfadfinder *m*
hardy (**-do**) hochmütig
harmonia F Harmonie *f* **harmonijka** F → organki
harmonogram M Zeitplan *m*
harować *umg* schuften
hart M Härte *f* **hartować** ⟨**za-**⟩ härten; *fig* abhärten
hasać *dzieci* tollen
hasło N Passwort *n*
hazard M Hasardspiel *n*; Risiko *n*
hebrajski (**po -ku**) hebräisch
hektar M Hektar *n od m*
helikopter M Hubschrauber *m*
hełm M Helm *m*
herb M Wappen *n*
herbaciarnia F Teestube *f*
herbata F Tee *m* **herbatnik**

M Teegebäck *n*
heroina F Heroin *n*
hetman M *szachy* Dame *f*
hierarchia F Hierarchie *f*
higiena F Hygiene *f* **higieniczny** hygienisch
hipnoza F Hypnose *f*
hipopotam M Nilpferd *n*
hipoteka F Hypothek *f*; Grundbuch *n*
hipoteza F Hypothese *f*
historia F Geschichte *f* **historyczny** geschichtlich, historisch **historyjka** F Geschichte *f*, Story *f* **historyk** M Historiker(in) *m(f)*
Hiszpan M Spanier *m* **Hiszpania** F Spanien *n* **Hiszpanka** F Spanierin *f* **hiszpański (po -ku)** spanisch
hit M Schlager *m*; Hit *m*
hobby N Hobby *n*
hodować ⟨wy-⟩ züchten **hodowca** M Züchter(in) *m(f)*
hodowla F *zwierząt* Zucht *f*; *roślin* Anbau *m*
hojność F Freigebigkeit *f* **hojny** freigebig
hokej M Hockey *n*
hol M Halle *f*
Holandia F Holland *n* **Holender(ka)** M(F) Holländer(in) *m(f)*
holenderski (po -ku) holländisch
holować ⟨od-⟩ schleppen, abschleppen; SCHIFF bugsieren **holownik** M SCHIFF Schlepper *m*
hołd M Ehrbezeigung *f*; Huldigung *f*
hołota F Gesindel *n*
homar M Hummer *m*
homoseksualista M Homosexuelle(r) *m* **homoseksualny** homosexuell, *umg* schwul
honor M Ehre *f*; **słowo** *n* **honoru** Ehrenwort *n* **honorarium** N Honorar *n* **honorowy (-wo)** Ehren-; ehrenhalber; ehrenamtlich
hormon M Hormon *n*
horoskop M Horoskop *n*
horror M Horror *m*; Horrorfilm *m*
horyzont M Horizont *m*
hotel M Hotel *n*; **~ z wellness & SPA** Wellnesshotel *n* **hotelowy** Hotel-
hrabia M Graf *m* **hrabina** F Gräfin *f*
huczeć ⟨za-⟩ *silnik* dröhnen, *morze* brausen **⟨huknąć⟩** krachen; knallen **huczny** rauschend; schallend
huk M Krachen *n*, Getöse *n*; Donner *m* **huknąć** PF → huczeć
hulać zechen **hulajnoga** F Roller *m*; **~ elektryczna** E-Roller *m*
humor M Humor *m*; Laune *f*
huragan M Orkan *m*
hurt M Großhandel *m*; **hurtem** en gros **hurtownia** F Großhandlung *f*
huśtać ⟨po-⟩ schaukeln **(się** sich) **huśtawka** F Schaukel *f*
huta F TECH Hütte *f* **hutnic-**

two N Hüttenwesen *n* **hutniczy** Hütten-
hydraulik M Installateur(in) *m(f)*; Klempner(in) *m(f)*
hymn M Hymne *f*

I

i und
idea F Idee *f*
idealny ideal **ideał** M Ideal *n*
identyczny identisch
idiota M Idiot *m* **idiotka** F Idiotin *f*
idol M Idol *n*
igła F Nadel *f*
ignorować ⟨**z-**⟩ ignorieren
igrzyska NPL (Sport)Spiele *npl*; **Igrzyska olimpijskie** Olympische Spiele
ikona F Ikone *f*
ile wie viel **ilekroć** sooft
iloczyn M MATH Produkt *n*
iloraz M MATH Quotient *m*
ilość F Anzahl *f*, Menge *f*
ilustracja F Illustration *f*
iluzjonista M Zauberkünstler(in) *m(f)*
im: ~ ... **tym** ... je ... desto
imadło N Schraubstock *m*
imbir M Ingwer *m*
imieniny PL Namenstag *m*
imię N (Vor)Name *m*
imigrant(ka) M(F) Einwanderer *m*, Einwanderin *f*
immunitet M Immunität *f*
impet M Ungestüm *n*; Wucht *f*
imponować imponieren **imponujący (-co)** imposant
import M Einfuhr *f*, Import *m* **importować** einführen, importieren **importowany** Import-
impreza F Veranstaltung *f*
impuls M Impuls *m*
inaczej anders; (*w przeciwnym razie*) sonst
inauguracja Eröffnungsfeier *f*
incydent M Vorfall *m*; Zwischenfall *m*
Indie PL Indien *n*
indyczka F Pute *f*, Truthenne *f* **indyjski** indisch **indyk** M Truthahn *m*, Puter *m*
indywidualny individuell
infekcja F Infektion *f*
inflacja F Inflation *f*
informacja F Information *f*; Auskunft *f* **informatyka** F Informatik *f* **informować** ⟨**po-**⟩ informieren (**się** sich)
inicjatywa F Initiative *f*
inny andere(r); sonstig
inscenizacja F Inszenierung *f*
inspekcja F Inspektion *f*; Besichtigung *f*
instalacja F Installation *f*; Installierung *f* **instalować** ⟨**za-**⟩ installieren
instrukcja F Instruktion *f*; ~ **obsługi** Bedienungsanleitung *f*
instrument M Instrument *n*; Werkzeug *n*
instynkt M Instinkt *m*

instytucja F Institution *f*, Anstalt *f* **instytut** M Institut *n*
inteligencja F Intelligenz *f*
intencja F Absicht *f*
interes M Geschäft *n* **interesować się** sich interessieren (*inst* für *akk*) **interesujący (-co)** interessant
internet M Internet *n*
interpretacja F Interpretation *f*, Auslegung *f*
intruz M Eindringling *m*
intryga F Intrige *f*
intuicja F Intuition *f*
intymny intim
inwalida M Invalide *m*, Versehrte(r) *m*
inwestować ⟨za-⟩ investieren
inżynier M Ingenieur(in) *m(f)*
iracki irakisch **Irak** M Irak *m*
Iran M Iran *m* **irański** iranisch
Irlandczyk M Ire *m* **Irlandia** F Irland *n* **Irlandka** F Irin *f* **irlandzki (po -ku)** irisch
ironia F Ironie *f* **ironiczny** ironisch
irytacja F Verärgerung *f*
iskra F Funke *m*
islam M Islam *m* **islamski** islamisch
Islandczyk M Isländer *m* **Islandia** F Island *n* **Islandka** F Isländerin *f* **islandzki (po -ku)** isländisch
istnieć existieren; bestehen **istota** F Wesen *n* **istotny** wesentlich
iść gehen, *umg* laufen; → chodzić
izba F Stube *f*, Zimmer *n*; ~ **handlowa** Handelskammer *f*
izolacja F Isolierung *f* **izolować ⟨od-⟩** isolieren
Izrael M Israel *n* **izraelski** Israel-, israelisch
iż dass

J

ja ich
jabłecznik M Apfelkuchen *m*; Apfelwein *m* **jabłko** N Apfel *m* **jabłoń** F Apfelbaum *m*
jacht M Jacht *f*
jad M Gift *n*; Toxin *n*
jadać speisen
jadalnia F Speisezimmer *n*, Speisesaal *m* **jadalny** essbar **jadłospis** M Speisekarte *f*
jadowity (-cie) giftig
jagnię N Lamm *n*
jagoda F Beere *f*; **czarna** ~ *f* Heidelbeere *f*
jajecznica F Rührei *n* **jajko** N Ei *n* **jajnik** M Eierstock *m*
jak wie; ~ **najszybciej** möglichst schnell, so schnell wie möglich **jaki** was für ein **jakikolwiek** irgendein **jakiś** irgendein; gewisser **jako** als **jakoś** irgendwie
jakość F Qualität *f*
jałowy (-wo) unfruchtbar

jama F Grube *f*; Loch *n*; ANAT Höhle *f*
jamnik M Dackel *m*
Japonia F Japan *n* **Japonka** F Japanerin *f* **Japończyk** M Japaner *m* **japoński (po -ku)** japanisch
jarmark M Jahrmarkt *m*
jarosz(ka) M(F) Vegetarier(in) *m(f)* **jarski** vegetarisch
jarzeniówka F Leuchtröhre *f*
jarzębina F Vogelbeere *f*; Vogelbeerbaum *m*
jarzyna F Gemüsepflanze *f*, Gemüse *n*; *potrawa* Gemüsebeilage *f*
jaskinia F Höhle *f*
jaskółka F Schwalbe *f*
jaskrawy (-wo) grell; *umg* knallig
jasność F Helligkeit *f* **jasnowidz** M Hellseher(in) *m(f)* **jasny (-no)** hell; klar
jastrząb M Habicht *m*
jaszczurka F Eidechse *f*
jaśnieć leuchten, glänzen
jawny öffentlich
jawor M Bergahorn *m*
jazda F Fahrt *f*; SPORT Lauf *m*; **~ konna** Reiten *n*; → prawo
jądro N Kern *m*; ANAT Hoden *m* **jądrowy** Kern-
jąkać się stottern
jechać ⟨**po-**⟩ fahren, hinfahren
jeden ein(er); allein; **wszystko jedno** ganz gleich
jedenastka F Elf *f*, *umg* Elfer *m* **jedenasty** elfte(r) **jedenaście** elf
jednak doch, dennoch **jednakowy (-wo)** gleich
jedno → **jeden** **jednoczesny (-śnie)** gleichzeitig **jednoczyć** ⟨**z-**⟩ vereinigen (**się** sich)
jednodniowy eintägig **jednokierunkowy** *ulica* Einbahn- **jednolity (-cie)** einheitlich **jednoosobowy (-wo)** Einpersonen-; Einzel- **jednorazowy (-wo)** einmalig; Einmal-; Einweg- **jednorodzinny** Einfamilien-
jednostka F Einheit *f*; *miary* Maßeinheit *f*; Individuum *n*
jednostronny einseitig **jedność** F Einigkeit *f* **jednoznaczny** eindeutig
jedwab M Seide *f* **jedwabny** Seiden-
jedynie nur, bloß **jedynka** F Eins *f*, Einer *m* **jedyny** einzig
jedzenie N Essen *n*
jego → on
jej → ona
jeleń M Hirsch *m*
jelito N Darm *m*
jełczeć ⟨**z-**⟩ ranzig werden
jesienny Herbst-; herbstlich
jesień F Herbst *m*
jeszcze noch
jeść ⟨**z-**⟩ essen, *pf a.* aufessen; **~ śniadanie** frühstücken
jeśli wenn
jezdnia F Fahrbahn *f*
jezioro N See *m*
jeździć fahren; **~ konno** rei-

ten; ~ **na rowerze** Rad fahren; ~ **na nartach** Ski laufen **jeździec** M Reiter(in) *m(f)*
jeż M Igel *m*
jeżeli wenn
jeżyna F Brombeere *f*
jęczeć ⟨jęknąć⟩ stöhnen
jęczmień M Gerste *f*; MED Gerstenkorn *n*
jędrny drall; *skóra* straff
jęk M Stöhnen *n* **jęknąć** PF → jęczeć
język M Zunge *f*; Sprache *f*
jodła F Tanne *f*
jogurt M Joghurt *m*
jubiler M Juwelier(in) *m(f)*
jubileusz M Jubiläum *n*
juror(ka) M(F) Preisrichter(in) *m(f)* **jury** N Jury *f*
jutro morgen
już schon, bereits

K

kabaret M Kabarett *n*
kabel M Kabel *n*
kabina F Kabine *f*; Zelle *f*; ~ **kierowcy** Führerhaus *n*
kac M *fig* Kater *m*
kaczka F Ente *f* **kaczor** M Erpel *m*
kadłub M Rumpf *m*; Gehäuse *n*
kadr M (Film)Aufnahme *f*
kadra F Personal *n* **kadrowy** Personal-
kajak M Paddelboot *n*
kajdanki PL Handschellen *fpl*
kajuta F Kajüte *f*
kajzerka F Kaiserbrötchen *n*
kakao N Kakao *m*
kaktus M Kaktus *m*
kalafior M Blumenkohl *m*
kalarepa F Kohlrabi *m*
kalectwo M Gebrechen *n* **kaleczyć ⟨o-, s-⟩** verletzen (**się** sich) **kaleka** M *neg!* Krüppel *m*
kalendarz M Kalender *m* **kalendarzowy** Kalender-; kalendarisch
kalesony PL Unterhose *f*
kalka F Kohlepapier *n*
kalkulator M Taschenrechner *m*
kaloria F Kalorie *f*
kaloryfer M Heizkörper *m*
kalosz M (Gummi)Überschuh *m*
kał M Kot *m*
kałuża F Pfütze *f*
kamera F Kamera *f*; **miniaturowa** ~ **cofania przy samochodzie** AUTO Rückfahrkamera *f*
kameralny MUS Kammer-; gemütlich
kamienica F Mietshaus *n*
kamienisty steinig **kamienny** Stein- **kamień** M Stein *m*
kamizelka F Weste *f*
kampania F Aktion *f*, Kampagne *f*; ~ **wyborcza** Wahlkampf *m*
Kanada F Kanada *n* **kanadyj-**

ski kanadisch
kanalizacja F Kanalisation *f*
kanał M Kanal *m*
kanapa F Sofa *n* **kanapka** F Sandwich *n od m*, belegtes Brötchen *n*
kanarek M Kanarienvogel *m*
kancelaria F Kanzlei *f*
kanciasty (-to) kantig
kanclerz M Kanzler(in) *m(f)*
kandydat(ka) M(F) Kandidat(in) *m(f)* **kandydować** kandidieren
kangur M Känguru *n*
kanon M Kanon *m*
kant M Kante *f*; Rand *m*; *umg fig* Betrug *m*
kantor M Wechselstube *f*
kantować ⟨**o-**⟩ *umg fig* schummeln, *pf a.* hereinlegen
kapa F Bettdecke *f*
kapać ⟨**-pnąć**⟩ tropfen; tröpfeln
kapeć M Hausschuh *m*
kapela F Kapelle *f*; Band *f*
kapelusz M Hut *m*
kapitał M Kapital *n*
kapitan M Kapitän *m*
kaplica F REL Kapelle *f*
kapłan M Priester *m*
kapnąć PF → kapać
kaprys M Laune *f* **kaprysić** nörgeln **kapryśny** launenhaft
kapsułka F MED, PHYS Kapsel *f*
kaptur M Kapuze *f*
kapusta F Kohl *m*; ~ **biała** Weißkohl *m*; ~ **czerwona** Rotkohl *m*; ~ **kiszona** Sauerkraut *n* **kapuśniak** M Sauerkrautsuppe *f*
kara F Strafe *f*
karabin M Gewehr *n*
karać ⟨**u-**⟩ strafen, bestrafen (**za** *akk* für *akk*)
karaluch M Küchenschabe *f*
karawan M Leichenwagen *m*
karciarz M Kartenspieler *m*
karcić ⟨**s-**⟩ rügen
karczoch M Artischocke *f*
karczować ⟨**wy-**⟩ roden
kardynał M Kardinal *m*
karetka F: ~ **pogotowia** Rettungswagen *m*
kariera F Karriere *f*
kark M Nacken *m*; GASTR Kamm *m* **karkołomny** halsbrecherisch
karłowaty (-to) zwerghaft
karmić ⟨**na-**⟩ nähren; füttern
karnawałowy Faschings-
karnet M Abonnement *n*; Dauerkarte *f*; ~ **miesięczny** Monatskarte *f*; ~ **roczny** Jahreskarte *f*
karny Straf-; diszipliniert
karo N Karo *n*
karoseria F Karosserie *f*
karp M Karpfen *m*
karta F Blatt *n*; Karte *f*; *do gry* Spielkarte *f*; ~ **gwarancyjna** Garantieschein *m*; ~ **kredytowa** Kreditkarte *f*; ~ **telefoniczna** Telefonkarte *f* **kartka** F Zettel *m*; *(pocztówka)* (Post)Karte *f*
kartofel M Kartoffel *f* **kartoflanka** F Kartoffelsuppe *f*

karton M Pappe *f*; Karton *m*
karuzela F Karussel *n*
karygodny sträflich
karzeł M Zwerg *m*
kasa F Kasse *f* **kasjer(ka)** M(F) Kassierer(in) *m(f)* **kask** M Helm *m* **kasować** ⟨**s-**⟩ entwerten; löschen **kasownik** M Entwerter *m*; MUS Auflösungszeichen *n*
kasyno N Kasino *n*
kasza F Grütze *f*; Brei *m* **kaszanka** F Grützwurst *f*
kaszel M Husten *m* **kaszleć** husten
kasztan M Kastanie *f*; Kastanienbaum *m*
katalog M Katalog *m*
katar M Schnupfen *m*; Katarrh *m*
katastrofa F Katastrophe *f*
katedra F Kathedrale *f*
kategoria F Kategorie *f*
katolicki katholisch **katoliczka** F Katholikin *f* **katolik** M Katholik *m*
kaucja F Kaution *f*
kawa F Kaffee *m*
kawaler M Junggeselle *m*; Kavalier *m*
kawalerka F Einzimmerwohnung *f*
kawał M Stück *n*; *umg fig* Streich *m*, Witz *m* **kawałeczek** M Stückchen *n* **kawałek** M Stück *n*
kawiarnia F Café *n*
kawior M Kaviar *m*
kawka F Dohle *f*
kazać ⟨**roz-**⟩ befehlen ⟨**na-**⟩ anordnen
kazanie N Predigt *f*
każdy jede(r); jedermann
kącik M → kąt
kąpać ⟨**wy-**⟩ baden (**się** sich)
kąpiel F Bad *n* **kąpielisko** N Badeort *m*; Badestelle *f* **kąpielowy** Bade- **kąpielówki** PL Badehose *f*
kąsać ⟨**ukąsić**⟩ beißen; *komar* stechen **kąsek** M Bissen *m*
kąt M Winkel *m*; Ecke *f*
kciuk M Daumen *m*
keczup M Ketchup *m od n*
kefir M Kefir *m*
kelner(ka) M(F) Kellner(in) *m(f)*
kemping M Camping *n* **kempingowy** Camping-; **domek** *m* ~ Ferienhäuschen *n*
kędzierzawy kraus
kęs M Bissen *m*
kibic M *fig* (Sport)Fan *m* **kibicować** V/T anfeuern
kichać ⟨**-chnąć**⟩ niesen
kiedy wann; KONJ wenn **kiedykolwiek** irgendwann **kiedyś** einst
kielich M Kelch *m* **kieliszek** M Glas *n*
kieł M Eckzahn *m*
kiełbasa F Wurst *f*
kiełek M BOT Keim *m*; **kiełki** *pl* **sojowe** BOT, GASTR Sojasprosse *f*
kiepski (-ko) mies, schlecht
kier M *karta do gry* Herz *n*, Coeur *n*

kierować ⟨**po-**⟩ leiten; lenken (*inst akk*) ⟨**s-**⟩ verweisen, überweisen (**do** *gen* an *akk*) **kierowca** M (Auto)Fahrer(in) *m(f)* **kierownica** F Lenkrad *n* **kierownictwo** N Führung *f*, Leitung *f* **kierowniczka** F Leiterin *f*; Geschäftsführerin *f* **kierownik** M Leiter *m*; Geschäftsführer *m*

kierunek M Richtung *f* **kierunkowskaz** M AUTO Blinker *m*

kieszeń F Tasche *f*

kieszonkowiec M Taschendieb(in) *m(f)* **kieszonkowy** Taschen-

kij M Stock *m*, Stab *m*

kijek M Stöckchen *n*; ~ **narciarski** Skistock *m*

kilka einige, mehrere **kilkadziesiąt** einige Dutzend **kilkakrotnie** mehrmals **kilkanaście** einige Zehn *od* Dutzend **kilkaset** einige Hundert

kilo *umg* N Kilo *n*, **kilogram** *m* Kilogramm *n* **kilometr** M Kilometer *m*

kim: **z** ~ mit wem; **o** ~ über wen, von wem

kino N Kino *n*

kiosk M Kiosk *m*

kisić ⟨**za-**⟩ säuern, einsäuern, einlegen

kisiel M rote Grütze *f*

kiszka F Darm *m*; *wędlina* Blutwurst *f*, Leberwurst *f*; **ślepa** ~ Blinddarm *m*

kiszony sauer, Sauer-

kiść F Traube *f*

kiwać ⟨**-wnąć**⟩ winken (**na** *akk dat*); ~ **się** wackeln

klakson M Hupe *f*

klamka F Klinke *f*

klamra F Klammer *f*

klapa F Klappe *f*; Ventil *n*; *umg* Flop *m*

klasa F Klasse *f*

klaskać klatschen

klasowy Klassen- **klasówka** F Klassenarbeit *f* **klasyczny** klassisch

klasyfikacja F Klassifikation *f*

klasztor M Kloster *n*

klatka F Käfig *m*

klawiatura F Tastatur *f* **klawisz** M Taste *f*

kląć ⟨**za-**⟩ fluchen

kleić ⟨**s-**⟩ leimen, zusammenleimen; kleben **kleik** M Schleim *m* **kleisty** (**-ście**) klebrig

klej M Leim *m*, Kleber *m*

klejnot M Kleinod *n*

klekotać ⟨**za-**⟩ klappern; knattern; *fig* plappern

klepać klopfen

kleszcz M Zecke *f*

kleszcze PL Zange *f*

klęczeć knien **klękać** ⟨**-knąć**⟩ niederknien (*pf* sich)

klęska F Niederlage *f*; Katastrophe *f*; ~ **żywiołowa** Naturkatastrophe *f*

klient(ka) M(F) Kunde *m*, Kundin *f*

klikać ⟨**-knąć**⟩ klicken, anklicken

klimat M Klima *n* **klimatyzacja** F Klimatisierung *f*; Klimaanlage *f* **klimatyzowany** klimatisiert
klin M Keil *m*
klinika F Klinik *f*
klips M (Ohr)Clip *m*; Klemme *f*
kloc M Klotz *m* **klocek** M Klötzchen *n*
klomb M Blumenbeet *n*
klon M Ahorn *m*
klops M Hackbraten *m*; *umg* Flop *m*, Pleite *f*
klosz M Lampenschirm *m*
klub M Klub *m* **klubowy** Klub-, Vereins-
klucz M Schlüssel *m*
kluska F (Mehl)Kloß *m*
kładka F Steg *m*
kłamać ⟨s-⟩ lügen **kłamca** M Lügner(in) *m(f)* **kłamstwo** N Lüge *f*
kłaniać ⟨**ukłonić**⟩ **się** grüßen (*dat akk*)
kłaść ⟨**położyć**⟩ legen (**się** sich)
kłębek M Knäuel *m od n*
kłębić się sich zusammenballen, sich zusammendrängen
kłoda F Klotz *m*
kłopot M Mühe *f*; Sorge *f* **kłopotliwy** peinlich
kłócić ⟨po-⟩ **się** streiten, sich zanken **kłótliwy** (-wie) zänkisch **kłótnia** F Zank *m*, Streit *m*
kłuć ⟨ u-⟩ stechen ⟨po-⟩ zerstechen
kminek M Kümmel *m*
knajpa *umg* F Kneipe *f*
knedel M Kloß *m*; Knödel *m*
knot M Docht *m*
kobiecy Frauen- (-co) weiblich **kobieta** F Frau *f*
koc M (Woll)Decke *f*
kochać lieben (**się** sich) **kochanek** M Liebhaber *m* **kochanka** F Geliebte *f* **kochany** lieb
kocioł M Kessel *m*
kod M Code *m*; ~ **bankowy** Bankleitzahl *f*; ~ **pocztowy** Postleitzahl *f*
kodeks M: ~ **drogowy** Straßenverkehrsordnung *f*
kogo wen; **do** ~ zu wem
kogut M Hahn *m*
koić ⟨u-⟩ lindern
kojarzyć ⟨s-⟩ verbinden, verknüpfen
kokaina F Kokain *n*
kokarda F Schleife *f*; Kokarde *f*
koktajl M Cocktail *m*; ~ **mleczny** Milchshake *m*
kolacja F Abendessen *n*; **jeść kolację** zu Abend essen
kolano N Knie *n*
kolarski Rad- **kolarstwo** N Radsport *m*
kolarz M Radrennfahrer(in) *m(f)*
kolba F Kolben *m*
kolczasty (-sto) stachelig; Stachel-
kolczyk M Ohrring *m*
kolebka F Wiege *f*
kolec M Dorn *m*, Stachel *m*

kolega M Kollege *m*; Kamerad *m* **kolegium** N Kollegium *n*; Kolleg *n*; *szkoła* College *n*
kolej F Eisenbahn *f*; Reihe *f*, Reihenfolge *f*; **~ podziemna** U-Bahn *f* **kolejarz** M Eisenbahner(in) *m(f)* **kolejka** F → kolej; **stać w kolejce** Schlange stehen, anstehen (**po** *akk* nach *dat*) **kolejność** F (Reihen)Folge *f* **kolejny** folgend, nächstfolgend (**-no**) der Reihe nach
kolejowy Eisenbahn-
kolekcja F Kollektion *f*; Sammlung *f* **kolekcjonować** sammeln
koleżanka F Kollegin *f*; Kameradin *f* **koleżeński** (**po -ku**) kollegial; kameradschaftlich
kolęda F Weihnachtslied *n*
kolizja F Zusammenstoß *m*
kolka F Kolik *f*
kolor M Farbe *f* **kolorowy** (**-wo**) farbig
kolumna F Säule *f*; Kolonne *f*; TYPO Spalte *f*
kołdra F (Stepp)Decke *f*
kołnierz M Kragen *m*
koło[1] (*gen*) um (*akk*) herum; neben (*akk, dat*), bei (*dat*), an (*akk, dat*)
koło[2] N Kreis *m*; Rad *n* **kołowy** Kreis-; Rad-
kołysać wiegen (**się** sich), schaukeln **kołysanka** F Wiegenlied *n* **kołyska** F Wiege *f*
komar M Mücke *f*
kombajn M: **~ zbożowy** Mähdrescher *m*
kombinerki PL Kombizange *f*
kombinezon M Overall *m*
komedia F Komödie *f*
komenda F Kommando *n*; Kommandatur *f* **komendant** M Kommandant *m*
komentarz M Kommentar *m*
komentować ⟨s-⟩ kommentieren
komercyjny kommerziell
kometa F Komet *m*
komfort M Komfort *m* **komfortowy** (**-wo**) bequem, komfortabel
komiczny komisch **komiks** M Comic *m*
komin M Schornstein *m* **kominek** M Kamin *m* **kominiarz** M Schornsteinfeger *m*
komis M Kommissionsgeschäft *n*
komisariat M Polizeirevier *n*
komisarz Kommissar(in) *m(f)*
komisja F Kommission *f*
komitet M Komitee *n*
komoda F Kommode *f*
komora F Kammer *f* **komorne** N Miete *f* **komornik** M Gerichtsvollzieher(in) *m(f)*
komórka F (Rumpel)Kammer *f*; ELEK, BIOL Zelle *f*; TEL Handy *n* **komórkowy** Zell-
kompakt *umg* M CD *f*; CD-Player *m*
kompas M Kompass *m*
kompleks M Komplex *m*
komplet M Satz *m*; Garnitur *f*
kompletny komplett; voll-

ständig
komplikować ⟨s-⟩ komplizieren
komponować ⟨s-⟩ komponieren
kompot M *deser* Kompott *n*
kompozytor(ka) M(F) Komponist(in) *m(f)*
kompres M Umschlag *m*
kompromis M Kompromiss *m*
kompromitacja F Bloßstellung *f*; Kompromittierung *f*
kompromitować ⟨s-⟩ blamieren; kompromittieren
komputer M Computer *m*
komputerowy Computer-
komu wem
komunia F Kommunion *f* **komunikacja** F Verkehr *m* **komunikat** M: **~ prasowy** Pressebericht *m*; Pressemeldung *f*
komunikować ⟨za-⟩ mitteilen; **~** ⟨s-⟩ **się** in Verbindung stehen; PF Verbindung aufnehmen
koncentrować ⟨s-⟩ konzentrieren (**się** sich)
koncern M Konzern *m*
koncert M Konzert *n*
kondolencje FPL Beileid *n*
konduktor(ka) M(F) Schaffner(in) *m(f)*
kondycja F Kondition *f*
kondygnacja F Stockwerk *n*, Geschoss *n*
konewka F (Gieß)Kanne *f*
konferencja F Konferenz *f*
konfesjonał M Beichtstuhl *m*
konfiskata F Beschlagnahme *f*
konfitury FPL Konfitüre *f*
konflikt M Konflikt *m*
kongres M Kongress *m*
koniak M Kognak *m*, Weinbrand *m*
koniczyna F Klee *m*
koniec M Ende *n*; Schluss *m*; **w końcu** schließlich
koniecznie unbedingt **konieczność** F Notwendigkeit *f* **konieczny** notwendig
konkretny konkret
konkurencja F Konkurrenz *f*
konkurencyjny günstig; Konkurrenz- **konkurent(ka)** M(F) Konkurrent(in) *m(f)* **konkurs** M Wettbewerb *m*; Preisausschreiben *n* **konkursowy** Wettbewerbs-
konno → jeździć
konopie PL Hanf *m*
konsekwentny konsequent; folgerichtig
konserwa F Konserve *f* **konserwować** ⟨za-⟩ konservieren
konsorcjum N Konsortium *n*
konspiracja F Geheimhaltung *f*; Tarnung *f*; Untergrundbewegung *f*
konstrukcja F Aufbau *m*, Konstruktion *f*
konstytucja F Verfassung *f*
konsul M Konsul(in) *m(f)* **konsulat** M Konsulat *n* **konsultacja** F Konsultation *f*
konsument(ka) M(F) Verbraucher(in) *m(f)* **konsumpcja** F

Verbrauch *m*; Verzehr *m*

kontakt M Kontakt *m*; Verbindung *f* **kontaktować** ⟨s-⟩ **się** in Kontakt treten, Kontakt aufnehmen (**z** *inst* mit *dat*)

kontener M Container *m*

konto N Konto *n*; **dane** *pl* **konta bankowego** Bankverbindung *f*; **~ użytkownika** IT Benutzerkonto *n*

kontrahent(ka) M(F) Vertragspartner(in) *m(f)*

kontrakt M Vertrag *m*, Kontrakt *m*

kontrola F Kontrolle *f*; Überwachung *f* **kontroler(ka)** M(F) Kontrolleur(in) *m(f)*, Prüfer(in) *m(f)* **kontrolny** Kon#-troll-, Prüf- **kontrolować** ⟨s-⟩ kontrollieren

kontrowersyjny kontrovers

kontuzja F Verletzung *f*; Quetschung *f*

kontynent M Kontinent *n*

kontynuować fortsetzen

konwalia F Maiglöckchen *n*

konwojent M Begleiter *m*, Bewacher *m* **konwojować** begleiten **konwój** M Eskorte *f*; Geleit *n*, Geleitzug *m*

koń M Pferd *n*; **~ mechaniczny** TECH Pferdestärke *f*

końcowy End-; Schluss- **końcówka** F Endstück *n*; GRAM Endung *f*

kończyć ⟨s-⟩ enden, *pf a.* beenden

kończyna F Glied *n*; **kończyny** *pl a.* Gliedmaßen *fpl*

kooperacja F Zusammenarbeit *f*; Kooperation *f*

kopać[1] ⟨s-⟩ graben, umgraben

kopać[2] ⟨-pnąć⟩ treten, e-n Fußtritt versetzen (*akk dat*)

kopalnia F Bergwerk *n* **kopalny** Boden-; fossil **koparka** F Bagger *m*

kopcić VI qualmen

koper M Dill *m*

koperta F Briefumschlag *m*

kopia F Kopie *f* **kopiarka** F Kopiergerät *n*

kopiec M (Erd)Hügel *m*; (Kartoffel)Miete *f*

kopiować ⟨s-⟩ kopieren

kopnąć PF → kopać[2]

kopuła F Kuppel *f*

kopyto N Huf *m*; (Schuh)Leisten *m*

kora F (Baum)Rinde *f*

koral M Koralle *f*

korba F Kurbel *f*

Korea F Korea *n* **Koreanka** F Koreanerin *f* **Koreańczyk** M Koreaner *m* **koreański (po -ku)** koreanisch

korek M Kork *m*; Pfropfen *m*; ELEK Sicherung *f*

korekta F Korrektur *f*

korepetycje FPL Nachhilfestunden *pl*, Nachhilfe *f*

korespondencja F Briefwechsel *m*; Korrespondenz *f*

korespondent(ka) M(F) Korrespondent(in) *m(f)* **korespondować** korrespondieren

korkociąg M Korkenzieher *m*

korona F Krone *f* **koronawirus** M Coronavirus *m od n* **koronka** F *tkanina* Spitze *f*; (Zahn)Krone *f* **koronny** Kron-

korozja F Korrosion *f*

korpus M Körper *m*, Rumpf *m*; TECH Gehäuse *n*; ARCH Schiff *n*

kort M Tennisplatz *m*

korupcja F Korruption *f*

korytarz M Korridor *m*, Gang *m*

koryto N Trog *m*

korzenić ⟨za-⟩ się Wurzeln schlagen **korzeń** M Wurzel *f*

korzystać ⟨s-⟩ benutzen (**z** *gen akk*); in Anspruch nehmen (*akk*) **korzystny** vorteilhaft; günstig **korzyść** F Nutzen *m*; Vorteil *m*

kos M Amsel *f*

kosa F Sense *f* **kosić ⟨s-⟩** mähen

kosmetyczka F Kosmetikerin *f*; Kosmetiktasche *f* **kosmetyczny** kosmetisch; Kosmetik-; Schönheits- **kosmetyka** F Schönheitspflege *f*

kosmos M Kosmos *m*, Weltall *n*

kosmyk M (Haar)Strähne *f*

kostium M Kostüm *n*; **~ kąpielowy** Badeanzug *m*

kostka F Knöchel *m*; Würfel *m* **kostnieć ⟨s-⟩** verknöchern; *fig* erstarren **kostny** Knochen-

kosz M Korb *m*

koszmar M Alptraum *m*

koszt M Kosten *pl* **kosztorys** M Kostenvoranschlag *m*

kosztować V/I kosten **⟨s-⟩** kosten, probieren (*gen akk*); **ile to kosztuje?** was kostet es? **kosztowny** kostbar; kostspielig

koszula F Hemd *n* **koszulka** F Hemd *n*, Hemdchen *n*; *foliowa* Hülle *f*

koszyk M Korb *m* **koszykówka** F Basketball *m*

kościelny kirchlich; SUBST M Kirchendiener *m*, Küster *m*

kościół M Kirche *f*

kościsty (-sto) knochig **kość** F Knochen *m*; **~ słoniowa** Elfenbein *n*

koślawy (-wo) krumm; schief

kot M Katze *f*; Kater *m*

kotara F Portiere *f*, Vorhang *m*

kotka F Katze *f*

kotlet M Kotelett *n*; **~ siekany** Frikadelle *f*, Hacksteak *n*

kotłować ⟨za-⟩ się brodeln

kotłownia F Kesselhaus *n*

kotwica F Anker *m*

kowal M Schmied *m*

koza F Ziege *f* **kozica** F Gämse *f* **kozioł** M (Ziegen)Bock *m*

kożuch M (Schaf)Pelz *m*

kółko N Rädchen *n*; Ring *m*; Kreis *m*

kpić ⟨za-⟩ spotten (**z** *gen* über *akk*) **kpina** F Spott *m*

kraciasty kariert

kradzież F Diebstahl *m*; **~ z włamaniem** Einbruchsdiebstahl *m* **kradziony** gestohlen

kraina F Land *n* **kraj** M Land

n

krajać ⟨po-⟩ schneiden, *pf a.* zerschneiden

krajobraz M Landschaft *f*

krajowy inländisch; einheimisch

krakać ⟨za-⟩ krächzen

kran M → kurek, dźwig

kraniec M Rand *m*; Ende *n*

krasnal M Zwerg *m* **krasnoludek** M Zwerg *m*

kraść ⟨u-⟩ stehlen

krata F Gitter *n*; **w kratę** kariert

kratka F → krata

krawat M Krawatte *f*

krawcowa F Schneiderin *f*

krawędź F Kante *f*; Rand *m*

krawiec M Schneider *m*

krąg M Kreis *m*; Ring *m*

krążek M (kleine) Scheibe *f*; TECH Rolle *f* **krążenie** N Umlauf *m*, Zirkulation *f* **krążyć** kreisen; umlaufen

kreacja F Darbietung *f*; Werk *n*; Kreation *f*

kreda F Kreide *f*

kredens M Geschirrschrank *m*

kredka F Buntstift *m*; **~ do ust** Lippenstift *m*

kredyt M Kredit *m*

krem M Creme *f* **kremowy (-wo)** cremefarben

kres M Ende *n*; Grenze *f* **kreska** F Strich *m* **kreskowany** gestrichelt; mit Strich **kreskówka** *f* Zeichentrickfilm *m*

kreślić ⟨na-⟩ zeichnen; **⟨s-, wy-⟩** streichen, durchstreichen

kret M Maulwurf *m*

kretyn M Idiot *m*

krew F Blut *n* **krewna** F Verwandte *f* **krewniak** M Verwandte(r) *m* **krewny** M Verwandte(r) *m*

kręcić ⟨za-⟩ drehen (**się** sich); wickeln; **~ się** sich wellen; *niecierpliwie* herumzappeln **kręcony**: **kręcone schody** PL Wendeltreppe *f*

kręg M ANAT Wirbel *m*

kręgiel M Kegel *m*; **grać w kręgle** kegeln **kręgielnia** F Kegelbahn *f*

kręgosłup M Wirbelsäule *f*

krępować ⟨s-⟩ fesseln; **~ się** sich genieren

krępy stämmig, untersetzt

krętacz(ka) M(F) Gauner(in) *m(f)*; Lügner(in) *m(f)* **kręty (-to)** gewunden

kroić ⟨po-⟩ schneiden **⟨s-⟩** zuschneiden **⟨u-⟩** abschneiden

krok M Schritt *m*

krokiet M GASTR Krokette *f*

krokodyl M Krokodil *n*

kropić V/I *deszcz* tröpfeln; V/T **⟨po-⟩** besprengen **kropka** F Punkt *m* **kropla** F Tropfen *m* **kroplówka** F MED Infusion *f*; Tropf *m*

krosta F Pustel *f*

krowa F Kuh *f*

krócej kürzer

krój M Schnitt *m*

król M König *m* **królestwo** N

Königreich *n* **królewski** königlich **królik** M Kaninchen *n* **królowa** F Königin *f* **królować** herrschen
krótki (-ko) kurz
krótkofalowy Kurzwellen- **(-wo)** kurzfristig **krótkoterminowy (-wo)** kurzfristig **krótkotrwały** von kurzer Dauer **krótkowidz** M Kurzsichtige(r) *m/f(m)* **krótkowzroczny** kurzsichtig
kruchy (-cho) mürbe; spröde
krupnik M Graupensuppe *f*
kruszec M Erz *n* **kruszyć** ⟨**po-**, **s-**⟩ zerkleinern; bröckeln, zerbröckeln; zertrümmern
krwawić bluten **krwawienie** N Blutung *f* **krwawy (-wo)** blutig **krwinka** F Blutkörperchen *n*
krwiobieg M Blutkreislauf *m* **krwiodawca** M Blutspender(in) *m(f)* **krwionośny**: **naczynie krwionośne** Blutgefäß *n* **krwisty (-sto)** blutig; blutrot
krwotok M Blutung *f*
kryć ⟨**s-**, **u-**⟩ verstecken, verbergen (**się** sich) **kryjówka** F Versteck *n*
kryminalista M Kriminelle(r) *m* **kryminalistka** F Kriminelle *f* **kryminalny** kriminell **kryminał** M Krimi *m*; *umg* Knast *m*; Verbrechen *n*
kryształ M Kristall *m u. n*
kryterium N Kriterium *n*
kryty verdeckt; geschlossen
krytyczny kritisch **krytyka** F Kritik *f* **krytykować** ⟨**s-**⟩ kritisieren
kryzys M Krise *f*
krzak M Strauch *m*, Busch *m*
krzątać się sich zu schaffen machen (**koło** *gen* an *dat*)
krzepić ⟨**po-**⟩ stärken (**się** sich) **krzepki (-ko)** kernig; rüstig **krzepnąć** ⟨**s-**⟩ gerinnen
krzesło N Stuhl *m*
krzew M Strauch *m* **krzewić** verbreiten
krzyczeć ⟨**-yknąć**⟩ schreien **krzyk** M Schrei *m*; Geschrei *n* **krzykliwy (-wie)** lärmend, schreiend **krzyknąć** PF → krzyczeć
krzywa F MATH Kurve *f* **krzywda** F Unrecht *n*; Leid *n* **krzywdzić** ⟨**po-**, **s-**⟩ schaden; Unrecht tun (*akk dat*) **krzywić** ⟨**s-**⟩ krümmen; verbiegen (**się** sich) **krzywizna** F Krümmung *f* **krzywy (-wo)** krumm; schief
krzyż M Kreuz *n* **krzyżować** ⟨**s-**⟩ kreuzen (**się** sich) **krzyżówka** F Kreuzworträtsel *n*
kserokopia F (Foto)Kopie *f*
ksiądz M Priester *m*, Pfarrer *m*
książeczka F Büchlein *n*, Heft *n*; **~ czekowa** *n* Scheckheft *n*
książę M Fürst *m*; Herzog *m*
książka F Buch *n*; **~ elektroniczna** E-Book *n* **książkowy** Buch-
księgarnia F Buchhandlung *f*

księgowa F Buchhalterin *f* **księgowość** F Buchhaltung *f* **księgowy** M Buchhalter *m*
księstwo N Fürstentum *n*; Herzogtum *n* **księżna** F Fürstin *f*; Herzogin *f* **księżniczka** F Prinzessin *f*
księżyc M Mond *m*
kształcić ⟨**wy-**⟩ bilden, ausbilden **kształt** M Form *f*, Gestalt *f* **kształtny** gut gebaut, gut gewachsen **kształtować** ⟨**u-**⟩ formen, gestalten (**się** sich)
kto wer; ~ **bądź** irgendjemand **ktokolwiek** irgendjemand **ktoś** jemand
którędy wo entlang, welchen Weg **który** welche(r) **którykolwiek** irgendwelche(r) **któryś** eine(r); jemand
któż wer denn
ku (*dat*) gegen (*akk*); nach (*dat*); zu (*dat*)
Kuba F Kuba *n* **Kubanka** F Kubanerin *f* **Kubańczyk** M Kubaner *m* **kubański** kubanisch
kubek M Becher *m* **kubeł** M Kübel *m*, Eimer *m*
kucać ⟨**-cnąć**⟩ sich kauern; sich hinhocken
kucharka F Köchin *f* **kucharski** Koch- **kucharz** M Koch *m*
kuchenka F *urządzenie* Kocher *m*; Kochnische *f*; ~ **mikrofalowa** Mikrowelle *f* **kuchenny** Küchen-
kuchnia F Küche *f*; (Koch)-Herd *m*
kucnąć PF → kucać
kucyk M Zopf *m*
kuć ⟨**pod-**⟩ *konia* beschlagen; *metal* schmieden ⟨**wy-**⟩ schlagen, herausschlagen; *umg* einpauken
kudłaty zottig
kukułka F Kuckuck *m*
kukurydza F Mais *m*
kula[1] F Kugel *f*
kula[2] F Krücke *f* **kulawy** (**-wo**) hinkend, lahm **kuleć** hinken
kulić ⟨**s-**⟩ *głowę* einziehen; ~ **się** sich krümmen
kulig M Schlittenfahrt *f*
kulinarny kulinarisch
kulisty (**-to**) kugelförmig
kulka F Kügelchen *n*
kult M Kult *m*
kultura F Kultur *f*; ~ **fizyczna** Körperkultur *f* **kulturalny** kulturell; kultiviert
kumpel M Kumpel *m*
kuna F Marder *m*
kundel *umg* M Köter *m*
kunsztowny kunstvoll
kupa F Haufen *m*; Stoß *m*
kupić PF → kupować
kupiec M Kaufmann *m*, Kauffrau *f*; → kupujący
kupno N Kauf *m* **kupon** M Lottoschein *m*; Kontrollabschnitt *m* **kupować** ⟨**-pić**⟩ kaufen **kupujący** M Käufer *m*
kura F Henne *f*, Huhn *n*
kuracja F Kur *f*
kurcz M Krampf *m*

kurczak M Hähnchen *n* **kurczę** N Küken *n*
kurczowy (-wo) krampfhaft
kurczyć ⟨s-⟩ **się** zusammenschrumpfen, schrumpfen
kurek M Hahn *m*
kurnik M Hühnerstall *m*
kuropatwa F Rebhuhn *n*
kurort M Kurort *m*
kurs M Kurs *m*; Kursus *m* **kursować** *autobus* verkehren
kurtka F Jacke *f*, Joppe *f*
kurtyna F Vorhang *m*
kurz M Staub *m*
kurzyć aufwirbeln (*akk inst*); V/I *umg* qualmen; ~ **się** *v/i umg* qualmen; stauben
kusić ⟨s-⟩ locken, reizen
kuszetka F BAHN Liegewagen *m*; Liegewagenplatz *m*
kuzyn(ka) M(F) Cousin *m*, Cousine *f*
kuźnia F Schmiede *f*
kwadrans M Viertelstunde *f* **kwadrat** M Quadrat *n* **kwadratowy** Quadrat- (-wo) quadratisch
kwalifikacja F Befähigung *f*, Eignung *f*
kwartalny vierteljährlich **kwartał** M Quartal *n*, Vierteljahr *n*
kwas M Säure *f* **kwaskowaty** (-to) säuerlich **kwaśny** (-no) sauer; ~ **deszcz** *m* saurer Regen *m*
kwatera F Quartier *n*; Unterkunft *f*
kwestia F Frage *f* **kwestionariusz** M Fragebogen *m* **kwestionować** ⟨za-⟩ in Frage stellen; beanstanden
kwiaciarnia F Blumenhandlung *f* **kwiat** M Blume *f*
kwiczeć ⟨za-⟩ quieken
kwiecień M April *m*; **w kwietniu** im April **kwiecisty** geblümt (-ście, -sto) blumenreich
kwit M Quittung *f*
kwitnąć ⟨za-⟩ blühen, *pf* erblühen
kwitować ⟨po-⟩ quittieren
kwota F Betrag *m*

L

labirynt M Labyrinth *n*
laboratorium N Laboratorium *n*, Labor *n*
lać gießen; ~ **się** sich ergießen, strömen
lada F Ladentisch *m*
laik M Laie *m*
lajkować ⟨za-⟩ IT liken
lakier M Lack *m* **lakierować** ⟨po-⟩ lackieren
laktoza F Laktose *f*; **nietolerancja** *f* **laktozy** Laktoseintoleranz *f*
lalka F Puppe *f*
lampa F Lampe *f*; ~ **błyskowa** FOTO Blitzgerät *n*
lampart M Leopard *m*

lampka F (kleine) Lampe *f*; **~ wina** ein Glas *n* Wein
lanie N *fig* Prügel *pl*
laryngolog M Hals-Nasen-Ohren-Arzt *m*, HNO-Arzt *m*
las M Wald *m*; **~ iglasty** Nadelwald *m*; **~ liściasty** Laubwald *m*
laser M Laser *m*
laska F Stock *m*
latać fliegen; *umg* herumrennen
latarka F Taschenlampe *f* **latarnia** F Laterne *f*; **~ morska** Leuchtturm *m*
latawiec M Drachen *m*
lato N Sommer *m*; **latem, w lecie** im Sommer
laureat(ka) M(F) Preisträger(in) *m(f)*
lawina F Lawine *f*
ląd M (Fest)Land *n* **lądować ⟨wy-⟩** landen **lądowanie** N Landung *f*
lecieć ⟨po-⟩ fliegen
lecz aber; **nie ... ~** nicht ... sondern
leczenie N (Heil)Behandlung *f* **lecznictwo** N Gesundheitswesen *n* **leczniczy** Heil- **leczyć ⟨wy-⟩** kurieren, behandeln; **~ się** in Behandlung sein
ledwie. kaum **ledwo** kaum
legalny legal
legenda F Legende *f*
legitymacja F Ausweis *m* **legitymować ⟨wy-⟩ się** sich ausweisen
legumina F Süßspeise *f*
lejek M Trichter *m*
lek M Arznei *f* **lekarka** F Ärztin *f* **lekarski** ärztlich **lekarstwo** N Arznei *f* (**na** *akk*, **od** *gen* gegen *akk*) **lekarz** M Arzt *m*
lekceważący (-co) geringschätzig **lekceważyć ⟨z-⟩** gering schätzen; unterschätzen
lekcja F Unterricht *m*; Lektion *f*
lekki (-ko) leicht
lekkoatletyka F Leichtathletik *f* **lekkomyślny** leichtsinnig **lekkość** F Leichtigkeit *f*
lektura F Lektüre *f*
lemoniada F Limonade *f*
len M Flachs *m*, Lein *m*; (*tkanina lniana*) Leinen *n*
lenić się faul sein **leniwy (-wie)** faul, träge **leń** M Faulenzer(in) *m(f)*
lepić kleben; **~ się** kleben
lepiej → lepszy
lepki (-ko) klebrig, leimig
lepszy (-piej) besser
lesbijka F Lesbe *f* **lesbijski** lesbisch
leszczyna F Haselnuss *f*
leśnictwo N Forstwesen *n* **leśniczówka** F Försterei *f* **leśniczy** M Förster *m* **leśny** Wald-
letni Sommer- **letnik** M Sommergast *m*
lew M Löwe *m*
lewarek M Wagenheber *m*
lewica F Linke *f* **lewicowy** POL linke(r) **lewostronny** linksseitig **lewy (-wo)** linke(r); Links-; **na lewo, w lewo** nach

links
leżak M Liegestuhl *f* **leżeć** liegen
lęk M Angst *f*, Furcht *f* **lękać się** sich fürchten (*gen* vor *dat*)
lichy (-cho) schlecht, *umg* mies
licytacja F Versteigerung *f*
liczba F Zahl *f* **liczebnik** M Zahlwort *n* **licznik** M Zähler *m* **liczny** zahlreich **liczyć** ⟨**-po**⟩ rechnen; zählen ⟨**z-**⟩ zusammenzählen
lider(ka) M(F) Führer(in) *m(f)*; SPORT Spitzenreiter(in) *m(f)*
likier M Likör *m*
likwidować ⟨**z-**⟩ beseitigen; liquidieren
lila lila **liliowy (-wo)** lila
limit M Grenze *f*; Limit *n*
lina F Leine *f*; Tau *n* **linia** F Linie *f* **linowy** Seil-
lipa F Linde *f*; *fig umg* Schwindel *m*; Plunder *m* **lipiec** M Juli *m*; **w lipcu** im Juli **lipowy** Linden-
Lipsk M Leipzig *n* **lipski** Leipziger
lis M Fuchs *m*
list M Brief *m* **lista** F Liste *f*; **~ kontrolna** Checkliste *f* **listonosz(ka)** M(F) Briefträger(in) *m(f)*
listopad M November *m*; **w listopadzie** im November
listowny brieflich
listwa F Latte *f*, Leiste *f*
liszaj M MED Flechte *f*
liść M Blatt *n*
litera F Buchstabe *m* **literacki (-ko)** literarisch **literatura** F Literatur *f*
litewski (po -ku) litauisch
litość F Mitleid *n* **litować** ⟨**z-**⟩ **się** Mitleid haben (**nad** *inst* mit *dat*)
litr M Liter *m od n*
Litwa F Litauen *n* **Litwin(ka)** M(F) Litauer(in) *m(f)*
lizać ⟨**liznąć**⟩ lecken **lizak** M Lutscher *m*, *umg* Lolli *m*
lockdown M lockdown *m*
lodowaty (-to) eisig **lodowiec** M Gletscher *m* **lodowisko** N Eisbahn *f*
lodówka F Kühlschrank *m* **lody** MPL (Speise)Eis *n* **lodziarka** F Eisverkäuferin *f* **lodziarz** M Eisverkäufer *m*
lokal M Lokal *n*, Gaststätte *f*; Raum *m* **lokalny** lokal; Lokal-
lokata F Rang *m*, Platz *m*; FIN Anlage *f*
lokator(ka) M(F) Mieter(in) *m(f)*
lokomocja F: **środek** M **lokomocji** Verkehrsmittel *n* **lokomotywa** F Lokomotive *f*
lokować ⟨**u-**⟩ unterbringen; *pieniądze* anlegen
lornetka F Fernglas *n*
los M Los *n*; Schicksal *n* **losować** ⟨**wy-**⟩ losen, auslosen
lot M Flug *m*; **numer** *m* **lotu** Flugnummer *f*; **tani ~** Billigflug *m*; **firma** *f* **oferująca tanie loty** Billigflieger *m* **loteria** F Lotterie *f* **lotnia** F SPORT Drachen *m* **lotnictwo** N Flugwesen *n* **lotniczy** Flug-

zeug- **lotnik** M Flieger(in) *m(f)* **lotnisko** N Flugplatz *m*
lód M Eis *n*
lśnić blitzen; funkeln; glänzen
lub oder
lubić gern haben; mögen
lud M Volk *n* **ludność** F Bevölkerung **ludowy** Volks-; Bauern-
ludzie PL Menschen *pl*, Leute *pl* **ludzki** Menschen- **(po-ku)** menschlich **ludzkość** F Menschheit *f*
luka F Lücke *f*
luksusowy luxuriös, Luxus-
luneta F Fernrohr *n*
lusterko N Taschenspiegel *m*; **~ wsteczne** Rückspiegel *m* **lustro** N Spiegel *m* **lustrzanka** F Spiegelreflexkamera *f*
luty M Februar *m*; **w lutym** im Februar
luzować ⟨**z-**⟩ ablösen; lockern **luźny (-no)** lose, locker
lżejszy (lżej) leichter

Ł

Łaba F Elbe *f*
łabędź M Schwan *m*
łaciaty (-to) gefleckt
łaciński lateinisch
ład M Ordnung *f*
ładny hübsch, schön
ładować laden ⟨**za-**⟩ verladen **ładowarka** F ELEK Ladegerät *n*; (*kabel z zasilaczem*) Ladekabel *n* **ładownia** F Laderaum *m*
ładunek M Ladung *f*
łagodny mild; sanft **łagodzić** ⟨**z-**⟩ mildern
łakomy gefrässig; (*chciwy*) gierig; **~ kąsek** *m* Leckerbissen *m*
łamać ⟨**po-, z-**⟩ brechen, zerbrechen **łamliwy** brüchig, spröde
łańcuch M Kette *f*
łapa F Pfote *f*; Tatze *f* **łapać** ⟨**z-**⟩ fangen **łapczywy (-wie)** gierig **łapownictwo** N Bestechlichkeit *f* **łapówka** F Schmiergeld *n*
łaska F Gnade *f* **łaskawy (-wie)** gütig, gnädig
łaskotać ⟨**po-**⟩ kitzeln
łata F Flicken *m*; Latte *f* **łatać** ⟨**za-**⟩ flicken
łatwopalny leicht entzündlich **łatwość** F Leichtigkeit *f* **łatwowierny** leichtgläubig **łatwy (-wo)** leicht, einfach
ławka F Bank *f*, Sitzbank *f*
łazić *umg* krabbeln, kriechen; (*wałęsać się*) bummeln, sich herumtreiben
łazienka F Badezimmer *n*
łącznie zusammen (**z** *inst* mit *dat*) **łącznik** M ELEK Schalter *m*; Bindestrich *m* **łączność** F Verbindung *f*; (Post- und) Fernmeldewesen *n* **łączny** gesamt **łączyć** ⟨**po-**⟩ verbinden (**się** sich; **z** *inst* mit *dat*)

łąka F Wiese *f*
łeb M (Tier)Kopf *m*
łgać lügen **łgarz** M Lügner(in) *m(f)*
łkać schluchzen
łodyga F Stängel *m*, Stiel *m*
łokieć M Ellbogen *m*; Elle *f*
łomot M Krach *m*
łono N Schoß *m*
łopata F Schaufel *f* **łopatka** F Schulterblatt *n*
łosoś M Lachs *m*
łotewski (po -ku) lettisch
Łotwa F Lettland *n* **Łotysz(ka)** M(F) Lette *m*, Lettin *f*
łowić ⟨z-⟩ fangen **łowiecki** Jagd- **łowiectwo** N Jagd *f*
łoże N Bett *n*, Lager *n*
łódka F Boot *n*, Kahn *m* **łódź** F Boot *n*; ~ **podwodna** U-Boot *n*
łóżko N Bett *n*; ~ **dostawne** Zustellbett *n*
łuk M Bogen *m*
łup M Beute *f* **łupać** spalten
łupież F Schuppen *fpl* **łupina** F Schale *f*
łuska F *rybia* Schuppe *f*; Hülse *f*
łuszczyca F MED Schuppenflechte *f* **łuszczyć ⟨z-⟩ się** sich schuppen
Łużyce PL Lausitz *f* **łużycki** sorbisch
łydka F Wade *f*
łyk M Schluck *m* **łykać ⟨-knąć⟩** schlucken
łykowaty zäh
łysieć ⟨wy-⟩ eine Glatze bekommen **łysina** F Glatze *f* **łysy (-so)** kahl; kahlköpfig
łyżeczka F Teelöffel *m* **łyżka** F Löffel *m*
łyżwa F Schlittschuh *m*
łza F Träne *f* **łzawić** tränen

M

macać ⟨po-⟩ befühlen, tasten; *fig* auskundschaften
machać ⟨-chnąć⟩ winken, wedeln
macierzyństwo N Mutterschaft *f*
maczać → moczyć
magazyn M Lager *n*, Lagerhaus *n* **magazynować ⟨z-⟩** lagern, einlagern; speichern
magnes M Magnet *m*
magnez M Magnesium *n*
mail M Mail *f*, E-Mail *f*
maj M Mai *m*
majątek M Besitz *m*; Vermögen *n*
majeranek M Majoran *m*
majonez M Mayonnaise *f*
major M Major *m*
majsterkować basteln
majtek M Matrose *m*
majtki PL Slip *m*, Schlüpfer *m*
mak M Mohn *m*
makaron M Nudeln *fpl*
makijaż M Make-up *n*
makler M Makler(in) *m(f)*
maksymalny Höchst-, maxi-

mal

malarka F Malerin *f* **malarstwo** N Malerei *f* **malarz** M Maler *m*

maleńki winzig

malina F Himbeere *f*

malować ⟨**na-**⟩ malen ⟨**po-**⟩ *ściany* streichen; *robić makijaż* schminken **malowidło** N Gemälde *n* **malowniczy** (**-czo**) malerisch

malutki → maleńki **malutko** → mało

mało wenig **małoletni** minderjährig **małostkowy** (**-wo**) kleinlich **małowartościowy** minderwertig

małpa F Affe *m*

mały klein; gering

małż M Muschel *f*

małżeński ehelich, Ehe- **małżeństwo** N Ehe *f*; Ehepaar *n* **małżonek** M Gatte *m*; **małżonkowie** *pl* Eheleute *pl* **małżonka** F Gattin *f*

mama F Mama *f*

mamrotać ⟨**wy-**⟩ murmeln

mandarynka F Mandarine *f*

mandat M: **~ karny** Strafzettel *m*

manewr M Manöver *n*

mankiet M Manschette *f*; Aufschlag *m*

manna F GASTR Grieß *m*

mańkut M Linkshänder(in) *m(f)*

mapa F (Land)Karte *f*

marchew F Möhre *f*

margines M Rand *m*

marihuana F Marihuana *n*

marka[1] F (*jednostka monetarna*) Mark *f*

marka[2] F Marke *f*; Sorte *f*

markotny traurig, betrübt

markowy Marken-

marmolada F Marmelade *f*

marmur M Marmor *m*

marnieć ⟨**z-**⟩ verkümmern

marnotrawstwo N Verschwendung *f* **marnować** ⟨**z-**⟩ verschwenden, vergeuden; *jedzenie* verderben

marny miserabel, elend

marszczyć ⟨**z-**⟩ *czoło* runzeln; **~ się** Falten werfen; das Gesicht verziehen

martwić ⟨**z-**⟩ betrüben; **~ się** sich Sorgen machen (**o** *akk* um *akk*)

martwy (**-wo**) tot

marudzić *umg* trödeln; nörgeln

marynarka F Jackett *n*, Sakko *n*

marynować ⟨**za-**⟩ marinieren

marzec M März *m*; **w marcu** im März

marzenie N Traum *m*; Träumerei *f*

marznąć ⟨**z**⟩ frieren

marzyć träumen (**o** *lok* von *dat*)

masa F Masse *f*

masaż M Massage *f* **masażysta** M Masseur *m* **masażystka** F Masseurin *f*

maska F Maske *f*; **~ ochronna** Mundschutz *m* **maskować**

⟨za-⟩ tarnen; maskieren (**się** sich)
masło N Butter *f*
masować ⟨wy-⟩ massieren
masowy (-wo) Massen-, massenhaft
maszerować marschieren
maszt M Mast *m*
maszyna F Maschine *f*; ~ **do szycia** Nähmaschine *f* **maszynka** F: ~ **do golenia** Rasierapparat *m*
maść F Salbe *f*
maślanka F Buttermilch *f*
mata F Matte *f*
matematyka F Mathematik *f*
materac M Matratze *f* **materia** F Materie *f* **materiał** M Material *n*; Stoff *m*
matka F Mutter *f*; ~ **zastępcza** Leihmutter *f*
matowy (-wo) matt
matrymonialny: **biuro** N **matrymonialne** Partnervermittlung *f*
matura F Abitur *n*
mazać ⟨z-⟩ wegwischen ⟨za-⟩ beschmieren
mącić ⟨z-⟩ trüben
mączka F Mehl *n* **mączny** Mehl-
mądrość F Klugheit *f* **mądry** (-rze) klug
mąka F Mehl *n*
mąż M (Ehe)Mann *m*
mdleć ⟨ze-⟩ ohnmächtig werden; *ręce* einschlafen
mdłości FPL Übelkeit *f* **mdły** (-ło) süßlich, ekelerregend; *światło* trübe; *a. fig* fade
mebel M Möbel *n*, Möbelstück *n* **meblować** ⟨u-⟩ möblieren; einrichten (**się** sich)
mecenas M Mäzen *m*; Anwalt *m*, Anwältin *f*
mech M Moos *n*
mechaniczny mechanisch **mechanik** M (Auto)Mechaniker(in) *m(f)* **mechanizm** M Mechanismus *m*
mecz M Spiel *n*
meczet M Moschee *f*
medal M Medaille *f*
media PL (Massen)Medien *pl*; ~ **społecznościowe** Social Media *pl*
medycyna F Medizin *f* **medyczny** medizinisch
medytacja F Meditation; **medytacje** *pl* Überlegungen *pl*
Meksyk M Mexiko *n* **Meksykanin** M Mexikaner *m* **Meksykanka** F Mexikanerin *f*
meksykański mexikanisch
meldować ⟨za-⟩ melden, anmelden (**się** sich)
meldunkowy: **biuro** N **meldunkowe** Einwohnermeldeamt *n*
melodia F Melodie *f*
melon M (Zucker)Melone *f*
menu N Menü *n*; ~ **dań obiadowych** Mittagsmenü *n*
meta F Ziel *n*
metal M Metall *n*
meteorologiczny: **komunikat** M ~ Wetterbericht *m*
metka F Preisschild *n*; Mett-

wurst *f*
metoda F Methode *f*
metr M Meter *m od n*
metro N U-Bahn *f*
metryka F Urkunde *f*; Stammbaum *m*; **~ urodzenia** Geburtsurkunde *f*
mewa F Möwe *f*
męczący (-co) quälend; anstrengend **męczyć ⟨za-⟩** quälen; ⟨z-⟩ (się) ermüden; **~ się** sich plagen; müde werden
męka F Qual *f*; Pein *f*
męski männlich; Herren-
mętny trübe
mężatka F verheiratete Frau *f*
mężczyzna M Mann *m* **mężny** mutig, tapfer
mglisty (-to, -ście) neblig
mgła F Nebel *m*
mianować ernennen (*inst* zu *dat*) **mianowicie** nämlich; und zwar **mianownik** M GRAM Nominativ *m*
miara F Maß *n*
miasto N Stadt *f*
miazga F Brei *m*, Masse *f*
miażdżyca F MED Sklerose *f*
miażdżyć ⟨z-⟩ zerquetschen
miąć ⟨z-⟩ knittern, zerknittern
miąższ M (Frucht)Fleisch *n*
mieć haben; sollen; halten (**za** *akk* für *akk*)
miednica F (Wasch)Schüssel *f*; ANAT Becken *n*
miedź F Kupfer *n*
miejsce N Ort *m*; Platz *m*; Stelle *f*; **~ zamieszkania** Wohnort *m*; **~ urodzenia** Geburtsort *m*; **~ stojące** Stehplatz *m*; **~ siedzące przy przejściu** Gangplatz *m* **miejscownik** M GRAM Lokativ *m*
miejscowość F Ortschaft *f*, Ort *m* **miejscowy (-wo)** Orts-, örtlich **miejscówka** F BAHN Platzkarte *f* **miejski (po -ku)** Stadt-; städtisch
mielony gemahlen; Hack-
mienić się schillern
mienie N Gut *n*, Habe *f*
mierny mittelmäßig, mäßig
mierzyć ⟨z-⟩ messen
miesiąc M Monat *m* **miesiączka** F Regel *f*, Monatsblutung *f* **miesięcznik** M Monatszeitschrift *f* **miesięczny** monatlich, Monats-; **bilet** *m* **~** Monatskarte *f*
mieszać ⟨z-⟩ mischen, vermischen **mieszanina** F Gemisch *n* **mieszanka** F Mischung *f*
mieszczański bürgerlich, Bürger-
mieszkać wohnen (**w** *lok* in *dat*) **mieszkalny** Wohn-; bewohnbar **mieszkanie** N Wohnung *f* **mieszkaniec** M Bewohner *m*, Einwohner *m*
mieszkaniowy Wohn(ungs)-
mieszkanka F Bewohnerin *f*, Einwohnerin *f*
mieścić enthalten; **~ się** sich befinden ⟨z-⟩ Platz haben
miewać się sich fühlen
między zwischen; unter (*inst dat*) **międzymiastowy** Fern-

międzynarodowy international
miękki (-ko) weich **mięknąć ⟨z-⟩** weich werden
mięsień M Muskel *m* **mięsisty** fleischig **mięsny** Fleisch-
mięso N Fleisch *n*
mięta F Minze *f* **miętowy** Pfefferminz-
mig: **w ~** im Nu **migacz** M AUTO Blinker *m* **migać ⟨-gnąć⟩** blinken; flimmern
migawka F FOTO Verschluss *m*
migdał M Mandel *f* **migdałki** MPL ANAT Mandeln *fpl*
mignąć PF → migać
migotać ⟨za-⟩ flimmern
migrena F Migräne *f*
mijać ⟨minąć⟩ V/T vorbeifahren; vorbeigehen (*akk* an *dat*); V/I *czas* vergehen
mikrobus M Kleinbus *m* **mikrofon** M Mikrofon *n*
mikser M *kuchenny* Mixer *m*; Barmixer *m*
mila F Meile *f*
milczeć schweigen **milczenie** N Schweigen *n*
mile → miły
miliard M Milliarde *f* **milion** M Million *f*
miło → miły
miłosierny barmherzig
miłosny Liebes- **(-śnie)** liebevoll **miłość** F Liebe *f* **miłośnik** M Liebhaber *m*; **~ sztuki** Kunstliebhaber *m*
miły (-ło, -le) lieb; nett; angenehm
mimo trotz; **~ to** trotzdem; **~ woli** unwillkürlich
mina F Miene *f*; MIL Mine *f*
minąć PF → mijać
minerał M Mineral *n*
minimalny minimal; gering
miniony vergangen
minister M Minister(in) *m(f)* **ministerstwo** N Ministerium *n*
minus M Minus *n*
minuta F Minute *f*
miodowy Honig-
miotła F Besen *m*
miód M Honig *m*
misja F Mission *f*
miska F Schüssel *f*, Schale *f*
mistrz M Meister *m* **mistrzostwo** N Meisterschaft *f* **mistrzowski (-ko)** Meisterschafts-, Meister-; meisterhaft
mistrzyni F Meisterin *f*
miś M Teddybär *m*; Bärchen *n*
mit M Mythos *m*
mizeria F Gurkensalat *m*
mizernieć ⟨z-⟩ abmagern **mizerny** abgemagert; miserabel; elend
mleczarnia F Molkerei *f* **mleczarski** Molkerei- **mleczny** Milch-; milchig
mleć ⟨ze-⟩ mahlen
mleko N Milch *f*
młodociany jugendlich **młodość** F Jugend *f*, Jugendzeit *f* **młodszy** jünger **młody (-do)** jung
młodzieniec M junger Mann

m **młodzieńczy** (**-czo**) jugendlich **młodzież** F Jugend *f* **młodzieżowy** (**-wo**) jugendlich; Jugend-
młotek M Hammer *m*
młyn M Mühle *f*
mnich M Mönch *m*
mnie mich; **u** ~ bei mir
mniej weniger; ~ **więcej** ungefähr **mniejszość** F Minderheit *f* **mniejszy** kleiner
mniemać meinen **mniemanie** N Meinung *f*
mniszka F Nonne *f*
mnożenie N Vermehrung *f*; MATH Multiplikation *f* **mnożyć** ⟨**po-**⟩ vermehren; MATH multiplizieren
mnóstwo N Unmenge *f*
moc F Kraft *f*; Macht *f*; **na mocy, mocą** kraft **mocarstwo** N Großmacht *f* **mocny** (**-no**) stark, kräftig; fest **mocować się** ringen
mocz M Harn *m*, Urin *m* **moczowy** Harn- **moczyć** ⟨**za-**⟩ wässern, einweichen
moda F Mode *f*
model M (*wzór*) Modell *n*; Dressman *m* **modelka** F Model *n*
modlić ⟨**po-**⟩ **się** beten **modlitwa** F Gebet *n*
modny modisch
mogiła F Grab *n*; Grabhügel *m*
moja, moje → mój
moknąć ⟨**z-**⟩ nass werden **mokry** (**-ro**) nass
moment M Moment *m*, Augenblick *m*
Monachium N München *n*
moneta F Münze *f*
monitor M IT Monitor *m*; Amtsblatt *n*
monitować mahnen, anmahnen
montaż M Montage *f* **monter** M Monteur(in) *m(f)*; Installateur(in) *m(f)* **montować** ⟨**za-**⟩ einbauen, montieren ⟨**z-**⟩ aufstellen, zusammenbauen; *fig* gründen
moralność F Moral *f* **moralny** moralisch
morderca M Mörder *m* **morderczyni** F Mörderin *f* **morderstwo** N Mord *m* **mordować** ⟨**za-**⟩ morden, *pf* ermorden ⟨**z-**⟩ plagen (**się** sich)
morela F Aprikose *f*
morfina F Morphin *n*, Morphium *n*
morski See-, Meer(es)- **morze** N Meer *n*, See *f*; **Morze Bałtyckie** Ostsee *f*; **Morze Północne** Nordsee *f*; **Morze Śródziemne** Mittelmeer *n*
most M Brücke *f* **mostek** M Steg *m*; MED Brustbein *n*; GASTR Bruststück *n*
motel M Motel *n*
motocykl M Motorrad *n* **motor** M → silnik **motorniczy** M Straßenbahnfahrer(in) *m(f)*
motorower M Moped *n*, Mofa *n* **motorówka** F Motorboot *n*
motyl M Schmetterling *m*
motyw M Motiv *n*; Beweg-

grund *m* **motywować ⟨u-⟩** begründen

mowa F Rede *f*; Sprache *f*; **~ ojczysta** Muttersprache *f*

mozolny mühevoll

może vielleicht **możliwość** F Möglichkeit *f* **możliwy (-wie)** möglich **można** man kann; man darf; **czy ~?** darf man?, ist es erlaubt?

móc können; dürfen

mój, moja, moje mein

mówca M Redner(in) *m(f)* **mówić** sprechen, reden; sagen

mózg M Gehirn *n* **móżdżek** M GASTR Bregen *m*, Hirn *n*

mroczny (-no) dunkel, düster

mrok M Dämmerung *f*

mrozić ⟨za-⟩ gefrieren **mroźny (-no)** frostig **mrożonka** F Tiefkühlkost *f*

mrówka F Ameise *f*

mróz M Frost *m*

mruczeć brummen; *kot* schnurren

mrugać ⟨-gnąć⟩ blinzeln, zwinkern

mrużyć ⟨z-⟩ zusammenkneifen

msza F REL Messe *f*

mścić ⟨po-⟩ rächen; **~ ⟨ze-⟩ się** sich rächen (**na** *lok* an *dat*; **za** *akk* für *akk*)

mucha F Fliege *f*

mulisty schlammig

muł¹ M Maultier *n*

muł² M Schlamm *m*

mundur M Uniform *f*

mur M Mauer *f* **murarz** M Maurer *m*

musieć müssen

muskularny muskulös

muszka F Fliege *f*

muszla F Muschel *f*; *ubikacja* Becken *n*

musztarda F Senf *m*

muzeum N Museum *n*

muzułmanin M Muslim *m* **muzułmanka** Muslima *f* **muzułmański** muslimisch

muzyk M Musiker(in) *m(f)* **muzyka** F Musik *f* **muzykalny** musikalisch

my wir

myć ⟨u-⟩ waschen (**się** sich)

mydlić ⟨na-⟩ einseifen **mydło** N Seife *f*

myjnia F (Auto)Waschanlage *f*

mylić ⟨z-⟩ irreführen; **~⟨po-⟩ się** sich irren **mylny** irrig, falsch

mysz F Maus *f*

myśl F Gedanke *m* **myśleć ⟨po-⟩** denken **myślenie** N Denken *n*

myślistwo N Jägerei *f* **myśliwy** M Jäger *m*

myślnik M Gedankenstrich *m*

mżyć nieseln

N

na (*lok, akk*) auf (*dat, akk*), an (*dat, akk*), in (*dat, akk*); zu (*dat*), für (*akk*); ~ **bok** zur Seite; ~ **końcu** am Ende; ~ **łóżku** auf dem Bett

nabawiać ⟨**-ić**⟩ **się** sich zuziehen (*gen akk*)

nabiał M Milchprodukte *npl*

nabić PF → nabijać

nabierać ⟨**-brać**⟩ *wody* schöpfen; *odwagi* fassen; *umg* (*oszukać*) hereinlegen

nabijać ⟨**-ić**⟩ stopfen; füllen (*inst* mit *dat*); *broń* laden **nabity** vollgestopft

nabożeństwo N Gottesdienst *m*; Andacht *f*

nabrać PF → nabierać

nabrzeże N Kai *m* **nabrzmiewać** ⟨**-mieć**⟩ anschwellen

nabycie N Anschaffung *f*; Erwerb *m*; **do nabycia** zu kaufen

nabytek M Anschaffung *f*

nabywać ⟨**-być**⟩ erwerben

nabywca M Käufer(in) *m(f)*

nachylać ⟨**-lić**⟩ beugen (**się** sich)

naciąć PF → nacinać **naciągać** ⟨**-gnąć**⟩ V/T spannen; V/I *herbata* ziehen

nacierać ⟨**natrzeć**⟩ einreiben (*inst* mit *dat*); angreifen (**na** *akk akk*) **nacinać** ⟨**-ciąć**⟩ anschneiden

nacisk M Druck *m*; *fig* Nachdruck *m* **naciskać** ⟨**-snąć**⟩ drücken

naczelnik M Leiter *m*; Vorsteher *m* **naczelny** Ober-, Chef-; Haupt-

naczynie N Gefäß *n*

nad (*akk, inst*) über (*akk, dat*), an (*akk, dat*); ~ **rzeką** am Fluss

nadać PF → nadawać **nadajnik** M Sender *m*

nadal weiter, weiterhin

nadaremny vergeblich

nadarzać ⟨**-rzyć**⟩ **się** sich bieten

nadawać ⟨**-dać**⟩ verleihen; *pocztę, bagaż* aufgeben; RADIO senden; ~ **się** sich eignen **nadawca** M Absender *m* **nadawczyni** F Absenderin *f*

nadąć PF → nadymać **nadążać** ⟨**-żyć**⟩ Schritt halten, mitkommen (**za** *inst* mit *dat*)

nadchodzić ⟨**nadejść**⟩ ankommen, kommen, eintreffen

nadciśnienie N Überdruck *m*; MED Bluthochdruck *f*

nadejście N Ankunft *f*, Eintreffen *n* **nadejść** PF → nadchodzić

nadeptać ⟨**-pnąć**⟩ treten (**na** *akk* auf *akk*)

nadesłać PF → nadsyłać

nadgodziny FPL Überstunden *fpl*

nadjeżdżać ⟨**-jechać**⟩ angefahren kommen

nadliczbowy überzählig; **godziny nadliczbowe** → nadgodziny

nadłamywać ⟨**-mać**⟩ anbrechen; knicken

nadmiar M Übermaß *n*; Überschuss *m* **nadmieniać** ⟨**-ić**⟩ erwähnen **nadmierny** über-

mäßig
nadmorski Küsten-, Meeres-, See-
nadmuchiwać ⟨**-chać**⟩ aufblasen
nadprzyrodzony übernatürlich
nadrabiać ⟨**-robić**⟩ nachholen; nacharbeiten
nadruk M Aufdruck *m*
nadrzędny übergeordnet
nadsłuchiwać → nasłuchiwać
nadspodziewany unverhofft
nadsyłać ⟨**nadesłać**⟩ zusenden, zuschicken
nadużycie N Missbrauch *m*
nadwaga F Übergewicht *n*
nadwerężać ⟨**-żyć**⟩ überanstrengen; *a. fig* strapazieren
nadwozie N Karosserie *f*
nadwyżka F Überschuss *m*
nadymać ⟨**-dąć**⟩ aufblasen (**się** sich)
nadzieja F Hoffnung *f*
nadzienie N Füllung *f*
nadzorca M Aufseher(in) *m(f)*
nadzorować beaufsichtigen
nadzór M Aufsicht *f*; Überwachung *f*
nadzwyczaj äußerst **nadzwyczajny** außergewöhnlich
nagabywać behelligen, belästigen
nagana F Tadel *m*, Rüge *f*
nagi (**-go**) nackt
naginać ⟨**-giąć**⟩ beugen
naglący dringend **nagle** → nagły **naglić** drängen, antreiben
nagłówek M Titelkopf *m*; Briefkopf *m*; Überschrift *f*
nagły (**-gle**) plötzlich; unerwartet; dringend
nagrać PF → nagrywać
nagradzać ⟨**-grodzić**⟩ belohnen (**za** *akk* für *akk*) **nagrobek** M Grabstein *m* **nagroda** F Belohnung *f*; Preis *m*
nagrywać ⟨**-grać**⟩ aufnehmen, aufzeichnen
nagrywarka F: **~ DVD** DVD-Brenner *m*
nagrzewać ⟨**-grzać**⟩ wärmen, anwärmen; erhitzen (**się** sich)
naiwny naiv
najadać ⟨**-jeść**⟩ **się** sich satt essen **najazd** M, Überfall *m*
nająć PF → najmować
najem M Vermietung *f*; Miete *f* **najemca** M Mieter(in) *m(f)*
najeść się PF → najadać się
najeźdźca M Aggressor *m*, Angreifer *m*
najgorzej am schlimmsten
najlepiej am besten
najmować ⟨**-jąć**⟩ mieten
najpierw zuerst
najwięcej am meisten **najwyższy** höchste(r)
nakarmić PF → karmić
nakaz M Befehl *m*; Gebot *n*
nakazywać ⟨**-zać**⟩ befehlen; gebieten
naklejać ⟨**-eić**⟩ aufkleben
naklejka F Aufkleber *m*

nakład M (Buch)Auflage *f*; *pracy* Aufwand *m* **nakładać ⟨nałożyć⟩** auflegen, legen; *ubranie* anziehen; *karę* verhängen
nakłaniać ⟨-łonić⟩ bewegen (**do** *gen* zu *dat*)
nakreślać ⟨-lić⟩ aufzeichnen, entwerfen; (*opisać*) schildern
nakręcać ⟨-cić⟩ *zegar* aufziehen; *film* drehen **nakrętka** F Schraubverschluss *m*; Schraubenmutter *f*
nakrycie N Gedeck *n* **nakrywać ⟨-kryć⟩** bedecken **nakrywka** F Deckel *m*
nalać PF → nalewać
nalegać eindringlich fordern (**na** *akk akk*)
nalepiać ⟨-ić⟩ aufkleben **nalepka** F Aufkleber *m*
naleśnik M Eierkuchen *m*
nalewać ⟨-lać⟩ eingießen **nalewka** F Fruchtlikör *m*; Tinktur *f*
należeć gehören, angehören (**do** *gen dat*) **należność** F (fälliger) Betrag *m* **należny** gebührend **należyty** (**-ycie**) gehörig
nalot M Belag *m*
naładować PF aufladen
nałogowy (**-wo**) Gewohnheits-; gewohnheitsmäßig **nałożyć** PF → nakładać **nałóg** M Sucht *f*
namalować PF → malować
namawiać ⟨-mówić⟩ überreden; anstiften (**do** *gen* zu *dat*)
namiastka F Ersatz *m*
namiętność F Leidenschaft *f*
namiot M Zelt *n*
namoczyć PF einweichen
namowa F Überredung *f* **namówić** PF → namawiać
namydlać ⟨-lić⟩ einseifen
namyślać ⟨-lić⟩ się überlegen (**nad** *inst akk*)
nanosić ⟨-nieść⟩ zusammentragen; *piasek* anschwemmen
naoczny → świadek
naokoło ringsherum
naostrzyć PF → ostrzyć
napad M Überfall *m*; SPORT Angriff *m*, Sturm *m*; MED Anfall *m* **napadać ⟨-paść⟩** überfallen, angreifen (**na** *akk akk*)
napalić PF → palić
napastliwy (**-wie**) aggressiv; gehässig **napastnik** M Angreifer(in) *m(f)*; SPORT Stürmer(in) *m(f)*
napaść[1] F → napad **napaść**[2] PF → napadać
napchać PF → napychać **napełniać** füllen **napełnić** PF vollfüllen
napęd M AUTO Antrieb *m* **napędzać ⟨-dzić⟩** antreiben (**do** *gen* zu *dat*)
napiąć PF → napinać **napić się** PF trinken (*gen akk*) **napierać ⟨-przeć⟩** bedrängen (**na** *akk akk*) **napięcie** N Spannung *f* **napinać ⟨-piąć⟩** anspannen, spannen
napis M Aufschrift *f*, Inschrift *f*

napisać PF → pisać
napiwek M Trinkgeld *n*
napluć PF → pluć
napływ M Zufluss *m*; Andrang *m* **napływać** ⟨**-płynąć**⟩ herbeiströmen; zufließen
napoić PF → poić
napominać ⟨**-mnieć**⟩ ermahnen **napomknąć** PF → napomykać **napomnieć** PF → napominać **napomnienie** N Ermahnung *f* **napomykać** ⟨**-mknąć**⟩ erwähnen
napotykać ⟨**-tkać**⟩ begegnen (*akk dat*)
napój M Getränk *n*
napraszać się sich aufdrängen
naprawa F Ausbesserung *f*, Reparatur *f*
naprawdę wahrhaftig, wirklich
naprawiać ⟨**-ić**⟩ ausbessern, reparieren
naprężać ⟨**-żyć**⟩ anspannen, spannen **naprężenie** N Spannung *f*
naprzeciwko gegenüber (*gen dat*); (*ku*) entgegen
naprzeć PF → napierać
naprzód vorwärts; voran; im Voraus
naprzykrzać ⟨**-krzyć**⟩ **się** sich aufdrängen
napychać ⟨**-pchać**⟩ vollstopfen
narada F Besprechung *f*
naradzać ⟨**-dzić**⟩ **się** beraten (**nad** *inst akk*)
naraz plötzlich, auf einmal
narażać ⟨**-zić**⟩ *życie* riskieren, gefährden; aussetzen (**na** *akk dat*; **się** sich)
narciarka F Skiläuferin *f* **narciarski** Ski- **narciarstwo** N Skisport *m* **narciarz** M Skiläufer *m*
nareszcie endlich
narkoman(ka) M(F) Drogensüchtige(r) *m*/*f*(*m*) **narkotyk** M Droge *f*, Rauschgift *n* **narkotyzować się** Drogen nehmen **narkoza** F Narkose *f*
narobić PF in Masse produzieren; machen
narodowość F Nationalität *f*
narodowy (**-wo**) national
narodziny PL Geburt *f*
narośl F Auswuchs *m*, Beule *f*
narożnik M Ecke *f*; Ecksofa *n*
naród M Volk *n*; Nation *f*
narta F Ski *m*; → jeździć
naruszać ⟨**-szyć**⟩ antasten; *spokój* stören; *prawo* verletzen
naruszenie N Verstoß *m*
narwać PF pflücken **narwany** *umg* verrückt
narysować PF → rysować
narząd M ANAT Organ *n*
narzeczona F Verlobte *f* **narzeczony** M Verlobte(r) *m*; **narzeczeni** *pl* Brautpaar *n*
narzekać klagen
narzędnik M GRAM Instrumental *m*
narzędzie N Werkzeug *n*
narzucać ⟨**-cić**⟩ aufdrängen (**się** sich); *kurtkę* überwerfen

nas uns
nasenny: **środek** M ~ Schlafmittel *n*
nasi → nasz
nasienie N Samen *m*; Sperma *n*
nasilenie N Verstärkung *f*
nasiono N Samen *m*
nasłuchiwać horchen; lauschen
nasmarować PF einschmieren
nastawać ⟨**-stać**⟩ anbrechen; eintreten
nastawiać ⟨**-ić**⟩ einstellen (**się** sich) **nastawienie** N Einstellung *f*
nastąpić PF → następować
następca M Nachfolger *m* **następczyni** F Nachfolgerin *f* **następnie** danach, ferner **następny** nächste(r); folgende(r) **następować** ⟨**-stąpić**⟩ treten (**na** *akk* auf *akk*); *fig* erfolgen; stattfinden; nachfolgen, folgen (**po** *lok dat*) **następstwo** N Folge *f* **następująco** wie folgt **następujący** folgend
nastolatek M Teenager *m*; Jugendliche(r) *m* **nastolatka** F Teenager *m*; Jugendliche *f*
nastraszyć PF erschrecken
nastrojowy (**-wo**) stimmungsvoll **nastrój** M Stimmung *f*
nasuwać ⟨**-sunąć**⟩ schieben (**się** sich); ziehen; ~ **się** *na myśl* aufkommen
nasycać ⟨**-cić**⟩ tränken, sättigen (*inst* mit *dat*)
nasyp M Damm *m* **nasypywać** ⟨**-pać**⟩ aufschütten; streuen
nasz, nasza, nasze unser
naszyć PF → naszywać **naszyjnik** M Halskette *f* **naszywać** ⟨**-szyć**⟩ aufnähen
naśladować nachahmen
naśmiewać się auslachen (**z** *gen akk*)
naświetlać ⟨**-lić**⟩ bestrahlen; belichten; MED bestrahlen **naświetlanie** N Bestrahlung *f*; FOTO Belichtung *f*; MED Bestrahlung
natarczywy (**-wie**) zudringlich
natchnienie N Inspiration *f*, Anregung *f*
natężać ⟨**-żyć**⟩ anspannen **natężenie** N Intensität *f*; Stärke *f*
natka F (Petersilien)Kraut *n*
natknąć się PF → natykać się
natłok M Gedränge *n*
natłuszczać ⟨**-tłuścić**⟩ einfetten
natomiast dagegen
natrafiać ⟨**-ić**⟩ treffen; finden (**na** *akk akk*)
natrętny zudringlich, lästig
natrysk M Brause *f*; Dusche *f*
natrzeć PF → nacierać
natura F Natur *f* **naturalny** natürlich; Natur-
natychmiast sofort **natychmiastowy** sofortig, unverzüglich

natykać ⟨**-tknąć**⟩ **się** stoßen, treffen (**na** *akk* auf *akk*)
nauczać ⟨**-czyć**⟩ beibringen (**k-o** *gen* j-m *akk*); → uczyć; **~ się** *pf* erlernen (*gen akk*) **nauczyciel(ka)** M(F) Lehrer(in) *m(f)*
nauka F Lehre *f*; Unterricht *m*; Wissenschaft *f* **naukowiec** M Wissenschaftler(in) *m(f)* **naukowy** (**-wo**) wissenschaftlich
naumyślnie absichtlich
nawa F (Kirchen)Schiff *n*
nawał M Unmenge *f*, Masse *f* **nawałnica** F Gewittersturm *m*
nawet sogar, selbst
nawias M Klammer *f*; **nawiasem mówiąc** nebenbei gesagt
nawiązywać ⟨**-zać**⟩ anknüpfen (**do** *gen* an *akk*)
nawijać ⟨**-inąć**⟩ aufwickeln
nawilżać ⟨**-żyć**⟩ befeuchten
nawlekać ⟨**-wlec**⟩ auffädeln, einfädeln
nawoływać rufen; auffordern (**do** *gen* zu *dat*)
nawozić düngen **nawóz** M Dünger *m*
nawracać ⟨**-wrócić**⟩ V/I wenden; V/T bekehren (**się** sich) **nawrót** M MED Rückfall *m*
nawyk M Angewohnheit *f* **nawykać** ⟨**-knąć**⟩ sich angewöhnen (**do** *gen akk*)
nawzajem gegenseitig
naziemny oberirdisch
naznaczać ⟨**-czyć**⟩ bezeichnen; bestimmen
nazwa F Bezeichnung *f*, Name *m*; **~ użytkownika** IT Benutzername *m* **nazwać** PF benennen, nennen **nazwisko** N Name *m* **nazywać** nennen; **~ się** heißen
negatyw M Negativ *n* **negatywny** negativ; ablehnend
negocjować verhandeln
negować ⟨**za-**⟩ verneinen
nekrolog M Todesanzeige *f*
neon M Neon *n*; Neonröhre *f*; Leuchtreklame *f* **neonowy** Neon-; Leucht-
nerka F Niere *f*
nerw M Nerv *m* **nerwica** F Neurose *f* **nerwowy** Nerven-(**-wo**) nervös
netto netto; Netto-
nędza F Elend *n*, Not *f* **nędzny** elend; erbärmlich; niederträchtig
nękać plagen
niańka F Kindermädchen *n*
niby gleich (*nom dat*), wie (*akk*); (so) als ob
nic nichts; **~ a ~** ganz und gar nichts
nić F Faden *m*
nie nein; nicht, kein; un-, -frei; **~ ma** (*gen*) es gibt nicht *od* kein(e); … ist nicht da; *formuła grzecznościowa* **nie ma za co** keine Ursache
niebawem bald, in Kürze
niebezpieczeństwo N Gefahr *f* **niebezpieczny** gefährlich

niebieski (**-ko**) blau **niebo** N Himmel *m*
nieboszczka F Verstorbene *f* **nieboszczyk** M Verstorbene(r) *m*
niebywały (**-le**) außergewöhnlich
niecały nicht ganz; knapp
niech: ~ **pan(i)** … bitte …; ~ **on** … er soll …; ~ **żyje!** es lebe!
niechcący unabsichtlich **niechęć** F Abneigung *f*; Unlust *f* **niechętny** unwillig
niechlujny schlampig
niechybny unvermeidlich
niecierpliwić się ungeduldig sein *od* werden **niecierpliwy** (**-wie**) ungeduldig
nieco etwas, ein wenig
niecodzienny nicht alltäglich
nieczuły unempfindlich
nieczynny außer Betrieb; geschlossen
nieczystości FPL Müll *m*
nieczytelny unleserlich;
niedaleki (**-ko**) nahe, nahe gelegen; *podróż* kurz
niedawno neulich, unlängst
niedbalstwo N Fahrlässigkeit *f*; Nachlässigkeit *f* **niedbały** (**-le**) fahrlässig; nachlässig
niedługi (**-o**) kurz; ADV *a.* nicht weit; nicht lange
niedobór M Mangel *m*; Defizit *n* **niedobry** (**-brze**) schlecht, übel **niedociągnięcie** N Unzulänglichkeit *f*, Fehler *m*, Mangel *m*
niedogodny unbequem; ungünstig **niedojrzały** (**-le**) unreif **niedokładny** ungenau **niedołężny** gebrechlich; ungeschickt **niedomagać** kränkeln
niedopałek M (Zigaretten)-Stummel *m*
niedopuszczalny unzulässig **niedoskonały** (**-le**) unvollkommen **niedostateczny** ungenügend **niedostatek** M Not *f*; Mangel *m* **niedostępny** unzugänglich
niedowidzieć schlecht sehen (können) **niedozwolony** unerlaubt **niedożywiony** unterernährt
niedrogi (**-go**) preiswert **niedużo** wenig **nieduży** gering; klein; niedrig
niedziela F Sonntag *m*; **w niedzielę** am Sonntag, sonntags
niedźwiedź M Bär *m*
niegościnny ungastlich **niegrzeczny** unhöflich **nieistotny** unwesentlich
niejadalny ungenießbar **niejasny** (**-no**) unklar; undeutlich **niejeden** manche(r) **niejednokrotnie** mehrmals, mehrfach
niekiedy bisweilen, manchmal
niekorzystny ungünstig, unvorteilhaft **niektóry** manche(r)
nielegalny illegal, ungesetzlich **nieletni** minderjährig
nieliczny nicht zahlreich;

nieliczni *pl* wenige, einige

nieład M Unordnung *f* **nieładny** unschön; hässlich

niemal fast, beinahe **niemało** nicht wenig, ziemlich viel

niemały erheblich, ziemlich groß

Niemcy PL Deutschland *n*

Niemiec M Deutsche(r) *m*

niemiecki (**po -ku**) deutsch

Niemka F Deutsche *f*

niemniej dennoch

niemodny unmodern **niemowlę** N Baby *n*, Säugling *m* **niemożliwy** (**-wie**) unmöglich **niemy** (**-mo**) stumm

nienaganny tadellos **nienaruszalny** unantastbar **nienasycony** unersättlich

nienawidzić hassen **nienawiść** F Hass *m*

nieobecny abwesend **nieobliczalny** unberechenbar **nieoczekiwany** unerwartet

nieodłączny unzertrennlich

nieodpowiedni (**-nio**) ungeeignet **nieodpowiedzialny** unverantwortlich **nieodwołalny** unwiderruflich

nieograniczony unbegrenzt, unbeschränkt **nieokreślony** unbestimmt **nieomylny** unfehlbar **nieopisany** unbeschreiblich **nieostrożny** unvorsichtig

nieparzysty *liczba* ungerade

niepełny nicht voll, nicht vollständig; lückenhaft **niepewny** ungewiss; unsicher

niepodległość F Unabhängigkeit *f* **niepodległy** unabhängig

niepogoda F schlechtes Wetter *n*

niepokaźny unscheinbar

niepokoić ⟨**za-**⟩ beunruhigen (**się** sich) **niepokój** M Unruhe *f*

niepomyślny ungünstig **niepoprawny** falsch; *fig* unverbesserlich **nieporozumienie** N Missverständnis *n* **nieporządek** M Unordnung *f*

nieposłuszny ungehorsam

niepotrzebny unnötig; überflüssig **niepowodzenie** N Misserfolg *m* **niepozorny** unauffällig, unscheinbar **niepożądany** unerwünscht

nieprawda F Unwahrheit; **~?** nicht wahr? **nieprawdopodobny** außergewöhnlich; unwahrscheinlich

nieprawdziwy (**-wie**) unecht

nieprawidłowy (**-wo**) falsch; nicht vorschriftsmäßig

nieproszony ungebeten

nieprzeciętny überdurchschnittlich **nieprzekupny** unbestechlich **nieprzemakalny** wasserdicht **nieprzepuszczalny** undurchlässig

nieprzerwany ununterbrochen

nieprzydatny ungeeignet

nieprzyjaciel M Feind *m* **nieprzyjazny** feindselig

nieprzyjemność F Unan-

nehmlichkeit *f* **nieprzyjemny** unangenehm **nieprzystępny** unzugänglich; *tekst* unverständlich **nieprzytomny** bewusstlos; *fig* geistesabwesend **nieprzyzwoity (-cie)** unanständig
nieraz manchmal; oft
nierdzewny rostfrei **nieregularny** unregelmäßig **nierentowny** unrentabel
nierozłączny unzertrennlich **nierozpuszczalny** unlöslich **nierozsądny** unvernünftig **nierozważny** unüberlegt
nierówność F Unebenheit *f*; Ungleichheit *f* **nierówny (-no)** uneben; ungleich
nieruchomy (-mo) unbeweglich
niesamowity (-cie) unheimlich; *fig* unbeschreiblich, schrecklich **nieskazitelny** makellos **nieskończony** unendlich
niesłuszny ungerechtfertigt **niesłychany** unerhört **niesmaczny** schlecht schmeckend
niespełna nicht ganz, fast, knapp
niespodzianka F Überraschung *f* **niespodziewany** überraschend, unverhofft **niespokojny** unruhig
niesprawiedliwy (-wie) ungerecht
niestety leider
niestosowny unangemessen, unpassend **niestrawny** unverdaulich **nieszczery (-rze)** unaufrichtig, unehrlich
nieszczęście N Unglück *n* **nieszczęśliwy (-wie)** unglücklich
nieszkodliwy (-wie) harmlos; unschädlich
nieść tragen; *jaja* legen
nieślubny unehelich **nieśmiały (-ło)** schüchtern **nieśmiertelny** unsterblich **nieświadomy (-mie)** unbewusst **nieświeży** nicht (mehr) frisch; *chleb* altbacken
nietakt M Taktlosigkeit *f*
nietolerancja F Unverträglichkeit *f*; ~ **laktozy** Laktoseintoleranz *f*
nietrzeźwy betrunken **nieubłagany** unerbittlich; unvermeidlich **nieuchronny** unvermeidlich **nieuczciwy (-wie)** unehrlich, unlauter; unfair **nieudany** misslungen
nieufny misstrauisch **nieuleczalny** unheilbar **nieumyślny** unabsichtlich **nieuniknony** unvermeidlich
nieustanny unaufhörlich **nieustraszony** unerschrocken **nieuważny** unaufmerksam **nieuzasadniony** unbegründet **nieuzbrojony** unbewaffnet
nieważny unwichtig, unbedeutend; ungültig; nichtig **niewątpliwy (-wie)** zweifellos; unstrittig **niewdzięczny**

undankbar **niewesoły** (**-ło**) traurig **niewiadomy** unbekannt

niewidomy blind; SUBST M Blinde(r) *m* **niewidzialny** unsichtbar

niewiele, niewielu nicht viel(e)

niewierność F Untreue *f* **niewierny** untreu; treulos

niewierzący nicht gläubig; SUBST M Ungläubige(r) *m* **niewinny** unschuldig; (*błahy*) harmlos **niewłaściwy** (**-wie**) unrichtig, falsch; unzuständig

niewolnica F Sklavin *f* **niewolnik** M Sklave *m*

niewybaczalny unverzeihlich **niewygodny** unbequem **niewykształcony** ungebildet **niewyraźny** undeutlich; unklar **niewyspany** unausgeschlafen **niewzruszony** unempfänglich; unerschütterlich

niezadowolenie N Unzufriedenheit *f* **niezadowolony** unzufrieden

niezależny unabhängig **niezamężna** unverheiratet

niezapomniany unvergesslich

niezawisły unabhängig **niezawodny** zuverlässig

niezbędny unerlässlich, notwendig **niezbity** (**-cie**) unwiderlegbar **niezbyt** nicht (allzu) sehr, nicht besonders

niezdolność F Unfähigkeit *f*

niezdrowy (**-wo**) ungesund; unwohl **niezgrabny** unförmig, plump; ungeschickt

niezliczony unzählig **niezły** (**-źle**) ganz *od* ziemlich gut; *fig* ordentlich **niezmienny** unveränderlich **nieznaczny** unbedeutend, gering

nieznajoma F Unbekannte *f* **nieznajomy** M Unbekannte(r) *m* **nieznany** unbekannt

nieznośny unerträglich **niezręczny** ungeschickt **niezrozumiały** (**-le**) unverständlich **niezwłoczny** unverzüglich

nieźle → **niezły** **nieżonaty** unverheiratet

nieżyt M Katarrh *m*

nieżywy leblos, tot

nigdy nie, niemals **nigdzie** nirgends **nijaki** fade, farblos; GRAM sächlich

nikczemny niederträchtig

nikły schwach, winzig

niknąć ⟨**z-**⟩ schwinden, *pf a.* verschwinden

nikogo niemanden; **~ nie ma** es ist niemand da **nikomu** niemandem **nikt** niemand

nim[1] KONJ bevor, ehe

nim[2] PRON: **z ~** mit ihm; **o ~** über ihn

niniejszy vorliegend; **niniejszym** hiermit

niski (**-ko**) niedrig; tief **niskokaloryczny** kalorienarm **niskotłuszczowy** fettarm

niszczeć ⟨**z-**⟩ verfallen; verderben **niszczyciel** M Zer-

störer *m* **niszczyć ⟨z-⟩** zerstören; vernichten; kaputt machen
nitka F Faden *m*; **~ do zębów** Zahnseide *f*; **wykałaczka** *f* **z nitką** Zahnseidestick *m*
niż[1] KONJ als, denn
niż[2] M Tief *n*
niższy (-żej) niedriger; tiefer
noc F Nacht *f*; **w nocy, nocą** in der Nacht; nachts **nocleg** M Übernachtung *f* **nocny** Nacht- **nocować ⟨prze-⟩** übernachten
noga F Bein *n*
nora F *lisa* Höhle *f*; *a. fig* Loch *n*
norma F Norm *f*; Standard *m* **normalny** normal, Normal-
Norweg M Norweger *m* **Norwegia** F Norwegen *n* **norweski (po -ku)** norwegisch **Norweżka** F Norwegerin *f*
nos M Nase *f*
nosiciel(ka) M(F) *odznaki* Träger(in) *m(f)*; *choroby* Überträger(in) *m(f)*; *fig* Vertreter(in) *m(f)* **nosić** tragen
nosorożec M Nashorn *n*
nośnik M TECH, CHEM Träger *m*; **~ danych** Datenträger *m*
notarialny notariell **notariusz** M Notar(in) *m(f)*
notatka F Notiz *f* **notatnik** M Notizbuch *n*, Notizblock *m* **notes** → notatnik **notować ⟨za-⟩** notieren
nowina F Neuigkeit *f*
nowoczesny (-śnie) modern; zeitgenössisch **noworoczny** Neujahrs- **noworodek** M Neugeborene(s) *n* **nowość** F Neuheit *f* **nowotwór** M Tumor *m*
nowy (-wo) neu; **na nowo** von Neuem
nożyce PL Schere *f* **nożyczki** PL Schere *f*
nóż M Messer *n*
nucić ⟨za-⟩ summen; trällern
nuda F Langeweile *f* **nudności** FPL Übelkeit *f*, Brechreiz *m* **nudny (-no)** langweilig
nudysta M: **plaża** F **dla nudystów** FKK- Strand *m*
nudzić langweilen (**się** sich)
numer M Nummer *f*; **~ kierunkowy** TEL Vorwahl *f*; **~ komórki** TEL Handynummer *f* **numerować ⟨po-⟩** nummerieren
nurek M Taucher(in) *m(f)* **nurkować** tauchen
nurt M Strömung *f*
nuta F MUS Note *f*
nużący (-co) ermüdend **nużyć ⟨z-⟩** ermüden
Nysa F *rzeka* Neiße *f*

o PRÄP *(akk, lok)* um *(akk)*, über *(akk)*; gegen *(akk)*, von *(dat)*, mit *(dat)*, an *(dat, akk)*, nach

(*dat*)
oba, obaj, obie PL beide
obalać ⟨**-lić**⟩ (*wywrócić*) umstoßen
obarczać ⟨**-czyć**⟩ belasten; *fig* aufbürden (**k-o** *inst* j-m *akk*)
obarzanek → obwarzanek
obawa F Befürchtung *f* **obawiać się** fürchten (*gen akk*), sich fürchten (vor *dat*)
obcas M (Schuh)Absatz *m*
obcążki PL (kleine) Zange *f*
obcęgi PL Zange *f*
obchodzić ⟨**obejść**⟩ herumgehen; (*interesować*) angehen; *święto* begehen; **~ się** umgehen (**z** *inst* mit *dat*), behandeln (*akk*); auskommen (**bez** *gen* ohne *akk*)
obchód M (Arzt)Visite *f*; **obchody** Feierlichkeiten *fpl*; Fest *n*
obciąć PF → obcinać **obciągać** ⟨**-gnąć**⟩ überziehen (*inst* mit *dat*) **obciążać** ⟨**-żyć**⟩ belasten; beschweren; überanstrengen
obcinać ⟨**-ciąć**⟩ abschneiden
obcisły (**-śle**) eng, eng anliegend
obcokrajowiec M Ausländer(in) *m(f)* **obcować** verkehren (**z** *inst* mit *dat*)
obcy (**-co**) fremd **obczyzna** F Fremde *f*
obdarzać ⟨**-rzyć**⟩ beschenken
obdzierać ⟨**obedrzeć**⟩ *skórę* abziehen
obecnie jetzt **obecność** F Anwesenheit *f* **obecny** anwesend; (*dzisiejszy*) gegenwärtig
obedrzeć PF → obdzierać
obejmować ⟨**objąć**⟩ umarmen; umfassen; *urząd* übernehmen **obejrzeć** PF → oglądać **obejść** PF → obchodzić
obelga F Beleidigung *f* **obelżywy** (**-wie**) beleidigend
oberwać PF → obrywać
obeschnąć PF → obsychać
obetrzeć PF → obcierać
obeznany vertraut (**z** *inst* mit *dat*); bewandert (**w** *dat* in *dat*)
obfity (**-cie**) reichlich; üppig
obgryzać ⟨**-gryźć**⟩ abnagen
obiad M Mittagessen *n*; **jeść ~** zu Mittag essen **obiadowy** Mittags-
obicie N Beschlag *m*; Bezug *m*
obić PF → obijać
obie → oba
obiec PF → obiegać
obiecywać ⟨**-cać**⟩ versprechen
obieg M Umlauf *m* **obiegać** ⟨**obiec**⟩ umrunden; umkreisen
obierać ⟨**obrać**⟩ schälen; wählen (**na** *akk* zu *dat*)
obietnica F Versprechen *n*
obijać ⟨**-ić**⟩ beschlagen; auspolstern (*inst* mit *dat*)
objaśniać ⟨**-ić**⟩ erläutern; erklären **objaśnienie** N Erläuterung *f*; Erklärung *f*
objaw M Symptom *n* **obja-**

wiać ⟨**-ić**⟩ zeigen; offenbaren (**się** sich)
objazd M Rundfahrt *f*; Umleitung *f* **objazdowy** *teatr* Wander-
objąć PF → obejmować
objeżdżać ⟨**-jechać**⟩ fahren (*akk* rund um *akk*); bereisen
objęcie N Umarmung *f*; (*przejęcie*) Übernahme *f* **objętość** F Umfang *m*; Volumen *n*
obkładać ⟨**obłożyć**⟩ belegen (*inst* mit *dat*) **oblać** PF → oblewać **oblepiać** ⟨**-ić**⟩ bekleben (*inst* mit *dat*) **oblewać** ⟨**-lać**⟩ übergießen, begießen (*inst* mit *dat*); *egzamin umg* vergeigen
obliczać ⟨**-czyć**⟩ berechnen
oblicze N: **w obliczu** angesichts
obliczenie N Berechnung *f*
obliczyć PF → obliczać
oblizywać ⟨**-zać**⟩ ablecken, lecken
oblodzony vereist
obława F Razzia *f*; Treibjagd *f*
obłąkany wahnsinnig **obłęd** M Wahnsinn *m* **obłędny** irre
obłok M Wolke *f*
obłożyć PF → obkładać, okładać
obłuda F Heuchelei *f* **obłudny** heuchlerisch
obłupywać ⟨**-pać**⟩ abschälen, schälen **obmacywać** ⟨**-cać**⟩ abtasten, betasten; befühlen **obmawiać** ⟨**-mówić**⟩ lästern (*akk* über *akk*)
obmowa F üble Nachrede *f*
obmyślać ⟨**-lić**⟩ überlegen
obmywać ⟨**-yć**⟩ abwaschen
obniżać ⟨**-żyć**⟩ herabsetzen, senken **obniżka** F (Preis)Senkung *f*
oboje → oba
obojętny gleichgültig; CHEM neutral
obok[1] ADV nebenan
obok[2] PRÄP (*gen*) neben (*akk, dat*)
obopólny beiderseitig
obora F Kuhstall *m*
obowiązek M Pflicht *f*; **~ noszenia masek** Maskenpflicht *f*
obowiązkowy Pflicht- **(-wo)** obligatorisch **obowiązujący** geltend; verbindlich **obowiązywać** gelten, Pflicht sein
obozować lagern, kampieren
obozowisko N Lagerplatz *m*, Zeltplatz *m* **obóz** M Lager *n*
obrabiać ⟨**-robić**⟩ bearbeiten
obrabować PF berauben **obracać** ⟨**obrócić**⟩ umdrehen (**się** sich); wenden; **~ się** *a.* rotieren **obrać** PF → obierać
obradować beraten, tagen
obrady F Beratung *f*, Tagung *f* **obrastać** bewachsen (*inst* mit *dat*)
obraz M Bild *n*, Gemälde *n*
obraza F Beleidigung *f* **obrazek** M Bildchen *n*; Bild *n* **obrazić** PF → obrażać **obrazowy** **(-wo)** bildlich **obraźliwy** **(-wie)** beleidigend

obrażać ⟨**-razić**⟩ beleidigen

obrażenia NPL Verletzungen *fpl*

obrączka F Ring *m*; ~ **ślubna** Trauring *m*

obręb M (*obszar*) Bereich *m*, Gebiet *n*

obręcz F Reifen *m*; Felge *f*

obrobić PF → obrabiać

obrona F Verteidigung *f* **obronić** PF → bronić **obronny** Verteidigungs- **obrońca** M *a.* SPORT Verteidiger(in) *m(f)*

obrotowy Dreh-; HANDEL Umsatz-

obróbka F Bearbeitung *f* **obrócić** PF → obracać **obrót** M Drehung *f*, Umdrehung *f*; HANDEL Umsatz *m*

obrus M Tischtuch *n*

obrywać ⟨**oberwać**⟩ abreißen; *owoce* pflücken, abpflücken

obrządek M Brauch *m*; Ritus *m*

obrzęk M Schwellung *f* **obrzękły** geschwollen

obrzucać ⟨**-cić**⟩ bewerfen

obrzydliwy (**-wie**) ekelhaft **obrzydzać** ⟨**-dzić**⟩ verleiden **obrzydzenie** N Ekel *m*

obsada F *ról* Besetzung *f* **obsadzać** ⟨**-dzić**⟩ besetzen; *kwiatami* umpflanzen

obserwacja F Beobachtung *f* **obserwować** beobachten

obsługa F Bedienung *f* **obsługiwać** ⟨**-służyć**⟩ bedienen

obstawać bestehen , beharren (**przy** *lok* auf *dat*) **obstawiać** ⟨**-ić**⟩ umstellen

obsuwać ⟨**-sunąć**⟩ **się** abrutschen **obsychać** ⟨**obeschnąć**⟩ trocknen **obsypywać** ⟨**-pać**⟩ bestreuen (*inst* mit *dat*)

obszar M Raum *m*; Gebiet *n*; Fläche *f*

obszerny geräumig

obszywać ⟨**-yć**⟩ besetzen (*inst* mit *dat*)

obu → oba

obudowa F Verkleidung *f*; Gehäuse *n* **obudzić** PF → budzić

obumarły abgestorben

oburącz beidhändig

oburzać ⟨**-rzyć**⟩ empören, entrüsten (**się** sich) **oburzenie** N Empörung *f*, Entrüstung *f*

obustronny beiderseitig

obuwie N Schuhwerk *n*

obwarzanek M Brezel *f*

obwąchiwać ⟨**-chać**⟩ beschnüffeln **obwiązywać** ⟨**-zać**⟩ umbinden, verbinden; verschnüren

obwiniać ⟨**-winić**⟩ beschuldigen (**o** *akk gen*)

obwodnica F Ringstraße *f*

obwodowy Bezirks-

obwód M ELEK Kreis *m*; POL Bezirk *m*; *ziemi* Umfang *m* **obwódka** F Kante *f*

obyczaj M Brauch *m*, Sitte *f* **obyczajowy** (**-wo**) Sitten-

obydwa, obydwoje → oba **obywać** ⟨**-yć**⟩ **się** sich behelfen (**bez** *gen* ohne *akk*)

obywatel(ka) M(F) Bürger(in) *m(f)* **obywatelstwo** N Staatsangehörigkeit *f*

ocalać ⟨**-lić**⟩ retten **ocaleć** PF entrinnen (**z, od** *gen dat*); überleben (*akk*) **ocalenie** N Rettung *f*

ocean M Ozean *m*; *fig* Unmenge *f*

ocena F Bewertung *f*, Beurteilung *f*; (*stopień*) Note *f*, Zensur *f* **oceniać** ⟨**-ić**⟩ bewerten; beurteilen

ocet M Essig *m* **ochlapywać** ⟨**-pać**⟩ bespritzen

ochładzać → chłodzić **ochłodzenie** N Abkühlung *f*

ochoczy (**-czo**) bereitwillig, willig **ochota** F Lust *f* **ochotniczka** F Freiwillige *f* **ochotniczy** (**-czo**) freiwillig **ochotnik** M Freiwillige(r) *m*

ochraniać ⟨**ochronić**⟩ schützen (**przed** *inst* vor *dat*) **ochrona** F Schutz *m*; Bewachung *f*; **~ środowiska** Umweltschutz *m* **ochroniarz** Bodyguard *m* **ochronić** PF → ochraniać **ochronny** Schutz-

ochrypły (**-le**) heiser

ociemniały → niewidomy **ocieplać** ⟨**-lić**⟩ erwärmen (**się** sich), wärmer machen; **~ się** wärmer werden

ocierać ⟨**otrzeć**⟩ abwischen; abschürfen

ociężały (**-le**) schwerfällig

oclenie N Verzollung *f*; **do oclenia** zu verzollen

oczarowywać ⟨**-ować**⟩ bezaubern

oczekiwać erwarten **oczekiwanie** N Erwartung *f*

oczerniać ⟨**-ić**⟩ anschwärzen

oczko N Äuglein *n*

oczny Aug(en)- **oczy** PL → oko

oczyszczać ⟨**-ścić**⟩ reinigen

oczywisty (**-ście**) selbstverständlich

od (*gen*) von (*dat*); seit (*dat*); **starszy ~ ciebie** älter als du

odbić PF → odbijać

odbiegać ⟨**-ec**⟩ *fig* abweichen (**od** *gen* von D) **odbierać** ⟨**odebrać**⟩ abnehmen, wegnehmen; in Empfang nehmen; RADIO empfangen **odbijać** ⟨**-ić**⟩ *światło* zurückwerfen; *piłkę* zurückschlagen; **~ się** sich widerspiegeln

odbiorca M Verbraucher *m*; Empfänger *m* **odbiorczy** Abnahme-; Empfangs- **odbiorczyni** F Verbraucherin *f*; Empfängerin *f*

odbiór M Abnahme *f*; Empfang *m* **odbitka** F Abdruck *m*; FOTO Abzug *m*

odbudowa F Wiederaufbau *m* **odbudowywać** ⟨**-ować**⟩ wiederaufbauen

odbyt M ANAT After *m* **odbytnica** F Mastdarm *m* **odbywać** ⟨**-yć**⟩ absolvieren,

durchlaufen, machen; ~ **się** stattfinden
odchodzić abgehen, weggehen; BAHN abfahren
odchudzać się eine Diät machen **odchudzić się** PF abnehmen
odchylać ⟨**-lić**⟩ zurückbiegen, zurücklehnen; ~ **się** sich zurückbeugen; zurückweichen (**od** *gen* von *dat*)
odciąć PF → odcinać **odciągać** ⟨**-gnąć**⟩ wegziehen, abziehen (**od** *gen* von *dat*)
odcinać ⟨**-ciąć**⟩ abschneiden
odcinek M Abschnitt *m*; Strecke *f*
odcyfrowywać ⟨**-ować**⟩ entziffern
odczepiać ⟨**-ić**⟩ abhängen, abkoppeln
odczuwać ⟨**-uć**⟩ empfinden
odczuwalny fühlbar
odczyt M Ablesen *n*; Vortrag *m*
oddalać ⟨**-lić**⟩ entfernen (**się** sich) **oddalony** entfernt
oddawać ⟨**-dać**⟩ abgeben, zurückgeben
oddech M Atmung *f*; Atem *m*
oddychać atmen
oddział M Abteilung *f*; (Kranken)Station *f*; ~ **intensywnej terapii** Intensivstation *f* **oddziaływać** ⟨**-łać**⟩ einwirken
oddzielać ⟨**-lić**⟩ abtrennen; absondern **oddzielny** getrennt, separat
oddzierać ⟨**odedrzeć**⟩ abreißen, losreißen
oddźwięk M Echo *n*; Widerhall *m*
ode → od **odebrać** PF → odbierać **odedrzeć** PF → oddzierać **odegnać** PF → odganiać **odegrać** PF → odgrywać
odejmować ⟨**odjąć**⟩ abziehen, subtrahieren **odejście** N Weggang *m* **odejść** PF → odchodzić
odepchnąć PF → odpychać
odeprzeć PF → odpierać **oderwać** PF → odrywać **odesłać** PF → odsyłać
odetchnąć PF aufatmen
odezwa F Aufruf *m* **odezwać się** PF → odzywać się
odgadywać ⟨**-dnąć**⟩ raten, erraten
odgałęziać się abzweigen
odgałęzienie N Abzweigung *f*
odganiać ⟨**odegnać**⟩ fortjagen, wegjagen **odginać** ⟨**-giąć**⟩ zurückbiegen
odgłos M Widerhall *m*; Geräusch *n*
odgonić PF → odganiać
odgradzać ⟨**-grodzić**⟩ abzäunen **odgraniczać** ⟨**-czyć**⟩ abgrenzen **odgrażać się** drohen
odgrodzić PF → odgradzać
odgrywać ⟨**odegrać**⟩ spielen; ~ **się** (*mieć miejsce*) sich abspielen **odgryzać** ⟨**-yźć**⟩ abbeißen **odgrzewać**

⟨-rzać⟩ aufwärmen
odjazd M Abfahrt *f*; Abreise *f* **odjąć** PF → odejmować **odjeżdżać ⟨-jechać⟩** abreisen; abfahren **odkażać ⟨-kazić⟩** desinfizieren
odkąd seit wann; seitdem
odkładać ⟨odłożyć⟩ beiseitelegen, zurücklegen
odkopywać ⟨-pać⟩ ausgraben
odkręcać ⟨-cić⟩ abschrauben; *kurek* aufdrehen
odkrycie N Entdeckung *f* **odkryty** offen **odkrywać ⟨-yć⟩** aufdecken; entblößen; entdecken
odkupywać ⟨-pić⟩ abkaufen; zurückkaufen; *winy* abbüßen
odkurzacz M Staubsauger *m* **odkurzać ⟨-rzyć⟩** abstauben; Staub saugen
odlatywać ⟨-lecieć⟩ fortfliegen, abfliegen
odległość F Entfernung *f* **odległy** entfernt; fern
odlew M Abguss *m*
odliczać ⟨-czyć⟩ abzählen; abrechnen, abziehen
odlot M Abflug *m*; **czas** *m* **odlotu** Abflugzeit *f*
odłamek M Bruchstück *n*; Splitter *m* **odłamywać ⟨-mać⟩** abbrechen
odłączać ⟨-czyć⟩ abtrennen; *prąd* abschalten
odłożyć PF → odkładać
odmawiać ⟨-mówić⟩ abschlagen, verweigern (*gen akk*); *modlitwę* hersagen
odmiana F Abänderung *f*; Umschwung *m*, Wende *f*; (*urozmaicenie*) Abwechslung *f*; (*rodzaj*) Variante *f*, Abart *f*; GRAM Flexion *f*
odmieniać ⟨-nić⟩ ändern; umwandeln; GRAM flektieren *czasowniki* konjugieren **odmienny** verschieden; abweichend
odmierzać ⟨-rzyć⟩ abmessen
odmładzać ⟨-młodzić⟩ verjüngen, jünger machen
odmowa F Absage *f*; Ablehnung *f*; Verweigerung *f* **odmowny** ablehnend **odmówić** PF → odmawiać
odnajdywać ⟨-naleźć⟩ wiederfinden; finden (**się** sich)
odnawiać ⟨-nowić⟩ erneuern; renovieren
odnieść PF → odnosić
odnosić ⟨-nieść⟩ zurückbringen; *zwycięstwo* davontragen; *obrażenia* erleiden; *wrażenie* haben; **~ się** (*dotyczyć*) sich beziehen (**do** *gen* auf *akk*) **odnośny** betreffend, bezüglich
odnowić PF → odnawiać
odpad M Abfall *m*; **odpady** *pl* **organiczne** Biomüll *m* **odpadać ⟨-paść⟩** abfallen (**od** *gen* von *dat*) **odpadki** MPL Abfälle *mpl* **odparzać ⟨-rzyć⟩** wund reiben (**sobie** sich) **odpaść** PF → odpadać
odpędzać ⟨-dzić⟩ fortjagen,

wegjagen **odpiąć** PF → odpinać **odpierać** ⟨**odeprzeć**⟩ *atak* abwehren; *zarzut* zurückweisen **odpinać** ⟨**-piąć**⟩ abknöpfen, aufknöpfen

odpis M Abschrift *f* **odpisywać** ⟨**-sać**⟩ abschreiben; *na list* zurückschreiben

odpłacać ⟨**-cić**⟩ heimzahlen

odpłatny kostenpflichtig

odpływ M *zjawisko* Ebbe *f*; Abfluss *m* **odpływać** ⟨**-ynąć**⟩ *statek* auslaufen; wegschwimmen; *woda* abfließen

odpocząć PF → odpoczywać

odpoczynek M Erholung *f*, Rast *f* **odpoczywać** ⟨**-cząć**⟩ sich ausruhen, ruhen, sich erholen

odporność F Widerstandsfähigkeit *f* **odporny** widerstandsfähig (**na** *akk* gegen *akk*)

odpowiadać[1] ⟨**-wiedzieć**⟩ beantworten (**na** *akk akk*), antworten (auf *akk*); erwidern

odpowiadać[2] entsprechen

odpowiedni (**-nio**) entsprechend; passend **odpowiedzialność** F Verantwortung *f*; JUR Haftung *f* **odpowiedzialny** verantwortlich **odpowiedź** F Antwort *f*

odprawa F Abfertigung *f*; (*zebranie*) Besprechung *m*; *fig* Abfuhr; LOT Check-in *m*; **~ online** INTERNET Online-Check-in *m*

odprawiać ⟨**-ić**⟩ abfertigen; *mszę* halten, zelebrieren

odprężać ⟨**-żyć**⟩ entspannen (**się** sich) **odprężenie** N Entspannung *f*

odprowadzać ⟨**-dzić**⟩ begleiten; abführen

odpruwać ⟨**-uć**⟩ *guzik* abtrennen **odpust** M *święto* Kirmes *f*; *grzechów* Ablass *m* **odpychać** ⟨**odepchnąć**⟩ wegstoßen

odra F Masern *pl* **Odra** F *rzeka* Oder *f*

odrabiać ⟨**-robić**⟩ *dług* abarbeiten; *lekcje* machen **odraczać** ⟨**-roczyć**⟩ verschieben, vertagen

odradzać[1] ⟨**-dzić**⟩ abraten (*gen* von *dat*)

odradzać[2] ⟨**-rodzić**⟩ erneuern (**się** sich), wiederbeleben

odraza F Widerwille *m* **odrażający** (**-co**) abstoßend, widerlich

odrębny besondere(r)

odrobić PF → odrabiać **odrobina** F ein bisschen **odroczenie** N Vertagung *f* **odroczyć** PF → odraczać

odrodzenie N Wiedergeburt *f*; HIST Renaissance *f* **odrodzić** PF → odradzać[2]

odróżniać ⟨**-ić**⟩ unterscheiden (**się** sich)

odruch M Reflex *m*; Reaktion *f*

odrywać ⟨**oderwać**⟩ (**się**) abreißen

odrzec PF erwidern

odrzucać ⟨**-cić**⟩ zurückwerfen; wegwerfen; *fig* ablehnen

odsetek M Prozentsatz *m*; **odsetki** *pl* Zinsen *mpl*
odskakiwać ⟨**-skoczyć**⟩ abspringen; (*odbić się*) abprallen; **~ na bok** zur Seite springen
odstawać abstehen (**od** *gen* von *dat*) **odstawiać** ⟨**-ić**⟩ wegstellen **odstąpić** PF → odstępować
odstęp M Abstand *m*
odstraszać ⟨**-szyć**⟩ abschrecken; verscheuchen **odstraszający** (**-co**) abschreckend
odsuwać ⟨**-sunąć**⟩ wegschieben; **~ się** abrücken
odsyłacz M Fußnote *f*, Verweis *m*; Verweiszeichen *n* **odsyłać** ⟨**odesłać**⟩ absenden; zurückschicken; verweisen (**do** *gen* an *akk*)
odszkodowanie N Entschädigung *f*; Schadenersatz *m*
odszukać PF wiederfinden (**się** sich)
odświeżać ⟨**-żyć**⟩ frisch machen; *fig* auffrischen, erneuern
odświętny feierlich; festlich
odtąd von nun an; von hier ab
odtłuszczony entfettet, Mager-
odtrącać ⟨**-cić**⟩ wegstoßen; zurückweisen
odtrutka F Gegengift *n*
odtwarzacz M: **~ płyt kompaktowych** CD-Player *m* **odtwarzać** ⟨**-tworzyć**⟩ wiedergeben; (*przywrócić*) wiederherstellen **odtwórca** M Darsteller *m* **odtwórczyni** F Darstellerin *f*
oduczać ⟨**-czyć**⟩ abgewöhnen (**od** *gen* j-m *akk*)
odurzający Rausch- (**-co**) berauschend
odwaga F Mut *m* **odważny** mutig **odważyć się** PF wagen, sich trauen (**na** *akk akk*)
odwdzięczać ⟨**-czyć**⟩ **się** sich dankbar zeigen
odwiązywać ⟨**-zać**⟩ losbinden
odwiedzać ⟨**-dzić**⟩ besuchen **odwiedziny** PL Besuch *m*
odwieść PF → odwodzić **odwieźć** PF → odwozić
odwijać ⟨**-inąć**⟩ abwickeln, auswickeln
odwinąć PF → odwijać
odwodzić ⟨**odwieść**⟩ abbringen (**od** *gen* von *dat*); *ręce* ausstrecken
odwołanie N Widerruf *m*; Berufung *f*; JUR Berufung *f*
odwoływać ⟨**-łać**⟩ widerrufen; abberufen; **~ się** appellieren (**do** *gen* an *akk*); sich berufen (auf *akk*); JUR Berufung einlegen
odwozić ⟨**odwieźć**⟩ hinbringen, hinfahren
odwracać ⟨**-wrócić**⟩ umdrehen (**się** sich); wenden; umblättern **odwrotny** umgekehrt; Rück-, Kehr- **odwrócić** PF → odwracać
odwzajemniać ⟨**-ić**⟩ *uczucie* erwidern; **~ się** sich revanchieren

odziedziczać ⟨-czyć⟩ erben
odzież F Kleidung *f* **odzieżowy** Bekleidungs-
odznaczać ⟨-czyć⟩ auszeichnen (**się** sich) **odznaczenie** N Auszeichnung *f*
odzwierciedlać ⟨-lić⟩ widerspiegeln (**się** sich)
odzwyczajać ⟨-czaić⟩ abgewöhnen (**k-o od** *gen* j-m *akk*; **się** sich)
odzyskiwać ⟨-kać⟩ wiedergewinnen, wiedererlangen
odzywać ⟨**odezwać**⟩ **się** sagen; sich melden (**do** *gen* bei *dat*)
odżywać ⟨-żyć⟩ wiederaufleben **odżywiać** ernähren (**się** sich) **odżywka** F: **~ dla dzieci** Kindernahrung *f*
oferować ⟨**za-**⟩ anbieten
oferta F Angebot *n*
ofiara F Opfer *n*; (*datek*) Spende *f* **ofiarowywać** ⟨**-ować**⟩ opfern; *pieniądze* spenden
oficjalny offiziell, amtlich
ogarniać ⟨-nąć⟩ umfassen
ogień M Feuer *n*
oglądać ⟨**obejrzeć**⟩ sich ansehen; besichtigen; **~ się** sich umsehen **oględziny** PL Besichtigung *f*
ogłaszać ⟨**ogłosić**⟩ bekannt machen; inserieren **ogłoszenie** N Bekanntmachung *f*; Inserat *n*
ogłuchnąć PF taub werden
ogłuszać ⟨-szyć⟩ betäuben
ogniotrwały feuerfest **ognisko** N (Lager)Feuer *n*; MED Herd *m*; *a. fig* Brennpunkt *m*
ognisty Feuer- (-ście) feurig
ogniwo N (Ketten)Glied *n*; ELEK Element *n*
ogolić PF → golić
ogon M Schwanz *m*; Schweif *m*
ogólnokrajowy gesamtstaatlich, Landes- **ogólny** allgemein; gesamt
ogół M Allgemeinheit *f*; Gesamtheit *f*; **ogółem** insgesamt, zusammen; **na ~** im Allgemeinen
ogórek M Gurke *f*
ograbiać → grabić[2]
ograniczać ⟨-czyć⟩ einschränken, beschränken **ograniczenie** N Begrenzung *f*; Einschränkung *f* **ograniczony** begrenzt, beschränkt; engstirnig
ogrodnictwo N Gartenbau *m*; Gärtnerei *f* **ogrodniczka** F Gärtnerin *f* **ogrodnik** M Gärtner *m*
ogromny gewaltig, riesig
ogród M Garten *m*
ogryzać ⟨**ogryźć**⟩ nagen (*akk* an *dat*)
ogrzewać ⟨**ogrzać**⟩ erwärmen, wärmen; beheizen **ogrzewanie** N Heizung *f*
ohydny scheußlich, widerwärtig
ojciec M Vater *m* **ojcostwo** N Vaterschaft *f*
ojczysty heimatlich; → mowa

ojczyzna F Vaterland *n*, Heimat *f*
okaleczać ⟨**-czyć**⟩ verstümmeln; → kaleczyć
okaz M (Pracht)Stück *n*; Muster *n* **okazać** PF → okazywać
okazały (**-le**) prächtig, prachtvoll **okaziciel** M Inhaber(in) *m(f)*; Überbringer(in) *m(f)* **okazja** F Gelegenheit *f*
okazyjny Gelegenheits-
okazywać ⟨**-zać**⟩ zeigen, vorzeigen
okiennica F Fensterladen *m*
okienny Fenster-
oklaski PL Beifall *m* **oklaskiwać** Beifall klatschen
oklepany abgedroschen
okład M MED Umschlag *m*
okładać ⟨**obłożyć**⟩ belegen
okładka F *zeszytu* Umschlag *m*; (Buch)Deckel *m*
okłamywać ⟨**-mać**⟩ belügen
okno N Fenster *n*
oko N Auge *n*
okolica F Gegend *f*; Umgebung *f*
okolicznościowy Sonder-, Gedenk- **okoliczność** F Umstand *m*
około ungefähr, etwa; *czas* gegen (*gen akk*)
okoń M Barsch *m*
okradać ⟨**okraść**⟩ bestehlen
okrąg M Kreis *m* **okrągły** (**-ło**) rund **okrążać** ⟨**-żyć**⟩ umkreisen; umzingeln **okrążenie** N Umkreisung *f*; Umzingelung *f*; SPORT (Bahn)Runde *f*
okres M Zeitraum *m*, Zeit *f*; Dauer *f*; Frist *f*; Zeitalter *n*; MED Regel *f*, Periode *f* **okresowy** (**-wo**) periodisch; zeitweilig **określać** ⟨**-lić**⟩ bezeichnen **określony** bestimmt
okręg M Bezirk *m* **okręgowy** Bezirks-
okrężny: **droga** F **okrężna** Umweg *m*
okropny schrecklich
okrutny grausam
okrycie N Bedeckung *f* **okrywać** ⟨**-yć**⟩ bedecken
okrzyk M Ausruf *m*, Ruf *m*
okulary PL Brille *f* **okulista** M Augenarzt *m* **okulistka** F Augenärztin *f*
okupacja F Besetzung *f*
olbrzymi riesig
olcha F Erle *f*
olej M Öl *n* **olejek** M Öl *n*; **~ do opalania** Sonnenöl *n* **olejny** (**-no**) Öl-
olimpiada F Olympiade *f*
olimpijski olympisch
oliwa F Olivenöl *n*; Schmieröl *n* **oliwka** F Olive *f* **oliwkowy** Oliven- (**-wo**) oliv, olivgrün
ołówek M Bleistift *m*
ołtarz M Altar *m*
omal (nie) fast; beinahe
omawiać ⟨**omówić**⟩ besprechen
omdlenie N Ohnmacht *f*
omdlewać → mdleć
omijać ⟨**ominąć**⟩ vorbeige-

hen; vorbeifahren (*akk* an *dat*); umgehen, umfahren
omlet M Omelett *n*
omotywać ⟨-tać⟩ umwickeln
omówić PF → omawiać
omylić się PF → mylić **omyłka** F Irrtum *m*; Fehler *m*
on, ona, ono er, sie, es
ondulacja F: **trwała ~** Dauerwelle *f*
one, oni PL → on
onieśmielać ⟨-lić⟩ einschüchtern
ono → on
opad M Fall *m*; **opady** *pl* Niederschläge *mpl* **opadać** ⟨**opaść**⟩ herabfallen, fallen; sinken
opakowanie N Verpackung *f*
opakowywać ⟨-**ować**⟩ verpacken
opalacz M Bikini *m* **opalać** ⟨-**lić**⟩ ansengen; *dom* beheizen; *o słońcu* bräunen; **~ się** sich sonnen **opalenizna** F Sonnenbräune *f* **opalony** braun gebrannt
opanowany beherrscht, gelassen
opar M Dunst *m*
oparcie N Stütze *f*; Lehne *f*
oparzenie N Verbrühung *f*; Verbrennung *f* **oparzyć się** sich verbrennen
opaska F Band *n*; Binde *f*
opasły dick; feist
opaść PF → opadać
opatrunek M MED Verband *m*
opatrunkowy Verband(s)-
opatrywać ⟨-**trzyć**⟩ *ranę* verbinden; versehen (*inst* mit *dat*)
opera F Oper *f*; Opernhaus *n*
operacja F Operation *f* **operacyjny** operativ; Operations-
operować ⟨**z-**⟩ operieren
opętany besessen (*inst* von *dat*)
opiec → opiekać **opieka** F Fürsorge *f*; Obhut *f*; Pflege *f*
opiekać ⟨**opiec**⟩ *na ruszcie* rösten, grillen **opiekować się** betreuen (*inst akk*); sorgen (für *akk*) **opiekun(ka)** M(F) Betreuer(in) *m(f)*; Babysitter(in) *m(f)*; JUR Vormund *m* **opiekuńczy** Fürsorge-; Vormundschafts-
opierać ⟨**oprzeć**⟩ lehnen, anlehnen (**o** *akk* an *akk*); **~ się** sich stützen (**na** *lok* auf *akk*); (*wzbraniać się*) sich sträuben
opieszały (-**le**) säumig; nachlässig
opinia F Meinung *f*; (*reputacja*) Ruf *m*; Beurteilung *f* **opiniować** ⟨**za-**⟩ beurteilen
opis M Beschreibung *f* **opisywać** ⟨-**sać**⟩ beschreiben
opłacać ⟨-**cić**⟩ bezahlen
opłacalny rentabel
opłata F Gebühr *f*; **za opłatą** gegen Gebühr
opłukiwać ⟨-**kać**⟩ spülen, abspülen
opodatkowywać ⟨-**ować**⟩ besteuern
opona F AUTO Reifen *m*
oporny widerspenstig

opowiadać ⟨**-wiedzieć**⟩ erzählen **opowiadanie** N Erzählung *f* **opowieść** F *literatura* Erzählung *f*
opór M Widerstand *m*
opóźniać ⟨**-ić**⟩ verzögern; ~ **się** sich verspäten **opóźnienie** N Verzögerung *f*; Verspätung *f*
opracowanie N Bearbeitung *f* **opracowywać** ⟨**-ować**⟩ bearbeiten
oprawa F Fassung *f*; *książki* Einband *m* **oprawiać** ⟨**-ić**⟩ einfassen; einbinden; einrahmen **oprawka** F Fassung *f*
oprocentowanie N Verzinsung *f* **oprogramowanie** N IT Software *f* **oprowadzać** ⟨**-dzić**⟩ herumführen
oprócz (*gen*) außer (*dat, akk*)
opróżniać ⟨**-ić**⟩ leeren, entleeren
opryskiwać ⟨**-kać**⟩ besprühen
opryskliwy (**-wie**) barsch, unwirsch **opryszczka** F Herpes *m*
oprzeć PF → opierać
optyczny optisch **optyk** M Optiker(in) *m(f)*
optymista M Optimist *m* **optymistka** Optimistin *f* **optymistyczny** optimistisch **optymizm** M Optimismus *m*
opublikować PF → publikować
opuchnięty geschwollen
opustoszały menschenleer
opuszczać ⟨**-ścić**⟩ *w dół* herunterlassen; verlassen; (*pominąć*) auslassen; versäumen
oranżada F Limonade *f*
oraz sowie
order M Orden *m*
ordynator M Chefarzt *m*, Chefärztin *f*
organ M ANAT, POL Organ *n*
organiczny organisch; **odpady** *pl* **organiczne** Biomüll *m*; **produkt** *m* ~ Bioprodukt *n*
organizacja F Organisation *f*
organizator(ka) M(F) Organisator(in) *m(f)*; **organizator podróży** Reiseveranstalter *m*
organizm M Organismus *m*
organizować ⟨**z-**⟩ organisieren
organy PL Orgel *f*
orientować ⟨**z-**⟩ informieren; ~ **się** sich orientieren, sich auskennen
orkiestra F Orchester *n*
orszak M Gefolge *n*; Zug *m*
ortografia F Orthografie *f*
oryginalny Original-; originell
oryginał M Original *n*
orzec PF → orzekać
orzech M Nuss *f*; Nussbaum *m*
orzeczenie N (*opinia*) Gutachten *n*; JUR Spruch *m*; MED Befund *m*; GRAM Prädikat *n*
orzekać ⟨**orzec**⟩ befinden, ein Urteil fällen
orzeł M Adler *m*
orzeźwiający (**-co**) erfrischend

osa F Wespe *f*
osad M (Boden)Satz *m*; Niederschlag *m* **osada** F Siedlung *f*
osadniczka F Siedlerin *f*
osadnik M Siedler *m*
osądzać ⟨-**dzić**⟩ urteilen, beurteilen; PF *a.* verurteilen
osiadać → osiedlać; absetzen, setzen (**się** sich)
osiągać ⟨-**gnąć**⟩ erreichen; erlangen
osiąść PF → osiadać
osiedlać ⟨-**lić**⟩ ansiedeln (**się** sich); ~ **się** sich niederlassen
osiedle N Siedlung *f*
osiem acht **osiemdziesiąt** achtzig **osiemnaście** achtzehn **osiemset** achthundert
osioł M Esel *m*
oskarżać ⟨-**żyć**⟩ beschuldigen (**o** *akk gen*); JUR anklagen (*gen*) **oskarżenie** N Anklage *f* **oskarżona** F Angeklagte *f*
oskarżony M Angeklagte(r) *m* **oskarżyciel(ka)** M(F) Ankläger(in) *m(f)* **oskarżyć** PF → oskarżać
oskrzele N Bronchie *f*
osłabiać ⟨-**ić**⟩ schwächen, abschwächen **osłabienie** N Abschwächung *f*; MED Schwäche *f*
osładzać → słodzić **osłaniać** ⟨**osłonić**⟩ schützen; verdecken **osłona** F Hülle *f*; Schutz *m*; FOTO (Sonnen)Blende *f*
osłuchiwać ⟨-**chać**⟩ MED abhorchen
osłupienie N Bestürzung *f*
osoba F Person *f* **osobistość** F Persönlichkeit *f* **osobisty** (-**ście**) persönlich **osobliwość** F Rarität *f*, Phänomen *n*; Eigenart *f* **osobliwy** (-**wie**) eigenartig, merkwürdig
osobnik M Individuum *n*
osobny (-**no**) → oddzielny
osobowość F Persönlichkeit *f* **osobowy** Personen-
osowiały (-**le**) apathisch
ospa F Pocken *pl*; **wietrzna** ~ Windpocken *pl*
ospały (-**le**) verschlafen; träge
ostateczny endgültig; ADV *a.* letztlich, schließlich **ostatni** letzte(r) **ostatnio** letztens, zuletzt
ostrość F Schärfe *f*
ostrożność F Vorsicht *f*
ostrożny vorsichtig
ostry (-**ro**) scharf; MED akut
ostryga F Auster *f*
ostrze N Schneide *f*
ostrzegać ⟨**ostrzec**⟩ warnen
ostrzegawczy (-**czo**) Warn-
ostrzeżenie N Warnung *f*
ostrzyc PF → strzyc **ostrzyć** ⟨**na-**⟩ schärfen
ostudzać ⟨-**dzić**⟩ abkühlen
osuszać ⟨-**szyć**⟩ abtrocknen; *bagno* trockenlegen
oswajać ⟨**oswoić**⟩ zähmen
oswobadzać ⟨-**bodzić**⟩ befreien (**od** *gen* von *dat*; **się** sich)
oswoić PF → oswajać
oszaleć PF verrückt werden
oszczep M Spieß *m*, Speer *m*
oszczerstwo N Verleum-

dung *f*
oszczędność F Sparsamkeit *f* **oszczędny** sparsam **oszczędzać** ⟨**-dzić**⟩ sparen; verschonen
oszklony verglast, Glas-
oszpecać ⟨**-cić**⟩ verunstalten
oszukiwać ⟨**-kać**⟩ betrügen **oszust(ka)** M(F) Betrüger(in) *m(f)* **oszustwo** N Betrug *m*
oś F Achse *f*
ość F (Fisch)Gräte *f*
oślepiać ⟨**-ić**⟩ blenden **oślepnąć** PF erblinden
ośmielać ⟨**-lić**⟩ **się** wagen, sich trauen
ośmieszać ⟨**-szyć**⟩ lächerlich machen
ośmiornica F Krake *f*
ośrodek M Zentrum *n*; **~ zdrowia** Ärztehaus *n*
oświadczać ⟨**-czyć**⟩ erklären; **~ się** einen Heiratsantrag machen **oświadczenie** N Erklärung *f* **oświadczyny** PL Heiratsantrag *m*
oświata F Bildung *f*; Bildungswesen *n*
oświetlać ⟨**-lić**⟩ beleuchten **oświetlenie** N Beleuchtung *f*
otaczać ⟨**otoczyć**⟩ umgeben (*inst* mit *dat*)
otchłań F Abgrund *m*
oto hier ist *od* sind
otoczenie N Umgebung *f* **otoczyć** PF → otaczać
otóż → oto
otruć PF vergiften (**się** sich)
otrząsać ⟨**-snąć**⟩ abschütteln
otrzeć PF → ocierać
otrzymywać ⟨**-mać**⟩ bekommen
otulać ⟨**-lić**⟩ einhüllen
otwarcie N Eröffnung *f*; **godziny** *fpl* **otwarcia** Öffnungszeiten *fpl* **otwarty** (**-cie**) offen **otwieracz** M Öffner *m*
otwierać ⟨**otworzyć**⟩ öffnen **otwór** M Öffnung *f*, Loch *n*
otyłość F Beleibtheit *f* **otyły** beleibt, dick
owa → ów
owad M Insekt *n* **owadobójczy** Insektenbekämpfungs-
owca F Schaf *n*
owdowiały verwitwet
owies M Hafer *m*
owijać ⟨**owinąć**⟩ umwickeln
owłosiony behaart
owo → ów
owoc M Frucht *f*; **owoce** *pl a.* Obst *n* **owocowy** Frucht-, Obst-
owszem gern; natürlich; doch
ozdabiać ⟨**ozdobić**⟩ schmücken; verzieren **ozdoba** F Verzierung *f*; Schmuck *m* **ozdobić** PF → ozdabiać **ozdobny** verziert, Zier-
oziębiać ⟨**-bić**⟩ abkühlen (**się** sich) **oziębły** (**-le**) kühl, frostig
oznaczać ⟨**-czyć**⟩ bezeichnen; bedeuten **oznajmiać** ⟨**-ić**⟩ verkünden; bekannt geben **oznaka** F Anzeichen *n*

oznakowywać ⟨-ować⟩ kennzeichnen

ożywać ⟨ożyć⟩ wieder lebendig werden **ożywczy** (-czo) belebend **ożywiać** ⟨-ić⟩ beleben

Ó

ósemka F Acht *f*

ósmy achte(r)

ów, owa, owo jener, jene, jenes **ówczesny** damalig

ówdzie: **tu i ~** hier und da

P

pacha F Achselhöhle *f*; **pod pachą** unter dem Arm

pachnący (-co) duftend

pachnieć duften; riechen (*inst* nach *dat*)

pachwina F ANAT Leiste *f*

pacierz M Gebet *n*

pacjent(ka) M(F) Patient(in) *m(f)*

paczka F Paket *n* **paczuszka** F Päckchen *n*

padać ⟨**paść**⟩ fallen; → deszcz, śnieg

pagórek M Hügel *m*

pająk M Spinne *f*

pakiet M Bündel *n*; Paket *n*

pakować ⟨**s-**, **za-**⟩ packen, einpacken

pakt M Pakt *m*

pakunek M Paket *n*; TECH Packung *f*

pal M Pfahl *m*

palacz(ka) M(F) Raucher(in) *m(f)* **palarnia** F Rauchzimmer *n* **palący**: **dla palących** für Raucher

palec M Finger *m*; *u nogi* Zehe *f*

palenie N Brennen *n*; Heizen *n*; *papierosów* Rauchen *n* **palić** ⟨**s-**⟩ verbrennen; *papierosa* rauchen; **~ się** brennen ⟨**na-**⟩ heizen **paliwo** N Brennstoff *m*

palma F Palme *f* **palnik** M Brenner *m* **palto** N (Winter)-Mantel *m*

paluszek M Fingerchen *n*; **paluszki** *pl* **rybne** GASTR Fischstäbchen *n*

pałac M Palast *m*, Palais *n*

pałka F Knüppel *m*

pamiątka F Andenken *n* **pamiątkowy** Gedenk-

pamięć F Gedächtnis *n*; IT Speicher *m*; **na pamięć** auswendig; **~ USB** USB-Stick *m*

pamiętać denken (**o** *lok* an *akk*); sich erinnern (*akk* an *akk*) **pamiętnik** M Tagebuch *n* **pamiętny** denkwürdig

pan M Mann *m*; *w zwrotach* Herr *m*, Sie; **pan Nowak** Herr Nowak; **widzi pan?** sehen Sie?

pandemia F Pandemie *f*

pani F Frau *f*; Dame *f*; *hist* Herrscherin *f*; *w zwrotach* Frau *f*, Sie; **pani Nowak** Frau Nowak; **widzi pani?** sehen Sie?
paniczny panisch
panienka F → panna
panika F Panik *f*
panorama F Panorama *n*
panować herrschen; beherrschen (**nad sobą** sich) **panowanie** F Herrschaft *f*
pantofel M (Halb)Schuh *m*
pański (po -ku) herrschaftlich
państwo N Staat *m*; *w zwrotach* Damen und Herren, Herrschaften *pl* **państwowy** staatlich, Staats-
papier M Papier *n* **papieros** M Zigarette *f*; **~ elektroniczny** E-Zigarette *f* **papierowy** Papier-
papieski päpstlich **papież** M Papst *m*
papka F Brei *m*
papryka F Paprika *m*; Paprikaschote *f*
papuga F Papagei *m*
para¹ F (*dwie sztuki*) Paar *n*
para² F Dampf *m*
parafia F Pfarrgemeinde *f* **parafialny** Pfarr- **parafianin** M Gemeindemitglied *n* **parafianka** F Gemeindemitglied *n*
paragon M Kassenzettel *m*
paragraf M Paragraf *m*
paraliż M Lähmung *f* **paraliżować ⟨s-⟩** lähmen
parapet M Fensterbank *f*
parasol M Regenschirm *m*; **~ słoneczny** Sonnenschirm *m*
parę ein paar **paręset** einige hundert
park M Park *m*; **~ rozrywki** Freizeitpark *m*
parkan M (Bretter)Zaun *m*
parkiet M Parkett *n*
parking M Parkplatz *m*
parkomat M Parkscheinautomat *m* **parkometr** M Parkuhr *f* **parkować ⟨za-⟩** parken **parkowanie** N: **zakaz** M **parkowania** Parkverbot *n*
parlament M Parlament *n*
parny (-no) schwül
parować ⟨wy-⟩ dampfen, verdampfen **parowiec** M Dampfer *m* **parowy** Dampf-
parówka F *kiełbaska* Wiener Würstchen *n*
parter M Erdgeschoss *n*, Parterre *n* **parterowy** Erdgeschoss-, Parterre-
partia F POL Partei *f*; Partie *f*
partner(ka) M(F) Partner(in) *m(f)* **partnerstwo** N Partnerschaft *f*
partyjny Partei-; SUBST M Parteimitglied *n*
Paryż M Paris *n*
parzyć ⟨po-, s-⟩ brühen, verbrühen
parzysty *liczba* gerade **(-ście)** paarig
pas M Gurt *m*, Gürtel *m*; Riemen *m*; Streifen *m*
pasażer(ka) M(F) Fahrgast *m*
pasażerski BAHN Personen-
pasek M Gürtel *m*; Band *n*; **~**

spinajacy bagaż Gepäckgurt *m*
pasja F Leidenschaft *f*; REL Passion *f*; (*wściekłość*) Wut *f*
paskudny *umg* scheußlich, mies
pasmo N Strähne *f*; Streifen *m*; **~ górskie** Gebirgskette *f*
pasować passen
pasta F Paste *f*; Creme *f*; **~ do butów** Schuhcreme *f*; **~ do zębów** Zahnpaste *f*
pasterz M Hirte *m* **pastor** M Pfarrer(in) *m(f)* **pastwisko** N Weide *f*
pastylka F Tablette *f*
pasza F (Vieh)Futter *n*
paszcza F Rachen *m*
paszport M (Reise)Pass *m*
pasztet M Pastete *f*
paść[1] PF → padać
paść[2] *na pastwisku* weiden
patelnia F Bratpfanne *f*
patent M Patent *n*
patriota M Patriot *m* **patriotka** F Patriotin *f* **patriotyczny** patriotisch
patrzeć blicken, schauen
patrzyć → patrzeć
patyk M Stock *m*
pauza F Pause *f*
paw M Pfau *m*
pawilon M Pavillon *m*
paznokieć M Fingernagel *m*; Fußnagel *m*
pazur M Kralle *f*, Klaue *f*
październik M Oktober *m*; **w październiku** im Oktober
pączek M Knospe *f*; GASTR (Berliner) Pfannkuchen *n*, Krapfen *m*
pchać ⟨**pchnąć**⟩ schieben; stoßen
pchła F Floh *m*
pchnąć PF → pchać
pech M Pech *n* **pechowiec** M Pechvogel *m* **pechowy** (**-wo**) Pech-, Unglücks-
pedał M Pedal *n*, Fußhebel *m*
pediatra M Kinderarzt *m*, Kinderärztin *f*
pejzaż M Landschaft *f*
pekaes M Fernbus *m*
pendrive M USB-Stick *m*
pełnia F *księżyca* Vollmond *m*
pełnić ⟨**s-**⟩ erfüllen **pełnoletni** volljährig **pełnomocnictwo** N Vollmacht *f* **pełnomocnik** M Bevollmächtigte(r) *m/f(m)* **pełny** (**-no**) voll
pełzać kriechen
pensja F Gehalt *n* **pensjonat** M (Gäste)Pension *f*
perfumy PL Parfüm *n*
perkusja F Schlagzeug *n*
perła F Perle *f* **perłowy** Perl(en)-; **kasza** *f* **perłowa** Perlgraupen *pl*
peron M Bahnsteig *m*
personel M Personal *n*
peruka F Perücke *f*
pestka F Kern *m*; Stein *m*
pesymista M Pessimist *m* **pesymistka** F Pessimistin *f* **pesymistyczny** pessimistisch
pewien (ein) gewisser **pewnie** sicher, sicherlich; fest
pewność F Sicherheit *f*, Bestimmtheit *f* **pewny** (**-no**) si-

cher; **na pewno** ganz bestimmt
pęcherz M Blase *f* **pęcherzyk** M Blase *f*; Bläschen *n*
pęczek M Bund *n*, Sträußchen *n*
pęcznieć ⟨na-⟩ quellen, aufquellen
pęd M Tempo *n*; Drang *m*; BOT Trieb *m*
pędzel M Pinsel *m*
pędzić V/T treiben; V/I eilen, rennen
pęk M Bündel *n* **pękać** ⟨-knąć⟩ platzen, springen **pęknięcie** N Riss *m*, Sprung *m*
pępek M (Bauch)Nabel *m*
pętla F Schlinge *f*; Schlaufe *f*; Kehre *f*
piach M Sand *m*
piać *kogut* krähen
piana F Schaum *m*
pianino N Piano *n*, Klavier *n*
piasek M Sand *m* **piaskownica** F Sandkasten *m* **piaskowy** Sand-; sandfarben
piastować *urząd* bekleiden
piaszczysty (-to) sandig
piąć się klettern, hochklettern ansteigen
piątek M Freitag *m*; **Wielki Piątek** Karfreitag *m* **piątka** F Fünf *f*, Fünfer *m*; *ocena* sehr gut **piąty** fünfte(r)
picie N Trinken *n*; *umg* (*napój*) Getränk *n*
pić ⟨wy-⟩ trinken, *pf* austrinken
piec[1] M Ofen *m*; (Koch)Herd *m*
piec[2] ⟨u-⟩ backen; *mięso* braten
piecyk → piec[1]
pieczara F Grotte *f*; Höhle *f* **pieczarka** F Champignon *m* **pieczątka** F → pieczęć
pieczeń F Braten *m* **pieczęć** F Siegel *n*; Stempel *m* **pieczony** gebacken; gebraten **pieczywo** N Backwaren *fpl*, Gebäck *n*
pieg M Sommersprosse *f* **piegowaty** sommersprossig
piekarnia F Bäckerei *f* **piekarnik** M Backofen *m* **piekarz** M Bäcker(in) *m(f)*
piekielny höllisch **piekło** N Hölle *f*
pielęgniarka F Krankenschwester *f*, Krankenpflegerin *f* **pielęgniarz** M Krankenpfleger *m* **pielęgnować** pflegen
pielgrzym M Pilger(in) *m(f)* **pielgrzymka** F Pilgerfahrt *f*
pielucha F Windel *f*
pieluszka F → pielucha
pieniądz M Geld *n*
pienić się schäumen
pieniężny Geld-
pień M (Baum)Stamm *m*
pieprz M Pfeffer *m* **pieprzyć** ⟨po-⟩ pfeffern
piernik M Pfefferkuchen *m*
pieróg M Teigtasche *f*
pierś F Brust *f*
pierścień Ring *m* **pierścionek** M Ring *m*
pierwotny Ur-; ursprünglich
pierwszeństwo N Vorrang

m; Vortritt *m*; Vorfahrt *f* **pierwszorzędny** erstklassig **pierwszy** erste(r)

pierze N Federn *pl*

pies M Hund *m*

piesza F: **~ wędrówka** Wanderurlaub *m*

pieszczota F Liebkosung *f*; Zärtlichkeit *f* **pieszczotliwy (-wie)** zärtlich

pieszo zu Fuß **pieszy** Fuß-; SUBST M Fußgänger *m*

pieścić ⟨**po-**⟩ liebkosen

pieśń F Lied *n*

pietruszka F Petersilie *f*

pięciobój M SPORT Fünfkampf *m* **pięcioletni** fünfjährig **pięcioro** fünf **pięciu** fünf **pięć** fünf **pięćdziesiąt** fünfzig **pięćset** fünfhundert

piękno N Schönheit *f* **piękność** F Schönheit *f* **piękny** schön

pięść F Faust *f*

pięta F Ferse *f*

piętnasty fünfzehnte(r) **piętnaście** fünfzehn

piętro N Stockwerk *n*; **na drugim piętrze** im zweiten Stock **piętrowy (-wo)** mehrstöckig

pigułka F Tablette *f*; Pille *f*

pijaczka F Säuferin *f* **pijak** M Säufer *m* **pijany** betrunken

pik[1] M *karta do gry* Pik *n*

pik[2] INT poch, poch; piep, piep

pikantny pikant

piknik M Picknick *n*

pilnik M Feile *f*; Raspel *f*

pilność F Fleiß *m*; Dringlichkeit *f* **pilnować** aufpassen (*gen* auf *akk*); wachen (über *akk*) **pilny** fleißig; dringend

pilot M Pilot(in) *m(f)*; *w żegludze* Lotse *m*, Lotsin *f*; Reiseleiter(in) *m(f)*; Filmausschnitt *m*; *urządzenie* Fernbedienung *f*

piła F Säge *f* **piłka** F Ball *m*; **~ nożna** Fußball *m*; **~ plażowa** Beachball *m* **piłkarz** M Fußballspieler(in) *m(f)*, Fußballer(in) *m(f)* **piłować** sägen; *pilnikiem* feilen

pingwin M Pinguin *m*

piołun M BOT Wermut *m*

pionek M *szachy* Bauer *m*

pionowy (-wo) senkrecht

piorun M Blitz *m*

piosenka F Lied *n*, Chanson *n* **piosenkarka** F (Schlager)-Sängerin *f* **piosenkarz** M (Schlager)Sänger *m*

piórnik M Federmäppchen *n*

pióro N Feder *f*; **wieczne ~** Füll(feder)halter *m*

piramida F Pyramide *f*

pirat M Pirat *m*, Seeräuber *m*; *powietrzny* Flugzeugentführer(in) *m(f)*; *drogowy* Verkehrsrowdy *m*

pisać ⟨**na-**⟩ schreiben **pisak** M Filzstift *m* **pisanka** F Osterei *n* **pisarka** F Schriftstellerin *f* **pisarz** M Schriftsteller *m* **pisemny** schriftlich

pisk M Piepsen *n*; Quietschen *n* **pisklę** N Küken *n* **piskliwy (-wie)** kreischend, *umg* piepsig

pismo N Schreiben *n*; (Hand)-Schrift *f* **pisownia** F Rechtschreibung *f*
pistolet M Pistole *f*
piszczeć piepsen; quietschen, kreischen
piwiarnia F Bierstube *f* **piwnica** F Keller *m* **piwny** Bier-
piwo N Bier *n*
piżama F Pyjama *m*, Schlafanzug *m*
plac M Platz *m* **placek** M Fladen *m*; Kuchen *m* **placówka** F Vertretung *f*
plakat M Plakat *n*
plama F Fleck *m* **plamić** ⟨**po-, s-**⟩ beflecken
plan M Plan *m* **planeta** F Planet *m* **planować** ⟨**za-**⟩ planen **planowanie** N Planung *f* **planowy** (**-wo**) planmäßig
plansza F Tafel *f*, Schild *n*; *do gry* Brett *n* **plantacja** F Plantage *f*, Anpfanzung *f*
plaster M Pflaster *n*; *sera* Scheibe *f* **plastik** M Kunststoff *m* **plastyczka** F bildende Künstlerin *f* **plastyczny** plastisch; anschaulich **plastyk** M bildender Künstler *m*
plaża F Strand *m*
plecak M Rucksack *m* **plecy** PL Rücken *m*
plemię N Stamm *m*
plener M: **w plenerze** im Freien
pleść ⟨**za-**⟩ flechten
pleśnieć ⟨**s-**⟩ schimmeln, verschimmeln **pleśń** F Schimmel *m*, Schimmelpilz *m*
plik M Bündel *n*, Stoß *m*; IT Datei *f*
plomba F *zabezpieczenie* Plombe *f*; (Zahn)Füllung *f*
plon M Ertrag *m*, Ernte *f*
plotka F Gerücht *n*, *umg* Klatsch *m*, *umg* Tratsch *m*
plotkować *umg* klatschen, *umg* tratschen
pluć ⟨**plunąć**⟩ spucken
plus M Plus *n*
pluskać ⟨**-snąć**⟩ plätschern; klatschen
płaca F Lohn *m* **płacić** ⟨**za-**⟩ zahlen, bezahlen
płacz M Weinen *n* **płakać** weinen
płaski (**-ko**) flach
płaszcz M Mantel *m*
płaszczyzna F Fläche *f*
płat M *a.* ANAT Lappen *m*; Scheibe *f*; Flocke *f* **płatek** M Blatt *n*; Scheibe *f*; Flocke *f*; **płatki owsiane** Haferflocken *fpl*
płatny zahlbar
płaz M Lurch *m*
płciowy (**-wo**) geschlechtlich, Geschlechts-
płeć F Geschlecht *n*
płodny fruchtbar
płomień M Flamme *f* **płonąć** brennen ⟨**s-**⟩ in Flammen aufgehen, verbrennen
płoszyć ⟨**s-**⟩ scheuchen, verscheuchen
płot M Zaun *m*
płowy falb; aschblond

płócienny Leinen-
płód M Frucht *f*; **płody** *pl* **rolne** Agrarerzeugnisse *npl*
płótno N Leinen *n*; Leinwand *f*
płuco N Lunge *f*
pług M Pflug *m*
płukać ⟨**wy-**⟩ spülen, ausspülen
płyn M Flüssigkeit *f* **płynąć** fließen, strömen; schwimmen
płynny flüssig
płyta F Platte *f*; ~ **kompaktowa** CD **płytki** (**-ko**) flach; seicht
pływaczka F Schwimmerin *f*
pływać schwimmen **pływak** M Schwimmer *m* **pływalnia** F Schwimmbad *n*
po (*lok*) nach (*dat*); auf (*dat*), in (*dat*); bis zu (*dat*); ~ **cichu** leise; ~ **pierwsze** erstens; ~ **polsku** (auf) Polnisch
pobicie N Prügelei *f*; Misshandlung *f* **pobić** PF besiegen; zusammenschlagen **pobiec** PF laufen **pobierać** ⟨**-brać**⟩ *pensję* beziehen; *podatki* erheben; ~ **się** heiraten (**z** *inst akk*)
pobliski nahe gelegen **pobliże** N: **w pobliżu** in der Nähe
pobłażliwy (**-wie**) nachsichtig
pobocze N Randstreifen *m*
poboczny Neben-
poborowy M Wehrpflichtige(r) *m*/*f*(*m*) **pobory** MPL Bezüge *mpl* **pobożny** fromm
pobór M MIL Einberufung *f*; *podatków* Erhebung *f*; *prądu* Entnahme *f* **pobrać** PF → pobierać **pobranie** N: **za pobraniem** per Nachnahme
pobrudzić PF beschmutzen
pobudka F Weckruf *m*; (*bodziec*) Ansporn *m* **pobudzać** ⟨**-dzić**⟩ erregen; anregen
pobyt M Aufenthalt *m*
pocałować PF → całować **pocałunek** M Kuss *m*
pochlebny schmeichelhaft
pochlebstwo N Schmeichelei *f*
pochłaniać ⟨**-chłonąć**⟩ verschlingen
pochmurny wolkig, trübe
pochodnia F Fackel *f*
pochodzenie N Abstammung *f*; Herkunft *f* **pochodzić** abstammen (**od** *gen* von *dat*)
pochopny übereilt
pochować (*chować*) verstecken; (*pogrzebać*) begraben
pochód M Marsch *m*; (Fest)-Zug *m*
pochwa F Scheide *f*; BOT Hülle *f*
pochwalić PF → chwalić
pochwała F Lob *n*
pochylać ⟨**-lić**⟩ beugen, neigen; ~ **się** sich bücken
pochyły (**-ło**) geneigt
pociąć PF zerschneiden
pociąg M BAHN Zug *m*; Neigung *f*, Hang *m* (**do** *gen* zu *dat*) **pociągać** → ciągnąć
pociągnięcie N Zug *m*; Maßnahme *f*
pocić ⟨**s-**⟩ **się** schwitzen
pociecha F Trost *m*

po ciemku im Dunkeln
pocierać → trzeć
pocieszać ⟨-szyć⟩ trösten **pocieszający** tröstlich; erfreulich **pocieszenie** N Trost *m*
początek M Anfang *m*, Beginn *m* **początkowo** anfangs **początkowy** anfänglich; Anfangs- **początkujący** SUBST M Anfänger *m*
poczciwy (-wie) gutmütig
poczekać PF → czekać **poczekalnia** F Wartezimmer *n*; Wartesaal *m*
poczęstować PF → częstować: **poczęstunek** M Bewirtung *f*; Imbiss *m*
poczta F Post® *f*; ~ **lotnicza** Luftpost *f* **pocztowy** Post- **pocztówka** F Postkarte *f*
poczucie N Gefühl *n*, Sinn *m* (*gen* für *akk*) **poczuć** PF → czuć **poczuwać się** sich bewusst sein (**do** *gen gen*)
poczwarka F ZOOL Puppe *f*
poczytny viel gelesen
pod (*akk, inst*) bei (*dat*); unter (*akk, dat*); an (*akk, dat*); ~ **wieczór** gegen Abend
podać PF → podawać **podanie** N Antrag *m*, Gesuch *n* **podarować** PF schenken; vergeben **podarunek** M Geschenk *n* **podatek** M Steuer *f*; **podatek VAT** Mehrwertsteuer *f* **podatkowy** Steuer- **podatnik** M Steuerzahler(in) *m(f)* **podatny** empfänglich; gefügig
podawać ⟨-dać⟩ reichen; servieren; ~ **się** sich ausgeben (**za** *akk* für *akk*)
podaż F HANDEL Angebot *n*
podążać ⟨-żyć⟩ folgen, nachfolgen; nacheilen (**za** *inst dat*)
podbijać ⟨-ić⟩ unterwerfen **podbój** M Unterwerfung *f*; Eroberung *f* **podbródek** M Kinn *n*
podchmielony *umg* angeheitert **podchodzić** ⟨**podejść**⟩ herantreten (**do** *gen* an *akk*) **podchorąży** M Fähnrich *m* **podchwytliwy** (-wie) verfänglich **podchwytywać** ⟨-chwycić⟩ auffangen
podciągać ⟨-gnąć⟩ hinaufziehen; straffen **podcinać** ⟨-ciąć⟩ anschneiden; *fig* unterbinden
podczas (*gen*) während (*gen*); ~ **gdy** während; (*natomiast*) wohingegen
poddać PF → poddawać **poddasze** N Dachgeschoss *n*
poddawać ⟨-dać⟩ unterziehen; ~ **się** sich ergeben
podejmować ⟨**podjąć**⟩ *pieniądze* abheben; *gości* bewirten
podejrzany verdächtig **podejrzenie** N Verdacht *m* **podejrzewać** verdächtigen (**o** *akk gen*) **podejrzliwość** F Argwohn *m* **podejrzliwy** (-wie) argwöhnisch, misstrauisch
podejść PF → podchodzić

podeprzeć PF → podpierać **podeptać** PF zertreten **poderwać** PF *fig* untergraben **podeszły**: **w podeszłym wieku** im gesetzten Alter **podeszwa** F Sohle *f*
podglądać → podpatrywać **podgłówek** M Kopfkissen *n* **podgrzewać** ⟨**-rzać**⟩ anwärmen **podjazd** M Zufahrtsweg *m*
podjąć PF → podejmować; **~ się** übernehmen (*gen akk*), sich bereit erklären
podjeżdżać ⟨**-jechać**⟩ heranfahren, heranreiten; heranrollen **podklejać** ⟨**-kleić**⟩ (von) unten ankleben
podkład M Unterlage *f*; Grundlage *f* **podkładka** F Unterlage *f* **podkolanówki** FPL Kniestrümpfe *mpl* **podkoszulek** M Unterhemd *n*
podkowa F Hufeisen *n* **podkradać** ⟨**-kraść**⟩ **się** sich anschleichen **podkreślać** ⟨**-lić**⟩ unterstreichen **podlać** PF → podlewać
podlegać unterliegen; unterstehen **podległy** untergeben, unterstellt **podlewać** ⟨**-lać**⟩ *kwiaty* gießen **podliczać** ⟨**-czyć**⟩ zusammenzählen **podłączać** ⟨**-czyć**⟩ anschließen
podłoga F Fußboden *m* **podłość** F Gemeinheit *f* **podłoże** N Untergrund *m*, Grund *m* **podłużny** Längs-; länglich
podły (**-le**) niederträchtig **podmiejski** Vorort-; stadtnah **podmiot** M Subjekt *n* **podmuch** M Windstoß *m* **podmywać** ⟨**-yć**⟩ *brzeg* unterspülen **podnajemca** M Untermieter(in) *m(f)* **podniebienie** N Gaumen *m*
podniecać ⟨**-cić**⟩ anfachen; erregen (**się** sich) **podniecenie** N Erregung *f* **podnieta** F Reiz *m*, Anreiz *m*
podnosić ⟨**-nieść**⟩ aufheben, hochheben, erheben (**się** sich); hochklappen; *fig a.* erhöhen **podnośnik** M Aufzug *m*; AUTO Wagenheber *m* **podnóże** N (Berg)Ausläufer *m* **podnóżek** M Fußbank *f*
podobać ⟨**s-**⟩ **się** gefallen **podobieństwo** N Ähnlichkeit *f* **podobizna** F Bildnis *n* **podobny** ähnlich
podopieczny M Schützling *m* **podpalać** ⟨**-lić**⟩ anzünden; in Brand stecken **podpatrywać** ⟨**-rzyć**⟩ heimlich beobachten; zuschauen (*akk dat*)
podpierać ⟨**podeprzeć**⟩ stützen (**się** sich) **podpis** M Unterschrift *f* **podpisywać** ⟨**-sać**⟩ unterschreiben **podpity** angetrunken **podpływać** ⟨**-ynąć**⟩ heranschwimmen (**do** *gen* an *akk*); *statek* sich nähern (*dat*) **podpora** F Stütze *f*
podpowiadać ⟨**-wiedzieć**⟩ vorsagen

podpórka F Stütze *f* **podrabiać** ⟨**-robić**⟩ nachmachen, fälschen
podrapać PF → drapać
podrażniać ⟨**-ić**⟩ reizen **podrażnienie** N Reizung *f*
podręcznik M Lehrbuch *n*; Schulbuch *n* **podręczny** Hand-
podrobić PF → podrabiać **podroby** PL Innereien *fpl*
podrożeć PF → drożeć
podróż F Reise *f* **podróżniczka** F Reisende *f* **podróżnik** M Reisende(r) *m*;
podróżny¹ SUBST M Reisende(r) *m*
podróżny² Reise- **podróżować** reisen; bereisen (**po** *lok akk*)
podrządkowywać ⟨**-ować**⟩ unterordnen (**się** sich)
podrzeć PF → drzeć
podrzędny untergeordnet; Neben- **podrzucać** ⟨**-cić**⟩ hochwerfen; *dziecko* unterschieben **podsadzać** ⟨**-dzić**⟩ aufsteigen *od* einsteigen helfen **podsądny** SUBST M Angeklagte(r) *m*
podskakiwać ⟨**-skoczyć**⟩ hüpfen, hopsen **podskok** M Sprung *m*, Hüpfer *m*
podsłuchiwać ⟨**-ać**⟩ belauschen; horchen
podstawa F Grundlage *f* **podstawiać** ⟨**-ić**⟩ unterstellen **podstawka** F Untersatz *m* **podstawowy** Grund-; grundlegend **podstawówka** *umg f* Grundschule *f*
podstęp M List *f*, Trick *m*
podsumowanie N Resümee *n*, Zusammenfassung *f* **podsumowywać** ⟨**-ować**⟩ zusammenzählen **podsuwać** ⟨**-sunąć**⟩ unterschieben **podszewka** F Futter *n* **podszywać** ⟨**-szyć**⟩ **się** sich ausgeben (**pod** *akk* **als** *akk*)
podświadomy (**-mie**) unterbewusst **podtrzymywać** ⟨**-mać**⟩ stützen; aufrechterhalten **podudzie** N Unterschenkel *m* **podupadać** ⟨**-paść**⟩ herunterkommen; in Verfall geraten
poduszka F Kissen *n*; **~ elektryczna** Heizkissen *n*; **~ powietrzna** Airbag *m*; **~ dla śpiących na boku** Nackenkissen *n*
podwajać ⟨**-dwoić**⟩ verdoppeln **podwieczorek** M Kaffeetrinken *n* (am Nachmittag)
podwijać ⟨**-inąć**⟩ hochkrempeln **podwładna** F Untergebene *f* **podwładny** M Untergebene(r) *m* **podwodny** Unterwasser-; → łódź
podwoić PF → podwajać
podwozie N Fahrgestell *n*; FLUG Fahrwerk *n* **podwójny** doppelt **podwórko** N Hof *m*
podwórze N Hof *m*
podwyżka F Erhöhung *f* **podwyższać** ⟨**-szyć**⟩ erhöhen; steigern **podwyższenie** N

Erhöhung *f*
podyktować PF → dyktować
podziać PF → podziewać
podział M Aufteilung *f*, Einteilung *f* **podziałka** F Maßstab *m*; Skala *f*
podzielić PF → dzielić **podzielny** teilbar **podzielony** geteilt
podziemie N Kellergeschoss *n*; POL Untergrund *m* **podziemny** unterirdisch; Untergrund-
podziewać ⟨-dziać⟩ (irgendwohin) tun *od* legen; **~ się** hingeraten, *umg* stecken
podziękować PF → dziękować **podziękowanie** N Dank *m*
podziw M Bewunderung *f* **podziwiać** bewundern
podzwrotnikowy subtropisch
poemat M Poem *n* **poeta** M Dichter *m* **poetka** F Dichterin *f* **poezja** F Poesie *f*
poganiać ⟨-gonić⟩ antreiben **pogański** heidnisch
pogarda F Verachtung *f* **pogardliwy** (-wie) verächtlich; Verachtung zeigend **pogardzać** ⟨-dzić⟩ verachten; verschmähen (*inst akk*)
pogarszać ⟨-gorszyć⟩ verschlechtern (**się** sich)
pogawędka F Gespräch *n*; Unterhaltung *f* **pogląd** M Ansicht *f*, Anschauung *f*
pogłaskać PF → głaskać
pogłębiać ⟨-ić⟩ vertiefen
pogłoska F Gerücht *n*
pogoda F Wetter *n* **pogodny** heiter **pogodzić** PF versöhnen (**się** sich)
pogonić PF → poganiać **pogoń** F Verfolgung *f*
pogorszenie N Verschlechterung *f* **pogorszyć** PF → pogarszać
pogotowie N Bereitschaft *f*; **~ ratunkowe** Rettungsdienst *m*
pogranicze N Grenzgebiet *n*
pogratulować PF → gratulować
pogrążać ⟨-żyć⟩ stürzen, versenken; **~ się** sich stürzen, versinken
pogróżka F Drohung *f*
pogrzeb M Begräbnis *n* **pogrzebacz** M Schürhaken *m* **pogrzebać** beerdigen, begraben **pogrzebowy** Bestattungs-; Trauer-
pohamować PF unterdrücken; **~ się** sich beherrschen
poić ⟨na-⟩ tränken **poinformować** PF → informować
pojawiać ⟨-ić⟩ **się** erscheinen **pojazd** M Fahrzeug *n*; **~ elektryczny** Elektrofahrzeug *n*
pojąć PF → pojmować **pojechać** PF → jechać **pojednanie** N Aussöhnung *f*
pojedynczy (-czo) einzeln
pojedynek M Zweikampf *m*
pojemnik M Behälter *m*; Container *m* **pojemność** F Volumen *n*; TECH Kapazität *f*;

SCHIFF Tonnage *f*
pojezierze N Seenplatte *f* **pojęcie** N Begriff *m* **pojętny** aufgeweckt; gelehrig **pojmować** ⟨**pojąć**⟩ begreifen
pojutrze übermorgen
pokarm M Nahrung *f* **pokarmowy** Nahrungs-
pokaz M Schau *f*; Vorführung *f*; **na ~** zur Ansicht; zur Schau
pokazywać ⟨**-zać**⟩ zeigen, vorzeigen **pokaźny** ansehnlich, beachtlich
pokątny heimlich, illegal; HANDEL Schwarz- **pokład** M SCHIFF Deck *n*; (*warstwa*) Schicht *f*; **na pokładzie** an Bord **pokochać** PF lieb gewinnen
pokoik M Zimmerchen *n*
pokojowy[1] (**-wo**) friedlich; Friedens-
pokojowy[2] Zimmer- **pokojówka** F Zimmermädchen *n*
pokolenie N Generation *f* **pokonywać** ⟨**-nać**⟩ besiegen; überwinden
pokorny demütig
pokój[1] M *w mieszkaniu* Zimmer *n*
pokój[2] M Friede(n) *m*
pokrajać PF zerschneiden
pokrewieństwo N Verwandtschaft *f* **pokrewny** verwandt
pokroić PF → pokrajać **pokropić** PF → kropić **pokrowiec** M Schonbezug *m*; **~ na buty** Schuhbeutel *m*; **~ na ubrania** Kleidersack *m*
pokrycie N Überzug *m*; Bedachung *f*; HANDEL Deckung *f*
pokryć PF → pokrywać **po kryjomu** heimlich **pokrywa** F Decke *f*; Deckel *m* **pokrywać** ⟨**-yć**⟩ bedecken; verdecken; BIOL, FIN decken **pokrywka** F Deckel *m*
pokrzywa F Brennnessel *f* **pokrzyżować** PF durchkreuzen
pokusa F Versuchung *f* **pokusić się** PF versuchen, wagen (**o** *akk akk*)
pokuta F Buße *f* **pokutować** büßen (**za** *akk* für *akk*)
pokwitowanie N Quittung *f*
polać PF → polewać
Polak M Pole *m*
polana F Lichtung *f*
polar M Polyester *m*; Polyesterjacke *f* **polarny** Polar-
pole N Feld *n*
polec PF *na wojnie* fallen
polecać ⟨**-cić**⟩ empfehlen; → zlecać **polecenie** N Empfehlung *f*; Anweisung; Auftrag *m*
polecieć PF → lecieć **polecony** empfohlen; *list* eingeschrieben
polegać sich verlassen (**na** *lok* auf *akk*) **poległy** SUBST M Gefallene(r) *m*
polepszać ⟨**-szyć**⟩ verbessern, bessern **polepszenie** N Verbesserung *f*, Besserung *f*
polewa F GASTR, TECH Glasur *f*; Email *n* **polewać** ⟨**-lać**⟩ begießen
polędwica F Lende *f*, Filet *n*

policja F Polizei *f* **policjant(ka)** M(F) Polizist(in) *m(f)*
policyjny polizeilich
policzek M Wange *f*; *uderzenie* Ohrfeige *f*
policzyć PF berechnen
poliklinika F Ärztehaus *n*; Poliklinik *f* **polisa** F Police *f* **politechnika** F technische Hochschule *f*
polityczny politisch **polityk** M Politiker(in) *m(f)* **polityka** F Politik *f*
Polka F Polin *f*
polny Feld-
polować jagen (**na** *akk akk*) **polowanie** N Jagd *f* **polowy** Feld-
Polska F Polen *n* **polski** (**po -ku**) polnisch
polubić PF → lubić
połamać PF → łamać
połączenie N Verbindung *f*; Anschluss *m*; ELEK *a.* Schaltung *f* **połączyć** PF → łączyć
połknąć PF → połykać
połowa F Hälfte *f*; **w połowie maja** Mitte Mai; **do połowy** zur Hälfte, halb- **położenie** N Lage *f* **położna** F Hebamme *f* **położyć** PF → kłaść
połów M Fang *m*; **~ pereł** Perlenfischerei *f*
połówka F Hälfte *f*
południe N Süden *m*; *czas* Mittag *m*; **przed południem** vormittags; **po południu** nachmittags **południk** M GEOG Meridian *m* **południowy** südlich; Süd-; Mittags-
połykać ⟨**-łknąć**⟩ verschlingen, schlucken, verschlucken
połysk M Glanz *m* **pomadka** F Lippenstift *m* **pomagać** ⟨**-móc**⟩ helfen **pomalować** PF → malować **pomału** langsam
pomarańcza F Apfelsine *f* **pomarańczowy** *sok* Orangen-; Apfelsinen-; *kolor* orange
pomarszczony faltig, runzelig
pomiar M Messung *f*
pomidor M Tomate *f* **pomidorowy** Tomaten-
pomieszać mischen, vermischen; rühren; in Unordnung bringen
pomieszczenie N Raum *m*; Unterkunft *f* **pomieścić** unterbringen
pomiędzy → między **pomijać** ⟨**-minąć**⟩ übergehen
pomimo → mimo **pomnażać** → mnożyć **pomniejszać** → zmniejszać
pomnik M Denkmal *n*; **~ architektury** Baudenkmal *n*
pomoc F Hilfe *f*, Beistand *m*; **na ~** zur Hilfe; **za pomocą** mittels, mit Hilfe **pomocnica** F Helferin *f* **pomocniczy** Hilfs- **pomocnik** M Helfer *m*; Gehilfe *m* **pomocny** behilflich
Pomorze N Pommern *n*
pomost M (*kładka*) Steg *m*; Plattform *f* **pomóc** PF → pomagać **pompa** F Pumpe *f*;

fig Pomp *m* **pompka** F Pumpe *f*; SPORT Liegestütz *m* **pompować** ⟨**na-**⟩ pumpen, aufpumpen
pomylić się PF → mylić **pomyłka** F Irrtum *m*; Fehler *m*; Versehen *n* **pomysł** M Einfall *m* **pomysłowy** (**-wo**) erfinderisch **pomyśleć** PF denken (**o** *lok* an *akk*), nachdenken (über *dat*) **pomyślność** F Wohlergehen *n*, Wohl *n* **pomyślny** günstig
ponad (*akk, inst*) über (*akk, dat*); *w złożeniach* Über-, Ultra- **ponadto** überdies; außerdem
ponawiać ⟨**ponowić**⟩ erneuern **ponętny** verlockend **poniedziałek** M Montag *m* **ponieść** PF → ponosić **ponieważ** weil
poniżać ⟨**-żyć**⟩ erniedrigen **poniżej** (*gen*) unter (*dat*), unterhalb (*gen*) **poniższy** (weiter) unten stehend
ponosić ⟨**-nieść**⟩ *koszty, winę* tragen; *śmierć, szkodę* erleiden **ponowić** PF → ponawiać **ponowny** erneut, wiederholt
ponury (**-ro**) → posępny
pończocha F Strumpf *m*
poobiedni Nachmittags- **popadać** ⟨**-paść**⟩ geraten **poparcie** N Unterstützung *f* **popatrzeć** PF ansehen (**na** *akk akk*) **popchnąć** PF → popychać **popełniać** ⟨**-ić**⟩ *błąd, morderstwo* begehen
popęd M Trieb *m*
popękany rissig
popić PF → popijać
popielaty (**-to**) aschgrau **Popielec** M Aschermittwoch *m* **popielniczka** F Aschenbecher *m*
popieprzyć PF → pieprzyć **popierać** ⟨**-przeć**⟩ unterstützen, fördern **popiersie** N Büste *f* **popieścić** PF → pieścić
popijać ⟨**-pić**⟩ nippen; heruntertrinken; trinken **popilnować** PF → pilnować
popiół M Asche *f* **popis** M Schau *f* **popisywać** ⟨**-sać**⟩ **się** *fig* glänzen (*inst* mit *dat*) **popłatny** lohnend **popłoch** M Panik *f*
popołudnie N Nachmittag *m* **popołudniowy** Nachmittags-; → południe
poprawa F Besserung *f* **poprawiać** ⟨**-ić**⟩ verbessern; ~ **się** sich bessern **poprawka** F Korrektur *f*, Berichtigung *f* **poprawność** F Korrektheit *f* **poprawny** richtig; korrekt; fehlerfrei
poprosić PF → prosić
poprzeczka F Querbalken *m*; SPORT Latte *f* **poprzeczny** quer, quer liegend, Quer- **poprzeć** PF → popierać **poprzedni** vorig, vorherig **poprzedniczka** F Vorgängerin *f* **poprzednik** M Vorgänger *m* **poprzednio** vorher **poprzedzać** ⟨**-dzić**⟩ vorange-

hen (*akk dat*) **poprzez** → przez
popsuć PF → psuć
popularność F Beliebtheit *f*, Popularität *f* **popularny** beliebt, populär
popychać ⟨**-pchnąć**⟩ schieben; stoßen
popyt M HANDEL Nachfrage *f*
por[1] M Pore *f*
por[2] M *warzywo* Porree *m*
pora F Zeit *f*; **do tej pory** bis jetzt; **o każdej porze** jederzeit; **~ roku** Jahreszeit *f*
porachunek M Abrechnung *f*
porada F Rat *m* **poradnia** F Beratungsstelle *f* **poradnik** M Ratgeber *m* **poradzić** PF → radzić **poranek** M Morgen *m* **poranny** Morgen- **porastać** ⟨**-rosnąć**⟩ bewachsen, zuwachsen (*inst* mit *dat*) **porażenie** N MED Lähmung *f*; **~ słoneczne** Sonnenstich *m* **porażka** F Niederlage *f*, *umg* Schlappe *f*
porcelana F Porzellan *n*
porcja F Portion *f*
poręcz F Geländer *n*; Lehne *f* **poręczenie** N Bürgschaft *f* **poręczny** handlich **poręczyciel(ka)** M(F) Bürge *m*, Bürgin *f*
porodówka F *umg* Kreißsaal *m* **poronienie** N Fehlgeburt *f*
porosnąć PF → porastać **porost** M BOT Flechte *f*; **~ włosów** Haarwuchs *m* **porowaty** (**-to**) porös
porozmawiać PF → rozmawiać
porozumienie N Einvernehmen *n*; Verständigung *f*; Vereinbarung *f* **porozumiewać** ⟨**-mieć**⟩ **się** sich verständigen
poród M Entbindung *f*, Geburt *f*
porównanie N Vergleich *m*
porównywać ⟨**-nać**⟩ vergleichen
port M Hafen *m*; **~ lotniczy** Flughafen *m*
portal M Portal *n*; **~ streamingowy** Streamingportal *n*
portfel M Brieftasche *f*
portier(ka) M(F) Pförtner(in) *m(f)*
portmonetka F Portemonnaie *n*
portowy Hafen-
portret M Porträt *n*
Portugalczyk M Portugiese *m* **Portugalia** F Portugal *n* **Portugalka** F Portugiesin *f* **portugalski** (**po -ku**) portugiesisch
poruszać ⟨**-szyć**⟩ bewegen (**się** sich) **porwać** PF → porywać **porwanie** N Entführung *f* **poryw** M Anwandlung *f*; **~ wiatru** Windstoß *m* **porywacz(ka)** M(F) Entführer(in) *m(f)*; Kidnapper(in) *m(f)* **porywać** ⟨**-rwać**⟩ entführen **porywczy** (**-czo**) heftig, ungestüm
porządek M Ordnung *f*; (*kolej-*

ność) Reihenfolge *f* **porządkować** ⟨**u-**⟩ ordnen **porządny** ordentlich
porzucać ⟨**-cić**⟩ verlassen
posada F Stellung *f*, Stelle *f*
posadzić PF → sadzać, sadzić **posadzka** F Fußboden *m*
posag M Mitgift *f*
posądzać ⟨**-dzić**⟩ verdächtigen (**o** *akk gen*)
posąg M Statue *f*, Standbild *n*
poseł M *w sejmie* Abgeordnete(r) *m/f(m)*; (*wysłannik*) Gesandte(r) *m/f(m)*
posępny düster, finster
posiadacz(ka) M(F) Besitzer(in) *m(f)* **posiadać** besitzen **posiadłość** F Besitztum *n*
posiedzenie N Sitzung *f*
posiekać PF → siekać
posilać ⟨**-lić**⟩ **się** sich stärken **posiłek** M Mahlzeit *f*
poskarżyć PF → skarżyć
posłać[1] PF → posyłać
posłać[2] (das Bett) machen *od* herrichten
posłaniec M Bote *m*, Botin *f* **posłanka** F Abgeordnete *f*
posłodzić PF → słodzić
posłuch M *fig* Gehör *n*; Gehorsam *m* **posłuchać** PF → słuchać
posługiwać ⟨**-służyć**⟩ **się** sich bedienen (*inst gen*) **posłuszeństwo** N Gehorsam *m* **posłuszny** gehorsam **posłużyć** PF → służyć
posmarować PF → smarować **posolić** PF → solić **pospieszać** → **pośpieszać**
pospieszny → pośpieszny
pospolity (**-cie**) gewöhnlich
posprzątać PF → sprzątać
post M Fasten *n*
postać F Gestalt *f* **postanawiać** ⟨**-nowić**⟩ beschließen, sich entschließen **postanowienie** N Beschluss *m* **postarać się** PF besorgen (**o** *akk akk*) **postawa** F Haltung *f*; Einstellung *f* **postawić** PF stellen, hinstellen **postawny** stattlich
postąpić PF → postępować
postęp M Fortschritt *m* **postępek** M Tat *f*, Handlung *f*
postępować ⟨**-stąpić**⟩ handeln **postępowanie** N Handlungsweise *f*; JUR Verfahren *n* **postępowy** (**-wo**) fortschrittlich
postny Fasten-
postój M Halt *m*; Rast *f*; ~ **taksówek** Taxistand *m*
postrach M Schrecken *m*
postrzał M MED Hexenschuss *m*
posunięcie N *w grze* Zug *m*; *fig* Schritt *m* **posuwać** ⟨**-sunąć**⟩ rücken; schieben (**się** sich); ~ **się** fortschreiten; sich herausnehmen (**do** *gen akk*)
posyłać ⟨**-słać**⟩ senden, schicken **posypywać** ⟨**-pać**⟩ bestreuen **poszanowanie** N Achtung *f* **poszczególny** (jeder) einzelne

poszerzać ⟨**-rzyć**⟩ verbreiten
poszewka F Kissenbezug *m*
poszkodowana Geschädigte *f* **poszkodowany** M Geschädigte(r) *m*
poszukiwać suchen (*gen akk*) **poszukiwanie** N Suche *f*
pościć fasten
pościel F Bettzeug *n*; Bettwäsche *f*
pościg M Verfolgung *f*
pośladek M Pobacke *f*
poślizg M: **wpaść w ~** ins Schleudern geraten **poślizgnąć się** PF ausgleiten
poślubić PF heiraten
pośmiertny posthum, postum
pośpiech M Eile *f* **pośpieszać** ⟨**-szyć**⟩ eilen; **~ się** sich beeilen **pośpieszny** eilig; BAHN Schnell-
pośredni (**-nio**) indirekt, mittelbar **pośrednictwo** N Vermittlung *f* **pośredniczka** F Vermittlerin *f* **pośredniczyć** vermitteln (**w** *lok* in *dat*, bei *dat*) **pośrednik** M Vermittler *m*
pośród (*gen*) mitten in (*dat*), unter (*dat*)
poświęcać ⟨**-cić**⟩ weihen, einweihen; widmen; opfern (**się** sich) **poświęcenie** N Einweihung *f*; Hingabe *f*
pot M Schweiß *m*
potajemny heimlich; geheim
potakiwać ⟨**-knąć**⟩ zustimmen **potanieć** → tanieć **potańcówka** *umg* F Tanzparty *f*
potas M Kalium *n*
potem dann, nachher; **na ~** für später; → wkrótce
potęga F Macht *f*; MATH Potenz *f* **potęgować** steigern; MATH potenzieren **potępiać** ⟨**-ić**⟩ verurteilen, missbilligen
potępienie N Missbilligung *f* **potężny** mächtig, stark
potknąć się PF → potykać się
potoczny üblich; alltäglich; **mowa** *f* **potoczna** Umgangssprache *f* **potoczyć** PF → toczyć
potok M Bach *m* **potop** M REL Sintflut *f*
potrafić PF können, verstehen
potraktować PF → traktować
potrawa F Speise *f*, Gericht *n*
potrawka F Ragout *n*
potrącać ⟨**-cić**⟩ stoßen; **z** *pensji* abziehen (**z** *gen* von *dat*) **potrącenie** N Abzug *m*
potrójny dreifach
potrwać PF dauern **potrząsać** ⟨**-snąć**⟩ schütteln
potrzeba F Bedürfnis *n*; Not *f*, Bedarf *m* **potrzebny** notwendig, nötig **potrzebować** benötigen, brauchen (*gen akk*)
potulny sanft
potwierdzać ⟨**-dzić**⟩ bestätigen **potwierdzenie** N Bestätigung *f*
potworny schrecklich; *fig* stark **potykać** ⟨**-tknąć**⟩ **się** stolpern (**o** *akk* über *akk*)
pouczać ⟨**-czyć**⟩ belehren
poufały (**-le**) vertraut **pouf-**

ny vertraulich
powaga F Ernst *m* **powalić** PF → obalać, przewracać
poważanie N Achtung *f*; **z poważaniem** hochachtungsvoll **poważny** ernst; beträchtlich
powąchać PF → wąchać
powiać PF → wiać, powiewać
powiadamiać ⟨**-domić**⟩ benachrichtigen
powiat M Kreis *m* **powiatowy** Kreis-
powidła PL (Pflaumen)Mus *n*
powiedzenie N Redensart *f*
powiedzieć PF sagen
powieka F (Augen)Lid *n* **powielać** ⟨**-lić**⟩ vervielfältigen
powiernik M Treuhänder *m*
powierzać ⟨**-rzyć**⟩ anvertrauen; betrauen (**k-u** *akk* j-n mit *dat*)
powierzchnia F Fläche *f*; Oberfläche *f* **powierzchniowy** (-wo) Oberflächen-, Außen-; an der Oberfläche **powierzchowność** F Äußere(s) *n* **powierzchowny** äußerlich; oberflächlich **powierzyć** PF → powierzać **powiesić** PF → wieszać
powieść F Roman *m*
powietrze N Luft *f*, **powietrzny** Luft-; pneumatisch
powiew M (Wind)Hauch *m*
powiewać ⟨**powiać**⟩ wehen; flattern **powiewny** leicht, luftig
powiększać ⟨**-szyć**⟩ vergrößern (**się** sich) **powiększenie** N Vergrößerung *f*
powikłanie N Komplikation *f*
powinien, powinna, powinno er, sie, es soll **powinność** F Pflicht *f*
powitać PF → witać **powitanie** N Begrüßung *f*; **na ~** zur Begrüßung
powlekać ⟨**-wlec**⟩ überziehen (*inst* mit *dat*) **powłoczka** F → poszewka **powłoka** F Überzug *m*; Hülle *f*
powodować ⟨**s-**⟩ veranlassen; verursachen **powodzenie** N Erfolg *m* **powodzić się** ergehen, gehen; **jak ci się powodzi?** wie geht es dir?
powojenny Nachkriegs- **powoli** langsam **powolny** langsam **powołanie** N Berufung *f* **powoływać** ⟨**-łać**⟩ berufen (**się na** *akk* sich auf *akk*)
powód[1] M Anlass *m*, Grund *m*
powód[2] M Kläger *m* **powódka** F JUR Klägerin *f* **powództwo** N JUR Klage *f* **powódź** F Überschwemmung *f*
powracać → wracać **powrotny** Rück- **powrót** M Rückkehr *f*; **na ~, z powrotem** zurück
powstać PF → powstawać, wstawać **powstanie** N Entstehung *f*; Aufstand *m* **powstaniec** M Aufständische(r) *m*/*f*(*m*) **powstawać** ⟨**-wstać**⟩ entstehen; sich empören

powstrzymywać ⟨**-mać**⟩ aufhalten; abhalten (**od** *gen* von *dat*); **~ się** sich enthalten (*gen*)

powszechny allgemein **powszedni** alltäglich; → dzień

powściągliwy (**-wie**) zurückhaltend; mäßig

powtarzać ⟨**powtórzyć**⟩ wiederholen (**się** sich) **powtórka** *umg* F Wiederholung *f* **powtórzyć** PF → powtarzać

powyżej (*gen*) oberhalb (*gen*)

powyższy obig, oben genannt

powzięcie N: **~ uchwały** Beschlussfassung *f*

poza[1] F Pose *f*

poza[2] PRÄP (*inst*) außerhalb (*gen*); **~ tym** überdies

pozbawiać ⟨**-ić**⟩ berauben; wegnehmen (**k-o** *gen* j-m *akk*)

pozbierać PF einsammeln

pozbywać ⟨**-być**⟩ **się** loswerden (*gen akk*) **pozdrawiać** ⟨**-rowić**⟩ grüßen, begrüßen **pozdrowienie** N Gruß *m*

pozew M JUR Klage *f*

poziom M Niveau *n*; **~ morza** Meeresspiegel *m* **poziomica** F TECH Wasserwaage *f* **poziomka** F Walderdbeere *f*

poziomy (**-mo**) horizontal, waagerecht

pozłacany vergoldet

poznać PF → poznawać **poznanie** N Erkenntnis *f*; Erkennen *n*, Wiedererkennen *n* **poznawać** ⟨**-znać**⟩ erkennen, wiedererkennen; kennen lernen

pozorny scheinbar, Schein-

pozostać PF → pozostawać

pozostałość F Überrest *m*, Rest *m*; *fig* Überbleibsel *n* **pozostały** übrig geblieben, übrig **pozostawać** ⟨**-stać**⟩ bleiben, zurückbleiben **pozostawiać** ⟨**-ić**⟩ zurücklassen

pozować Modell stehen; posieren

pozór M Anschein *m*, Schein *m*; **na ~** scheinbar

pozwać PF → pozywać **pozwalać** ⟨**-wolić**⟩ gestatten; erlauben **pozwana** Beklagte *f* **pozwany** M Beklagte(r) *m*

pozwolenie N Erlaubnis *f*

pozwolić PF → pozwalać

pozycja F Position *f*, Stellung *f* **pozyskiwać** ⟨**-kać**⟩ gewinnen, erwerben **pozytywny** positiv **pozywać** ⟨**-zwać**⟩ JUR klagen (*akk* gegen *akk*)

pożar M Brand *m*, Feuer *n* **pożarny** → straż

pożądanie N Verlangen *n*

pożądany erwünscht

pożegnać się PF sich verabschieden (**z** *inst* von *dat*) **pożegnalny** Abschieds- **pożegnanie** N Abschied *m*

pożerać ⟨**-żreć**⟩ auffressen, verschlingen

pożyczać ⟨**-czyć**⟩ leihen;

borgen **pożyczka** F Anleihe *f*; Darlehen *n*
pożyteczny nützlich **pożytek** M Nutzen *m*, Vorteil *m*
pożywienie N Nahrung *f*; Kost *f* **pożywny** nahrhaft
pójść PF gehen
póki solange
pół halb; halb-, Halb- **półbut** M Halbschuh *m* **półfinał** M SPORT Halbfinale *n* **półgłówek** M Dummkopf *m* **półka** F Regal *n*; Fach *n* **półkole** N Halbkreis *m* **półkula** F Halbkugel *f* **półmisek** M Schüssel *f* **północ** F *czas* Mitternacht *f*; Norden *m*; **o północy** um Mitternacht **północny** Nord-, nördlich **półrocze** N Halbjahr *n* **półroczny** halbjährig
półtora anderthalb, eineinhalb **półtorej** anderthalb, eineinhalb **półwysep** M Halbinsel *f*
późniejszy (**-źniej**) später
późny (**-no**) spät
prababka F Urgroßmutter *f*
praca F Arbeit *f*; **~ z domu** Homeoffice *n* **pracobiorca** M Arbeitnehmer(in) *m(f)* **pracodawca** M Arbeitgeber(in) *m(f)*
pracować arbeiten **pracowity** (**-cie**) arbeitsam **pracownia** F Arbeitszimmer *n*; Atelier *n*; Kabinett *n*; Werkstatt *f*
pracownica F Angestellte *f*
pracownik M Angestellte(r) *m*; → fizyczny, umysłowy
prać ⟨**wy-**⟩ waschen; **~ chemicznie** chemisch reinigen
pradziad M Urgroßvater *m*
Praga F Prag *n*
pragnąć wünschen (*gen akk*) **pragnienie** N Durst *m*; Wunsch *m*, Verlangen *n*
praktyczny praktisch **praktyka** F Praxis *f*; Praktikum *n* **praktykować** praktizieren
pralka F Waschmaschine *f* **pralnia** F Wäscherei *f*; chemische Reinigung *f* **pranie** N (Wäsche)Waschen *n*
prasa[1] F TECH Presse *f*
prasa[2] F *gazety* Presse *f*
prasować pressen ⟨**wy-**⟩ bügeln, plätten **prasowy** Presse-
prawda F Wahrheit *f*; **~?** nicht wahr?
prawdopodobieństwo N Wahrscheinlichkeit *f* **prawdopodobny** wahrscheinlich
prawdziwek M Steinpilz *m* **prawdziwy** (**-wie**) wahr, wahrhaft; echt; wirklich
prawica F Rechte *f* **prawicowy** POL Rechts-
prawidłowy (**-wo**) regelmäßig; richtig
prawie fast, beinahe
prawniczka F Juristin *f* **prawniczy** juristisch; Rechts- **prawnik** M Jurist *m* **prawny** rechtlich, Rechts-
prawo[1] N Recht *n*; Gesetz *n*; **~ jazdy** Führerschein *m*
prawo[2] ADV: **na prawo, w prawo** nach rechts

prawodawca M Gesetzgeber *m* **prawomocny** rechtskräftig **prawosławny** REL orthodox **prawostronny** Rechtsprawy rechte(r); *fig* rechtschaffen

prażyć V/T rösten; V/I *słońce* brennen **prażynki** FPL (Kartoffel)Chips *mpl*

prącie N Penis *m*

prąd M Strömung *f*; Strom *m*, **~ zmienny** Wechselstrom *m*

prądnica F Dynamo *m*; AUTO Lichtmaschine *f*

precyzyjny Präzisions-, Fein-; präzis, genau

precz fort, weg

preinstalowany IT vorinstalliert

premedytacja F Vorbedacht *m*; JUR Vorsatz *m* **premia** F Prämie *f*; Zugabe *f* **premier** M Premierminister(in) *m(f)*

premiera F Erstaufführung *f*

prenumerata F Abonnement *n* **prenumerować** ⟨za-⟩ abonnieren

presja F Druck *m* **prestiż** M Prestige *n* **prestiżowy** (-wo) angesehen, renommiert

pretekst M Vorwand *m* **pretensja** F Vorwurf *m*; Klage *f*; Anspruch *m*

prezent M Geschenk *n* **prezenter(ka)** M(F) Moderator(in) *m(f)* **prezentować** ⟨za-⟩ ansagen; präsentieren, vorstellen

prezerwatywa F Präservativ *n*

prezes M Vorsitzende(r) *m/f(m)* **prezydent** Präsident(in) *m(f)* **prezydium** N Präsidium *n*

prędki (**-ko**) schnell, rasch

prędkościomierz M Geschwindigkeitsmesser *m*

prędkość F Geschwindigkeit *f* **prędzej** schneller

pręt M Rute *f*, Gerte *f*; *metalowy* Stab *m*, Stange *f*

prima aprilis M Aprilscherz *m*

problem M Problem *n*

proboszcz M Pfarrer *m*

procedura F Prozedur *f*; JUR Verfahren *n*

procent M Prozent *n*; **procenty** *pl* (*odsetki*) Zinsen *mpl* **procentowy** Zins-; Prozent-

proces M Prozess *m*; Vorgang *m*; JUR, TECH Verfahren *n*

procesor M IT Prozessor *m*

proch M Pulver *n*; **~ strzelniczy** Schießpulver *n*

produkcja F Produktion *f*

produkować ⟨wy-⟩ herstellen, produzieren **produkt** M Produkt *n*

profesjonalny Profi-, professionell **profesor** M Professor(in) *m(f)* **profil** M Profil *n*; INTERNET Profil *n* **profilaktyczny** vorbeugend, prophylaktisch

prognoza F Prognose *f*; **~ pogody** Wettervorhersage *f*

program M Programm *n* **programować** ⟨za-⟩ program-

mieren
projekt M Plan *m*, Projekt *n* **projektant(ka)** M(F) Projektant(in) *m(f)* **projektować** ⟨**za-**⟩ entwerfen, projektieren; planen
prokurator M Staatsanwalt *m*, Staatsanwältin *f* **prokuratura** F Staatsanwaltschaft *f*
prom M Fähre *f*
promieniotwórczy radioaktiv **promieniować** strahlen, ausstrahlen **promieniowanie** N Strahlung *f*
promocja F *uniwersytet* Promotion *f*; *ucznia* Versetzung *f*; HANDEL Sonderverkauf *m* **promocyjny** *uniwersytet* Promotions-; Werbe- **promować** die Doktorwürde erteilen; *ucznia* versetzen; *towar* bewerben
proponować ⟨**za-**⟩ vorschlagen, anbieten **proporcjonalny** proportional **propozycja** F Vorschlag *m*
prorok Prophet *m*
prosiak M Ferkel *n*
prosić ⟨**po-**⟩ bitten (**o** *akk* um *akk*); **proszę bardzo** bitte schön
prosię M → prosiak
prosta F MATH Gerade *f* **prostacki** (**-ko**) grob, ordinär
prosto *iść* geradeaus; → prosty **prostokąt** M Rechteck *n* **prostokątny** rechteckig; rechtwinklig **prostopadły** (**-le**) senkrecht **prostota** F Einfachheit *f* **prostować** ⟨**wy-**⟩ gerade richten
prosty (**-to**) gerade; einfach
prostytutka F Prostituierte *f*
proszek M Pulver *n*; **mleko w proszku** Milchpulver *n*
proszę → prosić **prośba** F Bitte *f*; Gesuch *n* **protestować** ⟨**za-**⟩ protestieren **proteza** F Prothese *f* **protokół** M Protokoll *n*
prowadzący Moderator(in) *m(f)*; Leiter(in) *m(f)* **prowadzenie** N Führung *f* **prowadzić** ⟨**po-**⟩ führen; *pojazd* lenken
prowiant M Verpflegung *f*
prowincja F Provinz *f* **prowincjonalny** provinziell
prowizoryczny provisorisch; Behelfs-
prowokować ⟨**s-**⟩ provozieren
proza M Prosa *f*
próba F Probe *f*, Versuch *m* **próbka** F Warenprobe *f*; Muster *n* **próbny** Probe- **próbować** ⟨**s-**⟩ probieren; versuchen ⟨**wy-**⟩ prüfen, testen
próchnica F MED Karies *f* **próchnieć** ⟨**s-**⟩ modern, vermodern
prócz (*gen*) außer (*dat*)
próg M Schwelle *f*
próżnia F Leere *f*; Vakuum *n* **próżniak** M Faulenzer(in) *m(f)* **próżnować** faulenzen **próżny** (**-no**) leer; *fig a.* eitel; **na próżno** vergeblich
pruć ⟨**s-**⟩ *szew* trennen, auf-

trennen
prymitywny primitiv
pryskać ⟨**-snąć**⟩ spritzen
pryszcz M Pickel *m*, Pustel *f*
prysznic M Dusche *f*
prywatny privat; Privat-
przebaczać ⟨**-czyć**⟩ verzeihen **przebaczenie** N Verzeihung *f*
przebić PF → przebijać **przebiec** PF → przebiegać **przebieg** M Verlauf *m* **przebiegać** ⟨**-biec**⟩ durchlaufen; verlaufen **przebierać** ⟨**-brać**⟩ auslesen; umziehen (**się** sich) **przebijać** ⟨**-bić**⟩ durchbohren, durchschlagen, durchstechen
przeboleć PF verschmerzen
przebój M Hit *m* **przebrać** PF → przebierać **przebudowa** F Umbau *m*; Umstrukturierung *f* **przebudowywać** ⟨**-ować**⟩ umbauen; umstrukturieren **przebywać** sich aufhalten (**w** *lok* in *dat*)
przecedzać ⟨**-dzić**⟩ durchseien **przecena** F Sonderangebot *n* **przeceniać** ⟨**-ić**⟩ überschätzen; *towar* neu auspreisen
przechadzka F Spaziergang *m* **przechodni** Durchgangs-; Wander- **przechodzić** vorübergehen (**obok** *gen* an *dat*); überschreiten; gehen (**przez** *akk* über *akk*, durch *akk*) **przechodzień** M Fußgänger(in) *m(f)*; Passant(in) *m(f)*
przechowalnia F Aufbewahrung *f*; **~ bagażu** Gepäckaufbewahrung *f* **przechowywać** ⟨**-ać**⟩ aufbewahren
przechylać ⟨**-lić**⟩ V/T kippen; → *a.* **chylić przechytrzać** ⟨**-trzyć**⟩ überlisten
przeciąć PF → przecinać
przeciąg M Luftzug *m*, Zug *m*
przeciągać ⟨**-gnąć**⟩ durchziehen; hinüberziehen **przeciągły** (**-le**) gedehnt; lang
przeciążać ⟨**-żyć**⟩ überlasten
przeciążenie N Überlastung *f*
przeciek M Leck *n*; *fig* undichte Stelle *f* **przeciekać** ⟨**-ciec, -knąć**⟩ durchsickern; lecken
przecier M Mark *n*, Brei *m*
przecież jedoch, doch **przeciętny** durchschnittlich
przecinać ⟨**-ciąć**⟩ zerschneiden, durchschneiden **przecinek** M Komma *n*
przeciskać ⟨**-snąć**⟩ durchzwängen (**się** sich)
przeciw (*dat*) gegen (*akk*)
przeciwbólowy Schmerz-; schmerzmildernd **przeciwdziałać** entgegenwirken
przeciwgorączkowy fiebersenkend **przeciwieństwo** N Gegenteil *n*; **w przeciwieństwie do** im Gegensatz zu (*gen dat*) **przeciwko** → przeciw **przeciwniczka** F Gegnerin *f* **przeciwnik** M Gegner *m* **przeciwny** entgegengesetzt; **w przeciwnym ra-**

zie andernfalls **przeciwpożarowy** Brandschutz- **przeciwstawiać** ⟨-ić⟩ gegenüberstellen
przecudny wunderschön
przeczekiwać ⟨-kać⟩ abwarten **przeczenie** N Verneinung *f* **przeczucie** N Vorahnung *f*, Ahnung *f* **przeczuwać** ⟨-czuć⟩ ahnen **przeczyć** ⟨za-⟩ widersprechen; → zaprzeczać **przeczyszczający** MED Abführ-
przeczytać PF durchlesen, lesen
przeć drängen; MED pressen
przed (*akk, inst*) vor (*akk, dat*)
przedawkować PF überdosieren
przedawniony verjährt; verfallen, ungültig
przeddzień M Vortag *m*
przede → przed
przedkładać ⟨-dłożyć⟩ vorlegen
przedłużacz M ELEK Verlängerungsschnur *f*, Verlängerungskabel *n* **przedłużać** ⟨-żyć⟩ verlängern
przedmieście N Vorstadt *f*
przedmiot M Gegenstand *m*; Objekt *n* **przedmowa** F Vorwort *n* **przedni** vordere(r), Vorder-
przedostatni vorletzte(r)
przedostawać ⟨-stać⟩ **się** gelangen, hineingelangen (**do** *gen* in *akk*, nach *dat*); hinüberkommen, durchkommen (**przez** *akk* über *akk*, durch *akk*)
przedpokój M Vorzimmer *n*
przedpołudnie N Vormittag *m*; → południe **przedramię** N Unterarm *m*
przedruk M TYPO Nachdruck *m*
przedsiębiorca M Unternehmer(in) *m(f)* **przedsiębiorstwo** N Unternehmen *n*
przedsięwzięcie N Unternehmung *f*
przedsmak M Vorgeschmack *m* **przedstawiać** ⟨-ić⟩ vorstellen, darstellen **przedstawiciel(ka)** M(F) Vertreter(in) *m(f)* **przedstawicielstwo** N Vertretung *f* **przedstawienie** N Vorstellung *f*
przedszkole N Vorschule *f*; Kindergarten *m* **przedtem** vorher, früher **przedwczesny** (**-śnie**) vorzeitig, verfrüht
przedwczoraj vorgestern
przedwiośnie N Vorfrühling *m* **przedwojenny** Vorkriegs-
przedział M BAHN Abteil *n*
przedziałek M (Haar)Scheitel *m* **przedzielać** ⟨-lić⟩ abtrennen, abteilen **przedzierać** ⟨-drzeć⟩ durchreißen
przedziwny wundervoll
przefarbować PF umfärben
przegapiać ⟨-ić⟩ *umg* übersehen; verpassen **przegląd** M Durchsicht *f*; AUTO Inspektion *f*; Rundschau *f* **przeglądać** ⟨przejrzeć⟩ durchsehen; überprüfen **przeglądar-**

ka F IT Suchmaschine *f*; Diabetrachter *m*
przegłosować PF abstimmen; überstimmen
przegotowywać ⟨**-ować**⟩ abkochen
przegrać PF → przegrywać **przegrana** F Verlust *m*; Niederlage *f*, *umg* Schlappe *f* **przegroda** F Zwischenwand *f*, Trennwand *f*; Fach *n* **przegródka** F → przegroda **przegrywać** ⟨**-grać**⟩ verspielen; *kasetę* überspielen
przegryzać ⟨**-gryźć**⟩ durchbeißen
przegub M Gelenk *n*
przejaśniać ⟨**-ić**⟩ **się** sich aufheitern
przejaw M Ausdruck *m*; Anzeichen *n*
przejazd M Fahrt *f*; Passage *f*; **~ kolejowy** Bahnübergang *m*; **przejazdem** auf der Durchreise
przejażdżka F Spazierfahrt *f* **przejąć** PF → przejmować **przejeżdżać** ⟨**-jechać**⟩ durchfahren (**przez** *akk akk*); vorbeifahren (**koło** *gen* an *dat*); PF *a. przechodnia* überfahren **przejęty** ergriffen (*inst* von *dat*)
przejmować ⟨**-jąć**⟩ übernehmen; (**nie**) **~ się** sich (nicht) aufregen (*inst* wegen *gen*) **przejmujący** (**-co**) durchdringend; *ból* stechend; *spojrzenie* ergreifend
przejrzeć PF → przeglądać **przejrzysty** (**-ście**) durchsichtig **przejście** N Durchgang *m*; Übergang *m* **przejściowy** (**-wo**) Übergangs-, Zwischen- **przejść** PF → przechodzić
przekaz M Überweisung *f*
przekazywać ⟨**-zać**⟩ *pieniądze* überweisen; *prawa* übertragen; *pozdrowienia* bestellen
przekąska F Imbiss *m* **przekątna** F Diagonale *f* **przekląć** PF → przeklinać **przekleństwo** N Fluch *m* **przeklinać** ⟨**-kląć**⟩ fluchen, verfluchen
przekład M Übersetzung *f*
przekładać ⟨**przełożyć**⟩ umlegen; *tekst* übersetzen
przekładnia F TECH Übersetzung *f*; Getriebe *n*
przekłuwać ⟨**-uć**⟩ durchstechen
przekonanie N Überzeugung *f* **przekonywać** ⟨**-nać**⟩ überzeugen
przekopywać ⟨**-pać**⟩ umgraben
przekorny eigensinnig; neckisch
przekraczać ⟨**-kroczyć**⟩ überschreiten; *stan konta* überziehen **przekrawać** ⟨**-kroić**⟩ durchschneiden
przekreślać ⟨**-lić**⟩ durchstreichen **przekręcać** ⟨**-cić**⟩ verdrehen **przekroczyć** PF → przekraczać prze-

kroić PF → przekrawać **przekrój** M Durchschnitt *m*; ~ **poprzeczny** Querschnitt *m*
przekształcać ⟨-cić⟩ umgestalten (**się** sich); → przeobrażać
przekupstwo N Bestechung *f*
przekupywać ⟨-pić⟩ bestechen
przekwalifikowywać ⟨-ować⟩ umschulen
przekwitać ⟨-tnąć⟩ verblühen **przekwitanie** N MED Wechseljahre *npl*
przelać PF → przelewać **przelatywać** ⟨-lecieć⟩ überfliegen (**nad** *inst akk*); vorbeifliegen (an *dat*)
przelew M FIN Überweisung *f*
przelewać ⟨-lać⟩ umgießen, umfüllen
przeliczać ⟨-czyć⟩ durchzählen; umrechnen; ~ **się** sich verrechnen
przelot M Flug *m*
przeludnienie N Übervölkerung *f*
przeładowywać ⟨-ować⟩ umladen **przeładunek** M Umladen *n*
przełamywać ⟨-mać⟩ brechen, durchbrechen
przełączać ⟨-czyć⟩ umschalten **przełącznik** M Umschalter *m*
przełęcz F GEOG Pass *m* **przełknąć** PF → przełykać **przełom** M Bruchstelle *f*, Bruch *m*; *fig* Durchbruch *m*; Wende *f*
przełożona F Vorgesetzte *f* **przełożony** M Vorgesetzte(r) *m* **przełożyć** PF → przekładać
przełyk M ANAT Speiseröhre *f* **przełykać** ⟨-łknąć⟩ hinunterschlucken
przemakać ⟨-moknąć⟩ durchnässt werden **przemarzać** ⟨-rznąć⟩ durchfrieren
przemawiać ⟨-mówić⟩ einee Rede halten; sprechen
przemęczenie N Übermüdung *f*
przemiana F Wandlung *f*; ~ **materii** Stoffwechsel *m* **przemieniać** ⟨-ić⟩ umwandeln
przemieszczać ⟨-ścić⟩ verlagern **przemijać** ⟨-minąć⟩ vergehen **przemilczać** ⟨-czeć⟩ verschweigen **przeminąć** PF → przemijać
przemoc F Gewalt *f* **przemoknąć** PF → przemakać
przemówić PF → przemawiać **przemówienie** N Ansprache *f*
przemycać ⟨-cić⟩ schmuggeln **przemyć** PF → przemywać
przemysł M Industrie *f*; Gewerbe *n* **przemysłowy** (-wo) Industrie-, industriell
przemyślany durchdacht, überlegt
przemyt M Schmuggel *m*
przemytnik M Schmuggler(in) *m(f)*
przemywać ⟨-myć⟩ wa-

schen, auswaschen
przeniesienie N Übertragung *f*; HANDEL Übertrag *m*; Versetzung *f* **przenieść** PF → przenosić
przenikać ⟨**-knąć**⟩ durchdringen; eindringen (**do** *gen* in *akk*) **przenikliwy** (**-wie**) scharfsinnig; durchdringend
przenocować PF übernachten
przenosić ⟨**-nieść**⟩ hinübertragen; *wyraz* trennen **przenośny** tragbar, übertragbar
przeobrażać ⟨**-zić**⟩ umgestalten, umwandeln
przeoczać ⟨**-czyć**⟩ übersehen **przeoczenie** N Versehen *n*; **przez przeoczenie** aus Versehen
przepadać ⟨**-paść**⟩ verloren gehen; verschwinden **przepalać** ⟨**-lić**⟩ **się** ELEK durchbrennen
przepaść[1] F Abgrund *m*
przepaść[2] PF → przepadać
przepchać PF → przepychać
przepełnienie N Überfüllung *f* **przepełniony** überfüllt
przepędzać ⟨**-dzić**⟩ vertreiben
przepiękny wunderhübsch
przepiórka F Wachtel *f*
przepis M Vorschrift *f*; Anweisung *f* **przepisywać** ⟨**-sać**⟩ abschreiben; vorschreiben; MED verordnen
przepłacać ⟨**-cić**⟩ überbezahlen **przepłukiwać** ⟨**-kać**⟩ durchspülen, spülen
przepływ M Fluss *m*, Durchfluss *m*; *fig* Strom *m* **przepływać** fließen, durchfließen ⟨**-płynąć**⟩ durchschwimmen
przepona F ANAT Zwerchfell *n*
przepowiadać ⟨**-wiedzieć**⟩ voraussagen
przepracowany überarbeitet
przepraszać ⟨**-prosić**⟩ sich entschuldigen (*akk* bei *dat*); **przepraszam!** Verzeihung!
przeprosiny PL Entschuldigung *f*
przeprowadzać ⟨**-dzić**⟩ durchführen; **~ się** umziehen
przeprowadzka F Umzug *m*
przepuklina F (Leisten)Bruch *m*
przepuszczać ⟨**-ścić**⟩ durchlassen
przepych M Pracht *f*; Luxus *m*
przepychać ⟨**-pchać**⟩ durchdrücken; durchzwängen (**się** sich)
przepytywać ⟨**-tać**⟩ *ucznia* abfragen
przerabiać ⟨**-robić**⟩ überarbeiten; *sukienkę* umändern; *surowce* verarbeiten
przeraźliwy (**-wie**) schrill, gellend **przerażać** ⟨**-zić**⟩ entsetzen (**się** sich) **przerażający** (**-co**) entsetzlich **przerażenie** N Entsetzen *n* **przerażony** entsetzt
przerębel F Eisloch *n* **przerobić** PF → przerabiać **przeróbka** F Umarbeitung *f*, Än-

derung *f*
przerwa F Pause *f*; Unterbrechung *f* **przerwać** PF → przerywać **przerysowywać** ⟨-**ować**⟩ abzeichnen **przerywać** ⟨-**rwać**⟩ durchreißen; *pracę, dostawę prądu* unterbrechen **przerzucać** ⟨-**cić**⟩ hinüberwerfen; *wojska* verlegen; *obowiązki* abwälzen
przesada F Übertreibung *f* **przesadny** übertrieben **przesadzać** ⟨-**dzić**⟩ *roślinę* umpflanzen; übertreiben (**w** *lok*, **z** *inst* in *dat*) **przesalać** ⟨-**solić**⟩ versalzen
przesąd M Aberglaube *m*; Vorurteil *n* **przesądny** abergläubisch
przesiać PF → przesiewać **przesiadać** ⟨-**siąść**⟩ **się** den Platz wechseln; *pociąg, autobus* umsteigen **przesiadka** F Umsteigen *n*
przesiedlać ⟨-**lić**⟩ umsiedeln **przesiedleniec** M Umsiedler(in) *m(f)*, Übersiedler(in) *m(f)*
przesiewać ⟨-**siać**⟩ durchsieben
przeskakiwać ⟨-**skoczyć**⟩ überspringen
przesłać PF → przesyłać **przesłanie** M Übermittlung *f*; *fig* Botschaft *f*
przesłuchanie N Verhör *n* **przesłuchiwać** ⟨-**chać**⟩ verhören **przesłyszeć się** PF sich verhören
przesolić PF → przesalać
przespać PF verschlafen
przestarzały veraltet **przestawać** ⟨-**stać**⟩ aufhören **przestawiać** ⟨-**ić**⟩ umstellen (**się** sich)
przestępca M Verbrecher(in) *m(f)* **przestępczość** F Kriminalität *f* **przestępstwo** N Verbrechen *n*
przestraszyć PF erschrecken
przestroga F Warnung *f*
przestrzegać *przepisów* befolgen; *diety* einhalten ⟨-**strzec**⟩ warnen
przestrzeń F Raum *m*; **~ kosmiczna** Weltraum *m*
przesuwać ⟨-**sunąć**⟩ verschieben
przesyłać ⟨-**słać**⟩ übersenden, zusenden **przesyłka** F Sendung *f*
przesyt M Überdruss *m*
przeszczep M Transplantation *f*; Transplantat *n*
przeszkadzać ⟨-**szkodzić**⟩ hindern, behindern (*dat akk*); stören (*akk*) **przeszkoda** F Hindernis *n*
przeszło ADV mehr als, über **przeszłość** F Vergangenheit *f* **przeszły** vergangen
przeszukiwać ⟨-**kać**⟩ durchsuchen
prześcieradło N Bettlaken *n*
prześcigać ⟨-**gnąć**⟩ überholen; übertreffen
prześladować verfolgen **prześladowca** M Verfolger *m* **prześladowczyni** F Ver-

folgerin *f*
prześliczny wunderschön
przeświadczenie N Überzeugung *f* **przeświadczony** überzeugt (**o** *lok* von *dat*)
prześwietlać ⟨**-lić**⟩ durchleuchten; FOTO überbelichten
prześwietlenie N Durchleuchtung *f*; Überbelichtung *f*
przetaczać ⟨**-toczyć**⟩ rollen; rangieren; MED übertragen
przetapiać ⟨**-topić**⟩ umschmelzen, schmelzen
przetarg M Ausschreibung *f*; Versteigerung *f*
przeterminowany abgelaufen; überlagert
przetłumaczyć PF → tłumaczyć **przetoczyć** PF → przetaczać **przetopić** PF → przetapiać **przetrwać** PF überdauern **przetrząsać** ⟨**-snąć**⟩ *fig* durchwühlen, durchstöbern
przetrzymywać ⟨**-mać**⟩ länger behalten; aushalten, überleben
przetwarzać ⟨**-tworzyć**⟩ verarbeiten **przetwór** M Produkt *n* **przetwórnia** F Verarbeitungsbetrieb *m* **przetwórstwo** N Verarbeitung *f*
przewaga F Überlegenheit *f*
przeważać V/I überwiegen
przeważający überwiegend, vorwiegend **przeważnie** meistens
przewidywać ⟨**-dzieć**⟩ voraussehen **przewidziany** vorgesehen (**na** *akk* für *akk*)
przewietrzać ⟨**-rzyć**⟩ lüften
przewiew M Luftzug *m*
przewiewny zugig; luftig
przewieźć PF → przewozić
przewijać ⟨**-inąć**⟩ umwickeln; *dziecko* trockenlegen
przewinienie N Vergehen *n*, Verfehlung *f*
przewlekły (**-le**) langwierig
przewodni leitend; führend; Leit- **przewodnicząca** F Vorsitzende *f* **przewodniczący** M Vorsitzende(r) *m*
przewodniczka F Reiseführerin *f* **przewodniczyć** den Vorsitz führen (*dat* in *dat*)
przewodnik[1] M Reiseführer *m* **przewodnik**[2] M ELEK Leiter *m*; Reiseführer *m*
przewodzić befehligen (*dat akk*) **przewozić** ⟨**-wieźć**⟩ befördern, transportieren
przewoźnik M Transporteur *m*; Transportunternehmen *n*
przewód M TECH Leitung *f*; ELEK Kabel *n*; ANAT Kanal *m*, Gang *m*; JUR Verhandlung *f*
przewóz M Beförderung *f*, Transport *m*
przewracać ⟨**-wrócić**⟩ umstürzen, umwerfen; **~ się** umfallen **przewrót** M POL Umsturz *m*
przewyższać ⟨**-szyć**⟩ größer sein (*akk* als *nom*); übersteigen; übertreffen
przez (*akk*) durch (*akk*); über (*akk*); **~ to** dadurch

przeziębiać ⟨**-ić**⟩ **się** sich erkälten **przeziębienie** N Erkältung *f*
przeznaczać ⟨**-czyć**⟩ bestimmen (**na** *akk* zu *dat*, für *akk*) **przeznaczenie** N Bestimmung *f*; Los *n*
przezorny umsichtig; vorsorglich
przezroczysty (**-ście**) durchsichtig, transparent; klar
przezwisko M Spitzname *m*
przezwyciężać ⟨**-żyć**⟩ überwinden, besiegen
przeżuwać ⟨**-żuć**⟩ kauen, zerkauen
przeżycie N Erlebnis *n* **przeżytek** M Relikt *n* **przeżywać** ⟨**-żyć**⟩ erleben; überleben
przodek M Vorfahr *m*, Ahn *m*
przód M Vorderteil *m*; *statku* Bug *m*
przy (*lok*) bei (*dat*); neben (*akk*, *dat*); an (*akk*, *dat*); **~ tym** dabei
przybiegać ⟨**-biec**⟩ herbeieilen **przybierać** ⟨**-brać**⟩ V/T annehmen; schmücken; V/I zunehmen **przybijać** ⟨**-bić**⟩ annageln
przybliżać ⟨**-żyć**⟩ **się** sich nähern **przybliżenie** N Annäherung *f*; Näherungswert *m* **przybliżony** annähernd
przybory MPL Utensilien *fpl*; Zubehör *n*; **~ do golenia** Rasierzeug *n* **przybór** M Anstieg *m* **przybrać** PF → przybierać
przybrzeżny Küsten-
przybudówka F Anbau *m*
przybycie N Ankunft *f* **przybysz** M Neuankömmling *m*
przybywać ⟨**-być**⟩ ankommen; eintreffen
przychodnia F Ambulanz *f*; Ärztehaus *n* **przychodzić** ⟨**przyjść**⟩ kommen, ankommen, eintreffen **przychód** M HANDEL Einnahme *f*
przychylać ⟨**-lić**⟩ **się** zustimmen (**do** *gen dat*) **przychylny** wohlwollend; günstig, positiv
przyciąć PF → przycinać
przyciągać ⟨**-gnąć**⟩ heranziehen **przycinać** ⟨**-ciąć**⟩ zuschneiden; *włosy* stutzen
przycisk M Druckknopf *m*
przyciskać ⟨**-snąć**⟩ drücken
przyciszać ⟨**-szyć**⟩ *radio* leiser stellen
przyczepa F AUTO Anhänger *m* **przyczepiać** ⟨**-ić**⟩ anhängen
przyczyna F Grund *m*, Ursache *f* **przyczyniać** ⟨**-ić**⟩ **się** beitragen (**do** *gen* zu *dat*)
przydarzać ⟨**-rzyć**⟩ **się** sich ereignen; zustoßen **przydatny** brauchbar, tauglich **przydawać** ⟨**-dać**⟩ **się** zu gebrauchen *od* verwenden sein (**do** *gen*, **na** *akk* bei *dat*, für *akk*) **przydawka** F GRAM Attribut *n* **przydrożny** am Wege gelegen
przydział M Zuteilung *f* **przydzielać** ⟨**-lić**⟩ zuteilen
przygarniać ⟨**-nąć**⟩ in die Arme schließen

przyglądać ⟨**przyjrzeć**⟩ **się** betrachten, sich ansehen (*dat akk*); zuschauen (bei *dat*)
przygnębiać ⟨**-ić**⟩ bedrücken, deprimieren **przygnębienie** N Deprimiertheit *f*
przygoda F Abenteuer *n*
przygotowanie N Vorbereitung *f* **przygotowywać** ⟨**-ować**⟩ vorbereiten (**się** sich)
przygraniczny grenznah
przygrzewać ⟨**-grzać**⟩ V/T aufwärmen; V/I *słońce* scheinen, wärmen **przyimek** M Präposition *f*
przyjaciel M Freund *m* **przyjacielski** (**-ko**, **po -ku**) freundschaftlich **przyjaciółka** F Freundin *f*
przyjazd M Ankunft *f*, Eintreffen *n*
przyjazny (**-źnie**) freundlich; freundschaftlich **przyjaźnić się** befreundet sein (**z** *inst* mit *dat*) **przyjaźń** F Freundschaft *f*
przyjąć PF → przyjmować
przyjechać PF → przyjeżdżać
przyjemność F Vergnügen *n*; Annehmlichkeit *f* **przyjemny** angenehm **przyjeżdżać** ⟨**-jechać**⟩ ankommen, eintreffen
przyjęcie N Empfang *m*; Aufnahme *f* **przyjmować** ⟨**-jąć**⟩ annehmen; *lekarstwo* einnehmen; *gościa* empfangen
przyjrzeć się PF → przyglądać się **przyjście** N Ankunft *f*, Kommen *n* **przyjść** PF → przychodzić
przykazanie N Gebot *n*
przyklejać ⟨**-eić**⟩ ankleben
przykład M Beispiel *n*; **na ~** zum Beispiel **przykładać** ⟨**przyłożyć**⟩ anlegen, auflegen **przykładowy** (**-wo**) Beispiel-, Muster-; beispielhaft
przykręcać ⟨**-cić**⟩ festschrauben; zudrehen
przykrość F Unannehmlichkeit *f* **przykry** (**-kro**) unangenehm; peinlich; **przykro mi** es tut mir leid
przykrywać ⟨**-ryć**⟩ bedecken, zudecken **przykrywka** F Deckel *m*
przylatywać ⟨**-lecieć**⟩ *samolot, ptaki* (angeflogen) kommen **przylądek** M Landzunge *f*, Kap *n* **przylecieć** PF → przylatywać **przylegać** (fest) anliegen (**do** *gen* an *dat*); angrenzen (an *akk*) **przylepiać** ⟨**-ić**⟩ **się** V/I kleben, festkleben, haften, anhaften **przylepiec** M Heftpflaster *n* **przylot** M *samolotu, ptaków* Ankunft *f*
przyłapywać ⟨**-pać**⟩ ertappen
przyłączać ⟨**-czyć**⟩ anschließen (**się** sich)
przyłożyć PF → przykładać
przymarzać ⟨**-rznąć**⟩ festfrieren
przymiarka F Anprobe *f*

przymierzać ⟨**-rzyć**⟩ anprobieren **przymierzalnia** F Anprobekabine *f*

przymierze N Bündnis *n*

przymiotnik M Adjektiv *n*

przymknąć PF → przymykać

przymocowywać ⟨**-ować**⟩ befestigen

przymrozek M Nachtfrost *m*

przymus M Zwang *m* **przymusowy** (**-wo**) Zwangs-

przymuszać ⟨**-sić**⟩ zwingen; nötigen

przymykać ⟨**-mknąć**⟩ halb schließen; *drzwi* anlehnen

przynajmniej wenigstens

przynależność F Zugehörigkeit *f*; ~ **państwowa** Staatsangehörigkeit *f*

przynęta F Köder *m*

przynosić ⟨**-nieść**⟩ mitbringen, bringen

przypadek M Zufall *m*; GRAM Fall *m*, Kasus *m*; **przypadkiem** zufällig **przypadkowy** (**-wo**) zufällig; ADV *a.* zufälligerweise

przypalać ⟨**-lić**⟩ *potrawę* anbrennen lassen; *papierosa* anzünden **przypatrywać** ⟨**-trzyć**⟩ **się** → przyglądać się

przypilnować PF → pilnować

przypinać ⟨**-piąć**⟩ anheften, anstecken; anschnallen

przypisek M Anmerkung *f*; TYPO Fußnote *f* **przypisywać** ⟨**-sać**⟩ zuschreiben

przypływ M Flut *f*; Zufluss *m*; *fig* Anwandlung *f* **przypływać** ⟨**-ynąć**⟩ heranschwimmen; *statek* ankommen

przypominać ⟨**-mnieć**⟩ erinnern (**k-u** *akk* j-n an *akk*)

przypomnienie N Erinnerung *f*; Mahnung *f*

przyprawa F Gewürz *n*; **przyprawy** *pl* **korzenne** Gewürze *pl* **przyprawiać** ⟨**-ić**⟩ anmachen, würzen

przyprowadzać ⟨**-dzić**⟩ mitbringen

przypuszczać ⟨**-ścić**⟩ vermuten **przypuszczalny** vermutlich; voraussichtlich **przypuszczenie** N Annahme *f*, Vermutung *f*

przyrastać ⟨**-rosnąć**⟩ anwachsen

przyroda F Natur *f* **przyrodni** Stief- **przyrodniczy** Natur- **przyrodzony** angeboren; Natur- **przyrosnąć** PF → przyrastać **przyrostek** M GRAM Suffix *n*

przyrząd M Apparat *m*, Gerät *n* **przyrządzać** ⟨**-dzić**⟩ zubereiten

przyrzeczenie N Versprechen *n* **przyrzekać** ⟨**-rzec**⟩ versprechen

przysiad M Hocke *f*; Kniebeuge *f* **przysiadać** ⟨**-siąść**⟩ **się** sich setzen (**do** *gen* zu *dat*)

przysięga F Eid *m*; Schwur *m* **przysięgać** ⟨**-gnąć**⟩ schwören **przysięgły** beeidigt; SUBST M JUR Geschworene(r) *m*

przysłać PF → przysyłać **przy-**

słona F FOTO Blende *f* **przysłowie** N Sprichwort *n* **przysłówek** M Adverb *n* **przysłuchiwać** 〈**-chać**〉 **się** zuhören
przysługa F Gefälligkeit *f*
przysługiwać zustehen
przysmak M Leckerbissen *n*
przysmażać 〈**-żyć**〉 anbraten
przyspieszać 〈**-szyć**〉 beschleunigen **przyspieszenie** N Beschleunigung *f* **przyspieszony** Eil-
przystać PF → przystawać¹ **przystanąć** PF → przystawać² **przystanek** M Haltestelle *f* **przystań** F Anlegestelle *f*; Hafen *m*
przystawać¹ 〈**-stać**〉 eingehen (**na** *akk* auf *akk*)
przystawać² 〈**-stanąć**〉 stehen bleiben
przystawiać 〈**-ić**〉 stellen, hinstellen; anlegen **przystawka** F Vorspeise *f*
przystąpić PF → przystępować **przystępny** zugänglich; *cena* erschwinglich **przystępować** 〈**-stąpić**〉 herantreten (**do** *gen* an *akk*); *fig* herangehen (an *akk*); beitreten (*dat*)
przystojny gut aussehend
przystosowywać 〈**-ować**〉 anpassen (**do** *gen* an *akk*; **się** sich)
przystrajać 〈**-stroić**〉 schmücken
przysuwać 〈**-sunąć**〉 heranschieben, heranrücken
przyswajać 〈**-swoić**〉 (**sobie**) sich aneignen
przysyłać 〈**-słać**〉 zusenden, senden
przyszłoroczny im nächsten Jahr **przyszłość** F Zukunft *f*
przyszły künftig, zukünftig
przyszywać 〈**-szyć**〉 annähen
przyśnić się PF → śnić **przyśpieszać** → przyspieszać
przyśpieszenie N → przyspieszenie
przytaczać 〈 **toczyć**〉 *przykład* anführen; zitieren **przytakiwać** 〈**-knąć**〉 zustimmen, billigen
przytępiony *wzrok, słuch* schwach, schlecht
przytłaczać 〈**-tłoczyć**〉 erdrücken, niederdrücken; bedrücken **przytoczyć** PF → przytaczać
przytomność F Bewusstsein *n* **przytomny** bei Bewusstsein; geistesgegenwärtig
przytrafiać 〈**-ić**〉 **się** sich ereignen, zustoßen
przytrzymywać 〈**-mać**〉 festhalten
przytulać 〈**-lić**〉 an sich drücken; **~ się** sich anschmiegen
przytulny behaglich, gemütlich **przytułek** M Zuflucht *f*; Heim *n*
przywiązanie N Anhänglichkeit *f* **przywiązywać** 〈**-zać**〉 anbinden **przywieszka** F Gepäckanhänger *m*
przywieźć PF → przywozić

przywilej M Vorrecht *n*, Privileg *n* **przywitać** PF begrüßen **przywłaszczać** ⟨**-czyć**⟩ **sobie** sich aneignen **przywoływać** ⟨**-łać**⟩ herbeirufen **przywozić** ⟨**-wieźć**⟩ heranfahren, bringen **przywódca** M Anführer *m*, Führer *m* **przywódczyni** F Anführerin *f*, Führerin *f*
przywracać ⟨**-wrócić**⟩ wiederherstellen
przywykać ⟨**-knąć**⟩ sich gewöhnen (**do** *gen* an *akk*)
przyziemny Boden-; alltäglich
przyznanie N Zuerkennung *f*; Verleihung *f*; **~ się** Eingeständnis *n* **przyznawać** ⟨**-znać**⟩ zugeben; zugestehen; **~ się** eingestehen (**do** *gen akk*)
przyzwalać ⟨**-wolić**⟩ gestatten, erlauben (**na** *akk akk*)
przyzwoitość F Anstand *m* **przyzwoity** (**-cie**) anständig
przyzwolić PF → przyzwalać
przyzwyczajać ⟨**-czaić**⟩ gewöhnen (**do** *gen* an *akk*; **się** sich) **przyzwyczajenie** N Gewohnheit *f*
pseudonim M Pseudonym *n*
psota F Streich *m*; Schabernack *m*
pstrąg M Forelle *f*
psuć ⟨**po-**, **ze-**⟩ kaputt machen; verderben; **~ się** entzweigehen, kaputtgehen
psychiatra M Psychiater(in) *m(f)* **psychiatria** F Psychiatrie *f* **psychiatryczny** psychiatrisch **psychiczny** psychisch **psychika** F Psyche *f* **psycholog** M Psychologe *m*, Psychologin *f*
pszczelarz M Imker *m*
pszczoła F Biene *f*
pszenica F Weizen *m* **pszenny** Weizen-
ptactwo N Vögel *pl*; **~ domowe** Geflügel *n* **ptak** M Vogel *m*
publiczność F Publikum *n* **publiczny** öffentlich **publikować** ⟨**o-**⟩ veröffentlichen
puchacz M Uhu *m*
puchar M Pokal *m*
puchnąć ⟨**s-**⟩ anschwellen, schwellen
puchowy Daunen-
pudel M Pudel *m*
pudełko N Schachtel *f* **puder** M Puder *m od n* **pudło** N Schachtel *f*, Kasten *m*; *fig umg* Fehlschuss *m*
pukać ⟨**za-**⟩ klopfen
pula F Menge *f*; *w grze* Einsatz *m* **pulchny** locker; mollig
pulpet M Fleischklößchen *n*
pulpit M Pult *n*; Notenständer *m*
puls M Puls *m* **pulsować** pulsieren
pułapka F Falle *f*
punkt M Punkt *m*; Stelle *f*; **otwarty ~ dostępu umożliwiający połączenie z internetem za pomocą bezprzewodowej**

sieci lokalnej IT WLAN-Hotspot *m* **punktualny** pünktlich
pupa *umg* F Popo *m*
pustka F Leere *f*
pustoszeć ⟨**o-**⟩ veröden
pustoszyć ⟨**s-**⟩ verwüsten
pusty (**-to**) leer; hohl **pustynia** F Wüste *f* **pustynny** Wüsten-
puszcza F Urwald *m*
puszczać ⟨**-ścić**⟩ V/T lassen, loslassen, fortlassen; *korzenie* treiben; V/I nachlassen
puszka F Büchse *f*, Dose *f*
puszysty (**-ście**) flaumig; flauschig; *śnieg* locker
puścić PF → puszczać
pycha F Hochmut *m*; Stolz *m*
pył M Staub *m* **pyłek** M Stäubchen *n*; Blütenstaub *m*
pysk M Maul *n*, Schnauze *f*
pyskaty *umg* frech, vorlaut
pyszny prächtig; hochmütig
pytać się ⟨**s-, za-**⟩ fragen (**o** *akk* nach *dat*) **pytanie** N Frage *f*
pyza F Kartoffelkloß *m*

R

rabarbar M Rhabarber *m*
rabat M Rabatt *m*
rabin M Rabbiner *m*
rabować ⟨**z-**⟩ rauben, ausrauben; stehlen
rachunek M Rechnung *f* **rachunkowość** F Rechnungswesen *n*
racja[1] F Recht *n*; **mieć rację** recht haben; **przyznać rację** recht geben
racja[2] F (*porcja*) Ration *n*
racjonalny rationell, vernünftig
raczej eher, vielmehr
raczkować krabbeln
rad (*zadowolony*) froh (**z** *gen* über *akk*); **~ bym** ich würde gern
rada F Rat *m*
radca M: **~ prawny** Rechtsberater(in) *m(f)*
radio N Radio *n*; Rundfunk *m*; Funkgerät *n* **radioaktywny** radioaktiv **radiofonia** F Rundfunk *m* **radioodbiornik** M Rundfunkempfänger *m* **radiostacja** F Rundfunksender *m* **radiotelefon** M Sprechfunkgerät *n* **radiowóz** M Streifenwagen *m* **radiowy** Radio-; Funk-
radna F Gemeinderätin *f*; Stadträtin *f* **radny** Gemeinderat *m*; Stadtrat *m*
radosny (**-śnie**) fröhlich **radość** F Freude *f* **radować** ⟨**u-**⟩ **się** sich freuen
radzić ⟨**do-**⟩ raten
rafa F Riff *n*
rafineria F Raffinerie *f*
raj M Paradies *n*
rajd M Fahrt *f*; SPORT Rallye *f*
rajstopy PL Strumpfhose *f*

rak M Krebs *m*
rakieta[1] F Rakete *f*
rakieta[2] F SPORT Tennisschläger *m*
rakotwórczy krebserregend
rama F Rahmen *m*
ramiączko N (*tasiemka*) Träger *m*; Kleiderbügel *m*
ramię N Arm *m*; Schulter *f*
rana F Wunde *f*
randka F Rendezvous *n*
ranek M Morgen *m*
ranić ⟨**z-**⟩ verwunden
ranking M Ranking *n*
ranny[1] (*zraniony*) verwundet, verletzt; SUBST M Verwundete(r) *m*
ranny[2] *godzina, pociąg* Morgen-
rano[1] N → ranek
rano[2] ADV morgens, frühmorgens
raport M Bericht *m*
raptem plötzlich **raptowny** heftig; plötzlich
rasa F *a. neg!* Rasse *f* **rasowy** *a. neg!* Rasse- **(-wo)** rassig
rata F Rate *f*; **na raty** ratenweise, auf Raten **ratalny** Raten-
ratować ⟨**u-**⟩ retten, bergen **ratownictwo** N Rettungswesen *n* **ratownik** M Retter(in) *m(f)* **ratunek** M Rettung *f* **ratunkowy** Rettungs-
ratusz M Rathaus *n*
ratyfikować ratifizieren
raz[1] M Mal *n*; **po ~ pierwszy** zum ersten Mal, das erste Mal; (*cios*) Hieb *m*, Schlag *m*
raz[2] ein(s)
raz[3] ADV einmal, mal; **na ~ie** vorläufig; **od ~u** sofort
razem zusammen
razić *światło* blenden; *fig* schockieren; beleidigen
razowiec M *umg* Vollkornbrot *n*
rażący (-co) grell; schrill; krass
rąbać ⟨**po-**⟩ hacken, zerhacken
rączka F Händchen *n*; Griff *m*
rdza F Rost *m* **rdzawy** rostfarben; rostig
rdzeń M BOT Mark *n*; TECH, *fig* Kern *m*; **~ kręgowy** Rückenmark *n*
rdzewieć ⟨**za-**⟩ rosten, verrosten
reagować ⟨**za-**⟩ reagieren **reakcja** F Reaktion *f* **reaktor** M Reaktor *m*
realia PL Tatsachen *fpl* **realistyczny** realistisch **realizować** ⟨**z-**⟩ realisieren, verwirklichen; FIN einlösen **realny** real, wirklich
rebus M Bilderrätsel *n*
recenzja F Rezension *f*
recepcja F Rezeption *f* **recepcjonista** M Empfangschef *m* **recepcjonistka** F Empfangschefin *f* **recepta** F Rezept *n*
recesja F Rezession *f*
rechotać ⟨**za-**⟩ *żaba* quaken
redakcja F Redaktion *f* **redaktor(ka)** M(F) Redakteur(in)

m(f)

redukować ⟨z-⟩ reduzieren

referat M Referat *n*; Bericht *m*; Abteilung *f*

reflektor M Scheinwerfer *m*

reforma F Reform *f*

regał M Regal *n*

regaty PL Regatta *f*

regenerować ⟨z-⟩ regenerieren, wiederherstellen

region M Region *f* **regionalny** regional

regulacja F Regelung *f* **regulamin** M (Haus)Ordnung *f* **regularny** regelmäßig **regulować** regeln ⟨wy-⟩ einstellen; justieren **reguła** F Regel *f*

rejestr M Register *n* **rejestracja** F Registrierung *f*; AUTO *umg* Nummernschild *n* **rejestracyjny** Anmelde-, Registrations- **rejestrować** ⟨za-⟩ anmelden, registrieren

rejon M Bezirk *m* **rejonowy** Bezirks-

rejs M SCHIFF Fahrt *f*, Überfahrt *f*

rekin M Hai *m*

reklama F Reklame *f* **reklamacja** F Reklamation *f* **reklamować** werben; (*zgłaszać reklamację*) reklamieren **reklamowy** Reklame-, Werbe- **reklamówka** F Werbespot *m*

rekord M Rekord *m* **rekordowy** (-wo) Rekord-

rekreacyjny Erholungs-

relacja F Bericht *m*

relaks M Erholung *f*, Entspannung *f*

religia F Religion *f* **religijny** religiös

remanent M Inventarliste *f*; Inventur *f*; (Waren)Bestand *m*

remont M Reparatur *f*, Instandsetzung *f* **remontować** ⟨wy-⟩ reparieren

Ren M Rhein *m*; **nad Renem** am Rhein

rencista M Rentner *m* **rencistka** F Rentnerin *f* **renesans** M Renaissance *f* **renta** F Rente *f*

rentgen *umg* M Röntgenapparat *m*

rentowny rentabel

reperować ⟨z-⟩ reparieren

repertuar M Spielplan *m*; Repertoir *n*

reporter(ka) M(F) Reporter(in) *m(f)*

reprezentować repräsentieren, vertreten

republika F Republik *f*

reputacja F Ruf *m*, Leumund *m*

resor M AUTO (Blatt)Feder *f*

resort M Ressort *n*

restauracja F Restaurant *n*; Restaurierung *f*

reszta F Rest *m*

reumatyzm M Rheuma *n*

rewanż M Revanche *f* **rewanżować** ⟨z-⟩ **się** sich revanchieren

rewelacyjny sensationell

rewolucyjny revolutionär

rewolwer M Revolver *m*

rezerwa F Reserve *f*; SPORT Ersatzspieler *m* **rezerwacja** F Buchung *f*, Reservierung *f* **rezerwat** M Reservat *n* **rezerwować 〈za-〉** reservieren; *miejsce* belegen; LOT buchen

rezultat M Ergebnis *n*, Resultat *n*

rezydencja F Sitz *m*, Residenz *f*

rezygnować 〈z-〉 verzichten (**z** *gen* auf *akk*)

reżyser M Regisseur(in) *m(f)*

ręcznik M Handtuch *n* **ręczny** Hand-; handgearbeitet

ręczyć 〈po-, za-〉 bürgen (**za** *akk* für *akk*)

ręka F Hand *f* **rękaw** M Ärmel *m* **rękawiczka** F Handschuh *m*

rękojeść F Griff *m* **rękopis** M Manuskript *n*

robactwo N Ungeziefer *n* **robak** M Wurm *m*

robić 〈z-〉 machen, tun

roboczy (**-czo**) Arbeits- **robot** M Roboter *m* **robota** F Arbeit *f* **robotnica** F Arbeiterin *f* **robotnik** M Arbeiter *m*

rocznica F Jahrestag *m* **rocznik** M Jahrbuch *n*; Jahrgang *m* **roczny** Jahres-; einjährig

rodaczka F Landsmännin *f* **rodak** M Landsmann *m* **rodowity** gebürtig **rodowód** M Stammbaum *m*

rodzaj M GRAM Geschlecht *n*; BIOL Gattung *f*; Art *f* **rodzajnik** M GRAM Artikel *m*

rodzeństwo N Geschwister *pl* **rodzice** PL Eltern **rodzić 〈u-〉** gebären **rodzimy** einheimisch; muttersprachlich; heimatlich **rodzina** F Familie *f* **rodzinny** Familien- **rodzony** leiblich

rodzynek M Rosine *f*

rodzynka F → rodzynek

rogalik M GASTR Hörnchen *n*

rogówka F ANAT Hornhaut *f*

roić się wimmeln; *fig* im Kopf herumschwirren

rok M (PL **lata**) Jahr *n*

rokowanie N MED Prognose *f*; **rokowania** *pl* Verhandlungen *fpl*

rola[1] F Rolle *f*

rola[2] F *pole* Acker *m* **roleta** F Rollladen *m* **rolka** F Rolle *f*; **rolki** *pl* Inlineskates *pl* **rolnictwo** N Landwirtschaft *f* **rolniczka** F Landwirtin *f* **rolniczy** (**-czo**) landwirtschaftlich, Agrar- **rolnik** M Landwirt *m* **rolny** landwirtschaftlich, Agrar-

romans M Romanze *f*; Liebschaft *f* **romantyczny** romantisch

romański romanisch

rondo N *kapelusza* Krempe *f*

ropa F Erdöl *n*; MED Eiter *m*

ropieć 〈za-〉 eitern **ropień** M Abszess *m*

ropucha F Kröte *f*

rosa F Tau *m*

Rosja F Russland *n* **Rosjanin** M Russe *m* **Rosjanka** F Rus-

sin *f*
rosnąć ⟨u-⟩ wachsen
rosół M Fleischbrühe *f*
rosyjski (**po -ku**) russisch
roszczenie N Anspruch *m*
roślina F Pflanze *f* **roślinny** Pflanzen-, pflanzlich
rotunda F Rundbau *m*
rowek M Rille *f*; Einschnitt *m*
rower M Fahrrad *n*; **~ elektryczny** E-Bike *n* **rowerowy** (Fahr)Rad- **rowerzysta** M (Fahr)Radfahrer *m* **rowerzystka** F (Fahr)Radfahrerin *f*
rozbawiony lustig, vergnügt
rozbieg M Anlauf *m* **rozbiegać** ⟨**-biec**⟩ **się** auseinanderlaufen **rozbierać** ⟨**rozebrać**⟩ auseinandernehmen; ausziehen (**się** sich) **rozbieżność** F Diskrepanz *f* **rozbijać** ⟨**-ić**⟩ zerschlagen
rozbiór M Zergliederung *f*; Zerlegung *f*; POL Teilung *f*
rozbiórka F Abbruch *m*; Demontage *f*
rozbitek M Schiffbrüchige(r) *m/f(m)*
rozbrajać ⟨**rozbroić**⟩ entwaffnen; *bombę* entschärfen
rozbrojenie N Abrüstung *f*
rozbrzmiewać ⟨**-mieć**⟩ tönen, *pf* ertönen
rozbudowa F Ausbau *m* **rozbudowywać** ⟨**-ować**⟩ ausbauen **rozbudzać** ⟨**-dzić**⟩ wecken; beleben
rozchodzić ⟨**rozejść**⟩ **się** auseinandergehen **rozchorować się** PF krank werden **rozchód** M Ausgaben *fpl*
rozciąć PF → rozcinać **rozciągać** ⟨**-gnąć**⟩ dehnen, ausdehnen (**się** sich); strecken; *umg* ausleiern
rozcieńczać ⟨**-czyć**⟩ verdünnen
rozcierać zerreiben **rozcinać** ⟨**-ciąć**⟩ zerschneiden; aufschneiden
rozczarowanie N Enttäuschung *f* **rozczarowywać** ⟨**-ować**⟩ enttäuschen
rozdawać ⟨**-dać**⟩ verteilen, ausgeben **rozdrabniać** ⟨**rozdrobnić**⟩ zerkleinern
rozdrapywać ⟨**-pać**⟩ zerkratzen, aufkratzen
rozdrażnienie N Reizung *f*
rozdrażniony gereizt **rozdrobnić** PF → rozdrabniać
rozdroże N Kreuzweg *m*
rozdwajać ⟨**-dwoić**⟩ **się** sich spalten
rozdział M *książki* Kapitel *n*; Trennung *f*; Aufteilung *f* **rozdzielać** ⟨**-lić**⟩ teilen; verteilen
rozdzierać ⟨**rozedrzeć**⟩ zerreißen
rozebrać PF → rozbierać **rozedma** F MED Emphysem *n*
rozedrzeć PF → rozdzierać
rozegrać PF → rozgrywać
rozejm M Waffenstillstand *m*
rozejrzeć się PF → rozglądać się **rozejść się** PF → rozchodzić się **rozerwać** PF → roz-

rywać **rozesłać** PF → rozsyłać **roześmiać się** PF laut auflachen **rozetrzeć** PF → rozcierać
rozgałęziać ⟨**-ić**⟩ **się** sich verzweigen **rozgałęzienie** N Verzweigung *f*
rozgardiasz *umg* M Durcheinander *n*
rozginać ⟨**-giąć**⟩ auseinanderbiegen; gerade biegen
rozglądać ⟨**rozejrzeć**⟩ **się** umherblicken, sich umsehen
rozgłos M Aufsehen *n*; Popularität *f* **rozgłośnia** F (Rundfunk)Sender *m*
rozgniatać ⟨**-gnieść**⟩ zerquetschen **rozgniewać (się)** PF → gniewać (się) **rozgniewany** zornig
rozgoryczony verbittert **rozgotowywać** ⟨**-ować**⟩ **się** zerkochen
rozgraniczać ⟨**-czyć**⟩ abgrenzen **rozgromić** PF zerschmettern **rozgrywać** ⟨**rozegrać**⟩ *mecz, bitwę* austragen; ~ **się** sich abspielen **rozgrywka** F Spiel *n*; Intrige *f*
rozgrzeszenie N REL Absolution *f*
rozgrzewać ⟨**-grzać**⟩ erwärmen (**się** sich)
rozjaśniać ⟨**-ić**⟩ erhellen; aufhellen (**się** sich)
rozjemca M Schlichter(in) *m(f)*; Vermittler(in) *m(f)* **rozjeżdżać** ⟨**-jechać**⟩ überfahren; ~ **się** auseinanderfahren
rozjuszony rasend, wütend
rozkapryszony *dziecko* quengelig; verzogen
rozkaz M Befehl *m* **rozkazywać** ⟨**-zać**⟩ befehlen
rozkład M Einteilung *f*, Verteilung *f*; Plan *m*; ~ **jazdy** Fahrplan *m*; ~ **lekcji** Stundenplan *m*; BIOL, *fig* Verfall *m*; CHEM Zersetzung *f* **rozkładać** ⟨**rozłożyć**⟩ ausbreiten; einteilen, verteilen; zerlegen; ~ **się** verwesen
rozkopywać ⟨**-pać**⟩ aufgraben
rozkoszny entzückend **rozkoszować się** sich ergötzen (*inst* an *dat*); genießen (*akk*)
rozkrajać ⟨**-kroić**⟩ zerschneiden **rozkręcać** ⟨**-cić**⟩ auseinanderschrauben; *fig* ankurbeln **rozkroić** PF → rozkrajać
rozkwit M *fig* Blütezeit *f* **rozkwitać** ⟨**-tnąć**⟩ aufblühen
rozlać PF → rozlewać **rozlatywać** ⟨**-lecieć**⟩ **się** auseinanderfallen **rozlegać** ⟨**rozlec**⟩ **się** ertönen **rozległy** (**-le**) ausgedehnt, weit **rozlewać** ⟨**-lać**⟩ vergießen, verschütten; abfüllen
rozliczać ⟨**-czyć**⟩ abrechnen, berechnen **rozliczenie** N Abrechnung *f*, Berechnung *f*
rozładowywać ⟨**-ować**⟩ entladen **rozładunek** M Entladung *f*
rozłam M Bruch *m*; Spaltung *f*

rozłamywać ⟨-mać⟩ brechen, zerbrechen
rozłączać ⟨-czyć⟩ trennen (**się** sich) **rozłąka** F Trennung *f*
rozłożyć PF → rozkładać
rozmach M Schwung *m* **rozmawiać** sich unterhalten (**o** *lok* über *akk*)
rozmiar M *odzieży* Größe *f*; Ausmaß *n*
rozmieniać ⟨-nić⟩ *pieniądze* wechseln
rozmieszczać ⟨-ścić⟩ unterbringen; verteilen **rozmieszczenie** N Unterbringung *f*
rozmiękać ⟨-knąć⟩ weich werden, aufweichen
rozmnażać ⟨-mnożyć⟩ vermehren (**się** sich); **~ się** sich fortpflanzen **rozmnażanie** N Vermehrung *f*, **~ się** Fortpflanzung *f*
rozmowa F Gespräch *n*, Unterhaltung *f* **rozmowny** gesprächig
rozmówca M Gesprächspartner *m* **rozmówczyni** F Gesprächspartnerin *f* **rozmówić się** PF sich verständigen **rozmówki** PL Sprachführer *m*
rozmrażać ⟨-mrozić⟩ auftauen
rozmyślać nachdenken **rozmyślić się** PF sich anders besinnen **rozmyślny** vorsätzlich
rozniecać ⟨-cić⟩ entfachen
roznosić ⟨-nieść⟩ *gazety* austragen; *choroby* verbreiten
rozpacz F Verzweiflung *f* **rozpaczać** verzweifeln **rozpaczliwy** (-wie) verzweifelt
rozpad M Zerfall *m* **rozpadać** ⟨-paść⟩ **się** zerfallen
rozpakowywać ⟨-ować⟩ auspacken **rozpalać** ⟨-lić⟩ anzünden **rozpaść się** PF → rozpadać się **rozpatrywać** ⟨-trzyć⟩ prüfen, untersuchen; erörtern
rozpęd M Anlauf *m*, Schwung *m* **rozpędzać** ⟨-dzić⟩ auseinanderjagen **rozpętywać** ⟨-tać⟩ entfesseln
rozpiąć PF → rozpinać **rozpieszczony** verhätschelt, verzogen **rozpiętość** F Spannweite *f* **rozpinać** ⟨-piąć⟩ aufknöpfen **rozpisywać** ⟨-sać⟩ ausschreiben
rozplątywać ⟨-tać⟩ entwirren
rozpłakać się PF in Tränen ausbrechen
rozpływać ⟨-płynąć⟩ **się** zerfließen
rozpoczęcie N Beginn *m* **rozpoczynać** ⟨-cząć⟩ (**się**) beginnen
rozpogodzenie N Aufheiterung *f*
rozporek M Hosenschlitz *m*
rozporządzenie N Verfügung *f*; Anordnung *f*, Verordnung *f*
rozpowszechniać ⟨-ić⟩ verbreiten
rozpoznanie N MED Diagnose *f* **rozpoznawczy** Er-

kennungs- **rozpoznawać** ⟨**-znać**⟩ erkennen
rozpraszać ⟨**rozproszyć**⟩ zerstreuen (**się** sich) **rozprawa** F Debatte *f*, Erörterung *f*; JUR Verhandlung *f*
rozprawiać[1] debattieren
rozprawiać[2] ⟨**-ić**⟩ **się** fertig werden (**z** *inst* mit *dat*); abrechnen (mit *dat*)
rozprostowywać ⟨**-ować**⟩ gerade machen; *nogi* strecken, ausstrecken **rozproszyć** PF → rozpraszać **rozprowadzać** ⟨**-dzić**⟩ verteilen
rozpruwać ⟨**-uć**⟩ *szew* trennen, auftrennen
rozprzestrzeniać ⟨**-ić**⟩ verbreiten (**się** sich)
rozpuszczać ⟨**-ścić**⟩ auflösen (**się** sich) **rozpuszczalnik** M Lösungsmittel *n* **rozpuszczalny** löslich
rozpylacz M Spritzpistole *f*; Zerstäuber *m*
rozrabiać anrühren; *umg* stören; Streit suchen **rozrachunek** M Abrechnung *f*
rozróżniać ⟨**-ić**⟩ unterscheiden
rozruszać *silnik* anlassen; *fig* aufmuntern **rozrusznik** M Anlasser *m*
rozrywać ⟨**rozerwać**⟩ zerreißen; *fig* unterhalten (**się** sich) **rozrywka** F Unterhaltung *f*, Vergnügen *n* **rozrywkowy** Unterhaltungs-
rozrzucać ⟨**-cić**⟩ verstreuen
rozrzutność F Verschwendung *f* **rozrzutny** verschwenderisch
rozsądek M Vernunft *f* **rozsądny** vernünftig
rozstanie (się) N Abschiednehmen *n*, Abschied *m* **rozstawać** ⟨**-stać**⟩ **się** sich trennen (**z** *inst* von *dat*)
rozstawiać ⟨**-ić**⟩ aufstellen
rozstrajać ⟨**-stroić**⟩ verstimmen **rozstrój** M Zerrüttung *f*; *żołądka* Verstimmung *f*
rozstrzeliwać ⟨**-lać**⟩ erschießen
rozstrzygać ⟨**-gnąć**⟩ entscheiden **rozstrzygnięcie** N Entscheidung *f*
rozsuwać ⟨**-sunąć**⟩ auseinanderrücken; *stół* ausziehen
rozsyłać ⟨**rozesłać**⟩ versenden **rozsypywać** ⟨**-pać**⟩ verstreuen **rozszarpywać** ⟨**-pać**⟩ zerreißen, zerfleischen **rozszerzać** ⟨**-rzyć**⟩ erweitern, ausdehnen
rozsznurowywać ⟨**-ować**⟩ aufschnüren
rozścielać ⟨**-lić**⟩ ausbreiten
rozśmieszać ⟨**-szyć**⟩ zum Lachen bringen; amüsieren
roztaczać ⟨**-toczyć**⟩ verbreiten **roztapiać** → topić **roztargniony** zerstreut
rozterka F Zwiespalt *m*
roztocze N BIOL Milbe *f*
roztopy MPL Schneeschmelze *f*; Schneematsch *m*
roztropny besonnen; umsich-

tig
roztrzaskiwać ⟨-kać⟩ zerschmettern, zersplittern
roztwór M CHEM Lösung *f*
rozum M Verstand *m* **rozumieć** ⟨z-⟩ verstehen; begreifen **rozumny** klug; vernünftig
rozwaga F Besonnenheit *f*; Umsicht *f* **rozwalać** ⟨-lić⟩ *umg* zerstören; ~ **się** auseinanderfallen **rozważać** ⟨-żyć⟩ überlegen **rozważny** bedächtig; überlegt
rozwiać PF → rozwiewać
rozwiązanie N Lösung *f*; Auflösung *f*; MED Entbindung *f* **rozwiązły** (-źle) *fig* locker, lose **rozwiązywać** ⟨-zać⟩ lösen; auflösen
rozwiedziony geschieden
rozwieść się PF → rozwodzić się **rozwiewać** ⟨-wiać⟩ auseinanderwehen, zersausen; *fig* zerstreuen
rozwijać ⟨-inąć⟩ auswickeln; abrollen; *fig* entwickeln (**się** sich) **rozwikłać** PF entwirren **rozwinąć** PF → rozwijać
rozwlekły (-**le**) weitschweifig
rozwodnik M geschiedener Mann *m* **rozwodowy** Scheidungs- **rozwodzić** ⟨-wieść⟩ **się** sich scheiden lassen; sich auslassen (**nad** *inst* über *akk*)
rozwojowy Entwicklungs-
rozwolnienie N Durchfall *m*
rozwód M (Ehe)Scheidung *f*
rozwódka F geschiedene Frau *f*
rozwój M Entwicklung *f*
rozwścieczony wutentbrannt
rozżalony verbittert
rożen M Bratspieß *m*; Grill *m*
ród M Stamm *m*; (*dynastia*) Geschlecht *n*
róg M Horn *n*; Ecke *f*; **na rogu** an der Ecke
rój M Schwarm *m*
rów M Graben *m*
rówieśniczka F Altersgenossin *f* **rówieśnik** M Altersgenosse *m*
równmierny gleichmäßig
równać ⟨wy-, z-⟩ ebnen; ausgleichen; *nur impf* ~ **się** gleichkommen (**z** *inst dat*)
równanie N MATH Gleichung *f*
również ebenso, gleichfalls
równik M Äquator *m* **równina** F Ebene *f*
równo → **równy** **równoczesny** (-**śnie**) gleichzeitig
równoległy (-**le**) parallel
równoleżnik M Breitenkreis *m* **równorzędny** gleichrangig **równość** F Gleichheit *f*
równouprawnienie N Gleichberechtigung *f* **równowaga** F Gleichgewicht *n*
równowartość F Gegenwert *m*
równy (-**no**) gleich; eben
róż M Rosa *n*; Rouge *n* **róża** F Rose *f* **różaniec** M Rosenkranz *m*
różnica F Unterschied *m*;

MATH Differenz *f* **różnić się** sich unterscheiden (**od** *gen* von *dat*) **różnie** ADV → różny **różnobarwny** bunt **różnorodny** verschieden, vielfältig **różny** verschieden
różowy rosa; rosig
rubryka F Rubrik *f*
ruch M Bewegung *f*; Betrieb *m*; Gang *m*; *w szachach* Zug *m*; ~ **uliczny** Straßenverkehr *m*; **w ruchu** *maszyna* in Betrieb, in Gang **ruchliwy** (**-wie**) rege; belebt **ruchomy** (**-mo**) beweglich
ruda F Erz *n* **rudera** F *umg* Bruchbude *f*, Ruine *f* **rudy** (**-do**) rotbraun; rothaarig
rufa F SCHIFF Heck *n*
ruina F Ruin *m*; Ruine *f*
rujnować ⟨**z-**⟩ ruinieren (**się** sich); zerstören; zugrunde richten
rulon M Rolle *f*
rumianek M Kamille *f* **rumiany** (**-no**) rotbackig **rumienić** GASTR bräunen; ~ ⟨**za-**⟩ **się** erröten **rumieniec** M (Gesichts)Röte *f*
Rumun M Rumäne *m* **Rumunia** F Rumänien *n* **Rumunka** F Rumänin *f* **rumuński** (**po -ku**) rumänisch
runąć PF stürzen; *budynek* einstürzen
runda F SPORT Runde *f*
rupieciarnia F Rumpelkammer *f* **rupieć** M Gerümpel *n*
rura F Röhre *f*, Rohr *n* **rurka** F Röhrchen *n*; ~ **z kremem** GASTR Schillerlocke *f* **rurociąg** M Rohrleitung *f*
ruszać ⟨**-szyć**⟩ berühren; bewegen (**się** sich); sich in Bewegung setzen
ruszt M Rost *m*; GASTR Grill *m*
rusztowanie N Gerüst *n*
rutyna F Routine *f*
rwać ⟨**po-**⟩ reißen, zerreißen ⟨**wy-**⟩ *ząb* ziehen ⟨**ze-**⟩ pflücken
ryba F Fisch *m* **rybacki** Fischer- **rybak** M Fischer *m* **rybny** Fisch-; fischreich **rybołówstwo** N Fischerei *f*
rycerz M Ritter *m*
rycina F Abbildung *f*
ryczałt M Pauschale *f*
ryczeć ⟨**ryknąć**⟩ brüllen; (*huczeć*) dröhnen; heulen; *krowa* muhen
ryć wühlen
ryj M Rüssel *m*
ryk M Gebrüll *n* **ryknąć** PF → ryczeć
rym M Reim *m*
rynek M Markt *m*; Marktplatz *m*; ~ **zbytu** Absatzmarkt *m* **rynkowy** Markt-
rynna F Rinne *f*
rys M Skizze *f*; *fig* Zug *m*; **rysy** *pl* **twarzy** Gesichtszüge *mpl* **rysa** F Riss *m* **rysopis** M Personenbeschreibung *f* **rysować** ⟨**na-**⟩ zeichnen **rysownik** M Zeichner *m* **rysunek** M Zeichnung *f*
ryś M Luchs *m*

rytm M Rhythmus *m* **rytmiczny** rhythmisch
rytuał M Ritual *n*
rywal M Rivale *m* **rywalka** Rivalin *f*
ryzyko Risiko *n* **ryzykować** ⟨za-⟩ riskieren **ryzykowny** riskant
ryż M Reis *m*
rzadki (**-ko**) dünn, dünnflüssig; selten
rząd M Reihe *f*; BIOL, MATH Ordnung *f*; POL Regierung *f*
rządowy Regierungs-
rządzić regieren (*inst akk*), herrschen (über *akk*)
rzec PF sagen
rzecz F Ding *n*, Sache *f* **rzeczniczka** F Beauftragte *f*; Sprecherin *f*;, **rzecznik** *m* Beauftragte(r) *m*; Sprecher *m*
rzeczny Fluss- **rzeczownik** M Substantiv *n* **rzeczowy** (**-wo**) sachlich **rzeczoznawca** M Sachverständige(r) *m/f(m)*
Rzeczpospolita F: ~ **Polska** Republik *f* Polen
rzeczywistość F Wirklichkeit *f* **rzeczywisty** (**-ście**) wirklich
rzeka F Fluss *m*
rzekomy (**-mo**) angeblich
rzemieślniczy Handwerks-, Gewerbe- **rzemieślnik** M Handwerker(in) *m(f)* **rzemiosło** N Handwerk *n*, Gewerbe *n*
rzep M Klette *f* **rzepa** F Steckrübe *f* **rzepak** M Raps *m*
rzepka F ANAT Kniescheibe *f*
rzesza F (*tłum*) Menge *f*
rześki (**-ko**) munter; rüstig
rzetelny redlich
rzeźba F Skulptur *f*, Plastik *f*
rzeźbiarka F Bildhauerin *f*
rzeźbiarz M Bildhauer *m*
rzeźbić ⟨wy-⟩ schnitzen, meißeln
rzeźnia F Schlachthof *m* **rzeźnik** M Fleischer(in) *m(f)*, Schlachter(in) *m(f)*
rzeżucha F BOT Kresse *f*
rzęsa F Wimper *f* **rzęsisty** (**-ście**) reichlich **rzęzić** röcheln
rzodkiew F Rettich *m* **rzodkiewka** F Radieschen *n*
rzucać ⟨**-cić**⟩ werfen; *fig* verlassen **rzut** M Wurf *m*; ~ **dyskiem** Diskuswerfen *n*; ~ **młotem** Hammerwerfen *n*
Rzym M Rom *n*
rżnąć ⟨u-⟩ sägen, schneiden ⟨za-⟩ *bydło* schlachten

sad M Obstgarten *m*
sadło N Fett *n*; *fig a.* Speck *m*
sadownictwo N Obstbau *m*
sadza F Ruß *m* **sadzać** ⟨**posadzić**⟩ setzen, hinsetzen **sadzawka** F Weiher *m* **sadzić** ⟨po-⟩ pflanzen **sadzonka** F

Setzling *m* **sadzony**: **jajka sadzone** PL Spiegeleier *pl*
sakrament M Sakrament *n*
saksofon M Saxofon *n*
Saksonia F Sachsen *n*
sala F Saal *m*
salaterka F Salatschüssel *f*
salon M Salon *m*
sałata F Salat *m* **sałatka** F Salat *m*
sam¹ PRON allein; selbst; → ten
sam² *umg* M Selbstbedienungsladen *m*
samica F ZOOL Weibchen *n* **samiec** M ZOOL Männchen *n*
samobójca M Selbstmörder *m* **samobójczy (-czo)** selbstmörderisch **samobójczyni** F Selbstmörderin *f* **samobójstwo** N Selbstmord *m*
samochodowy Auto- **samochód** M Auto *n*; **~ ciężarowy** Lastkraftwagen *m*; **~ elektryczny** Elektroauto *n*; **~ osobowy** Personenkraftwagen *m*
samodzielny selbstständig
samogłoska F Vokal *m*
samokrytyka F Selbstkritik *f*
samolot M Flugzeug *n*
samolubny selbstsüchtig
samoobrona F Selbstverteidigung *f*
samoobsługowy Selbstbedienungs-
samopoczucie N Allgemeinbefinden *n*
samorząd M Selbstverwaltung *f*
samotność F Einsamkeit *f* **samotny** einsam; allein
samouk M Autodidakt *m*
samowola F Willkür *f* **samowolny** eigenmächtig
sanatorium N Sanatorium *n*
sandacz M Zander *m*
sandał M Sandale *f*
sanie PL Schlitten *m*
sanitariusz(ka) M(F) Sanitäter(in) *m(f)*; (Kranken)Pfleger(in) *m(f)* **sanitarny** sanitär
sankcja F Sanktion *f*; Maßnahme *f*
sanki PL → sanie
sapać schnaufen
sardynka F Sardine *f*
sarna F Reh *n*
satelita M Satellit *m* **satelitarny** Satelliten-
satyra F Satire *f* **satyryczny** satirisch
satysfakcja F Befriedigung *f*
sauna F Sauna *f*
sączyć schluckweise trinken; (*wydzielać*) absondern; einflößen; durchgießen
sąd M Gericht *n*; *fig* Urteil *n* **sądownictwo** N Gerichtswesen *n* **sądowy** gerichtlich
sądzić richten, urteilen; (*uważać*) glauben, meinen
sąsiad(ka) M(F) Nachbar(in) *m(f)* **sąsiadować** benachbart sein **sąsiedni** nachbarlich, Nachbar- **sąsiedztwo** N Nachbarschaft *f*
scena F Szene *f*; Bühne *f* **scenariusz** M Drehbuch *n* **sceniczny** Bühnen-

schab M Schweinsrücken *m*
schabowy: **kotlet** M ~ Schweinekotelett *n*
schadzka F Rendezvous *n*
scharakteryzować PF → charakteryzować
schemat M Schema *n*
schlebiać schmeicheln
schnąć ⟨**wy-**⟩ trocknen ⟨**u-**⟩ *rośliny* verdorren, vertrocknen
schodek M (Treppen)Stufe *f*
schody PL Treppe *f* **schodzić** ⟨**zejść**⟩ hinuntergehen, herabsteigen; ~ **się** zusammenkommen; sich kreuzen; *termin* fallen (**z** *inst* auf *akk*)
schorowany ausgezehrt
schorzenie N Erkrankung *f*
schować PF verstecken, verbergen (**się** sich) **schowek** M Versteck *n*
schron M Schutzraum *m*, Bunker *m* **schronić się** PF sich verstecken, sich verbergen
schronienie N Zuflucht *f*
schronisko N: ~ **dla zwierząt** Tierheim *n*
schudnąć PF → chudnąć
schwycić PF → chwytać
schwytać PF → chwytać
schylać ⟨**-lić**⟩ hinunterbiegen, senken
scyzoryk M Taschenmesser *n*
seans M *filmowy* Vorstellung *f*
sedes M Klosettbrille *f*
sedno N *fig* Kern *m*
segment M (Bestand)Teil *m*, Element *n*
sejf M Safe *m od n*
sejm M Sejm *m*
sekator M Baumschere *f*
sekcja F Abteilung *f*, Sektion *f*; Obduktion *f*
sekret M Geheimnis *n* **sekretariat** M Sekretariat *n* **sekretarka** F Sekretärin *f*; **automatyczna** ~ TEL Anrufbeantworter *m*; **nagrać się na sekretarkę** TEL j-m auf den Anrufbeantworter sprechen **sekretarz** M Sekretär *m*
seks M Sex *m* **seksualny** sexuell, Sexual-
sekta F Sekte *f* **sektor** M Sektor *m*
sekunda F Sekunde *f* **sekundnik** M Sekundenzeiger *m*
seler M Sellerie *f*
semafor M BAHN Signal *n*
semestr M Semester *n*
seminarium N Seminar *n*
sen M Schlaf *m*; Traum *m* **senat** M Senat *m* **senator** M Senator(in) *m(f)* **senny** schläfrig; verschlafen; Traum-
sens M Sinn *m* **sensacja** F Sensation *f* **sensacyjny** sensationell **sensowny** vernünftig
sentyment M Symphatie *f*, *fig* Schwäche *f*; Sentimentalität *f*
separacja F Trennung *f*; Isolation *f* **separatka** F Isolierraum *m*; Einzelzelle *f*
seplenić lispeln
ser M Käse *m*; ~ **szwajcarski** Schweizer Käse *m*
serce N Herz *n* **serdeczny**

herzlich
serdelek M Bockwurst *f*
seria F Serie *f*, Folge *f* **serial** M Fernsehserie *f*
serio ernsthaft; **na ~** ernst, im Ernst
sernik M Käsekuchen *m*
serweta F Tischtuch *n* **serwetka** F Serviette *f* **serwis** M Service *n od m* **serwować** ⟨**za-**⟩ SPORT aufschlagen **seryjny** Serien-
set M SPORT Satz *m*
setka F Hundert *n*; *umg* Deziliter *n* **setny** hundertste(r)
sezon M Saison *f*; **~ turystyczny** Hauptsaison *f* **sezonowy** Saison- (**-wo**) saisonal
sędzia M Richter(in) *m(f)*; **~ sportowy** Schiedsrichter(in) *m(f)*; **~ śledczy** Untersuchungsrichter(in) *m(f)*
sęk M Astansatz *m* **sękacz** M Baumkuchen *m* **sękaty** knorrig
sęp M Geier *m*
sfera F Sphäre *f*
sfrustrowany frustriert
shake M: **~ mleczny** Milchshake *m*
siać ⟨**po-**, **za-**⟩ säen
siadać ⟨**siąść**⟩ sich setzen
siano N Heu *n*
siatka F Netz *n* **siatkówka** F ANAT Netzhaut *f*; SPORT Volleyball *m*; **~ plażowa** SPORT Beachvolleyball *m*; Beachball *m*
siąść PF → siadać
sidła NPL Schlinge *f*
siebie sich; **dla ~** für sich; **od ~** von sich; **do ~** zu sich; **u ~** bei sich; → sobą, sobie
sieciowy Netz- **sieć** F Netz *n*; **~ telefonii stacjonarnej** TEL Festnetz *n*; **bezprzewodowa ~ lokalna** IT WLAN *n*
siedem sieben **siedemdziesiąt** siebzig **siedemdziesiąty** siebzigste(r) **siedemnasty** siebzehnte(r) **siedemnaście** siebzehn **siedemset** siebenhundert **siedemsetny** siebenhundertste(r)
siedmioletni siebenjährig
siedmioro sieben
siedzący Sitz- (**-co**) sitzend; **na siedząco** sitzend **siedzenie** N Sitz *m*; *umg* Gesäß *n*
siedziba F Sitz *m* **siedzieć** sitzen
siekacz M Hackmesser *n*; Schneidezahn *m* **siekany** GASTR gehackt, Hack-
sielanka F Idylle *f*
sienny Heu-; **katar ~** Heuschnupfen *m*
sierota M(F) Waise *f*
sierpień M August *m*; **w sierpniu** im August
sierść F Fell *n*
siew M Saat *f*
się sich; man; **mówi ~, że** man sagt, dass
sięgać ⟨**-gnąć**⟩ reichen; langen (**po** *akk* nach *dat*)
sikać ⟨**siknąć**⟩ *umg* (*tryskać*) spritzen; *umg* pinkeln

sikorka F Meise *f* **silnik** M Motor *m*; FLUG Triebwerk *n* **silny** kräftig, stark **siła** F Kraft *f*; Gewalt *f* **siłacz(ka)** M(F) Athlet(in) *m(f)* **siłownia** F Fitnessstudio *n*; Kraftwerk *n*
siniec M *umg* blauer Fleck *m* **siny** (**-no**) blau
siodełko N Sattel *m* **siodło** N Sattel *m*
siostra F Schwester *f* **siostrzenica** F Nichte *f* **siostrzeniec** M Neffe *m*
siódemka F Sieben *f* **siódmy** siebte(r)
sitko N Sieb *n* **sito** N Sieb *n*
siusiać *umg* Pipi machen
siwieć ⟨**o-**, **po-**⟩ ergrauen **siwizna** F graues Haar *n* **siwy** (**-wo**) grau
skafander M Anorak *m*
skakać hüpfen ⟨**skoczyć**⟩ springen
skala F Skala *f*; Maßstab *m*
skaleczenie N Verletzung *f* **skaleczyć** PF verletzen; **~ się** sich verletzen
skalisty felsig **skała** F Felsen *m* **skamieniały** versteinert
skandal M Skandal *m* **skandaliczny** skandalös
Skandynawia F Skandinavien *n* **skandynawski** skandinavisch
skaner M Scanner *m* **skanować** ⟨**ze-**⟩ scannen, einscannen
skarb M Schatz *m*; **~ państwa** Fiskus *m* **skarbiec** M Schatzkammer *f* **skarbonka** F Sparbüchse *f* **skarbowy**: **urząd** M **~** Finanzamt *n*
skarga F Klage *f*; Beschwerde *f*
skarpa F Böschung *f*
skarpetka F Socke *f*
skarżyć ⟨**za-**⟩ verklagen; **~** ⟨**po-**⟩ **się** sich beklagen; sich beschweren
skasować PF → kasować
skaza F Makel *m* **skazywać** ⟨**-zać**⟩ verurteilen **skażać** ⟨**skazić**⟩ entstellen; verseuchen; *fig* vergällen **skażenie** N Verseuchung *f*
skąd woher **skądkolwiek** irgendwoher, woher auch immer
skąpić ⟨**po-**⟩ geizen, knausern (*gen* mit *dat*) **skąpiec** M Geizhals *m* **skąpstwo** N Geiz *m* **skąpy** geizig (**-po**) knapp
skierować → kierować **skierowanie** N Einweisung *f*, Überweisung *f*
skinąć PF *głową* nicken; *ręką* winken **skinienie** N Nicken *n*; Wink *m*
skipass M Skipass *m*
sklejać ⟨**-eić**⟩ zusammenkleben; verleimen **sklejka** F Sperrholz *n*
sklep M Geschäft *n*, Laden *m*; **~ internetowy** INTERNET Onlineshop *m* **sklepienie** N Gewölbe *n*
skład M Zusammensetzung *f*;

(*magazyn*) Lager *n*; TYPO Satz *m* **składać ⟨złożyć⟩** zusammenlegen, zusammensetzen; *przysięgę* leisten; *podanie* einreichen; *zeznanie* machen; *sprawozdanie* erstatten; **~ się** sich zusammensetzen (**z** *gen* aus *dat*) **składak** M *rower* Klappfahrrad *n*; *kajak* Faltboot *n* **składany** zusammenlegbar, Klapp- **składka** F Beitrag *m* **składnia** F Syntax *f* **składnik** M Bestandteil *m*; MATH Summand *m* **składować** lagern **składowisko** N Lagerplatz *m*

skłamać PF → kłamać

skłaniać ⟨skłonić⟩ neigen; *fig* bewegen (**do** *gen* zu *dat*)
skłonność F Neigung *f*
skłonny geneigt

sknera M(F) Geizhals *m*

skoczek M Springer *m* **skocznia** F Sprungschanze *f* **skoczyć** PF → skakać

skojarzenie N Assoziation *f*

skok M Sprung *m*; **~ o tyczce** Stabhochsprung *m*; **~ w dal** Weitsprung *m*; **~ wzwyż** Hochsprung *m*

skomleć winseln, jaulen

skomplikowany kompliziert
skompromitować PF → kompromitować **skontaktować** PF → kontaktować
skończyć PF → kończyć

skoro KONJ wenn; (*jak tylko*) sobald **skoroszyt** M Schnellhefter *m* **skorowidz** M Verzeichnis *n*, Register *n*

skorpion M Skorpion *m*

skorupa F Kruste *f*; Schale *f*; *naczynia* Scherbe *f*

skory bereit, geneigt **skorzystać** PF → korzystać

skos M Schräge *f*

skostniały verknöchert; steif

skośny schief, schräg

skowronek M Lerche *f*

skóra F Haut *f*; *zwierzęcia* Fell *n*; *materiał* Leder *n* **skórka** F Haut *f*; Schale *f*; Rinde *f* **skórny** Haut- **skórzany** Leder-

skracać ⟨skrócić⟩ kürzen, abkürzen **skradać się** sich heranschleichen

skraj M Rand *m* **skrajność** F Extrem *n* **skrajny** extrem

skrapiać ⟨skropić⟩ besprengen **skrawek** M Schnitzel *n od m*

skreślać ⟨-lić⟩ streichen, ausstreichen

skręcać ⟨-cić⟩ zusammenschrauben; *nogę* verdrehen; *w ulicę* abbiegen **skrępowanie** N *fig* Verlegenheit *f* **skrępowany** verlegen **skręt** M Drehung *f*; **~ kiszek** Darmverschlingung *f*

skrobać kratzen; schaben

skrobia F BIOL Stärke *f*

skromność F Bescheidenheit *f* **skromny** bescheiden

skroń F Schläfe *f*

skropić PF → skrapiać

skrócić PF → skracać **skrót** M Abkürzung *f*

skrucha F Reue *f*
skrupulatny genau, penibel **skrupuły** MPL Skrupel *m*
skryć PF → kryć, skrywać
skrytka F Geheimfach *n*; *na poczcie* Schließfach *n* **skryty** (**-cie**) verschlossen; verborgen **skrytykować** PF → krytykować **skrywać** ⟨**skryć**⟩ verbergen (**się** sich)
skrzat M Knirps *m*; Zwerg *m* **skrzeczeć** kreischen; quaken **skrzep** M Gerinnsel *n* **skrzepły** geronnen
skrzętny emsig, geschäftig
skrzydlaty geflügelt, mit Flügeln; flügelähnlich **skrzydło** N Flügel *m*
skrzynia F Kiste *f*, Kasten *m*; **~ biegów** AUTO Gangschaltung *f* **skrzynka** F Kasten *m*; **~ pocztowa** Briefkasten *m*
skrzypaczka F Geigerin *f*, Geigenspielerin *f* **skrzypce** FPL Geige *f* **skrzypek** M Geiger *m*, Geigenspieler *m* **skrzypieć** ⟨**-pnąć**⟩ knarren; *drzwi* quietschen; *śnieg* knirschen
skrzywdzić PF → krzywdzić **skrzywić** → krzywić **skrzywiony** krumm, verbogen **skrzyżowanie** N Kreuzung *f*
skubać rupfen; zupfen
skup M Aufkauf *m* **skupiać** ⟨**-ić**⟩ sammeln; konzentrieren (**się** sich) **skupienie** N Konzentration *f*; Zusammenballung *f* **skupisko** N Anhäufung *f* **skupować** ⟨**-pić**⟩ aufkaufen
skurcz M Krampf *m*; Wehe *f* **skurczyć się** PF → kurczyć się **skusić** PF → kusić
skuteczny wirksam **skutek** M Folge *f*; Auswirkung *f*
skuter M Motorroller *m*
skutkować ⟨**po-**⟩ wirken
skwer M Park *m*, Parkanlage *f*
skype® INTERNET Skype®; **rozmawiać przez skypa** skypen
slajd *umg* M Dia *n*
slalom M Slalom *m*
sleeping M → sliping
sliping M BAHN Schlafwagen *m* **slipy** PL Slip *m*
słabnąć ⟨**o-**⟩ schwach *od* schwächer werden **słabość** F Schwäche *f* **słabowity** schwächlich **słaby** (**-bo**) schwach
słać[1] ⟨**po-**⟩ senden, schicken
słać[2] ⟨**po-**⟩ *łóżko* machen; (*rozścielać*) ausbreiten
sława F Ruhm *m*; Berühmtheit *f* **sławny** berühmt
słodki (**-ko**) süß **słodkowodny** Süßwasser- **słodycze** PL Süßigkeiten *fpl*
słodzić ⟨**o-**, **po-**⟩ süßen
słoik M Glas *n*
słoma F Stroh *n* **słomianka** F Strohmatte *f* **słomiany** Stroh- **słomka** F Strohhalm *m*
słonecznik M Sonnenblume *f*
słoneczny Sonnen-; sonnig; **preparat** *m* **chroniący przed szkodliwym wpływem promieniowania słonecznego**

Sonnenschutz *m*
słonina F Speck *m*
słoniowy → kość
słony (**-no**) salzig
słoń M Elefant *m*
słońce N Sonne *f*
słota F Regenwetter *n*
Słowacja F Slowakei *n* **słowacki** (**po -ku**) slowakisch **Słowaczka** F Slowakin *f* **Słowak** M Slowake *m*
Słowenia F Slowenien *n* **Słoweniec** M Slowene *m* **Słowenka** F Slowenin *f* **słoweński** (**po –ku**) slowenisch
Słowianin M Slawe *m* **Słowianka** F Slawin *f* **słowiański** slawisch
słowik M Nachtigall *f*
słownie in Worten **słownik** M Wörterbuch *n* **słowny** verbal; *osoba* verlässlich **słowo** N Wort *n*; **~ w ~** Wort für Wort; **co do słowa** wortgetreu
słód M Malz *n*
słój M Glas *n*
słuch M Gehör *n* **słuchacz(ka)** M(F) Hörer(in) *m(f)*, Zuhörer(in) *m(f)* **słuchać** ⟨**po-**⟩ hören (*gen akk*), zuhören (*dat*) **słuchawka** F (Kopf-) Hörer *m* **słuchowisko** N Hörspiel *n*
sługa M(F) Diener(in) *m(f)*
słup M Säule *f*; Pfahl *m*; Stange *f* **słupek** M Pfosten *m*
słusznie → słuszny **słuszność** F Richtigkeit *f*; Recht *n*; **mieć ~** recht haben **słuszny** richtig; berechtigt; gerecht
służba F Dienst *m* **służbowy** Dienst- (**-wo**) dienstlich **służyć** dienen
słychać: **co ~?** was gibt es Neues?
słynąć bekannt *od* berühmt sein **słynny** berühmt
słyszalny hörbar **słyszeć** ⟨**u-**⟩ hören
smaczny wohlschmeckend; **smacznego!** guten Appetit!
smak M Geschmack *m* **smakołyk** M Leckerbissen *m* **smakosz** M Feinschmecker(in) *m(f)* **smakować** V/I schmecken **smakowity** (**-cie**) schmackhaft
smalec M Schmalz *m*
smar M Schmiermittel *n*
smarkacz *umg* M Rotzbengel *m* **smarować** ⟨**po-**⟩ schmieren
smażony gebraten **smażyć** ⟨**u-**⟩ braten
smoczek M Schnuller *m*
smoła F Pech *n*; Teer *m*
smrodzić ⟨**na-**⟩ *umg* die Luft verpesten **smród** M *umg* Gestank *m*
smsować simsen
smucić ⟨**za-**⟩ betrüben; **~ się** traurig sein **smuga** F Streifen *m*; **~ dymu** Rauchfahne *f*
smukły (**-ło**) schlank **smutek** M Trauer *f*, Traurigkeit *f*
smutny (**-no**) traurig
smycz F Hundeleine *f* **smyczek** M Bogen **smyczkowy**

MUS Streich-
smyk M Bengel *m*
snop M *zboża* Garbe *f*; *światła* Strahl *m* **snuć** *przędzę* spinnen; *plany* schmieden; *domysły* anstellen; **~ się** *dym* in Schwaden hängen
sobą sich; **ze ~** mit sich **sobie** sich; **przy ~** bei sich
sobota F Samstag *m*, Sonnabend *m* **sobotni** Samstag-, Sonnabend-
sobowtór M Doppelgänger *m*
sobór M Konzil *n*
socjalistyczny sozialistisch **socjalny** sozial **socjologia** F Soziologie *f*
soczewica F BOT Linse *f* **soczewka** F ANAT, PHYS Linse *f*
soczysty (**-ście**) saftig
soda F Soda *n*; **~ żrąca** Ätznatron *n*
soja F BOT, GASTR Soja *f* **sojowy** Soja-
sojusz M Bündnis *n* **sojuszniczka** F Verbündete *f* **sojusznik** M Verbündete(r) *m*
sok M Saft **sokowirówka** F Saftpresse *f*
sokół M Falke *m*
sola F Seezunge *f*
solarium N Solarium *n*
solenizant(ka) M(F) Geburtstagskind *n*
solić ⟨**po-**⟩ salzen
solidarność F Solidarität *f* **solidarny** solidarisch **solidny** solide
solista M Solist *m* **solistka** F Solistin *f*
solniczka F Salzstreuer *m* **solony** gesalzen
sołtys M Dorfvorsteher(in) *m(f)*, Dorfbürgermeister(in) *m(f)*
sonda F Sonde *f* **sondaż** M Umfrage *f*, Befragung *f*
sopel M: **~ lodu** Eiszapfen *m*
sortować ⟨**po-**⟩ sortieren
sos M Soße *f*, Tunke *f*; **~ sojowy** Sojasoße *f*
sosna F BOT Kiefer *f* **sosnowy** Kiefer-
sowa F Eule *f*
sód M Natrium *n*
sól F Salz *n*; **~ kuchenna** Kochsalz *n*
spacer M Spaziergang *m* **spacerować** ⟨**po-**⟩ spazieren **spacerowicz** M Spaziergänger(in) *m(f)*
spać schlafen
spad M Gefälle *n* **spadać** ⟨**spaść**⟩ fallen; herabfallen **spadek** M *terenu* Gefälle *n*; *cen, ciśnienia* Sturz *m*, Abnahme *f*; JUR Erbschaft *f*, Nachlass *m*
spadkobierca M Erbe *m* **spadkobierczyni** F Erbin *f* **spadkodawca** M Erblasser(in) *m(f)* **spadkowy** Erb(schafts)-; sinkend
spadochron M Fallschirm *m*
spadzisty (**-to**) abschüssig
spakować PF → pakować
spalać ⟨**-lić**⟩ abbrennen, verbrennen **spalanie** N Abbren-

nen *n*, Verbrennen *n*; Verbrennung *f* **spalenizna** F Brandgeruch *m* **spalinowy**: **silnik** ~ Verbrennungsmotor *m* **spaliny** PL Abgase *npl* **spalony** verbannt

sparaliżować PF → paraliżować

sparzyć PF verbrühen (**się** sich)

spaść PF → spadać

spawać TECH schweißen

specjalista M Spezialist *m*; *lekarz* Facharzt *m* **specjalistka** F Spezialistin *f*; Fachärztin *f* **specjalność** F Fachgebiet *n* **specjalny** besondere(r), speziell, Spezial-; ADV *a.* besonders

specyficzny spezifisch

spedytor M Spediteur(in) *m(f)*

spektakl M THEAT Spektakel *n*

spełniać ⟨**-ić**⟩ erfüllen (**się** sich)

sperma F Spermium *n*

spędzać ⟨**-dzić**⟩ zusammentreiben; *czas, urlop* verbringen

spiąć PF → spinać

spiczasty (**-to**) spitz

spierać się streiten; *plama* sich herauswaschen lassen

spierzchnięty rissig, aufgesprungen

spieszyć → śpieszyć

spięcie N: **krótkie** ~ ELEK Kurzschluss *m*

spiker(ka) M(F) RADIO Ansager(in) *m(f)*

spinacz M Büroklammer *f* **spinać** ⟨**spiąć**⟩ zusammenheften **spinka** F Nadel *f*; Spange *f*

spirala F Spirale *f*

spirytus M Spiritus *m*, Sprit *m*

spis M Liste *f*, Verzeichnis *n*; ~ **treści** Inhaltsverzeichnis *n*; ~ **potraw** Speisekarte *f* **spisek** M Verschwörung *f* **spisywać** ⟨**-sać**⟩ aufschreiben; *protokół* aufnehmen

spiżarnia F Vorratskammer *f*

splatać ⟨**spleść**⟩ zusammenflechten

spleśniały verschimmelt

splot M Verflechtung *f*

spluwać ⟨**-unąć**⟩ spucken

spłacać ⟨**-cić**⟩ abzahlen **spłata** F Abzahlung *f*

spłonąć PF V/I abbrennen, verbrennen

spłuczka F Spülung *f* **spłukiwać** ⟨**-kać**⟩ abspülen, spülen

spływ M: ~ **kajakowy** Paddeltour *f* **spływać** ⟨**-ynąć**⟩ abfließen

spocić się PF → pocić się **spocony** verschwitzt

spoczywać ⟨**-cząć**⟩ ruhen

spod (*gen*) unter … (*dat*) hervor, aus … (*dat*) heraus; in der Nähe (*gen*), bei (*dat*)

spodek M Untertasse *f* **spodenki** PL kurze Hose *f* **spodni** Unter- **spodnie** PL Hose *f*; ~ **narciarskie** Skihose *f*

spodobać się PF → podobać się **spodziewać się** hoffen (*gen* auf *akk*), erwarten (*akk*)

spoglądać ⟨**spojrzeć**⟩ bli-

cken, schauen **spoiwo** N Bindemittel *n* **spojówka** F Bindehaut *f* **spojrzeć** PF → spoglądać **spojrzenie** N Blick *m*
spokojny ruhig **spokój** M Ruhe *f*
spokrewniony verwandt
społeczeństwo N Gesellschaft *f*; Öffentlichkeit *f* **społeczność** F Gemeinschaft *f*
społeczny gesellschaftlich; sozial, Sozial-
spomiędzy (*gen*) unter (*dat*), aus (*dat*)
sponsor M Sponsor(in) *m(f)*
spontaniczny spontan
sporny strittig, Streit-
sporo ziemlich viel
sport M Sport *m* **sportowiec** M Sportler(in) *m(f)* **sportowy** Sport- (**-wo**) sportlich
spory beträchtlich
sporządzać ⟨**-dzić**⟩ anfertigen
sposobność F Gelegenheit *f*
sposób M Art *f*, Weise *f*
spostrzegać ⟨**-ec**⟩ erblicken, wahrnehmen **spostrzeżenie** N Wahrnehmung *f*
spośród (*gen*) aus (*dat*), unter (*dat*)
spotkanie N Begegnung *f*
spotykać ⟨**-tkać**⟩ begegnen (*akk dat*), treffen (**się** sich)
spowiadać ⟨**wy-**⟩ **się** beichten (**z** *gen akk*) **spowiedź** F Beichte *f*
spowodować PF → powodować
spoza (*gen*) hinter ... (*dat*) hervor
spożycie N Konsum *m*, Verbrauch *m*; Verzehr *m* **spożywać** ⟨**-żyć**⟩ konsumieren, verzehren **spożywczy** Nahrungs-; Nähr-
spód M Boden *m*, Unterteil *m*, Unterseite *f* **spódnica** F Rock *m*
spójnik M Bindewort *n*
spółdzielczy genossenschaftlich, Genossenschafts- **spółdzielnia** F Genossenschaft *f*; ~ **mieszkaniowa** Wohnungsbaugenossenschaft *f*
spółgłoska F Konsonant *m*
spółka F HANDEL Gesellschaft *f*
spór M Streit *m*
spóźniać ⟨**-ić**⟩ **się** sich verspäten **spóźnienie** N Verspätung *f*
spragniony durstig
sprawa F Sache *f*, Angelegenheit *f*; Fall *m* **sprawca** M Täter *m* **sprawczyni** F Täterin *f*
sprawdzać ⟨**-dzić**⟩ nachprüfen; ~ **się** sich bewähren; (*spełnić się*) sich bewahrheiten
sprawdzian M Test *m*
sprawiać ⟨**-ić**⟩ verursachen; *kłopoty* bereiten; *radość* machen
sprawiedliwość F Gerechtigkeit *f*; **ministerstwo** *n* **sprawiedliwości** Justizministerium *n* **sprawiedliwy** (**-wie**) gerecht

sprawność F Leistungsfähigkeit *f*; (*zręczność*) Fertigkeit *f* **sprawny** (*szybki*) zügig; geschickt; leistungsfähig

sprawować *urząd* ausüben; *nadzór* führen; ~ **się** sich benehmen **sprawowanie** N Benehmen *n*

sprawozdanie N Bericht *m* **sprawozdawca** M Berichterstatter(in) *m(f)*

spray M Spray *n*; ~ **ochronny z filtrami SPF** Sonnenspray *n*

sprężać ⟨**-żyć**⟩ komprimieren, verdichten **sprężyna** F TECH Feder *f*; *fig* Triebfeder *f* **sprężystość** F Spannkraft *f* **sprężysty** (**-ście**) elastisch; federnd

sprostać PF gerecht werden

sprostować PF berichtigen **sprostowanie** N Berichtigung *f*

sprośny obszön, zotig

sprowadzać ⟨**-dzić**⟩ kommen lassen; *pomoc* holen, herbeiholen; hinunterführen; nach sich ziehen; ~ **się** ziehen, umziehen

spróbować PF → próbować

spróchniały morsch; kariös

spruć PF → pruć

spryciarz *umg* M Schlaumeier *m*, gerissene Person *f*

spryskiwacz M: ~ **szyb** AUTO Scheibenwaschanlage *f* **spryskiwać** ⟨**-kać**⟩ besprühen

spryt M Cleverness *f*, Gerissenheit *f* **sprytny** gerissen, clever; (*zwinny*) flink

sprząc PF → sprzęgać

sprzątaczka F Putzfrau *f*, Raumpflegerin *f* **sprzątać** ⟨**-tnąć**⟩ aufräumen **sprzątanie** N Putzen *n*, Reinemachen *n*

sprzeciw M Einwand *m*; Einspruch *m* **sprzeciwiać** ⟨**-wić**⟩ **się** sich widersetzen

sprzeczać ⟨**po-**⟩ **się** (sich) streiten **sprzeczka** F Streit *m*, Zank *m* **sprzeczność** F Widerspruch *m* **sprzeczny** widersprechend

sprzed (*gen*) vor (*dat*)

sprzedawać ⟨**-dać**⟩ verkaufen **sprzedawca** M Verkäufer *m* **sprzedawczyni** F Verkäuferin *f* **sprzedaż** F Verkauf *m*

sprzęgło N AUTO Kupplung *f*

sprzęt M Gerät *n*; Ausrüstung *f*

sprzyjać begünstigen (*dat akk*)

sprzymierzeniec M Verbündete(r) *m/f(m)* **sprzymierzony** verbündet **sprzysięgać** ⟨**-siąc, -gnąć**⟩ **się** sich verschwören

spuchnąć PF → puchnąć **spuchnięty** geschwollen

spulchniać ⟨**-ić**⟩ auflockern, lockern

spust M *rewolweru* Abzug *m*; FOTO Auslöser *m*

spustoszenie N Verwüstung *f*

spuszczać ⟨**-ścić**⟩ herablassen **spuścizna** F Erbe *n*, Nachlass *m*

spychacz M Planierraupe *f*
spychać ⟨**zepchnąć**⟩ schieben; herunterstoßen
spycharka F → spychacz
spytać PF → pytać
srebrny silbern **srebro** N Silber *n* **srebrzysty** silbrig
srogi (**-go**) streng
sroka F Elster *f*
srom M ANAT Scham *f*
ssać saugen; lutschen **ssak** M Säugetier *n*
stabilny fest, stabil
stacja F Station *f*; **~ ładowania pojazdów elektrycznych** E-Ladestation *f*; RADIO Sender *m*; → benzynowy, obsługa
stacjonarny fest installiert, stationär **stacyjka** *umg* F AUTO Zündschloss *n* **staczać** ⟨**stoczyć**⟩ hinabwälzen, hinabrollen; *walkę* austragen
stać[1] stehen; **~ się** *pf* geschehen, passieren
stać[2] imstande sein (**na** *akk* zu), können (*akk*); **~ mnie na to** ich kann es mir leisten
stadion M Stadion *n*
stajnia F Stall *m*
stal F Stahl *m*
stale stets, ständig
stalowy stählern, Stahl-; *kolor* stahlblau
stałość F Beständigkeit *f* **stały** fest; beständig; ständig, Dauer-
stamtąd von dort; von drüben
stan M Zustand *m*; Lage *f*; *magazynowy* Bestand *m*; *cywilny* Stand *m*; **Stany** *pl* **Zjednoczone** Vereinigte Staaten *pl* **stanąć** PF → stawać
standard M Standard *m* **standardowy** (**-wo**) Standard-
stanik M Büstenhalter *m*, BH *m*
stanowczość F Entschiedenheit *f* **stanowczy** (**-czo**) entschieden **stanowić** V/T bilden, ausmachen **stanowisko** N Stellung *f*; Platz *m*; *fig* Standpunkt *m*
stapiać ⟨**stopić**⟩ auftauen, auslassen, schmelzen; **~ się** tauen, auftauen, schmelzen
starać ⟨**po-**⟩ **się** sich bemühen (**o** *akk* um *akk*) **staranie** N Bemühen *n* **staranny** sorgfältig
starcie N *fig* Zusammenstoß *m*; SPORT Runde *f* **starczać** ⟨**-czyć**⟩ ausreichen, reichen, genügen
starodawny altertümlich **staromodny** altmodisch **starość** F Alter *n* **starożytny** altertümlich, antik
starówka *umg* F Altstadt *f*
start M Start *m*, Beginn *m*
startować ⟨**wy-**⟩ starten, beginnen
staruszek M → starzec **staruszka** F altes Mütterchen *n*; Greisin *f* **stary** (**-ro**) alt; **po staremu** wie gehabt
starzec M Greis *m* **starzeć** ⟨**ze-**⟩ **się** altern **starzyzna** F Trödel *m*
stateczny stabil; *fig* gesetzt

statek M Schiff *n*
status M Status *m* **statut** M Statut *n*, Satzung *f*
statysta M Statist *m* **statystka** F Statistin *m* **statystyczny** statistisch **statystyka** F Statistik *f*
statyw M Stativ *n*
staw M Teich *m*; ANAT Gelenk *n*
stawać ⟨**stanąć**⟩ sich hinstellen; *zegarek* stehen bleiben; *pojazd* Halt machen; *nur impf* **~ się** werden
stawiać[1] ⟨**postawić**⟩ stellen
stawiać[2] ⟨**-ić**⟩ **się** erscheinen; sich widersetzen **stawka** F *gry* Einsatz *m*; Satz *m*
staż M Probezeit *f*; Praktikum *n*; Dienstalter *n* **stażysta** M Praktikant *m* **stażystka** F Praktikantin *f*
stąd von hier; daher
stek M Steak *n*
stempel M Stempel *m* **stemplować** ⟨**o-**⟩ stempeln, abstempeln
ster M Steuer *n*
sterczeć herausragen
stereofoniczny stereophon, Stereo-
stereotyp M Stereotyp *n*
sterować steuern
steward M Steward *m* **stewardesa** F Stewardess *f*
stęchły muffig
stękać ⟨**-knąć**⟩ stöhnen, ächzen **stękanie** N Stöhnen *n*
stężenie N Erstarrung *f*; CHEM Konzentration *f*
stłuc PF → tłuc **stłuczenie** N Quetschung *f*, Prellung *f*
stłumić → tłumić
sto hundert
stoczyć PF → staczać
stodoła F Scheune *f*
stoisko N Stand *m* **stojak** M Ständer *m* **stojący** **(-co)** Steh-; stehend; **na stojąco** stehend
stok M Abhang *m*; Böschung *f*
stokrotka F Gänseblümchen *n* **stokrotny** hundertfach
stolarnia F Tischlerei *f* **stolarz** M Tischler *m*
stolec M Stuhlgang *m*
stolica F Hauptstadt *f*
stolik M Tischchen *n*, Tisch *m*
stołeczny hauptstädtisch, Hauptstadt-
stołek M Hocker *m*, Schemel *m* **stołowy** Ess-, Tafel- **stołówka** F Kantine *f*; Mensa *f*
stop INT stopp!
stopa F Fuß *m*; **~ procentowa** Zinssatz *m*; **~ życiowa** Lebensstandard *m* **stoper** M Stoppuhr *f* **stopić** PF → stapiać
stopień M Stufe *f*; Grad *n*; *szkolna* Note *f*, Zensur *f* **stopniowy** **(-wo)** allmählich; stufenweise
stos M Stapel *m*, Haufen *m*
stosować ⟨**za-**⟩ anwenden; **~ się** sich anpassen (**do** *gen* an *akk*); sich halten (an *akk*) **stosowny** passend, angebracht
stosunek M Verhältnis *n*; Be-

ziehung *f*; *płciowy* Geschlechtsakt *m* **stosunkowy** (**-wo**) verhältnismäßig
stowarzyszenie N Verein *m*, Vereinigung *f*
stożek M Kegel *m*
stóg M Schober *m*
stół M Tisch *m*; **~ szwedzki** kaltes Büfett *n*
stracenie N Hinrichtung *f*
strach M Angst *f*, Furcht *f*
stracić PF → tracić
stragan M Marktstand *m*
strajk M Streik *m* **strajkować** ⟨**za-**⟩ streiken
straszak M Schreckschusspistole *f* **straszliwy** (**-wie**) furchtbar, schrecklich **straszny** furchtbar, schrecklich
straszyć ⟨**prze-**, **wy-**⟩ ängstigen, schrecken; *nur impf* drohen (*inst* mit *dat*) **straszydło** N Schreckgespenst *n*
strata F Verlust *m*
strategia F Strategie *f*
strawić PF → trawić **strawny** verdaulich; **lekko/ciężko ~** leicht/schwer verdaulich
straż F Wache *f*; **~ pożarna** Feuerwehr *f* **strażacki** Feuerwehr- **strażak** M Feuerwehrmann *m* **strażnik** M Wachmann *m*, Wächter *m*
strącać ⟨**-cić**⟩ hinabstoßen
strączek M Hülse *f*, Schote *f*
stres M Stress *m* **stresować** ⟨**ze-**⟩ stressen, Stress machen
streszczenie N Kurzfassung *f*; Zusammenfassung *f*
striptiz M Striptease *m od n*
strofować ermahnen; tadeln
stroić ⟨**na-**⟩ MUS stimmen ⟨**wy-**⟩ schmücken (**się** sich)
stromy (**-mo**) steil
strona F Seite *f*; JUR Partei *f*
stronica F Seite *f*
stronnictwo N POL Partei *f*
stronniczka F Anhängerin *f*
stronniczy (**-czo**) parteilich
stronnik M Anhänger *m*
strop M ARCH Decke *f*
strój M Kleid *n*; Tracht *f*
stróż M Wächter(in) *m(f)*
strucla F GASTR Strudel *m*, Striezel *m*
strug M Hobel *m* **strugać** ⟨**o-**⟩ *deskę* hobeln; *figurkę* schnitzen
struktura F Struktur *f*
strumień M Bach *m*; Strahl *m*
struś M ZOOL Strauß *m*
strych M Dachboden *m*
stryj M Onkel *m* **stryjenka** F Tante *f*
strzał M Schuss *m*
strzałka F Pfeil *m*
strząsać ⟨**-snąć**⟩ abschütteln
strzec hüten (*gen akk*); **~ się** sich hüten (vor *dat*)
strzecha F Strohdach *n*
strzelać ⟨**-lić**⟩ schießen
strzelanina F Schießerei *f*
strzelba F Flinte *f* **strzelec** M Schütze *m*, Schützin *f*
strzelnica F Schießstand *m*
strzepywać ⟨**-pać**⟩ abschütteln
strzępek M Fetzen *m* **strzę-**

pić ⟨**po-**, **wy-**⟩ ausfransen
strzyc ⟨**o-**⟩ *włosy* schneiden; *owcę* scheren; *trawę* mähen
strzykawka F Injektionsspritze *f*; **~ jednorazowa** Einwegspritze *f* **strzyżenie** *włosów* Haarschneiden *n*; *owiec* Schur *f*; *trawy* Mähen *n*
studencki Studenten- **student(ka)** M(F) Student(in) *m(f)*
studia NPL Studium *n* **studio** N Studio *n* **studiować** studieren
studnia F Brunnen *m* **studzić** ⟨**o-**⟩ kühlen, abkühlen **studzienka** F *kanalizacyjna* Gully *m*
stuk M Klopfen *n* **stukać** ⟨**-knąć**⟩ klopfen, pochen **stukot** → stuk
stulecie N Jahrhundert *n* **stuletni** hundertjährig
stwarzać ⟨**stworzyć**⟩ schaffen
stwierdzać ⟨**-dzić**⟩ feststellen **stwierdzenie** N Feststellung *f*
stworzenie N Geschöpf *n* **stworzyć** PF → stwarzać
stwór M Ungeheuer *n* **Stwórca** M REL Schöpfer *m*
styczeń M Januar *m*; **w styczniu** im Januar
styczna F Tangente *f* **styczność** F Berührung *f*, Kontakt *m*
stygnąć ⟨**o-**⟩ kalt werden
styk M Berührung *f*; ELEK Kontakt *m*; TECH Stoß *m* **stykać** ⟨**zetknąć**⟩ **się** sich berühren; begegnen (**z** *inst dat*)
styl M Stil *m* **stylistyczny** stilistisch
stymulator M; **~ serca** MED Herzschrittmacher *m*
stypa F Leichenschmaus *m*
stypendium N Stipendium *n*
sublokator(ka) M(F) Untermieter(in) *m(f)*
substancja F Substanz *f*
subtelny subtil
suchar M Zwieback *m* **suchy** (**-cho**) trocken
suczka F Hündin *f*
sufit M Decke *f*
sugerować suggerieren
suka F → suczka
sukces M Erfolg *m*
sukienka F Kleid *n* **suknia** F Kleid *n* **sukno** N Tuch *n*
sum M Wels *m*
suma F Summe *f*; Betrag *m*; REL Hochamt *n*
sumienie N Gewissen *n* **sumienny** gewissenhaft **sumować** ⟨**z-**⟩ summieren
sunąć V/I gleiten; V/T schieben
supeł M Knoten *m*
super super, Super- **supermarket** *umg* M Supermarkt *m*
suplement M Supplement *n* *Zusatz m Ergänzung f*; **~ diety** Nahrungsergänzungsmittel *n*
surogatka F Leihmutter *f*
surowica F Serum *n* **surowiec** M Rohstoff *m* **surowy** (**-wo**) roh; *osoba* streng
surówka F Roheisen *n*; GASTR Rohkost *f*

suseł M ZOOL Ziesel *m*
susza F Dürre *f* **suszarka** F Trockner *m* **suszarnia** F Trockenanlage *f* **suszyć** ⟨wy-⟩ trocknen; dörren
sutek M Brustwarze *f*
sutener M Zuhälter *m* **suterena** F Kellergeschoss *n*; Kellerwohnung *f*
suty (-to) reichlich
suwak M *umg* (*zamek błyskawiczny*) Reißverschluss *m*; TECH Schieber *m*
swatać vermitteln; *umg* verkuppeln
sweter M Pullover *m*, Pulli *m*
swędzenie N Juckreiz *m* **swędzieć** jucken
swoboda F Freiheit *f* **swobodny** zwanglos, frei
swoisty (-ście) eigenartig
swojski (-ko) heimisch
swój mein, dein, ihr, sein, unser
syczeć ⟨syknąć⟩ zischen
sygnalizować ⟨za-⟩ signalisieren; andeuten **sygnał** M Signal *n*; Zeichen *n* **sygnet** M Siegelring *m*
syk M Zischen *n* **syknąć** PF → syczeć
sylaba F Silbe *f*
sylwester M Silvester *m od n* **sylwestrowy** Silvester-
sylwetka F Silhouette *f*; Figur *f*
symbol M Symbol *n*; Wahrzeichen *n*
sympatia F Sympathie *f*; Freund *m*, Freundin *f* **sympatyczny** symphatisch
symulować simulieren
syn M Sohn *m* **synowa** F Schwiegertochter *f*
syntetyczny synthetisch
sypać ⟨-pnąć⟩ schütten; streuen **sypiać** schlafen **sypialnia** F Schlafzimmer *n*
sypki (-ko) locker **sypnąć** PF → sypać
syrena F Sirene *f*
syrop M Sirup *m*
system M System *n*; **~ nawigacyjny** Navigationssystem *n*
systematyczny systematisch
sytuacja F Situation *f*
syty satt; **najeść się do syta** sich satt essen
szabla F Säbel *m* **szablon** M Schablone *f*
szachista M Schachspieler *m* **szachistka** F Schachspielerin *f* **szachownica** F Schachbrett *n* **szachy** MPL Schach *n*
szacować ⟨o-⟩ schätzen, abschätzen
szacunek M Achtung *f*; Schätzung *f*; **z szacunkiem** hochachtungsvoll **szacunkowy** (-wo) Schätzungs-
szafa F Schrank *m*
szafir M Saphir *m*
szafka F Schränkchen *n*; **~ nocna** Nachtschränkchen *n*
szajka F Bande *f*
szal M Schal *m*
szaleć wüten, toben **szaleniec** M Verrückte(r) *m*/*f*(*m*)

szaleńczy (**-czo**) wahnsinnig; rasend **szaleństwo** N Wahnsinn *m*
szalik M → szal
szalony irre; *fig a.* verrückt; → szaleńczy
szał M Raserei *f*; Wahn *m*; **wpaść w ~** einen Tobsuchtsanfall bekommen
szałas M (Laub)Hütte *f*
szambo N Abwassergrube *f*; *fig* Klemme *f*; *fig* Abschaum *m*
szamotać się zappeln; sich balgen
szampan M Champagner *m*, Sekt *m*
szampon M Schampoo *n*
szanować ehren, schätzen; **~ się** sich schonen **szanowny** geehrt
szansa F Chance *f*
szantaż M Erpressung *f* **szantażować** erpressen **szantażysta** M Erpresser *m* **szantażystka** F Erpresserin *f*
szarak M (Feld)Hase *m*
szarańcza F Heuschrecke *f*
szarfa F Schärpe *f*
szarlotka F Apfelkuchen *m*
szarość F Grau *n* **szarotka** F Edelweiß *n* **szarówka** F Abenddämmerung *f*; Morgengrauen *n*
szarpać ⟨**-pnąć**⟩ reißen, zerren
szaruga F Regenwetter *n*
szary (**-ro**) grau
szarzeć ⟨**po-**⟩ grau werden
szarzyzna F *fig* Einerlei *n*
szaszłyk M Schaschlik *n*
szata F Gewand *n*
szatan M Satan *m*, Teufel *m*
szatnia F Garderobe *f*
szatyn(ka) M(F) Dunkelhaarige(r) *m/f(m)*
szczaw M Sauerampfer *m*
szczątek M Überrest *m*, Rest *m*
szczebel M Sprosse *f*; *fig*, POL *a.* Ebene *f*
szczebiotać zwitschern
szczecina F Borsten *fpl*
szczególnie besonders
szczególność F Besonderheit *f*; **w szczególności** insbesondere **szczególny** besondere(r)
szczegół M Einzelheit *f*
szczegółowy (**-wo**) ausführlich
szczekać ⟨**-knąć**⟩ bellen, kläffen **szczekanie** N Gebell *n*
szczelina F Spalt *m*; Fuge *f*
szczelny dicht
szczeniak M Welpe *m*;
szczenię N → szczeniak
szczep M (Volks)Stamm *m*
szczepić ⟨**za-**⟩ pfropfen; MED impfen **szczepienie** N Pfropfung *f*; MED Impfung *f* **szczepionka** F Impfstoff *m*
szczerość F Aufrichtigkeit *f*, Ehrlichkeit *f* **szczery** (**-rze**) aufrichtig, ehrlich; echt, rein
szczęk M Geklirr *n*, Gerassel *n*
szczęka F ANAT Kiefer *m*; TECH Backe *f*; **sztuczna ~**

künstliches Gebiss *n*
szczęście N Glück *n* **szczęśliwy (-wie)** glücklich
szczodrość F Freigebigkeit *f*
szczodry (-rze) freigebig
szczoteczka F Bürste *f*; **~ do zębów** Zahnbürste *f* **szczotka** F Bürste *f* **szczotkować ⟨wy-⟩** bürsten
szczuć ⟨po-⟩ hetzen
szczupak M Hecht *m*
szczupleć ⟨wy-, ze-⟩ schlank werden **szczupły (-ło)** schmächtig; (*mały*) schmal, knapp
szczur M Ratte *f*
szczycić się stolz sein (*inst* auf *akk*)
szczypać ⟨-pnąć⟩ kneifen, zwicken **szczypce** PL Zange *f*
szczypiorek M Schnittlauch *m* **szczypta** F Prise *f*
szczyt M Gipfel *m*, Spitze *f*
szef M Chef *m*
szelest M Rauschen *n*; Rascheln *n* **szeleścić ⟨za-⟩** rauschen; rascheln
szelki FPL Hosenträger *mpl*
szelma M(F) Schelm *m*
szemrać murren
szept M Flüstern *n* **szeptać ⟨-pnąć⟩** flüstern
szereg M Reihe *f* **szeregować ⟨u-⟩** ordnen **szeregowiec** M Soldat *m* **szeregowy (-wo)** Reihen-
szermierka F Fechten *n*
szeroki (-ko) breit; *fig* weit
szerokość F Breite *f*
szerszeń M Hornisse *f*
szerzyć verbreiten; **~ się** sich ausbreiten
szesnasty sechzehnte(r) **szesnaście** sechzehn
sześcienny Kubik-; **metr ~** Kubikmeter *m od n*
sześć sechs **sześćdziesiąt** sechzig **sześćdziesiąty** sechzehnte(r) **sześćset** sechshundert
szew M Naht *f*
szewc M Schuhmacher(in) *m(f)*
szkaradny abscheulich
szkarlatyna F MED Scharlach *m* **szkarłatny** scharlachrot
szkatułka F Schatulle *f*
szkic M Skizze *f*; Entwurf *m* **szkicownik** M Skizzenbuch *n*
szkielet M Skelett *n*
szklanka F Glas *n* **szklany** Glas-, gläsern **szklarnia** F Gewächshaus *n* **szklarz** M Glaser(in) *m(f)*
szklić ⟨o-⟩ verglasen **szklisty (-ście)** glasig **szkliwo** N Glasur *f*; (Zahn)Schmelz *m*
szkło N Glas *n*
Szkocja F Schottland *n* **szkocki (po -ku)** schottisch
szkoda F Schaden *m* **szkodliwy (-wie)** schädlich **szkodnik** M Schädling *m* **szkodzić ⟨za-⟩** schaden
szkolenie N Schulung *f*; Ausbildung *f* **szkolnictwo** N Schulwesen *n* **szkolny** Schul-
szkoła F Schule *f*; **~ podstawowa** Grundschule *f*; **~ zawo-**

dowa Berufsschule *f*
szkwał M Bö *f*
szlaban M Schranke *f*; Schlagbaum *m*
szlachcianka Adlige *f* **szlachcic** M Edelmann *m*, Adlige(r) *m* **szlachecki** adlig **szlachetny** edel **szlachta** F Adel *m*
szlak M Weg *m*; ~ **turystyczny** Reiseroute *f*
szlifować ⟨**o-**⟩ schleifen
szmaciany Lumpen- **szmatka** F Lappen *m*
szmer M Geräusch *n*; Gemurmel *n*
szminka F Schminke *f*; Lippenstift *m*
sznur M Schnur *f*, Strick *m* **sznurek** M Kordel *f*; Bindfaden *m* **sznurować** ⟨**za-**⟩ schnüren, *pf* zuschnüren **sznurowadło** N Schnürsenkel *m*
sznycel M Schnitzel *n*
szofer M → kierowca **szoferka** F *kabina* Fahrerkabine *f*
szok M Schock *m* **szokować** ⟨**za-**⟩ schockieren
szopa F Schuppen *m* **szopka** F Krippe *f*
szorować scheuern **szorstki** (**-ko**) rau; schroff
szorty PL Shorts *pl*
szosa F Chaussee *f*
szóstka F Sechs *f* **szósty** sechste(r)
szpachlować ⟨**za-**⟩ spachteln, verspachteln **szpachlówka** F Spachtelmasse *f*
szpada F Degen *m*
szpagat M SPORT Spagat *m*; Bindfaden *m*
szpak M ZOOL Star *m* **szpakowaty** grau meliert
szpara F Spalt *m*, Ritze *f*
szparag M Spargel *m* **szparagowy** Spargel-; **fasolka szparagowa** grüne Bohnen *pl*
szpecić ⟨**o-**⟩ verunstalten
szperać durchstöbern (**w** *lok akk*), kramen (in *dat*)
szpetny hässlich, garstig
szpic M Spitze *f*
szpieg M Spion(in) *m(f)* **szpiegostwo** N Spionage *f* **szpiegować** spionieren
szpilka F (Steck)Nadel *f*
szpinak M Spinat *m*
szpital M Krankenhaus *n* **szpitalny**: **leczenie** N **szpitalne** stationäre Behandlung *f*
szpon M Klaue *f*, Kralle *f*
szprycha F Speiche *f*
szpula F Spule *f* **szpulka** F Spule *f*
szrama F Schramme *f*
szron M (Rau)Reif *m*
sztab M Stab *m* **sztaba** F *żelazna* Stange *f*; *złota* Barren *m*
sztacheta F Latte *f* **sztaluga** F Staffelei *f*
sztandar M Fahne *f* **sztanga** F Stange *f*; Hantel *f*
sztorm M Sturm *m*
sztruks M Kordsamt *m*
sztuczka F Trick *m* **sztuczny** künstlich, Kunst-

sztućce MPL Besteck *n*
sztuka F Kunst *f*; **~ teatralna** Theaterstück *n* **sztukować** stückeln
szturchać ‹**-chnąć**› puffen, stoßen
szturm M Attacke *f*, Angriff *m* **szturmować** stürmen
sztylet M Dolch *m* **sztywnieć** ‹**ze-**› steif werden; erstarren **sztywny** (**-no**) steif
szufelka F Schaufel *f* **szufla** F Schaufel *f* **szuflada** F Schublade *f*
szukać suchen **szukanie** N Suche *f*, Suchen *n*
szuler(ka) M(F) Falschspieler(in) *m(f)*
szum M Rauschen *n* **szumieć** rauschen
szwagier(ka) M(F) Schwager *m*, Schwägerin *f*
Szwajcar M Schweizer *m* **Szwajcaria** F Schweiz *f* **Szwajcarka** F Schweizerin *f* **szwajcarski** schweizerisch, Schweizer
Szwecja F Schweden *n* **Szwed(ka)** M(F) Schwede *m*, Schwedin *f* **szwedzki** (**po -ku**) schwedisch
szyba F (Fenster)Scheibe *f*
szybciej schneller **szybki** (**-ko**) schnell; rasch **szybkościomierz** M Geschwindigkeitsmesser *m* **szybkość** F Schnelligkeit *f*; Geschwindigkeit *f* **szybkowar** M Schnellkochtopf *m*
szybowiec M Segelflugzeug *n*
szycie N Nähen *n* **szyć** ‹**u-**› nähen **szydełko** N Häkelnadel *f*
szyderczy (**-czo**) höhnisch
szydzić verspotten (**z** *gen akk*)
szyja F Hals *m* **szyjka** F Hals *m*
szyk M Ordnung *f*; Formation *f*; GRAM Wortfolge *f* **szykować** ‹**na-**, **przy-**› vorbereiten (**się** sich) **szykowny** schick, flott
szyld M Schild *n*
szympans M Schimpanse *m*
szyna F Schiene *f*
szynka F Schinken *m*
szyszka F Tannenzapfen *m*

Ś

ściana F Wand *f*
ściąć PF → ścinać
ściągać ‹**-gnąć**› abziehen; *podatki* einziehen; herbeirufen, herbeiholen; *umg* spicken; zusammenziehen (**się** sich); *umg* klauen **ściągawka** F *umg* Spickzettel *m*
ściec PF → ściekać
ścieg M (Näh)Stich *m*
ściek M Abfluss *m*; **ścieki** *pl* Abwässer *npl* **ściekać** ‹**ściec**› abfließen
ścielić → słać²

ściemniać ⟨-ić⟩ verdunkeln **ściemnieć** PF → ciemnieć
ścienny Wand-
ścierać ⟨zetrzeć⟩ abreiben; abwischen **ścierka** F Wischlappen *m*; (Staub)Tuch *n* **ścierny** Schmirgel-
ścieśniać ⟨-ić⟩ verengen (**się** sich)
ścieżka F (Fuß)Pfad *m*; *dźwiękowa* Spur
ścięgno N Sehne *f*
ścigać verfolgen
ścinać ⟨ściąć⟩ abschneiden; *drzewo* fällen; *skazanego* enthaupten; ~ **się** gerinnen
ścisk M Gedränge *n* **ściskać ⟨-snąć⟩** zusammenpressen, zusammendrücken; umarmen; *dłoń* drücken **ścisłość** F Genauigkeit *f* **ścisły (-śle)** genau; exakt **ścisnąć** PF → ściskać
ślad M Spur *f*; **bez śladu** spurlos
Śląsk M Schlesien *n* **śląski** schlesisch
śledczy JUR Untersuchungs-
śledzić nachspüren (*akk dat*); beobachten
śledziona F Milz *f*
śledztwo N Voruntersuchung *f*; Ermittlungsverfahren *n*
śledź M Hering *m*; ~ **wędzony** Bückling *m*
ślepiec M Blinde(r) *m*/*f*(*m*)
ślepnąć ⟨o-⟩ erblinden **ślepota** F Blindheit *f*; ~ **kurza** Nachtblindheit *f* **ślepy (-po)** blind
ślęczeć hocken (**nad** *inst* über *dat*)
śliczny hübsch, niedlich
ślimak M Schnecke *f*
ślina F Speichel *m*, *umg* Spucke *f* **śliniak** M Lätzchen *n*
śliski (-ko) schlüpfrig; glatt
śliwa F Pflaumenbaum *m* **śliwka** F Pflaume *f*
ślizgać się schlittern; *na łyżwach* Schlittschuh laufen **ślizgawka** F Eisbahn *f*
ślub M Trauung *f* **ślubny** Trau-, Ehe-; **ślubna suknia** *f* Hochzeitskleid *n* **ślubować** PF geloben **ślubowanie** N Gelübde *n*
ślusarz M Schlosser(in) *m*(*f*)
śluz M Schleim *m* **śluza** F Schleuse **śluzówka** F Schleimhaut *f*
śmiać się lachen
śmiałość F Kühnheit *f*, Mut *m* **śmiały (-ło)** kühn, mutig
śmiech M Lachen *n*, Gelächter *n*
śmieci MPL Müll *m* **śmieciarka** F Müllwagen *m* **śmieciarz** M *umg* Müllmann *m* **śmiecić ⟨na-, za-⟩** verunreinigen
śmieć wagen; sich erlauben
śmiercionośny todbringend
śmierć F Tod *m*
śmierdzieć stinken (*inst* nach *dat*)
śmieszny lächerlich; komisch
śmieszyć zum Lachen bringen

śmietana F Rahm *m*, ~ **bita** Schlagsahne *f* **śmietanka** F Sahne *f* **śmietankowy** Sahne-

śmietnisko N Müllkippe *f*

śmigłowiec M Hubschrauber *m*

śniadanie N Frühstück *n*

śniady (**-do**) dunkelhäutig

śnić träumen (**o** *lok* von *dat*); ~ **się** im Traum erscheinen

śnieg M Schnee *m*; **pada** ~ es schneit

śnieżka F Schneeball *m*

śnieżnobiały schneeweiß

śnieżyca F Schneegestöber *n*

śpiący schlafend; schläfrig

śpieszyć ⟨**po-**⟩ eilen; ~ **się** sich beeilen

śpiew M Gesang *m* **śpiewaczka** F Sängerin *f* **śpiewać** ⟨**za-**⟩ singen **śpiewak** M Sänger *m* **śpiewnik** M Liederbuch *n*; REL Gesangbuch *n*

śpiewny *intonacja* singend

śpioch M Langschläfer *m*

śpioszki MPL Strampelanzug *m*

śpiwór M Schlafsack *m*

średni Mittel- (**-nio**) mittlere(r); durchschnittlich **średnica** F Durchmesser *m*

średnik M Semikolon *n*

średniowiecze N Mittelalter *n*

środa F Mittwoch *m*; ~ **popielcowa** Aschermittwoch *m*

środek M Mitte *f*; Mittel *n*; ~ **zapobiegawczy** Vorbeugungsmittel *n*; **środki** *pl* **pieniężne** Geldmittel *npl* **środkowy** Mittel-; Zentral- **środowisko** N Umgebung *f*; Kreis *m*; Umwelt *f*

śródmieście N Innenstadt *f*

śródziemnomorski Mittelmeer-

śruba F Schraube *f* **śrubokręt** M Schraubenzieher *m*

świadczenie N Leistung *f*

świadczyć zeugen (**o** *lok* von *dat*) **świadectwo** N Zeugnis *n*; Urkunde *f* **świadek** M Zeuge *m*, Zeugin *f*; ~ **naoczny** Augenzeuge *m*, Augenzeugin *f*

świadomość F Bewusstsein *n*

świadomy (**-mie**) bewusst

świat M Welt *f*

światło N Licht *n*; **światła** *pl* **drogowe** Fernlicht *n*, **światła** *pl* **mijania** Abblendlicht *n*

światopogląd M Weltanschauung *f* **światowy** (**-wo**) Welt-

świąteczny festlich; Feiertags-; Fest- **świątynia** F Heiligtum *n*, Tempel *m*

świder M Bohrer *m*

świeca F Kerze *f*; ~ **zapłonowa** Zündkerze *f* **świecić** leuchten, scheinen

świecki weltlich; Laien-

świeczka F → świeca

świecznik M Leuchter *m*

świergot M Gezwitscher *n*

świergotać zwitschern

świerk M Fichte *f*

świerszcz M Grille *f*
świerzb M MED Krätze *f*
świetlica F Gemeinschaftsraum *m* **świetlny** Leucht-, Licht- **świetlówka** F Leuchtstofflampe *f*
świetność F Herrlichkeit *f*, Glanz *m* **świetny** glänzend, prächtig
świeżość F Frische *f* **świeży** **(-żo)** frisch
święcić (*świętować*) heiligen, feiern **⟨po-⟩** weihen, einweihen **święcony** geweiht
święto N Feiertag *m* **świętokradztwo** N Kirchenraub *m* **świętoszek** M Scheinheilige(r) *m/f(m)*
świętość F Heiligkeit *f*; Heiligtum *n* **świętować** feiern, feierlich begehen **święty (-cie)** heilig; **Wszystkich Świętych** Allerheiligen *n*
świnia F Schwein *n* **świnka** F Schweinchen *n*; **~ morska** Meerschweinchen *n*; MED Mumps *m*, Ziegenpeter *m* **świństwo** N Schweinerei *f*
świsnąć PF *umg* klauen, stibitzen **świst** M Pfiff *m* **świstak** M Murmeltier *n*
świt M Morgendämmerung *f* **świta** F Hofstaat *m*, Gefolge *n* **świtać ⟨za-⟩** *dzień* dämmern

T

ta → **ten**
tabaka F Schnupftabak *m*
tabela F Tabelle *f* **tabletka** F Tablette *f* **tablica** F Tafel *f*; **~ rejestracyjna** Nummernschild *n*
tabliczka F Täfelchen *n*; **~ mnożenia** Einmaleins *n*
tabor M Fuhrpark *m*
taboret M Hocker *m*
tabu N Tabu *n*
taca F Tablett *n*; Kollekte *f*
taczka F Schubkarre *f*
tafla F Oberfläche *f*, *fig* Platte *f*
taić ⟨za-⟩ verheimlichen
tajać ⟨od-⟩ schmelzen, tauen
tajemnica F Geheimnis *n* **tajemniczy (-czo)** geheimnisvoll
tajniak *umg* M Geheimpolizist *m*, Spitzel *m* **tajny** geheim
tak ja; so; **i ~ dalej** und so weiter
taki so ein(er); solch; **~ sam** genauso ein(er)
taksa F Taxe *f*, Gebühr *f* **taksówka** F Taxi *n* **taksówkarz** M Taxifahrer(in) *m(f)*
takt M Takt *m* **taktowny** taktvoll **taktyczny** taktisch **taktyka** F Taktik *f*
także auch; ebenfalls

talent M Talent *n*, Begabung *f*
talerz M Teller *m* **talerzyk** M kleiner Teller *m*
talia F Taille *f*; ~ **kart** ein Spiel *n* Karten
talk M Talkum *n* **talon** M Talon *m*, Bon *m*
tam da, dort; dorthin; ~ **i z powrotem** hin und zurück
tama F Damm *m*, Deich *m* **tamować** ⟨za-⟩ eindämmen; *ruch* behindern; *krew* stillen
tamtejszy dortig **tamten** jene(r) **tamtędy** dort entlang
tamże ebendort
tancerka F Tänzerin *f* **tancerz** M Tänzer *m*
tandeta F Trödel *m*; Schund *m* **tandetny** minderwertig, Schund-
taneczny Tanz-
tango N Tango *m*
tani (-nio) billig
taniec M Tanz *m*
tanieć ⟨po-⟩ billiger werden
tankować ⟨za-⟩ tanken; *fig* saufen
tańczyć ⟨po-, za-⟩ tanzen
tapczan M Couch *f*, Liege *f*
tapeta F Tapete *f* **tapetować** ⟨wy-⟩ tapezieren **tapicerka** F (Polster)Bezug *m*; Polsterei *f*
tarapaty *umg* PL Schwierigkeiten *fpl*
taras M Terrasse *f*
tarcie N Reibung *f*
tarcza F Scheibe *f*; *obronna* Schild *m*; ~ **zegara** Zifferblatt *n* **tarczyca** F Schilddrüse *f*
targ M Markt *m*; **targi** *pl* HANDEL Messe *f* **targać** *umg* (*dźwigać*) schleppen ⟨-gnąć⟩ reißen, zerren (**za** *akk* an *dat*)
targować się feilschen, handeln **targowisko** N Markt *m*, Marktplatz *m* **targowy** Markt-; Messe-
tarka F Reibe *f*, Reibeisen *n*
taryfa F Tarif *m*
tarzać wälzen (**się** sich)
tasak M Hackmesser *n*
tasiemiec M ZOOL Bandwurm *m* **tasiemka** F Bändchen *n*; Borte *f*, Litze *f*; ~ **gumowa** Gummiband *n*
tasować ⟨po-⟩ *karty* mischen
taśma F Band *n*
tata M Papa *m*
taterniczka F Bergsteigerin *f*
taternik M Bergsteiger *m*
Tatry PL Tatra *f* **tatrzański** Tatra-
tato M Papa *m*
tatuaż M Tätowierung *f*, Tattoo *n*
tchawica F Luftröhre *f*
tchórz M Feigling *m*; ZOOL Iltis *m* **tchórzliwy** (-wie) feige
tchórzostwo N Feigheit *f*
te PL → **ten**
teatr M Theater *n* **teatralny** Theater-; *gest* theatralisch
techniczny technisch **technik** M Techniker(in) *m(f)*
technika F Technik *f* **technikum** N Technikum *n*, technische Fachschule *f*
techno N MUS Techno *n od m*

technologia F Technologie *f* **teczka** F Aktentasche *f* **tegoroczny** diesjährig **tekst** M Text *m* **tektura** F Karton *m*; ~ **falista** Wellpappe *f* **tekturowy** Karton-, Papp- **telefon** M Telefon *n* **telefoniczny** telefonisch; Telefon- **telefonować** ⟨za-⟩ telefonieren (**do** *gen* mit *dat*), anrufen (*akk*) **telegazeta** F Teletext *m* **telekomunikacja** F Fernmeldewesen *n* **teleskop** M Teleskop *n*; Teleskopstoßdämpfer *m* **teleturniej** M Fernsehquiz *n* **telewizja** F Fernsehen *n*; ~ **kablowa** Kabelfernsehen *n* **telewizor** M Fernsehgerät *n* **telewizyjny** Fernseh- **temat** M Thema *n* **tematyka** F Thematik *f* **temperament** M Temperament *n* **temperatura** F Temperatur *f* **temperować** ⟨za-⟩ *ołówek* spitzen **temperówka** F Bleistiftspitzer *m* **tempo** N Tempo *n* **ten, ta, to** der, die, das; dieser, diese, dieses; ~ **sam** derselbe **tendencja** F Tendenz *f* **tendencyjny** tendenziös **tenis** M Tennis *n*; ~ **stołowy** Tischtennis *n* **tenisista** M Tennisspieler *m* **tenisistka** F Tennisspielerin *f* **teoretyczny** theoretisch **teoria** F Theorie *f* **terapeuta** M Therapeut(in) *m(f)* **terapeutka** F Therapeutin *f* **terapia** F Therapie *f* **teraz** jetzt **teraźniejszość** F Gegenwart *f* **teraźniejszy** jetzig, gegenwärtig **teren** M Gelände *n*; Gebiet *n* **terenowy** regional, lokal **terenówka** *umg* F Geländefahrzeug *n* **termin** M Termin *m*, Frist *f* **terminarz** M Terminkalender *m* **terminowy** (-wo) fristgerecht; befristet; dringend **termometr** M Thermometer *n* **termos** M Isolierflasche *f*, Thermosflasche® *f* **terrorysta** M Terrorist *m* **terrorystka** F Terroristin *f* **terrorystyczny** Terror-, terroristisch **terroryzm** M Terrorismus *m* **test** M Test *m*; ~ **PCR** PCR-Test *m*; MED **szybki** ~ Schnelltest *m* **testament** M Testament *n* **testować** testen **teściowa** F Schwiegermutter *f* **teść** M Schwiegervater *m* **teza** F These *f* **też** auch, ebenfalls **tęcza** F Regenbogen *m* **tęczówka** F ANAT Iris *f* **tędy** hier durch, da durch, hier entlang, hier hinaus **tęgi** beleibt, füllig; *lanie* stark, kräftig **tępak** *umg* M Trottel *m* **tępić** ⟨wy-⟩ ausrotten, vertilgen

tępy (-**po**) stumpf
tęsknić sich sehnen (**za** *inst* nach *dat*) **tęsknota** F Sehnsucht *f*; Heimweh *n* **tęskny** (-**no**) sehnsüchtig
tętnica F Pulsader *f*, Schlagader *f* **tętnić** dröhnen; pulsieren **tętno** N Puls *m*, Pulsschlag *m*
tężec M Wundstarrkrampf *m*
tężeć ⟨**s**-⟩ fest werden, hart werden; erstarren **tężyzna** F Vitalität *f*, Kraft *f*
tkać ⟨**u**-⟩ weben **tkanina** F Gewebe *n*, Stoff *m* **tkanka** F BIOL Gewebe *n*
tkliwy (-**wie**) liebevoll, zärtlich
tknąć PF → tykać[1]
tkwić feststecken; stecken (*a. fig*); *fig* lauern, hängen
tlić się glimmen
tło N Hintergrund *m*
tłoczyć ⟨**wy**-⟩ pressen; prägen; ~ **się** sich drängen
tłok[1] M Gedränge *n*
tłok[2] M TECH Kolben *m*
tłuc ⟨**po**-, **s**-⟩ schlagen, zerschlagen **tłuczek** M Stößel *m*; Stampfer *m* **tłuczeń** M Schotter *m*
tłum M Menge *f*
tłumacz(**ka**) M(F) *pisemny* Übersetzer(in) *m*(*f*); *ustny* Dolmetscher(in) *m*(*f*) **tłumaczenie** N Übersetzung *f* **tłumaczyć** ⟨**prze**-⟩ *pisemnie* übersetzen; *ustnie* dolmetschen ⟨**wy**-⟩ erklären; auslegen; ~ **się** sich entschuldigen (**z** *gen* für *akk*)
tłumić ⟨**s**-⟩ *dźwięk* dämpfen; *ogień* ersticken; *rewolucję* niederschlagen **tłumik** M Schalldämpfer *m*
tłusty (-**to**) fett **tłuszcz** M Fett *n* **tłuścioch** *umg* M Fettwanst *m*
to das, dies, es; **za** ~ dafür; **kto** ~? wer ist das?
toaleta F Toilette *f* **toaletowy** Toiletten-
toast M Toast *m*, Trinkspruch *m*
toczyć rollen, wälzen; TECH drehen; drechseln; *fig* führen; ~ **się** rollen; *fig* verlaufen; sich abspielen
tok M Gang *m*, Verlauf *m*
toksyczny toxisch
tolerancja F Toleranz *f* **tolerować** dulden, tolerieren
tomografia F Tomografie *f*; ~ **komputerowa** Computertomografie *f*
ton M Ton *m*, Klang *m*
tona F Tonne *f*
tonacja F Tonart *f*
tonąć ⟨**u**-⟩ ertrinken ⟨**za**-⟩ *statek* sinken
tonik M Tonic *n*
topić ⟨**u**-⟩ ertränken ⟨**za**-⟩ versenken; ⟨**roz**-, **s**-⟩ schmelzen; ~ **się** → tonąć
topielec M Ertrunkene(r) *m*/*f*(*m*)
topnieć ⟨**s**-⟩ schmelzen
topola F Pappel *f*
tor M Gleis *n*; Bahn *f*; ~ **wyścigowy** Rennbahn *f*

torba F Tasche *f*; ~ **na zakupy** Einkaufstasche *f*; ~ **sportowa** Sporttasche *f*

torebka F *damska* Handtasche *f*; (*woreczek*) Beutel *m*; Tüte *f*

tornister M Ranzen *m*

torować ⟨**u-**⟩ *drogę* bahnen

tors M Oberkörper *m*; *rzeźba* Torso *m*

torsje PL Erbrechen *n*

tort M Torte *f*

tortura F Tortur *f*, Folter *f*

tost M Toast *m*

totalny total; totalitär

towar M Ware *f* **towarowy** Waren-; Güter-, Fracht-; Last-

towarzyski (**-ko**) gesellig; gesellschaftlich **towarzystwo** N Gesellschaft *f* **towarzysz** M Gefährte *m*, Genosse *m* **towarzyszka** F Gefährtin *f*, Genossin *f* **towarzyszyć** begleiten (*dat akk*)

tożsamość F Identität *f*

tracić ⟨**s-, u-**⟩ verlieren

tradycja F Tradition *f* **tradycyjny** traditionell; konventionell

traf M Zufall *m* **trafiać** ⟨**-ić**⟩ treffen; ~ **się** *okazja* sich bieten **trafność** F Richtigkeit *f* **trafny** zutreffend

tragarz M (Gepäck)Träger *m*

tragedia F Tragödie *f* **tragiczny** tragisch

trajkotać *fig* plappern; rattern; schnarren

trakt M (Land)Straße *f*; **w trakcie** im Verlauf

traktat M Traktat *n od m*; Vertrag *m*

traktor M Traktor *m*

traktować ⟨**po-**⟩ VT behandeln **traktowanie** N Behandlung *f*

trampki FPL Freizeitschuhe *mpl*, Sportschuhe *mpl*

tramwaj M Straßenbahn *f*

transakcja F Transaktion *f*, Geschäft *n*

transfuzja F Transfusion *f*

transmisja F RADIO Übertragung *f* **transmitować** RADIO übertragen **transparent** M Spruchband *n*

transpłciowy transgender

transport M Transport *m*

transportować befördern, transportieren **transportowy** Transport-

tranzyt M Transit *m* **tranzytowy** Transit-

trapić plagen (**się** sich)

trasa F Strecke *f*; Route *f*

tratować ⟨**s-**⟩ zertreten, zertrampeln

tratwa F Floß *n*

trawa F Gras *n* **trawić** ⟨**s-**⟩ verdauen **trawienie** N Verdauung *f* **trawnik** M Rasen *m*

trąba F Trompete *f*; *słonia* Rüssel *m* **trąbić** ⟨**za-**⟩ trompeten; *auto* hupen **trąbka** F Trompete *f*; Rüssel *m*

trącać ⟨**-cić**⟩ stoßen, anstoßen, berühren; ~ **się** einander *od* sich stoßen; *kieliszkami* anstoßen

trąd M Lepra *f* **trądzik** M Akne *f*
trefl M Treff *n*, Kreuz *n*
trema F Lampenfieber *n*
tren[1] M *utwór* Klagelied *n*
tren[2] M *sukni* Schleppe *f*
trend M Trend *m*
trener(ka) M(F) Trainer(in) *m(f)* **trener osobisty** M Personaltrainer *m* **trenerka osobista** F Personaltrainerin *f* **trening** M Training *n* **treningowy** Trainings- **trenować** ⟨**wy-**⟩ trainieren
tresować ⟨**wy-**⟩ abrichten, dressieren **tresura** F Dressur *f*
treściwy inhaltsreich; gehaltvoll **treść** F Inhalt *m*
trębacz M Trompeter(in) *m(f)*
trik M Trick *m*
triumf M Triumph *m*
trochę ein wenig, etwas; **ani ~** kein bisschen; **po trochu** nach und nach
troić ⟨**po-**⟩ **się** sich verdreifachen **trojaczki** MPL Drillinge *mpl* **troje** drei
trolejbus M O-Bus *m*
tron M Thron *m*
trop M Spur *f*, Fährte *f* **tropić** verfolgen
tropikalny tropisch
troska F Sorge *f* **troskliwy** (**-wie**) fürsorglich **troszczyć się** sich kümmern (**o** *akk* um *akk*)
trójbarwny dreifarbig **trójbój** M SPORT Dreikampf *m*
Trójca F **Święta** REL Dreifaltigkeit *f* **trójkąt** M Dreieck *n*
trójkątny dreieckig **trójka** F Drei *f*
trucht M Trab *m*; **biec truchtem** traben; trippeln
trucizna F Gift *n* **truć** ⟨**o-**⟩ vergiften (**się** sich)
trud M Mühe *f*, Strapaze *f* **trudnić się** betreiben (*inst akk*); sich beschäftigen (mit *dat*) **trudność** F Schwierigkeit *f* **trudny** (**no**) schwierig, schwer **trudzić** bemühen (**się** sich)
trujący (**-co**) giftig, Gift-
trumna F Sarg *m*
trunek M Drink *m*, alkoholisches Getränk *n*
trup M Leiche *f*
truskawka F Erdbeere *f*
truteń M Drohne *f*
trutka F Gift *n*
trwać dauern; währen **trwałość** F Beständigkeit *f*; Haltbarkeit *f*, Konsistenz *f* **trwały** (**-le**) dauerhaft **trwanie** N Fortdauer *f*, Dauer *f*
trwoga F Angst *f*, Furcht *f*
trwonić ⟨**roz-**⟩ vergeuden
tryb M Art *f*, Weise *f*; GRAM Modus *m*; TECH Zahnrad *n*
trybuna F Tribüne *f* **trybunał** M Tribunal *n*, Gerichtshof *m*
trykot M Trikot *n* **trykotowy** Trikot-
tryskać ⟨**-snąć**⟩ hervorsprudeln, heraussprudeln, hervorspritzen
trzask M Krachen *n*; *umg* Geknatter *n*; **z trzaskiem** krachend **trzaskać** ⟨**-snąć**⟩

knallen, krachen
trząść ‹**po-**, **za-**› schütteln, rütteln
trzcina F Rohr *n*; **~ cukrowa** Zuckerrohr *n*
trzeba brauchen (*gen akk*); man muss; man soll; **nie ~** es ist nicht nötig
trzebić ‹**wy-**› ausmerzen; vertilgen
trzech drei **trzeci** dritte(r)
trzeć ‹**po-**› reiben
trzepać ‹**wy-**› klopfen, ausklopfen **trzepak** M Teppichstange *f*
trzepnąć *umg* PF hauen, schlagen **trzepot** M Flattern *n*
trzeszczeć ‹**za-**› krachen, knarren
trzeźwieć ‹**o-**, **wy-**› munter werden; nüchtern werden
trzeźwy (**-wo**) nüchtern
trzęsienie N: **~ ziemi** Erdbeben *n*
trzmiel M Hummel *f*
trzoda F Herde *f*; **~ chlewna** Schweine *npl*
trzon M Stütze *f*; Stiel *m* **trzonek** M Griff *m*, Stiel *m*; ELEK Sockel *m* **trzonowy** → ząb
trzpień M Bolzen *m*; Dorn *m*
trzustka F Bauchspeicheldrüse *f*
trzy drei **trzyczęściowy** dreiteilig **trzydziesty** dreißigste(r) **trzydzieści** dreißig **trzykrotny** dreimalig **trzyletni** dreijährig
trzymać halten (**się** sich)
trzynasty dreizehnte(r) **trzynaście** dreizehn **trzypiętrowy** dreistöckig **trzysta** dreihundert
tu hier; hierher
tubka F Tube *f*
tubylec M Ureinwohner(in) *m(f)*; Einheimische(r) *m/f(m)*
tucznik M Mastschwein *n* **tuczyć** ‹**u-**› mästen
tulejka F Buchse *f*, Muffe *f*
tulić ‹**przy-**› an sich drücken, herzen; **~ się** sich schmiegen (**do** *gen* an *akk*)
tulipan M Tulpe *f*
tułać się umherirren
tułów M Rumpf *m*
tuman M *kurzu* Wolke *f*
tunel M Tunnel *m*; Stollen *m*
tuńczyk M Thunfisch *m*
tupać ‹**-pnąć**› aufstampfen, trampeln **tupet** M Dreistigkeit *f* **tupot** M Getrampel *n*
tura F Tour *f*
Turcja F Türkei *f* **Turczynka** F Türkin *f* **turecki** (**po -ku**) türkisch **Turek** M Türke *m*
turkawka F Turteltaube *f*
turniej M Turnier *n* **turnus** M Turnus *m*, Durchgang *m*
turysta M Tourist *m* **turystka** F Touristin *f* **turystyczny** touristisch, Touristen- **turystyka** F Touristik *f*
tusz M Tusche *f*; Dusche *f* **tusza** F Leibesfülle *f*; *wieprzowa* (Schweine)Hälfte *f* **tuszować** ‹**za-**› *fig* vertuschen
tutaj → tu **tutejszy** hiesig

tuzin M Dutzend *n*

tuż dicht bei, dicht an; **~ obok** gleich hier; nebenan

twardnieć ⟨s-⟩ hart werden **twardość** F Härte *f* **twardy** (**-do**) hart

twarożek M Quark *m* **twaróg** M Quark *m*

twarz F Gesicht *n* **twarzowy** (**-wo**) kleidsam

twierdza F Festung *f* **twierdzenie** N Lehrsatz *m*; Behauptung *f* **twierdzić** behaupten

twoja, twoje → twój

tworzyć ⟨s-⟩ schaffen ⟨u-⟩ bilden **tworzywo** N Stoff *m*; **~ sztuczne** Kunststoff *m*

twój, twoja, twoje dein

twór M Geschöpf *n*; Gebilde *n* **twórca** M Schöpfer *m*; Gründer *m* **twórczość** F Schaffen *n* **twórczy** (**-czo**) schöpferisch

ty du

tyczka F Stange *f*; SPORT Stab *m*

tyczyć się betreffen (*gen akk*)

tyć ⟨u-⟩ zunehmen, Fett ansetzen

tydzień M Woche *f*; **Wielki Tydzień** Karwoche *f*

tygodnik M Wochenblatt *n* **tygodniowy** (**-wo**) wöchentlich

tygrys M Tiger *m*

tyka F → **tyczka**

tykać[1] ⟨**tknąć**⟩ (*dotykać*) anrühren, berühren

tykać[2] *umg* duzen

tykać[3] *zegar* ticken

tyle so viel **tylko** nur, bloß; **~ co** soeben

tylny hintere(r); rückwärtig; Hinter-; Heck-

tylu → tyle

tył M Rückseite *f*; Hinterteil *n*; Heck *n*; **w tyle** hinten; **od tyłu, z tyłu** von hinten; **do tyłu** nach hinten; zurück **tyłek** *umg* M Hintern *m*

tym desto; **im** ... **~** ... je... desto...; → ten, to

tymczasem unterdessen, inzwischen **tymczasowy** behelfsmäßig (**-wo**) vorläufig

tymianek M Thymian *m*

tynk M Putz *m* **tynkować** ⟨**o-**⟩ verputzen

typ M Typ *m*, Typus *m*; TECH *a.* Bauart *f*; Figur *f*; Gattung *f* **typować** tippen ⟨**wy-**⟩ wählen, auswählen **typowy** (**-wo**) typisch

tyrać *pop* schuften

tyranizować tyrannisieren

tysiąc tausend **tysiąclecie** N Jahrtausend *n*

tytoń M Tabak *m*

tytuł M Titel *m* **tytułować** titulieren ⟨**za-**⟩ betiteln **tytułowy** Titel-

U

u (*gen*) bei (*dat*), an (*dat*); ~ **dołu** unten; ~ **góry** oben
uaktualniać ⟨**-ić**⟩ aktualisieren
ubezpieczać ⟨**-czyć**⟩ versichern (**od** *gen* gegen *akk*; **się** sich) **ubezpieczenie** N Versicherung *f*; ~ **bagażu** Gepäckversicherung *f*;; ~ **na życie** Lebensversicherung *f*; ~ **od nieszczęśliwych wypadków** Unfallversicherung *f*; ~ **społeczne** Sozialversicherung *f*; ~ **w razie rezygnacji z podróży w ostatniej chwili** Reiserücktritt(s)versicherung *f*
ubezpieczeniowy Versicherungs- **ubezpieczyciel** M Versicherer *m*, Versicherungsanstalt *f* **ubezpieczyć** PF → ubezpieczać
ubić PF → ubijać
ubiegać ⟨**ubiec**⟩ PF zuvorkommen (*akk dat*); *nur impf* ~ **się** sich bewerben (**o** *akk* um *akk*) **ubiegłoroczny** des vergangenen Jahres, vorjährig
ubiegły vergangen
ubierać ⟨**ubrać**⟩ anziehen (**się** sich)
ubijać ⟨**ubić**⟩ feststampfen; *śmietanę* schlagen
ubikacja F Toilette *f*
ubiór M Kleidung *f*
ubliżać ⟨**-żyć**⟩ beleidigen (*dat akk*)
ubocze N: **na uboczu** abseits
uboczny Neben-
ubogi (**-go**) arm, ärmlich; schäbig; SUBST M Bedürftige(r) *m*
ubolewać bedauern (**nad** *inst akk*) **ubolewanie** N Bedauern *n*; **godny ubolewania** bedauernswert
ubój M Schlachtung *f*
ubóstwiać vergöttern, anbeten **ubóstwo** N Armut *f*
ubrać PF → ubierać **ubranie** N Kleidung *f*; Anzug *m*; ~ **sportowe** Sportzeug *f umg*
ubrany angezogen; gekleidet
ubytek M Abnahme *f*, Verlust *m*; *tkanina, ząb* Loch *n* **ubywać** ⟨**-być**⟩ abnehmen
ucałować küssen
ucho N Ohr *n*
uchodzić ⟨**ujść**⟩ entgehen; *powietrze* entweichen; *nur impf* gelten (**za** *akk* als) **uchodźca** M Flüchtling *m*
uchronić PF bewahren; ~ **się** entgehen (**od** *gen dat*)
uchwalać ⟨**-lić**⟩ beschließen; *ustawę* verabschieden
uchwała F Beschluss *m*
uchwycić PF → chwytać
uchwyt M Griff *m* **uchwytny** greifbar; wahrnehmbar
uchybiać ⟨**-ić**⟩ verstoßen (*dat* gegen *akk*) **uchybienie** N Verstoß *m*, Vergehen *n*

uchylać ⟨-lić⟩ *kapelusza* lüften; *drzwi* ein wenig öffnen; *ustawę* aufheben; ~ **się** sich entziehen (**od** *gen dat*)
uciąć PF → ucinać **uciążliwy** (**-wie**) beschwerlich; lästig
ucichać → cichnąć
uciec PF → uciekać **uciecha** F Freude *f*; Belustigung *f* **ucieczka** F Flucht *f* **uciekać** ⟨**uciec**⟩ fliehen, entfliehen
uciekinier M Flüchtling *m*
ucieleśniać ⟨**-nić**⟩ verkörpern **ucierać** ⟨**utrzeć**⟩ reiben, zerreiben **ucierpieć** PF erleiden
ucinać ⟨**uciąć**⟩ abschneiden
ucisk M Druck *m*; Unterdrückung *f* **uciskać** drücken; unterdrücken
uciszać ⟨**-szyć**⟩ beruhigen (**się** sich)
uczcić PF → czcić **uczciwość** F Ehrlichkeit *f*; Anständigkeit *f*, Redlichkeit *f* **uczciwy** (**-wie**) ehrlich, anständig, redlich
uczelnia F Lehranstalt *f*; (Hoch)Schule *f* **uczeń** M Schüler *m*; *zawodu* Azubi *m*, Lehrling *m* **uczennica** F Schülerin *f*; *zawodu* Azubi *f*,
uczepiać ⟨**-ić**⟩ befestigen; ~ **się** sich festklammern; nachhängen (*gen dat*); *fig* sich hochziehen (an *dat*)
uczesanie N Frisur *f*
uczestnictwo N Teilnahme *f*
uczestniczka F Teilnehmerin *f* **uczestniczyć** teilnehmen (**w** *lok* an *dat*) **uczestnik** M Teilnehmer *m*;
uczęszczać besuchen (**do** *gen akk*)
uczona Gelehrte *f* **uczony** M Gelehrte(r) *m*
uczta F Schmaus *m*
uczucie N Gefühl *n*, Empfindung *f* **uczuciowy** (**-wo**) emotional; gefühlvoll
uczulenie N MED Allergie *f* **uczulony** empfänglich (**na** *akk* für *akk*); allergisch (gegen *akk*)
uczyć lehren (*gen akk*), unterrichten (in *dat*); ~ **się** lernen
uczynek M Tat *f*; Werk *n*
uczynny gefällig, hilfsbereit
udać PF → udawać **udany** gelungen; vorgetäuscht
udar M: MED ~ **mózgu** Schlaganfall *m*; ~ **słoneczny** Sonnenstich *m*
udaremniać ⟨**-ić**⟩ vereiteln
udawać ⟨**udać**⟩ (*naśladować*) nachahmen; vortäuschen; ~ **się** (*powieść się*) gelingen; sich begeben (**do** *gen* nach)
udekorować PF dekorieren; auszeichnen
udeptywać ⟨**-tać**⟩ festtreten
uderzać ⟨**-rzyć**⟩ schlagen; stoßen (**o** *akk* an *akk*, gegen *akk*) **uderzający** (**-co**) frappierend **uderzenie** N Schlag *m*, Stoß *m*, Hieb *m*
udławić się PF ersticken
udo N Schenkel *m*

udobruchać PF besänftigen **udogodnienie** N Erleichterung *f*
udokumentować PF dokumentieren
udoskonalać ⟨**-lić**⟩ verbessern, vervollkommnen **udoskonalenie** N Verbesserung *f*, Vervollkommnung *f*
udostępniać ⟨**-ić**⟩ zugänglich machen **udowadniać** ⟨**-wodnić**⟩ beweisen; belegen
udręka F Plage *f*, Qual *f*
udusić PF erdrosseln
udział M Anteil *m*; Teilnahme *f*; **brać ~** teilnehmen (**w** *lok* an *dat*) **udziałowiec** M Teilhaber(in) *m(f)*
udzielać ⟨**-lić**⟩ erteilen; gewähren; **~ pomocy** Hilfe leisten
udźwignąć PF → dźwigać
ufać ⟨**za-**⟩ trauen, vertrauen **ufność** F Vertrauen *n* **ufny** vertrauensvoll; vertrauend
ufundować PF sponsern, stiften
uganiać się nachlaufen (**za** *inst dat*)
ugaszczać ⟨**ugościć**⟩ bewirten
uginać ⟨**ugiąć**⟩ biegen (**się** sich)
ugniatać ⟨**ugnieść**⟩ kneten
ugoda F Übereinkommen *n*; Vereinbarung *f*, Abkommen *n* **ugościć** PF → ugaszczać
ugotować PF → gotować
ugrupowanie N Gruppierung *f*
ugryźć beißen, abbeißen; *owad* stechen
ugrząźć PF → grzęznąć
uiszczać ⟨**uiścić**⟩ entrichten; begleichen
ujadać bellen **ujadanie** N Gebell *n*
ujawniać ⟨**-ić**⟩ an den Tag bringen, enthüllen; offenbaren; **~ się** zum Vorschein kommen
ująć PF → ujmować
ujemny negativ; nachteilig
ujeżdżać ⟨**ujeździć**⟩ *konia* zureiten **ujeżdżalnia** F Reitbahn *f*
ujma F Nachteil *m*, Schaden *m* **ujmować** ⟨**ująć**⟩ ergreifen, fassen **ujmujący** (**-co**) einnehmend
ujrzeć PF erblicken
ujście N Auslauf *m*; *rzeki* Mündung *f* **ujść** PF → uchodzić
ukarać PF → karać
ukazywać ⟨**-zać**⟩ **się** sich zeigen; *książka* erscheinen
ukąsić PF → kąsać **ukąszenie** N Biss *m*; **~ przez kleszcza** Zeckenstich *m*; *komara* Stich *m*
uklęknąć PF → klękać
układ M Anordnung *f*; Aufbau *m*; System *n*; Vertrag *m*; POL Pakt *m*; **układy** *mpl* (*pertraktacje*) Verhandlungen *fpl*; *towarzyskie* Beziehungen *fpl* **układać** ⟨**ułożyć**⟩ zurechtlegen, ordnen; stapeln, aufstapeln;

plan aufstellen; *włosy* legen; **~ się** sich hinlegen; sich gestalten **układanka** F Puzzle *n*
ukłon M Verbeugung *f*; **ukłony** *pl a.* Grüße *mpl* **ukłonić się** PF → kłaniać się
ukłucie N Stich *m*
ukochany geliebt; SUBST M Geliebte(r) *m*
ukojenie N Linderung *f*
ukończenie N Beendigung *f*; Abschluss *m* **ukończyć** PF beenden, beendigen; absolvieren
ukoronowanie N Krönung *f*
ukos M: **na ~** schrägüber; **z ukosa** von der Seite **ukośny** schräg
ukradkiem heimlich, verstohlen
Ukraina F Ukraine *f* **Ukrainiec** M Ukrainer *m* **Ukrainka** F Ukrainerin *f* **ukraiński** (**po-ku**) ukrainisch
ukrajać abschneiden **ukraść** PF stehlen
ukroić PF → krajać, ukrajać
ukrop M kochendes Wasser *n*
ukrywać ⟨**-yć**⟩ verbergen (**się** sich)
ukształtować PF → kształtować **ukształtowanie** N Gestaltung *f*
ul M Bienenkorb *m*
ulał: **jak ~** wie angegossen
ulatniać ⟨**ulotnić**⟩ **się** sich verflüchtigen; *umg fig* verduften
ulatywać ⟨**ulecieć**⟩ wegfliegen
ulec PF → ulegać
uleczalny heilbar
ulegać ⟨**ulec**⟩ erliegen; unterliegen **uległy** (**-le**) fügsam; nachgiebig
ulepszać ⟨**-szyć**⟩ verbessern
ulepszenie N Verbesserung *f*
ulewa F Platzregen *m* **ulewny** *deszcz* stark, heftig
ulga F Erleichterung *f*; Linderung *f* **ulgowy** ermäßigt (**-wo**) mit Ermäßigung; mit halber Kraft
ulica F Straße *f* **uliczka** F Gasse *f*; **~ ślepa** Sackgasse *f*
uliczny Straßen-
ulokować PF → lokować
ulotka F Flyer *m*; Flugblatt *n*
ulotnić się PF → ulatniać się
ultrasonografia F Ultraschalluntersuchung *f*
ulubienica F Liebling *m* **ulubieniec** M Liebling *m* **ulubiony** Lieblings-
ulżyć PF erleichtern (**w** *lok akk*)
ułamywać ⟨**-mać**⟩ (**się**) abbrechen **ułamek** M Bruchstück *n*, Bruchteil *m* **ułamkowy** MATH Bruch-
ułaskawiać ⟨**-ić**⟩ begnadigen
ułatwiać ⟨**-ić**⟩ erleichtern
ułatwienie N Erleichterung *f*
ułomność F Gebrechen *n*
ułomny gebrechlich
ułożyć PF → układać
umacniać ⟨**umocnić**⟩ festigen, befestigen; *fig* stärken, bestärken

umarzać ⟨**umorzyć**⟩ *dług* tilgen; JUR *postępowanie* niederschlagen **umawiać** ⟨**umówić**⟩ **się** sich verabreden
umeblowanie N Einrichtung *f*
umiar M Maß *n* **umiarkowany** gemäßigt; maßvoll
umieć können **umiejętność** F Kenntnis *f*; Fertigkeit *f*
umiejętny sachkundig; geschickt, gekonnt
umiejscawiać ⟨**-cowić**⟩ lokalisieren
umierać ⟨**umrzeć**⟩ sterben **umieszczać** ⟨**-ścić**⟩ unterbringen
umknąć PF → umykać
umniejszać ⟨**-szyć**⟩ verkleinern; verringern
umocnić PF → umacniać **umocnienie** N Befestigung *f*, Festigung *f* **umocowywać** ⟨**-ować**⟩ befestigen; festmachen **umoczyć** PF → maczać
umorzenie N Tilgung *f*; JUR Niederschlagung *f* **umorzyć** PF → umarzać
umowa F Vertrag *m*; Vereinbarung *f*; **~ o pracę** Arbeitsvertrag *m*; **~ zbiorowa** Tarifvertrag *m* **umowny** vertraglich, Vertrags-
umożliwiać ⟨**-wić**⟩ ermöglichen, möglich machen
umówić PF → umawiać **umrzeć** PF → umierać **umyć** PF → myć
umykać ⟨**umknąć**⟩ flüchten
umysł M Geist *m*, Verstand *m* **umysłowy** ⟨**-wo**⟩ geistig, Geistes-; **pracownik** *m* **~** *a.* Intellektuelle(r) *m/f(m)*
umyślny vorsätzlich
umywalka F Waschbecken *n* **umywalnia** F Waschraum *m*
unia F Bündnis *n*, Union *f*; **Unia Europejska** Europäische Union *f*
uniemożliwiać ⟨**-wić**⟩ unmöglich machen; verhindern
unieruchomić PF bewegungslos machen; stilllegen
unieszczęśliwiać ⟨**-wić**⟩ unglücklich machen **unieszkodliwiać** ⟨**-wić**⟩ unschädlich machen
unieść się PF → unosić się
unieważniać ⟨**-ić**⟩ ungültig machen, für ungültig erklären; annullieren **uniewinniać** ⟨**-ić**⟩ freisprechen **uniewinnienie** N Freispruch *m* **uniezależniać** ⟨**-ić**⟩ **się** sich selbstständig machen
unijny Unions-
unikać ⟨**-knąć**⟩ ausweichen (*gen dat*); meiden, vermeiden (*akk*) **unikalny** unikal, einmalig
uniwersalny universell
uniwersytecki Universitäts- **uniwersytet** M Universität *f*
unormować PF normalisieren (**się** sich), normieren
unosić ⟨**unieść**⟩ **się** sich erheben; *fig* aufbrausen **uno-**

unowocześniać ⟨**-ić**⟩ modernisieren
uodporniać ⟨**-ić**⟩ widerstandsfähig machen
uogólniać ⟨**-ić**⟩ verallgemeinern **uogólnienie** N Verallgemeinerung *f*
uosabiać verkörpern **uosobienie** N Verkörperung *f*
upadać ⟨**upaść**⟩ fallen, stürzen **upadek** M Sturz *m*; Verfall *m*, Niedergang *m* **upadłość** F FIN Konkurs *m*, Bankrott *m*
upajać ⟨**upoić**⟩ betrunken machen; **~ się** sich berauschen (*inst* an *dat*)
upalny heiß **upał** M Hitze *f*
upamiętniać ⟨**-ić**⟩ verewigen, unvergesslich machen
uparciuch *umg* M Dickkopf *m*
uparty (**-cie**) hartnäckig; starrköpfig
upaść PF → upadać
upewniać ⟨**-ić**⟩ versichern; **~ się** sich vergewissern
upić się PF → upijać się
upiec PF → piec[2] **upierać** ⟨**uprzeć**⟩ **się** bestehen, beharren (**przy** *lok* auf *dat*)
upierzenie N Gefieder *n*
upiększać ⟨**-szyć**⟩ verschönern; schmücken, ausschmücken
upijać ⟨**upić**⟩ **się** sich betrinken
upiorny gespensterhaft **upiór** M Gespenst *n*
upłynąć PF → upływać
upływ M Abfluss *m*; *czasu* Ablauf *m*; **~ krwi** Blutverlust *m*
upływać ⟨**-ynąć**⟩ vergehen; fließen; *termin* ablaufen
upodabniać ⟨**-dobnić**⟩ ähnlich machen, angleichen; **~ się** ähnlich werden, sich angleichen (**do** *gen dat*)
upoić PF → upajać **upokarzać** ⟨**-korzyć**⟩ demütigen (**się** sich) **upokorzenie** N Demütigung *f*
upominać ⟨**-mnieć**⟩ mahnen, ermahnen; **~ się** zurückfordern (**o** *akk akk*) **upominek** M Geschenk *n*, Andenken *n* **upomnieć** PF → upominać
upomnienie N Mahnung *f*, Ermahnung *f*
uporać się PF fertig werden (**z** *inst* mit *dat*) **uporczywy** (**-wie**) hartnäckig, zäh; *spojrzenie* starr
uporządkować PF ordnen; regeln **upośledzenie** N MED Behinderung *f*; *fukcjonowania* Beeinträchtigung *f* **upośledzony** mit eingeschränkter Mobilität; behindert, körperbehindert; beeinträchtigt; SUBST M *neg!* Behinderte(r) *m*
upoważniać ⟨**-ić**⟩ ermächtigen (**do** *gen* zu *dat*) **upoważnienie** N Ermächtigung *f*; Vollmacht *f*
upowszechniać ⟨**-ić**⟩ verbreiten **upozorować** PF vortäuschen
upór M Trotz *m*; Hartnäckig-

keit *f*; Starrsinn *m*
upragniony ersehnt
upraszczać ⟨uprościć⟩ vereinfachen
uprawa F *roli* Bearbeitung *f*; *zboża* Anbau *m* **uprawiać** *pole* bestellen; *rośliny* anbauen; betreiben; *sport* treiben
uprawniać ⟨-ić⟩ berechtigen (**do** *gen* zu *dat*) **uprawnienie** N Berechtigung *f*
uprościć PF → upraszczać
uprowadzać ⟨-dzić⟩ entführen **uprowadzenie** N Entführung *f*
uprzeć się PF → upierać się
uprzedzać ⟨-dzić⟩ zuvorkommen (*akk dat*); warnen (**o** *lok* vor *dat*) **uprzedzenie** N Voreingenommenheit *f*
uprzejmość F Höflichkeit *f*
uprzejmy (-mie) höflich
uprzyjemniać ⟨-ić⟩ angenehm machen **uprzytomniać ⟨-ić⟩ sobie** sich vergegenwärtigen **uprzywilejowany** privilegiert
upuścić PF fallen lassen
urabiać ⟨urobić⟩ bilden, formen **uradować** PF erfreuen **uratować** PF → ratować
uraz m Verletzung *f*; Trauma *n* **uraza** F Groll *m* **urazić** PF verletzen
uregulować PF regeln; *urządzenie* einstellen; FIN begleichen
urlop M Urlaub *m*; ~ **narciarski** Skiurlaub *m* **urlopowicz(ka)** *umg* M(F) Urlauber(in) *m(f)*
urna F Urne *f*
urobić PF → urabiać
uroczy (-czo) bezaubernd, reizvoll
uroczystość F Feier *f*; Feierlichkeit *f* **uroczysty (-ście)** feierlich
uroda F Schönheit *f*
urodzaj M (gute) Ernte *f* **urodzajny** fruchtbar
urodzenie N Geburt *f*; **data** *f* **urodzenia** Geburtsdatum *n*
urodziny PL Geburtstag *m*
urodzony geboren
urojony eingebildet
urok M Reiz *m*, Zauber *m*
urosnąć PF → rosnąć
urozmaicenie N Abwechslung *f* **urozmaicony** abwechslungsreich
uruchamiać ⟨-chomić⟩ in Betrieb setzen; *silnik* anlassen **uruchomienie** N Inbetriebnahme *f*
urwać PF → urywać **urwis** M (Lause)Bengel *m* **urwisko** N Abhang *m* **urwisty (-to)** steil abfallend
urywać ⟨urwać⟩ abreißen (*a.* **się**); abpflücken, pflücken **urywek** M Bruchstück *n*; Fragment *n*
urząd M Amt *n*; Behörde *f*; ~ **stanu cywilnego** Standesamt *n*; ~ **pracy** Arbeitsamt *n*; ~ **skarbowy** Finanzamt *n*; **z urzędu** von Amts wegen

urządzać ⟨**-dzić**⟩ veranstalten; einrichten **urządzenie** N Einrichtung *f*; Vorrichtung *f*
urzeczywistniać ⟨**-ić**⟩ umsetzen, verwirklichen
urzędniczka F Beamtin *f*
urzędnik M Beamte(r) *m*
urzędować amtieren **urzędowy** Amts- (**-wo**) amtlich
USA PL USA *pl*
uschnąć PF → usychać
usiąść PF → siadać
USG N Ultraschalluntersuchung *f*, **zrobić badanie ~** eine Ultraschalluntersuchung machen *umg*
usilny dringend, inständig
usiłować PF trachten, versuchen **usiłowanie** N Bemühung *f*; Versuch *m*
uskarżać się klagen, sich beklagen (**na** *akk* über *akk*)
usłuchać PF hören (*gen* auf *akk*) **usługa** F Dienst *m*; **usługi** *pl a.* Dienstleistungen *fpl*
usługiwać dienen, bedienen
usługowy Dienstleistung-;
usłyszeć PF → słyszeć
usnąć PF einschlafen
uspokajać ⟨**-koić**⟩ beruhigen (**się** sich) **usposobienie** N Wesen *n*; Laune *f*
usprawiedliwiać ⟨**-ić**⟩ entschuldigen (**się** sich) **usprawiedliwienie** N Entschuldigung *f*, Rechtfertigung *f*
usprawniać ⟨**-ić**⟩ verbessern
usprawnienie N Verbesserung *f*
usta PL Mund *m*
ustać PF → ustawać **ustalać** ⟨**-lić**⟩ bestimmen, feststellen; festlegen **ustalenie** N Bestimmung *f*, Feststellung *f*; Festlegung *f* **ustanawiać** ⟨**-nowić**⟩ einführen; einsetzen **ustawa** F Gesetz *n* **ustawać** ⟨**ustać**⟩ aufhören; nachlassen
ustawiać ⟨**-ić**⟩ aufstellen, hinstellen **ustawiczny** ständig, fortwährend; ADV *a.* immerfort
ustawodawca M Gesetzgeber *m* **ustawodawstwo** N Gesetzgebung *f* **ustawowy** (**-wo**) gesetzlich
ustąpić PF → ustępować
usterka F Fehler *m*, Mangel *m*
ustęp M *tekstu* Abschnitt *m*; Klosett *n* **ustępliwy** (**-wie**) nachgiebig **ustępować** ⟨**ustąpić**⟩ zurücktreten; zurückweichen, weichen; nachgeben **ustępstwo** N Zugeständnis *n*
ustnik M Düse *f*; Mundstück *n*
ustny mündlich; Mund-
ustosunkowywać ⟨**-ować**⟩ **się** Stellung nehmen (**do** *gen* zu *dat*)
ustronny abgelegen; einsam, ruhig
ustrój M Organismus *m*; System *n*; Struktur *f*; **~ państwowy** Staatsform *f*
usunięcie N Beseitigung *f*
usuwać ⟨**usunąć**⟩ beseiti-

gen, entfernen **usychać** ⟨**uschnąć**⟩ austrocknen, eintrocknen; verdorren **usypywać** ⟨**-pać**⟩ aufschütten **usypiać** ⟨**uśpić**⟩ einschläfern

uszczelka F TECH Dichtung *f* **uszczelniać** ⟨**-ić**⟩ abdichten

uszczerbek M Schaden *m*, Verlust *m*; Nachteil *m*

uszczęśliwiać ⟨**-ić**⟩ beglücken

uszczypliwy ⟨**-wie**⟩ boshaft; anzüglich **uszczypnąć** PF → szczypać

uszkadzać ⟨**uszkodzić**⟩ beschädigen; verletzen

uszko N Henkel *m*; *igły* Öhr *n*; **uszka** *pl* Tortellini *pl*

uszkodzenie N Beschädigung *f*; Schaden *m* **uszkodzić** PF → uszkadzać **uszkodzony** beschädigt; verletzt

uszlachetniać ⟨**-ić**⟩ veredeln

uszyć PF → szyć

uścisk M Umarmung *f*; ~ **dłoni** Händedruck *m* **uściskać** ⟨**-snąć**⟩ umarmen; *rękę* drücken

uśmiech M Lächeln *n* **uśmiechać** ⟨**-chnąć**⟩ **się** lächeln **uśmiechnięty** lächelnd

uśmiercać ⟨**-cić**⟩ töten

uśmierzać ⟨**-rzyć**⟩ *ból* lindern

uśpić PF → usypiać

uświadamiać ⟨**-domić**⟩ aufklären; ~ **sobie** sich bewusst werden (*akk gen*)

utajony verborgen **utalentowany** begabt, talentiert

utarg M Erlös *m*; ~ **dzienny** Tageserlös *m* **utargować** PF einnehmen; herunterhandeln

utarty zerrieben; *fig* gängig, üblich

utknąć PF stecken bleiben **utkwić** PF *spojrzenie* heften; *w pamięci* haften bleiben

utleniony *włosy* blondiert

utonąć PF ertrinken **utopić** PF ertränken

utracić PF verlieren **utrapienie** N Ärger *m*; Kummer *m*

utrata F Verlust *m*

utrudniać ⟨**-ić**⟩ erschweren

utrwalacz M FOTO Fixiersalz *n*

utrwalać ⟨**-lić**⟩ festigen; FOTO fixieren

utrzeć PF → ucierać

utrzymanie N (Lebens)Unterhalt *m*; Verpflegung *f* **utrzymywać** ⟨**-mać**⟩ halten (**się** sich); *rodzinę* unterhalten; erhalten, aufrechterhalten

utworzenie N Bildung *f*, Schaffung *f* **utworzyć** PF → tworzyć **utwór** M Schöpfung *f*, Werk *n*

utyć PF → tyć

utykać hinken

uwaga F Aufmerksamkeit *f*, Beachtung *f*; Bemerkung *f*; ~! Achtung!, Vorsicht!

uwalniać ⟨**uwolnić**⟩ befreien (**się** sich)

uważać aufpassen; halten (**za** *akk* für *akk*; **się** sich) **uważny**

aufmerksam
uwidaczniać ⟨**-docznić**⟩ zeigen, sichtbar machen
uwielbiać vergöttern, anbeten **uwielbienie** N Anbetung *f*
uwierzyć PF → wierzyć **uwierzytelniać** ⟨**-ić**⟩ beglaubigen **uwierzytelnienie** N Beglaubigung *f*
uwieść PF → uwodzić
uwięzić PF einkerkern
uwikłać PF verwickeln (**się** sich)
uwodziciel(ka) M(F) Verführer(in) *m(f)* **uwodzić** ⟨**uwieść**⟩ verführen
uwolnić PF → uwalniać
uwolnienie N Befreiung *f*
uwydatniać ⟨**-ić**⟩ hervorheben; ~ **się** sich herausheben
uwzględniać ⟨**-ić**⟩ berücksichtigen **uwzględnienie** N Berücksichtigung *f*
uzależniać ⟨**-ić**⟩ abhängig machen (**od** *gen* von *dat*) **uzależnienie** N Abhängigkeit *f*; Abhängigmachen *n* **uzależniony** abhängig
uzasadniać ⟨**-ić**⟩ begründen
uzasadnienie N Begründung *f*
uzbrajać ⟨**uzbroić**⟩ bewaffnen (**w** *akk* mit *dat*; **się** sich); ausrüsten **uzbrojenie** N Bewaffnung *f*; Ausrüstung *f*
uzda F Zaum *m*
uzdatniać ⟨**-ić**⟩ *wodę* aufbereiten
uzdolnienie N Begabung *f*
uzdolniony begabt
uzdrawiać ⟨**uzdrowić**⟩ gesund machen, heilen **uzdrowisko** N Kurort *m*
uzębienie N Gebiss *n*
uzgadniać ⟨**uzgodnić**⟩ abstimmen; verabreden
uzmysławiać ⟨**-łowić**⟩ veranschaulichen; → uprzytomniać
uznanie N Anerkennung *f*; Ermessen *n* **uznawać** ⟨**uznać**⟩ anerkennen
uzupełniać ⟨**-ić**⟩ ergänzen
uzupełnienie N Ergänzung *f*
uzyskiwać ⟨**-kać**⟩ erlangen
użycie N Gebrauch *m*, Benutzung *f* **użyć** PF → używać
użyteczny nützlich, Nutz-
użytek M Gebrauch *m* **użytkować** nutzen; verwenden
użytkowanie N Nutznießung *f* **użytkowniczka** F Benutzerin *f*; Nutznießerin *f*
użytkownik *m* Benutzer *m*; Nutznießer *m* **używać** ⟨**użyć**⟩ benutzen, gebrauchen; verwenden **używany** gebraucht

W

w (*akk, lok*) in (*dat, akk*); ~ **nocy** bei Nacht, nachts; **dzień** ~

dzień Tag für Tag; ~ **domu** zu Hause; **we wtorek** am Dienstag; ~ **podróży** auf Reisen; unterwegs; **grać** ~ **karty** Karten spielen
wabić ⟨**z-**⟩ locken, anlocken
wada F *a.* MED Fehler *m*; Mangel *m* **wadliwy** (**-wie**) fehlerhaft, mangelhaft
wafel M Waffel *f*
waga F Waage *f*; *a. fig* Gewicht *n*; **na wagę** nach Gewicht; ~ **bagażowa** FLUG Gepäckwaage *f*
wagarować die Schule schwänzen
wagon M BAHN Waggon *m*, Wagen *m*; ~ **restauracyjny** Speisewagen *m*; ~ **sypialny** Schlafwagen *m*
wahać się pendeln; *fig* schwanken **wahadło** N Pendel *n* **wahadłowy** (**-wo**) Pendel- **wahanie** N Pendeln *n*; *fig* Schwanken *n*, Zögern *n*
wakacje PL Ferien *pl* **wakacyjny** Ferien-
walc M Walzer *m*
walczyć kämpfen
walec M Walze *f*; MATH Zylinder *m* **waleczny** tapfer
walet M *w kartach* Bube *m*
walić hauen, schlagen; → obalać, zwalać; ~ ⟨**za-**⟩ **się** einstürzen, zusammenstürzen
walizka F Koffer *m*; ~ **na kółkach** Rollkoffer *m*, Trolley *m*
walka F Kampf *m*; ~ **wręcz** Nahkampf *m*; ~ **o wolność** Freiheitskampf *m*
walny Haupt-; **walne zgromadzenie** *n* Generalversammlung *f*
walor M Vorzug *m*; **walory** *pl a.* Wertpapiere *npl*
waluta F Währung *f*
wał M Wall *m*; Deich *m*; TECH ~ **napędowy** Antriebswelle *f* **wałek** M Welle *f*; Walze *f*; Rolle *f*; ~ **do ciasta** Nudelholz *n*
wałęsać się sich herumtreiben
wałkować ⟨**roz-**⟩ *ciasto* ausrollen; *umg problem* wälzen
wanilia F Vanille *f* **waniliowy** Vanille-
wanna F (Bade)Wanne *f*
wapienny Kalk- **wapień** M Kalkstein *m* **wapno** N Kalk *m* **wapń** M Kalzium *n*
warcaby PL Damespiel *n*
warczeć ⟨**warknąć**⟩ knurren; brummen
warga F Lippe *f*
wariant M Variante *f*
wariat(ka) M(F) Verrückte(r) *m/f(m)* **wariować** ⟨**z-**⟩ verrückt werden, verrückt spielen
warknąć PF → warczeć
warkocz M (Haar)Zopf *m*
warownia F Burg *f*, Kastell *n* **warowny** befestigt
warstwa F Schicht *f* (*a. fig*); Lage *f*
warsztat M Werkstatt *f*
wart wert
warta F Wache *f*
wartki (**-ko**) schnell; reißend

warto es lohnt sich, es wäre gut **wartościowy** wertvoll, Wert- **wartość** F Wert *m*
wartownik M Wachmann *m*
warunek M Bedingung *f* **warunkowy** (**-wo**) bedingt
warzywny Gemüse- **warzywo** N Gemüse *n*
was euch **wasi** PL eure
wasz, wasza, wasze euer
wata F Watte *f*
wawrzyn M Lorbeer *m*
waza F Vase *f*; *na zupę* Terrine *f*
wazelina F Vaseline® *f*
wazon M Blumentopf *m*
ważka F Libelle *f*
ważki gewichtig **ważniak** *umg* M Wichtigtuer(in) *m(f)*
ważność F Wichtigkeit *f*; Gültigkeit *f* **ważny** wichtig; gültig
ważyć ⟨*v/t a.* **z-**⟩ wiegen; *fig* wägen
wąchać ⟨**po-**⟩ riechen (*akk* an *dat*)
wągier M Mitesser *m*
wąs M Schnurrbart *m* **wąsaty** mit Schnurrbart
wąski (**-ko**) schmal; eng **wątek** M *fig* Faden *m*; Motiv *n*
wątły (**-ło**) schwächlich, zart; kümmerlich
wątpić zweifeln (**w** *akk* an *dat*) **wątpienie** N: **bez wątpienia** zweifellos **wątpliwość** F Zweifel *m* **wątpliwy** (**-wie**) zweifelhaft; fraglich
wątroba F Leber *f* **wątrobianka** F Leberwurst *f* **wątróbka** F GASTR Leber *f*
wąwóz M Schlucht *f*
wąż M Schlange *f*; TECH Schlauch *m*
wbić PF → wbijać
wbiegać ⟨**wbiec**, **-gnąć**⟩ hereinlaufen; ~ **na górę** hinauflaufen
wbijać ⟨**wbić**⟩ einschlagen
wbrew (*dat*) entgegen (*dat*), trotz (*gen*)
wbudowywać ⟨**-ować**⟩ einbauen
wcale: ~ **nie** (ganz und) gar nicht; ~ **dobrze** ganz gut
wchłaniać ⟨**wchłonąć**⟩ aufsaugen, resorbieren; *fig* aufnehmen
wchodzić ⟨**wejść**⟩ hereinkommen, eintreten; hineingehen (**do** *gen* in *akk*); betreten (**na** *akk akk*); ~ **na górę** hinaufgehen; ~ **w życie** in Kraft treten
wciąć PF → wcinać
wciągać ⟨**-gnąć**⟩ hineinziehen
wciąż immerfort; ~ **jeszcze** immer noch
wcielać ⟨**-lić**⟩ eingliedern, einverleiben (**do** *gen* in *akk*)
wcielony leibhaftig
wcierać ⟨**wetrzeć**⟩ einreiben
wcięcie N Einschnitt *m*; TYPO Einzug *m* **wcięty** *suknia* auf Taille gearbeitet
wcinać ⟨**wciąć**⟩ einschneiden; *umg jedzenie umg* verputzen
wciskać ⟨**-snąć**⟩ eindrücken,

hineindrängen (**się** sich)
wczasowicz(ka) M(F) Feriengast *m* **wczasowy** Ferien-
wczasy PL Ferien *pl*, Urlaub *m*; **~ nad morzem** Strandurlaub *m*; **~ w ekskluzywnym klubie** Cluburlaub *m*
wczesny (-śnie) früh, frühzeitig **wcześniak** M Frühchen *n*
wczoraj gestern
wczuwać ⟨-uć⟩ się sich einfühlen
wdawać ⟨wdać⟩ się sich einlassen
wdech M Einatmung *f*
wdepnąć PF treten (**w** *akk* in *akk*)
wdmuchiwać ⟨-chać⟩ hineinblasen
wdowa F Witwe *f* **wdowiec** M Witwer *m*
wdrapywać ⟨-pać⟩ się hinaufklettern (**na** *akk* auf *akk*), erklimmen (*akk*)
wdrażać ⟨wdrożyć⟩ einarbeiten (**do** *gen* in *akk*); *postępowanie* einleiten
wdychać einatmen
wdzierać się eindringen (**do** *gen* in *akk*)
wdzięczność F Dankbarkeit *f* **wdzięczny** dankbar **wdzięk** M Anmut *f*, Charme *m*
we → w
według (*gen*) nach (*dat*), gemäß (*dat*)
wedrzeć się PF → wdzierać się
weekend M Wochenende *n*
weganin M Veganer *m*
weganka F Veganerin *f*
wegański vegan
wegetarianin M Vegetarier *m*
wegetarianka F Vegetarierin *f*
wegetariański vegetarisch
wejście N Eingang *m* **wejściowy** Eingangs-; Eintritts-
wejść PF → wchodzić
weksel M HANDEL Wechsel *m*
wellness M Wellness *f*
welon M Schleier *m*
wełna F Wolle *f* **wełniany** Woll-, wollen
weneryczny: **choroba** F **weneryczna** Geschlechtskrankheit *f*
wentylacja F Lüftung *f*
wepchnąć PF → wpychać
weranda F Veranda *f*
wersalka F Schlafcouch *f*
wersja F Version *f*
wesele N Hochzeit *f* **weselić się** sich amüsieren, lustig sein
weselny Hochzeits-
wesołość F Fröhlichkeit *f* **wesoły (-ło)** fröhlich, lustig
wesprzeć PF → wspierać
wessać PF → wsysać
westchnąć PF → wzdychać
westchnienie N Seufzer *m*
wesz F Laus *f*
weteran(ka) M(F) Veteran(in) *m(f)*
weterynarz M Tierarzt *m*, Tierärztin *f*
wetknąć PF → wtykać **wetrzeć** PF → wcierać
wewnątrz ADV innen, drinnen; **do/od ~** nach/von innen; PRÄP

(*gen*) in (*dat*), innerhalb (*gen*)
wewnętrzny innere(r); innerlich; Binnen-
wezbrać PF → wzbierać **wezbrany** *rzeka* angeschwollen
wezwać PF → wzywać **wezwanie** N Aufforderung *f*; *do sądu* Vorladung *f*
węch M Geruch *m*
wędka F Angel *f* **wędkarski** Angel- **wędkować** angeln
wędlina F Wurstwaren *fpl*
wędrować wandern **wędrowiec** M Wanderer *m*, Wanderin *f* **wędrowny** Wander-; wandernd **wędrówka** F Wanderung *f*
wędzić ⟨**u-**⟩ räuchern
wędzonka F Räucherspeck *m*
wędzony geräuchert
węgiel M Kohle *f*; ~ **drzewny** Holzkohle *f*
Węgier(ka) M(F) Ungar(in) *m(f)*
węgierski (**po -ku**) ungarisch
węglowodan M Kohlenhydrat *n* **węglowy** Kohle(n)-
węgorz M Aal *m*
Węgry PL Ungarn *n*
węszyć schnüffeln
węzeł M Knoten *m*
wężowaty (**-to**) schlangenartig **wężowy** Schlangen-
węższy enger; schmaler
wężyk M kleine Schlange *f*; dünner Schlauch *m*; Schlangenlinie *f*
wgląd M Einblick *m*
wgłębiać ⟨**-ić**⟩ **się** sich vertiefen **wgłębienie** N Vertiefung *f*
wiać wehen
wiadomość F Nachricht *f*; **podać do wiadomości** zur Kenntnis geben **wiadomy** (**-mo**) bekannt
wiadro N Eimer *m*
wiadukt M Viadukt *m*, Talbrücke *f*
wianek M Kranz *m*
wiara F Glaube *m* **wiarygodny** glaubwürdig
wiatr M Wind *m*; → poryw
wiatrak M Windmühle *f*; Windrad *n* **wiatrówka** F *kurtka* Windjacke *f*; *broń* Luftgewehr *n*
wiąz M Ulme *f*
wiązać ⟨**z-**⟩ binden (**się** sich)
wiązanie N Bindung *f*; Gebinde *n* **wiązanka** F Strauß *m*; Schimpfwörter *npl* **wiązka** F Bund *n*, Bündel *n*
wicedyrektor M stellvertretende(r) Direktor *m*, stellvertretende Direktorin *f*
wicher M Sturmwind *m* **wichrzyciel** M Unruhestifter(in) *m(f)*
wichura F → wicher
wić winden (**się** sich); *gniazdo* bauen; *wianek* flechten
widać sehen können, zu sehen sein; PARTIKEL offensichtlich
widelec M Gabel *f* **widełki** PL (Telefon)Gabel *f*
widły PL Forke *f*, Gabel *f*
widmo[1] N Gespenst *n*
widmo[2] N Spektrum *n*

widnieć zu sehen sein **widnokrąg** M Horizont *m* **widny (-no)** hell
widoczność F Sicht *f* **widoczny** sichtbar
widok M Anblick *m*; Ansicht *f*, Aussicht *f* **widokówka** F Ansichtskarte *f* **widowisko** N Schau *f*, Vorstellung *f* **widownia** F Zuschauerraum *m*; Publikum *n*; *fig* Schauplatz *m* **widywać** ab und zu sehen; **~ się** sich hin und wieder treffen
widz M Zuschauer(in) *m(f)* **widzenie** N Sehen *n*; **punkt widzenia** Gesichtspunkt *m*; **do widzenia!** auf Wiedersehen! **widzialny** sichtbar **widzieć** sehen
wiec M Kundgebung *f*
wieczerza F Abendmahl *n*
wieczność F Ewigkeit *f*
wieczny ewig; → pióro
wieczorek M Abend *m* **wieczorny** abendlich, Abend-
wieczorowy abendlich, Abend- **wieczorówka** F *umg* Volkshochschule *f*
wieczór M Abend *m*; **pod ~** gegen Abend; **dobry ~!** guten Abend!; **wieczorem** abends
wieczysty (-ście) ewig; **wieczysta dzierżawa** *f* Erbpacht *f*
Wiedeń M Wien *n*
wiedza F Wissen *n*; Kenntnisse *fpl* **wiedzieć** wissen
wiedźma F Hexe *f*
wiejski (po -ku) ländlich; Land-, Dorf-
wiek M Alter *n*; Jahrhundert *n*; Zeitalter *n* **wieko** N Deckel *m* **wiekowy** jahrhundertealt; Alters-
wielbiciel(ka) M(F) Verehrer(in) *m(f)*; Bewunderer *m*, Bewunderin *f*
wielbłąd M Kamel *n*
wiele viel; **tak ~** so viel; **za ~** zu viel
wielebny ehrwürdig
Wielkanoc F Ostern *n od pl*; **na ~** zu Ostern **wielkanocny** österlich; Oster-
wielki groß, Groß-, Riesen-
wielkoduszny großherzig **wielkomiejski** großstädtisch, Großstadt- **wielkość** F Größe *f*
wielobarwny vielfarbig; farbenreich **wielokropek** M Auslassungspunkte *mpl* **wielokrotny** mehrmalig; vielfach **wieloletni** vieljährig **wieloryb** M Wal *m* **wielostronny** vielseitig **wieloznaczny** vieldeutig
wieniec M Kranz *m*
wieńcowy MED Herzkranz- **wieńczyć** ⟨**u-**, **z-**⟩ bekränzen; *fig* krönen
wieprz M Eber *m* **wieprzowina** F Schweinefleisch *n* **wieprzowy** Schweins-, Schweine-
wiercić bohren; **~ się** sich winden; *umg* zappeln
wierność F Treue *f* **wierny** treu; SUBST M Gläubige(r) *m*
wiersz M Gedicht *n*; Vers *m*;

Zeile *f*
wiertarka F Bohrmaschine *f*
wiertło N Bohrer *m* **wierzący** gläubig; → *a.* **wierny**
wierzba F BOT Weide *f*
wierzch M Oberteil *n*; **na ~** obendrauf; nach oben
wierzchni Ober- **wierzchołek** M Gipfel *m*, Spitze *f*; MATH Scheitel *m* **wierzchowiec** M Reitpferd *n*
wierzyciel(ka) M(F) Gläubiger(in) *m(f)* **wierzyć** glauben (**w** *akk* an *akk*)
wieszać hängen, aufhängen **wieszak** M Kleiderständer *m*; Kleiderbügel *m*; Aufhänger *m*
wieś F Dorf *n*
wieść[1] F Nachricht *f*
wieść[2] ⟨**po-**⟩ führen
wieśniaczka F Bäuerin *f* **wieśniak** M Bauer *m*
wietrzeć ⟨**wy-**⟩ *zapach* verfliegen ⟨**z-**⟩ verwittern **wietrzny** (**-no**) windig **wietrzyć** ⟨**wy-**⟩ lüften
wiewiórka F Eichhörnchen *n*
wieźć ⟨**od-**, **za-**⟩ fahren, befördern
wieża F Turm *m* **wieżowiec** M Hochhaus *n*
więc also, folglich, mithin; **a ~** und zwar **więcej** mehr
więdnąć ⟨**z-**⟩ welken, verwelken
większość F Mehrheit *f*; Mehrzahl *f* **większy** größer
więzić gefangen halten **więzienie** N Gefängnis *n*; Haft *f*
więzienny Gefängnis- **więzień** M Sträfling *m*, Häftling *m* **więznąć** ⟨**u-**⟩ stecken bleiben **więzy** PL: **~ rodzinne** Familienbande *pl* **więź** F Verbindung *f* **więźniarka** F Gefangene *f*, weiblicher Häftling *m*
wigilia F Vorabend *m*; **Wigilia** *f* **Bożego Narodzenia** Heiligabend *m* **wigilijny** Weihnachts-
wilczur M Schäferhund *m*
wilgoć F Feuchtigkeit *f* **wilgotny** feucht
wilk M Wolf *m*
willa F Villa *f*
wina F Schuld *f*
winda F Aufzug *m*; Fahrstuhl *m*
winiak M Weinbrand *m* **winiarnia** F Weinstube *f*
winić beschuldigen **winien** schuldig
winnica F Weinberg *m* **winniczek** M Weinbergschnecke *f*
winny[1] → winien
winny[2] Wein- **wino** N Wein *m* **winobranie** N Weinlese *f* **winogrono** N Weintraube *f* **winorośl** F Weinstock *m*
winowajca M Schuldige(r) *m*, Täter *m* **winowajczyni** F Schuldige *f*, Täterin *f*
winszować ⟨**po-**⟩ gratulieren
wiolonczela F Cello *n*, Violoncello *n*
wiosenny Frühlings-
wioska → wieś

wiosło N Ruder *n* **wiosłować** rudern
wiosna F Frühling *m*
wioślarka F Ruderin *f* **wioślarstwo** N Rudersport *m* **wioślarz** M Ruderer *m*
wiotki (-ko) schlaff; schlank, grazil
wir M Strudel *m*, Wirbel *m* **wiraż** M Kurve *f*, Kehre *f*
wirtualny virtuell
wirus M Virus *n od m*
wisieć hängen
Wisła F Weichsel *f*
wiszący Hänge-
wiśnia F Sauerkirsche *f* **wiśniówka** F Kirschlikör *m*
witać ⟨po-⟩ grüßen, begrüßen; **~ ⟨przy-⟩ się** begrüßen (**z** *inst akk od* sich)
witamina F Vitamin *n*
witraż M Fenster *n* mit Glasgemälde **witryna** F Schaufenster *n*
wiza F Visum *n* **wizerunek** M Bildnis *n* **wizja** F Vision *f*, Vorstellung *f* **wizjer** M *w drzwiach* Türspion *m*; FOTO Sucher *m* **wizyta** F Besuch *m* **wizytówka** F Visitenkarte *f*
wjazd M Einfahrt *f*; Einreise *f* **wjazdowy** Einfahrts-; Einreise-
wjeżdżać ⟨wjechać⟩ einfahren, hineinfahren
wklejać ⟨-eić⟩ einkleben
wklęsły (-ło) konkav, hohl
wkład M Einlage *f*; Beitrag *m*; TECH Einsatz *m*; *do długopisu* Mine *f* **wkładać ⟨włożyć⟩** einlegen, hineinlegen; *ubranie* anziehen **wkładka** F Einlage *f*; *do gazety* Beilage *f*
wkoło (*gen*) rings um, rund um (*akk*)
wkraczać ⟨wkroczyć⟩ eintreten; einmarschieren (**do** *gen* in *akk*) **wkradać ⟨wkraść⟩ się** sich einschleichen **wkraplać ⟨wkroplić⟩** einträufeln
wkręcać ⟨-cić⟩ einschrauben; eindrehen **wkręt** M Schraube *f*
wkroczyć PF → wkraczać
wkroplić PF → wkraplać
wkrótce in Kürze; **~ potem** kurz darauf
wkupywać ⟨-pić⟩ się sich einkaufen
wlać PF → wlewać
wlatywać ⟨wlecieć⟩ hineinfliegen; *umg* hineinrennen, hereinstürzen (**do** *gen* in *akk*)
wlec schleppen (**się** sich), ziehen
wlecieć PF → wlatywać **wlewać ⟨wlać⟩** eingießen
wleźć PF → włazić
wliczać ⟨-czyć⟩ einrechnen, mitzählen
wlot M Einlass *m*, Eintritt *m*
władać beherrschen (*inst akk*) **władczy (-czo)** gebieterisch **władza** F Macht *f*, Gewalt *f*
włamać się PF → włamywać się **włamanie** N Einbruch *m* **włamywacz(ka)** M(F) Einbre-

cher(in) *m(f)* **włamywać** ⟨**-mać**⟩ **się** einbrechen (**do** *gen* in *akk*)
własnoręczny eigenhändig
własnościowy Eigentums-
własność F Eigentum *n*
własny eigen
właściciel(ka) M(F) Eigentümer(in) *m(f)* **właściwość** F Eigenschaft *f* **właściwy** spezifisch; zuständig (**-wie**) richtig, recht; eigentlich
właśnie gerade, eben
włazić ⟨**wleźć**⟩ *umg* hinaufklettern (**na** *akk* auf *akk*); hineinkriechen (**do** *gen* in *akk*)
włączać ⟨**-czyć**⟩ einfügen; einverleiben; einbeziehen; *światło* einschalten **włącznie** einschließlich
Włoch M Italiener *m* **włochaty** behaart; zottig; flauschig
Włochy PL Italien *n*
włos M Haar *n* **włoski** (**po -ku**) italienisch **włoszczyzna** F Suppengrün *n* **Włoszka** F Italienerin *f*
włożyć PF → wkładać
włóczęga M Landstreicher(in) *m(f)*, *pop* Penner(in) *m(f)*
włóczka F Strickgarn *n*, Wollgarn *n*
włóczyć schleppen, ziehen; **~ się** umherstreifen, umherziehen; (sich) ziehen
włókienniczy Textil- **włóknisty** (**-to**) faserig **włókno** N Faser *f*
wmawiać ⟨**wmówić**⟩ einreden
wmieszać PF einrühren; **~ się** sich einmischen
wmówić PF → wmawiać
wmurowywać ⟨**-ować**⟩ einmauern **wmuszać** ⟨**-sić**⟩ aufzwingen
wnet bald; sofort
wnęka F Nische *f*
wnętrze N Innere(s) *n*; Innenraum *m*; **do wnętrza** nach innen **wnętrzności** PL Eingeweide *npl*
Wniebowstąpienie N Christi Himmelfahrt *f* **Wniebowzięcie** N Mariä Himmelfahrt *f* **wniebowzięty** *umg fig* hingerissen
wnieść PF → wnosić
wnikać ⟨**-knąć**⟩ eindringen **wnikliwy** (**-wie**) durchdringend; tiefgründig
wniosek M Antrag *m*; (*konkluzja*) Schlussfolgerung *f*, Schluss *m* **wnioskodawca** M Antragsteller(in) *m(f)* **wnioskować** ⟨**wy-**⟩ schließen, folgern (**z** *gen* aus *dat*)
wnosić ⟨**wnieść**⟩ hineintragen (**do** *gen* in *akk*); *fig* einreichen, vorbringen
wnuczka F Enkelin *f* **wnuk** M Enkel *m*
woalka F Schleier *m*
wobec (*gen*) angesichts (*gen*)
woda F Wasser *n*; **~ mineralna** Mineralwasser *n*; **~ mineralna pół na pół z sokiem** Saftschorle *f*; **~ mineralna**

pół na pół z sokiem jabłkowym Apfelsaftschorle *f*; **~ pitna** Trinkwasser *n*; **~ święcona** Weihwasser *n*
wodnik M Wassermann *m* **wodnisty** wässrig **wodny** Wasser-
wodociąg M Wasserleitung *f* **wodomierz** M Wasserzähler *m*, Wasseruhr *f* **wodoodporny** wasserfest **wodopój** M Tränke *f* **wodorosty** PL BOT, GASTR Seetang *m* **wodospad** M Wasserfall *m* **wodoszczelny** wasserdicht **wodowstręt** M Wasserscheu *f*
wodór M Wasserstoff *m*
wodzić führen, herumführen
wojenny Kriegs-
wojewoda M Woiwode *m*, Woiwodin *f* **wojewódzki** Woiwodschafts- **województwo** N Woiwodschaft *f*
wojna F Krieg *m*; **~ światowa** Weltkrieg *m*; **wojować** Krieg führen **wojowniczy** **(-czo)** kriegerisch **wojownik** M Krieger *m* **wojsko** N Militär *n*; Truppe *f*; Armee *f* **wojskowy** militärisch, Militär-; SUBST M Militär *m*, Soldat *m*
wokalista M Sänger *m* **wokalistka** F Sängerin *f*
wokoło → wkoło **wokół** → wkoło
wola F Wille *m*; **siła** *f* **woli** Willensstärke *f* **woleć** lieber haben, lieber mögen, vorziehen
wolno[1] ADV langsam
wolno[2]: **czy ~?** ist es erlaubt?, darf man?
wolnocłowy zollfrei **wolnorynkowy** *cena* Markt-, auf dem freien Markt
wolność F Freiheit *f*
wolny frei; (*powolny*) langsam; (*niezamężna, nieżonaty*) ledig; **~ od opłat** gebührenfrei
wolontariusz(ka) M(F) Volontär(in) *m(f)*
wołać **⟨za-⟩** rufen **wołanie** N Rufen *n*; **~ o pomoc** Hilferuf *m*
wołowina F Rindfleisch *n* **wołowy** Rind(s)-
wonny wohlriechend **woń** F Duft *m*
woreczek M Beutel *m*; **~ żółciowy** Gallenblase *f*
worek M Sack *m*
wosk M Wachs *n* **woskować** wachsen **woskowina** F Ohrenschmalz *n*
wozić fahren, transportieren
woźnica M Kutscher *m* **woźny** M *szkolny* Hausmeister *m*; Gerichtsdiener *m*
wódka F Schnaps *m*
wół M Ochse *m*
wór M Sack *m*
wówczas damals, dann
wóz M Wagen *m*; Fuhre *f*; **~ drabiniasty** Leiterwagen *m*
wózek M Wagen *m*; *elektryczny* Karren *m*
wpadać **⟨wpaść⟩** hineinfallen; *rzeka* münden **wpadka** *umg* F Reinfall *m* **wpakowy-**

wać ⟨-ować⟩ hineinpacken, hineinstopfen **wpaść** PF → wpadać

wpatrywać ⟨**-rzyć**⟩ **się** anstarren (**w** *akk akk*)

wpełzać ⟨**-znąć**⟩ hineinkriechen

wpędzać ⟨**-dzić**⟩ hineintreiben

wpierw zuvor, zuerst

wpinać ⟨**wpiąć**⟩ einheften

wpis M Eintrag *m*; Eintragung *f* **wpisowe** N Einschreibegebühr *f* **wpisywać** ⟨**-sać**⟩ eintragen, einschreiben

wplątywać ⟨**-tać**⟩ verwickeln

wpłacać ⟨**-cić**⟩ einzahlen

wpłata F Einzahlung *f*

wpływ M Einfluss *m*; *pieniędzy* Eingang *m* **wpływać** ⟨**-ynąć**⟩ einfließen; *statek* einlaufen; *poczta* eingehen; beeinflussen (**na** *akk akk*)

wpływowy einflussreich

wpół halb, zur Hälfte; **~ do drugiej** halb zwei (Uhr)

wprawa F Übung *f*, Fertigkeit *f* **wprawdzie** zwar; allerdings

wprawiać ⟨**-ić**⟩ *szybę* einsetzen; *w zakłopotanie* versetzen (**w** *akk* in *akk*); **~ się** sich einüben **wprawny** geübt

wprost geradeaus, gerade; direkt

wprowadzać ⟨**-dzić**⟩ einführen; **~ się** einziehen (**do** *gen* in *akk*) **wprowadzenie** N Einführung *f*

wpuszczać ⟨**-ścić**⟩ hereinlassen

wpychać ⟨**wepchnąć**⟩ hineinstecken, hineinstopfen, hineinstoßen

wracać ⟨**wrócić**⟩ zurückkehren, zurückkommen; **~ do domu** *a.* heimkehren

wrak M Wrack *n*

wrastać ⟨**wrosnąć**⟩ hineinwachsen

wraz zusammen (**z** *inst* mit *dat*); samt (*dat*)

wrażenie N Eindruck *m*

wrażliwość F Empfindlichkeit *f*; Empfindsamkeit *f* **wrażliwy** empfindlich (**na** *akk* gegen *akk*); empfindsam

wredny gemein; falsch; scheußlich

wreszcie schließlich, endlich

wręcz geradezu; → walka; **~ przeciwnie** ganz im Gegenteil

wręczać ⟨**-czyć**⟩ aushändigen, überreichen

wrodzony angeboren

wrogi (**-go**) feindlich; feindselig **wrogość** F Feindseligkeit *f*

wrona F Krähe *f*

wrosnąć PF → wrastać

wrota PL Tor *n* **wrotka** F Rollschuh *m*; **jeździć na wrotkach** Rollschuh laufen

wróbel M Sperling *m*, Spatz *m*

wrócić PF → wracać

wróg M Feind(in) *m(f)*; Gegner(in) *m(f)*

wróżba F Wahrsagung *f*

wróżka F Wahrsagerin *f*, Kar-

tenlegerin *f*; *w baśniach* Fee *f* **wróżyć ⟨po-⟩** wahrsagen
wrzask M Geschrei *n* **wrzaskliwy (-wie)** schreiend; gellend **wrzasnąć** PF → wrzeszczeć **wrzawa** F Lärm *m*, Krach *m*
wrzący siedend, kochend **wrzątek** M kochendes Wasser *n*
wrzeciono N Spindel *f*
wrzeć V/I sieden; *fig walka* toben **wrzenie** N Sieden *n*; *fig* Gärung *f*
wrzesień M September *m*
wrzeszczeć ⟨wrzasnąć⟩ schreien, *umg* brüllen
wrzos M Heidekraut *n* **wrzosowisko** N Heide *f*
wrzód M Geschwür *n*
wrzucać ⟨-cić⟩ einwerfen, hineinwerfen
wsadzać ⟨-dzić⟩ einstecken, hineinstecken
wschodni östlich, Ost-; orientalisch **wschodzić ⟨wzejść⟩** aufgehen
wschód M Osten *m*; Orient *m*; ~ **słońca** Sonnenaufgang *m*
wsiadać ⟨wsiąść⟩ einsteigen
wsiąkać ⟨-knąć⟩ versickern, einziehen
wskakiwać ⟨wskoczyć⟩ hineinspringen, hereinspringen; hinaufspringen
wskazać PF → wskazywać
wskazanie N Hinweis *m*; TECH Anzeige *f*; MED Indikation *f* **wskazany** angebracht, angezeigt, ratsam **wskazówka** F *zegara* Zeiger *m*; Hinweis *m*; *umg* Wink *m* **wskazywać ⟨-zać⟩** zeigen, anzeigen; hinweisen
wskoczyć PF → wskakiwać
wskórać PF ausrichten, erreichen
wskrzeszać ⟨-sić⟩ wiederbeleben; *fig* wieder beleben
wskutek (*gen*) infolge (*gen*); ~ **czego** wodurch
wsławiać ⟨-ić⟩ się berühmt werden (*inst* durch *akk*)
wsłuchiwać ⟨-chać⟩ się lauschen (**w** *akk dat*)
wspaniałomyślny großmütig, großzügig **wspaniały (-le)** prächtig, herrlich
wsparcie N Unterstützung *f*
wspiąć się PF → wspinać się **wspierać ⟨wesprzeć⟩** unterstützen
wspinaczka F Felsklettern *n*; Besteigung *f* **wspinać ⟨wspiąć⟩ się** klettern; erklettern (**na** *akk akk*)
wspomagać ⟨-móc⟩ unterstützen **wspominać ⟨-mnieć⟩** sich erinnern (*akk gen*, an *akk*); erwähnen (**o** *lok akk*) **wspomniany** erwähnt
wspomnienie N Erinnerung *f*; Erwähnung *f* **wspomóc** PF → wspomagać
wspólniczka F Teilhaberin *f*
wspólnik M Teilhaber *m*
wspólnota F Gemeinschaft *f*
wspólny gemeinsam, ge-

meinschaftlich; **wspólnymi siłami** mit vereinten Kräften **współczesność** F Gegenwart *f* **współczesny** (**-śnie**) zeitgenössisch; modern **współczucie** N Mitgefühl *n*; Beileid *n* **współczuć** mitfühlen (*dat* mit *dat*) **współczynnik** M Koeffizient *m*; MATH Faktor *m* **współdziałanie** N Zusammenwirken *n* **współistnienie** N Koexistenz *f* **współlokator(ka)** M(F) Mitbewohner(in) *m(f)* **współmałżonek** M Ehepartner *m* **współpraca** F Zusammenarbeit *f*, Mitarbeit *f* **współpracować** zusammenarbeiten, mitarbeiten **współpracowniczka** F Mitarbeiterin *f* **współpracownik** M Mitarbeiter *m* **współudział** M Mitwirkung *f*; Teilnahme *f* **współwinny** mitschuldig **współwłaściciel(ka)** M(F) Miteigentümer(in) *m(f)* **współzawodnictwo** N Wettbewerb *m*, Wettstreit *m* **współżycie** N Zusammenleben *n*

wstawać ⟨**wstać**⟩ aufstehen

wstawiać ⟨**-ić**⟩ hineinstellen; einsetzen; ~ **się** sich einsetzen, verwenden (**za** *inst* für *akk*) **wstawiony** *umg* voll, blau

wstąpić PF → wstępować

wstążka F Band *n*, Schleife *f*

wstecz ADV zurück, rückwärts

wsteczny rückwärtig; rückläufig; rückschrittlich; **bieg** *m* ~ AUTO Rückwärtsgang *m*

wstęga F Band *n*; Streifen *m*

wstęp M Eintritt *m*, Zutritt *m*; Einleitung *f* **wstępny** einleitend, Vor-; **artykuł** *m* ~ Leitartikel *m*; **egzamin** *m* ~ Aufnahmeprüfung *f* **wstępować** ⟨**wstąpić**⟩ eintreten (**do** *gen* in *akk*), beitreten (*dat*); vorbeikommen (bei *dat*)

wstręt M Abscheu *m*, Ekel *m* **wstrętny** abscheulich

wstrząs M Erschütterung *f*; Schock *m*; Stoß *m* **wstrząsać** ⟨**-snąć**⟩ schütteln; erschüttern

wstrzemięźliwy (**-wie**) enthaltsam; zurückhaltend

wstrzykiwać ⟨**-knąć**⟩ einspritzen, injizieren **wstrzymywać** ⟨**-mać**⟩ zurückhalten (**się** sich); anhalten, einstellen

wstyd M Scham *f*; Schande *f* **wstydliwy** (**-wie**) schamhaft **wstydzić się** sich schämen (*gen*, **za** *akk* für *akk*)

wsuwać ⟨**-nąć**⟩ hineinschieben

wsypywać ⟨**-pać**⟩ hineinschütten

wsysać ⟨**wessać**⟩ einsaugen

wszczynać ⟨**-cząć**⟩ einleiten, beginnen; *umg* anzetteln

wszechobecny allgegenwärtig **wszechstronny** vielseitig, allseitig **wszechświat** M

Weltall *n* **wszechwładny** allmächtig
wszelki jede(r), jegliche(r); **wszelkimi sposobami** mit allen Mitteln
wszerz quer; **wzdłuż i ~** kreuz und quer
wszędzie überall
wszystek, wszystka, wszystko all, ganz; PL **wszyscy, wszystkie** alle; **wszystko** alles; Ganze(s) *n*; **przede wszystkim** vor allem
wszywać ⟨**wszyć**⟩ einnähen
wścibski neugierig
wściekać ⟨**wściec**⟩ **się** *umg fig* toben, wüten **wścieklizna** F Tollwut *f* **wściekłość** F Wut *f*, Raserei *f* **wściekły** tollwütig (**-le**) *fig* wütend, rasend
wślizgiwać ⟨**-gnąć, -znąć**⟩ **się** hineinschlüpfen
wśród (*gen*) inmitten (*gen*)
wtaczać ⟨**wtoczyć**⟩ hineinrollen, hinaufrollen
wtajemniczać ⟨**-czyć**⟩ einweihen **wtajemniczony** eingeweiht
wtargnąć PF eindringen (**do** *gen* in *akk*)
wtedy dann; damals
wtem plötzlich
wtłaczać ⟨**wtłoczyć**⟩ hineindrücken, hineinpressen
wtoczyć PF → wtaczać
wtorek M Dienstag *m*
wtóry: **po raz wtóry** zum zweiten Mal; **po wtóre** zweitens
wtrącać ⟨**-cić**⟩ *słowo* einflechten; *do więzienia* werfen; bemerken, sagen; **~ się** sich einmischen
wtryskiwać ⟨**-snąć**⟩ einspritzen
wtyczka F ELEK Stecker *m* **wtykać** ⟨**wetknąć**⟩ einstecken, hineinstecken
wuj M Onkel *m* **wujek** M Onkel *m* **wujenka** F Tante *f*
wulgarny ordinär, vulgär
wulkan M Vulkan *m*
wwozić ⟨**wwieźć**⟩ einführen, importieren **wwóz** M Einfuhr *f*
wy ihr
wybaczać ⟨**-czyć**⟩ vergeben, verzeihen **wybaczalny** verzeihlich **wybaczenie** N Verzeihung *f*
wybawca M Retter *m* **wybawiciel** M Retter *m* **wybawiać** ⟨**-ić**⟩ retten, erlösen **wybawienie** N Rettung *f*, Erlösung *f*
wybić PF → wybijać **wybiec** PF → wybiegać
wybieg M Auslauf *m*; *fig* Ausflucht *f* **wybiegać** ⟨**-gnąć, -biec**⟩ hinauslaufen, hinausrennen
wybierać ⟨**-brać**⟩ wählen, auswählen; **~ się** sich anschicken
wybijać ⟨**-bić**⟩ ausschlagen; *okno* einschlagen **wybitny** bedeutend; prominent
wyblakły ausgebleicht
wybłagać PF erflehen

wyboisty *droga* holprig

wyborca M Wähler(in) *m(f)* **wyborczy** Wahl- **wyborny** vorzüglich, ausgezeichnet **wyborowy** erlesen, ausgesucht; HANDEL extrafein **wybory** MPL Wahlen *fpl*

wybój M Schlagloch *n*

wybór M Wahl *f*; Auswahl *f*, Auslese *f*

wybrać PF → wybierać **wybrakowany** aussortiert; **~ towar** *m* Ausschussware *f* **wybrany** gewählt, ausgewählt

wybredny wählerisch **wybrnąć** PF (heil) herauskommen (**z** *gen* aus *dat*)

wybryk M Streich *m*; **~ natury** Laune *f* der Natur

wybrzeże N Küste *f*

wybuch M Ausbruch *m*; Explosion *f* **wybuchać** ⟨**-chnąć**⟩ ausbrechen; explodieren, krepieren **wybuchowy** (**-wo**) explosiv, Spreng-; *fig* aufbrausend

wybudować PF bauen **wybujały** üppig, wuchernd; *chłopiec* groß gewachsen **wyburzać** ⟨**-rzyć**⟩ niederreißen **wyceniać** ⟨**-ić**⟩ Preis(e) festsetzen, auspreisen

wychodek *umg* M Klo *n* **wychodzić** ⟨**wyjść**⟩ ausgehen, hinausgehen; herauskommen; *za mąż* heiraten (**za** *akk akk*) **wychować** PF → wychowywać **wychowanek** M Schützling *f*, Zögling *m*; Absolvent *m* **wychowanka** F Schützling *f*, Zögling *m*; Absolventin *f* **wychowanie** N Erziehung *f* **wychowawca** M Erzieher *m*; Betreuer *m*; Klassenlehrer *m* **wychowawczy** Erziehungs- (**-czo**) erzieherisch **wychowawczyni** F Erzieherin *f*; Betreuerin *f*; Klassenlehrerin *f* **wychowywać** ⟨**-ować**⟩ großziehen; erziehen

wychudły abgemagert

wychwalać loben, preisen

wychylać ⟨**-lić**⟩ hinausstrecken, herausstrecken; *kieliszek* leeren; **~ się** sich hinauslehnen

wyciąć PF → wycinać

wyciąg M Auszug *m*, Extrakt *m*; Aufzug *m*; **~ krzesełkowy** Sessellift *m* **wyciągać** ⟨**-gnąć**⟩ ausziehen; herausziehen; hinaufziehen; strecken; **~ się** sich lang ausstrecken

wycie N Geheul *n*, Heulen *n*

wyciec PF → wyciekać

wycieczka F Ausflug *m*; Reisegesellschaft *f*; **~ zorganizowana** Pauschalreise *f* **wycieczkowicz** *umg* M Ausflügler(in) *m(f)* **wycieczkowy** Ausflugs-

wyciek M Ausfluss *m* **wyciekać** ⟨**-knąć**⟩ ausfließen, auslaufen

wycieńczać ⟨**-czyć**⟩ schwächen **wycieńczony** entkräf-

tet
wycieraczka F Fußmatte *f*; AUTO Scheibenwischer *m* **wycierać ⟨wytrzeć⟩** wischen, abwischen; abreiben; *nos* putzen; *buty* abtreten
wycięcie N Ausschnitt *m* **wycinać ⟨-ciąć⟩** ausschneiden; *drzewa* fällen **wycinanka** F Scherenschnitt *m* **wycinek** M Ausschnitt *m*
wyciskać ⟨-snąć⟩ auspressen, ausdrücken
wycofywać ⟨-fać⟩ zurückziehen (**się** sich)
wyczekiwać ⟨-kać⟩ abwarten (*gen akk*) **wyczekujący (-co)** abwartend
wyczerpać PF → wyczerpywać **wyczerpanie** N Erschöpfung *f* **wyczerpany** erschöpft; HANDEL vergriffen **wyczerpujący (-co)** erschöpfend, umfassend **wyczerpywać ⟨-pać⟩** erschöpfen (**się** sich); schwächen
wyczesywać ⟨-sać⟩ auskämmen
wyczuwać ⟨-uć⟩ fühlen, herausfühlen; verspüren **wyczuwalny** spürbar
wyczyn M Leistung *f*; Exzess *m* **wyczynowiec** M Leistungssportler(in) *m(f)* **wyczynowy (-wo)** SPORT Leistungs-
wyczyszczać → czyścić **wyczytywać ⟨-tać⟩** herauslesen
wyć heulen; schreien, brüllen
wydać PF → wydawać **wydajność** F Ergiebigkeit *f*; Produktivität *f*; Ertrag *m* **wydajny** ergiebig; leistungsfähig **wydalać ⟨-lić⟩** entlassen; ausweisen **wydanie** N Ausgabe *f*; JUR Auslieferung *f*
wydarzać ⟨-rzyć⟩ się sich ereignen **wydarzenie** N Ereignis *n*, Vorfall *m*
wydatek M Ausgabe *f*, Auslage *f* **wydatkować** ausgeben
wydatny vorstehend; erheblich; maßgeblich
wydawać ⟨-dać⟩ ausgeben, herausgeben; veranstalten, geben; *wyrok* fällen; *zbiega* ausliefern; *dźwięk* hervorbringen; ~ **się** scheinen; **wydaje (mi) się** es scheint (mir) **wydawca** M Herausgeber(in) *m(f)*; Redakteur(in) *m(f)* **wydawnictwo** N Verlag *m*; Publikation *f* **wydawniczy** Verlags-
wydech M Ausatmung *f*; TECH Auspuff *m* **wydechowy: rura** F **wydechowa** Auspuffrohr *n*
wydłubywać ⟨-bać⟩ aushöhlen **wydłużać ⟨-żyć⟩** verlängern; ausdehnen **wydłużony** länglich; verlängert
wydma F Düne *f*
wydmuchiwać ⟨-chać⟩ ausblasen
wydobycie N *węgla* Gewinnung *f*, Förderung *f* **wydobywać ⟨-być⟩** herausholen, hervorholen; ~ **się** herausdrin-

gen, hervordringen **wydostawać** ⟨**-stać**⟩ herausbekommen; ~ **się** herauskommen
wydra F Fischotter *m*
wydrapywać ⟨**-pać**⟩ auskratzen
wydrążony ausgehöhlt, hohl **wydruk** M Ausdruck *m* **wydrukować** ausdrucken **wydrwiwać** ⟨**-drwić**⟩ auslachen **wydrzeć** PF → **wydzierać** **wydychać** ausatmen
wydział M Abteilung *f*; Dezernat *n*; Fakultät *f* **wydziałowy** Abteilungs-
wydziedziczać ⟨**-czyć**⟩ enterben
wydzielać ⟨**-lić**⟩ austeilen, zuteilen; ausscheiden, aussondern **wydzielanie** N Austeilung *f*; Ausscheidung *f* **wydzielina** F Sekret *n*
wydzierać ⟨**wydrzeć**⟩ herausreißen; entreißen **wydzierżawiać** ⟨**-ić**⟩ verpachten **wydzwaniać** klingeln, *umg* bimmeln
wyeliminować PF → **eliminować** **wyemigrować** PF auswandern
wygadywać ⟨**-dać**⟩ ausplaudern; ~ **się** *pf* sich verplappern
wygadany schlagfertig
wygajać ⟨**-goić**⟩ (**się**) ausheilen **wygalać** ⟨**-golić**⟩ ausrasieren **wyganiać** ⟨**-gonić**⟩ hinausjagen; vertreiben
wygasać ⟨**-snąć**⟩ erlöschen
wygaszać ⟨**-sić**⟩ ausschalten, ausmachen **wygasły** erloschen
wygięty gebogen, gekrümmt
wyginać ⟨**-giąć**⟩ biegen, krümmen (**się** sich) **wyginąć** PF aussterben
wygląd M Aussehen *n* **wyglądać** ⟨**-wyjrzeć**⟩ V/I hinausschauen, hervorschauen; aussehen, nur *impf* ausschauen (*gen* nach *dat*), erwarten
wygładzać ⟨**-dzić**⟩ glätten
wygłaszać ⟨**-łosić**⟩ *opinię* äußern; *mowę* halten **wygłupiać** ⟨**-ić**⟩ **się** *umg* Faxen machen, herumkaspern
wygniatać ⟨**-nieść**⟩ kneten; auspressen
wygoda F Bequemlichkeit *f*; Komfort *m* **wygodny** bequem
wygoić PF → **wygajać** **wygolić** PF → **wygalać** **wygonić** PF → **wyganiać** **wygospodarowywać** ⟨**-ować**⟩ herauswirtschaften **wygotowywać** ⟨**-ować**⟩ auskochen
wygórowany übertrieben; *cena* überhöht
wygrać PF → **wygrywać** **wygrana** F Gewinn *m*; Treffer *m*; Sieg *m* **wygrażać** drohen
wygrywać ⟨**-grać**⟩ gewinnen
wygrzebywać ⟨**-bać**⟩ ausgraben, *umg* ausbuddeln; *umg fig* hervorkramen **wygrzewać** ⟨**-grzać**⟩ durchwärmen **wygwizdywać** ⟨**-dać**⟩ auspfeifen **wyhodo-**

wać PF großziehen, züchten **wyjaławiać** ⟨**-łowić**⟩ sterilisieren
wyjaśniać ⟨**-ić**⟩ erklären; aufklären (**się** sich); klarstellen **wyjaśnienie** N Aufklärung *f*; Erklärung *f*
wyjawiać ⟨**-ić**⟩ enthüllen; offenbaren **wyjazd** M Ausfahrt *f*; Ausreise *f* **wyjąć** PF → wyjmować **wyjąkać** PF stammeln
wyjątek M Ausnahme *f* **wyjątkowo** ausnahmsweise **wyjątkowy** besondere(r); Ausnahme-
wyjeżdżać ⟨**-jechać**⟩ hinausfahren; verreisen
wyjmować ⟨**-jąć**⟩ herausnehmen, herausziehen **wyjrzeć** PF → wyglądać
wyjście N Ausgang *m*; Ausweg *m*; **punkt** *m* **wyjścia** Ausgangspunkt *m* **wyjściowy** Ausgangs- **wyjść** PF → wychodzić
wykałaczka F Zahnstocher *m*
wykańczać ⟨**-kończyć**⟩ beenden; ARCH innen ausbauen; *umg fig* erledigen **wykarmiać** ⟨**-ić**⟩ ernähren; *dziecko* aufziehen
wykaz M Verzeichnis *n*, Aufstellung *f* **wykazywać** ⟨**-zać**⟩ aufweisen; nachweisen; zeigen; ~ **się** vorweisen (*inst akk*)
wykąpać PF → kąpać
wykipieć PF überkochen **wyklinać** ⟨**-kląć**⟩ verstoßen
wykluczać ⟨**-czyć**⟩ ausschließen (**z** *gen* aus *dat*) **wykluczony** ausgeschlossen
wykład M Vortrag *m*, Vorlesung *f* **wykładać** ⟨**wyłożyć**⟩ auslegen; unterrichten **wykładnia** F Auslegung *f* **wykładnik** M Ausdruck *m*; MATH Exponent *m* **wykładowca** M Dozent(in) *m(f)*; Hochschullehrer(in) *m(f)*
wykładzina F (Fußboden)Belag *m*; Auskleidung *f*
wykolejać ⟨**-eić**⟩ **się** BAHN entgleisen **wykolejeniec** M verkrachte Existenz *f*
wykonać PF → wykonywać **wykonalny** durchführbar; JUR vollstreckbar **wykonanie** N Ausführung *f*; Vollstreckung *f* **wykonawca** M Auftragnehmer *m*; JUR Vollstrecker *m*; THEAT Darsteller *m* **wykonawczyni** F Auftragnehmerin *f*; JUR Vollstreckerin *f*; THEAT Darstellerin *f* **wykonywać** ⟨**-nać**⟩ *pracę* ausführen; *wyrok* vollstrecken; darbieten, darbringen
wykończyć PF → wykańczać
wykop M Ausschachtung *f*; Grube *f*; Graben *m* **wykopać** PF → wykopywać **wykopalisko** N Fund *m*; **wykopaliska** *pl a.* Ausgrabungen *fpl* **wykopki** PL: ~ **ziemniaków** Kartoffelernte *f* **wykopywać** ⟨**-pać**⟩ ausgraben

wykorzeniać ⟨-ić⟩ *fig* ausrotten **wykorzystywać** ⟨-tać⟩ ausnutzen; verwerten **wykorzystanie** N Ausnutzung *f*; Verwertung *f*
wykraczać ⟨-kroczyć⟩ hinausgehen (**poza** *akk* über *akk*); verstoßen (**przeciw** *dat* gegen *akk*) **wykradać** ⟨-kraść⟩ wegstehlen; entführen **wykrajać** → wykrawać **wykraść** PF → wykradać **wykrawać** ⟨-kroić⟩ ausschneiden, herausschneiden; *fig* abzweigen
wykres M Diagramm *n* **wykreślać** ⟨-lić⟩ ausstreichen; aufzeichnen
wykręcać ⟨-cić⟩ herausschrauben, herausdrehen; umdrehen (**się** sich) **wykręt** M Ausflucht *f* **wykrętny** *odpowiedź* ausweichend
wykroczenie N Ordnungswidrigkeit *f*; Vergehen *n* **wykroczyć** PF → wykraczać
wykroić PF → wykrawać **wykrój** M Ausschnitt *m*
wykruszać ⟨-szyć⟩ (**się**) abbröckeln **wykrycie** N Aufdeckung *f* **wykrywać** ⟨-yć⟩ aufdecken, aufspüren **wykrztusić** PF herauswürgen; *fig* hervorbringen
wykrzykiwać ⟨-knąć⟩ schreien, rufen, ausrufen **wykrzyknik** M Ausrufungszeichen *n* **wykrzywiać** ⟨-ić⟩ krümmen, verbiegen; *twarz* verziehen
wykształcać ⟨-cić⟩ bilden, ausbilden **wykształcenie** N Bildung *f*; Ausbildung *f* **wykształcony** gebildet
wykup M Einlösung *f*; Lösegeld *n* **wykupywać** ⟨-pić⟩ aufkaufen; einlösen
wykusz M Erker *m*
wykwalifikowany gelernt, ausgebildet
wykwintny fein, raffiniert
wylać PF → wylewać **wylatywać** ⟨-lecieć⟩ herausfliegen; *umg fig* hinausstürzen; → odlatywać **wylądować** PF landen **wylecieć** PF → wylatywać
wyleczyć PF heilen, kurieren; ~ **się** geheilt werden (**z** *gen* von *dat*)
wylegitymować PF Personalien feststellen (*akk gen*); ~ **się** sich ausweisen
wylew M Hochwasser *n*; MED Erguss *m* **wylewać** ⟨-lać⟩ ausgießen; vergießen; *rzeka* über die Ufer treten **wyleźć** PF → wyłazić
wylęgać ⟨-gnąć⟩ ausbrüten **wylękniony** verängstigt
wyliczać ⟨-czyć⟩ aufzählen; errechnen
wylosowywać ⟨-ować⟩ auslosen
wylot M → odlot; *ulicy* Mündung *f*; **na** ~ *fig* bis ins Kleinste, gründlich
wyludniony entvölkert

wyładowywać ⟨**-ować**⟩ ausladen, entladen **wyładunek** M Abladen *n*, Ausladen *n* **wyłamywać** ⟨**-mać**⟩ herausbrechen; *drzwi* einschlagen **wyłaniać** ⟨**-łonić**⟩ **się** auftauchen **wyławiać** ⟨**-łowić**⟩ einfangen; herausfischen **wyłazić** ⟨**wyleźć**⟩ *umg* herauskriechen, herauskommen; hinaufklettern

wyłączać ⟨**-czyć**⟩ ausschalten; *silnik* abstellen; *fig* ausschließen **wyłącznik** M Schalter *m* **wyłączny** ausschließlich; Allein-

wyłonić się PF → wyłaniać się **wyłowić** PF → wyławiać **wyłożyć** PF → wykładać

wyłudzać ⟨**-dzić**⟩ abgaunern (**od** *gen dat*) **wyłuszczać** ⟨**-czyć**⟩ darlegen

wymacywać ⟨**-cać**⟩ ertasten

wymachiwać schwingen (*inst akk*); herumwedeln (mit *dat*)

wymagać verlangen; erfordern **wymagający** anspruchsvoll; streng; (*gen*) -bedürftig, -pflichtig **wymaganie** N Forderung *f*; **wymagania** *pl a.* Ansprüche *mpl*

wymarły ausgestorben

wymarzać ⟨**-znąć**⟩ erfrieren

wymarzony erträumt, ideal, Wunsch-

wymawiać ⟨**-mówić**⟩ aussprechen; *pracę* kündigen **wymeldować** PF abmelden (**się** sich)

wymiana F Austausch *m*; Umtausch *m*; Wechsel *m*; **punkt** *m* **wymiany waluty** Wechselstube *f*

wymiar M Abmessung *f*; Ausmaß *n*, Größe *f*; **~ sprawiedliwości** Rechtsprechung *f*; **podstawa** *f* **wymiaru** Bemessungsgrundlage *f*

wymiatać ⟨**-mieść**⟩ ausfegen

wymieniać ⟨**-ić**⟩ austauschen, umtauschen; wechseln; (*podać*) aufzählen, anführen **wymienny** auswechselbar; Tausch- **wymierać** ⟨**-mrzeć**⟩ aussterben **wymierny** messbar **wymierzać** ⟨**-rzyć**⟩ ausmessen, vermessen; *wartość* festsetzen

wymieszać PF durchmischen

wymieść PF → wymiatać

wymigiwać ⟨**-gać**⟩ **się** sich drücken (**od** *gen* vor *dat*) **wymijać** → mijać **wymijający** (**-co**) ausweichend

wymiotować ⟨**z-**⟩ sich übergeben **wymioty** PL Erbrechen *n*

wymknąć się PF entwischen

wymoczyć PF befeuchten, nass machen, einweichen **wymowa** F Aussprache *f* **wymowny** redegewandt; beredt

wymóc PF abnötigen (**na** *lok dat*); erpressen (von *dat*) **wymóg** Anforderung *f* **wymówić** PF → wymawiać **wymówienie** N Kündigung *f* **wy-**

mówka F Ausrede *f*
wymrzeć PF → wymierać
wymuszać ⟨-sić⟩ erzwingen; → wymóc **wymuszenie** N Erpressung *f* **wymuszony** gezwungen, gekünstelt
wymyć PF → wymywać **wymysł** M Erfindung *f* **wymyślać** beschimpfen (*dat akk*) ⟨-ślić⟩ erfinden; sich ausdenken **wymyślny** geistreich; raffiniert **wymywać** ⟨-myć⟩ auswaschen
wynagradzać ⟨-rodzić⟩ bezahlen; ersetzen, kompensieren **wynagrodzenie** N Belohnung *f*; Entgelt *n*, Vergütung *f*; Gehalt *n*
wynająć PF → wynajmować
wynajdywać ⟨**wynaleźć**⟩ ausfindig machen; erfinden
wynajem M *komuś* Vermietung *f*; *od kogoś* Miete *f* **wynajęcie** N: **do wynajęcia** zu vermieten **wynajmować** ⟨-jąć⟩ vermieten; mieten (**od** *gen* von *dat*)
wynalazca M Erfinder(in) *m(f)*
wynalazek M Erfindung *f*
wynaleźć PF → wynajdywać
wynegocjować PF aushandeln
wynieść PF → wynosić
wynik M Ergebnis *n* **wynikać** ⟨-knąć⟩ sich ergeben, hervorgehen (**z** *gen* aus *dat*); **z tego wynika** daraus folgt
wyniosły (-śle) hochmütig; arrogant
wyniszczać ⟨-czyć⟩ ausrotten; ruinieren (**się** sich) **wyniszczony** *osoba* abgezehrt
wynosić ⟨-nieść⟩ hinaustragen; betragen, ausmachen
wynotowywać ⟨-ować⟩ (sich) notieren
wynurzać ⟨-rzyć⟩ **się** auftauchen (*a. fig*)
wyobrażać ⟨-zić⟩ vorstellen (**sobie** sich); darstellen **wyobrażenie** N Vorstellung *f*
wyodrębniać ⟨-ić⟩ absondern **wyolbrzymiać** ⟨-ić⟩ *fig* aufbauschen, übertreiben
wypaczać ⟨-czyć⟩ entstellen, verzerren
wypad M Abstecher *m*; Ausfall *m*, Vorstoß *m* **wypadać** ⟨-paść⟩ herausfallen **wypadek** M Ereignis *n*; Fall *m*; **~ drogowy** Verkehrsunfall *m*, **~ przy pracy** Arbeitsunfall *m*; **na wszelki wypadek** für alle Fälle
wypalać ⟨-lić⟩ ausbrennen; verfeuern
wyparowywać ⟨-ować⟩ verdampfen **wyparzać** ⟨-rzyć⟩ ausbrühen
wypas M Weideplatz *m* **wypasać** ⟨**wypaść**[1]⟩ weiden lassen; mästen (**się** sich) **wypaść**[2] PF → wypadać
wypatroszyć PF ausweiden
wypatrywać Ausschau halten (*akk* nach *dat*) **wypatrzyć** PF erspähen; ausersehen
wypchnąć PF → wypychać

wypełniać ⟨**-ić**⟩ ausfüllen; erfüllen **wypędzać** ⟨**-dzić**⟩ hinausjagen; rausschmeißen **wypić** PF → wypijać **wypiek** M Backen *n*; Gebäck *n* **wypiekać** ⟨**-piec**⟩ backen **wypierać** ⟨**-przeć**⟩ hinausdrängen, verdrängen; ~ **się** leugnen (*gen akk*) **wypijać** ⟨**-pić**⟩ austrinken

wypis M Auszug *m* **wypisywać** ⟨**-sać**⟩ ausschreiben

wyplatany geflochten **wypleniać** ⟨**-ić**⟩ ausmerzen **wypluwać** ⟨**-uć**⟩ ausspucken

wypłacać ⟨**-cić**⟩ auszahlen **wypłacalny** zahlungsfähig **wypłata** F Auszahlung *f*, Zahlung *f*

wypłukiwać ⟨**-kać**⟩ ausspülen, spülen

wypływać ⟨**-ynąć**⟩ herausfließen, ausströmen; *statek* auslaufen

wypocić PF ausschwitzen **wypocząć** → wypoczywać **wypoczynek** M Erholung *f*; ~ *pl* **aktywny** Wanderurlaub *m*; Rast *f* **wypoczynkowy** Erholungs- **wypoczywać** ⟨**-cząć**⟩ ausruhen; sich erholen

wypogadzać ⟨**-godzić**⟩ **się** sich aufheitern **wypominać** ⟨**-mnieć**⟩ vorhalten, vorwerfen **wypompowywać** ⟨**-ować**⟩ auspumpen

wyposażać ⟨**-żyć**⟩ ausstatten (**w** *akk* mit *dat*) **wyposażenie** N Ausstattung *f*, Ausrüstung *f*

wypowiadać ⟨**-wiedzieć**⟩ aussprechen; äußern (**się** sich); *pracę* kündigen; *wojnę* erklären **wypowiedzenie** N *umowy* Kündigung *f* **wypowiedź** F Äußerung *f*, Aussage *f*

wypożyczać ⟨**-czyć**⟩ ausleihen **wypożyczalnia** F Verleih *m*; ~ **książek** (Leih)Bücherei *f*

wypracowanie N Ausarbeitung *f*; Aufsatz *m* **wypracowywać** ⟨**-ować**⟩ ausarbeiten

wyprać PF → prać **wypraszać** ⟨**-prosić**⟩ erbitten; *z pokoju* weisen; *nur impf* ~ **sobie** sich verbitten

wyprawa F Expedition *f*, Reise *f* **wyprawiać** ⟨**-ić**⟩ aussenden, schicken; *przyjęcie* ausrichten; (*wyczyniać*) treiben, anstellen; *skórę* gerben **wyprawka** F Säuglingserstausstattung *f*

wyprężać ⟨**-żyć**⟩ spannen, straffen (**się** sich) **wyprodukować** PF → produkować

wyprosić PF → wypraszać **wyprostowywać** → prostować; aufrichten (**się** sich)

wyprowadzać ⟨**-dzić**⟩ hinausführen; ~ **się** ausziehen, fortziehen

wypróbowany bewährt **wypróżniać** ⟨**-ić**⟩ ausleeren; entleeren (**się** sich)

wyprzeć PF → wypierać **wy-**

przedawać ⟨-dać⟩ ausverkaufen **wyprzedaż** F Ausverkauf *m*
wyprzedzać ⟨**-dzić**⟩ überholen; zuvorkommen (*akk dat*)
wypukły (**-ło**) gewölbt, konvex
wypuszczać ⟨**-ścić**⟩ herauslassen; freilassen; in Umlauf bringen; → *a.* **puszczać**
wypychać ⟨**-pchnąć**⟩ vollstopfen; ausstopfen; hinausdrängen **wypytywać** ⟨**-tać**⟩ ausfragen
wyrabiać ⟨**-robić**⟩ erzeugen, herstellen **wyrachowany** berechnend **wyradzać** ⟨**-rodzić**⟩ **się** entarten **wyrafinowany** raffiniert **wyrastać** ⟨**-rosnąć**⟩ wachsen, herauswachsen; heranwachsen (**na** *akk* zu *dat*)
wyraz M Ausdruck *m*; (*słowo*) Wort *n*; ~ **obcy** Fremdwort *n*
wyrazić PF → wyrażać **wyrazisty** (**-ście**) ausdrucksstark
wyraźny deutlich **wyrażać** ⟨**-zić**⟩ ausdrücken; ~ **się** *a.* sich äußern **wyrażenie** N Ausdruck *m*
wyrąbywać ⟨**-bać**⟩ *dziurę* aushauen; *las* abholzen
wyremontować PF → remontować
wyręczać ⟨**-czyć**⟩ aushelfen (*akk dat*), einspringen (für *akk*)
wyrobić PF → wyrabiać
wyrocznia F Orakel *n*
wyrodny missraten **wyrodzić się** PF → wyradzać się
wyrok M JUR Urteil *n*; ~ **skazujący** Schuldspruch *m*, ~ **uniewinniający** Freispruch *m*
wyrokować ⟨**za-**⟩ ein Urteil fällen; → decydować
wyrosnąć PF → wyrastać **wyrost** M: **na wyrost** zum Hineinwachsen, eine Nummer größer **wyrostek** M Halbwüchsige(r) *m*; ANAT Fortsatz *m*
wyrośnięty ausgewachsen
wyrozumiałość F Verständnis *n* **wyrozumiały** (**-le**) einsichtig, verständnisvoll
wyrób M Erzeugung *f*; Erzeugnis *n*
wyrównanie N Ausgleich *m*; Restzahlung *f* **wyrównawczy** Ausgleichs- **wyrównywać** ⟨**-nać**⟩ glätten, ebnen; ausgleichen; *dług* begleichen
wyróżniać ⟨**-ić**⟩ auszeichnen
wyróżnienie N Auszeichnung *f*
wyruszać ⟨**-szyć**⟩ aufbrechen, losziehen
wyrwa F Loch *n*, Lücke *f* **wyrywać** ⟨**-rwać**⟩ ausreißen, herausreißen; losreißen (**się** sich)
wyrządzać ⟨**-dzić**⟩ anrichten; zufügen, antun
wyrzec PF aussprechen; → wyrzekać **wyrzeczenie** N Entsagung *f*; ~ **się** Verzicht *m* (*gen* auf *akk*) **wyrzekać** ⟨**-rzec**⟩ **się** entsagen (*gen dat*)

wyrznąć PF → wyrzynać; *pop* hauen, werfen; killen, schlachten
wyrzucać ⟨**-cić**⟩ hinauswerfen, *umg* rausschmeißen **wyrzut** M *fig* Vorwurf *m*; **wyrzuty sumienia** Gewissensbisse *mpl* **wyrzutnia** F Abschussrampe *f*
wyrzynać ⟨**-rznąć**⟩ herausschneiden, herausschnitzen; ~ **się** *ząb* durchbrechen
wysadzać ⟨**-dzić**⟩ *z samochodu* absetzen, aussteigen lassen; *sadzonki* pflanzen; *w powietrze* sprengen
wyschnąć PF → wysychać
wysiać PF → wysiewać **wysiadać** ⟨**-siąść**⟩ aussteigen
wysiedlać ⟨**-lić**⟩ aussiedeln
wysiedleniec M Aussiedler(in) *m(f)* **wysiewać** ⟨**-siać**⟩ aussäen
wysilać ⟨**-lić**⟩ anstrengen (**się** sich) **wysiłek** M Anstrengung *f*, Kraftaufwand *m*
wyskakiwać ⟨**-skoczyć**⟩ herausspringen **wyskok** M Sprung *m*; Ausschweifung *f*; Ausflug *m* **wyskrobywać** ⟨**-bać**⟩ auskratzen, ausschaben
wysłać PF → wysyłać, wyściełać **wysłanniczka** F Abgesandte *f* **wysłannik** M Abgesandte(r) *m* **wysławiać** ⟨**-łowić**⟩ **się** sich ausdrücken
wysłuchiwać ⟨**-chać**⟩ (sich) anhören **wysługa** F: ~ **lat** Dienstzeit *f* **wysłużony** altgedient
wysmarować PF schmieren, bestreichen (*inst* mit *dat*) **wysmukły** (**-ło**) schlank **wysoce** hoch-, sehr **wysoki** (**-ko**) hoch
wysokogatunkowy hochwertig **wysokogórski** Hochgebirgs- **wysokoprężny** TECH Hochdruck- **wysokoprocentowy** hochprozentig **wysokościomierz** M Höhenmesser *m* **wysokościowiec** M Hochhaus *n* **wysokość** F Höhe *f*
wyspa F Insel *f*
wyspać się PF (sich) ausschlafen
wyspecjalizowany spezialisiert **wysportowany** durchtrainiert **wysprzedany** ausverkauft
wyssać PF → wysysać
wystający hinausragend, vorspringend **wystarczać** ⟨**-czyć**⟩ ausreichen **wystartować** PF → startować
wystawa F Ausstellung *f*; Schaufenster *n* **wystawać** vorspringen, herausragen **wystawca** M Aussteller(in) *m(f)*
wystawiać ⟨**-ić**⟩ herausstellen; ausstellen; errichten; THEAT aufführen **wystawny** prachtvoll **wystawowy** Ausstellungs-
wystąpić PF → występować
wystąpienie N Austritt *m*;

Auftritt *m*; Rede *f*
występ M THEAT Auftritt *m*; ARCH Vorsprung *m*; **~ gościnny** Gastspiel *n* **występować** ⟨**-stąpić**⟩ VI auftreten; *z wnioskiem* stellen; austreten (**z** *gen* aus *dat*) **występowanie** N Auftreten *n*; Vorkommen *n*
wystraszyć PF aufschrecken, erschrecken **wystraszony** erschrocken **wystroić** PF → stroić **wystrojony** herausgeputzt **wystrój** M Einrichtung *f* **wystrzał** M Schuss *m*
wystrzegać się sich in Acht nehmen (*gen* vor *dat*) **wystrzelić** PF abfeuern (**z** *gen akk*); → strzelać
wystrzępiony ausgefranst
wystudzać → studzić **wystygnąć** PF → stygnąć **wysunąć** PF → wysuwać **wysuszyć** PF → suszyć
wysuwać ⟨**-unąć**⟩ vorschieben; herausziehen; herausstrecken; **~ się** herauskommen, hervorkommen; sich vorwagen
wysychać ⟨**-schnąć**⟩ trocknen, austrocknen **wysyłać** ⟨**-słać**⟩ absenden, entsenden, schicken **wysyłka** F Versand *m*; Sendung *f*
wysypać PF → wysypywać **wysypiać** ⟨**-spać**⟩ **się** ausschlafen **wysypisko** N Kippe *f*; Halde *f* **wysypka** F Ausschlag *m* **wysypywać** ⟨**-pać**⟩ ausschütten; bestreuen (*inst* mit *dat*) **wysysać** ⟨**wyssać**⟩ aussaugen; absaugen
wyszarpywać ⟨**-pać, -pnąć**⟩ herauszerren, ausreißen
wyszczególniać ⟨**-ić**⟩ einzeln aufführen **wyszczególnienie** F (genaue) Aufzählung *f*, Spezifikation *f*
wyszeptać PF flüstern, zwischen den Zähnen herauspressen
wyszkolić PF ausbilden, schulen **wyszkolony** geschult
wyszperać PF ausfindig machen
wyszukany → wytworny **wyszukiwać** ⟨**-kać**⟩ aussuchen, heraussuchen; herausfinden **wyszukiwarka** *f* IT Suchprogramm *n*
wyszyć PF → haftować **wyszydzać** ⟨**-dzić**⟩ verspotten
wyszywać → haftować
wyściełać ⟨**-słać, -elić**⟩ auspolstern **wyściełany** gepolstert, Polster-
wyścig M Wettlauf *m*; **~ kolarski** Radrennen *n*; **~ zbrojeń** Wettrüsten *n*; **wyścigi** *pl* **konne** Pferderennen *n* **wyścigowy** Renn-
wyśledzić PF aufspüren **wyślizgiwać** ⟨**-gnąć, -znąć**⟩ **się** entschlüpfen; *z ręki* rutschen, herausrutschen **wyśmienity** (**-cie**) ausgezeichnet, vorzüglich **wyśmiewać** ⟨**-śmiać**⟩ auslachen

wyświadczać ⟨-czyć⟩ *przysługę* erweisen **wyświechtany** *umg* abgewetzt; abgedroschen **wyświetlać** ⟨-lić⟩ *sprawę* aufklären; *film, przezrocza* zeigen
wyświęcać ⟨-cić⟩ weihen **wyświęcenie** N Priesterweihe *f*
wytaczać ⟨-toczyć⟩ hinausrollen (*a.* **się**); *proces* anstrengen; TECH ausdrehen, ausdrechseln **wytapiać** ⟨-topić⟩ ausschmelzen **wytargować** PF abhandeln, herunterhandeln **wytarty** *garnitur* abgetragen; *dywan* abgetreten
wytchnienie N Ruhe *f*, Rast *f*; **bez wytchnienia** rastlos, unermüdlich
wytępiać → tępić **wytężać** ⟨-żyć⟩ *wzrok* anstrengen; *siły* aufbieten **wytężony** angestrengt
wytknąć PF → wytykać
wytłaczać ⟨-tłoczyć⟩ *sok, olej* auspressen; → *a.* **tłoczyć**
wytłuc PF *naczynia* zerschlagen; *szybę* einschlagen
wytłumaczenie N Erklärung *f* **wytłumaczyć** PF erklären
wytoczyć PF → wytaczać **wytopić** PF → wytapiać
wytrawny *wino* trocken; *fig* erfahren
wytrącać ⟨-cić⟩ *z ręki* schlagen; *z równowagi* bringen; *ze snu* reißen
wytrwać PF ausharren **wytrwałość** F Beharrlichkeit *f*, Ausdauer *f* **wytrwały** (-le) ausdauernd; standhaft
wytrych M Dietrich *m*
wytryskać ⟨-snąć⟩ → tryskać
wytrząsać ⟨-snąć⟩ herausschütteln; ausschütten
wytrzeć PF → wycierać
wytrzepywać ⟨-pać⟩ ausklopfen
wytrzymać PF → wytrzymywać **wytrzymałość** F Widerstandsfähigkeit *f*; TECH *a.* Festigkeit *f* **wytrzymały** widerstandsfähig; → wytrwały **wytrzymywać** ⟨-mać⟩ aushalten; *próbę* bestehen
wytwarzać ⟨-tworzyć⟩ erzeugen; *towar a.* herstellen
wytworny fein, vornehm
wytwór M Erzeugnis *n*, Produkt *n*, Werk *n* **wytwórca** M Produzent(in) *m(f)*, Hersteller(in) *m(f)* **wytwórczość** F Herstellung *f* **wytwórczy** Herstellungs- **wytwórnia** F Betrieb *m*, Fabrik *f*
wytyczać ⟨-czyć⟩ *drogę* markieren; *fig* bestimmen **wytyczna** F Richtlinie *f* **wytykać** ⟨-tknąć⟩ herausstrecken; *fig* vorhalten, vorwerfen
wytypować PF → typować
wyuczać ⟨-czyć⟩ lehren (**k-o** *gen* j-n *akk*); beibringen (j-m *akk*); **~ się** erlernen (*gen akk*)
wyuczony ausgelernt; angelernt

wyuzdany zügellos; ausschweifend
wywabiacz M: ~ **plam** Fleckentferner *m* **wywabiać** ⟨**-ić**⟩ herauslocken; *plamę* entfernen
wywalać ⟨**-lić**⟩ rausschmeißen; auskippen; *drzwi* einschlagen **wywalczać** ⟨**-czyć**⟩ erkämpfen, erringen
wywar M Brühe *f*; ~ **z kości** Knochenbrühe *f*
wyważać ⟨**-żyć**⟩ aufbrechen; abwiegen; TECH auswuchten
wywęszyć PF wittern; *umg fig* herausbekommen
wywiad M Interview *n*; Geheimdienst *m* **wywiadowca** M Geheimagent(in) *m(f)* **wywiadowczy** Aufklärungs-; Ermittlungs-; Geheimdienst- **wywiadówka** F Elternabend *m*
wywiązywać ⟨**-zać**⟩ **się** sich entwickeln; nachkommen (**z** *gen dat*), erfüllen (*akk*)
wywichnąć PF ausrenken, verrenken
wywierać ⟨**-wrzeć**⟩ *nacisk* ausüben; *wrażenie* hervorrufen
wywieszać ⟨**-sić**⟩ aushängen **wywieszka** F Schild *n*; Aushang *m* **wywieść** PF → wywodzić **wywietrzać** ⟨**-rzyć**⟩ lüften **wywieźć** PF → wywozić
wywijać ⟨**-inąć**⟩ (nach außen) umbiegen, umkrempeln; (*machać, tańczyć*) schwingen; ~ **się** sich herauswinden
wywłaszczać ⟨**-czyć**⟩ enteignen
wywodzić ⟨**-wieść**⟩ herleiten (**się** sich); ~ **się** (**z** *gen*) abstammen (von)
wywołać PF → wywoływać
wywołanie N FOTO Entwicklung *f* **wywoływacz** M FOTO Entwickler *m* **wywoływać** herausrufen; hervorrufen; FOTO entwickeln
wywozić ⟨**-wieźć**⟩ wegfahren, wegschaffen; *towary* ausliefern **wywozowy** Ausfuhr-
wywóz M Abfuhr *f*, Transport *m* **wywózka** F Abfuhr *f*
wywracać → przewracać
wywrotka F Kippwagen *m*, Kipper *m* **wywrotny** kippbar, Kipp- **wywrotowiec** M Umstürzler(in) *m(f)* **wywrotowy** umstürzlerisch **wywrócić** PF → wywracać
wywrzeć PF → wywierać
wywyższać ⟨**-szyć**⟩ erheben
wyzbywać ⟨**-być**⟩ **się** sich entledigen **wyzdrowieć** PF genesen
wyznać PF → wyznawać **wyznaczać** ⟨**-czyć**⟩ bestimmen; festsetzen, festlegen
wyznanie N *a.* REL Bekenntnis *n*; Geständnis *n* **wyznawać** ⟨**-znać**⟩ *nur* IMPF (sich) bekennen; gestehen **wyznawca** M Gläubige(r) *m*; Anhänger *m* **wyznawczyni** F Gläubige *f*; Anhängerin *f*
wyzwać PF → wyzywać **wy-**

zwalacz M FOTO Auslöser *m* **wyzwalać ⟨-zwolić⟩** befreien **wyzwanie** N Herausforderung *f* **wyzwisko** N Schimpfwort *n* **wyzwolenie** N Befreiung *f* **wyzwoleńczy** Befreiungs- **wyzwolić** PF → wyzwalać **wyzwolony** befreit

wyzywać ⟨-zwać⟩ herausfordern; beschimpfen **wyzywający (-co)** herausfordernd

wyż M *pogoda* Hoch *n* **wyżąć** PF → wyżymać **wyżej** höher; weiter oben

wyżerać ⟨-żreć⟩ ausfressen **wyżłabiać ⟨-łobić⟩** aushöhlen **wyżłobienie** N Rille *f*; Rinne *f* **wyżreć** PF → wyżerać **wyższość** F Überlegenheit *f* **wyższy** höher; Ober-

wyżyć PF überleben **wyżymać ⟨-żąć⟩** *pranie* wringen, auswringen

wyżyna F Hochebene *f* **wyżynny** Hochland-

wyżywiać ⟨-ić⟩ ernähren (**się** sich) **wyżywienie** N Ernährung *f*; Verpflegung *f*

wzajemnie gegenseitig, einander; gleichfalls **wzajemny** gegenseitig

wzbierać ⟨wezbrać⟩ *rzeka* anschwellen **wzbijać ⟨-bić⟩ (się)** sich emporschwingen, aufsteigen

wzbogacać ⟨-cić⟩ bereichern (**się** sich)

wzbraniać ⟨wzbronić⟩ verbieten; *nur impf* ~ **się** sich weigern **wzbroniony** verboten

wzbudzać ⟨-dzić⟩ erwecken; *zazdrość* erregen **wzburzać ⟨-rzyć⟩** erregen, aufregen **wzburzenie** N Erregung *f*, Empörung *f* **wzburzony** erregt, aufgeregt

wzdąć PF → wzdymać

wzdłuż ADV längs; PRÄP (*gen*) längs (*gen*), entlang (*akk*)

wzdrygać ⟨-gnąć⟩ się erschauern **wzdychać ⟨westchnąć⟩** seufzen **wzdymać ⟨wzdąć⟩ się** sich blähen; sich bauschen

wzejść PF → wschodzić

wzgarda F Verachtung *f* **wzgardliwy (-wie)** verächtlich **wzgardzać ⟨-dzić⟩** verschmähen (*inst akk*)

wzgląd M Hinsicht *f*, Rücksicht *f*; **pod każdym względem** in jeder Hinsicht; **względy** *pl* Gunst *f*; PL Umstände *mpl* **względnie** verhältnismäßig; beziehungsweise **względny** relativ

wzgórek M Hügel *m* **wzgórze** N Anhöhe *f*

wziąć PF → brać

wziernik M TECH Schauloch *n*; MED Endoskop *n*

wzięty *fig* beliebt, populär

wzlot M FLUG Aufstieg *m*

wzmacniacz M Verstärker *m* **wzmacniać ⟨wzmocnić⟩** verstärken; kräftigen **wzmagać** verstärken, steigern (**się**

sich)
wzmianka F Erwähnung *f*, Notiz *f*
wzmocnić PF → wzmacniać
wzmożony verstärkt
wzmóc PF → wzmagać
wznak: **na ~** auf dem Rücken, rücklings
wznawiać ⟨**wznowić**⟩ wieder aufnehmen; THEAT wieder aufführen **wzniesienie** N Anhöhe *f*; Errichtung *f*
wznieść PF → wznosić
wzniosły (**-śle**) erhaben
wznosić ⟨**wznieść**⟩ emporheben; errichten; *toast* ausbringen; **~ się** sich emporschwingen; hochsteigen
wznowić PF → wznawiać
wznowienie N Wiederaufnahme *f*; Neuauflage *f*; Wiederaufführung *f*
wzorcowy Modell-, Standard-
wzorować się sich zum Vorbild nehmen (**na** *lok akk*) **wzorowy** Muster- (**-wo**) beispielhaft, vorbildlich **wzór** M Muster *n*; Vorlage *f*; Vorbild *n*; MATH, CHEM Formel *f*
wzrastać ⟨**wzrosnąć**⟩ wachsen, anwachsen, steigen, ansteigen
wzrok M Sehkraft *f*; Blick *m*
wzrosnąć PF → wzrastać
wzrost M Wuchs *m*, Körpergröße *f*; Wachstum *n*; Anstieg *m*; Steigerung *f*
wzruszać ⟨**-szyć**⟩ *fig* bewegen, rühren **wzruszający** (**-co**) rührend, ergreifend
wzruszenie N Rührung *f*, Ergriffenheit *f* **wzruszyć** PF → wzruszać
wzwyż hinauf, empor; → skok
wzywać ⟨**wezwać**⟩ rufen; vorladen; auffordern (**do** *gen* zu *dat*)
wżenić się *umg* PF einheiraten

Z

z, ze PRÄP (*gen, inst*) aus (*dat*), von (*dat*); vor (*dat*); mit (*dat*); nach (*dat*); ; **~ żelaza** aus Eisen; **~ Berlina** aus Berlin; **~ krzesła** vom Stuhl; **ze ściany** von der Wand; **~ radości** vor Freude; **~ przyjemnością** mit Vergnügen; **~ tobą** mit dir; **~ nazwiska** dem Namen nach; **~ urzędu** von Amts wegen; ADV etwa; **~ godzinę** etwa eine Stunde
za PRÄP (*akk, inst*) hinter (*akk, dat*); für (*akk*); in (*dat*); an (*dat*); nach (*dat*); gegen (*akk*); mit (*dat*); als (*nom*); **~ nami** hinter uns; **przemawiać ~ kimś** für j-n sprechen; **~ rok** in einem Jahr; **trzymać ~ rękę** an der Hand halten; **jeden ~ drugim** einer nach dem anderen; **~ stołem** am (*od* hinter dem) Tisch; **~ rogiem** um die

Ecke; ~ **opłatą** gegen Gebühr; ~ **pomocą** mit Hilfe, mithilfe; ~ **panowania** während der Herrschaft; ~ **moich czasów** zu meiner Zeit; **przebrać się** ~ ... sich verkleiden als ...; **służyć** ~ ... als ... dienen; ADV zu, allzu; ~ **młody** zu jung; ~ **mało** zu wenig

zaaferowany sehr beschäftigt **zaakceptować** PF → akceptować **zaangażować** PF engagieren **zaatakować** PF → atakować

zaawansowany fortgeschritten

zabarwienie N Färbung *f*

zabawa F Spiel *n*; ~ **taneczna** Tanzvergnügen *n*, ~ **ludowa** Volksfest *n* **zabawiać** ⟨**-ić**⟩ unterhalten, amüsieren (**się** sich) **zabawka** F Spielzeug *n* **zabawny** amüsant; drollig

zabezpieczać ⟨**-czyć**⟩ sichern; sicherstellen **zabezpieczenie** N Sicherung *f*; Sicherstellung *f* **zabezpieczony** gesichert

zabić PF → zabijać

zabieg M Maßnahme *f*; MED Eingriff *m* **zabiegać** sich bemühen (**o** *akk* um *akk*)

zabierać ⟨**zabrać**⟩ wegnehmen, mitnehmen; *głos* ergreifen; ~ **się** beginnen (**do** *gen* mit *dat*), anpacken (*akk*)

zabijać ⟨**zabić**⟩ töten, umbringen (**się** sich); schlachten

zabijaka *umg* M Raufbold *m*, Schläger *m* **zabity** getötet; SUBST M Gefallene(r) *m*, Tote(r) *m*

zabliźniać ⟨**-ić**⟩ **się** vernarben

zablokować PF → blokować

zabłądzić PF sich verirren **zabłąkać się** PF sich verirren **zabłąkany** verirrt

zabobonny abergläubisch

zaborca M Eindringling *m*, Aggressor *m* **zaborczy** (**-czo**) räuberisch; *fig* habgierig

zabójca M Mörder *m*, Totschläger *m* **zabójczyni** F Mörderin *f*, Totschlägerin *f* **zabójczy** (**-czo**) tödlich **zabójstwo** N Tötung *f*; Totschlag *m*

zabór M Annexion *f*; Aneignung *f*; HIST annektiertes Gebiet *n* **zabrać** PF → zabierać

zabraknąć PF zur Neige gehen; fehlen **zabraniać** ⟨**zabronić**⟩ verbieten, untersagen

zabrudzać ⟨**-dzić**⟩ beschmutzen

zabrzmieć PF erklingen; ertönen

zabudowa F ARCH Bebauung *f* **zabudowania** NPL Gebäude *npl*, Bauten *mpl* **zabudowywać** ⟨**-ować**⟩ bebauen; *widok* verbauen

zaburzenie N Störung *f*

zabytek M Baudenkmal *n*; **zabytki** *pl a.* Sehenswürdigkeiten *fpl*

zachcianka F Laune *f*, Gelüst *n* **zachciewać** ⟨**-chcieć**⟩ **się** Lust bekommen *od* haben (*gen* auf *akk*)
zachęcać ⟨**-cić**⟩ aufmuntern, anspornen **zachęta** F Ermutigung *f*, Ansporn *m*
zachłanny habgierig
zachmurzać się → chmurzyć się **zachmurzenie** N Bewölkung *f* **zachmurzony** bewölkt; (*smutny*) betrübt, traurig
zachodni westlich, West-
zachodzić ⟨**zajść**⟩ *słońce* untergehen; *pytanie* sich ergeben, auftauchen; *zmiana* eintreten; *pomyłka* unterlaufen; einkehren, vorbeikommen (**do** *gen* bei *dat*); **~ w ciążę** schwanger werden
zachorować PF krank werden; erkranken (**na** *akk* an *dat*) **zachowanie** N Wahrung *f*; Erhaltung *f*; (**się**) Benehmen *n*
zachowywać ⟨**-ować**⟩ bewahren; einhalten; **~ się** erhalten bleiben; sich benehmen
zachód M Westen *m*; (*staranie*) Mühe *f*; **Zachód** der Westen, das Abendland *n*; **~ słońca** Sonnenuntergang *m*
zachrypnięty heiser
zachwalać anpreisen
zachwiać PF erschüttern, ins Wanken bringen; bewegen (*inst akk*)
zachwycać ⟨**-cić**⟩ entzücken; **~ się** entzückt sein (*inst* von *dat*) **zachwycający** (**-co**) bezaubernd, entzückend **zachwyt** M Entzücken *n*, Begeisterung *f*
zaciąć PF → zacinać **zaciągać** ⟨**-gnąć**⟩ *zasłony* zuziehen; *pasek* festziehen; hineinziehen (**do** *gen* in *akk*); **~ się** *niebo* sich bedecken; *papierosem* inhalieren
zaciek M Wasserfleck *m* **zaciekać** ⟨**-ciec**⟩ hineinregnen
zaciekawiać ⟨**-ić**⟩ neugierig machen **zaciekawienie** N Neugierde *f*, Interesse *n*
zaciekły (**-le**) verbissen
zaciemniać ⟨**-ić**⟩ verdunkeln
zacierać ⟨**zatrzeć**⟩ verwischen (**się** sich); **~ się** TECH sich festfressen
zacieśniać ⟨**-ić**⟩ enger machen, *fig* enger knüpfen **zacietrzewiony** grimmig; verbohrt
zacięcie N Einschnitt *m*, Kerbe *f*; *umg fig* Begabung *f* **zaciętość** F Verbissenheit *f* **zacięty** (**-cie**) verbissen; *walka* erbittert
zacinać ⟨**-ciąć**⟩ einschneiden; **~ się** sich schneiden; klemmen
zacisk M Klemme *f* **zaciskać** ⟨**-snąć**⟩ *pięść* ballen; *zęby* zusammenbeißen; TECH einklemmen
zacisze N stiller Winkel *m*, stiller Ort *m*; Abgeschiedenheit *f*
zaciszny windgeschützt; ru-

hig; gemütlich
zacny brav, ehrbar
zacofanie N Rückständigkeit *f* **zacofany** rückständig
zaczarowany verzaubert
zacząć PF → zaczynać **zaczekać** PF → czekać
zaczep M (Anhänge)Haken *m* **zaczepiać** ⟨-ić⟩ anhängen; *umg* belästigen, anmachen **zaczepny** aggressiv
zaczerpywać ⟨-pnąć⟩ schöpfen (*gen akk*)
zaczerwienić PF → czerwienić
zaczesywać ⟨-sać⟩ kämmen
zaczynać ⟨-cząć⟩ (**się**) anfangen, beginnen
zaćmienie N Finsternis *f*
zad M Hinterteil *n*
zadać PF → zadawać **zadanie** N Aufgabe *f* **zadatek** M Anzahlung *f* **zadawać** ⟨-dać⟩ *pytanie* stellen; *pracę domową, zagadkę* aufgeben; *cios* versetzen; *ból* bereiten
zadawniony *choroba* verschleppt **zadbać** PF sich kümmern (**o** *akk* um *akk*) **zadecydować** PF beschließen; entscheiden; beeinflussen **zadeklarować** PF → deklarować
zadłużenie N Verschuldung *f* **zadłużony** verschuldet **zadomowić się** PF heimisch werden
zadośćuczynić PF befriedigen (*dat akk*), genügen (*dat*) **zadośćuczynienie** N Genugtuung *f*
zadowalać ⟨**zadowolić**⟩ befriedigen; ~ **się** sich zufriedengeben (*inst* mit *dat*) **zadowalający** (**-co**) befriedigend **zadowolenie** N Befriedigung *f*; Zufriedenheit *f* **zadowolić** PF → zadowalać **zadowolony** zufrieden
zadra F (Holz)Splitter *m* **zadrapywać** ⟨-pać⟩ aufkratzen
zadrzeć PF → zadzierać
zaduch M schlechte Luft *f*, *umg* Mief *m*
zaduma F Nachdenklichkeit *f*; Grübeln *n* **zadumany** gedankenvoll
zadusić PF (**się**) ersticken **Zaduszki** FPL Allerseelen *n* **zaduszny** Allerseelen-
zadymiony voll(er) Rauch, *umg* verqualmt **zadymka** F Schneetreiben *n* **zadyszany** außer Atem, keuchend **zadyszka** F Atembeschwerden *pl*; Kurzatmigkeit *f*
zadzierać ⟨-drzeć⟩ *skórkę* aufreißen; *głowę* in die Höhe recken; *ogon* aufrichten; *umg* sich verkrachen (**z** *inst* mit *dat*)
zadziwiać ⟨-ić⟩ in Erstaunen versetzen, verblüffen **zadziwiający** (**-co**) erstaunlich
zadzwonić PF → dzwonić
zafascynowany fasziniert
zafundować PF → fundować
zagadka F Rätsel *n* **zagadko-**

wy (**-wo**) rätselhaft **zagadnienie** N Frage *f*, Problem *n*

zagadywać ⟨**-dnąć**⟩ ansprechen

zagajać ⟨**zagaić**⟩ eröffnen

zagajnik M Gehölz *n*

zagapić się PF *umg* mit offenen Augen schlafen, träumen; → gapić

zagarniać ⟨**-nąć**⟩ zusammenraffen; an sich reißen

zagęszczać ⟨**-ścić**⟩ eindicken

zagiąć PF → zaginać **zagięcie** N Krümmung *f*, Knick *m*; Beuge *f* **zaginać** ⟨**-giąć**⟩ umbiegen **zaginąć** PF → przepadać **zaginiony** vermisst, verschollen

zaglądać ⟨**zajrzeć**⟩ hereinschauen, *umg* reingucken

zagłada F Vernichtung *f*

zagłębiać ⟨**-ić**⟩ **się** eindringen; *fig* sich vertiefen **zagłębie** N Revier *n*; Produktionsstätte *f* **zagłębienie** N Vertiefung *f*

zagłuszać ⟨**-szyć**⟩ übertönen; RADIO stören; *fig* betäuben

zagmatwany verworren **zagniewany** erzürnt

zagnieżdżać ⟨**-ździć**⟩ **się** sich einnisten

zagoić się PF abheilen

zagorzały (**-le**) fanatisch

zagospodarowywać ⟨**-ować**⟩ bewirtschaften, wirtschaftlich erschließen; **~ się** sich einrichten

zagotować (**się**) PF aufkochen, kochen

zagrać PF → grać **zagradzać** ⟨**-grodzić**⟩ abzäunen; *drogę* versperren

zagranica F Ausland *n* **zagraniczny** ausländisch, Auslands-; HANDEL, POL Außen-

zagrażać bedrohen, gefährden (*dat akk*); → grozić

zagrodzić PF → zagradzać

zagrozić PF drohen (*inst* mit *dat*) **zagrożenie** N Gefährdung *f* **zagrożony** bedroht

zagrzać PF → zagrzewać **zagrzebywać** ⟨**-bać**⟩ verscharren **zagrzewać** ⟨**-grzać**⟩ aufwärmen

zagubić PF verlieren **zagubiony** verloren

zagwarantować PF → gwarantować

zahaczać ⟨**-czyć**⟩ aufhängen; *fig* hängen bleiben (**o** *akk* an *dat*); *fig umg* anhauen (um *akk*); **~ się** sich festhaken, hängen bleiben

zahamować PF bremsen, stoppen **zahamowanie** N Hemmung *f* **zahartowany** abgehärtet

zaimek M Pronomen *n*, Fürwort *n*; **~ dzierżawczy** Possessivpronomen *n*; **~ osobowy** Personalpronomen *n*

zainstalować PF → instalować

zainteresować PF interessieren **zainteresowanie** N In-

teresse *n* **zainteresowany** interessiert
zainwestować PF → inwestować
zaistnieć PF *fig* eintreten
zajadać essen, *umg* futtern **zajadłość** F Verbissenheit *f*; Erbitterung *f* **zajadły** (**-le**) verbissen; eingefleischt; → zapamiętały
zajazd M Herberge *f*
zając M Hase *m*
zająć PF → zajmować
zajeżdżać ⟨**-jechać**⟩ vorfahren; einkehren (**do** *gen* bei *dat*)
zajęcie N Besetzung *f*; Beschäftigung *f*; JUR Pfändung *f*; **zajęcia** *pl* Unterricht *m* **zajęty** beschäftigt; besetzt
zajmować ⟨**-jąć**⟩ einnehmen; besetzen; JUR pfänden; ~ **się** sich beschäftigen (*inst* mit *dat*)
zajmujący (**-co**) unterhaltend; spannend **zajrzeć** PF → zaglądać **zajście** N Vorfall *m*; Auftritt *m* **zajść** PF → zachodzić
zakalec M Schlief *m*
zakamarek M Winkel *m*
zakańczać ⟨**-kończyć**⟩ beenden **zakasywać** ⟨**-sać**⟩ hochkrempeln **zakatarzony** verschnupft
zakaz M Verbot *n* **zakazany** verboten **zakazić** PF → zakażać **zakazywać** ⟨**-zać**⟩ verbieten
zakaźny MED ansteckend **zakażać** ⟨**-zić**⟩ anstecken (**się** sich) **zakażenie** N Ansteckung *f*; ~ **krwi** Blutvergiftung *f*
zakąska F Vorspeise *f*; **na zakąskę** als Vorspeise *od* Appetithappen
zakątek M *fig* Winkel *m*
zakląć PF → kląć
zaklejać ⟨**-kleić**⟩ zukleben; verkleben
zaklęcie N Beschwörung *f*; Zauberspruch *m* **zaklęty** verzaubert; Zauber- **zaklinać** beschwören; verzaubern; ~ **się** schwören (**na** *akk* bei *dat*)
zakład M Betrieb *m*, Werk *n*; Anstalt *f*; Wette *f* (**o** *akk* um *akk*); ~ **pracy** Arbeitsstätte *f*
zakładać ⟨**założyć**⟩ anlegen; gründen, errichten; *okulary* aufsetzen; *telefon* legen, anschließen; (*przyjmować*) annehmen, voraussetzen; ~ **się** wetten **zakładka** F Falte *f*; Lesezeichen *n* **zakładniczka** F Geisel *f* **zakładnik** M Geisel *f* **zakładowy** Betriebs-, Werks-
zakłamany verlogen
zakłopotanie N Verlegenheit *f* **zakłopotany** verlegen
zakłócać ⟨**-kłócić**⟩ stören
zakłócenie N Störung *f*; ~ **spokoju publicznego** Störung der öffentlichen Ruhe
zakochać się PF sich verlieben **zakochany** verliebt
zakon M Orden *m* **zakonnica**

F Nonne *f* **zakonnik** M Mönch *m* **zakonny** Ordens-

zakończenie N Beendigung *f*; Abschluss *m* **zakończyć** PF → zakańczać

zakopywać ⟨-pać⟩ eingraben, vergraben **zakorkowany** verkorkt; verstopft **zakorzeniony** verwurzelt **zakotwiczyć się** PF vor Anker gehen

zakradać ⟨-kraść⟩ **się** sich einschleichen **zakratowany** vergittert

zakres M Bereich *m*

zakreślać ⟨-lić⟩ durchstreichen; *koło* beschreiben

zakręcać ⟨-cić⟩ zudrehen, zuschrauben **zakręt** M Kurve *f* **zakrętka** F Schraubverschluss *m*

zakrwawiony blutig, blutbeschmiert

zakryć PF → zakrywać **zakrystia** F Sakristei *f* **zakrywać** ⟨-kryć⟩ verdecken; zudecken

zakrzep M Blutpfropf *m*

zakrztusić się PF sich verschlucken

zaksięgować PF verbuchen

zakup M Einkauf *m* **zakupywać** ⟨-pić⟩ ankaufen, einkaufen

zakurzony staubig

zakwalifikować PF qualifizieren

zakwaterowanie N Einquartierung *f*; Unterkunft *f*

zalać PF → zalewać

zalążek M Keim *m*

zalecać ⟨-cić⟩ empfehlen; **~ się** den Hof machen (**do** *gen dat*) **zalecenie** N Empfehlung *f*

zaledwie kaum; knapp

zalegać im Rückstand sein (**z** *inst* mit *dat*) **zaległość** F Rückstand *m* **zaległy** rückständig

zalepiać ⟨-ić⟩ zukleben

zalesiać ⟨-ić⟩ aufforsten

zaleta F Vorzug *m*

zalew M Überschwemmung *f*; Haff *n* **zalewa** F Lake *f*; Marinade *f* **zalewać** ⟨-lać⟩ übergießen; *rzeka* überfluten

zależeć abhängen (**od** *gen* von *dat*) **zależnie** je nachdem (**od** *gen* wie, ob) **zależność** F Abhängigkeit *f* **zależny** abhängig

zaliczać ⟨-czyć⟩ anrechnen; zählen, rechnen (**do** *gen* zu *dat*) **zaliczenie** N Anrechnung *f*; **za zaliczeniem** per Nachnahme **zaliczka** F Vorschuss *m* **zaliczyć** PF → zaliczać

zalotny kokett

zaludniać ⟨-ić⟩ bevölkern (**się** sich) **zaludnienie** N Bevölkerung *f*

załadowywać ⟨-ować⟩ verladen **załadunek** M Verladung *f*

załamanie N Knick *m*, Bruch *m*; Zusammenbruch *m* **załą-**

mywać ⟨**-mać**⟩ **się** zusammenbrechen; *lód* einbrechen; *światło* sich brechen
załatwiać ⟨**-ić**⟩ erledigen
załączać ⟨**-czyć**⟩ beifügen **załączenie** N: **w załączeniu** beiliegend, in der Anlage **załącznik** M Anlage *f*
załoga F Besatzung *f*, Mannschaft *f*; Belegschaft *f*
założenie N Gründung *f*; Grundsatz *m*; Annahme *f* **założyciel(ka)** M(F) Gründer(in) *m(f)* **założyć** PF → zakładać
zamach M Anschlag *m*, Attentat *n*; ~ **stanu** Staatsstreich *m* **zamachowiec** M Attentäter(in) *m(f)* **zamachowy**: TECH **koło zamachowe** Schwungrad *n*
zamaczać ⟨**-moczyć**⟩ einweichen
zamalowywać ⟨**-ować**⟩ übermalen
zamarzać ⟨**-rznąć**⟩ gefrieren; zufrieren; erfrieren **zamarznięty** zugefroren, eingefroren; erfroren
zamaskowany getarnt, maskiert
zamaszysty (**-ście**) schwungvoll
zamawiać ⟨**-mówić**⟩ bestellen; anmelden
zamążpójście N Heirat *f*
zamek M Schloss *n*; Burg *f*; ~ **błyskawiczny** Reißverschluss *m*
zameldować PF anmelden (**się** sich) **zameldowanie** N Anmeldung *f*, Meldung *f*
zamęczać ⟨**-czyć**⟩ plagen, quälen (**się** sich)
zamęt M Wirrwarr *m*, Durcheinander *n*
zamężna verheiratet
zamglony neblig, dunstig; *spojrzenie* verschleiert
zamian: **w ~ za** an Stelle (*akk gen*); im Austausch (für *akk*)
zamiana F Tausch *m*, Umtausch *m*
zamiar M Absicht *f*
zamiast (*gen*) statt, anstatt (*gen*)
zamiatać ⟨**-mieść**⟩ kehren, auskehren, ausfegen
zamieć F Schneesturm *m*
zamiejscowy auswärtig; **rozmowa** *f* **zamiejscowa** Ferngespräch *n*
zamieniać ⟨**-ić**⟩ umtauschen, vertauschen; auswechseln **zamienny** Tausch-; Ersatz-; **część zamienna** Ersatzteil *n*
zamierać ⟨**-mrzeć**⟩ ersterben; erstarren **zamierzać** beabsichtigen, vorhaben **zamierzchły** uralt, längst vergangen **zamierzenie** N Vorhaben *n* **zamieszanie** N → zamęt **zamieszany** *fig* verwickelt **zamieszczać** ⟨**-ścić**⟩ *ogłoszenie* aufgeben; drucken
zamieszkać PF sich niederlassen, eine Wohnung beziehen **zamieszkały** wohnhaft (**w** *lok* in *dat*); bewohnt **zamiesz-**

kanie N → miejsce zamieszki PL Unruhen *fpl* zamieszkiwać bewohnen, wohnen
zamieścić PF → zamieszczać
zamieść PF → zamiatać
zamiłowanie N Vorliebe *f* (**do** *gen* für *akk*); Neigung *f* (zu *dat*) **zamiłowany** passioniert
zamknąć PF → zamykać
zamknięcie N Schließung *f*; Sperrung *f* **zamknięty** geschlossen
zamkowy Burg-, Schloss-
zamoczyć PF → zamaczać **zamontować** PF → montować **zamordować** PF ermorden
zamorski überseeisch, Übersee-
zamożny wohlhabend
zamówić PF → zamawiać **zamówienie** N Bestellung *f*
zamrażać ⟨**-mrozić**⟩ einfrieren, gefrieren lassen **zamrażarka** F Gefrierschrank *m*, Gefriertruhe *f*
zamroczony benommen; berauscht **zamroczyć** PF benebeln; trüben **zamrozić** PF → zamrażać
zamrzeć PF → zamierać
zamurowywać ⟨**-ować**⟩ zumauern
zamykać ⟨**-mknąć**⟩ schließen (**się** sich); zumachen; einsperren; sperren
zamysł M Vorhaben *n*
zamyślać ⟨**-lić**⟩ vorhaben, planen; **~ się** in Gedanken versinken **zamyślony** in Gedanken versunken, nachdenklich
zanadto zu sehr; zu viel
zaniechać PF fallen lassen, aufgeben (*gen akk*)
zanieczyszczać ⟨**-ścić**⟩ verunreinigen **zanieczyszczenie** N Verschmutzung *f*, Verunreinigung *f*
zaniedbywać ⟨**-bać**⟩ vernachlässigen **zaniedbanie** N Vernachlässigung *f*
zaniemówić PF die Sprache verlieren
zaniepokoić beunruhigen (**się** sich) **zaniepokojenie** N Beunruhigung *f*, Besorgnis *f* **zanieść** PF → zanosić
zanik M Schwund *m*; Minderung *f* **zanikać** ⟨**-knąć**⟩ schwinden, schrumpfen; vergehen
zanim bevor, ehe
zaniżony *cena* (zu) stark herabgesetzt **zanosić** ⟨**-nieść**⟩ hinbringen, bringen hintragen; **zanosi się na ...** es sieht nach ... aus (*akk dat*) **zanotować** PF → notować
zanurzać ⟨**-rzyć**⟩ (**się**) eintauchen, untertauchen **zanurzenie** N Tiefgang *m*
zaobserwować PF beobachten
zaocznie ADV JUR in Abwesenheit **zaoczny**: **studia** NPL **zaoczne** Fernstudium *n*
zaoferować PF → oferować

zaokrąglony rund; *suma* abgerundet, aufgerundet
zaopatrywać ⟨-rzyć⟩ versorgen **zaopatrzenie** N Versorgung *f*; Beschaffung *f*
zaopiekować się PF sich kümmern, sich sorgen (*inst* um *akk*); versorgen
zaostrzać ⟨-rzyć⟩ schärfen; anspitzen; *fig* verschärfen, zuspitzen (**się** sich)
zaoszczędzać ⟨-dzić⟩ sparen, einsparen; ersparen (**sobie** sich)
zapach M Geruch *m*, Duft *m* **zapachowy** Geruchs-
zapadać ⟨-paść⟩ fallen, sinken; **~ się** einsinken, versinken **zapadły** eingesunken; eingefallen; *miejscowość* abgelegen
zapakowywać ⟨-ować⟩ einpacken
zapalać ⟨-lić⟩ anzünden; *silnik* anlassen; **~ się** sich entzünden; *światło* angehen; *fig* Feuer und Flamme sein (**do** *gen* für *akk*) **zapalczywy** (**-wie**) unbeherrscht **zapalenie** N Entzündung *f* **zapalić** PF → zapalać **zapalniczka** F Feuerzeug *n* **zapalnik** M Zünder *m* **zapalny** entzündbar; MED Entzündungs- **zapalony** passioniert
zapał M Eifer *m*, Begeisterung *f* **zapałka** F Streichholz *n*, Zündholz *n*
zapamiętać PF sich merken, (im Gedächtnis) behalten **zapamiętały** (**-le**) fanatisch, besessen
zapanować PF herrschen (**nad** *inst* über *akk*); beherrschen (**nad sobą** sich); eintreten
zaparcie N MED Verstopfung *f*; **z zaparciem** mit Hingabe
zaparkować PF parken
zaparzać ⟨-rzyć⟩ aufbrühen; *kawę, herbatę a.* kochen
zapas M Vorrat *m*; Reserve *f*; **zapasy** *pl* SPORT Ringen *n*; Ringkampf *m* **zapasowy** Ersatz-, Reserve-
zapaść[1] F MED Kollaps *m* **zapaść**[2] PF → zapadać **zapaśnik** M Ringkämpfer(in) *m(f)*, Ringer(in) *m(f)*
zapatrywać ⟨-rzyć⟩ się betrachten (**na** *akk akk*) **zapatrywanie** N Auffassung *f*, Ansicht *f*
zapchać PF → zapychać **zapełniać ⟨-ić⟩** füllen, auffüllen (**się** sich); ausfüllen **zapewne** sicher, sicherlich **zapewniać ⟨-ić⟩** garantieren versichern (**o** *lok gen*)
zapędzać ⟨-dzić⟩ hineintreiben
zapiąć PF → zapinać
zapiekać ⟨-piec⟩ überbacken **zapiekanka** F GASTR Auflauf *m*
zapinać ⟨-piąć⟩ zuknöpfen; **~ pas bezpieczeństwa** den Sicherheitsgurt anlegen
zapis M Aufzeichnung *f*; Einschreibung *f* **zapisać** PF → za-

pisywać **zapisek** M Notiz *f* **zapisywać** ⟨**-sać**⟩ notieren; eintragen, einschreiben (**się** sich); *obraz* aufzeichnen; *majątek* vermachen; *lekarstwo* verordnen **zaplanować** PF → planować **zaplanowany** geplant, eingeplant

zaplatać ⟨**-pleść**⟩ flechten **zaplątywać** ⟨**-tać**⟩ verwickeln; verwirren (**się** sich)

zaplecze N Hinterland *n*, Basis *f* **zapleść** PF → zaplatać **zaplombowany** verplombt; *ząb* plombiert

zapłacić PF bezahlen **zapładniać** ⟨**zapłodnić**⟩ befruchten **zapłakany** verweint **zapłata** F Bezahlung *f*, Zahlung *f*; Lohn *m* **zapłodnić** PF → zapładniać **zapłodnienie** N Befruchtung *f*

zapłon M Zündung *f*

zapobiegać ⟨**-biec**⟩ vorbeugen; verhüten (*dat akk*) **zapobieganie** N Verhütung *f* **zapobiegawczy** (**-czo**) vorbeugend, präventiv **zapobiegliwy** (**-wie**) vorsorglich

zapoczątkowywać ⟨**-ować**⟩ einleiten, *umg* starten

zapominać ⟨**-mnieć**⟩ vergessen; verlernen

zapomoga F Unterstützung *f*, Beihilfe *f*

zapora F Sperre *f*; Staudamm *m*; *fig* Hindernis *n*

zapotrzebowanie N Bedarf *m*; Nachfrage *f*; Anforderung *f*

zapowiadać ⟨**-wiedzieć**⟩ ankündigen; ansagen **zapowiedź** F Ankündigung *f*; Aufgebot *n*; **dać na zapowiedzi** das Aufgebot bestellen

zapoznawać ⟨**-znać**⟩ bekannt machen (**z** *inst* mit *dat*); **~ się** kennen lernen (*akk*, sich)

zapożyczać ⟨**-czyć**⟩ übernehmen, *lingwistyka* entlehnen; **~ się** Schulden machen

zapracowywać ⟨**-ować**⟩ erarbeiten; → zarabiać **zapragnąć** PF → pragnąć **zapraszać** ⟨**-prosić**⟩ einladen

zaprawa F Mörtel *m*; GASTR Zutat *f*; Training *n* **zaprawiać** ⟨**-ić**⟩ GASTR anmachen (*inst* mit *dat*)

zaprezentować PF → prezentować **zaprojektować** PF → projektować **zaproponować** PF → proponować

zaprosić PF → zapraszać **zaproszenie** N Einladung *f*

zaprowadzać ⟨**-dzić**⟩ hinführen; einführen; *porządek* schaffen

zaprząg M → zaprzęg

zaprzeczać ⟨**-czyć**⟩ verneinen **zaprzeczenie** N Verneinung *f*

zaprzestawać ⟨**-stać**⟩ aufhören (*gen* mit *dat*), einstellen (*akk*)

zaprzęg M Gespann *n* **zaprzęgać** ⟨**-gnąć**, **zaprząc**⟩ *konia* anspannen

zaprzyjaźnić się PF sich anfreunden, Freundschaft schließen **zaprzyjaźniony** befreundet
zaprzysięgać ⟨**-siąc**⟩ vereidigen **zaprzysiężony** vereidigt
zapukać PF anklopfen, klopfen
zapuszczać ⟨**-ścić**⟩ hineinstecken; herunterlassen; vernachlässigen; *brodę* wachsen lassen; *silnik* anlassen
zapychać ⟨**-pchać**⟩ verstopfen **zapytanie** N Anfrage *f*
zapytywać → pytać
zarabiać ⟨**-robić**⟩ verdienen
zaradczy abhelfend, vorbeugend **zaradny** findig, wendig
zaradzać ⟨**-dzić**⟩ Abhilfe schaffen, helfen (*dat* bei *dat*)
zarastać ⟨**-rosnąć**⟩ zuwachsen
zaraz sofort, gleich
zaraza F Seuche *f* **zarazek** M Krankheitserreger *m* **zaraźliwy** (**-wie**) ansteckend **zarażać** ⟨**-zić**⟩ anstecken, infizieren (**się** sich) **zarażony** infiziert (*inst* mit *dat*); verseucht
zardzewiały verrostet
zareagować PF → reagować
zarejestrować PF → rejestrować **zarezerwować** PF → rezerwować
zaręczać ⟨**-czyć**⟩ → **ręczyć**; versichern; ~ **się** sich verloben
zaręczynowy Verlobungs-
zaręczyny PL Verlobung *f*
zarobek M Verdienst *m*, Lohn *m* **zarobić** PF → zarabiać **zarobkowy** Erwerbs-
zarodek M Keim *m*
zarosnąć PF → zarastać **zarost** M Bartwuchs *m* **zarośla** NPL Gestrüpp *n*, Dickicht *n*
zarozumiały (**-le**) eingebildet, überheblich
zarówno sowohl, ebenso wie
zarumieniony → rumiany
zarys M Umriss *m*; Abriss *m*
zarysowywać ⟨**-ować**⟩ **się** Kratzer bekommen; sich abzeichnen
zaryzykować PF → ryzykować
zarząd M Verwaltung *f*; Geschäftsleitung *f*; Vorstand *m*
zarządca M Verwalter(in) *m(f)* **zarządzać** ⟨**-dzić**⟩ anordnen; *nur impf* verwalten (*inst akk*) **zarządzenie** N Anordnung *f*
zarzewie N Glut *f*; *fig* Fackel *f*
zarzucać ⟨**-cić**⟩ (*rzucić*) schleudern; vorwerfen **zarzut** M Vorwurf *m*; Einwand *m*; **bez zarzutu** tadellos, einwandfrei
zasada F Grundsatz *m*; CHEM Base *f*; → *a.* **reguła** **zasadniczy** (**-czo**) grundsätzlich **zasadowy** alkalisch
zasadzać ⟨**-dzić**⟩ pflanzen, bepflanzen **zasadzka** F Hinterhalt *m*
zasapać się PF außer Atem kommen
zasądzać ⟨**-dzić**⟩ zuspre-

chen, zuerkennen
zaschnąć PF → zasychać
zasępiony düster
zasiać PF → zasiewać **zasiadać** ⟨-siąść⟩ sich setzen; sitzen **zasiedlać** ⟨-lić⟩ besiedeln **zasiewać** ⟨-siać⟩ säen, besäen
zasięg M Reichweite *f*; Bereich *m* **zasięgać** ⟨-gnąć⟩ *rady, informacji* einholen
zasilacz M: **~ sieciowy** Netzteil *n* **zasilać** ⟨-lić⟩ TECH versorgen, beschicken, zuführen
zasiłek M Beihilfe *f*; **~ chorobowy** Krankengeld *n*; **~ dla bezrobotnych** Arbeitslosengeld *n*
zaskakiwać ⟨-skoczyć⟩ überraschen **zaskakujący** (**-co**) überraschend **zaskarżać** ⟨-żyć⟩ *do sądu* verklagen; *wyrok* anfechten
zaskoczenie N Überraschung *f* **zaskoczony** überrascht, verblüfft **zaskoczyć** PF → zaskakiwać
zaskroniec M Ringelnatter *f*
zasłabnąć PF ohnmächtig werden
zasłaniać ⟨-łonić⟩ *twarz* verhüllen; *okno* verhängen; abschirmen, schützen **zasłona** F Vorhang *m*; Abdeckung *f*; SPORT Deckung *f*
zasługa F Verdienst *n* **zasługiwać** ⟨-użyć⟩ verdienen (**na** *akk akk*) **zasłużony** (**-żenie**) verdient
zasmucony → smutny
zasnąć PF → zasypiać
zasobnik M Behälter *m*; Silo *m od n*; Speicher *m* **zasobny** gut ausgestattet, wohlversorgt
zasób M Vorrat *m*; **~ słów** Wortschatz *m*; **zasoby** *pl* Ressourcen *fpl*
zaspać PF verschlafen **zaspany** verschlafen
zaspokajać ⟨-koić⟩ befriedigen; *pragnienie* stillen
zastać PF → zastawać **zastanawiać** ⟨-nowić⟩ **się** sich überlegen (**nad** *inst akk*), nachdenken (über *akk*) **zastaw** M Pfand *n*; **dać w ~** verpfänden
zastawa F (Tafel)Service *n*
zastawać ⟨-stać⟩ antreffen; ertappen **zastawiać** ⟨-ić⟩ verstellen; *przedmiot* verpfänden **zastawka** F Herzklappe *f*; TECH Schütze *f*
zastąpić PF → zastępować
zastępca M Stellvertreter *m*
zastępczyni F Stellvertreterin *f* **zastępczo** vertretungsweise **zastępczy** Ersatz-; Behelfs- **zastępować** ⟨-stąpić⟩ ersetzen; *osobę a.* vertreten **zastępstwo** N Vertretung *f*
zastosowanie N Anwendung *f*, Verwendung *f* **zastosowywać** ⟨-ować⟩ anwenden, verwenden, einsetzen
zastój M Stagnation *f*
zastraszać ⟨-szyć⟩ einschüchtern **zastraszający**

(-co) erschreckend **zastrzegać** ⟨**-rzec**⟩ vorbehalten (**sobie** sich); ~ **się** sich verwahren **zastrzelić** PF erschießen **zastrzeżenie** N Vorbehalt *m*; Einwand *m* **zastrzeżony** geschützt; vorbehalten

zastrzyk M Injektion *f*, *umg* Spritze *f* **zasuwa** F Riegel *m*; Schieber *m* **zasuwać** ⟨**-sunąć**⟩ zuschieben; *zasłonę* zuziehen

zasychać ⟨**-schnąć**⟩ eintrocknen, vertrocknen; verdorren **zasypiać** ⟨**-snąć**⟩ einschlafen **zasypka** F (Körper)-Puder *m* **zasypywać** ⟨**-pać**⟩ zuschütten

zaszczepiać → szczepić

zaszczycać ⟨**-cić**⟩ beehren **zaszczyt** M Ehre *f* **zaszczytny** ehrenvoll

zaszeregowywać ⟨**-ować**⟩ einstufen **zaszkodzić** PF Schaden zufügen, schaden **zaszywać** ⟨**-yć**⟩ zunähen; einnähen

zaślepiać ⟨**-ić**⟩ blenden, verblenden

zaśmiać się PF zu lachen anfangen, in Gelächter ausbrechen **zaśpiewać** PF singen

zaśniedziały mit Grünspan überzogen; *fig* rückständig **zaśnieżony** schneebedeckt, verschneit

zaświadczać ⟨**-czyć**⟩ bescheinigen; bezeugen **zaświadczenie** Bescheinigung *f*; Attest *n*

zaświaty PL Jenseits *n*

zataczać ⟨**-toczyć**⟩ einen Kreis ziehen; im Kreis verlaufen; rollen; ~ **się** taumeln, torkeln

zatajać ⟨**-taić**⟩ verheimlichen **zatamowywać** → tamować **zatapiać** ⟨**-topić**⟩ versenken; überschwemmen

zatarg M Konflikt *m*, Streit *m*

zatelefonować PF → telefonować

zatem demnach, folglich **zatkać** PF → zatykać **zatknąć** PF → wtykać **zatłoczony** voll, überfüllt

zatoczyć PF → zataczać **zatoka** F Bucht *f*, Meerbusen *m*

zatonąć PF untergehen; ertrinken **zatonięcie** N Ertrinken *n*; *statku* Untergang *m* **zatopić** PF → zatapiać **zator** M Stau *m*

zatrucie N Vergiftung *f* **zatruć** PF → zatruwać

zatrudniać ⟨**-ić**⟩ beschäftigen **zatrudnienie** N Beschäftigung *f* **zatrudniony** beschäftigt (**w** *lok* in *dat*, bei *dat*)

zatruty vergiftet **zatruwać** ⟨**-uć**⟩ vergiften

zatrzask M Schnappschloss *n*; Druckknopf *m* **zatrzaskiwać** ⟨**-snąć**⟩ zuschlagen; einschnappen lassen

zatrzeć PF → zacierać

zatrzymanie N JUR Festnah-

me *f* **zatrzymywać** ⟨-mać⟩ anhalten (*a.* **się**), aufhalten (**się** sich); JUR festnehmen
zatwardzenie N MED Verstopfung *f*
zatwierdzać ⟨-dzić⟩ *plan* billigen, zustimmen **zatwierdzenie** N Billigung *f*, Zustimmung *f*
zatyczka F Stöpsel *m*, Spund *m* **zatykać** ⟨-tknąć⟩ zustopfen, verstopfen (**się** sich); → wtykać
zatytułować PF → tytułować
zaufać PF vertrauen **zaufanie** N Vertrauen *n* **zaufany** vertraut
zaułek M Gasse *f*
zauważać ⟨-żyć⟩ bemerken
zawadzać ⟨-dzić⟩ im Wege sein, behindern; anstoßen (**o** *akk* an *akk*); anfahren (*akk*)
zawahać się PF zögern
zawalać ⟨-lić⟩ zuschütten, zudecken; **~ się** einstürzen **zawał** M Infarkt *m*; **~ serca** Herzinfarkt *m*
zawarcie N *umowy* Abschluss *m*; *małżeństwa* Schließung *f*
zawartość F Inhalt *m*; Gehalt *m*
zawczasu beizeiten, rechtzeitig
zawdzięczać verdanken **zawezwać** PF → wzywać **zawiać** PF → zawiewać
zawiadamiać ⟨-domić⟩ benachrichtigen **zawiadomienie** N Benachrichtigung *f*
zawiadowca M: **~ stacji** Bahnhofsvorsteher(in) *m(f)*
zawias M (Tür)Angel *f*; Scharnier *n*
zawiązywać ⟨-zać⟩ binden, verbinden, verknüpfen; *spółkę* gründen; *rozmowę* beginnen; BOT ausbilden
zawiedziony enttäuscht
zawieja F Schneesturm *m* **zawierać** ⟨ wrzeć⟩ enthalten; *umowę*, *małżeństwo* schließen
zawierucha F → zawieja; **~ wojenna** Kriegswirren *pl* **zawieruszyć się** PF abhandenkommen
zawiesić PF → zawieszać **zawiesisty** dickflüssig; sämig
zawieszać ⟨-sić⟩ aufhängen, hängen; *fig* aussetzen; suspendieren; **~ się** *komputer* abstürzen **zawieszenie** N Aufhängung *f*; Aussetzung *f*; Suspendierung *f*
zawieść PF → zawodzić **zawieźć** PF → zawozić
zawijać ⟨-winąć⟩ einwickeln; *statek* anlaufen (**do** *gen akk*), einlaufen (in *akk*) **zawiły** (-le) verworren; kompliziert, *umg* knifflig **zawinąć** PF → zawijać **zawiniątko** N Bündel *n* **zawinić** PF V/T verschulden (*akk*); V/I sich schuldig machen **zawisać** ⟨-snąć⟩ hängen; schweben
zawistny neidisch **zawiść** F Neid *m*
zawitać PF beehren; sich ein-

stellen **zawodniczka** F Wettkämpferin *f*, Wettkampfteilnehmerin *f* **zawodnik** M SPORT Wettkämpfer *m*, Wettkampfteilnehmer *m* **zawodny** unzuverlässig; trügerisch **zawodowiec** M Profi *m*; SPORT Berufssportler(in) *m(f)* **zawodowy** Berufs- **(-wo)** beruflich; ADV *a.* berufsmäßig **zawody** MPL Wettkampf *m*

zawodzić ⟨-wieść⟩ V/I versagen; enttäuschen

zawozić ⟨-wieźć⟩ hinfahren, bringen

zawołać PF → wołać

zawód[1] M Beruf *m*, Fach *n*

zawód[2] (*rozczarowanie*) Enttäuschung *f*

zawór M Ventil *n*

zawracać ⟨-wrócić⟩ umkehren, kehrtmachen **zawrotny** schwindelerregend **zawrót** M: **zawroty głowy** MED Schwindel *m*

zawrzeć PF → zawierać

zawstydzony beschämt

zawsze immer; **na ~** für immer

zawzięty (-cie) hartnäckig; → zacięty

zazdrosny (-śnie) neidisch; eifersüchtig **zazdrościć** neiden (*gen akk*), beneiden (j-n um *akk*) **zazdrość** F Neid *m*; Eifersucht *f*

zazębiać ⟨-ić⟩ się ineinandergreifen

zaziębiać ⟨-ić⟩ się sich erkälten **zaziębienie** N Erkältung *f*

zaznaczać ⟨-czyć⟩ markieren; vermerken; hervorheben

zaznajamiać ⟨-jomić⟩ bekannt machen (**się** sich)

zazwyczaj gewöhnlich

zażalenie N Beschwerde *f*

zażartość F Verbissenheit *f*

zażarty (-cie) verbissen, heftig

zażądać PF → żądać

zażenowany verlegen **zażyłość** F Vertrautheit *f* **zażywać ⟨-żyć⟩** *lekarstwo* einnehmen; *fig* (genießen (*gen akk*)

ząb M Zahn *m*; **~ mądrości** Weisheitszahn *m*; **~ trzonowy** Backenzahn *m* **ząbkować** *dziecko* zahnen

zbaczać ⟨zboczyć⟩ abbiegen (**z** *gen* von *dat*)

zbadać PF → badać

zbawca M Retter(in) *m(f)* **zbawiciel(ka)** M(F) Erlöser(in) *m(f)*; Retter(in) *m(f)* **zbawienie** N Rettung *f*; Erlösung *f* **zbawienny** heilsam; rettend

zbędny entbehrlich; → zbyteczny

zbić PF → zbijać; zusammenschlagen

zbiec PF → zbiegać

zbieg[1] M (*uciekinier*) Flüchtling *m*, Ausbrecher(in) *m(f)*

zbieg[2] M *okoliczności* Zufall *m*; *ulic* Kreuzung *f*, Einmündung *f*

zbiegać ⟨zbiec⟩ hinablaufen, herunterlaufen; (*uciec*) entlau-

fen, ausbrechen; ~ **się** zusammenlaufen; *materiał* einlaufen **zbiegowisko** N Auflauf *m*
zbieracz(ka) M(F) Sammler(in) *m(f)* **zbierać** ⟨**zebrać**⟩ sammeln (**się** sich)
zbieżny übereinstimmend
zbijać ⟨**zbić**⟩ abschlagen; zusammennageln; ~ **z nóg** niederschlagen; ~ **z tropu** irremachen
zbiornik M Behälter *m*, Tank *m* **zbiorowisko** N Ansammlung *f* **zbiorowy** Sammel-(**-wo**) kollektiv; → umowa
zbiór M Sammlung *f*; (*plon*) Ernte *f*, Lese *f*
zbliżać ⟨**-żyć**⟩ näherbringen; verständlich machen; ~ **się** sich nähern, nahen **zbliżenie** N Annäherung *f*; Nahaufnahme *f*, Großaufnahme *f* **zbliżony** ähnlich (**do** *gen dat*) **zbliżyć** PF → zbliżać
zbłądzić PF sich verirren
zbocze N Abhang *m* **zboczenie** N Abweichung *f*; Perversität *f* **zboczeniec** Perverse(r) *m* **zboczyć** PF → zbaczać
zbolały schmerzend; *fig* schmerzerfüllt
zboże N Getreide *n*, Korn *n*
zbrodnia F Verbrechen *n* **zbrodniarka** F Verbrecherin *f* **zbrodniarz** M Verbrecher *m* **zbrodniczy** (**-czo**) verbrecherisch
zbroić → uzbrajać; PF → broić
zbroja F Rüstung *f* **zbrojenie** N Bewaffnung *f*; Rüstung *f*, Aufrüstung *f*; → wyścig **zbrojny** bewaffnet
zbudować PF → budować
zbudzić PF → budzić **zbuntować** PF → buntować
zburzenie N Zerstörung *f*
zbutwiały verrottet
zbyt[1] ADV zu, allzu, über-
zbyt[2] M HANDEL Absatz *m*; **cena** *f* **zbytu** Absatzpreis *m*
zbyteczny überflüssig **zbytek** M Aufwand *m*, Luxus *m*
zbytni (**-nio**) übertrieben
zdać PF → zdawać; *egzamin* bestehen
zdalny TECH Fern-; **zdalnie sterowany** ferngesteuert
zdanie N GRAM Satz *m*; Meinung *f*; **moim zdaniem** meiner Meinung nach
zdarty abgerissen; abgetreten
zdarzać ⟨**-rzyć**⟩ **się** sich ereignen; vorkommen; zustoßen (*j-m*) **zdarzenie** N Ereignis *n*; Begebenheit *f*
zdatny tauglich, geeignet (**do** *gen* für *akk*, zu *dat*), fähig **zdawać** ⟨**zdać**⟩ übergeben; *egzamin, raport* ablegen; ~ **się** sich verlassen (**na** *akk* auf *akk*); → przydawać się, wydawać się
zdążać → nadążać, podążać; *cel* verfolgen (**do** *gen akk*); streben (nach *dat*) **zdążyć** PF rechtzeitig fertig werden (**z** *inst* mit *dat*); Zeit haben (für *akk*, zu *dat*); rechtzeitig kom-

men (**na** *akk* zu *dat*); *pociąg* erreichen; **nie ~** *a.* verpassen
zdechnąć PF → zdychać
zdecydować PF → decydować **zdecydowanie** N Entschlossenheit *f* **zdecydowany** entschlossen; entschieden
zdejmować ⟨**zdjąć**⟩ abnehmen; herunternehmen; *ubranie* ausziehen
zdenerwować PF → denerwować **zdenerwowany** aufgeregt, nervös
zderzać ⟨**-rzyć**⟩ **się** zusammenstoßen, zusammenprallen **zderzak** M AUTO Stoßstange *f* **zderzenie** N Zusammenstoß *m*
zdjąć PF → zdejmować **zdjęcie** N FOTO Aufnahme *f*, Bild *n*; **~ do profilu** Profilfoto *n*
zdobić ⟨**o-**⟩ schmücken; verzieren **zdobnictwo** N dekorative Kunst *f*
zdobycz F Beute *f*; Errungenschaft *f* **zdobywać** ⟨**-być**⟩ erobern; erringen; *wiedzę* erwerben; *bramkę* erzielen **zdobywca** M Eroberer *m*; *medalu* Gewinner *m* **zdobywczyni** F Eroberin *f*; Gewinnerin *f*
zdolność F Fähigkeit *f*; Begabung *f* **zdolny** begabt; fähig
zdołać PF schaffen
zdrada F Verrat *m*; **~ małżeńska** Ehebruch *m* **zdradzać** ⟨**-dzić**⟩ verraten; *partnera* betrügen **zdradziecki** (**-cko**) verräterisch, tückisch **zdrajca** M Verräter *m* **zdrajczyni** F Verräterin *f*
zdrętwiały *fig* erstarrt; *noga* taub, eingeschlafen **zdrętwięć** PF erstarren; *noga* taub werden, einschlafen
zdrobnienie N *lingwistyka* Verkleinerungsform *f*
zdrowie N Gesundheit *f*; **jak ~?** wie geht's?; **na ~!** zum Wohl!, prosit!
zdrowotny gesundheitlich, Gesundheits- **zdrowy** (**-wo**) gesund; bekömmlich, zuträglich
zdrożeć PF teurer werden, sich verteuern
zdrój M Quelle *f*
zdrów → zdrowy
zdumienie N Erstaunen *n* **zdumiewać** ⟨**-mieć**⟩ verblüffen; **~ się** staunen, verblüfft sein **zdumiewający** (**-co**) erstaunlich **zdumiony** verblüfft
zdychać ⟨**zdechnąć**⟩ *pop* krepieren, verrecken
zdyscyplinowany diszipliniert **zdyskwalifikowany** disqualifiziert **zdyszany** außer Atem **zdziczały** verwildert
zdzierać abreißen, herunterreißen
zdziwaczały wunderlich
zdziwić PF **dziwić** **zdziwienie** N Verwunderung *f* **zdziwiony** verwundert
ze → z

zebra F Zebra *n*
zebrać PF → zbierać **zebranie** N Versammlung *f*
zecer M TYPO Setzer(in) *m(f)*
zechcieć PF wollen **zedrzeć** PF → zdzierać
zejść PF → schodzić
zegar M Uhr *f* **zegarek** M Uhr *f*; **~ naręczny** Armbanduhr *f*
zelować ⟨**pod-**⟩ besohlen
zelówka F Schuhsohle *f*
zemdleć PF → mdleć **zemdlenie** N Ohnmacht *f* **zemdlony** ohnmächtig
zemsta F Rache *f* **zemścić się** PF sich rächen
zepchnąć PF → spychać
zepsucie N Verdorbenheit *f* **zepsuć** PF → psuć **zepsuty** entzwei, kaputt; verdorben; → psuć
zero N Null *f*; **powyżej/poniżej zera** über/unter Null
zerwać PF → zrywać
zeskakiwać ⟨**-skoczyć**⟩ abspringen, herunterspringen
zeskrobywać ⟨**-bać**⟩ abschaben
zesłać PF → zsyłać **zesłanie** N Verbannung *f* **zesłaniec** M Verbannte(r) *m*
zespalać ⟨**zespolić**⟩ verbinden, vereinigen (**się** sich) **zespawać** PF zusammenschweißen **zespołowy** (-wo) gemeinsam; Team- **zespół** M Gruppe *f*, Team *n*; *budynków* Komplex *m*; THEAT, MUS Ensemble *n*
zestarzeć się PF alt werden
zestaw M Satz *m*, Garnitur *f* **zestawiać** ⟨**-ić**⟩ *fig* zusammenstellen; gegenüberstellen **zestawienie** N Zusammenstellung *f*; Gegenüberstellung *f*; Aufstellung *f*
zestrzelić PF abschießen
zeszłoroczny vorjährig **zeszły** vergangen, vorig
zeszpecony entstellt
zeszyt M Heft *n*
ześlizgiwać ⟨**-znąć**, **-gnąć**⟩ **się** abrutschen, abgleiten
zetknąć się PF → stykać się **zetknięcie** N (**się**) Berührung *f* **zetrzeć** PF → ścierać
zewnątrz außerhalb; **z ~** von außen, von draußen (her); **na ~** nach außen, nach draußen **zewnętrzny** äußerlich
zewsząd von überallher
zez M: **mieć zeza** schielen
zeznawać ⟨**-znać**⟩ aussagen **zeznanie** N Aussage *f*
zezować schielen **zezowaty** schielend
zezwalać → pozwalać **zezwolenie** N Genehmigung *f*
zębaty gezahnt, Zahn-
zgadywać ⟨**-dnąć**⟩ raten; PF erraten
zgadzać ⟨**zgodzić**⟩ **się** übereinstimmen; stimmen; einverstanden sein (**na** *akk* mit *dat*); zustimmen (**z** *inst dat*); **nie ~** *a.* abweichen (von *dat*)
zgaga F Sodbrennen *n*

zganić PF tadeln **zgarniać** ⟨**-nąć**⟩ zusammenscharren, zusammenrechen
zgasić PF löschen, auslöschen
zgasnąć PF erlöschen
zgęszczać ⟨**-ścić**⟩ eindicken
zgiąć PF → zginać
zgiełk M Lärm *m*
zgięty verbogen; krumm **zginać** ⟨**zgiąć**⟩ biegen; beugen (**się** sich)
zginąć PF → ginąć
zgładzać ⟨**-dzić**⟩ töten; ausrotten **zgłaszać** ⟨**zgłosić**⟩ melden, anmelden (**się** sich)
zgłodniały ausgehungert
zgłoska F Silbe *f* **zgłoszenie** N Anmeldung *f*; Anzeige *f*
zgniatać ⟨**zgnieść**⟩ zerquetschen
zgnilizna F Fäulnis *n* **zgniły** verfault
zgoda F Eintracht *f*; Einverständnis *n*; Einigung *f* **zgodność** F Übereinstimmung *f*; Einmütigkeit *f* **zgodnie** -gemäß; **zgodnie z prawdą** wahrheitsgemäß; **zgodnie z prawem** rechtmäßig **zgodny** einträchtig; entsprechend (**z** *inst dat*); übereinstimmend
zgodzić się PF → zgadzać się
zgolić PF abrasieren
zgoła gänzlich; ganz und gar
zgon M Ableben *n*, Tod *m*
zgorszenie N öffentliches Ärgernis *n*; **ze zgorszeniem** mit Entrüstung *f*; **wywołać ~** Anstoß *m* erregen
zgorszony empört, schockiert
zgorzel F MED Gangrän *f od n*
zgorzkniały bitter; ranzig; *fig* verbittert
zgrabny graziös; gewandt
zgraja F Bande *f*; Meute *f*
zgromadzać → gromadzić **zgromadzenie** N Versammlung *f*
zgroza F Grausen *n*
zgrubiały *dłonie* rau **zgrubienie** N Verdickung *f*
zgryzota F Kummer *m* **zgryźliwy** (**-wie**) gehässig; griesgrämig, brummig
zgrzać się PF sich erhitzen
zgrzybiały altersschwach
zgrzyt M Knirschen *n*; Quietschen *n* **zgrzytać** ⟨**-tnąć**⟩ knirschen; quietschen
zguba F Verderben *n*; Verlust *m*, verlorener Gegenstand *m*
zgubić PF → gubić **zgubny** verhängnisvoll
zgwałcić PF → gwałcić
ziarenko N → ziarnko **ziarnisty** körnig **ziarnko** N Körnchen *n* **ziarno** N Korn *n*; *kawy* Bohne *f*; **~ soi** BOT, GASTR Sojabohne *f*
ziele N Kraut *n*; **zioła** *pl* **lecznicze** Heilkräuter *npl* **zielenić** ⟨**za-**⟩ **się** grünen, *pf* ergrünen
zielenieć grün schimmern
zielenina F Grünzeug *n* **zieleń** F Grün *n*
zielonkawy (**-wo**) grünlich
zielony (**-no**) grün; **Zielone**

Świątki *pl* Pfingsten *n* **zielsko** N Unkraut *n*
ziemia F Erde *f*; Boden *m* **ziemniaczany** Kartoffel- **ziemniak** M Kartoffel *f* **ziemny** Erd- **ziemski** irdisch; **kula** *f* **ziemska** Erdkugel *f*
ziewać ⟨**-wnąć**⟩ gähnen
zięba F (Buch)Fink *m*
zięć M Schwiegersohn *m*
zima F Winter *m* **zimno** N Kälte *f* **zimnokrwisty** kaltblütig **zimny** (**-no**) kalt; **~ jak lód** eiskalt **zimować** ⟨**prze-**⟩ überwintern **zimowy** winterlich, Winter-
zioła NPL → ziele **ziołowy** Kräuter-
ziomek M Landsmann *m*, Landsmännin *f*
ziółka NPL Kräutertee *m*
zjadać ⟨**zjeść**⟩ aufessen **zjadliwy** (**-wie**) gehässig, boshaft
zjawiać ⟨**-ić**⟩ **się** erscheinen **zjawisko** N Erscheinung *f*
zjazd M Kongress *m*; Abfahrt *f*; SPORT Abfahrtslauf *m*
zjechać PF → zjeżdżać
zjednać PF → zjednywać **zjednoczenie** N Vereinigung *f* **zjednoczyć** PF → jednoczyć **zjednywać** ⟨**-dnać**⟩ gewinnen (**sobie** für sich)
zjeść PF → zjadać
zjeżdżać ⟨**zjechać**⟩ hinabfahren, hinunterfahren; **~ się** zusammenkommen
zlać PF → zlewać
zlecać ⟨**-cić**⟩ beauftragen (**k-u** *akk* j-n mit *dat*) **zlecenie** N Auftrag *m* **zleceniodawca** M Auftraggeber(in) *m(f)*
zlew M Ausguss *m* **zlewozmywak** M Spülbecken *n*
zleźć PF → złazić
zlęknąć się PF erschrecken
zlikwidować PF → likwidować
zlokalizować PF lokalisieren, ausfindig machen
zlot M Treffen *n*; **~ młodzieżowy** Jugendtreffen *n*
złagodzenie N Milderung *f* **złagodzić** PF → łagodzić
złamać PF → łamać **złamanie** N Bruch *m* **złamany** gebrochen
złapać PF → łapać
złazić ⟨**zleźć**⟩ herunterklettern, herabsteigen
złączyć PF → łączyć
zło N Böse *n*, Übel *n*
złocić ⟨**po-**⟩ vergolden **złocisty** (**-ście**) goldig, goldglänzend
złoczyńca M Übeltäter(in) *m(f)*
złodziej(ka) M(F) Dieb(in) *m(f)*
złom M Schrott *m*
złościć ⟨**roz-**⟩ ärgern (**się** sich) **złość** F Ärger *m*; Zorn *m* **złośliwy** (**-wie**) boshaft
złoto N Gold *n* **złotówka** F 1-Zloty-Stück *n*
złoty[1] (**-to**) golden
złoty[2] M Zloty *m*

złowić PF einfangen, fangen
złowrogi **(-go)** unheimlich; drohend
złoże N Lagerstätte *f*, Vorkommen *n* **złożony** zusammengesetzt **złożyć** PF → składać
złudny trügerisch **złudzenie** N Trugbild *n*, Täuschung *f*
zły böse; schlecht, übel
zmagać się ringen, kämpfen
zmaleć PF kleiner werden; sich verringern, sinken
zmarły verstorben; SUBST M Verstorbene(r) *m* **zmarniały** verkümmert **zmarnować** PF → marnować
zmarszczka F Falte *f*; Runzel *f* **zmarszczony** faltig; runzelig **zmarszczyć** PF → marszczyć
zmartwić PF → martwić
zmartwienie N Sorge *f*, Kummer *m* **zmartwiony** besorgt; sorgenvoll
zmartwychwstanie N Auferstehung *f*
zmarznąć PF → marznąć
zmęczenie N Ermüdung *f*; Müdigkeit *f* **zmęczony** müde, ermüdet **zmęczyć (się)** PF ermüden
zmiana F Änderung *f*, Veränderung *f*; Wandel *m*; Wechsel *m*; *na stanowisku* Ablösung *f*; Schicht *f*
zmiatać **⟨zmieść⟩** abfegen, wegfegen
zmiażdżyć PF zermalmen
zmieniać **⟨-nić⟩** ändern, verändern (**się** sich) **zmienny** veränderlich, unbeständig; ELEK Wechsel-
zmierzać abzielen (**do** *gen* auf *akk*), anstreben (*akk*)
zmierzch M (Abend)Dämmerung *f*
zmierzyć PF → mierzyć
zmieszać PF → mieszać
zmieszany vermischt; *fig* verlegen **zmieścić** PF → mieścić **zmieść** PF → zmiatać
zmiękczać **⟨-czyć⟩** weich machen
zmiotka F Handfeger *m*
zmniejszać **⟨-szyć⟩** verkleinern; vermindern (**się** sich)
zmniejszenie N Verkleinerung *f*; Verminderung *f*
zmora F Albtraum *m*; (*zjawa*) Gespenst *n*
zmowa F Komplott *n*
zmrok M → zmierzch, mrok
zmurszały morsch
zmuszać **⟨-sić⟩** zwingen
zmyć PF → zmywać **zmykać** sich aus dem Staube machen
zmylić PF irreführen
zmysł M BIOL Sinn *m* **zmysłowy** **(-wo)** sinnlich, Sinnes-
zmyślać **⟨-lić⟩** erfinden, *umg* spinnen **zmyślny** gescheit
zmyślony erfunden, frei erfunden
zmywacz M Lösungsmittel *n*
zmywać **⟨zmyć⟩** abwaschen; wegspülen **zmywalny** abwaschbar
znaczek M Zeichen *n*; **~ pocz-**

towy Briefmarke *f* **znaczenie** N Bedeutung *f*; Geltung *f* **znaczny** bedeutend **znaczyć** bedeuten ⟨**o-**⟩ kennzeichnen
znać kennen (**się** sich); **dać ~** benachrichtigen; **~ się** sich verstehen (**na** *lok* auf *dat*)
znad (*gen*) von (*dat*) (... her); aus ... (*dat*) hervor
znajdować ⟨**znaleźć**⟩ finden; **~ się** sich befinden
znajomość F Kenntnis *f*; Bekanntschaft *f* **znajomy** bekannt; SUBST M Bekannte(r) *m*
znak M Zeichen *n*; *fabryczny* Marke *f*
znakomity (**-cie**) ausgezeichnet, vortrefflich
znalazca M Finder(in) *m(f)* **znaleziony**: **biuro** N **rzeczy znalezionych** Fundbüro *n*
znaleźć → znajdować **znaleźne** N Finderlohn *m*
znamienny bezeichnend **znamię** N Muttermal *n*; Merkmal *n*, Kennzeichen *n*
znany bekannt **znawca** M Fachmann *m*; Kenner *m* **znawczyni** F Fachfrau *f*; Kennerin *f*
znęcać się quälen, misshandeln (**nad** *inst akk*)
znicz M Grablicht *n*; **~ olimpijski** Olympisches Feuer *n*
zniechęcać ⟨**-cić**⟩ entmutigen; **~ się** die Lust verlieren (**do** *gen* an *dat*) **zniechęcony** entmutigt; überdrüssig (**do** *gen*)
zniecierpliwienie N Ungeduld *f* **zniecierpliwiony** ungeduldig
znieczulać ⟨**-lić**⟩ MED betäuben **znieczulenie** N MED Betäubung *f*
zniedołężniały altersschwach
zniekształcać ⟨**-cić**⟩ entstellen; verzerren **zniekształcony** entstellt; verzerrt
znienacka plötzlich
znienawidzony verhasst
zniesienie N *fig* Abschaffung *f*, Aufhebung *f* **zniesławienie** N üble Nachrede *f*, Verleumdung *f* **znieść** PF → znosić
zniewaga F Beleidigung *f* **znieważać** ⟨**-żyć**⟩ beleidigen; verunglimpfen
znikać ⟨**-knąć**⟩ verschwinden
znikąd von nirgendwoher
zniknięcie N Verschwinden *n* **znikomy** (**-mo**) winzig; geringfügig
zniszczenie N Zerstörung *f*; Vernichtung *f* **zniszczony** zerstört; abgenutzt; zerschlissen
zniweczyć PF zunichtemachen
zniżać ⟨**-żyć**⟩ senken, herabsetzen **zniżka** F Ermäßigung *f* **zniżkowy** ermäßigt, verbilligt; fallend
znosić ⟨**znieść**⟩ hinuntertragen; *ustawę* abschaffen; *cier-*

pienie ertragen; *jaja* legen
znośny erträglich
znowu wieder, wiederum
znów → znowu
znudzenie N: **aż do znudzenia** bis zum Überdruss **znudzić (się)** PF → nudzić (się)
znużony müde, erschöpft
zobaczyć PF sehen; **~ się** *pf* sehen, wiedersehen (**z** *inst akk*)
zobojętnieć PF gleichgültig werden
zobowiązanie N Verpflichtung *f*; Verbindlichkeit *f* **zobowiązywać** ⟨**-zać**⟩ verpflichten (**się** sich)
zodiak M Tierkreis *m*
zoo N Zoo *m* **zoologiczny** zoologisch; **ogród ~** zoologischer Garten *m*, Zoo *m*
zorganizować PF → organizować **zorganizowany** organisiert
zorientować PF → orientować
zorza F: **~ poranna** Morgenrot *n*; **~ wieczorna** Abendrot *n*; **~ polarna** Polarlicht *n*
zostawać ⟨**-stać**⟩ bleiben; werden (*inst nom*) **zostawiać** ⟨**-ić**⟩ lassen, zurücklassen
zranić PF verwunden; **~ się** sich verletzen **zranienie** N Verwundung *f*; Verletzung *f*
zrastać ⟨**zrosnąć**⟩ **się** zusammenwachsen
zraz M Frikadelle *f*
zrażać ⟨**-zić**⟩ einnehmen (**do** *gen* gegen *akk*)
zrealizować PF → realizować **zredukować** PF → redukować **zreperować** PF → reperować
zresztą übrigens
zrezygnować PF verzichten (**z** *gen* auf *akk*)
zręczność F Geschicklichkeit *f*
zręczny geschickt
zrobić PF → robić
zrosnąć się PF → zrastać się **zrośnięty** zusammengewachsen
zrozpaczony verzweifelt
zrozumiały (-le) verständlich **zrozumieć** PF → rozumieć **zrozumienie** N Verständnis *n*
zrównoważony ausgeglichen **zrównywać** → równać
zrujnowany zerstört; ruiniert
zryć PF durchwühlen
zrywać ⟨**zerwać**⟩ abreißen, zerreißen; pflücken; *fig* brechen, abbrechen; **~ się** reißen, zerreißen; losbrechen; aufspringen, auffahren
zrządzenie N Fügung *f*
zrzeczenie N **(się)** Verzicht *m* **zrzekać** ⟨**zrzec**⟩ **się** verzichten (*gen* **auf** *akk*)
zrzucać ⟨**-cić**⟩ abwerfen; hinunterwerfen
zsiadać ⟨**zsiąść**⟩ *z roweru* absteigen **zsiadły**: **zsiadłe mleko** N Dickmilch *f*
zsuwać ⟨**zsunąć**⟩ **się** abrutschen, herunterrutschen; sich zusammenschieben

zsyłać ⟨**zesłać**⟩ senden; verbannen
zsyp M Halde *f*, Haufen *m*; Müllschlucker *m* **zsypywać** ⟨**-pać**⟩ hineinschütten
zszyć PF → zszywać **zszywacz** M Tacker *m* **zszywać** ⟨**zszyć**⟩ zusammennähen; zusammenheften, tackern
zszywka F Heftklammer *f*
zubożały verarmt
zuch M Pfadfinder(in) *m(f)*
zuchwałość F Verwegenheit *f*, Dreistigkeit *f* **zuchwały** (**-le**) verwegen; dreist
zupa F Suppe *f*
zupełny völlig, ganz
zużycie N Verbrauch *m*; Abnutzung *f* **zużytkować** PF verwerten **zużyty** verbraucht; abgenutzt **zużywać** ⟨**-żyć**⟩ verbrauchen; abnutzen
zwać nennen (**się** sich)
zwalać ⟨**-lić**⟩ auskippen; umstürzen; **~ się** herabfallen; stürzen **zwalczać** ⟨**-czyć**⟩ bekämpfen; niederkämpfen **zwalniać** ⟨**zwolnić**⟩ verlangsamen; *z pracy* entlassen; freilassen; befreien (**od** *gen* von *dat*); *mieszkanie* räumen
zwarcie N ELEK Kurzschluss *m*
zwariować PF verrückt werden **zwariowany** verrückt
zwarty (**-cie**, **-to**) dicht; *fig* geschlossen
zważać achtgeben (**na** *akk* auf *akk*); berücksichtigen (*akk*); **nie ~** nicht beachten **zważyć** PF wiegen, abwiegen
zwąchać PF wittern
zwątpienie N Zweifel *m*
zwęglony verkohlt
zwężać ⟨**-zić**⟩ enger machen
zwiać PF → zwiewać
zwiad M Spähtrupp *m* **zwiadowca** M Kundschafter(in) *m(f)*
zwiastować ankündigen **zwiastun** M Vorbote *m*
związek M Verband *m*; Bund *m*; Verbindung *f*; **~ zawodowy** Gewerkschaft *f*; **~ na odległość** Fernbeziehung *f* **związkowiec** M Gewerkschaftsmitglied *n* **związkowy** Verbands-; Bundes-; Gewerkschafts- **związywać** ⟨**-zać**⟩ zusammenbinden, binden
zwichnąć PF verrenken **zwichnięcie** N Verrenkung *f*
zwiedzać ⟨**-dzić**⟩ besichtigen, besuchen **zwiedzanie** N Besichtigung *f*; **~ miast** Städtetour *f*
zwierciadło N Spiegel *m*
zwierzać ⟨**-rzyć**⟩ **się** sich anvertrauen
zwierzchni Ober- **zwierzchniczka** F Vorgesetzte *f* **zwierzchnik** M Vorgesetzte(r) *m*
zwierzę N Tier *n* **zwierzęcy** (**-co**) tierisch **zwierzyna** F Wild *n*
zwieszać ⟨**-sić**⟩ hängen lassen **zwieść** PF → zwodzić
zwietrzały verwittert; schal

zwiewać ⟨**zwiać**⟩ wegblasen; *umg* abhauen
zwiędły welk
zwiędnięty → zwiędły
zwiększać ⟨**-szyć**⟩ vergrößern; erhöhen, steigern
zwięzły (**-źle**) bündig, knapp
zwijać ⟨**zwinąć**⟩ aufrollen, zusammenrollen; *fig* aufgeben
zwilżać ⟨**-żyć**⟩ anfeuchten
zwinąć PF → zwijać **zwinny** flink
zwiotczały schlaff, welk
zwisać herabhängen
zwlekać zögern; **nie zwlekając** unverzüglich, ohne zu zögern
zwłaszcza insbesondere
zwłoka F Verzögerung *f*; Aufschub *m*
zwłoki PL Leichnam *m*
zwodzić ⟨**zwieść**⟩ täuschen
zwolenniczka F Anhängerin *f* **zwolennik** M Anhänger *m*
zwolnić PF → zwalniać **zwolnienie** N Verlangsamung *f*; Nachlassen *n*; Entlassung *f*; Befreiung *f*; Räumung *f*; **zwolnienie lekarskie** Krankenschein *m*
zwoływać ⟨**-łać**⟩ zusammenrufen; einberufen
zwój M Rolle *f*
zwracać ⟨**zwrócić**⟩ zurückgeben; zurückzahlen; **~ się** sich wenden (**do** *gen* an *akk*)
zwrot M Rückgabe *f*; Rückzahlung *f*; Wendung *f* **zwrotka** F Strophe *f* **zwrotnica** F BAHN Weiche *f* **zwrotnik** M Wendekreis *m* **zwrotny** wendig; Rück-; Wende-
zwrócić PF → zwracać
zwycięski (**-ko**) siegreich
zwycięstwo N Sieg *m* **zwycięzca** M Sieger *m* **zwyciężczyni** F Siegerin *f* **zwyciężać** ⟨**-żyć**⟩ siegen; besiegen
zwyczaj M Sitte *f*, Brauch *m*
zwyczajny einfach, gewöhnlich
zwykły (**-le**) gewöhnlich **zwyrodniały** entartet
zwyżka F Erhöhung *f*; Anstieg *m*
zysk M Gewinn *m* **zyskiwać** ⟨**-kać**⟩ gewinnen (**na** *lok* an *dat*) **zyskowny** gewinnbringend
zza (*gen*) hinter … (*dat*) hervor
zziajany außer Atem
zziębnięty durchfroren
zżółknąć PF → żółknąć
zżywać ⟨**zżyć**⟩ **się** sich gewöhnen (**z** *inst* an *akk*), Kontakt finden (zu *dat*)

Ź

źdźbło N Halm *m*
źle schlecht; schlimm
źrebak M Fohlen *n*, Füllen *n*
źrebię N → źrebak
źrenica F Pupille *f*

źródlany Quell- **źródło** N Quelle *f* **źródłowy** Quellen-

Ż

żaba F Frosch *m*
żabka F *do zasłon* Klemme *f*, **pływać żabką** brustschwimmen
żaden, żadna, żadne kein(e)
żagiel M Segel *n* **żaglowiec** M Segelschiff *n* **żaglowy** Segel- **żaglówka** F Segelboot *n*
żakiet M Jacke *f*
żal M Leid *n*, Schmerz *m*; **~ mi go** er tut mir leid **żalić** ⟨**po-**⟩ **się** sich beklagen (**na** *akk* über *akk*)
żaluzja F Jalousie *f*
żałoba F Trauer *f* **żałobny** Trauer- **żałosny** (**-śnie**) kläglich; wehmütig **żałować** ⟨**po-**⟩ bedauern; bemitleiden; bereuen (*gen akk*); nicht gönnen
żar M Glut *f*
żarcie *umg* N Fressen *n*, Fraß *m*
żarliwy (**-wie**) inbrünstig; leidenschaftlich
żarłocznie gierig **żarłoczny** gefräßig **żarłok** M Vielfraß *m*
żarówka F Glühbirne *f*
żart M Scherz *m* **żartobliwy** (**-wie**) scherzhaft **żartować** ⟨**po-**, **za-**⟩ scherzen; einen Spaß machen **żartowniś** M Spaßvogel *m*
żarzyć się glühen
żądać ⟨**za-**⟩ fordern, verlangen (*gen akk*) **żądanie** N Forderung *f*
żądło N Stachel *m*
żądny (*gen*) -begierig
żądza F Begierde *f*; Gier *f*
że dass; **dlatego, ~** ... weil
żeberka NPL GASTR Rippchen *npl*
żebrać betteln **żebraczka** F Bettlerin *f* **żebrak** M Bettler *m*
żebro N Rippe *f*
żeby dass; damit; um zu
żeglarski Seemanns-; SPORT Segel- **żeglarstwo** N Segelsport *m* **żeglarka** F SPORT Seglerin *f* **żeglarz** M SPORT Segler *m* **żeglować** segeln
żegluga F Schifffahrt *f*
żegnać ⟨**po-**⟩ verabschieden (**się** sich) ⟨**prze-**⟩ bekreuzigen (**się** sich)
żel M Gel *n* **żelatyna** F Gelatine *f*
żelazko N Bügeleisen *n* **żelazny** eisern, Eisen- **żelazo** N Eisen *n*
żenić ⟨**o-**⟩ verheiraten; **~ się** heiraten
żenujący (**-co**) peinlich
żeński weiblich, Frauen-
żer M Futter *n*, Nahrung *f*
żerdź F Stange *f*; Holm *m*
żłobek M (Kinder)Krippe *f*

żłób M Futtertrog *m*, Krippe *f*
żmija F Otter *f*, Viper *f*
żmudny mühselig
żniwa NPL (Getreide)Ernte *f* **żniwiarka** F Mähmaschine *f*
żołądek M Magen *m* **żołądkowy** Magen-
żołądź F Eichel *f*
żołd M Sold *m* **żołnierz** M Soldat(in) *m(f)*
żona F (Ehe)Frau *f* **żonaty** verheiratet
żółciowy Gallen- **żółć** F Galle *f* **żółknąć** **⟨po-, z-⟩** gelb werden **żółtaczka** F Gelbsucht *f* **żółtawy** **(-wo)** gelblich **żółtko** N Eigelb *n* **żółty** **(-to)** gelb
żółw M Schildkröte *f*
żrący **(-co)** ätzend
żreć **⟨po-, ze-⟩** fressen
żuchwa F Unterkiefer *m*
żuć **⟨prze-⟩** kauen, durchkauen
żuk M Käfer *m*
żuraw M Kranich *m*; Kran *m*
żwawy **(-wo)** munter, lebhaft
żwir M Kies *m*; Schotter *m*
życie N Leben *n* **życiorys** M Lebenslauf *m* **życiowy** Lebens-
życzenie N Wunsch *m*; Glückwunsch *m* **życzliwość** F Wohlwollen *n* **życzliwy** **(-wie)** wohlwollend **życzyć** wünschen (*gen akk*)
żyć leben
Żyd M Jude *m* **żydowski** **(po-ku)** jüdisch **Żydówka** F Jüdin *f*
żyjący lebend **żyjątko** N Lebewesen *n*
żylak M Krampfader *f* **żylasty** sehnig
żyletka F Rasierklinge *f*
żyła F Vene *f*; Ader *f* **żyłka** F Äderchen *n*; Angelschnur *f*; *fig* Ader *f*
żyrafa F Giraffe *f*
żytni Roggen- **żyto** N Roggen *m*
żywcem lebend; **spalić ~** bei lebendigem Leibe verbrennen
żywica F Harz *n* **żywiciel(ka)** M(F) Ernährer(in) *m(f)*
żywić **⟨wy-⟩** ernähren **żywienie** N Verpflegung *f* **żywiołowy** **(-wo)** heftig; spontan **żywnościowy** Lebensmittel- **żywność** F Nahrung *f*
żywot M Dasein *n* **żywotność** F Lebenskraft *f* **żywotny** lebenskräftig; lebenswichtig
żywy lebend **(-wo)** lebendig; lebhaft
żyzny fruchtbar

A

Anrede

In Polen spricht man sich mit **pan** (Herr) bzw. **pani** (Frau) und Vornamen an, wenn man sich zwar kennt, aber noch immer siezt, z. B. **panie Tomaszu** oder **pani Anno**. Der Nachname wird nur bei offiziellen Gelegenheiten verwendet. Wichtiger sind Titel, wie etwa **pan dyrektor** (Herr Direktor). Werden mehrere Personen angesprochen, so sagt oder hört man **państwo**, wenn es sich um Männer und Frauen handelt. Herr und Frau Kowalski heißen auf Polnisch **państwo Kowalscy**.

Anreise

Nach Polen kann man gut mit dem Auto reisen. Es gibt viele Grenzübergänge. Starker LKW-Verkehr herrscht am Grenzübergang Frankfurt/Oder-Görlitz (**Zgorzelec**). Es ist eine Autobahnmaut fällig. Zwischen allen größeren Städten in Deutschland, Österreich, der Schweiz und Polen existieren Bahnverbindungen. Warschau erreicht man nur über Berlin, am besten mit dem Berlin-Warszawa-Express BWE. Von Berlin nach Warschau (**Warszawa**) dauert die Fahrt rund sechs Stunden, nach Posen (**Poznań**) sind es weniger als drei Stunden. Die Flughäfen in Warschau, Danzig (**Gdańsk**), Breslau (**Wrocław**), Kattowitz (**Katowice**) und Krakau (**Kraków**) werden von Deutschland aus direkt angeflogen. Der wichtigste Flughafen des Landes ist der Chopin-Flughafen Warschau (**Lotnisko Chopina w Warszawie**). Linienbusse sind ein beliebtes und günstiges Verkehrsmittel, vor allem auch für viele Menschen aus Polen, die in Deutschland leben. Diese Busse fahren regelmäßig in Großstädten von größeren Busbahnhöfen ab.

Apotheken

Apotheke heißt auf Polnisch **apteka**. Sie sind in Polen in ähnlicher Dichte wie in Deutschland vorhanden. Die Öffnungszeiten sind Montag bis Freitag von 8.00 Uhr bis 20.00 Uhr. Viele Apotheken haben sogar bis 21.00 bzw. 22.00 Uhr und samstags geöffnet, einige bis sonntags am Nachmittag, vor allem in Warschau. Notdienste der Apotheken gibt es selbst in kleineren Orten.

Autofahren

Für Polen genügt der nationale Führerschein, der Fahrzeugschein und die Grüne Versicherungskarte. Ein Feuerlöscher und ein Verbandskasten im Auto sind Vorschrift. Auch tagsüber muss mit Licht gefahren werden. Beim Fahren ist das Telefonieren außer mit Freisprechanlangen verboten. Wird die Promillegrenze von 0,2 ‰ überschritten, droht Führerscheinentzug. Eine Strafe ist dann nicht bar, sondern per Rechnung zu bezahlen.
Vorsicht auf Nebenstrecken nicht nur wegen Schlaglöchern und holperigem Belag: Oft sind noch Pferdefuhrwerke und landwirtschaftliche Fahrzeuge unterwegs. 50 km/h gelten als Tempolimit am Tag, nachts 60 km/h von 23.00 bis 5.00 Uhr. Auf Landstraßen mit einer Fahrbahn dürfen 90 km/h gefahren werden, mit zwei Fahrbahnen 100 km/h. Auf Schnellstraßen mit einer Fahrbahn sind 100 km/h erlaubt, mit zwei Fahrbahnen 120 km/h und auf Autobahnen 140 km/h.

B

Bank und Geldautomaten

Polnische Banken sind zu sehr unterschiedlichen Zeiten geöffnet, nämlich montags bis freitags von 8.00, 9.00 oder 10.00 Uhr bis 17.00, 18.00 oder 19.00 Uhr. Samstags haben die meisten Banken geschlossen. Die polnische Währung **złoty** kann man mit der Bankkarte auch an zahlreichen Bankautomaten (**bankomat**) ziehen. Bargeldtausch ist in zahlreichen Wechselstuben (**kantor**) möglich, die montags bis samstags von 9.00 Uhr bis 18.00 Uhr, manchmal sogar noch deutlich länger, geöffnet sind.

Begrüßung

Häufige Begrüßungsformeln sind **dzień dobry** (guten Tag) und **dobry wieczór** (guten Abend). Mit **do widzenia** (auf Wiedersehen) verabschiedet man sich. Unter jüngeren Leuten ist **cześć** üblich, ein universelles Wort, das sowohl „hallo" als auch „tschüss" heißt. Zur Begrüßung reicht man sich die Hand. Selten werden Frauen noch mit Handkuss begrüßt. Diese Geste ist inzwischen am Aussterben.

Bezahlen und Geld

Obwohl Polen seit 2004 Mitglied der EU ist und auch in einigen Geschäften mit Euro bezahlt werden kann, ist nach wie vor der polnische Zloty (**złoty**) offizielles Zahlungsmittel. 1 **złoty** = 100 **groszy**. Münzen im Wert von 1, 2, 5, 10, 20 und 50 **groszy**, sowie von 1, 2 und 5 **złoty** sind im Umlauf, außerdem Banknoten von 10, 20, 50, 100 und 200 **złoty**.
Für Ihren Urlaub in Polen müssen Sie Geld umtauschen. Seit 1990 ist der Zloty frei konvertierbar. Ausländische Devisen können in beliebiger Höhe ein- und ausgeführt werden. In den großen Supermärkten, Hotels und auch in vielen Restaurants und Läden sowie Tankstellen können Sie

mit den gängigen Kreditkarten bezahlen. Am besten fragen Sie **Czy mogę zapłacić kartą kredytową?** (Kann ich mit Kreditkarte bezahlen?).

Bigos

Bigos, das polnische Nationalgericht schlechthin, ist ein Eintopf aus gedünstetem Sauerkraut, Speck und Zwiebeln, gewürzt mit Kümmel und Lorbeer. **Bigos** wird zu besonderen Gelegenheiten gekocht und nicht nach einem bestimmten Rezept zubereitet, sondern je nach Region und Anlass variiert. Je länger **bigos** gekocht oder je öfter er aufgewärmt wird, umso besser wird sein Geschmack.

Bursztyn/Bernstein

Überall an der Ostseeküste wird **bursztyn** (Bernstein) angeboten und nach Gewicht verkauft. Aber auch im ganzen Land bekommen Sie Bernsteinschmuck, in unterschiedlicher Qualität und zwar auf der Straße, in kleinen Läden sowie in Galerien. Die oft ausgefallenen Kreationen sind meistens mit Silber verarbeitet.

E

Einkaufen

In Großstädten verlocken riesige moderne Shoppingcenter zum Einkaufen. Dennoch lohnt ein Besuch der Märkte mit ihrem besonderen Charme. Glas und Porzellan werden in Polen gern gekauft. Halten Sie bei Kleidung und Leder nach polnischem Modedesign Ausschau. Nach wie vor sind Lederwaren wie Lederjacken und Taschen preiswert. Die **CEPELIA**-Geschäfte sind auf polnisches Kunstgewerbe wie z. B. Holz- figuren und handgewebte Teppiche spezialisiert. Bekannt ist Polen auch für seine Plakatkunst. Fündig werden Sie z. B. in Warschau am Alten Markt.

Essen

In der polnischen Küche stehen Suppen (**zupy**) in der Beliebtheit an erster Stelle. Entsprechend groß ist die Vielfalt: Es gibt milde, säuerliche und mehlige Suppen. **Rosół z makaronem** (Nudelsuppe), **żurek** (saure Mehlsuppe) sowie **barszcz**, die polnische Borschtsch-Variante bzw. **barszcz czerwony**, eine klare Rote-Bete-Suppe, sind am bekanntesten. Die Zubereitung der letzteren geht sehr schnell: Es werden lediglich Rote Bete und Suppengemüse gekocht. Der Borschtsch ist leicht angesäuert und wird mit Knoblauch gewürzt. Man serviert ihn oft mit knusprigen Fleischkroketten (**z krokietami/pasztecikami**). Als Kaltschale mit Sauermilch finden Sie die Rote-Bete-Suppe unter der Bezeichnung **chłodnik** auf der Speisekarte. Im Herbst sollten Sie unbedingt **zupa grzybowa**, eine cremige Pilzsuppe, probieren. Immerhin gibt es in Polen mehr als 30 verschiedene Pilzsorten, darunter Pfifferlinge und Morcheln.

Traditionellerweise sind in Polen Hauptgerichte ohne Fleisch undenkbar. Nicht weniger beliebt ist Fisch, z. B. gegrillter Aal (**węgorz wędzony**). Durch die Kaschuben isst man in Polen gerne Hering.

Zu den traditionellen Gerichten gehören neben der Rote-Bete-Suppe **gołąbki** (Kohlrouladen) und **pierogi** (Teigtaschen), die mit Kohl und Pilzen oder mit Fleisch (**z mięsem**) gefüllt sind. Teigtaschen mit Quark und Kartoffeln als Füllung heißen **pierogi ruskie** (russische Piroggen bzw. Teigtaschen).

Essenszeiten

Zwischen 12.00 und 17.00 Uhr, oft erst um 15.00 Uhr wird die wichtigste Mahlzeit des Tages eingenommen, das Mittagessen (**obiad**), das meist aus drei Gängen besteht. Als Vorspeise wird eine Suppe gegessen, als Nachspeise häufig ein Stück Kuchen. Das Abendessen (**kolacja**) nimmt man frühestens um 18.00 Uhr, in manchen Familien erst um 20.00 Uhr oder später ein. Mit **smacznego!** wünscht man sich guten Appetit. Beim Anstoßen sagt man **na zdrowie!**

F

Fahrradfahren

Polen eignet sich sehr gut zum Fahrradfahren. Keine schweißtreibenden Anstiege – stattdessen herrliche Radtouren fernab der Hauptstraßen. Ein beliebtes Radfahrgebiet sind die Masuren, wo Sie in Herbergen oder Bauernhöfen Unterkunft finden können. In den letzten Jahren wurden zahlreiche Radstrecken markiert wie die transeuropäische Route R-1. Fahrräder können nahezu überall gemietet werden, sogar in Hotels und Pensionen. Beachten Sie, dass es in Polen keine Fahrradwege neben der Straße gibt und man nicht überall in den Nationalparks Rad fahren darf.

Flaki

In fast jedem Lokal mit polnischer Küche, vom Schnellimbiss bis zum feinen Restaurant, gehören **flaki** zum Angebot. **Flaki** ist ein Suppengericht, bei dem Kutteln (**flaki**) in kleine Streifen geschnitten und anschließend zusammen mit Gemüse in Rinderbrühe gekocht werden. Abgeschmeckt wird mit Majoran.

G

Gesundheit

Zwischen Deutschland und Polen existiert ein Krankenversicherungsabkommen. Dennoch müssen Sie im Krankheitsfall damit rechnen, dass die Rechnung für die Behandlung und die Medikamente aus der Apotheke zumindest teilweise erst einmal selbst bezahlt werden müssen. Der Abschluss einer privaten Reisekrankenversicherung ist in jedem Fall zu empfehlen. Die Notrufnummer 112 gilt auch in Polen und ist kostenlos.

K

Kajak und Kanu

Ein besonderes Erlebnis sind Kajak- und Kanutouren. Einige Wasserstrecken Polens zählen zu den schönsten Europas. Die mehr als 100 km lange **Krutynia**-Route führt über 17 masurische Seen und durch mehrere Naturreservate. Dort sind noch Touren in ursprünglicher Landschaft möglich. Buchen kann man die Touren, auch mehrtägige mit Übernachtungen in der Natur inklusive Lagerfeuer, in den lokalen **PTTK**-Büros (**Polskie Towarzystwo Turystyczno-Krajoznawcze**). Boote und Ausrüstung können vor Ort gemietet werden.

N

Nationalparks

Die Natur können Sie in Polens lohnenswerten Nationalparks erleben, die besondere Erholungsmöglichkeiten bieten. Der **Biebrzański Park Narodowy** liegt im nordöstlichen Teil des Landes, der **Słowiński Park Narodowy** in Hinterpommern an der Ostseeküste, der **Wigierski Park Narodowy** befindet sich östlich von **Olecko** und ist für seine glasklaren Seen bekannt. Der **Woliński Park Narodowy** liegt an der Oder-Mündung im Nordwesten Polens, unweit der deutsch-polnischen Grenze.

Notfall/Notruf

Wenn Sie sofort Hilfe brauchen oder ein Notfall eingetreten ist, rufen Sie auch in Polen die Notrufnummer 112 an. Die Polizei erreichen Sie unter der Nummer 997.

O

Öffnungszeiten

In Polen gibt es keine festgelegten Ladenschlusszeiten. Manche Lebensmittelgeschäfte haben sogar 24 Stunden offen. Das ist mit **(sklep) całodobowy** (rund um die Uhr geöffnet) gekennzeichnet. Sonntags gilt (bis auf wenige Ausnahmen) Handelsverbot. Restaurants haben normalerweise täglich von 12.00 Uhr bis 23.00 Uhr geöffnet. Museen haben meistens montags geschlossen.

P

Parken

Bei Dunkelheit darf nur mit Standlicht geparkt werden. Sicher steht Ihr Auto auf einem bewachten Parkplatz, der wie in Deutschland mit einem weißen P auf blauem Grund gekennzeichnet ist und zusätzlich die Aufschrift **parking strzeżony** (bewachter Parkplatz) trägt. Das Parkgelände sollte eingezäunt sein. Das zuständige Personal händigt Ihnen eine Marke oder einen Coupon aus. Besonders in Warschau ist die Parkplatzsuche sehr zeit- und kostenintensiv.

Post

Poczta ist in Polen die Post, die in der Regel montags bis freitags von 8.00 Uhr bis 20.00 Uhr und samstags von 9.00 Uhr bis 13.00 Uhr geöffnet hat. Viele Postämter haben nur bis 14.00 oder 16.00 Uhr offen. Briefmarken (**znaczki pocztowe**) bekommt man übrigens auch im Hotel, am Zeitungskiosk oder am Stand für Ansichtskarten.

S

Souvenirs

Neben dem berühmten Bernstein sind Souvenirs aus Polen Holzschnitzarbeiten und Tischdecken, die mit traditionellen Motiven in bunten Farben bestickt sind. Sie bekommen sie am besten in den **CEPELIA**-Geschäften.

Ś

Śmigus-dyngus

Śmigus-dyngus oder auch **lany poniedziałek** (gegossener Montag) ist ein polnischer Osterbrauch, der auf die slawische Mythologie zurückzuführen ist. Er findet jedes Jahr am Ostermontag statt. Überall im Land bespritzen sich Jung und Alt mit Wasser. Wer Pech hat, bekommt sogar einen ganzen Eimer voller Wasser ab.

Święconka

Auch **święconka** ist ein polnischer Osterbrauch, bei dem am Karsamstag im katholischen Gottesdienst die Speisen gesegnet werden, die die Gläubigen traditionell in Körben mitgebracht haben. Die Körbe sind mit Immergrün ausgeschmückt. Auf jeden Fall findet man in den Körben Ostereier und ein Lamm aus Schokoladenteig, das Jesus Christus symbolisieren soll. Die gesegneten Speisen werden im Familienkreis am Ostersonntag zum Frühstück gegessen.

T

Tanken

Bleifreies Benzin (**benzyna bezołowiowa**) erkennen Sie am durchgestrichenen **Pb**, Dieselkraftstoff (**olej napędowy**) an der Bezeichnung **ON**. Die Zahl, die neben diesen Bezeichnungen steht, gibt die Oktanzahl an. Tankstellen haben im Sommer meist von 6.00 Uhr bis 22.00 Uhr geöffnet, an Sonn- und Feiertagen von 7.00 Uhr bis 17.00 Uhr. Oft sind sie auch rund um die Uhr geöffnet. Die aktuellen Benzinpreise finden Sie unter www.paliwa.pl.

Taxi

Die offiziellen Taxis (**taksówki**) sind in Polen immer noch preiswert. Achtung allerdings an den Flughäfen und Bahnhöfen größerer Städte. Dort herrscht oft eine regelrechte „Taxi-Mafia". Die sicherste Art, sich vor Betrug zu schützen, ist ein Funktaxi zu bestellen. An Flughäfen wird man häufig auch vom Flughafenpersonal oder Taxiservice zu sicheren Taxis begleitet. Bei Überlandfahrten sollten Sie unbedingt den Preis vor Fahrtantritt absprechen.

Toiletten

Die Kennzeichnung der Toiletten ist einzigartig auf der Welt: Ein Kreis auf der Tür kennzeichnet die Toilette für Damen, ein Dreieck diejenige für Herren. Auf der Damentoilette lesen Sie auch **Panie** (Damen), auf der Herrentoilette **Panowie** (Herren). In der Regel kostet die Benutzung öffentlicher Toiletten umgerechnet ca. 1 €. Dies gilt manchmal sogar in Lokalen.

Trinken

Zu den Mahlzeiten trinkt man vorwiegend Bier (**piwo**), und zwar das leicht bittere und aromatische **Hevelius**, das pasteurisierte **Gdańskie** (Danziger Bier) oder das starke **Kaper** (Freibeuter). Sehr populär sind die Sorten **Żywiec**, **Tyskie** und **Warka**. Es gibt inzwischen auch alle international üblichen Varianten von Kaffee (**kawa**), auch den wienerischen mit Schlagobers (**po wiedeńsku**). Beliebt ist auch die **gorąca czekolada** (heiße Schokolade), die jedoch oft dickflüssig ist und eher an ein Dessert als an Trinkschokolade erinnert. Tee (**herbata**) wird ebenfalls getrunken, mit viel Milch als **bawarka** (der bayerische) oder **z cytryną** (mit Zitrone).

Trinkgeld

Trinkgelder sind in Polen üblich und sollten ca. 10 % des Rechnungsbetrags ausmachen. Beim Bezahlen und bei gutem Service sollten Sie also ruhig aufrunden. Wenn Sie **dziękuję** (danke) sagen, geben Sie dem Personal zu verstehen, dass Sie auf das Restgeld verzichten.

U

Unterkunft

Wie international üblich gibt es bei den Hotels (**hotele**) in Polen auch die Klassifizierung mit fünf Sternen. Oft befinden sich Hotels auch in renovierten Bürgerhäusern, Palästen oder Schlössern. Preiswerte Pensionen (**pensjonaty**) sind im ganzen Land anzutreffen. Es gibt auch Privatzimmer, die an der Aufschrift **pokoje** (Zimmer) oder **noclegi**

(Übernachtungsmöglichkeiten) zu erkennen sind. Beliebt und unschlagbar günstig sind auch Ferien auf dem Bauernhof, z. B. in der Kaschubei und in Masuren. Oft werden Voll- oder Halbpension angeboten. Mehr als 200 Jugendherbergen (**schroniska młodzieżowe**) stehen Ihnen zudem zur Verfügung, allerdings nur wenige mit Doppelzimmern. In Großstädten sind private Hostels eine gute Alternative zu teuren Hotels.

In der Hochsaison im Juli und August kann es an der Ostsee und an den großen Seen der Masuren passieren, dass die Zimmer knapp werden. Mit **Czy ma pan** (*m*)/**pani** (*f*) **wolny pokój?** (Haben Sie ein Zimmer frei?) erfahren Sie, ob es noch eine Übernachtungsmöglichkeit gibt.

W

Wódka

Der polnische Wodka, der auf Polnisch **wódka**, wörtlich „Wässerchen", heißt, ist auch ein beliebtes Mitbringsel. Polnischen Wodka gibt es in den verschiedensten Sorten und „Geschmäckern", so z. B. den klaren Wodka **Wyborowa**, erhältlich in 0,7 l-Flaschen mit exakt 40 % Alkohol, aber auch **Żytnia** oder **Żubrówka** (Wodka mit Büffelgras), beide ebenfalls mit 40 % Alkohol. In Polen ist der Alkoholkonsum an öffentlichen Plätzen verboten und wird mit einer Geldstrafe geahndet.

Deutsch – Polnisch

A

Aachen N Akwizgran *m*
Aal M węgorz *m*
ab PRÄP (*dat*) od (*gen*) ; **~ heute** od dziś; ADV **~ und zu** od czasu do czasu
AB M Anrufbeantworter M TEL automatyczna sekretarka *f*; **j-m auf den ~ sprechen** nagrać się na sekretakę
abändern zmieniać ⟨-ić⟩
Abbau M (*Zerlegung*) demontaż *m*; BERGB eksploatacja *f*; *fig* redukcja *f* **abbauen** (*zerlegen*) ⟨z⟩demontować; BERGB eksploatować; *fig* ⟨z⟩redukować
abbeißen odgryzać ⟨-yźć⟩ **abberufen** odwoływać ⟨-łać⟩ **abbestellen** cofać ⟨-fnąć⟩ zamówienie
abbiegen V/I skręcać ⟨-cić⟩ **Abbiegespur** F pas *m* skrętu
Abbildung F ilustracja *f*
abblasen zdmuchiwać ⟨-chnąć⟩; *umg* (*absagen*) odwoływać ⟨-łać⟩
abblenden AUTO przygaszać ⟨-sić⟩ światła **Abblendlicht** N światła *npl* mijania
abbrechen odłamywać ⟨-mać⟩
abbrennen V/I spłonąć *pf* **abbringen** odwodzić ⟨-wieść⟩ (**von** *dat* od *gen*)
Abbruch M rozbiórka *f*; *fig* zerwanie *n*
abbuchen odpisywać ⟨-sać⟩ z konta **abbürsten** ⟨wy⟩szczotkować
abdecken odkrywać ⟨-yć⟩ **abdichten** uszczelniać ⟨-ić⟩ **abdrehen** zakręcać ⟨-cić⟩, wyłączać ⟨-czyć⟩
Abdruck M odcisk *m*, odbicie *n*; TYPO odbitka *f*
Abend M wieczór *m*; **gestern ~** wczoraj wieczorem; **guten ~!** dobry wieczór!; **am ~** wieczorem; **gegen ~** pod wieczór; **zu ~ essen** ⟨z⟩jeść kolację **Abendbrot** N kolacja *f* **Abenddämmerung** F zmrok *m* **abendlich** wieczorny **Abendmahl** N Ostatnia Wieczerza *f*; komunia *f*
abends wieczorem; **von morgens bis ~** od rana do wieczora **Abendschule** F szkoła *f* wieczorowa **Abendvorstellung** F przedstawienie *n* wie-

czorne

Abenteuer N przygoda *f*

aber ale

Aberglaube M zabobon *m* **abergläubisch** zabobonny

abfahren V/I odjeżdżać ‹-jechać› **Abfahrt** F odjazd *m*; *Autobahn* zjazd *m* **Abfahrtszeit** F czas *m* odjazdu

Abfall M (*Reste*) odpadki *mpl*; (*Abnahme*) spadek *m* **Abfalleimer** M kosz *m* na śmieci **abfallen** odpadać ‹-paść›

abfällig negatywny, ujemny

abfangen *Brief* przejmować ‹-jąć› **abfärben** V/I farbować

abfertigen odprawiać ‹-ić›; obsługiwać ‹-użyć› **Abfertigung** F odprawa *f* **Abfertigungsschalter** M punkt *m* odprawy

abfeuern V/T wystrzelić *pf* (*akk z gen*); odpalać ‹-lić›

abfinden: **sich ~** ‹po›godzić się (**mit** *dat z inst*) **Abfindung** F rekompensata *f*; odprawa *f*

abfliegen V/I odlatywać ‹-lecieć›, wylatywać ‹-lecieć› **abfließen** spływać ‹-ynąć›

Abflug M odlot *m* **Abflughalle** F hala *f* odlotów **Abflugzeit** F czas *m* odlotu

Abfluss M odpływ *m* **Abflussrohr** N rura *f* odpływowa

abführen V/T odprowadzać ‹-dzić› **Abführmittel** N środek *m* na przeczyszczenie

abfüllen rozlewać ‹-lać›; *in Flaschen* butelkować

Abgabe F (*Steuer*) opłata *f*, podatek *m* **abgabenfrei** wolny od podatku **abgabenpflichtig** podlegający podatkowi

Abgang M odejście *n*

abgasarm AUTO wydzielający zredukowaną ilość spalin **Abgase** NPL AUTO spaliny *pl* **Abgasuntersuchung** F badanie *n* emisji spalin

abgeben oddawać ‹-dać›; **sich ~** zajmować ‹-jąć› się (**mit** *dat inst*)

abgebrannt spalony; *umg fig* bez grosza **abgedroschen** *fig* oklepany **abgehärtet** zahartowany

abgehen odchodzić ‹odejść›; **von der Schule ~** odchodzić ‹odejść› ze szkoły

abgelaufen *Visum* nieważny

abgelegen odległy, ustronny

abgemacht uzgodniony; **~!** zgoda! **abgenutzt** zużyty

Abgeordnete F posłanka *f*

Abgeordnete(r) M poseł *m*

abgeschieden samotny, odosobniony **abgeschlossen** skończony **abgeschnitten** odcięty

abgesehen: **~ von** pomijając (*dat akk*)

abgespannt wyczerpany **abgestorben** obumarły **abgetragen** znoszony **abgewöhnen** odzwyczajać ‹-czaić› (**j-m** *akk* k-o od *gen*; **sich** się)

abgrenzen odgraniczać ⟨-czyć⟩
Abgrund M przepaść *f*, otchłań *f*
abhaken odfajkowywać ⟨-ować⟩ **abhalten** powstrzymywać ⟨-mać⟩ (**von** *dat* od *gen*); *Sitzung* odbywać ⟨-być⟩
abhandenkommen zawieruszać ⟨-szyć⟩ się
Abhang M zbocze *n*, stok *m*
abhängen VI zależeć (**von** *dat* od *gen*); VT odczepiać ⟨-ić⟩
abhängig zależny **Abhängigkeit** F zależność *f*
abhärten ⟨za⟩hartować (**sich** się) **abhauen** odrąbywać ⟨-bać⟩; VI *umg* zwiewać ⟨-iać⟩ **abheben** VT zdejmować ⟨zdjąć⟩; *Geld* podejmować ⟨podjąć⟩ **abhetzen** zmęczyć *pf* (**sich** się)
Abhilfe F: **~ schaffen** zapobiegać ⟨-biec⟩, zaradzać ⟨-dzić⟩
abholen iść ⟨pójść⟩, ⟨po⟩jechać (*akk* po *akk*); odbierać ⟨odebrać⟩; **~ lassen** posyłać ⟨-słać⟩ (*akk* po *akk*) **Abholmarkt** M sklep *m* typu cash and carry
abhorchen MED osłuchiwać ⟨-chać⟩
Abitur N matura *f*
abkaufen odkupywać ⟨-pić⟩
abklopfen otrzepywać ⟨-pać⟩; MED opukiwać ⟨-kać⟩
abknöpfen *umg* naciągać ⟨-gnąć⟩ (**j-m** *akk* k-o na *akk*)

abkommen *vom Weg a. fig* zbaczać ⟨zboczyć⟩ **Abkommen** N układ *m*
abkoppeln odczepiać ⟨-ić⟩
abkratzen zdrapywać ⟨-pać⟩; *umg fig* wykitować *pf*
abkühlen ochładzać ⟨-łodzić⟩; VI ⟨o⟩stygnąć
abkürzen skracać ⟨-rócić⟩
Abkürzung F skrót *m*
abladen wyładowywać ⟨-ować⟩
Ablage F skład *m*; (*Archiv*) archiwum *n*
ablassen VT spuszczać ⟨-ścić⟩; VI zaniechać *pf* (**von** *dat gen*)
Ablauf M upływ *m* **ablaufen** *Zeit* upływać ⟨-ynąć⟩; *Pass, Visum* ⟨s⟩tracić ważność; *Wasser* spływać ⟨-ynąć⟩
ablecken oblizywać ⟨-zać⟩
ablegen *Prüfung* zdawać; *Mantel* zdejmować ⟨zdjąć⟩ **ablehnen** odrzucać ⟨-cić⟩
ablenken rozpraszać, odwracać ⟨-rócić⟩ uwagę **Ablenkung** F (*Zerstreuung*) rozrywka *f*, relaks *m*
ablesen odczytywać ⟨-tać⟩
abliefern odstawiać ⟨-ić⟩; oddawać ⟨-dać⟩
ablösen *Tapete* odrywać ⟨oderwać⟩ (**sich** się); *Wache* zastępować ⟨-tąpić⟩, zmieniać ⟨-nić⟩ **Ablösung** F zmiana *f*; *pers* zmiennik *m*
abmachen usuwać ⟨-unąć⟩, zdejmować ⟨zdjąć⟩ **Abma-**

chung F umowa *f* **abmelden** wymeldowywać ⟨-ować⟩ (**sich** się) **abmessen** odmierzać ⟨-rzyć⟩ **abmühen**: **sich ~** ⟨na⟩męczyć się **abnagen** ogryzać ⟨-yźć⟩

Abnahme F (*Rückgang*) spadek *m*, zmiejszenie *n*; TECH, HANDEL odbiór *m* **abnehmen** V/T *Sache, Eid* odbierać ⟨odebrać⟩; *Mühe* wyręczać ⟨-czyć⟩; V/I *Mond* ubywać ⟨-yć⟩ (*nom gen*) **Abnehmer(in)** M(F) odbiorca *m*, nabywca *m*, odbiorczyni *f*, nabywczyni *f*

Abneigung F niechęć *f*

Abnutzung F zużycie *n* (się)

Abonnement N abonament *m*; prenumerata *f* **Abonnent(in)** M(F) abonent(ka) *m(f)* **abonnieren** ⟨za⟩prenumerować

Abordnung F delegacja *f*

abpacken paczkować **abpflücken** obrywać ⟨oberwać⟩ **abprallen** odbijać ⟨-ić⟩ się **abraten** odradzać ⟨-dzić⟩ **abräumen** sprzątać ⟨-tnąć⟩; **den Tisch ~** sprzątnąć ze stołu

abrechnen odliczać ⟨-czyć⟩; V/I rozliczać ⟨-czyć⟩ się (**mit** *dat* z *inst*) **Abrechnung** F rozliczenie *n*

Abreise F odjazd *m* **abreisen** odjeżdżać ⟨-jechać⟩

abreißen V/T odrywać ⟨oderwać⟩; zrywać ⟨zerwać⟩; *Haus* ⟨z⟩burzyć **abrichten** *Tier* ⟨wy⟩tresować **abriegeln** *Straße* zamykać ⟨-mknąć⟩

Abriss M zburzenie *n*; *fig* szkic *m*, zarys *m*

abrücken odsuwać ⟨-unąć⟩; V/I wymaszerowywać ⟨-ować⟩; *fig* odstępować ⟨-tąpić⟩ (**von** *dat* od *gen*) **abrunden** zaokrąglać ⟨-lić⟩ **abrutschen** zsuwać ⟨-unąć⟩ się, ześlizgiwać ⟨-znąć⟩ się

ABS N system *m* antypoślizgowy, ABS *m*

Absage F odmowa *f* **absagen** odmawiać ⟨-mówić⟩

absägen odpiłowywać ⟨-ować⟩

Absatz M obcas *m*; *Text* ustęp *m*; HANDEL zbyt *m*

abschaffen *Mängel* usuwać ⟨-unąć⟩; znosić ⟨znieść⟩ **abschalten** wyłączać ⟨-czyć⟩

abschätzen oceniać ⟨-ić⟩, ⟨o⟩szacować **abschätzig** pogardliwy (-wie)

Abscheu M odraza *f*, wstręt *m* **abscheulich** wstrętny, ohydny

abschicken wysyłać ⟨-słać⟩

abschieben odsuwać ⟨-unąć⟩; *pers* wydalać ⟨-lić⟩

Abschied M pożegnanie *n*; **~ nehmen** ⟨po⟩żegnać się (**von** *dat* z *inst*)

abschlagen SPORT odbijać ⟨-ić⟩; *Bitte* odmawiać ⟨-mówić⟩

Abschleppdienst M służba *f*

holownicza **abschleppen** odholowywać ⟨-ować⟩ **Abschleppseil** N linka *f* holownicza **Abschleppwagen** M samochód *m* holowniczy

abschließen zamykać ⟨-mknąć⟩; *Vertrag* zawierać ⟨-wrzeć⟩ **Abschluss** M zamknięcie *n*; zawarcie *n* **Abschlussprüfung** F egzamin *m* końcowy

abschminken zmywać ⟨-yć⟩ makijaż **abschneiden** odcinać ⟨-ciąć⟩

Abschnitt M odcinek *m*; (*Zeitabschnitt*) okres *m*

abschrauben *Verschluss* odkręcać ⟨-cić⟩ **abschrecken** odstraszać ⟨-szyć⟩ **abschreiben** odpisywać ⟨-sać⟩

Abschrift F odpis *m*

Abschürfung F otarcie *n*

abschütteln strząsać ⟨-snąć⟩

abschwächen osłabiać ⟨-ić⟩ **abschwellen** ⟨s⟩tęchnąć

absehbar dający się przewidzieć **absehen** ⟨z⟩rezygnować (**von** *dat* z *gen*)

abseits na uboczu, z boku **Abseits** N SPORT spalony *m*

absenden wysyłać ⟨-słać⟩ **Absender(in)** M(F) nadawca *m*, nadawczyni *f*

absetzen *Hut* zdejmować ⟨zdjąć⟩; *Last* postawić *pf*; *Fahrgast* wysadzać ⟨-dzić⟩; *Beamten* usuwać ⟨-unąć⟩, ⟨z⟩dymisjonować

Absicht F zamiar *m*; **mit ~** umyślnie **absichtlich** umyślny

absitzen *Strafe* odsiadywać ⟨-siedzieć⟩

absolut absolutny

absolvieren *Schule* ⟨u⟩kończyć **absondern** (*isolieren*) oddzielać ⟨-lić⟩; wydzielać ⟨-lić⟩ (**sich** się) **abspecken** *umg* odchudzać ⟨-dzić⟩ się

abspeichern IT zapisywać ⟨-sać⟩

Absperrung F zamknięcie *n*; (*Sperre*) bariera *f*

abspielen odgrywać ⟨odegrać⟩; *CD* odtwarzać ⟨-worzyć⟩

Absprache F umowa *f* **absprechen** omawiać ⟨-mówić⟩

abspringen zeskakiwać ⟨-skoczyć⟩ **abspülen** opłukiwać ⟨-kać⟩, zmywać ⟨-yć⟩ **abstammen** pochodzić (**von** *dat* z *gen*, od *gen*)

Abstand M odstęp *m*

Abstecher M wypad *m*, wycieczka *f*

absteigen zsiadać ⟨zsiąść⟩; *im Hotel* zatrzymywać ⟨-mać⟩ się

abstellen odstawiać ⟨-ić⟩; TECH wyłączać ⟨-czyć⟩ **Abstellraum** M pomieszczenie *n* gospodarcze

Abstieg M zejście *n*; SPORT spadek *m*

abstimmen V/I ⟨prze⟩głosować; V/T *fig* uzgadniać ⟨-godnić⟩ **Abstimmung** F głosowanie *n* **abstoßen** odpychać ⟨odepchnąć⟩; VI odbijać ⟨-ić⟩ **abstoßend** odpychający (-co) **abstottern** *umg* spłacać ⟨-cić⟩ ratami **abstreifen** ściągać ⟨-gnąć⟩ **abstreiten** VT wypierać ⟨-przeć⟩ się (*akk gen*) **Abstrich** M MED rozmaz *m* **abstumpfen** VI ⟨z⟩obojętnieć **Absturz** M FLUG rozbicie *n* się **abstürzen** runąć *pf*, spadać ⟨spaść⟩; FLUG rozbić się *pf*; IT zawieszać ⟨-sić⟩ się **absuchen** przeszukiwać ⟨-kać⟩ **absurd** absurdalny **Abszess** M ropień *m*, wrzód *m* **Abt** M opat *m* **abtauen** VT odmrażać ⟨-rozić⟩; VI ⟨roz⟩tajać, topnieć **Abtei** F opactwo *n* **Abteil** N przedział *m* **Abteilung** F wydział *m*, dział *m*; oddział *m* **abtragen** *Erde, Kleid* znosić ⟨znieść⟩; *Haus* ⟨z⟩burzyć **abtreiben** usunąć ciążę **Abtreibung** F przerwanie *n* ciąży, aborcja *f* **abtrennen** oddzielać ⟨-lić⟩; *Knopf* odpruwać ⟨-uć⟩ **abtrocknen** osuszać ⟨-szyć⟩ **abtropfen** kapać; ociekać ⟨-ciec⟩ **abwägen** rozważać ⟨-żyć⟩ **abwarten** odczekiwać ⟨-kać⟩ **abwärts** w dół **Abwasch** M zmywanie *n* **abwaschen** zmywać ⟨-myć⟩ **abwechseln**: **sich ~** zmieniać ⟨-nić⟩ się **abwechselnd** na przemian **Abwechslung** F urozmaicenie *n* **Abwehr** F obrona *f* **abwehren** odpierać ⟨odeprzeć⟩ **abweichen** odbiegać ⟨-biec⟩ (**von** *dat* od *gen*) **abweichend** odmienny **abweisen** odrzucać ⟨-cić⟩ **abweisend** nieprzychylny **abwenden** odwracać ⟨-rócić⟩ (**sich** się) **abwerfen** zrzucać ⟨-cić⟩; *Gewinn* przynosić ⟨-nieść⟩ **abwesend** nieobecny **Abwesenheit** F nieobecność *f* **abwiegen** odważać ⟨-żyć⟩ **abwischen** obcierać ⟨obetrzeć⟩ **abzahlen** spłacać ⟨-cić⟩ **abzählen** odliczać ⟨-czyć⟩ **Abzeichen** N odznaka *f* **abzeichnen**: **sich ~** ⟨za⟩rysować się **abziehen** VT ściągać ⟨-gnąć⟩; MATH odejmować ⟨odjąć⟩; *vom Lohn* potrącać ⟨-cić⟩; VI odchodzić ⟨odejść⟩ **Abzug** M HANDEL potrącenie *n*; FOTO, TYPO odbitka *f*; **nach ~** po potrąceniu **abzüglich** po potrąceniu **abzweigen** VI odgałęziać ⟨-ić⟩ się **Abzweigung** F *Weg* rozwidlenie *n* **Accessoires** NPL modne dodatki *mpl*

ach: **~ so!** ach tak!; **~ was!** coś takiego!

Achse F oś *f*

Achsel F ramię *n* **Achselhöhle** F pacha *f*

acht osiem; **~ Uhr** ósma godzina; **in ~ Tagen** za tydzień

Acht F ósemka *f* **achten** V/T poważać; V/I zważać (**auf** *akk* na *akk*)

achte(r) ósmy **achtfach** ośmiokrotny

achtgeben uważać

achtjährig ośmioletni

achtsam uważny **Achtung** F poważanie *n*, szacunek *m*; **~!** uwaga!

achtzehn osiemnaście **achtzehnte(r)** osiemnasty **achtzig** osiemdziesiąt **achtzigste(r)** osiemdziesiąty

Acker M rola *f*, pole *m* uprawne

Adapter M łącznik *m*, adapter *m*

addieren dodawać ⟨-dać⟩

Adel M szlachta *f*

Ader F żyła *f*

Adjektiv N GRAM przymiotnik *m*

Adler M orzeł *m*

adoptieren ⟨za⟩adoptować **Adoption** F adopcja *f* **Adoptiveltern** PL rodzice *pl* adopcyjni **Adoptivkind** N adoptowane dziecko *n*

Adressbuch N książka *f* adresowa; (*Notizbuch*) notatnik *m* **Adresse** F adres *m* **adressieren** ⟨za⟩adresować

Adria F Adriatyk *m*

Advent M adwent *m* **Adventskranz** M wieniec *m* adwentowy

Adverb N GRAM przysłówek *m*

Affäre F afera *f*

Affe M małpa *f*

Afrika N Afryka *f* **afrikanisch** afrykański

After M ANAT odbyt *m*

Aftershave N płyn *m* po goleniu

Agent(in) M(F) agent(ka) *m(f)* **Agentur** F agencja *f*

Aggression F agresja *f*

Ägypten N Egipt *m* **Ägypter(in)** M(F) Egipcjanin *m*, Egipcjanka *f* **ägyptisch** egipski

ähneln być podobnym (*dat* do *gen*)

ahnen przeczuwać ⟨-uć⟩

ähnlich podobny **Ähnlichkeit** F podobieństwo *n*

Ahnung F przeczucie *n*; **keine ~!** nie mam pojęcia!

Ahorn M klon *m*

Aids N AIDS *m od n* **aidskrank** chory na AIDS

Airbag M poduszka *f* powietrzna

Akademie F akademia *f* **Akademiker(in)** M(F) absolwent(ka) *m(f)* szkoły wyższej, osoba *f* z wyższym wykształceniem **akademisch** akademicki

akklimatisieren ⟨za⟩aklima-

tyzować (**sich** się)
Akku M akumulator *m*
Akkusativ M GRAM biernik *m*
Akne F MED trądzik *m*
Akt M akt *m* **Akte** F dokument *m* **Aktenkoffer** M teczka *f* na dokumenty
Aktie F akcja *f*
Aktion F akcja *f* **aktiv** aktywny, czynny
aktuell aktualny
akustisch akustyczny
akut MED ostry
Alarm M alarm *m* **Alarmanlage** F system *m* alarmowy; AUTO autoalarm *m* **alarmieren** *Polizei* wzywać ⟨wezwać⟩
albern bzdurny
Albtraum M koszmar *m*
Alge F glon *m*
Alibi N alibi *n*
Alimente PL alimenty *pl*
alkoholfrei bezalkoholowy
Alkoholiker(in) M(F) alkoholik *m*, alkoholiczka *f* **alkoholisch** alkoholowy
all: **~es Gute!** wszystkiego dobrego! **alle** wszyscy, wszystkie
Allee F aleja *f*
allein sam **alleinerziehend** samotnie wychowujący dziecko **alleinstehend** samotny
allerdings wprawdzie
allergisch alergiczny; *pers* uczulony
Allerheiligen N Wszystkich Świętych *pl*
allgemein ogólny; *Wohl* powszechny; **im Allgemeinen** w ogóle, na ogół **Allgemeinheit** F ogół *m*
alljährlich coroczny **allmählich** stopniowy (-wo)
Alltag M dzień *m* powszedni **alltäglich** codzienny, powszedni
allzu zbyt; **~ viel** zbyt wiele
Alm F pastwisko *n* górskie
Alpen PL Alpy *pl* **alpin** alpejski
als kiedy, gdy; (*wie*) jako; *nach Komparativ* niż (*nom*), od (*gen*); *nach Negation* tylko, jak; **~ ob** jak gdyby
also więc
alt stary (-ro); **wie ~ bist du?** ile masz lat?; **~ werden** ⟨ze⟩starzeć się
Altar M ołtarz *m*
Altenheim N dom *m* starców
Alter N starość *f*; (*Lebensalter*) wiek; **im ~ von** w wieku **älter** starszy **Altersgrenze** F granica *f* wieku **altmodisch** staromodny **Altstadt** F stare miasto *n*
Alufolie F folia *f* aluminiowa
am: **~ besten** najlepiej
ambulant *Handel* obwoźny; MED ambulatoryjny
Ameise F mrówka *f* **Ameisenhaufen** M mrowisko *n*
Amerika N Ameryka *f* **Amerikaner(in)** M(F) Amerykanin *m*, Amerykanka *f* **amerikanisch** amerykański
Ampel F *Verkehr* sygnalizacja *f* świetlna
Amsel F kos *m*

Amt N urząd *m* **amtlich** urzędowy (-wo) **Amtsgericht** N sąd *m* rejonowy

amüsieren bawić, zabawiać ⟨-ić⟩ (**sich** się)

an PRÄP (*dat, akk*) przy (*lok*); nad (*akk, inst*); na (*akk, lok*); u (*gen*); do (*gen*); **~ der Weichsel** nad Wisłą; **~ die Küste** na wybrzeże; **~ Herrn X** do pana X; **am 1. Mai** pierwszego maja, **am Sonntag** w niedzielę

analog (*entsprechend*) analogiczny, odpowiadający; IT analogowy

Analyse F analiza *f* **analysieren** ⟨z⟩analizować

Ananas F ananas *m*

Anbau M AGR uprawa *f*; ARCH przybudówka *f* **anbauen** uprawiać; dobudowywać ⟨-ować⟩

anbehalten nie zdejmować (*akk gen*)

anbei w załączeniu

anbeißen nadgryźć *pf*; *Fische* brać

Anbetracht: **in ~** z uwagi (*gen* na *akk*)

anbieten V/T ⟨za⟩oferować; ⟨za⟩ofiarować; *Speisen* ⟨po⟩częstować (*akk inst*) **anbinden** przywiązywać ⟨-zać⟩

Anblick M widok *m*

anbrechen nadłamywać ⟨-mać⟩; *Verpackung* napoczynać ⟨-cząć⟩; V/I *Tag, Nacht* nastawać ⟨-tać⟩ **anbrennen** *Essen* przypalać ⟨-lić⟩ się

Anbruch M: **bei ~** z nastaniem

Andacht F nabożeństwo *n*; skupienie *n*

andauern trwać, nie ustawać

Andenken N pamięć *f*; pamiątka *f*; **zum ~** na pamiątkę

andere(r) inny; **ein anderes Mal** innym razem; **unter anderem** między innymi **andererseits** z drugiej strony

ändern zmieniać ⟨-nić⟩ (**sich** się)

andernfalls w przeciwnym razie **anders** inaczej; **jemand ~** ktoś inny **anderswo** gdzie indziej

anderthalb półtora

Änderung F zmiana *f*; *Kleid* przeróbka *f*

andeuten napomykać ⟨-mknąć⟩ **Andeutung** F napomknienie *n*; aluzja *f*

Andrang M (*Zuströmen*) napływ *m*; (*Gedränge*) ścisk *m*

androhen ⟨za⟩grozić (**j-m** *akk* k-u *inst*)

aneignen: **sich ~** przywłaszczać ⟨-czyć⟩ sobie; *Wissen* przyswajać ⟨-swoić⟩ sobie

aneinander: **~ vorbeifahren** wymijać ⟨-inąć⟩ się; **~ denken** myśleć o sobie nawzajem

anerkennen uznawać ⟨-nać⟩ (**als** *akk* za *akk*) **anerkennend** z uznaniem **Anerkennung** F uznanie *n*, akceptacja *f*

anfahren V/T zwozić ⟨zwieźć⟩;

(*rammen*) najeżdżać ⟨-jechać⟩ (*akk* na *akk*); V/I ruszać ⟨-szyć⟩ z miejsca **Anfahrt** F dojazd *m* **Anfall** M MED napad *m* **Anfang** M początek *m*; **am ~** na początku **anfangen** zaczynać ⟨-cząć⟩ (się) **Anfänger(in)** M(F) początkujący *m*, początkująca *f* **Anfangszeit** F godzina *f* rozpoczęcia; początkowy okres *m*
anfassen dotykać ⟨-tknąć⟩ **anfechten** ⟨za⟩kwestionować; *Urteil* zaskarżać ⟨-żyć⟩ **anfertigen** sporządzać ⟨-dzić⟩; *Anzug* ⟨u⟩szyć **anfeuchten** zwilżać ⟨-żyć⟩ **anfeuern** *fig* zagrzewać ⟨-rzać⟩ (**zu** *dat* do *gen*)
Anflug M FLUG podejście *n* do lądowania **anfordern** ⟨za⟩żądać (*akk gen*) **Anfrage** F zapytanie *n* **anfragen** ⟨za⟩pytać (się) **anfreunden**: **sich ~** zaprzyjaźnić się *pf* (**mit** *dat* z *inst*) **anfügen** dołączać ⟨-czyć⟩ **anführen** (*erwähnen*) przytaczać ⟨-toczyć⟩; (*leiten*) dowodzić (*akk inst*) **Anführer(in)** M(F) dowódca *m* **Anführungszeichen** N cudzysłów *m*
Angabe F podawanie *n*, podanie *n*; **Angaben** *pl* dane *pl* **angeben** V/T podawać ⟨-dać⟩; V/I przechwalać się **Angeber(in)** M(F) samochwała *m u. f* **angeblich** rzekomy (-mo)
angeboren wrodzony **Angebot** N oferta *f*; WIRTSCH podaż *f* **angebracht** wskazany **angehen** dotyczyć (*akk gen*) **angehören** należeć (*dat* do *gen*) **Angehörige** F *Familie* członek *m* rodziny; (*Mitglied*) członkini *f* **Angehörige(r)** M *Familie* członek *m* rodziny; (*Mitglied*) członek *m*
Angeklagte F oskarżona *f* **Angeklagte(r)** M oskarżony *m*
Angel F wędka *f*; *Tür* zawias *m* **Angelegenheit** F sprawa *f* **Angelhaken** M haczyk *m* **angeln** wędkować, ⟨z⟩łowić na wędkę **Angelrute** F wędzisko *n* **Angelschein** M karta *f* wędkarska
angemessen stosowny **angenehm** przyjemny **angenommen** przyjęty; **~ dass** przyjąwszy, że **angesehen** poważany, ceniony
Angestellte F pracownica *f* umysłowa **Angestellte(r)** M pracownik *m* umysłowy
angetan: **von etwas ~ sein** być zachwyconym czymś **angetrunken** podpity **angewöhnen** przyzwyczajać ⟨-czaić⟩ (**j-m** *akk* k-o do *gen*; **sich** się) **Angewohnheit** F przyzwyczajenie *n*, nawyk *m* **angezogen** ubrany

angleichen zrównywać ⟨-nać⟩ (*dat* z *inst*); upodabniać ⟨-dobnić⟩ (do *gen*; **sich** się) **angreifen** ⟨za⟩atakować **Angreifer(in)** M(F) napastnik *m*, napastniczka *f* **angrenzen** graniczyć (**an** *akk* z *inst*) **angrenzend** przyległy, ościenny **Angriff** M atak *m*, natarcie *n*; *fig a.* napaść *f* **Angst** F strach *m*; (*Sorge*) obawa *f*; **~ haben** bać się; **j-m ~ machen** napędzić komuś stracha **ängstlich** lękliwy (-wie) **anhaben** V/T mieć na sobie **anhalten** zatrzymywać ⟨-mać⟩ (*v/i* się) **anhaltend** ciągły (-le), bezustanny **Anhalter(in)** M(F) autostopowicz(ka) *m(f)*; **per Anhalter** autostopem **Anhang** M dodatek *m*; IT załącznik *m* **anhängen** przyczepiać ⟨-ić⟩ (**an** *akk* do *gen*) **Anhänger** M AUTO przyczepa *f*; *Schmuck* wisiorek *m* **anhänglich** przywiązany **anhäufen** ⟨na⟩gromadzić **anheben** unosić ⟨-nieść⟩ **Anhöhe** F wzgórze *f* **anhören** ⟨wy⟩słuchać **Animateur(in)** M(F) animator(ka) *m(f)* **Ankauf** M kupno *n*, zakup *m* **ankaufen** zakupywać ⟨-pić⟩ **Anker** M kotwica *f* **Anklage** F oskarżenie *n* **Anklagebank** F ława *f* oskarżonych **anklagen** oskarżać ⟨-żyć⟩ (*gen* o *akk*) **Ankläger(in)** M(F) oskarżyciel(ka) *m(f)* **ankleben** przyklejać ⟨-eić⟩ **anklicken** IT klikać ⟨-knąć⟩ **anklopfen** ⟨za⟩pukać **anknüpfen** *fig* nawiązywać ⟨-zać⟩ (**an** *akk* do *gen*) **ankommen** przybywać ⟨-yć⟩; przyjeżdżać ⟨-jechać⟩; *fig* być przyjmowanym **ankreuzen** zaznaczać ⟨-czyć⟩ krzyżykiem **ankündigen** zapowiadać ⟨-wiedzieć⟩ (**sich** się) **Ankündigung** F zapowiedź *f* **Ankunft** F przybycie *n*; nadejście *n*; przyjazd *m*; FLUG przylot *m* **anlächeln** uśmiechać ⟨-chnąć⟩ się (*akk* do *gen*) **Anlage** F TECH urządzenie *n*; instalacja *f*; (*Beilage*) załącznik *m*; (*Neigung*) skłonność *f* **Anlass** M powód *m*; okazja *f* **anlassen** *Motor* uruchamiać ⟨-chomić⟩ **anlässlich** z okazji **Anlauf** M rozbieg *m*; *Motor* rozruch *m* **anlaufen** *Hafen* zawijać ⟨-inąć⟩ (*akk* do *gen*) **anlegen** *Garten, Verband* zakładać ⟨założyć⟩; *Geld* ⟨u⟩lokować; przykładać ⟨przyłożyć⟩ (**an** *akk* do *gen*); *Schiff* przybijać ⟨-ić⟩ do brzegu **anlehnen** opierać ⟨oprzeć⟩ (**sich** się); *Tür* przymykać ⟨-mknąć⟩ **Anleihe** F pożyczka *f* **anleiten** wdrażać ⟨-rożyć⟩

(**bei, zu** *dat* do *gen*) **Anleitung** F wdrażanie *n*; (*Gebrauchsanleitung*) instrukcja *f*

anlernen przyuczać ⟨-czyć⟩

anliegen *Kleid* przylegać **Anliegen** N prośba *f*, sprawa *f* **Anlieger(in)** M(F) mieszkaniec *m*, mieszkanka *f*

anlocken przyciągać ⟨-gnąć⟩, ⟨z⟩wabić **anmachen** *Feuer* rozniecać ⟨-cić⟩; *Salat* przyrządzać ⟨-dzić⟩; *Licht* włączać ⟨-czyć⟩; *fig umg* zaczepiać, podrywać

anmaßen: **sich ~** *Recht* rościć sobie prawo, przywłaszczać ⟨-czyć⟩ sobie **anmaßend** arogancki (-ko)

Anmeldeformular N formularz *m* meldunkowy **anmelden** zgłaszać ⟨-łosić⟩ (**sich** się); ⟨za⟩meldować (**sich** się) **Anmeldung** F zgłoszenie *n*; zameldowanie *n* (się)

anmerken poznawać ⟨-znać⟩ (*dat* po *lok*); (*sagen*) zauważyć *pf*, dodać *pf* **Anmerkung** F uwaga *f*

annähen przyszywać ⟨-yć⟩

annähernd w przybliżeniu, około

Annahme F przyjęcie *n*; *fig* przypuszczenie *n* **annehmbar** (możliwy) do przyjęcia **annehmen** przyjmować ⟨-jąć⟩; *fig* przypuszczać ⟨-puścić⟩

Annonce F ogłoszenie *n*

annullieren unieważniać ⟨-nić⟩, anulować

anonym anonimowy

Anorak M skafander *m*

anordnen zarządzać ⟨-dzić⟩ **Anordnung** F zarządzenie *n*

anpacken chwytać ⟨-ycić⟩

anpassen dopasowywać ⟨-ować⟩; dostosowywać ⟨-ować⟩ (**sich** się)

anpfeifen: **das Spiel ~** dać gwizdkiem sygnał do rozpoczęcia gry

Anprobe F przymiarka *f* **anprobieren** przymierzać ⟨-rzyć⟩

anrechnen policzyć *pf*; zaliczać ⟨-czyć⟩ (**auf** *akk* na poczet *gen*)

Anrede F forma *f* zwracania się

anregen zachęcać ⟨-cić⟩; *Projekt* ⟨za⟩inicjować; *Appetit* pobudzać ⟨-dzić⟩ **anregend** pobudzający (-co) **Anregung** F impuls *m*, inspiracja *f*

Anreise F (*Ankunft*) przyjazd *m*; podróż *f* w tę stronę **anreisen** przyjeżdżać ⟨-jechać⟩, przybywać ⟨-być⟩

Anreiz M bodziec *m*

anrichten *Schaden* wyrządzać ⟨-dzić⟩; *Essen* podawać ⟨-dać⟩

Anruf M zawołanie *n*; telefon *m* **Anrufbeantworter** M automatyczna sekretarka *f* **anrufen** ⟨za⟩wołać; ⟨za⟩dzwonić (*akk* do *gen*)

anrühren dotykać ⟨-tknąć⟩; *Teig, Farbe* rozrabiać ⟨-robić⟩

Ansage F zapowiedź *f* **ansagen** zapowiadać ⟨-wiedzieć⟩ **Ansager(in)** M(F) RADIO spiker(ka) *m(f)*

ansammeln ⟨na⟩zbierać; ⟨na⟩gromadzić (**sich** się)

ansässig osiadły, zamieszkały

anschaffen sprawiać ⟨-ić⟩ (**sich** sobie) **Anschaffung** F nabycie *n*; *Sache* nabytek *m*

anschauen oglądać ⟨obejrzeć⟩ **anschaulich** jasny (-no), plastyczny, zrozumiały (-le)

Anschein M pozór *m* **anscheinend** widocznie

anschieben popychać ⟨-pchnąć⟩

Anschlag M uderzenie *n*; (*Mordanschlag*) zamach *m*; (*Plakat*) afisz *m*, ogłoszenie *n* **anschlagen** V/I *Kur* ⟨po⟩skutkować

anschließen przyłączać ⟨-czyć⟩ (**sich** się); *Gas, Wasser* podłączać ⟨-czyć⟩ **anschließend** następnie

Anschluss M przyłączenie *n*; BAHN, TEL połączenie *n*; **im ~ an** bezpośrednio po (*akk lok*) **Anschlussflug** M połączenie *n* lotnicze z przesiadką

anschmiegen: **sich ~** ⟨przy⟩tulić się (**an** *akk* do *gen*)

anschnallen przypinać ⟨-iąć⟩; **sich ~** zapinać ⟨-iąć⟩ pas bezpieczeństwa

anschneiden nacinać ⟨-iąć⟩; *Brot* napoczynać ⟨-cząć⟩; *Frage* poruszać ⟨-szyć⟩ **anschrauben** przyśrubowywać ⟨-ować⟩

Anschreiben N pismo *n* przewodnie

Anschrift F adres *m*

anschwellen *Fluss* wzbierać ⟨wezbrać⟩; MED ⟨s⟩puchnąć, nabrzmiewać ⟨-eć⟩

ansehen ⟨po⟩patrzeć, spojrzeć *pf* (*akk* na *akk*); uważać, mieć (**als, für** *akk* za *akk*) **ansehnlich** pokaźny

anseilen przywiązywać ⟨-zać⟩ liną **ansetzen** przystawiać ⟨-ić⟩; *Termin* wyznaczać ⟨-czyć⟩; V/I szykować się (**zu** *dat* do *gen*)

Ansicht F widok *m*; *fig* pogląd *m*, zdanie *n* **Ansichtskarte** F widokówka *f*

anspannen *Kräfte* wytężać ⟨-żyć⟩ **Anspannung** F naprężenie *n*; (*Anstrengung*) napięcie *n*

Anspiel N SPORT zagrywka *f* **anspielen** SPORT zagrywać; ⟨z⟩robić aluzję (**auf** *akk* do *gen*) **Anspielung** F aluzja *f*

anspitzen ⟨za⟩ostrzyć

Ansporn M zachęta *f*, bodziec *m* **anspornen** zachęcać ⟨-cić⟩

Ansprache F przemowa *f* **ansprechen** zagadywać ⟨-dnąć⟩ **Ansprechpartner(in)** M(F) osoba *f* kontaktowa

anspringen *Motor* zapalać ⟨-lić⟩

Anspruch M roszczenie *n*; (*Recht*) prawo *n*; **in ~ nehmen** ⟨s⟩korzystać (*akk* z *gen*) **anspruchslos** niewymagający **anspruchsvoll** wymagający

Anstand M przyzwoitość *f* **anständig** przyzwoity (-cie) **anstandslos** bez problemu

anstarren wpatrywać się (*akk* w *akk*)

anstatt zamiast

anstecken przypinać ⟨-piąć⟩; MED zarażać ⟨-zić⟩; *Zigarette* zapalać ⟨-lić⟩; *Haus* podpalać ⟨-lić⟩ **ansteckend** zaraźliwy (-wie) **Ansteckung** F zarażenie *n*

ansteigen wznosić ⟨wznieść⟩ się; *Preise* wzrastać ⟨-rosnąć⟩

anstelle zamiast **anstellen** *pers* zatrudniać ⟨-ić⟩; **sich ~** stawać ⟨stanąć⟩ w kolejce **Anstellung** F posada *f*, zatrudnienie *n*

Anstieg M wznoszenie *n* się; (*Preisanstieg*) wzrost *m*

anstiften namawiać ⟨-mówić⟩ (**zu** *dat* do *gen*)

Anstoß M podnieta *f*; SPORT pierwsze zagranie *n* piłki; **~ nehmen** ⟨z⟩gorszyć się (**an** *dat inst*) **anstoßen** VI uderzać ⟨-rzyć⟩ (**an, gegen** *akk* o, w *akk*); wznosić toast (**auf** *akk* za *akk*) **anstößig** gorszący (-co)

anstreben dążyć (*akk* do *gen*)

anstrengen wytężać ⟨-żyć⟩ (**sich** się) **Anstrengung** F wysiłek *m*

Anteil M udział *m*; **~ nehmen** brać udział (**an** *dat* w *lok*) **Anteilnahme** F (*Mitgefühl*) współczucie *n*; (*Interesse*) zainteresowanie *n*

Antenne F antena *f*

Antibabypille F pigułka *f* antykoncepcyjna

Antibiotikum N antybiotyk *m*

antik antyczny

Antiquariat N antykwariat *m*

Antiquität F antyk *m* **Antiquitätenhändler(in)** M(F) antykwariusz(ka) *m(f)*

Antrag M wniosek *m*, podanie *n* **Antragsteller(in)** M(F) wnioskodawca *m*, wnioskodawczyni *f*

antreffen zastawać ⟨-tać⟩

antreiben popędzać ⟨-dzić⟩ (**zu** *dat* do *gen*); TECH napędzać

antreten *Dienst* obejmować ⟨objąć⟩

Antrieb M pobudka *f*; TECH napęd *m*

antrocknen VI przysychać ⟨-schnąć⟩

antun → zufügen

Antwort F odpowiedź *f* **antworten** odpowiadać ⟨-wiedzieć⟩

anvertrauen powierzać ⟨-rzyć⟩; **sich ~** zwierzać ⟨-rzyć⟩ się

anwachsen wzrastać ⟨-rosnąć⟩

Anwalt M adwokat *m* **Anwältin** F adwokatka *f*

anweisen polecać ⟨-cić⟩; *Platz* wyznaczać ⟨-czyć⟩; *Geld* przekazywać ⟨-zać⟩ **Anweisung** F (*Befehl*) polecenie *n*; instrukcja *f*
anwenden używać ⟨-yć⟩, ⟨za⟩stosować **Anwender(in)** M(F) użytkownik *m*, użytkowniczka *f* **Anwendung** F użycie *n*, zastosowanie *n*
anwesend obecny **Anwesenheit** F obecność *f*
Anzahl F ilość *f* **anzahlen** zadatkować *pf*, wpłacać ⟨-cić⟩ zaliczkę **Anzahlung** F zadatek *m*
Anzeichen N oznaka *f*; objaw *m*
Anzeige F ogłoszenie *n*; JUR doniesienie *n* **anzeigen** ogłaszać ⟨-łosić⟩; *Diebstahl* zgłaszać ⟨-łosić⟩ **Anzeigetafel** F tablica *f* ogłoszeń
anziehen *Kleid* wkładać ⟨włożyć⟩; ubierać ⟨ubrać⟩ (**sich** się); *Magnet, Knie* przyciągać ⟨-gnąć⟩; *Schraube* przykręcać ⟨-cić⟩ **anziehend** pociągający (-co) **Anziehungskraft** F siła *f* przyciągania; *fig* atrakcyjność *f*
Anzug M garnitur *m*
anzünden zapalać ⟨-lić⟩; *Haus* podpalać ⟨-lić⟩ **anzweifeln** powątpiewać (*akk* w *akk*)
Apfel M jabłko *n* **Apfelbaum** M jabłoń *f* **Apfelkuchen** M jabłecznik *m* **Apfelsaft** M sok *m* jabłkowy **Apfelsaftschorle** F woda *f* mineralna pół na pół z sokiem jabłkowym
Apfelsine F pomarańcza *f*
Apotheke F apteka *f* **Apotheker(in)** M(F) aptekarz *m*, aptekarka *f*
Apparat M aparat *m*
App F *od* N aplikacja (mobilna)
Appartement N apartament *m*
Appetit M apetyt *m*; **guten ~!** smacznego!, **appetitlich** apetyczny
Applaus M oklaski *pl*
Aprikose F morela *f*
April M kwiecień *m* **Aprilscherz** M żart *m* primaaprilisowy
Aquaplaning N poślizg *m* na mokrej nawierzchni **Aquarium** N akwarium *n*
Äquator M równik *m*
Arbeit F praca *f*, robota *f* **arbeiten** pracować **Arbeiter(in)** M(F) robotnik *m*, robotnica *f* **Arbeitgeber(in)** M(F) pracodawca *m*, pracodawczyni *f* **Arbeitnehmer(in)** M(F) pracobiorca *m* **Arbeitsagentur** F urząd *m* pracy *od* zatrudnienia **Arbeitserlaubnis** F pozwolenie *n* na pracę **arbeitsfähig** zdolny do pracy **Arbeitsgericht** N sąd *m* pracy **arbeitslos** bezrobotny **Arbeitslose** F bezrobotna *f* **Arbeitslose(r)** M bezrobotny *m* **Arbeitslosengeld** N zasiłek *m* dla bezrobotnych **Arbeitslosenversicherung** F ubez-

pieczenie *n* na wypadek bezrobocia **Arbeitslosigkeit** F bezrobocie *n* **Arbeitsplatz** M miejsce *n* pracy **Arbeitsspeicher** M IT pamięć *f* operacyjna **Arbeitstag** M dzień *m* roboczy **arbeitsunfähig** niezdolny do pracy **Arbeitsunfall** M wypadek *m* przy pracy **Arbeitsvermittlung** F pośrednictwo *n* pracy **Arbeitsvertrag** M umowa *f* o pracę **Arbeitszeit** F czas *m* pracy **Arbeitszimmer** N gabinet *m*, pracownia *f*

Archäologe M archeolog *m* **Archäologie** F archeologia *f* **Archäologin** F archeolog *m*

Architekt(in) M(F) architekt(ka) *m(f)* **Architektur** F architektura *f*

Archiv N archiwum *n*

Ärger M złość *f*; ~ **haben** mieć nieprzyjemności **ärgerlich** przykry (-ro) **ärgern** ⟨roz⟩gniewać (**sich** się) **Ärgernis** N przykrość *f*

Argument N argument *m*

argwöhnisch podejrzliwy (-wie)

arm biedny, ubogi (-go)

Arm M ramię *n*, ręka *f*

Armaturenbrett N tablica *f* rozdzielcza

Armband N bransoletka *f* **Armbanduhr** F zegarek *m* na rękę **Armbinde** F opaska *f* na ramię

Armee F armia *f*

Ärmel M rękaw *m* **ärmellos** bez rękawów

ärmlich ubogi (-go) **armselig** nędzny **Armut** F bieda *f*, ubóstwo *n*

Aroma N aromat *m*

arrogant arogancki

Arsch M *vulg* dupa *f* **Arschloch** N *vulg* dupek *m*

Art F rodzaj *m*; (*Weise*) sposób *m*

Arterie F tętnica *f*

artig grzeczny

Artikel M artykuł *m*; GRAM rodzajnik *m*

Artischocke F karczoch *m*

Artist(in) M(F) artysta *m* cyrkowy, artystka *f* cyrkowa

Arznei F lekarstwo *n*, lek *m*

Arzt M lekarz *m* **Arzthelferin** F asystentka *f* lekarza **Ärztin** F lekarka *f* **ärztlich** lekarski

Arztpraxis F gabinet *m* lekarski

Asche F popiół *m* **Aschenbecher** M popielniczka *f*

Aschermittwoch M środa *f* popielcowa

Asiat(in) M(F) Azjata *m*, Azjatka *f* **asiatisch** azjatycki **Asien** N Azja *f*

asozial aspołeczny

Asphalt M asfalt *m*

Assistent(in) M(F) asystent(ka) *m(f)*

Ast M gałąź *f*, konar *m*

Asthma N astma *f*

Asyl N azyl *m* **Asylbewer-**

ber(in) M(F) azylant(ka) *m(f)*
Asylrecht N prawo *n* azylu
Atelier N pracownia *f*
Atem M oddech *m*; **außer ~ kommen** zdyszeć się *pf* **atemlos** zdyszany, bez tchu **Atemnot** F duszność *f* **Atemzug** M oddech *m*, wdech *m*
Athletik F atletyka *f*
atmen oddychać **Atmung** F oddychanie *n*, oddech *m*
Atom N atom *m* **Atomkraftwerk** N elektrownia *f* atomowa
Attentat N zamach *m* **Attentäter(in)** M(F) zamachowiec *m*
Attest N zaświadczenie *n* lekarskie
ätzend żrący (-co)
Aubergine F bakłażan *m*
auch także
auf PRÄP (*dat, akk*) na (*lok, akk*); **~ Polnisch** po polsku; **~ der Reise** w podróży; **~ einmal** nagle; **~ diese Weise** w ten sposób; **~ dein Wohl** (za) twoje zdrowie; **bis ~** (aż) do
aufatmen odetchnąć *pf*
Aufbau M budowa *f*; (*Wiederaufbau*) odbudowa *f* **aufbauen** budować; odbudowywać ⟨-ować⟩
aufbewahren przechowywać ⟨-ować⟩ **aufblasen** nadmuchiwać ⟨-chać⟩ **aufbleiben** czuwać, nie kłaść się spać **aufblenden** AUTO włączyć *pf* światła drogowe **aufblitzen** ⟨roz⟩błysnąć
aufbrechen wyłamywać ⟨-mać⟩; V/I wyruszać ⟨-szyć⟩ **Aufbruch** M wyruszenie *n*, wymarsz *m*
aufdecken odkrywać ⟨-yć⟩ **aufdrängen** narzucać ⟨-cić⟩ (**sich** się) **aufdrehen** odkręcać ⟨-cić⟩
aufdringlich natrętny
Aufdruck M nadruk *m*
aufeinander jeden po *od* za drugim **aufeinanderfolgen** następować ⟨-stąpić⟩ po sobie **aufeinanderprallen** zderzać ⟨-rzyć⟩ się
Aufenthalt M pobyt *m*; BAHN postój *m* **Aufenthaltserlaubnis** F zezwolenie *n* na pobyt **Aufenthaltsort** M miejsce *n* pobytu
auferlegen nakładać ⟨nałożyć⟩ (**j-m** *akk* na k-o *akk*);
Auferstehung F zmartwychwstanie *n*
aufessen zjadać ⟨zjeść⟩
auffahren wjeżdżać ⟨-jechać⟩ **Auffahrt** F *Autobahn* wjazd *m*; podjazd *m* **Auffahrunfall** M stłuczka *f*
auffallen V/I rzucać ⟨-cić⟩ się w oczy **auffallend** rzucający się w oczy **auffällig** rzucający się w oczy, podejrzany
auffangen ⟨z⟩łapać
auffassen pojmować ⟨-jąć⟩ **Auffassung** F zapatrywanie *n* **Auffassungsgabe** F pojętność *f*
auffinden odnajdywać ⟨-na-

leźć⟩
auffordern wzywać ⟨wezwać⟩ **Aufforderung** F wezwanie *n*
auffrischen odświeżać ⟨-żyć⟩
aufführen *Drama* wystawiać ⟨-ić⟩; **sich unmöglich ~** nieznośnie się zachowywać **Aufführung** F THEAT przedstawienie *n*
Aufgabe F zadanie *n*; *Post* nadanie *n*; (*Verzicht*) rezygnacja *f*
Aufgang M klatka *f* schodowa; ASTRON wschód *m*
aufgeben (*verzichten*) zaniechać *pf* (*akk gen*); ⟨z⟩rezygnować (z *gen*); *Rätsel* zadawać ⟨-dać⟩; *Brief* nadawać ⟨-dać⟩
aufgeblasen nadęty; *fig* napuszony
aufgehen ASTRON, AGR wschodzić ⟨wzejść⟩; *Tür* otwierać ⟨-worzyć⟩ się; *Vorhang* podnosić ⟨-nieść⟩ się
aufgeklärt uświadomiony
aufgelegt usposobiony (**zu** *dat* do *gen*) **aufgeregt** podniecony **aufgeschlossen** otwarty **aufgeweckt** rozgarnięty, bystry
aufgießen *Tee* zaparzać ⟨-rzyć⟩
aufgrund z powodu
aufhalten zatrzymywać ⟨-mać⟩; **sich ~** przebywać
aufhängen wieszać ⟨powiesić⟩ (**sich** się)
aufheben podnosić ⟨-nieść⟩; JUR uchylać ⟨-lić⟩, ⟨s⟩kasować; (*aufbewahren*) przechowywać ⟨-ować⟩ **aufheitern** rozweselać ⟨-lić⟩; **sich ~** rozjaśniać ⟨-ić⟩ się **aufholen** nadganiać ⟨-gonić⟩ **aufhören** przestawać ⟨-stać⟩ **aufkaufen** skupować ⟨-pić⟩
aufklären wyjaśniać ⟨-ić⟩; uświadamiać ⟨-domić⟩ **Aufklärung** F (*Klärung*) wyjaśnienie *n*; *sexuell* uświadomienie *n*; HIST oświecenie *n*
Aufkleber M naklejka *f*
aufknöpfen rozpinać ⟨-piąć⟩
aufkommen *Kosten* pokrywać ⟨-yć⟩ (**für** *akk akk*) **aufladen** ⟨na⟩ładować
Auflage F TYPO nakład *m*; (*Ausgabe*) wydanie *n*
Auflauf M zbiegowisko *n*; GASTR zapiekanka *f*
aufleben odżywać ⟨-yć⟩ **auflegen** nakładać ⟨nałożyć⟩; *Platte* nastawiać ⟨-ić⟩; *Hörer* odkładać ⟨odłożyć⟩ **auflehnen**: **sich ~** ⟨z⟩buntować się
auflesen ⟨po⟩zbierać
auflösen rozwiązywać ⟨-zać⟩; CHEM rozpuszczać ⟨-ścić⟩; *Geschäft* ⟨z⟩likwidować **Auflösung** F *Vertrag, Rätsel* rozwiązanie *n*; likwidacja *f*
aufmachen otwierać ⟨-worzyć⟩ **Aufmachung** F wygląd *m* zewnętrzny; opakowanie *n*
aufmerksam uważny; **~ machen** zwrócić uwagę **Aufmerksamkeit** F uwaga *f*
aufmuntern rozweselać

⟨-lić⟩; (*ermutigen*) zachęcać ⟨-cić⟩
Aufnahme F przyjęcie *n*; (*Beginn*) podjęcie *n*; FOTO zdjęcie
Aufnahmeprüfung F egzamin *m* wstępny **aufnehmen** *Arbeit* podejmować ⟨podjąć⟩; *Gast* przyjmować ⟨-jąć⟩; *Musik* nagrywać ⟨-rać⟩; FOTO ⟨s⟩fotografować
aufpassen uważać; pilnować
Aufprall M zderzenie *n* **aufprallen** uderzać ⟨-rzyć⟩ (**auf** *akk* o *akk*)
aufpumpen ⟨na⟩pompować
Aufputschmittel N środek *m* pobudzający
aufräumen ⟨po⟩sprzątać
aufrecht prosty (-to) **aufrechterhalten** podtrzymywać ⟨-mać⟩
aufregen ⟨z⟩denerwować (**sich** się) **aufregend** emocjonujący (-co) **Aufregung** F zdenerwowanie *n*, irytacja *f*
aufreiben ścierać ⟨zetrzeć⟩
aufreißen *Tür* (gwałtownie) otwierać ⟨-worzyć⟩; *Verpackung* rozrywać ⟨-zerwać⟩; *Straße* rozkopywać ⟨-pać⟩
aufrichten wyprostowywać ⟨-ować⟩ (**sich** się) **aufrichtig** szczery (-rze)
aufrollen rozwijać ⟨-inąć⟩
aufrücken posuwać ⟨-unąć⟩ się do przodu; *beruflich* awansować
Aufruf M wezwanie *n*; (*Appell*) odezwa *f* **aufrufen** wywoływać ⟨-łać⟩; wzywać ⟨wezwać⟩ (**zu** *dat* do *gen*)
Aufruhr M bunt *m*
aufrunden zaokrąglać ⟨-lić⟩
aufsagen ⟨wy⟩recytować
aufsässig krnąbrny
Aufsatz M *Schule* wypracowanie *n*; TECH nasadka *f*
aufsaugen wchłaniać ⟨-łonąć⟩ **aufscheuern** *Haut* ocierać ⟨otrzeć⟩ **aufschieben** *Tür* rozsuwać ⟨-unąć⟩; *fig* przesuwać ⟨-unąć⟩, odraczać ⟨-roczyć⟩
Aufschlag M uderzenie *n*; HANDEL podwyżka *f*; SPORT serwis *m* **aufschlagen** *Buch, Augen* otwierać ⟨-worzyć⟩; *Lager* rozbijać ⟨-ić⟩; SPORT serwować
aufschließen otwierać ⟨-worzyć⟩
Aufschluss M wyjaśnienie *n* **aufschlussreich** pouczający (-co)
aufschneiden rozcinać ⟨-ciąć⟩; *fig umg* blagować
Aufschneider M *umg* blagier *m*
Aufschnitt M wędlina *f* w plasterkach
aufschrauben odkręcać ⟨-cić⟩ **aufschreiben** zapisywać ⟨-sać⟩
Aufschrift F napis *m* **Aufschub** M zwłoka *f*; odroczenie *n* **Aufschwung** M *fig* wzlot *m*; HANDEL ożywienie *n*
Aufsehen N sensacja *f* **Auf-**

seher(in) M(F) dozorca *m*, dozorczyni *f*
Aufsicht F nadzór *m* **Aufsichtsbehörde** F organ *m* nadzorczy **Aufsichtspflicht** F obowiązek *m* nadzoru
aufspannen rozpinać ⟨-piąć⟩ **aufspringen** *vor Freude* podskakiwać ⟨-skoczyć⟩; *auf den Zug* wskakiwać ⟨-skoczyć⟩; *Haut* ⟨po⟩pękać
Aufstand M powstanie *m*
aufstehen wstawać ⟨-tać⟩ **aufsteigen** wznosić ⟨-nieść⟩ się; *fig* awansować **aufstellen** ustawiać ⟨-ić⟩; wystawiać ⟨-ić⟩; *Kandidaten* wysuwać ⟨-unąć⟩; *Zelt* rozbijać ⟨-ić⟩; *Rekord* ustanawiać ⟨-nowić⟩
Aufstieg M wzlot *m*; *Berg.* wspinaczka *f*; *fig* awans *m*
aufstoßen V/I odbijać ⟨-ić⟩ się
Auftakt M wstęp *m*
auftauchen wynurzać ⟨-rzyć⟩ się; *fig* zjawiać ⟨-ić⟩ się **auftauen** V/T rozmrażać ⟨-rozić⟩; V/I ⟨od⟩tajać **aufteilen** rozdzielać ⟨-lić⟩
Auftrag M zlecenie *n*; **im ~** na zlecenie **auftragen** *Farbe* nakładać ⟨nałożyć⟩; *Essen* podawać ⟨-dać⟩ **Auftraggeber(in)** M(F) zleceniodawca *m*, zleceniodawczyni *f*
auftrennen rozpruwać ⟨-uć⟩, odpruwać ⟨-uć⟩
auftreten V/I *fig* występować ⟨-tąpić⟩ **Auftritt** M THEAT występ *m*
aufwachen ⟨o⟩budzić się **aufwachsen** wyrastać ⟨-rosnąć⟩
Aufwand M nakład *m*; (*Ausgaben*) wydatek *m*; (*Prunk*) zbytek *m* **aufwändig** kosztowny
aufwärmen odgrzewać ⟨-rzać⟩
aufwärts w górę
aufwaschen zmywać ⟨-yć⟩ **aufwecken** ⟨o⟩budzić **aufweichen** V/T rozmiękczać ⟨-czyć⟩ **aufwenden** *Mühe* wkładać ⟨włożyć⟩; *Zeit* poświęcać ⟨-cić⟩; *Geld* wykładać ⟨wyłożyć⟩
aufwickeln nawijać ⟨-inąć⟩ **aufwischen** wycierać ⟨wytrzeć⟩ **aufzählen** wyliczać ⟨-czyć⟩
aufzeichnen ⟨na⟩rysować; *Sendung* zapisywać ⟨-sać⟩ **Aufzeichnung** F zapis *m*
aufziehen *Uhr* nakręcać ⟨-cić⟩; *Kind* wychowywać ⟨-ować⟩; *Tier* ⟨wy⟩hodować
Aufzug M winda *f*; wyciąg *m*; THEAT akt *m*, odsłona *f*
aufzwingen narzucać ⟨-cić⟩ **(sich** się)
Augapfel M gałka *f* oczna **Auge** N oko *n* **Augenarzt** M okulista *m* **Augenärztin** F okulistka *f* **Augenblick** M chwila *f* **augenblicklich** (*sofortig*) natychmiastowy (-wo); chwilowy (-wo) **Augenbraue** F brew *f* **Augenfarbe** F kolor *m* oczu **Augenlid** N powieka

f **Augenzeuge** M świadek *m* naoczny
August M sierpień *m*; **im ~** w sierpniu
Auktion F aukcja *f*
aus PRÄP (*dat*) z, ze (*gen*); ADV **~ sein** być wyłączonym
Aus N SPORT aut *m*
ausarbeiten wypracowywać ⟨-ować⟩ **ausarten** przekształcać ⟨-cić⟩ się (**in** *akk* w *akk*)
ausatmen wydychać
Ausbau M rozbudowa *f* **ausbauen** rozbudowywać ⟨-ować⟩
Ausbeute F zysk *m* **ausbeuten** wyzyskiwać ⟨-kać⟩
ausbilden ⟨wy⟩kształcić, ⟨wy⟩szkolić **Ausbildung** F wykształcenie *n*; (*Berufsausbildung*) szkolenie *n*
ausbleiben nie przychodzić ⟨-yjść⟩, nie następować ⟨-stąpić⟩
Ausblick M widok *m*
ausbrechen VT wyłamywać ⟨-mać⟩; VI *Krieg* wybuchać ⟨-chnąć⟩; *Häftling* zbiec *pf*
ausbreiten rozpościerać ⟨-postrzeć⟩, rozkładać ⟨rozłożyć⟩; **sich ~** rozprzestrzeniać ⟨-ić⟩ się
Ausbruch M wybuch *m*; *fig* wyłamanie *n* się, ucieczka *f*
ausbrüten wysiadywać ⟨-siedzieć⟩ **ausbuhen** okazywać ⟨-zać⟩ niezadowolenie bucząc
ausbürsten ⟨wy⟩czyścić szczotką
Ausdauer F wytrwałość *f*
ausdauernd wytrwały (-le)
ausdehnen rozciągać ⟨-gnąć⟩ (**sich** się) **Ausdehnung** F rozciągłość *f*
ausdenken wymyślać ⟨-lić⟩
Ausdruck M wyraz *m*; (*Wendung*) wyrażenie *n* **ausdrucken** ⟨wy⟩drukować
ausdrücken *Zitrone* wyciskać ⟨-snąć⟩; *Zigarette* ⟨z⟩gasić; *fig* wyrażać ⟨-razić⟩ (**sich** się)
ausdrücklich wyraźny **Ausdrucksweise** F sposób *m* wyrażania się
auseinander: **~ sein** nie być razem
auseinanderbrechen rozłamywać ⟨-mać⟩ **auseinanderbringen** rozłączać ⟨-czyć⟩ **auseinanderfallen** rozpadać ⟨-paść⟩ się **auseinandergehen** rozchodzić ⟨-zejść⟩ się **auseinanderhalten** *fig* odróżniać ⟨-ić⟩
auseinandernehmen rozkładać ⟨rozłożyć⟩, rozbierać ⟨rozebrać⟩
auseinandersetzen *fig* ⟨wy⟩tłumaczyć; **sich ~** rozprawiać ⟨ić⟩ się **Auseinandersetzung** *f* (*Streit*) spór *m*
Ausfahrt F wyjazd *m*; *Autobahn* zjazd *m*
Ausfall M (*Panne*) awaria *f*; *Arbeit* przestój *m*; SPORT, MIL wypad *m* **ausfallen** wypadać ⟨-paść⟩; *Vortrag* nie odbyć się
ausfallend napastliwy (-wie),

obraźliwy (-wie)
ausfindig: ~ **machen** wyszukiwać ⟨-kać⟩
ausflippen *umg* wychodzić ⟨wyjść⟩ z siebie
Ausflucht F wykręt *m* **Ausflug** M wycieczka *f* **Ausfluss** M MED wydzielina *f*, wyciek *m*
ausfragen wypytywać ⟨-tać⟩
Ausfuhr F eksport *m* **ausführen** *Auftrag* wykonywać ⟨-nać⟩; eksportować **Ausfuhrgenehmigung** F zezwolenie *n* na wywóz
ausführlich szczegółowy (-wo)
Ausführung F wykonanie *n* **Ausführungsbestimmung** F przepis *m* wykonawczy
Ausfuhrverbot N zakaz *m* wywozu **Ausfuhrzoll** M cło *n* wywozowe
ausfüllen wypełniać ⟨-ić⟩
Ausgabe F wydawanie *n*; TYPO wydanie *n*; (*Geldausgabe*) wydatek *m* **Ausgang** M wyjście *n*; *fig* zakończenie *n* **Ausgangspunkt** M punkt *m* wyjściowy
ausgeben wydawać ⟨-dać⟩
ausgebucht wyprzedany, bez wolnych miejsc **ausgedehnt** rozległy **ausgefallen** niezwykły
ausgehen wychodzić ⟨wyjść⟩; (*alle sein*) zabraknąć *pf* (*nom gen*)
ausgelassen rozbrykany, wesoły (-ło) **ausgenommen** z wyjątkiem (*akk gen*) **ausgerechnet** akurat; ~ **du** akurat ty **ausgeschlafen** wyspany **ausgeschlossen** wykluczony **ausgesprochen** wyjątkowo; ~ **gut** wyjątkowo dobrze **ausgezeichnet** wyborny, doskonały (-le)
ausgiebig obfity (-icie)
ausgießen wylewać ⟨-lać⟩
Ausgleich M wyrównanie *n* **ausgleichen** wyrównywać ⟨-nać⟩
Ausgrabungen FPL wykopaliska *npl*
Ausguss M zlew *m*
aushalten wytrzymywać ⟨-mać⟩ **aushändigen** wręczać ⟨-czyć⟩
Aushang M ogłoszenie *n*, afisz *m* **aushängen** V/T wywieszać ⟨-sić⟩; V/I być wywieszonym
ausharren wytrwać *pf* **aushelfen** pomagać ⟨-móc⟩ **Aushilfe** F *pers* pomocnik *m*
aushorchen wypytywać ⟨-tać⟩
auskehren wymiatać ⟨-mieść⟩ **auskennen**: **sich** ~ orientować się **ausknipsen** *Licht* ⟨z⟩gasić **auskratzen** wydrapywać ⟨-pać⟩; wyskrobywać ⟨-bać⟩ **auskundschaften** ⟨wy⟩szpiegować, ⟨wy⟩badać
Auskunft F informacja *f*; TEL biuro *m* numerów
auskuppeln V/I wyłączać

⟨-czyć⟩ sprzęgło **auslachen** wyśmiewać ⟨-iać⟩ **ausladen** wyładowywać ⟨-ować⟩
Auslage F wystawa *f*; **Auslagen** *pl* wydatki *mpl*
Ausland N zagranica *f*; **im ~** za granicą **Ausländer(in)** M(F) obcokrajowiec *m*, cudzoziemiec *m*, cudzoziemka *f* **ausländerfeindlich** ksenofobiczny **ausländisch** zagraniczny **Auslandsreise** F podróż *f* za granicę
auslassen wypuszczać ⟨-uścić⟩; *Wort* opuszczać ⟨-uścić⟩; *Butter* rozpuszczać ⟨-uścić⟩
auslaufen wyciekać ⟨-ciec⟩ **Ausläufer** M odnoga *f*; METEO klin *m*
auslegen wykładać ⟨wyłożyć⟩; *Geld* zakładać ⟨założyć⟩ (**für** *akk* za *akk*) **ausleihen** wypożyczać ⟨-czyć⟩ **auslernen** ⟨u⟩kończyć naukę, wyuczyć się *pf* (zawodu)
Auslese F wybór *m*, selekcja *f* **ausliefern** dostarczać ⟨-czyć⟩, wysyłać ⟨-słać⟩ **ausloggen** IT wylogowywać ⟨-ować⟩ **auslosen** wylosowywać ⟨-ować⟩
Auslöser M FOTO wyzwalacz *m*
ausmachen (*vereinbaren*) ustalać ⟨-lić⟩; *Radio* wyłączać ⟨-czyć⟩
Ausmaß N rozmiar *m*, wielkość *f* **ausmessen** wymierzać ⟨-rzyć⟩
Ausnahme F wyjątek *m*; **mit ~** z wyjątkiem **Ausnahmezustand** M stan *m* wyjątkowy **ausnahmslos** bez wyjątku **ausnahmsweise** wyjątkowo
ausnutzen wykorzystywać ⟨-tać⟩ **auspacken** rozpakowywać ⟨-ować⟩ **auspfeifen** wygwizdywać ⟨-dać⟩ **ausplündern** ⟨s⟩plądrować **auspressen** wyciskać ⟨-snąć⟩ **ausprobieren** wypróbowywać ⟨-ować⟩
Auspuff M AUTO wydech *m* **Auspuffrohr** N rura *f* wydechowa
ausradieren wycierać ⟨wytrzeć⟩ (gumką) **ausrauben** obrabowywać ⟨-ować⟩ **ausräumen** wyprzątać ⟨-tnąć⟩; (*leeren*) opróżniać ⟨-ić⟩ **ausrechnen** wyliczać ⟨-czyć⟩
Ausrede F wymówka *f* **ausreden** VI skończyć *pf* mówić; VT wyperswadować *pf*
ausreichen wystarczać ⟨-czyć⟩ **ausreichend** wystarczający (-co), dostateczny
Ausreise F wyjazd *m* **Ausreiseerlaubnis** F zezwolenie *n* na wyjazd **ausreisen** wyjeżdżać ⟨-jechać⟩ **Ausreisevisum** N wiza *f* wyjazdowa
ausreißen VT wyrywać ⟨-rwać⟩; VI *umg* wyrwać *pf* się, zwiewać ⟨zwiać⟩ **ausrenken** zwichnąć *pf* **ausrichten** *Grüße* przekazywać ⟨-zać⟩
ausrotten ⟨wy⟩tępić
Ausruf M okrzyk *m* **ausrufen**

V/I ‹wy›krzyknąć *pf* **Ausrufezeichen** N wykrzyknik *m*
ausruhen odpoczywać ‹-cząć›
ausrüsten wyposażać ‹-żyć› **Ausrüstung** F wyposażenie *n*; sprzęt *m*
ausrutschen pośliznąć się *pf*
Aussage F oświadczenie *n*; JUR zeznanie *n* **aussagen** zeznawać ‹-nać›
ausschalten wyłączać ‹-czyć›
Ausschank M wyszynk *m*; sprzedaż *f* napojów alkoholowych
ausscheiden V/T wydzielać ‹-lić›; V/I odpadać ‹-paść› (*a.* SPORT) **Ausscheidung** F wydalanie *n*, wydzielanie *n*; MED wydzielina *f*
ausscheren V/I *Auto* zarzucać
ausschimpfen ‹z›besztać
ausschlafen wysypiać ‹-spać› się
Ausschlag M MED wysypka *f*
ausschlagen *Zahn* wybijać ‹-ić›; *fig* odrzucać ‹-cić›; *Pferd* wierzgać ‹-gnąć› **ausschlaggebend** decydujący (-co)
ausschließen wykluczać ‹-czyć› **ausschließlich** wyłączny **Ausschluss** M wykluczenie *n*; **unter ~ der Öffentlichkeit** przy drzwiach zamkniętych
ausschneiden wycinać ‹-ciąć› **Ausschnitt** M wycinek *m*; *Kleid* dekolt *m*
ausschöpfen wyczerpywać ‹-pać›
Ausschreitung F eksces *m*, wybryk *m* **Ausschuss** M komitet *m*, komisja *f*; TECH, HANDEL produkt *m* wybrakowany, brak *m*
ausschütten wysypywać ‹-pać›; *Wasser* wylewać ‹-lać›
aussehen wyglądać **Aussehen** N wygląd *m*
außen na zewnątrz **Außenhandel** M handel *m* zagraniczny **Außenminister(in)** M(F) minister *m* spraw zagranicznych **Außenpolitik** F polityka *f* zagraniczna **Außenseite** F strona *f* zewnętrzna **Außenseiter(in)** M(F) outsider(ka) *m(f)* **Außenspiegel** M lusterko *n* zewnętrzne **Außenstelle** F ekspozytura *f*
außer PRÄP (*dat*) poza (*inst*); oprócz (*gen*); **~ Dienst** emerytowany, były; KONJ **~ dass, ~ wenn** chyba że **außerdem** poza tym, oprócz tego **außerdienstlich** pozasłużbowy (-wo)
äußere(r) zewnętrzny **Äußere(s)** N wygląd *m* zewnętrzny, powierzchowność *f*
außerehelich pozamałżeński, nieślubny **außergewöhnlich** niezwykły (-le) **außerhalb** PRÄP (*gen*) poza (*inst*); ADV na zewnątrz, poza obrębem; **von ~** z zewnątrz
äußerlich zewnętrzny
äußern wypowiadać ‹-wie-

dzieć⟩ (**sich** się); *Meinung* wyrażać ⟨-razić⟩
außerordentlich nadzwyczajny **außerplanmäßig** nadplanowy
äußerst skrajny; ostateczny; ADV nadzwyczaj, skrajnie
außerstande: **~ sein** nie być w stanie
Äußerung F wypowiedź *f*
aussetzen *Fahrgast* wysadzać ⟨-dzić⟩; *Belohnung* wyznaczać ⟨-czyć⟩; JUR zawieszać ⟨-sić⟩; V/I *Motor* przestać pracować; **nichts daran auszusetzen haben** nie mieć nic do zarzucenia
Aussicht F widok *m* **aussichtslos** beznadziejny **Aussichtsplattform** F taras *m* widokowy
aussiedeln wysiedlać ⟨-lić⟩ **Aussiedler(in)** M(F) wysiedleniec *m*, wysiedlona *f*
ausspannen wyprzęgać ⟨-rząc⟩; V/I *fig* odpocząć *pf*
ausspielen *Karte* zagrywać ⟨-rać⟩
Aussprache F wymowa *f*; (*Unterredung*) wymiana *f* zdań
aussprechen wymawiać ⟨-mówić⟩; (*äußern*) wypowiadać ⟨-wiedzieć⟩ **Ausspruch** M sentencja *f*
ausspucken wypluwać ⟨-uć⟩
ausspülen wypłukiwać ⟨-kać⟩
ausstatten wyposażać ⟨-żyć⟩ (**mit** *dat* w *akk*) **Ausstattung** F wyposażenie *n*
ausstehen: **nicht ~ können** nie znosić ⟨znieść⟩, nie cierpieć
aussteigen wysiadać ⟨-siąść⟩ **Aussteiger(in)** M(F) outsider(ka) *m(f)*
ausstellen wystawiać ⟨-ić⟩ **Aussteller(in)** M(F) wystawca *m*, wystawczyni *f* **Ausstellung** F wystawa *f* **Ausstellungshalle** F pawilon *m* wystawowy
aussterben wymierać ⟨-mrzeć⟩
Ausstieg M wyjście *n*
ausstoßen wybijać ⟨-ić⟩; *fig* wyrzucać ⟨-cić⟩; *Schrei* wydawać ⟨-dać⟩
ausstrahlen promieniować (*akk inst*); RADIO nadawać ⟨-dać⟩ **Ausstrahlung** F emisja *f*; *fig* urok *m*
ausstrecken wyciągać ⟨-gnąć⟩ (**sich** się) **ausstreichen** wykreślać ⟨-lić⟩ **ausstreuen** rozsypywać ⟨-pać⟩ **ausströmen** V/I wyciekać ⟨-ciec⟩; *Gas* ulatniać ⟨-lotnić⟩ się **aussuchen** wyszukiwać ⟨-kać⟩
Austausch M wymiana *f* **austauschbar** wymienny **austauschen** wymieniać ⟨-nić⟩ (**gegen** *akk* na *akk*)
austeilen rozdzielać ⟨-lić⟩; *Befehle* wydawać ⟨-dać⟩
Auster F ostryga *f*
austragen roznosić ⟨-nieść⟩; *Spiel* rozgrywać ⟨-zegrać⟩

austreten *Feuer* zadeptywać ⟨-tać⟩; *Weg* wydeptywać ⟨-tać⟩; VI występować ⟨-stąpić⟩ **austrinken** wypijać ⟨-ić⟩ **ausüben** *Beruf* wykonywać; *Druck* wywierać ⟨-wrzeć⟩
Ausverkauf M wyprzedaż *f* **ausverkauft** wyprzedany
Auswahl F wybór *m*; SPORT reprezentacja *f* **auswählen** wybierać ⟨-brać⟩
Auswanderer M emigrant *m*, wychodźca *m* **Auswanderin** F emigrantka *f* **auswandern** ⟨wy⟩emigrować **Auswanderung** F emigracja *f*
auswärtig zamiejscowy; **Auswärtiges Amt** *n* ministerstwo *n* spraw zagranicznych **auswärts** na zewnątrz; **~ spielen** grać na wyjeździe **Auswärtsspiel** N mecz *m* wyjazdowy
auswaschen wymywać ⟨-myć⟩; *Wäsche* wyprać *pf*
auswechseln wymieniać ⟨-nić⟩
Ausweg M *fig* wyjście *n*
ausweichen wymijać ⟨-minąć⟩ (*dat akk*); ustępować ⟨ustąpić⟩ z drogi **ausweichend** wymijający (-co)
Ausweis M dowód *m*, legitymacja *f* **ausweisen** wydalać ⟨-lić⟩; **sich ~** ⟨wy⟩legitymować się **Ausweiskontrolle** F kontrola *f* dokumentów **Ausweispapiere** PL dokumenty *mpl* **Ausweisung** F wydalenie *n*
auswendig na pamięć
auswickeln rozwijać ⟨-inąć⟩
auswirken: **sich ~** wpływać ⟨-nąć⟩ (**auf** *akk* na *akk*), mieć konsekwencje **Auswirkung** F skutek *m*, następstwo *n*
auswringen wyżymać ⟨-żąć⟩
Auswuchs M narośl *f*; **Auswüchse** *pl fig* wypaczenia *npl*
Auswurf M MED plwocina *f*
auszahlen wypłacać ⟨-cić⟩ **Auszahlung** F wypłata *f*
auszeichnen odznaczać ⟨-czyć⟩ (**sich** się) **Auszeichnung** F (*Orden*) odznaczenie *n*; (*Preis*) wyróżnienie *n*
ausziehbar rozsuwany, wysuwany, rozkładany **ausziehen** wyciągać ⟨-gnąć⟩; *Tisch* rozsuwać ⟨-unąć⟩; *Kleid, Schuh* zdejmować ⟨zdjąć⟩; VI wyprowadzać ⟨-dzić⟩ się (**aus** *dat* z *gen*)
Auszubildende F uczennica *f* **Auszubildende(r)** M uczeń *m*
Auszug M wyprowadzka *f*; (*Kontoauszug*) wyciąg *m*
Auto N samochód *m* **Autobahn** F autostrada *f* **Autobahnauffahrt** F wjazd *m* na autostradę **Autobahnausfahrt** F zjazd *m* z autostrady **Autobahnkreuz** N skrzyżowanie *n* autostrad **Autobus** M autobus *m* **Autodiebstahl** M kradzież *f* samochodu **Autofähre** F prom *m* samochodowy **Autofahrer(in)** M(F) kierowca *m* **Autofahrt** F

jazda *f* samochodem
automatisch automatyczny
autonom autonomiczny
Autonummer F numer *m* rejestracyjny samochodu **Autoradio** N radio *n* samochodowe **Autoreifen** M opona *f* samochodowa
autoritär autorytarny **Autorität** F autorytet *m*
Autoschlüssel M kluczyki *mpl* do samochodu **Autounfall** M wypadek *m* samochodowy **Autovermietung** F wypożyczalnia *f* samochodów **Autowaschanlage** F myjnia *f* (samochodowa) **Autowerkstatt** F warsztat *m* samochodowy **Autozubehör** N akcesoria *npl* samochodowe
Axt F siekiera *f*
Azubi M *od* F → Auszubildende, Auszubildende(r)

B

Baby N niemowlę *n*, *umg* bobas *m* **Babysitter(in)** M(F) opiekun(ka) *m(f)* do dziecka
Bach M potok *m*, strumień *m*
Backe F policzek *m*; (*Pobacke*) pośladek *m*
backen ⟨u⟩piec
Backenknochen M kość *f* policzkowa **Backenzahn** M ząb *m* trzonowy
Bäcker(in) M(F) piekarz *m* **Bäckerei** F piekarnia *f* **Backofen** M piekarnik *m* **Backpulver** N proszek *m* do pieczenia **Backwaren** FPL pieczywo *n*
Bad N kąpiel *f*; (*Raum*) łazienka *f*; (*Ort*) kąpielisko *n* **Badeanzug** M kostium *m* kąpielowy **Badehose** M kąpielówki *pl* **Badekappe** F czepek *m* kąpielowy **Bademantel** M płaszcz *m* kąpielowy **Bademeister** M ratownik *m* **baden** ⟨wy⟩kąpać (*v/i* się) **Badesachen** PL przybory *mpl* kąpielowe **Badestrand** M plaża *f* **Badetuch** N ręcznik *m* kąpielowy **Badewanne** F wanna *f*
Bagger M koparka *f*
Bahn F tor *m*; SPORT bieżnia *f*; BAHN kolej *f*; ASTRON orbita *f* **Bahncard®** F karta *f* zniżkowa Niemieckich Kolei Państwowych **Bahndamm** M nasyp *m* kolejowy **Bahnhof** M dworzec *m*, stacja *f* **Bahnhofsrestaurant** N restauracja *f* dworcowa **Bahnsteig** M peron *m* **Bahnübergang** M przejazd *m* kolejowy
Balance F równowaga *f*
bald wkrótce; **bis ~!** na razie!; **so ~ wie möglich** możliwie jak najszybciej
Baldriantropfen MPL krople *fpl* walerianowe

Balken M belka *f*
Balkon M balkon *m*
Ball M piłka *f*; (*Tanz*) bal *m*
ballen *Faust* zaciskać ‹-snąć›
Ballett N balet *m* **Balletttänzer(in)** M(F) baletmistrz *m*, baletnica *f*
Ballon M balon *m*
banal banalny
Banane F banan *m*
Band[1] M (*Buch*) tom *m*
Band[2] N wstęga *f*, taśma *f*
Bandage F bandaż *m* **bandagieren** ‹za›bandażować
Bande F banda *f*
Bänderriss M przerwanie *n* więzadła
Bandmaß N taśma *f* miernicza **Bandscheibe** F ANAT krążek *m* międzykręgowy **Bandwurm** M tasiemiec *m*
Bank F ławka *f*; FIN bank *m* **Bankautomat** M bankomat *m* **Bankkonto** N konto *n* bankowe **Bankleitzahl** F kod *m* bankowy **Banknote** F banknot *m* **Bankverbindung** F dane *pl* konta bankowego
bar: **in ~** gotówką; **gegen ~** za gotówkę
Bar F bar *m*
Bär M niedźwiedź *m*
barfuß bosy (-so)
Bargeld N gotówka *f* **bargeldlos** bezgotówkowy
Bärin F niedźwiedzica *f*
Barkeeper M barman *m*
barmherzig miłosierny
barock barokowy
Barometer N barometr *m*
Barren M sztaba *f*; SPORT poręcze *fpl*
Barsch M ZOOL okoń *m*
Bart M broda *f* **bärtig** brodaty
Barzahlung F płatność *f* gotówką
Baseballmütze F bejsbolówka *f*
Basis F baza *f*
Basketball M koszykówka *f*
Basketballspieler(in) M(F) koszykarz *m*, koszykarka *f*
Bass M bas *m*
Bast M łyko *n*
basteln majsterkować
Batterie F bateria *f*; akumulator *m*
Bau M budowa *f*; (*Gebäude*) budynek *m*, budowla *f*; (*Tierbau*) nora *f* **Bauarbeiten** PL prace *fpl* budowlane **Bauarbeiter** M robotnik *m* budowlany
Bauch M brzuch *m* **Bauchfellentzündung** F zapalenie *n* otrzewnej **Bauchnabel** M pępek *m* **Bauchschmerzen** MPL bóle *mpl* brzucha **Bauchspeicheldrüse** F trzustka *f*
Baudenkmal N zabytek *m* architektoniczny **bauen** ‹wy›budować
Bauer M chłop *m*, rolnik *m*; *Schach* pionek *m* **Bäuerin** F chłopka *f*, rolniczka *f* **bäuerlich** chłopski **Bauernhof** M zagroda *f*

baufällig grożący zawaleniem **Baugerüst** N rusztowanie *n* **Bauherr(in)** M(F) inwestor *m* **Bauingenieur(in)** M(F) inżynier *m* budowlany **Baujahr** N rok *m* budowy; *Auto* rok *m* produkcji

Baum M drzewo *n*

Baumarkt M *Geschäft* sklep *m* z materiałami budowlanymi; rynek *m* budowlany

Baumwolle F bawełna *f*

Bauplatz M działka *f* budowlana **Baustelle** F budowa *f*; plac *m* budowy **Baustoff** M materiał *m* budowlany **Bauunternehmer(in)** M(F) przedsiębiorca *m* budowlany **Bauwesen** N budownictwo *n*

Bayer(in) M(F) Bawarczyk *m*, Bawarka *f* **bayerisch** bawarski (po -ku) **Bayern** N Bawaria *f*

beabsichtigen zamierzać

Beachball M (*Ball*) piłka *f* plażowa; (*Sportart*) siatkówka *f* plażowa

beachten zważać (*akk* na *akk*) **beachtenswert** godny uwagi **beachtlich** poważny, znaczny **Beachtung** F uwaga *f*; *Vorschriften* przestrzeganie *n*

Beachvolleyball M (*Ball, Sportart*) siatkówka *f* plażowa

Beamte(r) M urzędnik *m* **Beamtin** F urzędniczka *f*

beanspruchen wymagać, domagać się (*akk gen*) **beanstanden** ⟨za⟩kwestionować

beantragen składać ⟨złożyć⟩ wniosek (*akk* o *akk*) **beantworten** odpowiadać ⟨-wiedzieć⟩ (*akk* na *akk*)

bearbeiten *Metall* obrabiać ⟨-robić⟩; *Text, Thema* opracowywać ⟨-ować⟩ **Bearbeitung** F opracowanie *n*; TECH obróbka *f* **Bearbeitungsgebühr** F opłata *f* manipulacyjna

beatmen ⟨za⟩stosować sztuczne oddychanie **Beatmung** F: **künstliche ~** sztuczne oddychanie *n*

beaufsichtigen nadzorować

beauftragen zlecać ⟨-cić⟩ (*akk dat*)

beben trząść się, drżeć

Becher M kubek *m*

Becken N miednica *f* (*a.* ANAT); *WC* muszla *f*; (*Schwimmbecken*) basen *m*

bedächtig rozważny

bedanken: **sich ~** ⟨po⟩dziękować (**bei** *dat dat*)

Bedarf M potrzeba *f*; HANDEL zapotrzebowanie *n*, popyt *m*; **nach ~** w miarę potrzeby **Bedarfshaltestelle** F przystanek *m* na żądanie

bedauerlich przykry (-ro), godny pożałowania **bedauerlicherweise** niestety **bedauern** żałować (*akk gen*); **ich bedauere** przykro mi **Bedauern** N ubolewanie *n*, żal *m*

bedeckt *Himmel* pochmurny

bedenken rozważać ⟨-żyć⟩ **Bedenken** N wątpliwość *f*, zastrzeżenie *n* **bedenklich** wątpliwy (-wie); *Lage* budzący obawy **Bedenkzeit** F czas *m* do namysłu

bedeuten oznaczać, znaczyć **bedeutend** znaczny, znaczący (-co); *pers* wybitny **Bedeutung** F znaczenie *n* **bedeutungslos** bez znaczenia

bedienen obsługiwać ⟨-łużyć⟩; **sich ~** posługiwać ⟨-łużyć⟩ się (*gen inst*) **Bedienung** F obsługa *f* **Bedienungsanleitung** F instrukcja *f* obsługi

bedingt warunkowy (-wo) **Bedingung** F warunek *m* **bedingungslos** bezwarunkowy (-wo)

bedrängen nalegać (*akk* na *akk*) **Bedrängnis** F opresja *f*

bedrohen zagrażać, grozić (*akk dat*) **Bedrohung** F zagrożenie *n*

bedrücken gnębić, trapić

Bedürfnis N potrzeba *f* **bedürftig** potrzebujący

Beefsteak N befsztyk *m*

beeilen: **sich ~** ⟨po⟩spieszyć się

beeinflussen wpływać ⟨-ynąć⟩ (*akk* na *akk*)

Beeinträchtigung F *pers* pokrzywdzenie *n*, *Freiheit* naruszenie *n*, uszczerbek *m*

beenden ⟨za⟩kończyć

beerben ⟨o⟩dziedziczyć (*akk* po *lok*)

beerdigen ⟨po⟩chować **Beerdigung** F pogrzeb *m*

Beere F jagoda *f*

Beet N grządka *f*

Befähigung F uzdolnienie *n*

befahrbar przejezdny **befahren** VT jeździć (*akk* po *lok*); **viel ~** ruchliwy, bardzo uczęszczany

befallen ogarniać ⟨-nąć⟩; *Pflanze* ⟨za⟩atakować

Befehl M rozkaz *m* **befehlen** rozkazywać ⟨-zać⟩ **Befehlshaber(in)** M(F) dowódca *m*

befestigen umacniać ⟨umocnić⟩; przymocowywać ⟨-ować⟩ (**an** *dat* do *gen*) **Befestigung** F przymocowanie *n*

befinden: **sich ~** znajdować się

Befinden N stan *m* zdrowia; samopoczucie *n*

befolgen *Rat, Vorschriften* ⟨za⟩stosować się (*akk* do *gen*)

befördern transportować; *Post* przesyłać ⟨-słać⟩; awansować *pf* (**zu** *dat* na *akk*) **Beförderung** F transport *m*; *Post* przesłanie *n*; awans *m*

befragen *Zeugen* przesłuchiwać ⟨-chać⟩; *Arzt* ⟨po⟩radzić się (*akk gen*)

befreien uwalniać ⟨-wolnić⟩; (*freistellen*) zwalniać ⟨-wolnić⟩ **Befreiung** F uwolnienie *n*; (*Freistellung*) zwolnienie *n*; POL wyzwolenie *n*

befreundet: **~ sein** być zaprzyjaźnionym (**mit** *dat* z *inst*)

befriedigen zadowalać ⟨-wolić⟩ **befriedigend** zadowalający (-co) **Befriedigung** F zadowolenie *n*, satysfakcja *f*

befristet terminowy; ograniczony czasowo

befruchten zapładniać ⟨-płodnić⟩ **Befruchtung** F zapłodnienie *n*

Befugnis F uprawnienie *n*, upoważnienie *n*

Befund M wynik *m* badania, orzeczenie *n*; MED **ohne ~** bez zmian chorobowych

befürchten obawać się (*akk gen*) **Befürchtung** F obawa *f*

befürworten popierać ⟨-przeć⟩

begabt uzdolniony **Begabung** F uzdolnienie *n*

begeben: **sich ~** udawać ⟨-dać⟩ się (**nach** *dat* do *gen*)

begegnen spotykać ⟨-tkać⟩ (*dat akk*) **Begegnung** F spotkanie *n*

begehen *Fest* obchodzić; *Verbrechen* popełniać ⟨-ić⟩

begehrenswert pożądany

begeistern: **sich ~** zachwycać ⟨-cić⟩ się, entuzjazmować się (**für** *akk inst*) **begeistert** zachwycony **Begeisterung** F entuzjazm *m*; zachwyt *m*

begierig żądny

begießen podlewać ⟨-lać⟩

Beginn M początek *m* **beginnen** zaczynać ⟨-cząć⟩ (*v/i* się)

beglaubigen uwierzytelniać ⟨-ić⟩ **Beglaubigung** F uwierzytelnienie *n*

begleichen wyrównywać ⟨-nać⟩

begleiten towarzyszyć (*akk dat*); odprowadzać ⟨-dzić⟩ (**nach, zu** *dat* do *gen*) **Begleiter(in)** M(F) towarzysz(ka) *m*(*f*), osoba *f* towarzysząca **Begleitung** F towarzystwo *n*; MUS akompaniament *m*

beglückwünschen ⟨po⟩gratulować (**j-n zu** *dat* k-u *gen*)

begnügen: **sich ~** zadowalać ⟨-wolić⟩ się (**mit** *dat inst*)

begraben ⟨po⟩chować **Begräbnis** N pogrzeb *m*

begreifen pojmować ⟨-jąć⟩

begrenzen ograniczać ⟨-niczyć⟩ **begrenzt** ograniczony

Begriff M pojęcie *n*; **im ~ sein** zamierzać

begründen uzasadniać ⟨-ić⟩ **Begründung** F uzasadnienie *n*

begrüßen ⟨po⟩witać **Begrüßung** F powitanie *n*

begünstigen sprzyjać (*akk dat*) **Begünstigung** F faworyzowanie *n*; JUR poplecznictwo *n*

begutachten wydawać ⟨-dać⟩ opinię (*akk* o *lok*)

behalten zatrzymywać ⟨-mać⟩

Behälter M zbiornik *m*, pojemnik *m*

behandeln traktować ; obchodzić ⟨obejść⟩ się (*akk* z *inst*); MED leczyć **Behandlung** F traktowanie *n*, obcho-

dzenie *n* się; MED leczenie *n* **Behandlungszimmer** N pokój *m* zabiegowy
beharren obstawać (**auf** *dat* przy *lok*) **beharrlich** wytrwały (-le)
behaupten twierdzić; **sich ~** utrzymywać ‹-mać› się **Behauptung** F twierdzenie *n*
beheben *Schaden* usuwać ‹-unąć›
behelfen: **sich ~** posiłkować się, ‹po›radzić sobie **behelfsmäßig** prowizoryczny
beherbergen V/T przenocować
beherrschen *Sprache* władać (*akk inst*); **sich ~** opanowywać ‹-ować› się
behilflich: **~ sein** być pomocnym
behindern V/T utrudniać; przeszkadzać (**j-n bei** *dat* k-u w *lok*) **behindert** *pers* upośledzony **Behinderung** F utrudnianie *n*; *pers* upośledzenie *n*
Behörde F urząd *m*
bei PRÄP (*dat*) przy (*lok*), w (*lok*); u (*gen*); pod (*inst*); **~ Tisch** przy stole; **~ Nacht** w nocy; **~ uns** u nas
beibehalten zachowywać ‹-ować› **beibringen** nauczyć *pf* (**j-m** *akk* k-o *gen*)
Beichte F spowiedź *f* **beichten** ‹wy›spowiadać się
Beichtstuhl M konfesjonał *m*
beide obu, obie, oba, oboje **beiderseitig** obustronny **beiderseits** PRÄP z obu stron, po obu stronach; ADV obustronnie
Beifahrer(in) M(F) (*Fahrgast*) pasażer(ka) *m(f)*; pomocnik *m* kierowcy, pomocnica *f* kierowcy
Beifall M oklaski *pl*
beifügen załączać ‹-czyć›
beige beżowy (-wo)
Beigeschmack M posmak *m*
Beihilfe F zapomoga *f*, zasiłek *m*; JUR współudział *m*
Beil N topór *m*
Beilage F załącznik *m*; GASTR, *Zeitung* dodatek *m*; *Werbung* wkładka *f*
beiläufig wtrącony; ADV mimochodem, na marginesie
beilegen załączać ‹-czyć›; *Streit* zakończyć *pf*
Beileid N współczucie *n*
beiliegend załączony
beimischen domieszać *pf*
Bein N noga *f*
beinahe prawie, niemal, o mało co nie
Beinbruch M złamanie *n* nogi
beinhalten zawierać
Beipackzettel M ulotka *f* informacyjna
beisammen razem **Beisammensein** N obcowanie *n* ze sobą, bycie *n* razem; spotkanie *n* towarzyskie
beiseite na bok **beiseitelassen** nie brać pod uwagę

beisetzen ⟨po⟩grzebać **Beisetzung** F pogrzeb *m*
Beispiel N przykład *m*; **zum ~** na przykład **beispielhaft** wzorowy (-wo) **beispiellos** bezprzykładny
beißen ⟨u⟩gryźć; *Schlange* kąsać ⟨ukąsić⟩ **beißend** żrący; *a. fig* gryzący; piekący
Beistand M pomoc *f* **beistehen** pomagać ⟨-móc⟩, wspierać ⟨wesprzeć⟩
Beitrag M składka *f*, *fig* przyczynek *m* **beitragen** przyczyniać ⟨-ić⟩ się (**zu** *dat* do *gen*)
beitreten przystępować ⟨-stąpić⟩ (*dat* do *gen*)
beizeiten zawczasu
bejahen przytakiwać; ⟨-taknąć⟩
bekämpfen zwalczać
bekannt znany; **~ geben** podawać ⟨-dać⟩ do wiadomości; **~ machen** ogłaszać ⟨-łosić⟩; zapoznawać ⟨-nać⟩ (**mit** *dat* z *inst*) **Bekannte** F znajoma *f* **Bekannte(r)** M znajomy *m* **bekanntlich** jak wiadomo **Bekanntschaft** F znajomość *f*
bekennen REL wyznawać ⟨-nać⟩; **sich schuldig ~** przyznawać ⟨-nać⟩ się do winy **Bekenntnis** N wyznanie *n*
beklagen ubolewać (*akk* nad *inst*)
bekleiden ubierać ⟨-brać⟩; *Amt* piastować **Bekleidung** F odzież *f*
beklemmend przygniatający (-co)
bekommen otrzymywać ⟨-mać⟩, dostawać ⟨-tać⟩; **gut ~** służyć
bekömmlich zdrowy; *Essen* lekkostrawny
bekräftigen potwierdzać ⟨-dzić⟩ **bekreuzigen**: **sich ~** ⟨prze⟩żegnać się **bekunden** okazywać ⟨-zać⟩ **beladen** ⟨za⟩ładować
Belag M powłoka *f*, nalot *m*
belanglos nieważny, błahy
belasten obciążać ⟨-żyć⟩
belästigen V/T dokuczać, naprzykrzać się (*akk dat*); nagabywać **Belästigung** F dokuczanie *n*; nagabywanie *n*
Belastung F obciążenie *n*
belaufen: **sich ~** wynosić ⟨-nieść⟩ (**auf** *akk akk*)
beleben ożywiać ⟨-ić⟩ **belebt** ożywiony; *Straße* ruchliwy
Beleg M dowód *m* **belegen** *Platz* zajmować ⟨-jąć⟩; *Kursus* zapisywać ⟨-sać⟩ się (*akk* na *akk*); (*beweisen*) ⟨u⟩dokumentować **Belegschaft** F załoga *f* **belegt**: **~es Brötchen** kanapka *f*
belehren pouczać ⟨-czyć⟩
beleibt otyły
beleidigen obrażać ⟨-zić⟩
beleidigend obraźliwy (-wie) **Beleidigung** F obraza *f*
beleuchten oświetlać ⟨-lić⟩ **Beleuchtung** F oświetlenie

n
belichten naświetlać ⟨-lić⟩ **Belichtung** F naświetlanie *n* **Belichtungsmesser** M światłomierz *m*
Belieben N: **nach ~** wedle uznania **beliebig** dowolny; **jeder Beliebige** którykolwiek, kto bądź **beliebt** lubiany, popularny **Beliebtheit** F popularność *f*
beliefern zaopatrywać ⟨-rzyć⟩
bellen szczekać
belohnen wynagradzać ⟨-rodzić⟩ **Belohnung** F nagroda *f*; wynagrodzenie *n*
Belüftung F wentylacja *f*
belügen okłamywać ⟨-mać⟩
bemalen ⟨po⟩malować
bemängeln wytykać ⟨-tknąć⟩, zarzucać ⟨-cić⟩
bemerkbar dostrzegalny; **sich ~ machen** zwracać ⟨-rócić⟩ na siebie uwagę **bemerken** zauważać ⟨-żyć⟩ **bemerkenswert** godny uwagi **Bemerkung** F uwaga *f*; *Notiz* adnotacja *f*
bemitleiden współczuć
bemühen trudzić; **sich ~** starać się **Bemühung** F staranie *n*, trud *m*
benachbart sąsiedni
benachrichtigen zawiadamiać ⟨-domić⟩ **Benachrichtigung** F zawiadomienie *n*
benachteiligen dyskryminować **Benachteiligung** F dyskryminacja *f*
benehmen: **sich ~** zachowywać ⟨-ować⟩ się **Benehmen** N zachowanie *n* (się)
beneiden ⟨po⟩zazdrościć (**j-n um** *akk* k-u *gen*) **beneidenswert** godny pozazdroszczenia
benommen zamroczony
benötigen potrzebować (*akk gen*)
benutzen używać ⟨użyć⟩ (*akk gen*) **Benutzer(in)** M(F) użytkownik *m*, użytkowniczka *f* **benutzerfreundlich** przyjazny dla użytkownika **Benutzerhandbuch** N podręcznik *m* użytkownika **Benutzung** F korzystanie *n*, używanie *n* **Benutzungsgebühr** F opłata *f* za korzystanie
Benzin N benzyna *f* **Benzinkanister** M kanister *m* na benzynę **Benzintank** M zbiornik *m* benzyny
beobachten obserwować **Beobachtung** F obserwacja *f*
bequem wygodny; **es sich ~ machen** rozgościć się *pf* **Bequemlichkeit** F wygoda *f*
beraten doradzać ⟨-dzić⟩ (*akk dat*); **sich ~** naradzać ⟨-dzić⟩ się **Berater(in)** M(F) doradca *m*, doradczyni *f* **Beratung** F narada *f*; (*Rat*) porada *f* **Beratungsstelle** F poradnia *f*
berauscht upojony
berechenbar obliczalny **berechnen** obliczać ⟨-czyć⟩
berechnend wyrachowany
Berechnung F obliczenie *n*;

fig wyrachowanie *n* **berechtigen** uprawniać (**zu** *dat* do *gen*) **berechtigt** uprawniony
Bereich M zakres *m*; (*Gebiet*) obręb *m*, zasięg *m* **bereichern** wzbogacać ⟨-cić⟩ (**sich** się)
bereisen objeżdżać ⟨-jechać⟩
bereit gotowy **bereiten** przygotowywać ⟨-ować⟩; *Kummer* sprawiać ⟨-ić⟩
bereits już
Bereitschaft F gotowość *f* **Bereitschaftsarzt** M lekarz *m* dyżurny (pogotowia ratunkowego) **Bereitschaftsdienst** M dyżur *m* lekarza pogotowia
bereitwillig chętny
bereuen żałować (*akk gen*)
Berg M góra *f* **bergab** w dół **bergauf** w górę **Bergbau** M górnictwo *n*
bergen ⟨u⟩ratować, zabezpieczać ⟨-czyć⟩; kryć
Bergführer(in) M(F) przewodnik *m* górski, przewodniczka *f* górska **bergig** górzysty (-ście) **Bergspitze** F szczyt *m* górski **Bergsteiger(in)** M(F) alpinista *m*, alpinistka *f* **Bergtour** F wycieczka *f* w góry
Bergung F uratowanie *n*, ocalenie *n*
Bergwacht F pogotowie *n* górskie
Bericht M sprawozdanie *n* **berichten** donosić ⟨-nieść⟩; ⟨z⟩referować **Berichterstatter(in)** M(F) sprawozdawca *m*
berichtigen ⟨s⟩prostować **Berichtigung** F sprostowanie *n*
Berliner M berlińczyk *m*; ADJ berliński **Berlinerin** F berlinianka *f*
Bermudashorts PL bermudy *pl*
Bernstein M bursztyn *m*
berüchtigt osławiony
berücksichtigen uwzględniać ⟨-ić⟩
Beruf M zawód *m* **beruflich** zawodowy (-wo) **Berufsausbildung** F wykształcenie *n* zawodowe **Berufsberatung** F poradnictwo *n* zawodowe **Berufs(fach)schule** F szkoła *f* zawodowa **berufstätig** czynny zawodowo; **~ sein** pracować zawodowo **Berufsverkehr** M godziny *fpl* szczytu komunikacyjnego
Berufung F powołanie *n*; JUR odwołanie *n*; **~ einlegen** wnosić ⟨wnieść⟩ apelację
beruhigen uspokajać ⟨-koić⟩ (**sich** się) **beruhigend** uspokajający (-co) **Beruhigungsmittel** N środek *m* uspokajający
berühmt sławny, słynny
berühren dotykać ⟨-tknąć⟩ (**sich** się) **Berührung** F dotknięcie *n*; styczność *f*
besänftigen udobruchać *pf*
besaufen *pop*: **sich ~** spić się

beschädigen uszkadzać ⟨-kodzić⟩ **Beschädigung** F uszkodzenie *n*

beschaffen wystarać się *pf* (*akk* o *akk*)

beschäftigen zatrudniać ⟨-ić⟩; **sich ~** zajmować ⟨-jąć⟩ się (**mit** *dat inst*) **Beschäftigung** F zatrudnienie *n*; zajęcie *n*

Bescheid M *amtlich* decyzja *f*, orzeczenie *n*; **~ geben** ⟨po⟩informować; **~ wissen** orientować się, wiedzieć

bescheiden skromny

bescheinigen poświadczać ⟨-czyć⟩, zaświadczać ⟨-czyć⟩ **Bescheinigung** F zaświadczenie *n*

bescheißen *pop* ⟨o⟩kantować

beschimpfen obrzucać ⟨-cić⟩ wyzwiskami, ⟨z⟩wymyślać

Beschlag M okucie *n*; **mit ~ belegen** zajmować ⟨-jąć⟩, zagarniać ⟨-nąć⟩ **Beschlagnahme** F konfiskata *f* **beschlagnahmen** ⟨s⟩konfiskować

beschleunigen przyśpieszać ⟨-szyć⟩

beschließen postanawiać ⟨-nowić⟩ **Beschluss** M postanowienie *n*, uchwała *f*

beschmutzen ⟨po⟩brudzić (**sich** się)

beschneiden podcinać ⟨-iąć⟩; *a. fig* okrawać ⟨-roić⟩

beschönigen upiększać ⟨-szyć⟩

beschränken ograniczać ⟨-czyć⟩ (**sich** się) **beschränkt** ograniczony

beschreiben opisywać ⟨-sać⟩ **Beschreibung** F opis *m*

beschuldigen obwiniać ⟨-nić⟩ (*gen* o *akk*) **Beschuldigung** F obwinienie *n*, posądzenie *n*

beschützen ⟨o⟩chronić **Beschützer(in)** M(F) opiekun(ka) *m(f)*; protektor(ka) *m(f)*

Beschwerde F zażalenie *n*; MED dolegliwość *f* **beschweren** obciążać ⟨-żyć⟩; **sich ~** uskarżać się (**über** *akk* na *akk*)

beschwerlich uciążliwy (-wie)

beschwichtigen uspokajać ⟨-koić⟩

beschwipst *umg* podpity

beschwören przysięgać ⟨-siąc⟩; (*anflehen*) błagać

beseitigen usuwać ⟨-unąć⟩

Besen M miotła *f*

besessen opętany (**von** *dat dat*)

besetzen obsadzać ⟨-dzić⟩

besetzt zajęty **Besetztzeichen** N sygnał *m* zajęty **Besetzung** F THEAT obsada *f*

besichtigen zwiedzać ⟨-dzić⟩ **Besichtigung** F zwiedzanie *n*

besiegen pokonywać ⟨-nać⟩

besinnen: **sich ~** przypominać ⟨-mnieć⟩ sobie (**auf** *akk akk*)

besinnungslos nieprzytomny

Besitz M własność *f*; posiadanie *n* **besitzen** posiadać **Besitzer(in)** M(F) właściciel(ka) *m(f)*, posiadacz(ka) *m(f)*

besoffen *pop* pijany

besondere(r) specjalny, szczególny **Besonderheit** F osobliwość *f*; szczególność *f* **besonders** szczególnie, zwłaszcza

besonnen rozważny

besorgen postarać się *pf* (*akk* o *akk*), załatwiać ⟨-ić⟩ **Besorgnis** F niepokój *m* **Besorgung** F załatwienie *n*; **~en machen** załatwiać sprawunki

besprechen omawiać ⟨omówić⟩ **Besprechung** F narada *f*; (*Besprechen*) omówienie *n*

bespritzen opryskiwać ⟨-kać⟩

besser lepszy (-piej) **bessern**: **sich ~** poprawiać ⟨-ić⟩ się **Besserung** F poprawa *f*, polepszenie *n*; **gute ~!** szybkiego powrotu do zdrowia!

Bestand M istnienie *n*; (*Vorrat*) stan *m*, zapas *m* **beständig** trwały (-le), stały (-le) **Bestandteil** M składnik *m*

bestätigen potwierdzać ⟨-dzić⟩ **Bestätigung** F potwierdzenie *n*; (*Bescheinigung*) zaświadczenie *n*

Bestattungsinstitut N zakład *m* pogrzebowy

bestechen przekupywać ⟨-pić⟩ **bestechlich** przekupny **Bestechung** F przekupstwo *n* **Bestechungsgeld** N łapówka *f*

Besteck N sztućce *mpl*

bestehen V/I istnieć; V/T *Prüfung* zdać *pf*; *Probe* przejść *pf*; obstawać (**auf** *akk* przy *lok*); składać się (**aus** *dat* z *gen*)

bestehlen okradać ⟨-raść⟩

besteigen wspinać ⟨-piąć⟩ się (*akk* na *akk*)

bestellen zamawiać ⟨-mówić⟩; *Feld* uprawiać; *Gruß* przekazywać ⟨-zać⟩ **Bestellnummer** F numer *m* zamówienia **Bestellung** F zamówienie *n*; AGR uprawa *f*

bestenfalls w najlepszym razie **bestens** (jak) najlepiej **beste(r)** najlepszy; **am besten** najlepiej

besteuern opodatkowywać ⟨-ować⟩

bestimmen określać ⟨-lić⟩ **bestimmt** pewny, określony; *Ton* stanowczy (-czo); ADV na pewno **Bestimmung** F przeznaczenie *n* **Bestimmungsort** M miejsce *n* przeznaczenia

bestrafen ⟨u⟩karać (**für** *akk* za *akk*) **Bestrafung** F ukaranie *n*

bestrahlen MED naświetlać ⟨-lić⟩ **Bestrahlung** F naświetlanie *n*

Bestreben N dążenie *n*

bestreiten V/T zaprzeczać ⟨-czyć⟩ (*akk dat*); *Kosten* pokrywać ⟨-yć⟩ **bestürzt** wytrącony z równowagi, wstrząśnięty

Besuch M odwiedziny *pl*; zwiedzenie *n* **besuchen** odwiedzać ‹-dzić›; *Schule* uczęszczać (*akk* do *gen*) **Besucher(in)** M(F) gość *m*; zwiedzający *m*, zwiedzająca *f* **Besuchszeit** F czas *m* odwiedzin

betagt leciwy

betätigen uruchamiać ‹-chomić›; *Taste* naciskać ‹-snąć›

betäuben ogłuszać ‹-szyć›; MED znieczulać ‹-lić› **Betäubungsmittel** N środek *m* znieczulający

Bete F: **Rote ~** bura(cz)ki *mpl* ćwikłowe

beteiligen: **sich ~** brać udział (**an** *dat* w *lok*) **Beteiligung** F udział *m*

beten ‹po›modlić się

Beton M beton *m*

betonen ‹za›akcentować **Betonung** F akcent *m*; *fig* nacisk *m*

Betracht M: **in ~ ziehen** brać pod uwagę **betrachten** V/T oglądać ‹obejrzeć›; uważać (**als** *akk* za *akk*; **sich** się) **beträchtlich** znaczny

Betrag M kwota *f*, suma *f* **betragen** V/T wynosić ‹-nieść› **Betragen** N sprawowanie *n*, zachowanie *n* (się)

betreffen dotyczyć (*akk gen*) **betreffend** dotyczący (*akk gen*) **betreffs** w sprawie, odnośnie (*gen*)

betreiben uprawiać; trudnić się (*akk inst*)

betreten wchodzić ‹wejść› (*akk* do *gen*)

betreuen opiekować się (*akk inst*) **Betreuung** F opieka *f*

Betrieb M (*Unternehmen*) zakład *m*; ruch *m*; eksploatacja *f*; **außer ~** nieczynny **betriebsbereit** gotowy do użytku **Betriebsleiter(in)** M(F) kierownik *m* zakładu, kierowniczka *f* zakładu **Betriebsrat** M rada *f* zakładowa **Betriebssystem** N IT system *m* operacyjny

betrinken: **sich ~** upijać ‹-ić› się

betrübt zmartwiony

Betrug M oszustwo *n*

betrügen oszukiwać ‹-kać› **Betrüger(in)** M(F) oszust(ka) *m(f)* **betrügerisch** oszukańczy (-czo)

betrunken pijany

Bett N łóżko *n*; (*Bettzeug*) pościel *f*; **das ~ machen** ‹po›słać łóżko **Bettdecke** F kołdra *f*

betteln żebrać

bettlägerig obłożnie chory

Bettlaken N prześcieradło *n*

Bettler(in) M(F) żebrak *m*, żebraczka *f*

Bettruhe F leżenie *n* w łóżku

Bettwäsche F bielizna *f* pościelowa

Beule F guz *m*

beunruhigen ‹za›niepokoić (**sich** się)

beurlauben udzielać ⟨-lić⟩ urlopu; *Schüler* zwalniać ⟨zwolnić⟩
beurteilen oceniać ⟨-ić⟩ **Beurteilung** F ocena *f*; opinia *f*
Beute F łup *m*, zdobycz *f*
Beutel M torebka *f*, worek *m*, woreczek *m*
Bevölkerung F ludność *f*
bevollmächtigen upoważniać ⟨-ić⟩ **Bevollmächtigte** F pełnomocniczka *f* **Bevollmächtigte(r)** M pełnomocnik *m*
bevor zanim
bevorstehen zanosić się (*nom* na *akk*) **bevorstehend** zbliżający się, nadchodzący
bevorzugen faworyzować; woleć
bewachen pilnować, strzec **bewacht** strzeżony **Bewachung** F ochrona *f*
bewaffnen uzbrajać ⟨-roić⟩ **bewaffnet** uzbrojony
bewahren zachowywać ⟨-ować⟩
bewährt wypróbowany **Bewährung** F: JUR **mit ~** w zawieszeniu
bewältigen pokonywać ⟨-nać⟩
bewandert biegły (**in** *dat* w *lok*)
bewässern nawadniać ⟨-wodnić⟩
bewegen poruszać ⟨-szyć⟩ (**sich** się); *fig* wzruszać ⟨-szyć⟩; skłaniać ⟨-łonić⟩ (**zu** *dat* do *gen*) **Beweggrund** M pobudka *f* **beweglich** ruchomy (-mo); ruchliwy (-wie) **Bewegung** F ruch *m* **bewegungslos** nieruchomy (-mo)
Beweis M dowód *m* **beweisen** dowodzić ⟨-wieść⟩ (*akk gen*)
bewerben: **sich ~** ubiegać się (**um** *akk* o *akk*) **Bewerber(in)** M(F) kandydat(ka) *m*(*f*) **Bewerbung** F ubieganie *n* się; (*Gesuch*) podanie *n* o przyjęcie do pracy **Bewerbungsunterlagen** PL dokumenty *mpl* dołączone do podania o przyjęcie do pracy
bewerten oceniać ⟨-ić⟩; SPORT punktować
bewilligen *Kredit* przyznawać ⟨-nać⟩; zatwierdzać ⟨-dzić⟩
bewirken sprawiać ⟨-ić⟩
bewirten ⟨po⟩częstować, podejmować ⟨-djąć⟩
Bewohner(in) M(F) mieszkaniec *m*, mieszkanka *f*
bewölken: **sich ~** zachmurzać ⟨-rzyć⟩ się **bewölkt** zachmurzony **Bewölkung** F zachmurzenie *n*
bewundern podziwiać **Bewunderung** F podziw *m*
bewusst świadomy (-mie) **bewusstlos** nieprzytomny **Bewusstsein** N przytomność *f*; świadomość *f*
bezahlen ⟨za⟩płacić **Bezahlung** F zapłata *f*
bezaubernd czarujący (-co)

bezeichnen oznaczać ‹-czyć› **bezeichnend** znamienny **Bezeichnung** F oznaczenie *n*; nazwa *f*
bezeugen poświadczać ‹-czyć›
bezichtigen posądzać (*gen* o *akk*)
beziehen *Bett* powlekać ‹-lec›; *Wohnung* wprowadzać ‹-wadzić› się (*akk* do *gen*); *Rente* pobierać; *Waren* otrzymywać ‹-mać›, sprowadzać ‹-dzić›; *Zeitung* ‹za›prenumerować; **sich ~** odnosić ‹-nieść› się (**auf** *akk* do *gen*) **Beziehung** F związek *m*; stosunki *mpl*; **~en haben** mieć znajomości **beziehungsweise** względnie
Bezirk M okręg *m*, obwód *m*; (*Stadtbezirk*) dzielnica *f*
Bezug M *Möbel* pokrycie *n*, obicie *n*; HANDEL zakup *m*; prenumerata *f*; **in ~** odnośnie (**auf** *akk* do *gen*); **mit ~** powołując się (**auf** *akk* na *akk*); **Bezüge** *pl* pobory *pl* **bezüglich** odnośnie
bezwecken mieć na celu
bezweifeln V/T powątpiewać (*akk* w *akk*)
bezwingen pokonywać ‹-nać›
BH M biustonosz *m*
Biathlon M SPORT biatlon *m*
Bibel F biblia *f*
Biber M bóbr *m*
Bibliothek F biblioteka *f* **Bibliothekar(in)** M(F) bibliotekarz *m*, bibliotekarka *f*
biegen ‹z›giąć; V/I skręcać ‹-cić› **biegsam** giętki (-ko)
Biene F pszczoła *f*
Bier N piwo *n* **Biergarten** M ogródek *m* piwny
bieten *Preis* ‹za›oferować; **sich ~** nadarzać ‹-rzyć› się; *Anblick* przedstawiać się
Bikini M bikini *n* **Bikinihose** F dół *m* od bikini **Bikinioberteil** N góra *f* od bikini
Bilanz F bilans *m*
Bild N obraz *m*, obrazek *m* **Bildband** M album *m*
bilden ‹u›tworzyć (**sich** się); (*sein*) stanowić; **sich ~** kształcić się
Bilderbuch N książka *f* z obrazkami **Bildhauer(in)** M(F) rzeźbiarz *m*, rzeźbiarka *f* **bildlich** obrazowy (-wo) **Bildschirm** M ekran *m*
Bildung F tworzenie *n* (się); (*Ausbildung*) wykształcenie *n*, kształcenie *n*
billig tani (-nio) **billigen** ‹za›aprobować
Billigflieger M firma *f* oferująca tanie loty **Billigflug** M tani lot *m*
Binde F opaska *f*; MED bandaż *m* **Bindehaut** F spojówka *f* **Bindehautentzündung** F zapalenie *n* spojówek
binden ‹z›wiązać; *fig* obowiązywać; *Buch* oprawiać ‹-ić›
Bindestrich M łącznik *m*

Bindfaden M sznurek *m*
Bindung F TECH, SPORT wiązanie *n*; *fig* więź *f*
binnen w ciągu (*dat*, *gen gen*)
Bioladen M sklep *m* ze zdrową żywnością **Biologe** M biolog *m* **Biologie** F biologia *f* **Biologin** F biolog *m* **biologisch** biologiczny **Biomüll** M odpady *mpl* organiczne **Bioprodukt** N produkt *m* organiczny
Birke F brzoza *f*; *Holz* brzezina *f*
Birnbaum M grusza *f* **Birne** F gruszka *f*; ELEK żarówka *f*
bis PRÄP (*akk*) do (*gen*); **~ an, ~ in, ~ zu** aż do; KONJ aż, dopóki nie
Bischof M biskup *m*
bisher dotąd **bisherig** dotychczasowy
Biss M ukąszenie *n*
bisschen: **ein ~** trochę; **kein ~** ani trochę
Bissen M kęs *m*
bissig kąśliwy; *fig* zgryźliwy (-wie)
Bistum N biskupstwo *n*
bisweilen niekiedy
bitte proszę **Bitte** F prośba *f* **bitten** ⟨po⟩prosić (**um** *akk* o *akk*)
bitter gorzki (-ko)
Blähung F wzdęcie *n*
blamieren ⟨s⟩kompromitować (**sich** się)
blank lśniący (-co); *fig* goły
Blase F pęcherz *m*; (*Hautblase*) bąbel *m*
blasen dmuchać ⟨-chnąć⟩; *Wind* dąć, wiać
blass blady (-do); **~ werden** ⟨z⟩blednąć
Blatt N liść *m*; *Papier* arkusz *m*; (*Seite*) strona *f*; (*Zeitung*) gazeta *f*
blättern przeglądać, wertować (**in** *dat akk*)
Blätterteig M ciasto *n* francuskie
blau niebieski (-ko), błękitny **Blaulicht** N: **mit ~** na sygnale
Blech N blacha *f* **Blechdose** F puszka *f* blaszana
Blei¹ N ołów *m*
Blei² M ZOOL leszcz *m*
bleiben zostawać ⟨-tać⟩; **~ lassen** zaniechać *pf* (*akk gen*) **bleibend** trwały
bleich blady (-do)
bleifrei *Benzin* bezołowiowy
Bleistift M ołówek *m* **Bleistiftspitzer** M temperówka *f*
Blende F FOTO przesłona *f* **blenden** oślepiać ⟨-ić⟩ **blendend** *fig* świetny
Blick M spojrzenie *n*; **auf den ersten ~** od pierwszego wejrzenia **blicken** ⟨po⟩patrzeć, spoglądać ⟨spojrzeć⟩; **sich ~ lassen** pokazywać ⟨-zać⟩ się **Blickfeld** N pole *n* widzenia
blind ślepy (-po) **Blinddarm** M wyrostek *m* robaczkowy **Blinddarmentzündung** F zapalenie *n* wyrostka (robaczkowego) **Blinde** F niewidoma

f **Blinde(r)** M niewidomy *m* **Blindheit** F ślepota *f*
blinken V/I *Sterne* lśnić; *Licht* błyskać ‹-snąć›; migać ‹-gnąć› **Blinker** M AUTO kierunkowskaz *m*
blinzeln mrugać ‹-gnąć›
Blitz M błyskawica *f*, piorun *m*; FOTO błysk *m* **Blitzableiter** M piorunochron *m* **blitzartig** błyskawiczny **blitzen** błyskać ‹-snąć› **Blitzlicht** N lampa *f* błyskowa
Block M blok *m*
blockieren ‹za›blokować
blöd(e) *umg* głupkowaty (-to) **Blödsinn** *umg* M nonsens *m*, bzdury *fpl* **blödsinnig** *umg* idiotyczny
Blog M IT blog *m* **bloggen** pisać bloga
blond blond
bloß goły; *Füße* bosy; ADV tylko, jedynie **Blöße** F nagość *f*; *fig* słaby punkt *m* **bloßstellen** ‹s›kompromitować (**sich** się)
Blue Jeans PL dżinsy *pl*
blühen kwitnąć
Blume F kwiat *m* **Blumengeschäft** N kwiaciarnia *f* **Blumenkohl** M kalafior *m* **Blumenstrauß** M bukiet *m* **Blumentopf** M doniczka *f*
Bluse F bluzka *f*; bluza *f*
Blut N krew *f* **Blutbild** N morfologia *f* krwi **Blutdruck** M ciśnienie *n* krwi
Blüte F kwiat *m*
bluten krwawić **Bluterguss** M krwiak *m* **Blutgruppe** F grupa *f* krwi **blutig** krwawy (-wo) **Blutprobe** F badanie *n* krwi na obecność alkoholu **Blutspender(in)** M(F) krwiodawca *m*, krwiodawczyni *f* **blutstillend** tamujący krew **Bluttransfusion** F transfuzja *f* krwi **Blutung** F krwawienie *n* **Blutvergiftung** F zakażenie *n* krwi **Blutwurst** F kaszanka *f*
Bö F poryw *m* wiatru, szkwał *m*
Bock M kozioł *m* **Bockwurst** F serdelek *m*
Boden M ziemia *f*; AGR *a.* gleba *f*, grunt *m*; *Gefäß* dno *n* **bodenlos** bezdenny **Bodenpersonal** N obsługa *f* naziemna **Bodenschätze** MPL bogactwa *npl* naturalne
Bodybuilding N kulturystyka *f*
Bogen M łuk *m*; MUS smyczek *m*; *Papier* arkusz *m* **Bogenschütze** M łucznik *m* **Bogenschützin** F łuczniczka *f*
Böhmen N Czechy *pl* **böhmisch** czeski
Bohne F fasola *f* **Bohnenkaffee** M kawa *f* naturalna **Bohnensuppe** F zupa *f* fasolowa
bohren ‹wy›wiercić **Bohrer** M wiertło *n* **Bohrmaschine** F wiertarka *f* **Bohrung** F wiercenie *n*; (*Loch*) otwór *m* wiercony
böig porywisty, wietrzny

Boje F boja *f*
Bombe F bomba *f*
Bonbon M *od* N cukierek *m*
Bonus M *Rabatt* zniżka *f*; premia *f*
Boot N łódź *f* **Bootsverleih** M wypożyczalnia *f* łodzi
Bord M SCHIFF burta *f*; **an ~** na pokładzie **Bordcomputer** M komputer *m* pokładowy
Bordell N dom *m* publiczny
borgen pożyczać ‹-czyć›
Borke F kora *f*; *auf einer Wunde* strup *m*
Börse F FIN giełda *f*
Borsten FPL szczecina *f*
bösartig złośliwy (-wie)
Böschung F skarpa *f*
böse zły (źle); **~ sein** gniewać się (*dat* na *akk*) **boshaft** złośliwy (-wie) **Bosheit** F złośliwość *f* **böswillig** złośliwy (-wie)
botanisch botaniczny
Bote M posłaniec *m*; (*Bürobote*) goniec *m*
Botschaft F wiadomość *f*; POL ambasada *f* **Botschafter(in)** M(F) ambasador(ka) *m(f)*
Bouillon F bulion *m*
Boutique F butik *m*
Bowle F kruszon *m*
Box F (*Pferdebox*) boks *m*; (*Behälter*) skrzynka *f*, pojemnik *m*
boxen boksować się **Boxer(in)** M(F) pięściarz *m*, pięściarka *f*; *Hund* bokser *m* **Boxershorts** PL bokserki *pl*
Boykott M bojkot *m*
brachliegen leżeć odłogiem
Branche F gałąź *f*, branża *f*
Brand M pożar *m*; MED gangrena *f*; **in ~ stecken** podpalać ‹-lić› **Brandblase** F pęcherz *m* od oparzenia **Brandsalbe** F maść *f* na oparzenia
Brandstätte F pogorzelisko *n* **Brandstiftung** F podpalenie *n*
Brandung F kipiel *f* (morska)
Brandwunde F oparzelina *f*, oparzenie *n*
Branntwein M wódka *f*
brasilianisch brazylijski **Brasilien** N Brazylia *f*
braten ‹u›smażyć; *im Backofen* ‹u›piec **Braten** M pieczeń *f* **Brathähnchen** N pieczony kurczak *m* **Bratkartoffeln** FPL smażone ziemniaki *mpl* **Bratpfanne** F patelnia *f*
Bratsche F altówka *f*
Brauch M obyczaj *m* **brauchbar** zdatny, nadający się (**für** *akk*, **zu** *dat* do *gen*) **brauchen** potrzebować (*akk gen*)
Braue F brew *f*
Brauerei F browar *m*
braun brązowy (-wo), brunatny; **~ gebrannt** opalony na brązowo **Bräune** F opalenizna *f* **bräunen** ‹przy›rumienić; **sich (in der Sonne) ~** opalać ‹-lić› się
Brause F prysznic *m*; *Gießkanne* sitko *n* do konewki **brausen** VI szumieć, huczeć
Braut F narzeczona *f* **Bräuti-**

gam M narzeczony *m*
brav dzielny; *Kind* grzeczny
bravo brawo
Brecheisen N łom *m* **brechen** ⟨po⟩łamać, ⟨z⟩łamać (*v/i* się); V/I MED ⟨z⟩wymiotować **Brechmittel** N środek *m* na wymioty
Brei M papka *f*, kaszka *f*
breit szeroki (-ko) **Breite** F szerokość *f* **breitschultrig** barczysty
Bremsbelag M okładzina *f* hamulcowa **Bremse** F hamulec *m* **bremsen** ⟨za⟩hamować **Bremsflüssigkeit** F płyn *m* hamulcowy **Bremslicht** N światło *n* stop **Bremsspur** F ślad *m* hamowania
brennbar palny **brennen** palić (*v/i* się); *Sonne* prażyć; *Wunde* piec **Brennholz** N drewno *n* na opał **Brennnessel** F pokrzywa *f* **Brennspiritus** M denaturat *m* **Brennstoff** M paliwo *n* **Brennweite** F ogniskowa *f*
Breslau N Wrocław *m*
Brett N deska *f* **Brettspiel** N gra *f* planszowa
Brezel F obwarzanek *m*
Brief M list *m* **Briefkasten** M skrzynka *f* pocztowa **brieflich** listowny **Briefmarke** F znaczek *m* pocztowy **Briefpapier** N papier *m* listowy **Briefträger(in)** M(F) listonosz(ka) *m(f)* **Briefumschlag** M koperta *f* **Briefwechsel** M korespondencja *f*
Brillant M brylant *m*
Brille F okulary *pl*
bringen (*herbringen*) przynosić ⟨-nieść⟩; (*fortbringen*) odnosić ⟨-nieść⟩; *fahrend* przywozić ⟨-wieźć⟩; odwozić ⟨-wieźć⟩; **in Ordnung ~** ⟨u⟩porządkować
Brise F bryza *f*
bröckeln kruszyć
Brocken M kawał *m*, odłamek *m*
brodeln wrzeć, kipieć
Brombeere F jeżyna *f*
Bronchitis F zapalenie *n* oskrzeli
Brosche F broszka *f*
Broschüre F broszura *f*
Brot N chleb *m* **Brötchen** N bułka *f*, bułeczka *f* **Brotscheibe** F kromka *f* chleba **Brotzeit** F przerwa *f* na posiłek; przekąska *f*
Browser M IT przeglądarka *f*
Bruch M złamanie *n*; *fig a.* rozłam *m*; (*Leistenbruch*) przepuklina *f*; MATH ułamek *m* **brüchig** łamliwy, kruchy **Bruchstück** N odłamek *m*; *fig* fragment *m*, urywek *m*
Brücke F most *m*; SCHIFF, SPORT, TECH mostek *m*; (*Teppich*) dywanik *m*
Bruder M brat *m* **brüderlich** braterski (po -ku)
Brühe F GASTR rosół *m*, bulion *m* **Brühwürfel** M kostka *f* bulionowa

brüllen ryczeć ⟨ryknąć⟩
brummen mruczeć ⟨mruknąć⟩ **brummig** zrzędliwy (-wie), gderliwy (-wie)
brünett ciemnowłosy **Brünette** F brunetka *f*
Brunnen M studnia *f*
brüsk opryskliwy (-wie), szorstki (-ko)
Brust F pierś *f* **Brustkorb** M klatka *f* piersiowa
Brüstung F balustrada *f*
Brustwarze F brodawka *f* piersiowa
brüten wysiadywać ⟨-siedzieć⟩ jaja; *fig* głowić się (**über** *dat* nad *inst*)
brutto brutto **Bruttogewicht** N waga *f* brutto
BSE F BSE, choroba *f* szalonych krów
Bube M (*Karte*) walet *m*
Buch N książka *f*; (*Geschäftsbuch*) księga *f*
Buche F buk *m*
buchen ⟨za⟩księgować; *Platz* ⟨za⟩rezerwować
Bücherei F biblioteka *f* **Bücherschrank** M biblioteczka *f*, szafa *f* na książki
Buchführung F księgowość *f* **Buchhalter(in)** M(F) księgowy *m*, księgowa *f* **Buchhändler(in)** M(F) księgarz *m* **Buchhandlung** F księgarnia *f*
Büchse F puszka *f*; (*Waffe*) strzelba *f*
Büchsenmilch F mleko *n* skondensowane **Büchsenöffner** M otwieracz *m* do puszek
Buchstabe M litera *f* **buchstabieren** ⟨prze⟩literować
buchstäblich dosłowny
Bucht F GEOG zatoka *f*
Buchung F (za)księgowanie *n*; *Hotel* rezerwacja *f*
Buchweizen M gryka *f*
Buckel M garb *m* **bücken**: **sich ~** schylać ⟨-lić⟩ się **bucklig** garbaty (-to) **Bückling** M GASTR pikling *m*
buddeln *umg* kopać
Budget N budżet *m*
Büfett N: **kaltes ~** szwedzki stół *m*
Büffel M bawół *m* **büffeln** *umg* wkuwać, kuć
Bug M SCHIFF dziób *m*, przód *m*
Bügel M wieszak *m*; pałąk *m* **Bügelbrett** N deska *f* do prasowania **Bügeleisen** N żelazko *n* **bügelfrei** niewymagający prasowania **bügeln** ⟨wy⟩prasować
Bühne F scena *f* **Bühnenbild** N sceneria *f*, dekoracje *fpl* **Bühnenstück** N sztuka *f* sceniczna
Bulette F kotlet *m* mielony
Bulgare M Bułgar *m* **Bulgarien** N Bułgaria *f* **Bulgarin** F Bułgarka *f* **bulgarisch** bułgarski (po -ku)
Bulle M byk *m*
Bummel *umg* M spacer *m*
bummeln *umg* (*langsam ma-*

chen) guzdrać się
Bund[1] N wiązka *f*; pęczek *m*, pęk *m*
Bund[2] M związek *m*; federacja *f*
Bündel N wiązka *f*; tobół *m*
Bundeskanzler(in) M(F) kanclerz *m* federalny **Bundesland** N kraj *m* związkowy **Bundesliga** F Bundesliga *f* **Bundespräsident(in)** M(F) prezydent *m* federalny **Bundesregierung** F rząd *m* federalny **Bundesrepublik** F republika *f* federalna **Bundesstaat** M państwo *n* związkowe, federacja *f*
Bündnis N sojusz *m*
bunt (różno)barwny; *fig* mieszany **Buntstift** M kredka *f*
Burg F zamek *m*, gród *m*
Bürge M poręczyciel *m* **bürgen** poręczać ⟨-czyć⟩, ręczyć (**für** *akk* za *akk*)
Bürger(in) M(F) obywatel(ka) *m(f)* **Bürgerkrieg** M wojna *f* domowa **bürgerlich** mieszczański; JUR cywilny **Bürgermeister(in)** M(F) burmistrz *m* **Bürgersteig** M chodnik *m*
Bürgschaft F poręczenie *n*, gwarancja *f*
Büro N biuro *n* **Bürohaus** N biurowiec *m* **Büroklammer** F spinacz *m*
Bürste F szczotka *f* **bürsten** ⟨wy⟩szczotkować
Bus M autobus *m* **Busbahnhof** M dworzec *m* autobusowy
Busch M krzak *m*, krzew *m*
Büschel M pęk *m*; *(Haarbüschel)* kosmyk *m*
Busen M piersi *fpl*, biust *m*
Bushaltestelle F przystanek *m* autobusowy
Business Class F klasa *f* biznesowa
Bussard M myszołów *m*
Buße F REL pokuta *f* **büßen** ⟨od⟩pokutować **Bußgeld** N grzywna *f*
Büste F popiersie *n* **Büstenhalter** M biustonosz *m*
Butter F masło *n* **Butterbrot** N chleb *m* z masłem **Buttermilch** F maślanka *f* **Butterpilz** M maślak *m*

C

Cabrio N kabriolet *m*
Café N kawiarnia *f*
Call-Center N call center *m*
Camping N kempingowanie *n*
Campingplatz M kemping *m*
Cappuccino M cappuccino *n*
CD F płyta *f* CD **CD-Brenner** M nagrywarka *f* płyt kompaktowych **CD-Player** M odtwarzacz *m* płyt kompaktowych
CD-ROM F CD-ROM *m*
Cello N wiolonczela *f*
Cent M cent *m*
Champagner M szampan *m*
Champignon M pieczarka *f*

Chance F szansa *f*
Chaos N chaos *m* **chaotisch** chaotyczny
Charakter M charakter *m* **charakteristisch** charakterystyczny
Charterflug M lot *m* czarterowy
Chassis N AUTO podwozie *n*
Chat M IT czat *m* internetowy
chatten IT rozmawiać na czacie
Chaussee F szosa *f*
Check-in M FLUG odprawa *f*, stanowisko *n* odprawy
Checkliste F lista *f* kontrolna
Chef(in) M(F) szef *m*, szefowa *f* **Chefarzt** M ordynator *m* **Chefärztin** F ordynator *m*
Chemie F chemia *f* **Chemikalien** FPL chemikalia *pl* **chemisch** chemiczny
Chemotherapie F chemoterapia *f*
Chiffre F szyfr *m*; kod *m*
Chile N Chile *n*
China N Chiny *pl* **Chinese** M Chińczyk *m* **Chinesin** F Chinka *f* **chinesisch** chiński (po -ku)
Chip M chip *m*; **Chips** *pl* chipsy *mpl* **Chipkarte** F karta *f* chipowa
Chirurg(in) M(F) chirurg *m*
Cholesterin N cholesterol *m* **cholesterinfrei** bez cholesterolu
Chor M chór *m*
Christ(in) M(F) chrześcijanin *m*, chrześcijanka *f* **Christbaum** M choinka *f* **Christentum** N chrześcijaństwo *n* **Christkind** N Dzieciątko *n* Jezus **christlich** chrześcijański (po -ku)
Christus M Chrystus *m*
Chronik F kronika *f* **chronisch** MED przewlekły (-le)
clever bystry; sprytny
Clique F *Freunde* paczka *f*; klika *f*
Clown M klown *m*
Club M klub *m* **Cluburlaub** M wczasy *pl* w ekskluzywnym klubie
Cocktail M koktajl *m*
Cognac M koniak *m*
Compact Disc F płyta *f* kompaktowa
Computer M komputer *m* **computergesteuert** sterowany komputerowo **Computerspiel** N gra *f* komputerowa **Computertomografie** F tomografia *f* komputerowa
Container M kontener *m*, pojemnik *m*
Couch F tapczan *m*
Coronavirus M *od* N koronawirus *m*
COVID-19, Covid-19 F *od* M MED COVID-19 *m*
Cousin M kuzyn *m* **Cousine** F kuzynka *f*
Creme F krem *m*
Curry M *od* N curry **Currywurst** F kiełbasa *f* z curry
Cursor M kursor *m*
Cybermobbing N IT cyberprzemoc *f*

D

da ADV (*hier*) tu; (*dort*) tam; KONJ (*weil*) ponieważ; **es ist kein(e) … ~, … ist nicht ~** nie ma … (*gen*); **von ~ an, von ~ ab** odtąd, stąd; **~ ist es** tam jest, oto jest; **~ sein** egzystować; być obecnym
dabei obok; przy tym; **~ sein** uczestniczyć (**bei** *dat* w *lok*); być obecnym (przy *lok*)
dableiben pozostawać ⟨-tać⟩
Dach N dach *m* **Dachdecker** M dekarz *m* **Dachgeschoss** N poddasze *n* **Dachrinne** F rynna *f* **Dachziegel** M dachówka *f*
Dackel M jamnik *m*
dadurch przez to; w taki sposób
dafür za to; **ich bin ~** jestem za tym; **er kann nichts ~** on nie jest temu winien, on nic na to nie poradzi
dagegen ADV przeciw temu; KONJ natomiast
daheim w domu
daher ADV stamtąd; KONJ dlatego
dahin tam; do tego; **bis ~** dotąd **dahinten** tam z tyłu, w tyle **dahinter** za tym
damals wtedy
Dame F dama *f*, pani *f*; *Spiel* warcaby *pl*; *Schach* królowa *f*, hetman *m* **Damenbinde** F podpaska *f* higieniczna
damit ADV tym, tym samym; KONJ aby
Damm M tama *f*; BAHN nasyp *m*
dämmern: **es dämmert** *abends* zmierzcha (się); *morgens* świta **Dämmerung** F *abends* zmierzch *m*, zmrok *m*; *morgens*świt *m*
Dampf M para *f* **Dampfbad** N łaźnia *f* parowa **dampfen** parować
dämpfen *Stimme* ściszać ⟨-szyć⟩; GASTR ⟨u⟩dusić
Dampfer M parowiec *m*
danach potem, następnie
Däne M Duńczyk *m*
daneben obok; oprócz tego
Dänemark N Dania *f* **Dänin** F Dunka *f* **dänisch** duński (po -ku)
dank (*dat, gen*) dzięki (*dat*) **Dank** M podziękowanie *n*; **herzlichen ~!** serdeczne dzięki! **dankbar** wdzięczny **danke** dziękuję; **~ schön!** bardzo dziękuję! **danken** ⟨po⟩dziękować (**für** *akk* za *akk*)
dann wtedy; potem; **bis ~!** na razie!
daran przy tym, na tym **darauf** potem, następnie; na tym, na to **daraus** z tego; stąd
Darbietung F przedstawienie *n*

darin w tym; co do tego
darlegen wyłuszczać <-czyć>, wyjaśniać <-ić>
Darlehen N pożyczka *f*
Darm M jelito *n* **Darmgrippe** F grypa *f* jelitowa
darstellen przedstawiać <-ić> (**sich** się) **Darsteller(in)** M(F) wykonawca *m*, wykonawczyni *f*
darüber o tym; **~ hinaus** ponadto **darum** o to; KONJ dlatego **darunter** pod tym, pod to; poniżej; pomiędzy
das *Art. fehlt im Poln.*; PRON to; *relativ* które
dass że; *Zweck, Absicht* aby; **es sei denn, ~ ...** chyba że ...
Datei F IT plik *m*
Daten PL dane *pl* **Datenbank** F bank *m* danych **Datenschutz** M ochrona *f* danych **Datenträger** M nośnik *m* danych **Datenverarbeitung** F przetwarzanie *n* danych
datieren datować
Dativ M GRAM celownik *m*
Dattel F daktyl *m*
Datum N data *f*
Dauer F trwanie *n*; czas *m*; *begrenzt* okres; **auf die ~** na dłuższy czas **Dauerauftrag** M zlecenie *n* stałe
dauerhaft trwały (-le) **dauern** <po>trwać **dauernd** ciągły (-le)
Dauerwelle F trwała *f*, trwała ondulacja *f*
Daumen M kciuk *m*
Daunendecke F kołdra *f* puchowa
davon z tego **davonlaufen** uciekać <-ec>
davor przed tym
dazu do tego, na to; przy tym, (po)nadto **dazugehören** należeć do (*gen*) **dazutun** dodawać <-dać> (**zu** *dat* do *gen*)
dazwischen pomiędzy **dazwischenkommen** stawać <stanąć> na przeszkodzie **dazwischenreden** przerywać <-rwać>; wtrącać <-cić> się (do *gen*)
dealen handlować narkotykami **Dealer(in)** M(F) dealer(ka) *m(f)* narkotyków
Debatte F dyskusja *f*
Deck N SCHIFF pokład *m*
Decke F przykrycie *n*, nakrycie *n*; (*Schneedecke usw*) pokrywa *f*; ARCH sufit *m*
Deckel M pokrywka *f*
decken *Kosten, Dach* pokrywać <-yć>; *Tisch* nakrywać <-yć>
Deckung F pokrycie *n*; osłona *f*
defekt uszkodzony **Defekt** M defekt *m*; wada *f*
definieren <z>definiować **Definition** F definicja *f*
deftig *umg* porządny)
dehnen rozciągać <-gnąć> (**sich** się)
Deich M grobla *f*, tama *f*
dein twój, twoja, twoje; PL twoi, twoje; swój, swoja, swoje; PL swoi, swoje; **die Deinen** twoi **deinerseits** z twojej

strony **deinetwegen** z twojego powodu, ze względu na ciebie
deklarieren ⟨za⟩deklarować
Deklination F GRAM deklinacja *f*
Dekoration F dekoracja *f* **dekorieren** ⟨u⟩dekorować
delikat delikatny **Delikatesse** F smakołyk *m*, specjał *m*
Delikt N wykroczenie *m*
dementsprechend stosownie do tego, zgodnie z tym **demgemäß** odpowiednio do tego **demnach** zatem **demnächst** wkrótce
Demokratie F demokracja *f* **demokratisch** demokratyczny
Demonstration F demonstracja *f* **demonstrieren** demonstrować
demütig pokorny **demütigen** upokarzać ⟨-korzyć⟩
demzufolge wskutek tego
denkbar wyobrażalny, możliwy **denken** ⟨po⟩myśleć (**an** *akk* o *lok*); **sich ~** wyobrażać ⟨-razić⟩ sobie
Denkmal N pomnik *m* **Denkmalschutz** M ochrona *f* zabytków
denn bo
dennoch jednakże, jednak, przecież
Denunziant(in) M(F) donosiciel(ka) *m(f)* **denunzieren** ⟨za⟩denuncjować
Deodorant N dezodorant *m*
Deoroller M dezodorant *m* w kulce **Deospray** N dezodorant *m* w sprayu
deponieren ⟨z⟩deponować
Depot N skład(nica) *m(f)*; depozyt *m*
der *Art. fehlt im Poln.*; PRON ten; *relativ* który
derart → dermaßen
derb ordynarny; mocny (-no); *Essen* prosty
dergleichen (temu) podobny **derjenige** ten **dermaßen** do tego stopnia **derselbe** ten sam **derzeitig** obecny; (*damalig*) ówczesny
desgleichen podobnie, tak samo **deshalb** dlatego
Desinfektionsmittel N środek *m* odkażający **desinfizieren** ⟨z⟩dezynfekować, odkażać ⟨-zić⟩
dessen tego; *relativ* którego
Dessert N deser *m*
desto tym; **~ mehr** tym więcej, tym bardziej
deswegen dlatego
Detail N detal *m*, szczegół *m* **detailliert** szczegółowy (-wo)
deuten objaśniać ⟨-ić⟩, ⟨wy⟩tłumaczyć; (*zeigen*) wskazywać ⟨-zać⟩
deutlich wyraźny
deutsch niemiecki (po -ku) **Deutsch** N niemiecki *m*, język *m* niemiecki; **auf ~** po niemiecku **Deutsche** F Niemka *f*
Deutsche(r) M Niemiec *m*
Deutschkenntnisse FPL

znajomość *f* (języka) niemieckiego **Deutschkurs** M kurs *m* (języka) niemieckiego
Deutschland N Niemcy *pl*
Dezember M grudzień *m*; **im ~** w grudniu
dezent delikatny, subtelny
dezimal dziesiętny
Diabetes M cukrzyca *f* **Diabetiker(in)** M(F) diabetyk *m*, diabetyczka *f*
Diagnose F diagnoza *f* **Diagonale** F przekątna *f* **Diagramm** N wykres *m* **Dialekt** M dialekt *m*, gwara *f* **Dialog** M dialog *m* **Dialyse** F dializa *f*
Diät F dieta *f*; **Diäten** *pl* diety *fpl* **Diätkost** F dania *npl* dietetyczne
dich ciebie, cię
dicht gęsty (-to); *Verschluss* szczelny; **~ bei** tuż przy (*lok*), tuż obok (*gen*) **Dichte** F gęstość *f*
dichten pisać wiersze; TECH uszczelniać ⟨-nić⟩ **Dichter(in)** M(F) poeta *m*, poetka *f* **Dichtung** F poezja *f*; TECH uszczelka *f*
dick gruby (-bo); (*geschwollen*) spuchnięty; *Suppe* gęsty **Dickdarm** M jelito *m* grube **Dickkopf** M uparciuch *m* **dickköpfig** uparty
die *Art. fehlt im Poln.*; PRON ta; PL te, ci; *relativ* która; PL którzy, które
Dieb(in) M(F) złodziej(ka) *m(f)*
Diebstahl M kradzież *f* **Diebstahlsicherung** F zabezpieczenie *n* od kradzieży
Diele F (*Raum*) sień *f*, korytarz *m*
dienen służyć (**zu** *dat* do *gen*; **als** jako) **dienlich** przydatny
Dienst M dyżur *m*; *pers* służba *f*; (*Hilfe*) przysługa *f*; usługa *f*; **~ haben** mieć dyżur
Dienstag M wtorek *m*; **am ~** we wtorek
dienstbereit dyżurny; usłużny
dienstlich służbowy (-wo)
Dienstreise F podróż *f* służbowa **Dienststelle** F urząd *m* **Dienstvorschrift** F przepis *m* służbowy **Dienstwagen** M samochód *m* służbowy
dies to **diesbezüglich** odnoszący się (*od adv* odnośnie) do tego
Diesel M diesel *m*
dieselbe ta sama
Dieselöl N olej *m* napędowy
dieser, diese, dieses ten, ta, to; PL ci, te
diesjährig tegoroczny **diesmal** tym razem **diesseits** z tej strony
Dietrich M wytrych *m*
Differenz F różnica *f*
digital cyfrowy **Digitalkamera** F aparat *m* cyfrowy
Diktat N dyktando *n*
Diktatur F dyktatura *f*
Diktiergerät N dyktafon *m*
Dill M koper *m*
Ding N rzecz *f*; **vor allen Dingen** przede wszystkim

Diplom N dyplom *m* **Diplomat(in)** M(F) dyplomata *m*, dyplomatka *f* **diplomatisch** dyplomatyczny **Diplomingenieur(in)** M(F) inżynier *m* dyplomowany
dir tobie, ci; **von ~** od ciebie; **mit ~** z tobą; **zu ~** do ciebie
direkt bezpośredni (-nio) **Direktflug** M lot *m* bezposredni
Direktion F dyrekcja *f* **Direktor(in)** M(F) dyrektor(ka) *m(f)*
Dirigent(in) M(F) dyrygent(ka) *m(f)* **dirigieren** dyrygować
Discjockey M disc jockey *m*
Diskothek F dyskoteka *f*
diskret dyskretny
diskriminieren dyskryminować **Diskriminierung** F dyskryminacja *f*
Diskussion F dyskusja *f*
Diskuswerfen N rzut *m* dyskiem
diskutieren dyskutować
Display N wyświetlacz *m*
Dissertation F rozprawa *f* doktorska
Distanz F dystans *m*
Distel F oset *m*
Disziplin F dyscyplina *f*
dividieren ⟨po⟩dzielić
doch jednak; przecież
Docht M knot *m*
Dogge F dog *m*
Doktor(in) M(F) doktor *m*; lekarz *m*, lekarka *f*
Dokument N dokument *m*
dolmetschen ⟨prze⟩tłumaczyć (ustnie) **Dolmetscher(in)** M(F) tłumacz(ka) *m(f)*
Dom M katedra *f*
Donau F Dunaj *m*
Donner M grzmot *m* **donnern** ⟨za⟩grzmieć
Donnerstag M czwartek *m*; **am ~** w czwartek
Doping N doping *m*
Doppel N odpis *m*; SPORT debel *m* **Doppelbett** N łóżko *n* małżeńskie **Doppelgänger(in)** M(F) sobowtór *m* **Doppelpunkt** M dwukropek *m*
doppelt podwójny; **~ so viel** dwa razy tyle **Doppelzimmer** N pokój *m* dwuosobowy
Dorade F dorada *f*, sparus *m* złotogłowy
Dorf N wieś *f*
Dorn M cierń *m*, kolec *m*
Dorsch M dorsz *m*
dort tam **dorther** stamtąd **dorthin** tam
Dose F puszka *f* **Dosenöffner** M otwieracz *m* do puszek
Dosis F dawka *f*
Dotter M *od* N żółtko *n*
downloaden IT ściągać ⟨-gnąć⟩
Drachen M SPORT lotnia *f*
Draht M drut *m* **Drahtseilbahn** F kolejka *f* linowa
Drama N dramat *m*
dran: **ich bin ~** moja kolej
Drang M MED parcie *n* **drängeln** pchać się **drängen** napierać; *zur Eile* ponaglać ⟨-lić⟩; **sich ~** pchać się
drastisch drastyczny

Draufgänger(in) M(F) śmiałek *m*

draußen na zewnątrz; na dworze; **nach ~** na dwór; **von ~** z zewnątrz

Dreck M brud *m*; (*Schlamm*) błoto *n* **dreckig** brudny (-no); zabłocony

drehbar obrotowy **Drehbuch** N scenariusz *m* **drehen** obracać ⟨-rócić⟩ (**sich** się); *Film* nakręcać ⟨-cić⟩ **Drehtür** F drzwi *pl* obrotowe **Drehung** F obrót *m* **Drehzahlmesser** M obrotomierz *m*

drei trzy **Drei** F trójka *f* **Dreieck** N trójkąt *m* **dreieckig** trójkątny **dreieinhalb** trzy i pół **dreifach** potrójny **dreijährig** trzyletni **dreimal** trzy razy **dreimalig** trzykrotny **dreimonatig** trzymiesięczny

Dreirad N rower(ek) *m* trójkołowy

dreißig trzydzieści **dreißigste(r)** trzydziesty

dreist zuchwały (-le)

dreistöckig trzypiętrowy

dreizehn trzynaście **dreizehnte(r)** trzynasty

Dresche *umg* F lanie *n* **dreschen** ⟨wy⟩młócić

Dresden N Drezno *n*

dressieren ⟨wy⟩tresować

Drillinge PL trojaczki *mpl*

drin → darin

dringen przenikać ⟨-knąć⟩; wydobywać ⟨-yć⟩ się (**aus** *dat* z *gen*); *fig* nalegać **dringend** pilny, naglący; *Bitte* usilny

drinnen wewnątrz

dritte(r) trzeci **Drittel** N jedna trzecia **drittens** po trzecie

Droge F narkotyk *m*; **Drogen nehmen** zażywać ⟨-yć⟩ narkotyki

Drogerie F drogeria *f*

drohen grozić, zagrażać

Drohne F ZOOL truteń *m* (*a. fig*); MIL dron *m* **Drohung** F groźba *f*, pogróżka *f*

drollig pocieszny, zabawny

Drossel F drozd *m*; ELEK dławik *m*

drosseln *Tempo* ograniczać ⟨-czyć⟩, *Heizung* przykręcać ⟨-cić⟩

drüben po tamtej stronie, z tamtej strony; **von ~** stamtąd

Druck M nacisk *m*, ucisk *m*; (*Luftdruck, Blutdruck*) ciśnienie *n*; TYPO druk *m* **drucken** ⟨wy⟩drukować

drücken V/T naciskać ⟨-snąć⟩; przyciskać ⟨-snąć⟩ (**an** *akk* do *gen*); V/I *Schuh* cisnąć, uciskać; **sich ~** uchylać ⟨-lić⟩ się (**vor** *dat* od *gen*)

Drucker M drukarz *m*; IT drukarka *f* **Druckerei** F drukarnia *f* **Druckertreiber** M napęd *m* drukarki **Druckknopf** M zatrzask *m*; ELEK przycisk *m*, guzik *m* **Druckluft** F powietrze *n* sprężone

Drüse F gruczoł *m*

Dschungel M dżungla *f*

du ty

Dübel M kołek *m*
ducken: **sich ~** schylić się *pf*
Duell N pojedynek *m*
Duett N duet *m*
Duft M zapach *m*, woń *f* **duften** pachnieć (**nach** *dat inst*) **duftend** wonny, pachnący
dulden znosić ⟨znieść⟩ **duldsam** cierpliwy (-wie), wyrozumiały (-le)
dumm głupi (-pio) **Dummheit** F głupota *f*; głupstwo *n* **Dummkopf** M głupiec *m*
dumpf *Laut* głuchy (-cho); *Schmerz* tępy (-po)
Düne F wydma *f*
düngen nawozić **Dünger** M nawóz *m*
dunkel ciemny (-no); **es wird ~** robi się ciemno **dunkelblau** ciemnoniebieski **dunkelhaarig** ciemnowłosy **Dunkelheit** F ciemność *f*; **in der ~** w ciemnościach, po ciemku **Dunkelkammer** F ciemnia *f*
dünn cienki (-ko) **dünnflüssig** rzadki (-ko), rozrzedzony
Dunst M opar *m*; mgiełka *f*
dünsten ⟨u⟩dusić
dunstig mglisty (-to)
durch PRÄP (*akk*) przez (*akk*); ADV **~ und ~** na wskroś
durcharbeiten przerabiać ⟨-robić⟩
durchaus zupełnie, całkiem; **~ nicht** bynajmniej, wcale nie
durchbeißen przegryzać ⟨-gryźć⟩ **durchblättern** ⟨prze⟩wertować **durchbrechen** przełamywać ⟨-mać⟩ (*v/i* się); *Loch* przebijać ⟨-ić⟩ **durchbrennen** przepalać ⟨-lić⟩ (*v/i* się)
Durchbruch M przełom *m*
durchdacht przemyślany
durchdenken rozważać ⟨-żyć⟩, przemyśleć *pf*
durchdrehen *umg fig* ⟨s⟩fiksować
durchdringend przejmujący (-co)
durcheinander ADV bezładnie **Durcheinander** N bałagan *m* **durcheinanderbringen** ⟨z⟩robić bałagan; *pers* ⟨z⟩dezorientować; *Begriffe* ⟨po⟩mylić, ⟨po⟩plątać
durchfahren przejeżdżać ⟨-jechać⟩ (*akk* przez *akk*) **Durchfahrt** F przejazd *m*
Durchfall M biegunka *f*; *fig* klapa *f* **durchfallen** *fig* przepaść *pf* **durchfließen** przepływać ⟨-płynąć⟩ (*akk* przez *akk*) **durchführen** przeprowadzać ⟨-dzić⟩ **Durchführung** F przeprowadzenie *n*; wykonanie *n*
Durchgang M przejście *n* **Durchgangsverkehr** M ruch *m* tranzytowy
durchgehen V/I przechodzić ⟨przejść⟩; *Pferde* ponosić ⟨-nieść⟩; **durchgehend geöffnet** otwarty bez przerwy
durchgreifen ⟨za⟩interweniować **durchhalten** wytrzymywać ⟨-mać⟩ **durchkom-**

men przedostawać ⟨-tać⟩ się; *Prüfling* zdać *pf* egzamin **durchkreuzen** ⟨po⟩krzyżować **durchlassen** przepuszczać ⟨-uścić⟩ **durchlaufen** przebiegać ⟨-biec⟩; *Wasser* przeciekać ⟨-ciec⟩ **durchlesen** przeczytać *pf* **durchmachen** V/I *fig* przeżywać ⟨-yć⟩

Durchmesser M średnica *f*

durchnässt przemokły

durchqueren przecinać ⟨-ciąć⟩, przemierzać ⟨-rzyć⟩, przechodzić ⟨przejść⟩

Durchreise F: **auf der ~** przejazdem

durchrosten przerdzewieć *pf*

Durchsage F komunikat *m*, informacja *f*

durchschauen V/T przejrzeć *pf* **durchscheuern** przecierać ⟨przetrzeć⟩ (**sich** się) **durchschlafen** przesypiać ⟨-spać⟩ **durchschlüpfen** prześliznąć się *pf* **durchschneiden** przecinać ⟨-ciąć⟩

Durchschnitt M *fig* przeciętna *f*; **im ~** przeciętnie, średnio **durchschnittlich** przeciętny, średni (-nio)

durchschwimmen przepływać ⟨-ynąć⟩ (*akk* przez *akk*) **durchsehen** przeglądać ⟨przejrzeć⟩ **durchsetzen** przeforsować *pf*

durchsichtig przezroczysty (-ście); *fig* przejrzysty (-ście)

durchsickern przesiąkać ⟨-knąć⟩; *fig* przeciekać ⟨-ciec⟩

durchstechen przekłuwać ⟨-uć⟩ **durchstehen** *fig* przetrzymywać ⟨-mać⟩; wytrwać *pf* **durchstellen** *Telefongespräch* przełączać ⟨-czyć⟩

durchstoßen przebijać ⟨-ić⟩; przeszywać ⟨-yć⟩ **durchstreichen** przekreślać ⟨-lić⟩

durchsuchen przeszukiwać ⟨-kać⟩ **Durchsuchung** F przeszukanie *n*; JUR rewizja *f*

durchtrieben przebiegły (-le)

Durchwahl F ⟨po⟩łączenie *n* bezpośrednie; (*Durchwahlnummer*) numer *m* wewnętrzny

durchwühlen przekopywać ⟨-pać⟩; *fig* przetrząsać ⟨-snąć⟩ **durchzählen** przeliczać ⟨-czyć⟩ **durchziehen** przeciągać ⟨-gnąć⟩

Durchzug M (*Luftzug*) przeciąg *m*

dürfen móc, śmieć, mieć pozwolenie; **darf ich?** czy mogę?; czy można?; **man darf nicht** nie wolno

dürftig marny, nędzny

dürr suchy (-cho), wyschnięty; *pers* chudy **Dürre** F susza *f*

Durst M pragnienie *n*; **~ haben** mieć pragnienie **durstig** spragniony

Dusche F prysznic *m* **duschen** brać ⟨wziąć⟩ prysznic

Duschgel N żel *m* pod prysznic

Düse F dysza *f* **Düsenflugzeug** N odrzutowiec *m*

düster mroczny (-no); *fig a.* ponury (-ro)
Dutzend N tuzin *m*
duzen być na ty (*akk z inst*)
DVD F DVD *n* **DVD-Brenner** M nagrywarka *f* DVD

E

Ebbe F odpływ *m*
eben płaski (-ko); równy (-no); ADV właśnie; (*erst*) przed chwilą **Ebene** F równina *f*; MATH płaszczyzna *f*
ebenfalls również
ebenso tak samo; ~ **sehr** (**wie**) w tym samym stopniu (co); ~ **viel** równie dużo; ~ **wenig** równie mało
Eber M knur *m*
Eberesche F jarzębina *f*
E-Bike N rower *m* elektryczny
E-Book N e-book *m*, książka *f* elektroniczna
ebnen wyrównywać ⟨-nać⟩
EC® M EuroCity® *m*
Echo N echo *n*
echt prawdziwy (-wie)
EC-Karte® F karta *f* EC®
Eckball M SPORT rzut *m* rożny **Ecke** F róg *m*, kąt *m*; SPORT korner *m*; **um die** ~ za rogiem **Eckhaus** N dom *m* narożny **eckig** kanciasty (-to) **Eckzahn** M kieł *m*
edel szlachetny **Edelstein** M kamień *m* szlachetny **Edelweiß** N szarotka *f*
EDV F (**elektronische Datenverarbeitung**) elektroniczne przetwarzanie *n* danych
Efeu M bluszcz *m*
Effekt M efekt *m* **effektvoll** efektowny
egal obojętny; **ganz** ~ wszystko jedno
egoistisch egoistyczny
ehe zanim
Ehe F małżeństwo *n* **Ehebruch** M zdrada *f* małżeńska **Ehefrau** F żona *f* **Eheleute** PL małżonkowie *mpl* **ehelich** małżeński; *Kind* ślubny
ehemalig były **ehemals** niegdyś, dawniej
Ehemann M mąż *m* **Ehepaar** N para *f* małżeńska
eher wcześniej; raczej (**als** niż)
Ehering M obrączka *f* **Eheschließung** F zawarcie *n* małżeństwa
Ehre F honor *m*; zaszczyt *m* **ehren** czcić, szanować **ehrenamtlich** honorowy (-wo) **Ehrenmitglied** N członek *m* honorowy **ehrenvoll** zaszczytny, chlubny **Ehrenwort** N słowo *n* honoru **Ehrfurcht** F głęboki szacunek *m* **Ehrgeiz** M ambicja *f*
ehrlich uczciwy (-wie) **Ehrlichkeit** F uczciwość *f*
Ehrung F uczczenie *n*; zaszczyt *m*

Ei N jajko *n*, jajo *n*
Eibe F cis *m*
Eiche F dąb *m* **Eichel** F żołądź *f*
Eichhörnchen N wiewiórka *f*
Eid M przysięga *f*
Eidechse F jaszczurka *f*
eidesstattlich: **eidesstattliche Erklärung** oświadczenie *n* w miejsce przysięgi
Eierbecher M kieliszek *m* do jaj **Eierkocher** M urządzenie *n* do gotowania jaj **Eierkuchen** M naleśnik *m* **Eierstock** M jajnik *m*
Eifer M gorliwość *f*, zapał *m* **Eifersucht** F zazdrość *f* **eifersüchtig** zazdrosny (-śnie)
eifrig gorliwy (-wie)
Eigelb N żółtko *n*
eigen własny; właściwy **eigenartig** swoisty (-ście); osobliwy (-wie) **Eigenbedarf** M własne potrzeby *fpl* **eigenhändig** własnoręczny **Eigenheim** N własny dom *m* jednorodzinny **eigenmächtig** samowolny
eigens specjalnie
Eigenschaft F właściwość *f*, cecha *f* **eigensinnig** uparty (-cie) **eigenständig** samodzielny
eigentlich właściwy (-wie)
Eigentum N własność *f* **Eigentümer(in)** M(F) właściciel(ka) *m(f)* **eigentümlich** osobliwy (-wie) **Eigentumswohnung** F mieszkanie *n* własnościowe
eignen: **sich ~** nadawać się (**zu** *dat* do *gen*)
Eilbrief M list *m* priorytetowy
Eile F pośpiech *m* **eilen** śpieszyć (się), pędzić; ... **eilt** ... nagli **eilig** spieszny, pilny **Eilzug** M pociąg *m* przyspieszony
Eimer M wiadro *n*
ein, eine, ein *Art. fehlt im Poln.*; *Num.* jeden, jedna, jedno **einander** wzajemnie, nawzajem
einarbeiten wdrażać ⟨wdrożyć⟩ (**in** *akk* w *akk*), zapoznawać ⟨-nać⟩ (z *inst*; **sich** się)
einäschern *Leiche* spalać ⟨-lić⟩, poddawać ⟨-dać⟩ kremacji
einatmen wdychać
Einbahnstraße F ulica *f* jednokierunkowa
Einband M oprawa *f*
einbauen wbudowywać ⟨-ować⟩; ⟨za⟩instalować **Einbauküche** F zabudowa *f* kuchenna
einberufen zwoływać ⟨-łać⟩
einbeziehen włączać ⟨-czyć⟩
einbiegen skręcać ⟨-cić⟩ (**in** *akk* w *akk*)
einbilden: **sich ~** wyobrażać ⟨-razić⟩ sobie, ⟨u⟩roić sobie **Einbildung** F urojenie *n*; (*Dünkel*) zarozumiałość *f*
Einblick M wgląd *m*
einbrechen włamywać ⟨-mać⟩ się (**in** *akk* do *gen*); *Nacht* zapadać ⟨-paść⟩ **Ein-**

brecher(in) M(F) włamywacz(ka) *m(f)*
einbringen *Ernte* zwozić ⟨zwieźć⟩
Einbruch M włamanie *n* (się)
Einbürgerung F nadanie *n* obywatelstwa, naturalizacja *f*
Einbuße F strata *f*, uszczerbek *m* **einbüßen** ⟨s⟩tracić
eindämmen *fig* ukrócać ⟨-cić⟩
eindeutig jednoznaczny
eindringen przenikać ⟨-knąć⟩, przedostawać ⟨-tać⟩ się (**in** *akk* do *gen*)
Eindruck M *fig* wrażenie *n* **eindrucksvoll** imponujący (-co)
eineinhalb półtora
Einer M jedynka *f*; MATH jednostka *f*
einerlei jednakowy **einerseits** z jednej strony
einfach prosty (-to); *Fahrkarte* w jedną stronę
Einfahrt F wjazd *m*
Einfall M *fig* pomysł *m* **einfallen** *Licht* wpadać ⟨-paść⟩; *Feind* wtargnąć *pf*; *fig* przychodzić ⟨-yjść⟩ na myśl
Einfamilienhaus N dom(ek) *m* jednorodzinny
einfarbig jednobarwny
einfetten natłuszczać ⟨-uścić⟩
einfinden: **sich ~** zjawiać ⟨-ić⟩ się (**bei** *dat* u *gen*)
Einfluss M wpływ *m* **einflussreich** wpływowy
einförmig jednostajny, monotonny
einfrieren V/I zamarzać ⟨-znąć⟩; V/T zamrażać ⟨-rozić⟩
einfügen wstawiać ⟨-ić⟩
Einfuhr F import *m* **Einfuhrbestimmungen** PL przepisy *pl* importowe **einführen** wprowadzać ⟨-dzić⟩; *Ware* importować; *Ordnung* zaprowadzać ⟨-dzić⟩ **Einführung** F wprowadzenie *n* **Einfuhrverbot** N zakaz *m* wwozu
Eingabe F IT wprowadzenie *n*; podanie *n* **Eingabetaste** F IT klawisz *m* enter
Eingang M wejście *n*
eingebildet urojony; zarozumiały (-le)
eingefroren zamrożony
eingehen *Vertrag* zawierać ⟨-wrzeć⟩; *Brief* nadchodzić ⟨-dejść⟩; *Geld* wpływać ⟨-ynąć⟩; *Tier* zdechnąć *pf*; *Pflanze* obumrzeć *pf*; przystawać ⟨-tać⟩ (**auf** *akk* na *akk*)
eingehend szczegółowy (-wo)
eingelegt marynowany
Eingemachte(s) N przetwory *mpl*
eingeschrieben *Brief* polecony
Eingeständnis N przyznanie *n* się; wyznanie *n* **eingestehen** przyznawać ⟨-nać⟩ się (*akk* do *gen*)
Eingeweide N wnętrzności *pl*
eingeweiht wtajemniczony
eingravieren ⟨wy⟩grawero-

wać

eingreifen ingerować; *Polizei* ⟨za⟩interweniować **Eingriff** M MED zabieg *m*

einhalten V/T *(erfüllen)* dotrzymywać ⟨-mać⟩ *(akk gen)*; V/I przerywać ⟨-rwać⟩ (**mit** *dat akk*)

einheimisch rodzimy, krajowy **Einheimische** F miejscowa *f* **Einheimische(r)** M tubylec *m*, miejscowy *m*

Einheit F jedność *f*; *(Maßeinheit)*, MIL jednostka *f* **einheitlich** jednolity (-icie)

einholen doganiać ⟨-gonić⟩; *Genehmigung* ⟨po⟩starać się *(akk* o *akk)*; *Rat* zasięgać ⟨-gnąć⟩ *(gen)*; zakupywać ⟨-pić⟩

einig zgodny **einige** PL kilka, kilku **einigen** ⟨z⟩jednoczyć; **sich ~** dochodzić ⟨dojść⟩ do porozumienia **einigermaßen** poniekąd, do pewnego stopnia **einiges** nieco, trochę

Einigkeit F jedność *f*; zgodność *f* **Einigung** F zjednoczenie *n*; zgoda *f*

einjährig (jedno)roczny

einkassieren ⟨za⟩inkasować

Einkauf M zakup *m*, kupno *n* **einkaufen** kupować ⟨-pić⟩, ⟨z⟩robić zakupy; **~ gehen** iść ⟨pójść⟩ na zakupy **Einkaufsbummel** M spacer *m* połączony z zakupami **Einkaufstüte** F torba *f* na zakupy **Einkaufswagen** M wózek *m* na zakupy **Einkaufszentrum** N centrum *n* handlowe

einkehren wstępować ⟨-tąpić⟩; zajeżdżać ⟨-jechać⟩ (**bei** *dat* do *gen*)

einklagen *Schuld* dochodzić sądownie; zaskarżać ⟨-żyć⟩

Einklang M: **in ~ bringen** zharmonizować *pf*

einkleben wklejać ⟨-eić⟩

einklemmen *Finger* przycisnąć *pf* (**sich** sobie)

Einkommen N dochód *m* **Einkommenssteuer** F podatek *m* dochodowy

Einkünfte PL dochody *mpl*; przychody *mpl*

einladen zapraszać ⟨-prosić⟩ **Einladung** F zaproszenie *n*

Einlage F wkładka *f*; *(Spareinlage)* wkład *m*

Einlass M wstęp *m* **einlassen** wpuszczać ⟨-uścić⟩

einlaufen *Schiff* wpływać ⟨-ynąć⟩ (do portu)

einleben: **sich ~** ⟨za⟩aklimatyzować się

einlegen wkładać ⟨włożyć⟩; *Gang* włączyć *pf*; GASTR ⟨za⟩marynować; **eine Pause ~** zrobić przerwę **Einlegesohle** F wkładka *f* do buta

einleiten zapoczątkowywać ⟨-ować⟩; JUR wszczynać ⟨wszcząć⟩, wdrażać ⟨-rożyć⟩ **Einleitung** F wstęp *m*, rozpoczęcie *n*

einleuchtend przekonywający (-co), jasny (-no)

Einlieferung F dostarczenie *n* **Einlieferungsschein** M dowód *m* dostawy **einloggen**: **sich ~** IT ⟨za⟩logować się **einlösen** *Wechsel* wykupywać ⟨-pić⟩; *Scheck* ⟨z⟩realizować; *Wort* dotrzymywać ⟨-mać⟩ **einmachen** *Obst* ⟨za⟩wekować **einmal** (jeden) raz; **auf ~** naraz; **nicht ~** nawet nie **einmalig** jednorazowy **einmischen**: **sich ~** ⟨w⟩mieszać się (**in** *akk* w *akk*, do *gen*) **einmonatig** (jedno)miesięczny **Einnahme** F wpływy *mpl*, utarg *m*; dochód *m* **einnehmen** *Geld* ⟨za⟩inkasować; *Arznei* zażywać ⟨-żyć⟩; *Platz* zajmować ⟨-jąć⟩ **einnehmend** ujmujący (-co) **einordnen** ⟨u⟩porządkować (**nach** *dat* według *gen*) **einpacken** ⟨za⟩pakować **einparken** zaparkować *pf* **einpflanzen** zasadzać ⟨-dzić⟩ **einplanen** zaplanować *pf* **einprägen**: **sich ~** wpajać ⟨wpoić⟩ sobie; utrwalać ⟨-lić⟩ się (w pamięci) **einquartieren** zakwaterować *pf* **einrahmen** oprawiać ⟨-ić⟩ w ramy **einräumen** układać ⟨ułożyć⟩; *Möbel* ⟨po⟩ustawiać **einreden** wmawiać ⟨wmówić⟩ (**sich** sobie) **einreiben** nacierać ⟨natrzeć⟩ **einreichen** składać ⟨złożyć⟩; *Klage* wnosić ⟨wnieść⟩ **einreihen** zaliczać ⟨-czyć⟩ **einreihig** jednorzędowy **Einreise** F wjazd *m*, przyjazd *m* **Einreisebestimmungen** FPL przepisy *mpl* wjazdowe **Einreiseerlaubnis** F pozwolenie *n* na wjazd **einreisen** przybywać ⟨-być⟩ **Einreisevisum** N wiza *f* wjazdowa **einrichten** urządzać ⟨-dzić⟩ (**sich** się) **Einrichtung** F urządzenie *n*; umeblowanie *n* **eins** jedno; *beim Zählen* jeden, raz **Eins** F jedynka *f* **einsam** samotny **Einsamkeit** F samotność *f* **einsammeln** zbierać ⟨zebrać⟩ **Einsatz** M wstawka *f*; *Spiel* stawka *f*; zaangażowanie *n* **einschalten** włączać ⟨-czyć⟩ (**sich** się) **einschätzen** oceniać ⟨-ić⟩ **einschenken** nalewać ⟨-lać⟩ (*akk gen*) **einschlafen** zasypiać ⟨-snąć⟩ **einschläfern** usypiać ⟨uśpić⟩ **einschlagen** *Nagel* wbijać ⟨-ić⟩; *Tür* wybijać ⟨-ić⟩; VI *Blitz* uderzać ⟨-rzyć⟩ **einschleichen**: **sich ~** wkradać ⟨wkraść⟩ się **einschließen** zamykać ⟨-mknąć⟩ **einschließlich** łącznie (*gen* z *inst*); ADV włącznie **einschneiden** nacinać ⟨-ciąć⟩ **Einschnitt** M nacięcie *n*; wcięcie *n*; *fig* przełomo-

wy moment *m*
einschränken ograniczać ⟨-czyć⟩ (**sich** się)
einschrauben wkręcać ⟨-cić⟩
Einschreibegebühr F wpisowe *n*; *Post* opłata *f* za przesyłkę poleconą **einschreiben** zapisywać ⟨-sać⟩ (**sich** się) **Einschreiben** N przesyłka *f* polecona
einschreiten wkraczać ⟨-roczyć⟩; występować ⟨-stąpić⟩
einschüchtern zastraszać ⟨-szyć⟩; onieśmielać ⟨-lić⟩
einsehen zaglądać ⟨zajrzeć⟩ (*akk* do *gen*) **einseifen** namydlać ⟨-lić⟩
einseitig jednostronny
einsetzen wstawiać ⟨-ić⟩; **sich ~** wstawiać ⟨-ić⟩ się (**für** *akk* za *inst*)
Einsicht F wgląd *m* **einsichtig** wyrozumiały (-le)
einsilbig jednosylabowy; *fig* małomówny; lakoniczny
einsperren zamykać ⟨-mknąć⟩
Einspruch M sprzeciw *m*; zastrzeżenie *n*; **~ erheben** wnosić ⟨wnieść⟩ sprzeciw
einspurig *Straße* jednopasmowy
einst kiedyś, dawniej
einstecken wtykać ⟨wetknąć⟩; *fig Kritik* znosić ⟨znieść⟩
einsteigen wsiadać ⟨wsiąść⟩
einstellen nastawiać ⟨-ić⟩; *Leute* zatrudniać ⟨-ić⟩, przyjmować ⟨-jąć⟩; *Zahlungen* zawieszać ⟨-sić⟩; *Arbeit* wstrzymywać ⟨-mać⟩; *Verfahren* umarzać ⟨-morzyć⟩ **Einstellung** F przyjęcie *n* do pracy; wstrzymanie *n*; (*Meinung*) stosunek *m*
einstimmig *Wahl* jednogłośny (-śnie)
einstöckig jednopiętrowy
einstufen zaszeregowywać ⟨-ować⟩
Einsturz M zawalenie *n* się
einstürzen zawalić się *pf*, runąć *pf*
einstweilen tymczasem
einstweilig tymczasowy (-wo)
eintauchen V/T zanurzać ⟨-rzyć⟩ (*v/i* się)
eintauschen zamieniać ⟨-ić⟩ (**gegen** *akk* na *akk*)
einteilen ⟨po⟩dzielić (**in** *akk* na *akk*) **Einteilung** F podział *m*
eintönig jednostajny, monotonny
Eintopf N potrawa *f* jednogarnkowa
eintragen ⟨za⟩rejestrować; wpisywać ⟨-sać⟩; nanosić ⟨-nieść⟩
eintreffen przybywać ⟨-yć⟩
eintreten następować ⟨-stąpić⟩; wchodzić ⟨wejść⟩; *fig* wstępować ⟨-tąpić⟩ (**in** *akk* do *gen*); wstawiać ⟨-ić⟩ się (**für** *akk* za *inst*)
Eintritt M wejście *n*, wstęp *m*
Eintrittsgeld N opłata *f* za

wstęp **Eintrittskarte** F bilet *m* wstępu

eintrocknen V/I wysychać ⟨-schnąć⟩

einverstanden: ~ **sein** zgadzać ⟨zgodzić⟩ się (**mit** *dat* z *inst*, na *akk*) **Einverständnis** N zgoda *f*

Einwand M zarzut *m*

Einwanderer M imigrant *m* **Einwanderin** F imigrantka *f* **einwandern** imigrować (**nach** *dat*, **in** *akk* do *gen*) **Einwanderung** F imigracja *f*

einwandfrei bez zarzutu

Einwegspritze F MED strzykawka *f* jednorazowa **Einwegverpackung** F opakowanie *n* jednorazowe

einweichen ⟨na⟩moczyć **einweihen** poświęcać ⟨-cić⟩; *Bauwerk* uroczyście otwierać ⟨-worzyć⟩; *umg* oblewać ⟨-lać⟩ **einwerfen** wrzucać ⟨-cić⟩

einwickeln owijać ⟨-winąć⟩, zawijać ⟨-winąć⟩ **einwilligen** zgadzać ⟨-godzić⟩ się **einwirken** oddziaływać

Einwohner(in) M(F) mieszkaniec *m*, mieszkanka *f* **Einwohnermeldeamt** N urząd *m* meldunkowy

Einwurf M SPORT wrzut *m*; (*Öffnung*) otwór *m* wrzutowy

Einzahl F GRAM liczba *f* pojedyncza

einzahlen wpłacać ⟨-cić⟩ **Einzahlung** F wpłata *f*

einzäunen ogradzać ⟨-rodzić⟩

Einzel N SPORT gra *f* pojedyncza **Einzelgänger(in)** M(F) samotnik *m*, samotniczka *f* **Einzelheit** F szczegół *m* **Einzelkind** N jedynak *m*, jedynaczka *f* **einzeln** pojedynczy (-czo); **im Einzelnen** szczegółowo **Einzelzimmer** N pokój *m* jednoosobowy **Einzelzimmerzuschlag** M dopłata *f* do pokoju jednoosobowego

einziehen V/T wciągać ⟨-gnąć⟩; *Erkundigungen* zasięgać ⟨-gnąć⟩; JUR ⟨s⟩konfiskować; V/I wprowadzać ⟨-dzić⟩ się (**in** *akk* do *gen*)

einzig jedyny; **kein Einziger** żaden; **kein ~es Mal** ani razu **einzigartig** jedyny w swoim rodzaju

Einzimmerwohnung F mieszkanie *n* jednopokojowe

Einzug M wprowadzenie *n* się **Einzugsermächtigung** F zgoda *f* na obciążenie rachunku, polecenie *n* zapłaty

Eis N lód *m*; (*Speiseeis*) lody *pl* **Eisbahn** F ślizgawka *f*, lodowisko *n* **Eisbär** M niedźwiedź *m* polarny **Eisbecher** M puchar *m* lodów **Eisbein** N golonka *f* **Eisdiele** F lodziarnia *f*

Eisen N żelazo *n* **Eisenbahn** F kolej *f* **Eisenbahnverkehr** M komunikacja *f* kolejowa

eisern żelazny

Eishockey N hokej *m* na lodzie **eisig** lodowaty (-to)

Eiskaffee N kawa *f* mrożona **eiskalt** lodowaty (-to), zimny (-no) **Eiskunstlauf** M łyżwiarstwo *n* figurowe **Eislauf** M łyżwiarstwo *n* **Eistee** M herbata *f* mrożona **Eisverkäufer(in)** M(F) lodziarz *m*, lodziarka *f* **Eiswürfel** M kostka *f* lodu **Eiszapfen** M sopel *m* lodu

eitel próżny

Eiter M ropa *f* **eitern** ropieć

Eiweiß N białko *n*

Ekel M wstręt *m*, obrzydzenie *n* **ekelhaft** obrzydliwy (-wie), wstrętny

Ekzem N MED egzema *f*

Elan M zapał *m*, werwa *f*

elastisch elastyczny

Elbe F Łaba *f*; **an der ~** nad Łabą

Elch M łoś *m*

Elefant M słoń *m*

elegant elegancki (-ko)

Elektriker(in) M(F) elektryk *m* **elektrisch** elektryczny **Elektrizität** F elektryczność *f* **Elektrizitätswerk** N elektrownia *f* **Elektrofahrzeug** N pojazd *m* elektryczny **Elektrogerät** N urządzenie *n* elektryczne **Elektroherd** M kuchnia *f* elektryczna **Elektromotor** M silnik *m* elektryczny **Elektronik** F elektronika *f* **elektronisch** elektroniczny **Elektrotechnik** F elektrotechnika *f*

Element N element *m*; CHEM pierwiastek *m*

elend nędzny **Elend** N nędza *f*, bieda *f*

elf jedenaście **Elf** F jedenastka *f*

Elfenbein N kość *f* słoniowa

elfjährig jedenastoletni **Elfmeter** M SPORT jedenastka *f*

elfte(r) jedenasty

Ellbogen M łokieć *m*

Elster F sroka *f*

Eltern PL rodzice *pl*

E-Mail F e-mail *m* **E-Mail-Adresse** F adres *m* e-mailowy

emotional emocjonalny

Empfang M przyjęcie *n*; RADIO odbiór *m* **empfangen** przyjmować ‹-jąć›; odbierać ‹odebrać› **Empfänger** M odbiorca *m*; RADIO odbiornik *m* **Empfängerin** F odbiorczyni *f* **Empfängnisverhütung** F zapobieganie *n* ciąży

empfehlen polecać ‹-cić› (**sich** się) **Empfehlung** F polecenie *n*, rekomendacja *f*

empfinden odczuwać ‹-czuć› **empfindlich** wrażliwy **Empfindlichkeit** F wrażliwość *f*; TECH, FOTO czułość *f* **Empfindung** F uczucie *n*; wrażenie *n*

empor w górę, do góry

empören: **sich ~** oburzać ‹-rzyć› się **empörend** oburzający (-co)

emporkommen wybić *pf* się, odnieść *pf* sukces, zrobić *pf* karierę **emporragen** górować

Empörung F oburzenie *n*

Ende N koniec *m*; zakończenie

n; **am ~** na końcu; **zu ~ sein** ⟨s⟩kończyć się **enden** V/I ⟨s⟩kończyć się **Endergebnis** N wynik *m* końcowy **endgültig** ostateczny **endlich** nareszcie **endlos** nieskończony (-czenie), bez końca **Endspurt** M SPORT finisz *m* **Endstation** F stacja *f* końcowa **Endung** F GRAM końcówka *f*
Energie F energia *f* **energisch** energiczny
eng ciasny (-no); *fig* bliski (-ko)
engagieren ⟨za⟩angażować
Enge F ciasnota *f*
Engel M anioł *m*
England N Anglia *f* **Engländer(in)** M(F) Anglik *m*, Angielka *f* **englisch** angielski (po -ku)
Engpass M *fig* wąskie gardło *n*
Enkel(in) M(F) wnuk *m*, wnuczka *f*
enorm ogromny
Ensemble N zespół *m* (artystyczny)
entbehren V/T obywać ⟨-yć⟩ się bez (*akk gen*); odczuwać brak **entbehrlich** zbędny
Entbindung F MED poród *m*
entblößt obnażony
entdecken odkrywać ⟨-yć⟩
Entdeckung F odkrycie *n*
Ente F kaczka *f*
Entenbraten M kaczka *f* pieczona
enterben wydziedziczać ⟨-czyć⟩ **entfallen** wypadać ⟨-paść⟩ z pamięci; przypadać ⟨-paść⟩ (**auf** *akk dat*) **entfalten** rozwijać ⟨-winąć⟩ (**sich** się)
entfernen usuwać ⟨-unąć⟩; **sich ~** oddalać ⟨-lić⟩ się **Entfernung** F usunięcie *n*; odległość *f* **Entfernungsmesser** M dalmierz *m*
entfliehen uciekać ⟨-ciec⟩
entführen uprowadzać ⟨-dzić⟩, porywać ⟨-rwać⟩ **Entführer(in)** M(F) porywacz(ka) *m(f)* **Entführung** F uprowadzenie *n*, porwanie *n*
entgegen ADV u. PRÄP (*dat*) naprzeciw, ku (*dat*); *Gegensatz* wbrew (*dat*) **entgegengesetzt** przeciwny **entgegenkommend** *fig* przychylny, uprzejmy
entgegennehmen odbierać ⟨odebrać⟩; przyjmować ⟨-jąć⟩
entgegentreten występować ⟨-tąpić⟩ (*dat* przeciw *dat*)
entgegenwirken przeciwdziałać
entgegnen odpowiadać ⟨-wiedzieć⟩ **entgehen** uniknąć *pf* (*dat gen*); ujść *pf* (*dat*)
Entgelt N wynagrodzenie *n*
entgiften odkażać ⟨-zić⟩ **entgleisen** wykolejać ⟨-eić⟩ się
enthalten zawierać; **sich ~** ⟨po⟩wstrzymywać ⟨-mać⟩ się (*gen* od *gen*) **enthaltsam** wstrzemięźliwy (-wie)
enthüllen odsłaniać ⟨-łonić⟩; *fig* odkrywać ⟨-yć⟩ **entkommen** uchodzić ⟨ujść⟩ (**aus**

dat z *gen*) **entkorken** odkorkowywać ⟨-ować⟩ **entkräftet** osłabiony **entladen** wyładowywać ⟨-ować⟩
entlang wzdłuż
entlassen zwalniać ⟨zwolnić⟩
Entlassung F zwolnienie *n*
entlasten odciążać ⟨-żyć⟩
entleeren wypróżniać ⟨-ić⟩
entlegen odległy, ustronny
entlohnen wynagradzać ⟨-rodzić⟩ **entmutigen** zniechęcać ⟨-cić⟩ **entnehmen** pobierać ⟨-brać⟩ **entreißen** wyrywać ⟨-rwać⟩ **entrichten** uiszczać ⟨uiścić⟩
entrüstet oburzony
entsagen wyrzekać ⟨-rzec⟩ się (*dat gen*), zrzekać ⟨zrzec⟩ się
entschädigen ⟨z⟩rekompensować (**für** *akk akk*) **Entschädigung** F rekompensata *f*, odszkodowanie *n*
entscheiden rozstrzygać ⟨-gnąć⟩; **sich ~** ⟨z⟩decydować się (**für** *akk* na *akk*) **entscheidend** decydujący (-co) **Entscheidung** F rozstrzygnięcie *n* **entschieden** stanowczy (-czo)
entschließen: **sich ~** zdecydować się *pf*
entschlossen zdecydowany
entschlüpfen wymykać ⟨-mknąć⟩ się
Entschluss M decyzja *f*
entschuldigen usprawiedliwiać ⟨-wić⟩ (**sich** się); **sich ~** przepraszać ⟨-rosić⟩ (**bei** *dat akk*); **~ Sie!** przepraszam! **Entschuldigung** F usprawiedliwienie *n* (się); przeprosiny *pl*
Entsetzen N przerażenie *n*
entsetzlich okropny, przerażający (-co)
entsinnen: **sich ~** przypominać ⟨-mnieć⟩ sobie (*gen akk*)
entsorgen usuwać ⟨-unąć⟩ odpady, oczyszczać ⟨-czyścić⟩
entspannen: **sich ~** odprężać ⟨-żyć⟩ się; ⟨z⟩relaksować się
Entspannung F odprężenie *n*; relaks *m*
entsprechen odpowiadać
entsprechend odpowiedni (-nio), stosowny
entspringen *Fluss* wypływać
entstehen powstawać ⟨-tać⟩ **entstellen** zniekształcać ⟨-cić⟩; (*hässlich machen*) ⟨ze⟩szpecić
enttäuschen rozczarowywać ⟨-ować⟩ (**sich** się) **Enttäuschung** F rozczarowanie *n*, zawód *m*
entwaffnen rozbrajać ⟨-broić⟩ **entwässern** odwadniać ⟨-wodnić⟩
entweder: **~ … oder** albo … albo
entweichen *Dampf* uchodzić ⟨ujść⟩; *Gas* ulatniać ⟨ulotnić⟩ się **entwenden** ⟨u⟩kraść
entwerfen ⟨na⟩szkicować; ⟨za⟩projektować; *Plan* opracowywać ⟨-ować⟩
entwerten ⟨z⟩deprecjonować; *Geld* ⟨z⟩dewaluować

(**sich** się); *Fahrschein* ⟨s⟩kasować **Entwerter** M kasownik *m*
entwickeln rozwijać ⟨-inąć⟩ (**sich** się); FOTO wywoływać ⟨-łać⟩ **Entwicklung** F rozwój *m*; FOTO wywoływanie *n* **Entwicklungshelfer(in)** M(F) wolontariusz(ka) *m(f)* w krajach rozwijających się **Entwicklungsland** N kraj *m* rozwijający się
entwirren rozplątywać ⟨-tać⟩; rozwikłać *pf* **entwischen** *umg* umykać ⟨umknąć⟩
Entwurf M szkic *m*, zarys *m*; projekt *m*
entziehen odbierać ⟨odebrać⟩; pozbawiać ⟨-ić⟩ (**j-m** *akk* k-o *gen*) **Entziehungskur** F kuracja *f* odwykowa
entziffern odcyfrowywać ⟨-ować⟩
entzückend zachwycający (-co)
Entzug M odebranie *n*
entzünden zapalać ⟨-lić⟩ (**sich** się) **Entzündung** F MED zapalenie *n*
Enzyklopädie F encyklopedia *f*
Epidemie F epidemia *f*
Epilepsie F epilepsja *f*
Epoche F epoka *f*
er on
Erbarmen N litość *f* **erbärmlich** nędzny **erbarmungslos** bezlitosny (-śnie)
Erbe[1] M spadkobierca *m*
Erbe[2] N spadek *m*, dziedzictwo *n* **erben** ⟨o⟩dziedziczyć **Erbin** F spadkobierczyni *f*
erbittert *Kampf* zacięty (-cie)
erblich dziedziczny
erblicken spostrzec *pf*, ujrzeć *pf* **erblinden** oślepnąć *pf*
erbrechen (sich) ⟨z⟩wymiotować **Erbrechen** N wymioty *pl*
Erbschaft F spadek *m*
Erbse F groch *m* **Erbsensuppe** F grochówka *f*
Erdbeben N trzęsienie *n* ziemi
Erdbeere F truskawka *f*
Erde F ziemia *f*; ASTRON Ziemia *f*
Erdgas N gaz *m* ziemny **Erdgeschoss** N parter *m* **Erdkunde** F geografia *f* **Erdnuss** F orzech *m* ziemny **Erdöl** N ropa *f* naftowa
erdrosseln udusić *pf* **erdrücken** przygniatać ⟨-gnieść⟩
Erdrutsch M obsunięcie *n* się ziemi **Erdteil** M część *f* świata
ereignen: **sich ~** zdarzać ⟨-rzyć⟩ się **Ereignis** N zdarzenie *n*
erfahren[1] dowiadywać ⟨-wiedzieć⟩ się (*akk* o *lok*)
erfahren[2] ADJ doświadczony **Erfahrung** F doświadczenie *n*
erfassen (*begreifen*) pojmować ⟨-jąć⟩; ⟨za⟩rejestrować
erfinden wynajdywać ⟨-naleźć⟩ **Erfinder(in)** M(F) wyna-

lazca *m*, wynalazczyni *f* **erfinderisch** pomysłowy **Erfindung** F wynalazek *m*
Erfolg M sukces *m*, powodzenie *n*
erfolgen następować ⟨-stąpić⟩
erfolglos bezowocny, bezskuteczny; ADV daremnie **erfolgreich** owocny, skuteczny; odnoszący sukcesy
erforderlich wymagany, konieczny **erfordern** wymagać
erforschen ⟨z⟩badać
erfreuen ucieszyć *pf* (**sich** się) **erfreulich** radosny (-śnie), pomyślny **erfreulicherweise** na szczęście
erfrieren zamarznąć *pf*; **sich etwas** ~ odmrozić coś sobie **Erfrierung** F odmrożenie *n*
erfrischen odświeżać ⟨-żyć⟩, orzeźwiać ⟨-ić⟩ **Erfrischung** F orzeźwienie *n*; (*Getränk*) napój *m* orzeźwiający
erfüllen spełniać ⟨-ić⟩ (**sich** się)
ergänzen uzupełniać ⟨-ić⟩ (**sich** się) **Ergänzung** F uzupełnienie *n*; TYPO suplement *m*
ergeben wykazywać ⟨-zać⟩; **sich** ~ wynikać ⟨-knąć⟩ (**aus** *dat* z *gen*) **Ergebnis** N wynik *m*, rezultat *m* **ergebnislos** bezskuteczny
ergiebig wydajny; obfity
ergießen: **sich** ~ ⟨po⟩lać się, lunąć *pf*
ergreifen chwytać ⟨-ycić⟩; *Dieb* schwytać *pf*; *Beruf* wybrać *pf*; *Angst* ogarniać ⟨-nąć⟩ **ergriffen** *fig* wzruszony
erhaben *fig* wzniosły (-śle)
erhalten otrzymywać ⟨-mać⟩; zachowywać ⟨-wać⟩; **gut** ~ w dobrym stanie **erhältlich** do nabycia, dostępny (**in** *dat* w *lok*, **bei** *dat* u *gen*)
erheben podnosić ⟨-nieść⟩ (**sich** się); *Zoll* pobierać ⟨-brać⟩; *Klage* wnosić ⟨wnieść⟩ **erheblich** znaczny
erheitern rozweselać ⟨-lić⟩
erhellen rozjaśniać ⟨-ić⟩; *fig* wyjaśniać ⟨-ić⟩, wyświetlić *pf*
erhitzen rozgrzewać ⟨-rzać⟩ (**sich** się)
erhöhen podwyższać ⟨-szyć⟩ **Erhöhung** F podwyższenie *n*; podwyżka *f*
erholen: **sich** ~ wypoczywać ⟨-cząć⟩; *Kranke* odzyskiwać ⟨-kać⟩ siły **erholsam** relaksujący **Erholung** F wypoczynek *m* **Erholungsurlaub** M urlop *m* wypoczynkowy
erinnern przypominać ⟨-mnieć⟩ (**j-n an** *akk* k-u *akk*); **sich** ~ przypominać ⟨-mnieć⟩ sobie **Erinnerung** F wspomnienie *n*; (*Andenken*) pamięć *f*
erkälten: **sich** ~ przeziębiać ⟨-ić⟩ się **erkältet** przeziębiony **Erkältung** F przeziębienie *n*
erkämpfen wywalczyć *pf*
erkennen poznawać ⟨-nać⟩;

Fehler uznawać ⟨-nać⟩ **erkenntlich**: **sich ~ zeigen** odwdzięczać (-czyć) się **Erkennungszeichen** N znak *m* rozpoznawczy

Erker M ARCH wykusz *m*

erklären objaśniać ⟨-ić⟩; (*äußern*) oświadczać ⟨-czyć⟩; *Krieg* wypowiadać ⟨-wiedzieć⟩ **Erklärung** F objaśnienie *n*; oświadczenie *n*

erkranken zachorować *pf*

erkundigen: **sich ~** ⟨za⟩pytać, dowiadywać się (**nach** *dat* o *akk*) **Erkundigung** F dowiadywanie *n* się

erlangen osiągać ⟨-gnąć⟩

Erlass M rozporządzenie *n*; *Strafe* umorzenie *n*, darowanie *n* **erlassen** *Verfügung* wydawać ⟨-dać⟩; *Strafe* umorzyć *pf*

erlauben pozwalać ⟨-wolić⟩ **Erlaubnis** F zezwolenie *n*

erläutern objaśniać ⟨-ić⟩

Erle F olcha *f*

erleben przeżywać ⟨-yć⟩; (*miterleben*) dożyć *pf* (*akk gen*) **Erlebnis** N przeżycie *n*; (*Abenteuer*) przygoda *f*

erledigen załatwiać ⟨-ić⟩

erleichtern ułatwiać ⟨-ić⟩ **Erleichterung** F ulga *f*

erleiden ponosić ⟨-nieść⟩; doznawać ⟨-nać⟩ (*akk gen*) **erlernen** ⟨wy⟩uczyć się (*akk gen*)

Erlös M utarg *m*, dochód *m*

erlöschen ⟨z⟩gasnąć; wygasać ⟨-snąć⟩

erlösen wybawiać ⟨-ić⟩ **Erlöser** M REL Zbawiciel *m*

ermächtigen upoważniać ⟨-ić⟩

ermahnen napominać ⟨-mnieć⟩ **Ermahnung** F napomnienie *n*

ermäßigen obniżać ⟨-żyć⟩ **ermäßigt** po obniżonej cenie **Ermäßigung** F zniżka *f*

Ermessen N uznanie *n*

ermitteln ustalać ⟨-lić⟩ **Ermittlung** F ustalenie *n*; JUR dochodzenie *n*

ermöglichen umożliwiać ⟨-ić⟩ **ermorden** zamordować *pf* **ermüden** ⟨z⟩męczyć (się) **ermuntern** zachęcać ⟨-cić⟩ **ermutigen** zachęcać ⟨-cić⟩, dodawać ⟨-dać⟩ odwagi (*akk dat*)

ernähren odżywiać (**sich** się) **Ernährung** F odżywianie *n* (się); pożywienie *n*

ernennen mianować (**zu** *dat inst*) **Ernennung** F nominacja *f*

erneuern odnawiać ⟨-nowić⟩ **erneut** ponowny; ADV znowu

erniedrigen poniżać ⟨-żyć⟩

ernst poważny **Ernst** M powaga *f* **ernsthaft** poważny

Ernte F żniwa *npl*; (*Lese*) zbiór *m*; (*Ertrag*) zbiory *mpl* **Erntedankfest** N dożynki *pl* **ernten** zbierać ⟨zebrać⟩ **Erntezeit** F okres *m* żniw

erobern zdobywać ⟨-być⟩; podbijać ⟨-ić⟩

E-Roller M hulajnoga *f* elek-

tryczna
eröffnen otwierać ⟨otworzyć⟩; *Gespräch* rozpoczynać ⟨-cząć⟩ **Eröffnung** F otwarcie *n*
erörtern rozważać ⟨-żyć⟩, rozpatrywać ⟨-trzyć⟩
Erotik F erotyka *f* **erotisch** erotyczny
erpressen szantażować **Erpresser(in)** M(F) szantażysta *m*, szantażystka *f* **Erpressung** F szantaż *m*, wymuszenie *n*
erproben wypróbowywać ⟨-ować⟩ **erraten** odgadywać ⟨-dnąć⟩
erregen podniecać ⟨-cić⟩; *fig* wzbudzać ⟨-dzić⟩, wywoływać ⟨-łać⟩ **Erreger** M MED zarazek *m* **erregt** podniecony
erreichbar osiągalny **erreichen** osiągać ⟨-gnąć⟩
errichten zakładać ⟨założyć⟩; *Denkmal* stawiać ⟨postawić⟩, wznosić ⟨-nieść⟩ **erringen** *Sieg* odnosić ⟨-nieść⟩ **erröten** ⟨za⟩rumienić się
Errungenschaft F zdobycz *f*, osiągnięcie *n*
Ersatz M namiastka *f*; *pers* zastępca *m*; (*Ersetzen*) zamiana *f* **Ersatzreifen** M opona *f* zapasowa **Ersatzteil** N *od* M część *f* zapasowa
erschaffen stworzyć *pf*
erscheinen zjawiać ⟨-ić⟩ się; *Buch* ukazywać ⟨-zać⟩ się **Erscheinung** F pojawienie *n* się; *fig* zjawisko *n*
erschießen zastrzelić *pf* (**sich** się); JUR rozstrzeliwać ⟨-lać⟩
erschlagen zabijać ⟨-ić⟩
erschöpft wyczerpany **Erschöpfung** F wyczerpanie *n*
erschrecken przestraszyć *pf* (się) **erschreckend** przerażający (-co) **erschrocken** przestraszony
Erschütterung F wstrząs *m*
erschweren utrudniać ⟨-ić⟩
erschwinglich przystępny, osiągalny
ersetzen zastępować ⟨-stąpić⟩ (**durch** *akk inst*); *Schaden* ⟨z⟩rekompensować, wynagradzać ⟨-rodzić⟩
Ersparnis F oszczędność *f*
erst najpierw; dopiero
erstarken wzmacniać ⟨-mocnić⟩ się **erstarren** ⟨z⟩drętwieć **erstatten** *Kosten* zwracać ⟨zwrócić⟩; *Anzeige* składać ⟨złożyć⟩
Erstaufführung F premiera *f*
Erstaunen N zdziwienie *n*, zdumienie *n* **erstaunlich** zadziwiający (-co) **erstaunt** zdumiony
erstbeste(r) pierwszy lepszy
erste(r) pierwszy; **zum ersten Mal** po raz pierwszy; **in erster Linie** w głównej mierze, przede wszystkim; **Erste Hilfe** pierwsza pomoc *f*
erstehen V/T nabywać ⟨-być⟩
erstens po pierwsze
ersticken V/T ⟨s⟩tłumić; V/I ⟨u⟩dusić się
erstklassig pierwszorzędny

erstmals po raz pierwszy
erstrecken: **sich ~** rozciągać się
ersuchen ⟨po⟩prosić (**um** *akk* o *akk*) **Ersuchen** N prośba *f*
ertappen przyłapywać ⟨-pać⟩
erteilen udzielać ⟨-lić⟩ (*akk gen*); *Befehl* wydawać ⟨-dać⟩
Ertrag M AGR plon *m*; (*Gewinn*) dochód *m* **ertragen** znosić ⟨-nieść⟩ **erträglich** znośny
ertrinken ⟨u⟩tonąć **erwachen** ⟨o⟩budzić się
erwachsen dorosły **Erwachsene** F dorosła *f* **Erwachsene(r)** M dorosły *m*
erwägen rozważać ⟨-żyć⟩ **Erwägung** F: **in ~ ziehen** brać ⟨wziąć⟩ pod uwagę
erwähnen wspominać ⟨-mnieć⟩ (*akk* o *lok*) **erwärmen** ogrzewać ⟨-rzać⟩
erwarten oczekiwać **Erwartung** F oczekiwanie *n*
erwecken *fig* wzbudzać ⟨-dzić⟩ **erweichen** zmiękczać ⟨-czyć⟩ **erweisen** V/T wykazywać ⟨-zać⟩; *Dienst* wyświadczać ⟨-czyć⟩; **sich ~** okazywać ⟨-zać⟩ się
erweitern rozszerzać ⟨-rzyć⟩
Erwerb M nabycie *n* **erwerben** nabywać ⟨-być⟩ **erwerbsfähig** zdolny do pracy zarobkowej **erwerbslos** bezrobotny **erwerbstätig** pracujący
erwidern odeprzeć *pf*, odpowiadać ⟨-wiedzieć⟩ **erwischen** *umg* złapać *pf*
erwünscht pożądany
Erz N ruda *f*, kruszec *m*
erzählen opowiadać ⟨-wiedzieć⟩ **Erzählung** F opowiadanie *n*
Erzbischof M arcybiskup *m*
erzeugen wytwarzać ⟨-worzyć⟩ **Erzeuger(in)** M(F) wytwórca *m* **Erzeugnis** N wyrób *m*, produkt *m*
erziehen wychowywać ⟨-ować⟩ **Erzieher(in)** M(F) wychowawca *m*, wychowawczyni *f* **Erziehung** F wychowanie *n* **Erziehungsurlaub** M urlop *m* wychowawczy
erzielen osiągać ⟨-gnąć⟩ **erzwingen** wymuszać ⟨-musić⟩
es ono; to; **~ gibt** jest, *pl* są; **~ gibt nicht** nie ma; **~ ist kalt** jest zimno
Esche F jesion *m*
Esel M osioł *m*
Espresso M espresso *n*
essbar jadalny **essen** ⟨z⟩jeść **Essen** N jedzenie *n*
Essig M ocet *m* **Essiggurke** F ogórek *m* konserwowy
Esszimmer N jadalnia *f*
Estland N Estonia *f*
Etage F piętro *n*
Etappe F etap *m*
Etat M budżet *m*
ethnisch etniczny
Etikett N etykietka *f*, etykieta *f*
etliche kilku, kilka, kilkoro; niektórzy, niektóre **etliches** niejedno; nieco

Etui N futerał *m*
etwa ADV około **etwaig** ewentualny
etwas coś; (*ein wenig*) nieco, cokolwiek; ~ **mehr** trochę więcej
EU F UE *f*
euch *dat* wam; *akk* was; **mit** ~ z wami
euer wasz, wasza, wasze; PL wasi, wasze, swój, swoja, swoje; PL swoi, swoje
Eule F sowa *f*
Euro M euro *n* **Eurocent** M eurocent *m* **Eurocity®** M EuroCity® *m*
Europa N Europa *f* **Europäer(in)** M(F) Europejczyk *m*, Europejka *f* **europäisch** europejski; **Europäische Union** Unia *f* Europejska **Europameister(in)** M(F) mistrz(yni) *m(f)* Europy
evangelisch ewangelicki
ewig wieczny **Ewigkeit** F wieczność *f*
Ex- eks-
Examen N egzamin *m*
Exemplar N egzemplarz *m*
Exfrau F była żona *f* **Exfreund** M były przyjaciel/chłopak *m* **Exfreundin** F była przyjaciółka *f*, była dziewczyna *f*
Exil N wygnanie *n*, emigracja *f*
Existenz F istnienie *n*, egzystencja *f* **existieren** istnieć, egzystować
exklusiv ekskluzywny; wyłączny
Exmann M były mąż *m*
exotisch egzotyczny
Experte M ekspert *m* **Expertin** F ekspertka *f* **Expertise** F ekspertyza *f*
explodieren wybuchać ⟨-chnąć⟩ **Explosion** F wybuch *m*
Export M eksport *m* **exportieren** ⟨wy⟩eksportować
Express M ekspres *m*
extra specjalny; ekstra
extrem skrajny
exzellent wspaniały (-le)
Eyeliner M konturówka *f* do oczu
E-Zigarette F e-papieros *m*, papieros *m* elektroniczny

F

Fabel F bajka *f*, baśń *f* **fabelhaft** bajeczny
Fabrik F fabryka *f* **Fabrikat** N wyrób *m*
Fach N półka *f*, przegródka *f*; *Beruf* fach *m*, specjalność *f*; (*Schulfach*) przedmiot *m* **Facharzt** M lekarz *m* specjalista **Fachärztin** F lekarz *m* specjalista
Fächer M wachlarz *m*
Fachfrau F specjalistka *f* **Fachgebiet** N dziedzina *f* **Fachgeschäft** N sklep *m*

specjalistyczny **Fachhochschule** F wyższa szkoła *f* zawodowa **Fachmann** M fachowiec *m* **Fachschule** M technikum *n* **Fachwerkhaus** N dom *m* z muru pruskiego

Fackel F pochodnia *f*

fade mdły (-ło); *fig* nudny (-no)

Faden M nić *f*, nitka *f*

fähig zdolny (**zu** *dat* do *gen*) **Fähigkeit** F zdolność *f*

fahnden ścigać (**nach** *dat akk*) **Fahndung** F ściganie *n*

Fahne F *Land* flaga *f*; *Schule* sztandar *m*

Fahrausweis M bilet *m* (na przejazd) **Fahrbahn** F jezdnia *f*

Fähre F prom *m*

fahren VI jeździć, ⟨po⟩jechać; VT wozić, ⟨za⟩wieźć; *Auto* prowadzić **Fahrer(in)** M(F) kierowca *m* **Fahrerflucht** F ucieczka *f* kierowcy z miejsca wypadku **Fahrerlaubnis** F prawo *n* jazdy **Fahrgast** M pasażer(ka) *m(f)* **Fahrkarte** F bilet *m* (na przejazd) **Fahrkartenautomat** M automat *m* biletowy **Fahrkartenschalter** M kasa *f* biletowa

fahrlässig niedbały (-le), nieuważny

Fahrlehrer(in) M(F) instruktor(ka) *m(f)* jazdy **Fahrplan** M rozkład *m* jazdy **Fahrpreis** M opłata *f* za przejazd **Fahrpreisermäßigung** F zniżka *f* na przejazd

Fahrrad N rower *m* **Fahrradweg** M ścieżka *f* rowerowa **Fahrschule** F ośrodek *m* szkolenia kierowców; nauka *f* jazdy **Fahrstuhl** M winda *f* **Fahrt** F jazda *f*; (*Reise*) podróż *f* **Fahrverbot** N zakaz *m* prowadzenia pojazdów

Fahrzeug N pojazd *m* **Fahrzeugbrief** M dowód *m* rejestracyjny **Fahrzeughalter(in)** M(F) użytkownik *m* pojazdu, użytkowniczka *f* pojazdu

fair uczciwy (-wie), fair

Fakultät F wydział *m*

Falke M sokół *m*

Fall M upadek *m*; GRAM, *fig* przypadek *m*; **für alle Fälle** na wszelki wypadek; **auf keinen ~** w żadnym wypadku

Falle F pułapka *f*

fallen padać ⟨paść⟩, upadać ⟨upaść⟩; (*sinken*) spadać ⟨spaść⟩

fällen *Baum* ścinać ⟨ściąć⟩; *Urteil* wydawać ⟨-dać⟩

fällig płatny

falls jeśli

Fallschirm M spadochron *m* **Fallschirmspringer(in)** M(F) spadochroniarz *m*, spadochroniarka *f*

falsch fałszywy (-wie); (*nachgemacht*) podrobiony; (*irrig*) błędny

fälschen podrabiać ⟨-robić⟩ **Falschgeld** N fałszywe pieniądze *mpl* **Falschheit** F fałsz *m*, obłuda *f* **fälschlich** myl-

ny, błędny **Fälschung** F fałszerstwo *n*; falsyfikat *m*
Falte F fałda *f*, zakładka *f* **falten** składać ⟨złożyć⟩; ⟨s⟩fałdować
Falter M motyl *m*
Familie F rodzina *f* **Familienangehörige** F członek *m* rodziny **Familienangehörige(r)** M członek *m* rodziny **Familienname** M nazwisko *n* **Familienstand** M stan *m* cywilny
Fan M fan *m*
Fang M połów *m* **fangen** ⟨z⟩łapać, *Fisch* ⟨z⟩łowić
Fantasie F fantazja *f* **fantastisch** fantastyczny
Farbe F barwa *f*, kolor *m*; (*Malfarbe*) farba *f* **farbecht** o trwałych barwach **färben** ⟨po⟩farbować **farbig** barwny, kolorowy (-wo) **Farbkopierer** M kopiarka *f* kolorowa **farblos** bezbarwny **Farbstoff** M barwnik *m* **Farbton** M odcień *m*
Farn M paproć *f*
Fasan M bażant *m*
Fasching M karnawał *m*
Faschismus M faszyzm *m*
Faser F włókno *n* **faserig** włóknisty; *Fleisch* żylasty
Fass N beczka *f* **Fassbier** N piwo *n* beczkowe
fassen chwytać ⟨-ycić⟩; (*enthalten*) ⟨po⟩mieścić; **sich kurz ~** streszczać ⟨-ścić⟩ się
Fassung F TECH oprawa *f*, oprawka *f*; (*Textfassung*) wersja *f*; **aus der ~ bringen** wyprowadzić *pf* z równowagi **fassungslos** zdumiony, ze zdumieniem
fast prawie
fasten pościć **Fasten** N post *m*; *kath. Kirche* Wielki Post *m* **Fastenzeit** F post *m*; *kath. Kirche* Wielki Post *m*
Fastfood N fast food *m*
Fastnacht F ostatki *pl*
faul zgniły; *pers* leniwy (-wie) **faulen** ⟨z⟩gnić; ⟨z⟩butwieć **faulenzen** próżnować, lenić się **Faulenzer(in)** M(F) leń *m*, leniuch *m* **Faulheit** F lenistwo *n* **Fäulnis** F zgnilizna *f*
Faust F pięść *f* **Faustregel** F ogólna zasada *f* **Faustschlag** M cios *m* pięścią
Fax N faks *m* **faxen** ⟨prze⟩faksować **Faxgerät** N faks *m* **Faxnummer** M numer *m* faksu
Februar M luty *m*; **im ~** w lutym
Fechten N szermierka *f*
Feder F pióro *n*; (*Schreibfeder*) stalówka *f*; TECH sprężyna *f*; resor *m* **Federball** M SPORT badminton *m* **Federbett** N pierzyna *f* **Federung** F AUTO zawieszenie *n*
Fee F czarodziejka *f*
fegen zamiatać ⟨-mieść⟩
Fehlbestand M brak *m*, niedobór *m* **Fehlbetrag** M deficyt *m*, manko *n*

fehlen brakować ⟨zabraknąć⟩; *pers* być nieobecnym; **was fehlt Ihnen?** *Arzt* co panu *od* pani dolega?

Fehler M błąd *m* **fehlerfrei** bezbłędny **fehlerhaft** wadliwy (-wie); błędny **Fehlermeldung** F IT komunikat *m* błędu

Fehlgeburt F poronienie *n*

Fehlschlag M fiasko *n*, FIN krach *m* **Fehlzündung** F przerwa *f* w zapłonie

Feier F uroczystość *f* **Feierabend** M *umg* fajrant *m*, koniec *m* pracy **feierlich** uroczysty (-ście) **feiern** (uroczyście) obchodzić, świętować **Feiertag** M święto *n*

feige tchórzliwy (-wie)

Feige F figa *f*

Feigheit F tchórzostwo *n*

Feigling M tchórz *m*

Feile F pilnik *m* **feilen** piłować

feilschen *umg* targować się

fein drobny; delikatny; *pers umg* fajny

Feind(in) M(F) wróg *m* **feindlich** wrogi (-go)

Feinheit F delikatność *f* **Feinkost** F delikatesy *mpl* **Feinkostladen** M delikatesy *pl* **Feinschmecker(in)** M(F) smakosz *m* **Feinwaschmittel** N delikatny środek *m* piorący

Feld N pole *n*; SPORT *a.* boisko *n* **Feldarbeit** F prace *fpl* polowe **Feldweg** M droga *f* polna

Felge F felga *f*

Fell N (*Pelz*) futro *n*

Felsen M skała *f* **felsig** skalisty **Felswand** F ściana *f* skalna

Fenchel M koper *m* włoski

Fenster N okno *n* **Fensterbrett** N parapet *m* **Fensterplatz** M miejsce *n* przy oknie **Fensterscheibe** F szyba *f*

Ferien PL ferie *pl*, wakacje *pl*; wczasy *pl* **Feriengast** M wczasowicz(ka) *m(f)*, urlopowicz(ka) *m(f)* **Ferienhaus** N dom *m* wczasowy **Ferienort** M miejscowość *f* wypoczynkowa **Ferienwohnung** F mieszkanie *n* wakacyjne

Ferkel N prosię *n*

fern daleki (-ko)

Fernbedienung F pilot *m*

Fernbeziehung F związek *m* na odległość **Fernbus** M pekaes *m* **Ferne** F dal *f*; **aus der ~** z daleka **Fernfahrer(in)** M(F) kierowca *m* jeżdżący na długich trasach **Fernflug** M lot *m* długodystansowy **Ferngespräch** N rozmowa *f* zamiejscowa **Fernglas** N lornetka *f* **Fernlicht** N światła *npl* drogowe

fernsehen oglądać ⟨obejrzeć⟩ telewizję **Fernsehen** N telewizja *f* **Fernseher** M telewizor *m* **Fernsehkanal** M kanał *m* telewizyjny **Fernsehprogramm** N program *m* telewizyjny **Fernsehturm** M wieża *f* telewizyjna **Fernsehzuschauer(in)** M(F) telewidz

m
Fernstraße F droga *f* główna **Fernstudium** N studia *pl* zaoczne **Fernverkehr** M ruch *m* dalekobieżny
Ferse F pięta *f*
fertig gotowy; **~ machen** przygotowywać ⟨-ować⟩ (**sich** się) **Fertiggericht** N danie *n* gotowe
Fertigkeit F biegłość *f*, wprawa *f*
Fertigung F produkcja *f*
Fessel F ANAT kostka *f* (u nogi), dolna część *f* łydki; (*Kette*) kajdany *pl* **fesseln** ⟨s⟩krępować; *fig* ⟨za⟩fascynować
fest mocny (-no); twardy (-do)
Fest N uroczystość *f*, święto *n*
festbinden przywiązywać ⟨-zać⟩ **festhalten** (mocno) trzymać (**sich** się)
Festigkeit F TECH wytrzymałość *f* **Festland** N stały ląd *m*
festlich świąteczny
festmachen V/T przymocowywać ⟨-ować⟩
Festnahme F aresztowanie *n* **festnehmen** ⟨za⟩aresztować
Festnetz N TEL sieć *f* telefonii stacjonarnej **Festplatte** F IT twardy dysk *m*
festsetzen ustanawiać ⟨-nowić⟩; *Termin* wyznaczać ⟨-czyć⟩
Festspiele NPL festiwal *m*
feststellen stwierdzać ⟨-dzić⟩ **Feststellung** F ustalenie *n*, stwierdzenie *n*
Festtag M dzień *m* świąteczny
Festung F twierdza *f*, forteca *f*
fett tłusty (-to) **Fett** N tłuszcz *m* **fettarm** niskotłuszczowy **Fettfleck** M tłusta plama *f* **fettig** tłusty
Fetzen M strzęp *m*; *umg Kleidungsstück* szmata *f*
feucht wilgotny (-no) **Feuchtigkeit** F wilgoć *f*
Feuer N ogień *m*; (*Brand*) pożar *m* **Feueralarm** M alarm *m* pożarowy **feuerfest** ogniotrwały **feuergefährlich** łatwopalny **Feuerlöscher** M gaśnica *f* **Feuermelder** M sygnalizator *m* pożarowy **Feuertreppe** F schody *pl* pożarowe **Feuerwehr** F straż *f* pożarna **Feuerwerk** N sztuczne ognie *mpl* **Feuerzeug** N zapalniczka *f*
Fichte F świerk *m*
Fieber N gorączka *f* **fieberhaft** gorączkowy (-wo) **Fiebermittel** N środek *m* przeciwgorączkowy **Fieberthermometer** N termometr *m* **fiebrig** gorączkowy
fies ohydny, obrzydliwy (-wie)
Figur F figura *f*; postać *f*
Filet N filet *m*; polędwica *f*
Filiale F filia *f*
Film M film *m* **filmen** ⟨s⟩filmować **Filmprojektor** M projektor *m* filmowy
Filter M *od* N filtr *m* **Filterkaffee** M kawa *f* filtrowana **Filterpapier** N bibuła *f* filtra-

cyjna **Filterzigarette** F papieros *m* z filtrem
Filz M filc *m* **Filzstift** M flamaster *m*
Finale N finał *m*
Finanzamt N urząd *m* skarbowy **finanziell** finansowy (-wo) **finanzieren** ⟨s⟩finansować **Finanzminister(in)** M(F) minister *m* finansów
finden znajdować ⟨znaleźć⟩, odszukać *pf* **Finderlohn** M znaleźne *n*
Finger M palec *m* **Fingerhut** M naparstek *m* **Fingernagel** M paznokieć *m*
Fink M zięba *f*
Finne M Fin *m* **Finnin** F Finka *f* **finnisch** fiński (po -ku) **Finnland** N Finlandia *f*
finster ciemny (-no); *fig* ponury (-ro) **Finsternis** F ciemność *f*; ASTRON zaćmienie *n*
Firma F firma *f*
Fisch M ryba *f* **fischen** łowić ryby **Fischer(in)** M(F) rybak *m*, rybaczka *f* **Fischerei** F rybołówstwo *n* **Fischgericht** N danie *n* rybne **Fischreiher** M czapla *f* siwa **Fischstäbchen** NPL paluszki *mpl* rybne
Fitness F sprawność *f* fizyczna **Fitnesscenter** N klub *m* fitness
fix stały; *umg* szybki
Fixer(in) *umg* M(F) narkoman(ka) *m(f)*
FKK F naturyzm *m* **FKK-Strand** M plaża *f* naturystów
flach płaski (-ko); *Wasser* płytki (-ko) **Flachbildschirm** M płaski ekran *m*
Fläche F płaszczyzna *f*; (*Oberfläche*) powierzchnia *f*
Flachland N równina *f*
Flachs M len *m*
flackern ⟨za⟩migotać
Flagge F flaga *f*; SCHIFF bandera *f*
Flamme F płomień *m*
Flanke F bok *m*
Flasche F butelka *f* **Flaschenbier** N piwo *n* butelkowe **Flaschenöffner** M otwieracz *m* do butelek **Flaschenpfand** M kaucja *f* za butelkę
flattern *Vogel* fruwać; *Fahne* powiewać, trzepotać
flau słaby (-bo)
Flaum M puch *m*; *Pfirsich* meszek *m*
Flaute F flauta *f*
Flechte F porost *m*; MED liszaj *m* **flechten** ⟨s⟩pleść; *Kranz* ⟨u⟩wić
Fleck M plama *f* **Fleckentferner** M wywabiacz *m* plam **fleckig** poplamiony; plamisty
Fledermaus F nietoperz *m*
flehen błagać
Fleisch N mięso *n*; (*Fruchtfleisch*) miąższ *m* **Fleischbrühe** F bulion *m* **Fleischer(in)** M(F) rzeźnik *m*, rzeźniczka *f* **Fleischerei** F sklep *m* rzeźniczy **Fleischgericht** N danie *n* mięsne **Fleischvergiftung**

F zatrucie *n* mięsem
Fleiß M pilność *f* **fleißig** pilny
flexibel giętki (-ko), elastyczny
Flexitarier(in) M(F) fleksitarianin *m*, fleksitarianka *f*
flicken ⟨za⟩łatać **Flicken** M łata *f*, łatka *f* **Flickzeug** N zestaw *m* do łatania dętek
Flieder M bez *m*
Fliege F mucha *f* **fliegen** latać, ⟨po⟩lecieć; *Vogel* fruwać **Fliegenklatsche** F łapka *f* na muchy **Fliegenpilz** M muchomor *m* **Flieger** M lotnik *m*
fliehen uciekać ⟨uciec⟩
Fliese F płytka *f*, glazura *f*
Fließband N taśma *f* produkcyjna **fließen** płynąć **fließend** *Wasser* bieżący; *Stil* płynny
flink zwinny
flirten flirtować
Flitterwochen FPL miesiąc *m* miodowy
Flocke F płatek *m*; kłaczek *m*
Floh M pchła *f* **Flohmarkt** M pchli targ *m*
Flop M *umg* klapa *f*, niepowodzenie *n*
florieren kwitnąć, prosperować
Floß N tratwa *f*
Flosse F płetwa *f*
Floßfahrt F spływ *m* tratwą
Flöte F flet *m*
flott szybki (-ko), żwawy (-wo), *Musik a.* skoczny; *pers* modny, elegancki (-ko)
Flotte F flota *f*
Fluch M przekleństwo *n* **fluchen** ⟨za⟩kląć; przeklinać ⟨-kląć⟩ (*dat*, **auf, über** *akk akk*)
Flucht F ucieczka *f* **flüchten** uciekać ⟨uciec⟩ **flüchtig** *fig* pobieżny; CHEM lotny **Flüchtling** M zbieg *m*; uciekinier *m*, *a.* POL uchodźca *m* **Flüchtlingslager** N obóz *m* dla uchodźców
Flug M lot *m* **Flugbegleiter(in)** M(F) steward(esa) *m(f)*
Flügel M skrzydło *n*; MUS fortepian *m*
Fluggast M pasażer(ka) *m(f)* samolotu **Flughafen** M port *m* lotniczy **Fluglinie** F linia *f* lotnicza **Flugnummer** F numer *m* lotu **Flugplan** M rozkład *m* lotów **Flugplatz** M lotnisko *n* **Flugticket** N bilet *m* lotniczy **Flugverkehr** M komunikacja *f* lotnicza **Flugzeug** N samolot *m*
Flunder F flądra *f*
Flur M sień *f*, korytarz *m*
Fluss M rzeka *f* **flussabwärts** z prądem **flussaufwärts** pod prąd **Flussbett** N koryto *m* rzeki
flüssig płynny **Flüssigkeit** F płyn *m*, ciecz *f*
flüstern szeptać ⟨-pnąć⟩
Flut F przypływ *m*; *fig* potok *m*, zalew *m* **Flutlicht** N światło *n* reflektorów
Fohlen N źrebię *n*
Föhn M fen *m*, wiatr *m* halny; (*Haartrockner*) suszarka *f* do

włosów **föhnen** suszyć włosy suszarką **Folge** F następstwo *n*, skutek *m*; (*Reihe*) ciąg *m* **folgen** iść ⟨pójść⟩ (*dat* za *inst*); *als nächstes* następować ⟨-tąpić⟩ (po *lok*); **daraus folgt** z tego wynika **folgend** następujący **folgendermaßen** w następujący sposób **folgerichtig** konsekwentny **folgern** ⟨wy⟩wnioskować (**aus** *dat* z *gen*) **folglich** więc

Folie F folia *f*

Folter F tortury *fpl* **foltern** torturować

fordern ⟨za⟩żądać, wymagać (*akk gen*)

fördern protegować, popierać ⟨-przeć⟩, wspierać ⟨wesprzeć⟩

Forderung F żądanie *n*, wymaganie *n*; (*Anspruch*) roszczenie *n*; FIN wierzytelność *f*

Forelle F pstrąg *m*

Form F forma *f*, kształt *m*

Formalität F formalność *f*

Format N format *m* **formatieren** IT ⟨s⟩formatować

Formel F formuła *f*, formułka *f*; MATH wzór *m* **Formular** N formularz *m* **formulieren** ⟨s⟩formułować

forschen prowadzić badania naukowe; poszukiwać (**nach** *dat gen*) **Forscher(in)** M(F) badacz(ka) *m(f)* **Forschung** F badania *npl*

Forst M las *m* **Förster(in)** M(F) leśniczy *m*

fort precz; (*weiter*) dalej

fortbestehen istnieć dalej **fortbilden** dokształcać ⟨-cić⟩ (**sich** się) **fortbringen** → fortschaffen **fortfahren** V/I odjeżdżać ⟨-jechać⟩; *fig* kontynuować (**mit** *dat akk*) **fortgehen** → weggehen

fortgeschritten zaawansowany **fortlaufend** bieżący (-co), ciągły (-le)

Fortpflanzung F rozmnażanie *n* się

fortschaffen usuwać ⟨-unąć⟩, wynosić ⟨-nieść⟩, wywozić ⟨-wieźć⟩

fortschreiten postępować ⟨-stąpić⟩ naprzód **Fortschritt** M postęp *m* **fortschrittlich** postępowy (-wo)

fortsetzen kontynuować **Fortsetzung** F ciąg *m* dalszy; kontynuacja *f*

fortwährend ustawiczny

Foto N zdjęcie *n* **Fotoapparat** M aparat *m* fotograficzny **Fotograf(in)** M(F) fotograf *m* **fotografieren** ⟨s⟩fotografować **Fotokopie** F kserokopia *f* **fotokopieren** ⟨s⟩kserować

Foul N SPORT faul *m*

Fracht F ładunek *m*; (*Preis*) koszt *m* przewozu, fracht *m* **Frachtbrief** M list *m* przewozowy

Frage F pytanie *n*; (*Problem*) kwestia *f* **Fragebogen** M ankieta *f*, kwestionariusz *m* **fragen** ⟨za⟩pytać (się) **Frage-**

zeichen N znak *m* zapytania **fraglich** wątpliwy; dany **fragwürdig** wątpliwy (-wie)
Franken M: **Schweizer ~** frank *m* szwajcarski
frankieren ⟨o⟩frankować
Frankreich N Francja *f*
Franse F frędzla *f*
Franzose M Francuz *m* **Französin** F Francuzka *f* **französisch** francuski (po -ku)
Frau F kobieta *f*; *Anrede* pani *f*
Frauenarzt M ginekolog *m*
Frauenärztin F ginekolog *m* **Frauenklinik** F klinika *f* ginelogiczno-położnicza
frech bezczelny **Frechheit** F bezczelność *f*
frei wolny; *Gelände* otwarty; **unter ~em Himmel** pod gołym niebem
Freibad N pływalnia *f* otwarta
Freiberufler(in) M(F) osoba *f* wykonująca wolny zawód **freiberuflich** w wolnym zawodzie
freigeben V/I *umg* dawać ⟨dać⟩ wolne **freigebig** hojny
Freigepäck N FLUG bagaż *m* bezpłatny
freihaben *umg* mieć wolne
Freiheit F wolność *f*, swoboda *f* **Freiheitsstrafe** F kara *f* pozbawienia wolności
Freikarte F bilet *m* bezpłatny
freilassen wypuszczać ⟨-ścić⟩ na wolność
Freilichtbühne F teatr *m* letni **Freilichtmuseum** N skansen *m*
freimachen ⟨o⟩frankować; **sich ~** zwolnić się *pf* **freimütig** szczery (-rze) **freinehmen**: **sich ~** brać ⟨wziąć⟩ sobie wolne
Freisprechanlage F zestaw *m* głośnomówiący
freisprechen JUR uniewinniać ⟨-nić⟩ **Freispruch** M wyrok *m* uniewinniający
Freistoß M SPORT rzut *m* wolny
Freitag M piątek *m*
freiwillig dobrowolny **Freiwillige** F ochotniczka *f* **Freiwillige(r)** M ochotnik *m*
Freizeit F czas *m* wolny, *umg* wolne *n* **Freizeitkleidung** F odzież *f* sportowa **Freizeitpark** M park *m* rozrywki
Freizügigkeit F swoboda *f*; (*Großzügigkeit*) hojność *f*
fremd obcy (-co); (*anderen gehörig*) cudzy
Fremde[1] F obczyzna *f*
Fremde[2] F obca *f*; cudzoziemka *f* **Fremde(r)** M obcy *m*; cudzoziemiec *m*
Fremdenführer(in) M(F) przewodnik *m*, przewodniczka *f*
Fremdenverkehrsamt N urząd *m* do spraw turystyki
Fremdsprache F język *m* obcy **Fremdsprachenkenntnisse** PL znajomość *f* języków obcych **Fremdwort** N wyraz *m* obcy
Frequenz F częstotliwość *f*

fressen ⟨po⟩żreć

Freude F radość *f* **freudig** radosny (-śnie) **freuen**: **sich ~** ⟨u⟩cieszyć się (**über** *akk* z *gen*); **es freut mich** cieszę się, cieszy mnie

Freund(in) M(F) przyjaciel *m*, przyjaciółka *f* **freundlich** uprzejmy (-mie); przyjazny (-źnie) **freundlicherweise** w uprzejmy sposób, uprzejmie **Freundschaft** F przyjaźń *f* **freundschaftlich** przyjacielski

Frieden M pokój *m*

Friedhof M cmentarz *m*

friedlich spokojny; pokojowy (-wo)

frieren ⟨z⟩marznąć; **mich friert** zimno mi

Frikadelle F kotlet *m* mielony

Frikassee N potrawka *f*

frisch świeży (-żo); *Wäsche* czysty (-to) **Frische** F świeżość *f* **Frischhaltefolie** F folia *f* do żywności **Frischkäse** M serek *m* kremowy

Friseur(in) M(F) fryzjer(ka) *m(f)*

frisieren ⟨u⟩czesać

Frist F termin *m* **fristgerecht** terminowy (-wo) **fristlos**: **fristlose Entlassung** zwolnienie bez zachowania okresu wypowiedzenia

Frisur F fryzura *f*

frittieren smażyć w głębokim tłuszczu

froh: **ich bin ~** cieszę się

fröhlich wesoły (-ło)

fromm pobożny

Fronleichnam M Boże Ciało *n*

Front F front *m* **Frontantrieb** M napęd *m* przedni

Frosch M żaba *f*

Frost M mróz *m* **frösteln**: **mich fröstelt** zimno mi **frostfrei** bezmroźny **Frostschutzmittel** N środek *m* przeciw zamarzaniu

Frottiertuch N ręcznik *m* frotté

Frucht F owoc *m* **fruchtbar** płodny; *Boden* żyzny **Fruchteis** N lody *pl* owocowe **fruchtig** owocowy **Fruchtsaft** M sok *m* owocowy

früh wczesny (-śnie); *morgens* wcześnie rano; **morgen ~** jutro rano **früher** wcześniejszy; były; ADV wcześniej; (*einst*) dawniej

Frühling M wiosna *f*; **im ~** na wiosnę

Frühmesse F msza *f* poranna

Frühschicht F ranna zmiana *f*

Frühstück N śniadanie *n*; **zum ~** na śniadanie **frühstücken** ⟨z⟩jeść śniadanie **Frühstücksbüfett** N bufet *m* śniadaniowy

Frust M *umg* frustracja *f*

Fuchs M lis *m*

fühlbar wyczuwalny **fühlen** czuć (**sich** się); *innerlich* odczuwać ⟨-uć⟩; dotykać ⟨-tknąć⟩, ⟨po⟩macać; *Puls* ⟨z⟩badać

Fühler M ZOOL czułek *m*
führen ⟨po⟩prowadzić; *Betrieb, Auto* kierować (*akk inst*); *Titel, Waren* mieć, posiadać; **bei sich ~** mieć przy sobie
Führer(in) M(F) wódz *m*; (*Reiseführer*) przewodnik *m*, przewodniczka *f* **Führerschein** M prawo *n* jazdy **Führung** F (*Leitung*) kierownictwo *n*; oprowadzanie *n* (zwiedzających)
Führungszeugnis N świadectwo *n* niekaralności
Fülle F obfitość *f* **füllen** napełniać ⟨-ić⟩ **Füllung** F GASTR nadzienie *n*, farsz *m*; MED plomba *f*
Fund M znalezisko *n*, odkrycie *n*
Fundament N fundament *m*
Fundbüro N biuro *n* rzeczy znalezionych **Fundsache** F przedmiot *m* znaleziony
fünf pięć **Fünf** F piątka *f* **fünfeckig** pięciokątny **fünfhundert** pięćset **fünfhundertste(r)** pięćsetny **fünfjährig** pięcioletni **Fünfkampf** M SPORT pięciobój *m* **fünfte(r)** piąty **Fünftel** N jedna piąta
fünfzehn piętnaście **fünfzehnte(r)** piętnasty **fünfzig** pięćdziesiąt **fünfzigste(r)** pięćdziesiąty
Funk M: **per ~** przez radio
Funke M iskra *f* **funkeln** ⟨za⟩błyszczeć
Funkgerät N radiostacja *f*
Funktaxi N radiotaxi *n*
Funktion F funkcja *f* **Funktionär(in)** M(F) działacz(ka) *m(f)* **funktionieren** działać, funkcjonować
für PRÄP (*akk*) dla (*gen*); na (*akk*); za (*akk*); **~ mich** dla mnie; **~ zwei Personen** na dwie osoby, dla dwóch osób; **~ zwei Euro** za dwa euro
Furche F bruzda *f*
Furcht F lęk *m*, obawa *f*
furchtbar straszny, okropny
fürchten: **sich ~** bać się, obawiać się (**vor** *dat gen*)
fürchterlich → furchtbar
furchtlos nieustraszony
furchtsam bojaźliwy (-wie)
Fürsorge F piecza *f*, opieka *f*
Fürst(in) M(F) książę *m*, księżna *f* **Fürstentum** N księstwo *n*
Furunkel M *od* N czyrak *m*
Furz M *umg* bąk *m* **furzen** *umg* puszczać bąki ⟨-ścić bąka⟩
Fusion F fuzja *f*
Fuß M stopa *f*
Fußball M piłka *f* nożna **Fußballmannschaft** F drużyna *f* piłki nożnej **Fußballplatz** M boisko *m* do piłki nożnej **Fußballspieler(in)** M(F) piłkarz *m*, piłkarka *f*
Fußboden M podłoga *f* **Fußbremse** F hamulec *m* nożny
Fußgänger(in) M(F) pieszy *m*, piesza *f* **Fußgängerüberweg** M przejście *n* dla pieszych **Fußgängerzone** F

strefa *f* ruchu pieszego **Fußgelenk** N staw *m* skokowy **Fußnote** F przypis *m* **Fußpilz** M grzybica *f* stóp **Fußsohle** F podeszwa *f* **Fußtritt** M kopniak *m* **Fußweg** M ścieżka *f*

Futter¹ N pokarm *m*, karma *f*; AGR *a.* pasza *f*

Futter² N (*Stoff*) podszewka *f*

füttern ⟨na⟩karmić; *Kleid* podszywać ⟨-yć⟩

Futur N GRAM czas *m* przyszły

G

Gabel F widelec *m*; (*Heugabel*) widły *pl* **gabeln**: **sich ~** rozwidlać się **Gabelung** F rozwidlenie *n*

gackern gdakać

gaffen *umg* gapić się

Gage F gaża *f*

gähnen ziewać

Galerie F galeria *f*

Galle F żółć *f* **Gallenblase** F woreczek *m* żółciowy **Gallensteine** PL kamienie *mpl* żółciowe

Galopp M cwał *m*, galop *m* **galoppieren** galopować, cwałować

Gämse F kozica *f*

Gang M chód *m*; ARCH przejście *n*; korytarz *m*; AUTO bieg *m*; GASTR danie *n*; **in ~ setzen** uruchamiać ⟨-chomić⟩ **Gangplatz** M (*im Flugzeug, Bus, Zug*) miejsce *n* siedzące przy przejściu **Gangschaltung** F zmiana *f* biegów

Gans F gęś *f*

Gänseblümchen N stokrotka *f* **Gänsebraten** M gęś *f* pieczona **Gänsehaut** F gęsia skórka *f*; **eine ~ bekommen** dostać gęsiej skórki

ganz cały; (*völlig*) zupełny; ADV całkowicie, zupełnie; **das Ganze** całość *f*; **~ gut** dość dobry *od* dobrze; **~ und gar nicht** wcale nie

Ganzheit F całość *f* **ganzjährig** całoroczny

gar ADJ GASTR gotowy, ugotowany; ADV **~ nichts** absolutnie nic, zupełnie nic

Garage F garaż *m*

Garantie F gwarancja *f* **garantieren** ⟨za⟩gwarantować

Garderobe F garderoba *f*; *Raum* szatnia *f*

Gardine F firanka *f*

gären fermentować

Garn N nić *f*; przędza *f*

garnieren GASTR garnirować

garstig wstrętny, brzydki (-ko)

Garten M ogród *m* **Gartenbau** M ogrodnictwo *n*

Gärtner(in) M(F) ogrodnik *m*, ogrodniczka *f* **Gärtnerei** F zakład *m* ogrodniczy

Gas N gaz *m* **Gasflasche** F butla *f* gazowa **Gasheizung**

F ogrzewanie *n* gazowe **Gasherd** M kuchenka *f* gazowa
Gasleitung F przewód *m* gazowy **Gaspedal** N pedał *m* gazu
Gasse F uliczka *f*
Gast M gość *m*; **zu ~ sein** być w gościnie **Gastfreundschaft** F gościnność *f* **Gastgeber(in)** M(F) pan(i) *m*(*f*) domu **Gasthof** N zajazd *m* **Gastronomie** F gastronomia *f* **Gastspiel** N występ *m* gościnny **Gaststätte** F lokal *m* gastronomiczny, restauracja *f* **Gastwirt(in)** M(F) restaurator(ka) *m*(*f*)
Gaswerk N gazownia *f* **Gaszähler** N licznik *m* gazowy
Gatte M małżonek *m* **Gattin** F małżonka *f*
Gattung F rodzaj *m*
Gaul M szkapa *f*
Gaumen M podniebienie *n*
Gauner(in) M(F) oszust(ka) *m*(*f*), *umg* kanciarz *m*
Gebäck N pieczywo *n*
Gebärde F ruch *m*, gest *m*
gebären ⟨u⟩rodzić **Gebärmutter** F macica *f*
Gebäude N budynek *m*, gmach *m*
geben dawać ⟨dać⟩; *Rat, Unterricht* udzielać ⟨-lić⟩ (*akk gen*); *Karten* rozdawać ⟨-dać⟩; **es gibt** jest, *pl* są; **es gibt nicht** nie ma
Gebet N modlitwa *f* **Gebetbuch** N modlitewnik *m*
Gebiet N obszar *m*; *fig* dziedzina *f*
Gebilde N twór *m*, wytwór *m*
gebildet wykształcony
Gebirge N góry *fpl* **gebirgig** górzysty
Gebiss N uzębienie *n*; *künstlich* proteza *f* zębowa; *am Zaum* wędzidło *n* **Gebissreiniger** M środek *m* do czyszczenia protez zębowych
geboren urodzony; **geborene** ... z domu ...
geborgen bezpieczny
Gebot N nakaz *m*; REL przykazanie *n*; HANDEL oferta *f*
gebraten pieczony; *in der Pfanne* smażony
Gebrauch M użycie *n*, użytek *m* **gebrauchen** używać ⟨-yć⟩ (*akk gen*)
gebräuchlich używany, zwykły, utarty
Gebrauchsanweisung F sposób *m* użycia; instrukcja *f* obsługi
gebraucht używany **Gebrauchtwagen** M samochód *m* używany
Gebrechen N ułomność *f*, kalectwo *n* **gebrechlich** niedołężny; ułomny
gebrochen złamany; **~ Deutsch sprechen** mówić łamaną niemczyzną
Gebrüll N ryk *m*
Gebühr F opłata *f* **gebührenfrei** wolny od opłat, bezpłatny **gebührenpflichtig**

płatny
Geburt F narodziny *pl*; MED poród *m*; **von ~ an** od urodzenia **gebürtig** rodem z (**aus** *dat gen*); rodowity **Geburtsdatum** N data *f* urodzenia **Geburtsname** M nazwisko *n* rodowe **Geburtsort** M miejsce *n* urodzenia **Geburtstag** M urodziny *pl* **Geburtsurkunde** F akt *m* urodzenia, metryka *f*
Gebüsch N zarośla *pl*
Gedächtnis N pamięć *f*
gedämpft stłumiony
Gedanke M myśl *f* **gedankenlos** nierozważny; bezmyślny
Gedeck N nakrycie *n*; menu *n*
gedeihen rozwijać się; rosnąć; *fig* kwitnąć
gedenken wspominać ‹-mnieć› (*gen akk*) **Gedenken** N: **zum ~** dla uczczenia pamięci **Gedenkmünze** F moneta *f* pamiątkowa **Gedenkstätte** F miejsce *n* pamięci **Gedenktafel** F tablica *f* pamiątkowa
Gedicht N wiersz *m*
gediegen solidny
Gedränge N tłok *m*, ścisk *m* **gedrängt** stłoczony
Geduld F cierpliwość *f* **gedulden**: **sich ~** ‹za›czekać cierpliwie **geduldig** cierpliwy (-wie)
geehrt szanowny
geeignet właściwy, odpowiedni
Gefahr F niebezpieczeństwo *n*; **auf eigene ~** na własne ryzyko; **außer ~ sein** nie być zagrożonym
gefährden narażać ‹-zić› (na niebezpieczeństwo) **gefährlich** niebezpieczny
Gefälle N spadek *m*, pochyłość *f*
gefallen ‹s›podobać się; **sich nicht ~ lassen** nie pozwalać ‹-wolić› (*akk* na *akk*)
Gefallen N: **~ finden** upodobać *pf* sobie, polubić *pf* (**an** *dat akk*)
Gefallene(r) M poległy *m*
gefällig usłużny, uczynny **Gefälligkeit** F przysługa *f*
gefangen: **~ nehmen** brać ‹wziąć› do niewoli **Gefangene** F więźniarka *f* **Gefangene(r)** M więzień *m* **Gefangenschaft** F niewola *f*
Gefängnis N więzienie *n* **Gefängnisstrafe** F kara *f* więzienia
Gefäß N naczynie *n*
gefasst opanowany; przygotowany; **auf alles ~** przygotowany na wszystko
Gefieder N upierzenie *n*
Geflecht N plecionka *f*
gefleckt cętkowany; *Kuh* łaciaty
Geflügel N drób *m* **Geflügelzucht** F hodowla *f* drobiu
Gefolge N świta *f*, orszak *m*
gefragt *Ware* poszukiwany

gefräßig żarłoczny **Gefreite(r)** M starszy szeregowiec *m*
Gefrierbeutel M torebka *f* do zamrażania **gefrieren** V/I zamarzać ‹-znąć› **Gefrierfach** N zamrażalnik *m* **Gefrierpunkt** M punkt *m* zamarzania **Gefrierschrank** M zamrażarka *f* **Gefriertruhe** F zamrażarka *f*
gefügig posłuszny, uległy
Gefühl N czucie *n*; uczucie *n* **gefühllos** bez czucia; *fig* nieczuły **gefühlvoll** uczuciowy (-wo)
gefüllt napełniony; GASTR nadziewany
gegen PRÄP (*akk*) przeciw(ko), wbrew (*dat*); *wohin?* ku (*dat*); wobec (*gen*); **~ Husten** na kaszel; **~ Mittag** koło południa; **~ Quittung** za pokwitowaniem
Gegend F okolica *f*
gegeneinander przeciw sobie, jeden przeciw drugiemu; wobec siebie (nawzajem)
Gegenfahrbahn F przeciwny pas *m* ruchu **Gegengift** N odtrutka *f* **Gegenleistung** F odpłata *f*, odwdzięczenie *n* się **Gegenmittel** N środek *m* przeciwdziałający (**gegen** *akk dat*), środek *m* (przeciw *dat*)
Gegensatz M przeciwieństwo *n* **Gegenseite** F strona *f* przeciwna **gegenseitig** wzajemny **Gegenstand** M przedmiot *m* **Gegenteil** N przeciwieństwo *n*; **im ~** przeciwnie
gegenüber naprzeciw(ko) (*dat gen*) **gegenüberliegend** przeciwległy **gegenüberstellen** ‹s›konfrontować (*dat z inst*)
Gegenwart F teraźniejszość *f*; obecność *f*; GRAM czas *m* teraźniejszy **gegenwärtig** teraźniejszy, obecny; ADV teraz
Gegenwert M równowartość *f*
Gegenwind M wiatr *m* przeciwny
Gegner(in) M(F) przeciwnik *m*, przeciwniczka *f*
Gehackte(s) N mięso *n* siekane *od* mielone
Gehalt[1] N pensja *f*
Gehalt[2] M zawartość *f*
gehässig złośliwy (-wie), uszczypliwy (-wie)
Gehäuse N TECH korpus *m*, obudowa *f*; (*Uhrgehäuse*) koperta *f*; ZOOL skorupa *f*
gehbehindert upośledzony ruchowo
geheim tajny; ADV potajemnie; **~ halten** zachowywać ‹-ować› w tajemnicy **Geheimnis** N tajemnica *f* **geheimnisvoll** tajemniczy (-czo) **Geheimzahl** F szyfr *m*
gehen *zur Schule* chodzić; (*sich begeben*) iść ‹pójść›; *Zug* odchodzić ‹odejść›; **wie geht es Ihnen?** jak się panu *od* pani powodzi?; **es geht um ...** chodzi o ...; **es geht nicht** (to) nie-

możliwe, nie da rady

Gehilfe M pomocnik *m*; asystent *m* **Gehilfin** F pomocnica *f*; asystentka *f*

Gehirn N mózg *m* **Gehirnerschütterung** F wstrząśnienie *n* mózgu

Gehör N słuch *m*

gehorchen ⟨u⟩słuchać (*dat gen*)

gehören należeć (*dat*, **zu** *dat* do *gen*); **dazu gehört viel ...** to wymaga wiele ...

gehörlos głuchoniemy **Gehörlose** F głuchoniema *f* **Gehörlose(r)** M głuchoniemy *m*

gehorsam posłuszny

Gehweg M chodnik *m*

Geige F skrzypce *pl* **Geiger(in)** M(F) skrzypek *m*, skrzypaczka *f*

Geisel F zakładnik *m*, zakładniczka *f* **Geiselnehmer(in)** M(F) porywacz(ka) *m(f)*

Geist M duch *m* **Geisterbahn** F tunel *m* strachu **Geisterfahrer(in)** M(F) kierowca *m* jadący pod prąd

geistig duchowy (-wo); umysłowy (-wo)

Geistlicher M duchowny *m*

geistreich błyskotliwy (-wie)

Geiz M skąpstwo *n* **Geizhals** M skąpiec *m* **geizig** skąpy (-po)

gekocht gotowany

gekränkt urażony

Gel N żel *m*

Gelächter N śmiech *m*; pośmiewisko *n*

geladen ELEK naładowany; *Waffe* nabity

Gelage N uczta *f*, biesiada *f*

Gelände N teren *m* **Geländer** N poręcz *f* **Geländewagen** M samochód *m* terenowy

gelangen dostawać ⟨-tać⟩ się (**nach** *dat*, **in** *akk* do *gen*)

gelassen spokojny, opanowany **Gelassenheit** F opanowanie *n*

Gelatine F żelatyna *f*

geläufig: **mir ist ... ~** znam ...

gelaunt: **gut** *od* **schlecht ~** w dobrym *od* złym humorze

gelb żółty (-to); **~ werden** ⟨z⟩żółknąć

Gelbsucht F żółtaczka *f*

Geld N pieniądze *mpl* **Geldautomat** M bankomat *m* **Geldschein** M banknot *m* **Geldstrafe** F kara *f* grzywny **Geldwechsel** M wymiana *f* pieniędzy

Gelee N *od* M galaretka *f*; *salzig* galareta *f*

gelegen położony; dogodny

Gelegenheit F sposobność *f*, okazja *f* **Gelegenheitsarbeit** F praca *f* dorywcza **gelegentlich** okazjonalny, przy okazji

gelehrig pojętny **Gelehrte** F uczona *f* **Gelehrte(r)** M uczony *m*

Geleit N orszak *m*; eskorta *f*

geleiten towarzyszyć; eskortować

Gelenk N staw *m*, przegub *m* (*a.* TECH) **gelenkig** giętki (-ko), gibki (-ko)
gelernt *Arbeiter* wykwalifikowany
Geliebte F kochanka *f* **Geliebte(r)** M kochanek *m*
geliehen wypożyczony
gelingen udawać ‹-dać› się
geloben ślubować
gelten V/T mieć wartość; V/I być ważnym; *Gesetz* obowiązywać **geltend** *Recht* obowiązujący **Geltung** F moc *f* prawna; ważność *f*
gelungen udany
Gemälde N obraz *m* **Gemäldegalerie** F galeria *f* obrazów
gemäß (*dat*) stosownie do (*gen*); według (*gen*); zgodnie z (*inst*)
gemäßigt umiarkowany
gemein podły (-le)
Gemeinde F gmina *f* **Gemeinderat** M rada *f* gminy
Gemeinheit F podłość *f*
gemeinsam wspólny **Gemeinschaft** F wspólnota *f*
gemietet wynajęty
Gemisch N mieszanina *f*, mieszanka *f*
Gemurmel N pomruk *m*
Gemüse N jarzyny *fpl*, warzywa *npl* **Gemüsesuppe** F zupa *f* jarzynowa
Gemüt N usposobienie *n* **gemütlich** przytulny, przyjemny
Gen N gen *m*
genau dokładny, ścisły (-le)
Genauigkeit F dokładność *f*
genauso tak samo
genehmigen zezwalać ‹-wolić›; zatwierdzać ‹-dzić› **Genehmigung** F zezwolenie *n*; zatwierdzenie *n*
geneigt pochyły (-ło), pochylony; skłonny (**zu** *dat* do *gen*)
General M generał *m* **Generaldirektor** M dyrektor *m* naczelny
Generation F pokolenie *n*
genesen wyzdrowieć *pf* **Genesung** F powrót *m* do zdrowia
genial genialny
Genick N kark *m*
Genie N geniusz *m*
genieren: **sich ~** krępować się
genießbar jadalny **genießen** V/T spożywać ‹-yć›; *fig* cieszyć się (*akk inst*); rozkoszować się; *Recht* korzystać (z *gen*)
Genitiv M GRAM dopełniacz *m*
genug dosyć **genügen** wystarczać; **es genügt** (wy)starczy
genügend dostateczny, wystarczający (-co) **Genugtuung** F zadośćuczynienie *n*, satysfakcja *f*
Genuss M spożywanie *n*, spożycie *n*; korzystanie *n*; przyjemność *f*, rozkosz *f* **Genussmittel** N używka *f*
Geografie F geografia *f* **Geometrie** F geometria *f*
geordnet uporządkowany
Gepäck N bagaż *m* **Gepäck-**

anhänger M przywieszka *f* (do bagażu) **Gepäckaufbewahrung** F przechowalnia *f* bagażu **Gepäckausgabe** F wydawanie *n* bagażu **Gepäckermittlung** F dochodzenie *n* w sprawie (zagubionego) bagażu **Gepäckgurt** M pasek *m* spinający walizkę/bagaż **Gepäckschein** M kwit *m* bagażowy **Gepäckstück** N bagaż *m* **Gepäckträger** M bagażnik *m*; *pers* bagażowy *m* **Gepäckwaage** F waga *f* bagażowa **Gepäckwagen** M wagon *m* bagażowy

gerade prosty (-to); *Zahl* parzysty; ADV (*soeben*) właśnie, akurat **geradeaus** prosto **geradeheraus** otwarcie, bez ogródek **geradezu** wprost; wręcz

geradlinig prostoliniјny

Gerät N przyrząd *m*, aparat *m*, urządzenie *n*; KOLL sprzęt *m*

geraten V/I popadać ⟨-paść⟩; dostawać ⟨-tać⟩ się, trafiać ⟨-ić⟩ (**in** *akk* do *gen*)

Geräteturnen N gimnastyka *f* przyrządowa

geräuchert wędzony

geräumig przestronny

Geräusch N odgłos *m*; *leise* szmer *m* **geräuschlos** bezszelestny

gerecht sprawiedliwy (-wie) **Gerechtigkeit** F sprawiedliwość *f*

Gerede N gadanie *n*; plotki *fpl*

gereizt rozdrażniony

Gericht[1] N GASTR potrawa *f*, danie *n*

Gericht[2] N JUR sąd *m* **gerichtlich** sądowy (-wnie)

Gerichtsurteil N wyrok *m* sądowy **Gerichtsverfahren** N postępowanie *n* sądowe **Gerichtsverhandlung** F rozprawa *f* sądowa **Gerichtsvollzieher** M komornik *m*

gering drobny, niewielki **geringfügig** nieznaczny **geringschätzig** lekceważący (-co)

gerinnen ⟨s⟩krzepnąć; *Milch* zsiadać ⟨zsiąść⟩ się

Gerippe N szkielet *m*

gern(e) ADV chętnie; **~ haben** lubić

Gerste F jęczmień *m* **Gerstenkorn** N MED jęczmień *m*

Geruch M *Sinn* węch *m*; *Duft* zapach *m*, woń *f* **geruchlos** bezwonny

Gerücht N pogłoska *f*

Gerümpel N graty *mpl*, rupiecie *mpl*

Gerüst N rusztowanie *n*

gesamt całkowity, cały; wszystek

Gesamtbetrag M łączna kwota *f* **Gesamtheit** F całość *f* **Gesamtschule** F szkoła *f* zbiorcza

Gesang M śpiew *m* **Gesangbuch** N śpiewnik *m*

Gesäß N pośladki *mpl*

Geschäft N interes *m*; (*Laden*)

sklep *m* **geschäftig** zajęty, gorliwy (-wie) **geschäftlich** handlowy; służbowy (-wo); ADV w interesach
Geschäftsführer(in) M(F) prezes(ka) *m(f)*; dyrektor(ka) *m(f)*
Geschäftsinhaber(in) M(F) właściciel(ka) *m(f)* firmy **Geschäftsmann** M człowiek *m* interesu, biznesmen *m* **Geschäftsordnung** F regulamin *m* **Geschäftsschluss** M godzina *f* zamknięcia (sklepu *od* biura) **Geschäftszeit** F godziny *fpl* otwarcia
geschehen dziać się; **was ist ~?** co się stało?
gescheit mądry (-rze), rozumny
Geschenk N prezent *m*; **als ~** w podarunku
Geschichte F historia *f*; (*Erzählung*) opowieść *f*
Geschicklichkeit F zręczność *f* **geschickt** zręczny
geschieden rozwiedziony
Geschirr N naczynia *npl* **Geschirrspülmaschine** F zmywarka *f* do naczyń **Geschirrtuch** N ścierka *f* do naczyń
Geschlecht N płeć *f*; GRAM rodzaj *m* **geschlechtlich** płciowy (-wo) **Geschlechtskrankheit** F choroba *f* weneryczna **Geschlechtsverkehr** M stosunek *m* płciowy
geschlossen zamknięty
Geschmack M smak *m*; *fig* gust *m* **geschmacklos** bez smaku; *fig* niegustowny **Geschmackssache** F kwestia *f* gustu **geschmackvoll** gustowny; ADV ze smakiem
geschmeidig gładki (-ko); elastyczny
Geschöpf N stworzenie *n*
Geschoss N ARCH piętro *n*
Geschrei N krzyk *m*
Geschwätz N gadanina *f* **geschwätzig** gadatliwy
Geschwindigkeit F prędkość *f*, szybkość *f* **Geschwindigkeitsbegrenzung** F ograniczenie *n* prędkości
Geschwister PL rodzeństwo *n*
geschwollen spuchnięty, obrzmiały
Geschwulst F guz *m*, nowotwór *m* **Geschwür** N wrzód *m*
Geselle M czeladnik *m* **gesellen**: **sich ~** przyłączać ‹-czyć› się (**zu** *dat* do *gen*) **gesellig** towarzyski (-ko)
Gesellschaft F towarzystwo *n*; HANDEL spółka *f*; POL społeczeństwo *n* **gesellschaftlich** społeczny **Gesellschaftsordnung** F ustrój *m* społeczny **Gesellschaftsspiel** N gra *f* towarzyska
Gesetz N JUR ustawa *f* **Gesetzbuch** N kodeks *m* **Gesetzgebung** F ustawodawstwo *n* **gesetzlich** ustawowy (-wo), prawny **gesetzlos** bezprawny **gesetzwidrig** sprzeczny z prawem

Gesicht N twarz *f*; (*Miene*) mina *f* **Gesichtsausdruck** M wyraz *m* twarzy **Gesichtscreme** F krem *m* do twarzy **Gesichtspunkt** M punkt *m* widzenia
Gesindel N hołota *f*, motłoch *m*
Gesinnung F przekonania *npl*, zapatrywania *npl*
gespannt napięty, naprężony; **ich bin ~, ob ...** ciekawy jestem, czy ...
Gespenst N widmo *n*, upiór *m*
Gespräch N rozmowa *f* **gesprächig** rozmowny **Gesprächspartner(in)** M(F) rozmówca *m*, rozmówczyni *f*
Gestalt F kształt *m*; *a. pers* postać *f* **gestalten** ⟨u⟩kształtować; nadawać ⟨-dać⟩ kształt (*akk dat*)
Geständnis N przyznanie *n* (się)
Gestank M smród *m*
gestatten pozwalać ⟨-wolić⟩ (*akk* na *akk*)
gestehen przyznawać ⟨-nać⟩ się (*akk* do *gen*)
Gestein N skała *f*
Gestell N podstawa *f*, podpora *f*; rama *f*
gestern wczoraj
gestreift w paski
Gestüt N stadnina *f*
Gesuch N podanie *n*
gesund zdrowy (-wo); **~ werden** wyzdrowieć *pf* **Gesundheit** F zdrowie *n* **gesundheitlich** zdrowotny **Gesundheitsamt** N urząd *m* zdrowia **gesundheitsschädlich** szkodliwy dla zdrowia **Gesundheitswesen** N służba *f* zdrowia **Gesundheitszustand** M stan *m* zdrowia
Getränk N napój *m*
Getreide N zboże *n*
getrennt rozdzielny; odrębny
Getriebe N przekładnia *f*, AUTO skrzynia *f* biegów
Gewächs N roślina *f* **Gewächshaus** N cieplarnia *f*
Gewähr F rękojmia *f*, gwarancja *f* **gewähren** *Asyl, Rabatt* przyznawać ⟨-nać⟩, udzielać ⟨-lić⟩ (*akk gen*); *Wunsch* spełniać ⟨-ić⟩ **gewährleisten** ⟨za⟩gwarantować
Gewalt F (*Macht*) władza *f*; przemoc *f*; **höhere ~** siła wyższa; **mit ~** siłą **gewaltig** potężny **gewalttätig** brutalny
Gewand N szata *f*
gewandt zręczny, zwinny
Gewässer NPL wody *fpl*
Gewebe N tkanina *f*; BIOL tkanka *f*
Gewehr N karabin *m*
Geweih N rogi *mpl*; poroże *n*
Gewerbe N rzemiosło *n*; wytwórczość *f* **Gewerbegebiet** N teren *m* przemysłowy
Gewerkschaft F związek *m* zawodowy **gewerkschaftlich** związkowy
Gewicht N ciężar *m*; HANDEL,

fig waga *f*; *zum Wiegen* odważnik *m* **Gewichtheben** N SPORT podnoszenie *n* ciężarów
Gewinde N gwint *m*
Gewinn M zysk *m*; (*Spielgewinn*) wygrana *f* **gewinnen** uzyskiwać ⟨-kać⟩; BERGB ⟨wy⟩dobywać; *Spiel* wygrywać ⟨-rać⟩ **Gewinner(in)** M(F) zwycięzca *m*, zwyciężczyni *f*
gewiss pewny
Gewissen N sumienie *n* **gewissenhaft** sumienny **Gewissensbisse** MPL wyrzuty *mpl* sumienia
gewissermaßen poniekąd, w pewnym stopniu
Gewissheit F pewność *f*
Gewitter N burza *f*
gewöhnen przyzwyczajać ⟨-czaić⟩ (**an** *akk* do *gen*; **sich** się) **Gewohnheit** F przyzwyczajenie *n*; *üble* nałóg *m* **gewöhnlich** zwyczajny, normalny; ADV zazwyczaj **gewohnt** zwykły (-le)
Gewölbe N sklepienie *n*
Gewühl N tłok *m*, ścisk *m*
Gewürz N przyprawa *f* **Gewürzgurke** F ogórek *m* konserwowy
Gezeiten PL pływy *mpl*
geziert sztuczny
gezwungenermaßen z konieczności
Giebel M szczyt *m* dachu
gierig chciwy (-wie)
gießen lać, nalewać ⟨-lać⟩, wlewać ⟨wlać⟩; *Blume* podlewać ⟨-lać⟩; TECH odlewać ⟨-lać⟩; **es gießt** leje **Gießkanne** F konewka *f*
Gift N trucizna *f*; *Schlange*, jad *m* (*a. fig*) **giftig** trujący (-co), *a. fig* jadowity (-cie)
Gigabyte N gigabajt *m*
Gipfel M szczyt *m* (*a. fig*), wierzchołek *m*
Gips M gips *m* **Gipsverband** M opatrunek *m* gipsowy
Giraffe F żyrafa *f*
Girokonto N rachunek *m* oszczędnościowo-rozliczeniowy
Gischt F piana *f*
Gitter N krata *f*
Glanz M połysk *m*; blask *m*
glänzen błyszczeć, lśnić **glänzend** błyszczący (-co); *fig* świetny
Glas N szkło *n*; (*Trinkglas*) szklanka *f*; (*Weinglas, Schnapsglas*) kieliszek *m* **Glascontainer** M pojemnik *m* na odpady szklane **Glaser** M szklarz *m* **Glasscheibe** F szyba *f*
glatt gładki (-ko); *Straße* śliski (-ko) **Glatteis** N gołoledź *f* **glätten** ⟨wy⟩gładzić
Glatze F łysina *f*
Glaube M wiara *f* **glauben** wierzyć (**an** *akk* w *akk*); sądzić **gläubig** wierzący **Gläubiger(in)** M(F) FIN wierzyciel(ka) *m(f)* **glaubwürdig** wiarygodny
gleich równy (-no), jednakowy (-wo); ADV tak samo; (*sofort*) zaraz; **~ lautend** równobrzmiący;

ganz ~ obojętnie
Gleichberechtigung F równouprawnienie *n*
gleichen równać się; (*ähnlich sein*) być podobnym **gleichfalls** również, nawzajem **Gleichgewicht** N równowaga *f* **gleichgültig** obojętny **gleichmäßig** równomierny **gleichstellen** zrównywać ⟨-nać⟩ (*dat* z *inst*) **Gleichstrom** M prąd *m* stały **Gleichung** F MATH równanie *n* **gleichwertig** równoważny **gleichzeitig** równoczesny
Gleis N BAHN tor *m*
gleiten ślizgać się; *in der Luft* szybować **Gleitschirmfliegen** N paralotniarstwo *n*
Gletscher M lodowiec *m*
Glied N ANAT członek *m*, kończyna *f*; TECH ogniwo *n*, człon *m* **gliedern** ⟨roz⟩dzielić (**sich** się) **Gliedmaßen** PL kończyny *fpl*
glimmen żarzyć się
glitzern błyszczeć, lśnić
Glocke F dzwon *m*; (*Glasglocke*) klosz *m* **Glockenspiel** N kuranty *mpl* **Glockenturm** M dzwonnica *f*
Glotze *umg* F telewizor *m* **glotzen** *umg* gapić się; oglądać telewizję
Glück N szczęście *n*; **viel ~!** pomyślności!, powodzenia!
glücklich szczęśliwy (-wie) **glücklicherweise** na szczęście
Glücksspiel N gra *f* hazardowa
Glückwunsch M powinszowania *pl*, gratulacje *pl*; **herzlichen ~!** serdeczne gratulacje!
Glühbirne F żarówka *f* **glühen** V/I żarzyć się **glühend** rozżarzony **Glühwein** M wino *n* grzane
Glut F żar *m*
Gluten N gluten *m* **glutenfrei** bezglutenowy **Glutenintoleranz** F, **Glutenunverträglichkeit** F celiakia *f*
GmbH F sp. z o.o. *f*
Gnade F łaska *f* **gnädig** łaskawy (-wie)
Gold N złoto *n* **golden** złoty **Goldmedaille** F złoty medal *m* **Goldschmied(in)** M(F) złotnik *m*
Golf N SPORT golf *m* **Golfplatz** M pole *n* golfowe **Golfschläger** M kij *m* golfowy
Gondel F gondola *f*
gönnen nie zazdrościć (*akk gen*), nie żałować, życzyć; pozwalać ⟨-wolić⟩ **gotisch** gotycki
Gott M bóg *m*; REL Bóg *m*; **~ sei Dank!** dzięki Bogu! **Gottesdienst** M nabożeństwo *n* **Göttin** F bogini *f* **göttlich** boski (-ko), boży **gottlos** bezbożny
Grab N grób *m* **graben** kopać **Graben** M rów *m*; (*Schlossgraben*) fosa *f* **Grabmal** N nagrobek *m*; grób *m*, grobowiec

m **Grabstein** M kamień *m* nagrobny
Grad M stopień *m*
Graf M hrabia *m*
Graffiti PL graffiti *n*
Grafik F grafika *f* **Grafiker(in)** M(F) grafik *m* **Grafikkarte** F IT karta *f* graficzna
Gräfin F hrabina *f*
Gramm N gram *m*
Grammatik F gramatyka *f* **grammatisch** gramatyczny
Granate F granat *m*
Grapefruit F grejpfrut *m*
Gras N trawa *f* **grasen** paść się **Grashüpfer** M konik *m* polny
grässlich potworny
Grat M *Berg* grań *f*
Gräte F ość *f*
gratis gratis, za darmo
gratulieren ⟨po⟩gratulować (**zu** *dat gen*)
grau szary (-ro); *Haar* siwy; **~ werden** ⟨po⟩szarzeć; ⟨po⟩siwieć
Grauen N zgroza *f* **grauenhaft** okropny, koszmarny **grauenvoll** → grauenhaft
Graupen FPL GASTR kasza *f*
grausam okrutny **Grausamkeit** F okrucieństwo *n*
greifbar w zasięgu ręki; namacalny **greifen** chwytać ⟨-wycić⟩
Greis(in) M(F) starzec *m*, staruszka *f*
grell *Licht, Farbe* jaskrawy (-wo); (*blendend*) rażący (-co)
Grenzbahnhof M stacja *f* graniczna **Grenze** F granica *f* **grenzen** graniczyć (**an** *akk* z *inst*) **grenzenlos** bezgraniczny **Grenzgebiet** N pogranicze *n* **Grenzkontrolle** F kontrola *f* graniczna **Grenzübergang** M przejście *n* graniczne
Grieche M Grek *m* **Griechenland** N Grecja *f* **Griechin** F Greczynka *f* **griechisch** grecki (po -ku)
Grieß M grysik *m* **Grießbrei** M kaszka *f* manna
Griff M chwyt *m*; (*Heft*) rękojeść *f*, uchwyt *m*; trzonek *m*; (*Türgriff*) klamka *f*
Grill M grill *m*, ruszt *m*
Grille F świerszcz *m*
grillen grillować **Grillfete** F grill party *n* **Grillkohle** F węgiel *m* do grilla
Grimasse F grymas *m*
grinsen *umg* szczerzyć zęby
Grippe F grypa *f* **Grippeschutzimpfung** F szczepionka *f* przeciw grypie
grob gruby (-bo); *fig* grubiański (-ko) **Grobheit** F grubiaństwo *n*
Groll M uraza *f* **grollen** żywić urazę (*dat* do *gen*), dąsać się (na *akk*)
groß wielki, duży; (*hoch*) wysoki; **im Großen und Ganzen** ogólnie rzecz biorąc **großartig** wspaniały (-le)
Großbritannien N Wielka

Brytania *f*
Größe F wielkość *f*; rozmiar *m*
Großeltern PL dziadkowie *pl*
Großhandel M handel *m* hurtowy **Großmutter** F babka *f* **Großstadt** F wielkie miasto *n*
größtenteils przeważnie, w większej części
Großvater M dziadek *m*
großzügig wspaniałomyślny
Grotte F grota *f*, jaskinia *f*
Grube F dół *m*, jama *f*; BERGB kopalnia *f*
grübeln rozmyślać
Gruft F grobowiec *m*; krypta *f*
grün zielony (-no); **~ werden** zazielenić się *pf* **Grün** N zieleń *f*; **im ~en** na łonie natury
Grund M *Gewässer* dno *n*; *Boden* grunt *m*; *Ursache* powód *m*, przyczyna *f*
Grundbesitz M posiadłość *f* ziemska
gründen zakładać ⟨założyć⟩
Gründer(in) M(F) założyciel(ka) *m(f)*
Grundlage F podstawa *f*
gründlich gruntowny
Grundriss M rzut *m* poziomy; zarys *m*
Grundsatz M zasada *f*
grundsätzlich zasadniczy (-czo)
Grundschule F szkoła *f* podstawowa **Grundsteuer** F podatek *m* gruntowy **Grundstück** N działka *f*, parcela *f*
Gründung F założenie *n*
Grüne F członkini *f* Partii Zielonych **grünen** ⟨za⟩zielenić się **Grüne(r)** M członek *m* Partii Zielonych; **die Grünen** Partia *f* Zielonych
grunzen chrząkać
Gruppe F grupa *f* **Gruppenermäßigung** F zniżka *f* dla grup
Gruß M pozdrowienie *n*; **Grüße an ...** pozdrowienia dla ...
grüßen V/T pozdrawiać ⟨-rowić⟩, kłaniać ⟨ukłonić⟩ się (*akk dat*)
Grütze F kasza *f*
gucken *umg* spoglądać ⟨spojrzeć⟩
Gulasch M gulasz *m*
gültig ważny, obowiązujący
Gummi N guma *f* **Gummistiefel** M kalosz *m*
Gunst F: **zu meinen ~en** na moją korzyść
günstig przychylny; pomyślny; korzystny
Gurgel F gardło *n* **gurgeln** płukać gardło
Gurke F ogórek *m* **Gurkensalat** M mizeria *f*
Gurt M pas *m*
Gürtel M pasek *m* **Gürtelrose** F półpasiec *m*
Guss M odlew *m*; *Regen* ulewa *f*
gut dobry (-rze)
Gut N majątek *m*; HANDEL towar *m*
Gutachten N orzeczenie *n*, ekspertyza *f* **Gutachter(in)**

M(F) rzeczoznawca *m*
Güte F dobroć *f*; HANDEL jakość *f*
Güterbahnhof M dworzec *m* towarowy **Güterzug** M pociąg *m* towarowy
Guthaben N saldo *n* dodatnie; (*Schuld*) należność *f*
gutmütig dobroduszny
Gutschein M bon *m*
gutwillig dobrowolny
Gymnasium N liceum *n*
Gymnastik F gimnastyka *f*
Gynäkologe M ginekolog *m*
Gynäkologin F ginekolog *m*

H

Haar N włos *m*; KOLL włosy *mpl*; (*Tierhaar*) sierść *f*, włosie *n* **Haarausfall** M wypadanie *n* włosów **Haarbürste** F szczotka *f* do włosów **Haarfestiger** M preparat *m* do układania włosów **Haargel** N żel *m* do włosów **Haarschnitt** M fryzura *f* **Haarspray** M *od* N lakier *m* do włosów **haarsträubend** niesłychany; straszny **Haarwasser** N płyn *m* do włosów
Hab(e) F mienie *n*, dobytek *m*; **Hab und Gut** cały dobytek
haben mieć; **ich habe** mam; **zu ~** do nabycia
Habgier F chciwość *f* **habgierig** chciwy (-wie)
Habicht M jastrząb *m*
Hackbraten M pieczeń *f* rzymska, klops *m*
Hacke F ANAT pięta *f*
hacken ⟨po⟩rąbać
Hacken M → Hacke²
Hackfleisch N mięso *n* mielone *od* siekane
Hafen M port *m*
Hafer M owies *m* **Haferflocken** FPL płatki *mpl* owsiane
Haft F areszt *m* **Haftanstalt** F więzienie *n* **Haftbefehl** M nakaz *m* aresztowania
haften przylegać (**an** *dat* do *gen*); odpowiadać, ręczyć (**für** *akk* za *akk*)
Häftling M więzień *m*
Haftpflicht F odpowiedzialność *f* cywilna **Haftversicherung** F ubezpieczenie *n* od odpowiedzialności cywilnej
Hagebutte F owoc *m* dzikiej róży
Hagel M grad *m* **hageln**: **es hagelt** pada grad
hager szczupły (-ło)
Hahn M kogut *m*; TECH kurek *m* **Hähnchen** N kurczak *m*
Hai M rekin *m*
häkeln szydełkować **Häkelnadel** F szydełko *n*
Haken M hak *m*
halb pół; wpół; ADV na pół, w połowie **Halbfinale** N półfinał *m* **halbieren** ⟨po⟩dzielić na pół **Halbinsel** F półwysep

m **Halbjahr** N półrocze *n* **Halbkreis** M półkole *n* **Halbkugel** F półkula *f* **Halbschuh** M półbut *m* **Halbzeit** F połowa *f* gry

Hälfte F połowa *f*; **zur ~** do połowy, w połowie; **in zwei Hälften** na pół

Halle F hala *f* **Hallenbad** N pływalnia *f* kryta

Halm M źdźbło *n*

Halogenlampe F lampa *f* halogenowa

Hals M szyja *f*; gardło *n* **Halsausschnitt** M dekolt *m* **Halsband** N naszyjnik *m*; (*Hundehalsband*) obroża *f* **Halsentzündung** F zapalenie *n* gardła **Hals-Nasen--Ohren-Arzt** M laryngolog *m* **Halsschmerzen** MPL ból *m* gardła **Halstuch** N apaszka *f*

Halt M oparcie *n* **haltbar** trwały

halten trzymać (**sich** się); *Vertrag, Wort* dotrzymywać ⟨-mać⟩; *Kurs, Ordnung* utrzymywać ⟨-mać⟩; *Rede* wygłaszać ⟨-łosić⟩; uważać (**für** *akk* za *akk*); VI (*stoppen*) zatrzymywać ⟨-mać⟩ się

Haltestelle F przystanek *m*; *S-Bahn, U-Bahn* stacja *f* **Halteverbot** N zakaz *m* zatrzymywania się; zakaz *m* postoju

Haltung F postawa *f*

Hammel M baran *m* **Hammelbraten** M pieczeń *f* baranina *f* **Hammelfleisch** N baranina *f*

Hammer M młotek *m*, młot *m* **Hammerwerfen** N SPORT rzut *m* młotem

Hämorrhoiden PL hemoroidy *pl*

Hamster M chomik *m*

Hand F ręka *f*; **flache ~** dłoń *f* **Handarbeit** F praca *f* ręczna; (*Nadelarbeit*) robótka *f* **Handball** M piłka *f* ręczna **Handbremse** F hamulec *m* ręczny **Handbuch** N podręcznik *m* **Handcreme** F krem *m* do rąk

Handel M handel *m*

handeln postępować ⟨-stąpić⟩; handlować (**mit** *dat inst*); **es handelt sich um** chodzi o

Handelsbeziehungen FPL stosunki *mpl* handlowe **Handelsgesellschaft** F spółka *f* handlowa **Handelsvertrag** M umowa *f* handlowa

Handfläche F dłoń *f* **handgearbeitet** ręcznie wykonany **Handgelenk** N przegub *m* ręki **Handgepäck** N bagaż *m* podręczny

Händler(in) M(F) handlarz *m*, handlarka *f*, handlowiec *m*

handlich poręczny

Handlung F czyn *m*, postępek *m*, działanie *n*; (*Aktion*) akcja *f*

Handpflege F manikiur *m*

Handschellen FPL kajdanki *pl* **Handschrift** F charakter *m* pisma; (*Schriftstück*) rękopis *m* **Handschuh** M rękawiczka *f* **Handschuhfach** N schowek *m* podręczny **Handtasche** F torebka *f* **Handtuch** N ręcznik *m* **Handvoll** F garść *f* **Handwerk** N rzemiosło *n* **Handwerker(in)** M(F) rzemieślnik *m*

Handy N telefon *m* komórkowy **Handyhülle** F etui *n* na komórkę **Handynummer** F numer *m* komórki **Handytasche** F etui *n* na komórkę

Hang M stok *m*; *fig* skłonność *f*, pociąg *m* (**zu** *dat* do *gen*)

Hängebrücke F most *m* wiszący **Hängematte** F hamak *m*

hängen wieszać ⟨powiesić⟩; V/I wisieć

hantieren majstrować (**an** *dat* przy *lok*)

Hardware F sprzęt *m* komputerowy

Harke F grabie *pl* **harken** grabić

harmlos nieszkodliwy

harmonisch harmonijny

Harn M mocz *m* **Harnblase** F pęcherz *m* moczowy **Harnröhre** F cewka *f* moczowa

hart twardy (-do)

Härte F twardość *f*

hartnäckig uporczywy (-wie), uparty (-cie)

Harz M żywica *f*

Haschisch N *od* M haszysz *m*

Hase M zając *m*

Haselnuss F orzech *m* laskowy

Hasenbraten M pieczeń *f* zajęcza

Hass M nienawiść *f* **hassen** nienawidzić

hässlich brzydki (-ko)

Hast F pośpiech *m* **hastig** szybki (-ko); ADV *a.* pospiesznie

hätscheln pieścić

Haube F czepek *m*; TECH kołpak *m*; AUTO maska *f*

Hauch M tchnienie *n*, dech *m*

hauchen V/I chuchać ⟨-chnąć⟩; V/T ⟨wy⟩szeptać

hauen *umg* (*schlagen*) bić, uderzać ⟨-rzyć⟩

Haufen M sterta *f* **häufen** ⟨na⟩gromadzić (**sich** się) **haufenweise** co niemiara

häufig częsty (-to) **Häufigkeit** F częstotliwość *f*, częstość *f*

Hauptbahnhof M dworzec *m* główny **Haupteingang** M wejście *n* główne **Hauptgewinn** M główna wygrana *f*

Häuptling M kacyk *m*, wódz *m*

Hauptrolle F główna rola *f*

Hauptsache F rzecz *f* najważniejsza **hauptsächlich** główny; ADV *a.* przede wszystkim

Hauptsaison F sezon *m* turystyczny **Hauptschule** F szkoła *f* główna **Hauptstadt** F stolica *f* **Hauptstraße** F główna ulica *f*

Haus N dom *m*; **nach Hause** do domu; **zu Hause** w domu

Hausarzt M lekarz *m* rodzinny

Hausärztin F lekarz *m* rodzinny **Hausaufgabe** F praca *f* domowa **Hausbesitzer(in)** M(F) właściciel(ka) *m(f)* domu **Hausfrau** F pani *f* domu, gospodyni *f* domowa **Haushalt** M gospodarstwo *n* domowe; (*Etat*) budżet *m*
haushalten gospodarować (**mit** *dat inst*) **Haushaltshilfe** F pomoc *f* domowa **Hausherr** M pan *m* domu, gospodarz *m*
häuslich domowy; *pers* będący domatorem
Hausmeister(in) M(F) dozorca *m*, dozorczyni *f* **Hausnummer** F numer *m* domu **Hausschlüssel** M klucz *m* od domu **Hausschuhe** MPL pantofle *mpl* domowe **Haustier** N zwierzę *n* domowe **Haustür** F drzwi *pl* wejściowe
Haut F skóra *f* **Hautarzt** M dermatolog *m* **Hautausschlag** M MED wysypka *f* **Hautfarbe** F kolor *m* skóry **Hautkrankheit** F choroba *f* skórna
Hebamme F położna *f*
Hebel M dźwignia *f*
heben podnosić ‹-nieść› (**sich** się)
Hebräisch N język *m* hebrajski
Hecht M szczupak *m*
Heck N SCHIFF rufa *f*; FLUG ogon *m*; AUTO tył *m* pojazdu **Heckantrieb** M AUTO napęd *m* na tylne koła
Hecke F żywopłot *m*
Heckscheibe F tylna szyba *f* **Heckscheibenheizung** F ogrzewanie *n* tylnej szyby
Heer N armia *f*, wojsko *n*
Hefe F drożdże *pl*
Heft N zeszyt *m*
heften przypinać ‹-iąć› (**an** *akk* do *gen*) **Hefter** M *Mappe* skoroszyt *m*; zszywacz *m*
heftig gwałtowny
Heftpflaster N przylepiec *m*
Heide[1] M poganin *m*
Heide[2] F wrzosowisko *n* **Heidekraut** N wrzos *m*
Heidelbeere F borówka *f*
Heidin F poganka *f*
heikel drażliwy; delikatny
heil cały (-ło); zdrowy (-wo) **heilbar** uleczalny **heilen** ‹wy›leczyć (**von** *dat* z *gen*); VI ‹za›goić się
heilig święty **Heiligabend** M Wigilia *f* Bożego Narodzenia **Heilige** F święta *f* **Heilige(r)** M święty *m* **Heiligtum** N świętość *f*; (*Tempel*) świątynia *f*
Heilmittel N środek *m* leczniczy **Heilpraktiker(in)** M(F) uzdrowiciel(ka) *m(f)* **Heilquelle** F źródło *n* lecznicze **heilsam** zbawienny **Heilung** F ‹wy›leczenie *n*; zagojenie *n* (się)
heim ADV do domu
Heim N dom *m*
Heimat F ojczyzna *f*, kraj *m* rodzinny **Heimatkunde** F

krajoznawstwo *n* **heimatlich** ojczysty, rodzinny
heimfahren ⟨po⟩jechać do domu **Heimfahrt** F powrót *m* do domu, droga *f* powrotna
heimgehen iść ⟨pójść⟩ do domu **heimisch**: **sich ~ fühlen** czuć się jak w domu
heimlich tajemny, potajemny; ADV skrycie
Heimreise F podróż *f* do domu **Heimspiel** N mecz *m* na własnym boisku **heimtückisch** podstępny **Heimweg** M droga *f* do domu **Heimweh** N tęsknota *f* za domem; tęsknota *f* za krajem
Heirat F małżeństwo *n*; *e-s Mannes* ożenek *m*; *e-r Frau* zamążpójście *n* **heiraten** *Mann* ⟨o⟩żenić się (*akk* z *inst*); *Frau* wychodzić ⟨wyjść⟩ za mąż (za *akk*) **Heiratsantrag** M oświadczyny *pl* **Heiratsurkunde** F akt *m* ślubu
heiser ochrypły (-le) **Heiserkeit** F chrypka *f*
heiß gorący (-co)
heißen V/I nazywać się; **das heißt** to znaczy
heiter *Wetter* pogodny; *Mensch* wesoły (-ło)
heizen ogrzewać ⟨-rzać⟩, opalać; palić (**mit** *dat inst*) **Heizer** M palacz *m* **Heizkissen** N poduszka *f* elektryczna **Heizkörper** M kaloryfer *m*, grzejnik *m* **Heizöl** N olej *m* opałowy **Heizung** F ogrzewanie *n*

Held M bohater *m* **heldenhaft** bohaterski (-ko)
helfen pomagać ⟨-móc⟩ **Helfer(in)** M(F) pomocnik *m*, pomocnica *f*
hell jasny (-no); *Zimmer* widny **hellblau** jasnobłękitny **Helligkeit** F jasność *f* **Hellseher(in)** M(F) jasnowidz *m*
Helm M hełm *m*; kask *m* **Helmpflicht** F obowiązek *m* noszenia kasku
Hemd N koszula *f*
hemmen ⟨za⟩hamować **Hemmung** F hamowanie *n* **hemmungslos** niepohamowany
Hengst M ogier *m*
Henkel M ucho *n*, uszko *n*
Henne F kura *f*
her ADV *örtlich* tu; **von oben ~** z góry; **von weit ~** z daleka
herab na dół, w dół **herablassen** spuszczać ⟨-uścić⟩ na dół (**sich** się) **herablassend** protekcjonalny
herabsehen patrzeć z góry (**auf** *akk* na *akk*)
heran ADV bliżej, tu bliżej **herangehen** przystępować ⟨-stąpić⟩ (**an** *akk* do *gen*) **herankommen** przybliżać ⟨-żyć⟩ się **heranmachen**: **sich ~** zabierać ⟨-brać⟩ się (**an** *akk* do *gen*); *fig* zbliżać ⟨-żyć⟩ się, dobierać ⟨-brać⟩ się **herantreten** przystępować ⟨-stąpić⟩ (**an** *akk* do *gen*)
heranwachsen dorastać

⟨-rosnąć⟩ **heranziehen** VT przyciągać ⟨-gnąć⟩; *Buch usw* korzystać (*akk* z *gen*), uwzględniać ⟨-ić⟩

herauf w górę, na górę, pod górę **heraufbeschwören** wywoływać ⟨-łać⟩; przywoływać ⟨-łać⟩ **heraufkommen** wchodzić ⟨wejść⟩ (na górę) **heraufziehen** wciągać ⟨-gnąć⟩

heraus na zewnątrz; **von innen ~** z wewnątrz

herausbekommen wydostawać ⟨-tać⟩; *Fleck* wywabiać ⟨-ić⟩ **herausbrechen** wyłamywać ⟨-mać⟩ **herausfallen** wypadać ⟨-paść⟩ **herausfinden** VT wyszukać *pf*; VI znaleźć *pf* **herausfordern** ⟨s⟩prowokować **herausgeben** wydawać ⟨-dać⟩ **herausholen** wyciągać ⟨-gnąć⟩ **herauskommen** wychodzić ⟨wyjść⟩ **herauslassen** wypuszczać ⟨-ścić⟩ **herausnehmen** wyjmować ⟨wyjąć⟩ **herausragen** wznosić się; sterczeć **herausreden**: **sich ~** wymawiać ⟨-mówić⟩ się (**mit** *dat inst*) **herausstellen** wystawiać ⟨-ić⟩; **sich ~** okazywać ⟨-zać⟩ się **herausziehen** wyciągać ⟨-gnąć⟩

herb cierpki (-ko); *Wein* wytrawny

herbei tu **herbeieilen** przybiegać ⟨-biec⟩ **herbeirufen** przywoływać ⟨-łać⟩ **herbeischaffen** → holen, besorgen

Herbst M jesień *f*; **im ~** jesienią **herbstlich** jesienny

Herd M piec *m*; MED, *fig* ognisko *n*

Herde F stado *n*

herein do wnętrza; do środka; **~!** proszę (wejść)! **hereinbringen** wnosić ⟨wnieść⟩ (do środka) **hereinfallen** wpadać ⟨wpaść⟩; *umg fig* dać się nabrać (**auf** *akk* na *akk*) **hereinkommen** wchodzić ⟨wejść⟩ **hereinlassen** wpuszczać ⟨-ścić⟩ **hereinlegen** nabierać ⟨-brać⟩ kogoś

Hering M śledź *m* **Heringssalat** M sałatka *f* śledziowa

herkommen przychodzić ⟨przyjść⟩, podchodzić ⟨-dejść⟩; (*stammen*) pochodzić; **komm her!** chodź tu!

Herkunft F pochodzenie *n*

Heroin N heroina *f*

Herpes M opryszczka *f*

Herr M pan *m*

Herrenanzug M garnitur *m* męski **herrenlos** bezpański **Herrentoilette** F toaleta *f* męska

Herrgott M Pan Bóg *m*

herrichten ⟨przy⟩szykować

herrisch władczy (-czo)

herrlich wspaniały (-le), świetny

Herrschaft F panowanie *n*, władza *f*; **~en** *pl Anrede* państwo *pl* **herrschen** panować

Herrscher(in) M(F) władca *m*, władczyni *f*
herstellen wytwarzać ⟨-tworzyć⟩, ⟨wy⟩produkować **Hersteller(in)** M(F) producent(ka) *m(f)* **Herstellung** F wytwarzanie *n*, produkcja *f*
herüber tu, w tę stronę
herum naokoło, dokoła **herumdrehen** obracać ⟨-rócić⟩ (**sich** się) **herumfahren** objeżdżać ⟨-jechać⟩ **herumführen** oprowadzać ⟨-dzić⟩, wodzić **herumtreiben** *umg*: **sich ~** wałęsać się
herunter na dół; w dół **herunterbringen** znosić ⟨znieść⟩ **herunterkommen** schodzić ⟨zejść⟩ na dół; *fig* podupadać **herunterladen** IT ściągać ⟨-gnąć⟩, pobierać ⟨-brać⟩ **herunterlassen** spuszczać ⟨-ścić⟩ **herunternehmen** zdejmować ⟨zdjąć⟩ **herunterreißen** zdzierać ⟨zedrzeć⟩
hervor z, spod, zza, spoza (*gen*); do przodu **hervorgehen** wynikać ⟨-knąć⟩; wypływać ⟨-płynąć⟩ (**aus** *dat* z *gen*) **hervorheben** uwydatniać ⟨-ić⟩ **hervorragend** znakomity (-cie); *pers* wybitny **hervorrufen** wywoływać ⟨-łać⟩
Herz N serce *n*; *Karten* kier *m* **Herzanfall** M atak *m* serca **herzhaft** *Essen* pożywny; *Geschmack* pikantny **Herzinfarkt** M zawał *m* serca **Herzklopfen** N bicie *n* serca; kołatanie *n* serca **herzkrank** chory na serce **herzlich** serdeczny **herzlos** bez serca, nieczuły
Herzog(in) M(F) książę *m*, księżna *f*
Herzschlag M ANAT bicie *n* serca; MED udar *m* serca **Herzschrittmacher** M rozrusznik *m* serca
heterosexuell heteroseksualny
Hetze F nagonka *f* (**gegen** *akk* na *akk*) **hetzen** ⟨po⟩szczuć
Heu N siano *n*
Heuchelei F obłuda *f* **heucheln** udawać ⟨udać⟩ **Heuchler(in)** M(F) obłudnik *m*, obłudnica *f* **heuchlerisch** obłudny
heulen *Wind, Sirene* wyć; ryczeć; *umg* beczeć
Heuschnupfen M katar *m* sienny **Heuschrecke** F szarańcza *f*
heute dzisiaj, dziś; **~ Morgen** dziś rano; **von ~** dzisiejszy **heutig** dzisiejszy **heutzutage** obecnie
Hexe F wiedźma *f* **Hexenschuss** M MED postrzał *m*, lumbago *n*
Hieb M cios *m*, uderzenie *n*
hier tutaj, tu; **~!** jestem!; **~ bleiben** pozostawać ⟨-tać⟩ tu; **von ~** stąd; **von ~ aus** odtąd **hierauf** po tym, następnie; na tym **hieraus** z tego **hierbei** przy tym **hierfür** za to; na to

hierhin tu, w tę stronę **hiermit** niniejszym; przez to **hierzulande** *in diesem Land* w tym kraju; *in dieser Gegend* w tej okolicy
hiesig tutejszy, miejscowy
Hi-Fi-Anlage F wieża *f* hi-fi
Hilfe F pomoc *f*; (**zu**) **~!** na pomoc!, ratunku!; **mit ~** przy pomocy (**von** *dat*, *gen gen*) **hilflos** bezradny **Hilfsaktion** F akcja *f* pomocy **Hilfsarbeiter(in)** M(F) robotnik *m* niewykwalifikowany, robotnica *f* niewykwalifikowana **hilfsbedürftig** potrzebujący pomocy **Hilfsmittel** N środek *m* pomocniczy
Himbeere F malina *f* **Himbeergeist** M malinówka *f*
Himmel M niebo *n* **himmelblau** błękitny **Himmelfahrt** F: **Christi ~** Wniebowstąpienie *n* **Himmelskörper** M ciało *n* niebieskie **Himmelsrichtung** F strona *f* świata
hin tam, w tamtą stronę; **~ und wieder** niekiedy; **~ und her, ~ und zurück** tam i z powrotem
hinab na dół, w dół; **bis ~ zu** aż do (*dat gen*) **hinabsteigen** schodzić ⟨zejść⟩
hinauf na górę, w górę, pod górę; **bis ~ zu** aż do (*dat gen*) **hinaufgehen** wchodzić *od* iść ⟨wejść⟩ na górę **hinaufziehen** wciągać ⟨-gnąć⟩ (na górę)
hinaus na zewnątrz; **über ... ~** poza **hinausgehen** wychodzić ⟨wyjść⟩ **hinauslehnen** wychylać ⟨-lić⟩ (**sich** się) **hinausschieben** wysuwać ⟨-unąć⟩ **hinaustragen** wynosić ⟨-nieść⟩ **hinauswerfen** wyrzucać ⟨-cić⟩ **hinauszögern** zwlekać
Hinblick M: **im ~** ze względu (**auf** *akk* na *akk*)
hinbringen zanosić ⟨-nieść⟩; *Zeit* spędzać ⟨-dzić⟩
hinderlich: **~ sein** przeszkadzać **hindern** przeszkadzać ⟨-szkodzić⟩ (**j-n an** *dat* k-u w *lok*) **Hindernis** N przeszkoda *f* **Hindernislauf** M SPORT bieg *m* z przeszkodami
hindurch przez, poprzez
hinein w, do (wnętrza, środka) **hineingehen** wchodzić ⟨wejść⟩ **hineinpassen** pasować (**in** *akk* do *gen*), mieścić się **hineintun** wkładać ⟨włożyć⟩ **hineinziehen** wciągać ⟨-gnąć⟩
hinfahren zawozić ⟨-wieźć⟩; V/I ⟨po⟩jechać **Hinfahrt** F: **auf der ~** po drodze w tamtą stronę
hinfallen upaść *pf* **hinführen** ⟨za⟩prowadzić (**zu** *dat* do *gen*) **hingehen** iść ⟨pójść⟩ (do *gen*), iść ⟨pójść⟩ tam
hinken utykać, kuleć
hinlegen kłaść ⟨położyć⟩ (**sich** się) **hinnehmen** *fig* ⟨po⟩godzić się (*akk* z *inst*);
hinreißend zachwycający

(-co), porywający (-co)
hinsetzen → setzen
Hinsicht F wzgląd *m*; **in dieser ~** pod tym względem **hinsichtlich** *(gen)* odnośnie do, co do *(gen)*
hinten w tyle; **von ~** z tyłu; **nach ~** do tyłu
hinter *(dat, akk)* za *(inst, akk)*
Hinterachse F oś *f* tylna
Hinterbliebene(n) PL rodzina *f* osoby zmarłej
hintere(r) tylny **hintereinander** jeden za drugim
Hintergrund M tło *n* **Hinterhaus** N oficyna *f*
hinterher *(dat)* za, po *(inst)*; *zeitlich* potem
hinterlassen pozostawiać ⟨-ić⟩ **(als Erbe** w spadku) **hinterlegen** ⟨z⟩deponować
hinterlistig podstępny
Hintern *umg* M tyłek *m*
Hinterrad N tylne koło *n*
Hinterteil N *umg* tyłek *m*
hinüber na tamtą stronę **hinüberfahren** przejeżdżać ⟨-jechać⟩ na tamtą stronę
Hin- und Rückfahrt F podróż *f od* jazda *f* tam i z powrotem
hinunter na dół, w dół **hinuntergehen** schodzić ⟨zejść⟩ **hinunterschlucken** przełykać ⟨-łknąć⟩
Hinweg M droga *f* w tamtą stronę
hinwegsetzen: sich über etwas ~ nie zważać na coś
Hinweis M wskazówka *f* **hinweisen** wskazywać ⟨-zać⟩
Hinweiszeichen N AUTO znak *m* informacyjny
hinziehen: sich ~ ciągnąć się; przeciągać ⟨-gnąć⟩ się
hinzu do tego; nadto **hinzufügen** doda(wa)ć; dołączać ⟨-czyć⟩ (**zu** *dat* do *gen*) **hinzukommen** dochodzić ⟨dojść⟩
hinzutreten podchodzić ⟨-dejść⟩ (bliżej) **hinzuzählen** doliczać ⟨-czyć⟩ (**zu** *dat* do *gen*) **hinzuziehen** V/T zasięgać ⟨-gnąć⟩ rady *(akk gen)*
Hirn N mózg *m* **Hirnhautentzündung** F zapalenie *n* opon mózgowych
Hirsch M jeleń *m*
Hirse F proso *n*
Hirte M pasterz *m*
historisch historyczny
Hit M przebój *m*, hit *m* **Hitliste** F lista *f* przebojów **Hitparade** F → Hitliste
Hitze F gorąco *n*; *(Sommerhitze)* upał *m* **hitzebeständig** żaroodporny **Hitzewelle** F fala *f* gorąca **Hitzschlag** M udar *m* cieplny
HIV N HIV *m* **HIV-positiv** zarażony HIV
H-Milch F mleko *n* UHT
Hobby N hobby *n*
Hobel M strug *m*, hebel *m*
hoch wysoki (-ko) **hochachtungsvoll** z poważaniem
Hochbetrieb M wzmożony ruch *m*; gorący okres *m*

Hochdeutsch N niemiecki język *m* literacki **Hochdruck** M wysokie ciśnienie *n* **Hochebene** F płaskowyż *m* **Hochgebirge** N góry *fpl* wysokie
hochhackig na wysokim obcasie
Hochhaus N wieżowiec *m*
hochklappen *Stuhl* składać ⟨złożyć⟩
hochmütig wyniosły (-śle)
Hochsaison F pełnia *f* sezonu **Hochschule** F szkoła *f* wyższa **Hochsommer** M środek *m* lata **Hochspannung** F ELEK wysokie napięcie *n* **Hochsprung** M SPORT skok *m* wzwyż
höchst najwyższy (-żej); maksymalny; ADV *a.* nadzwyczaj
Höchstgeschwindigkeit F prędkość *f* maksymalna **Höchstpreis** M najwyższa cena *f*
höchstwahrscheinlich ADV najprawdopodobniej
Hochwasser N powódź *f*
hochwertig pełnowartościowy, najwyższej jakości
Hochzeit F wesele *n* **Hochzeitskleid** N suknia *f* ślubna **Hochzeitsreise** F podróż *f* poślubna **Hochzeitstag** M dzień *m* ślubu; (*Jahrestag*) rocznica *f* ślubu
hocken ślęczeć (**über** *dat* nad *inst*); siedzieć w kucki **Hocker** M stołek *m*, taboret *m*
Höcker M garb *m*
Hockey N hokej *m*
Hoden M ANAT jądro *n*
Hof M podwórze *n*, dziedziniec *m*; (*Bauernhof*) zagroda *f*
hoffen mieć nadzieję; spodziewać się (**auf** *akk gen*) **hoffentlich**: ~ **kommt er** mam nadzieję, że przyjdzie **Hoffnung** F nadzieja *f* **hoffnungslos** beznadziejny
höflich grzeczny, uprzejmy
hohe(r) → hoch
Höhe F wysokość *f*; (*Hügel*) wzniesienie *n*
Höhenangst F lęk *m* wysokości **Höhenklima** N klimat *m* górski
Höhepunkt M punkt *m* kulminacyjny, szczyt *m*
höher wyższy (-żej)
hohl pusty (-to); *Ton* głuchy (-cho); *Wangen* zapadły
Höhle F jaskinia *f*
Hohlraum M pusta przestrzeń *f*
Hohn M szyderstwo *n* **höhnisch** szyderczy (-czo)
holen iść ⟨pojść⟩ (*akk* po *akk*); ~ **lassen** posyłać ⟨-słać⟩ (*akk* po *akk*)
Holland N Holandia *f* **Holländer(in)** M(F) Holender(ka) *m(f)* **holländisch** holenderski (po -ku)
Hölle F piekło *n* **höllisch** piekielny
holprig *Weg* wyboisty
Holunder M czarny bez *m*
Holz N drewno *n* **hölzern**

drewniany **Holzfäller** M drwal *m* **holzig** zdrewniały **Holzkohle** F węgiel *m* drzewny **Holzspäne** MPL wióry *mpl* **Holzsplitter** M drzazga *f*
Homebanking N home banking *m* **Homeoffice** N (*Heimarbeit*) praca *f* z domu; (*Arbeitsplatz*) biuro *n* w domu **Homepage** F IT strona *f* domowa
homöopathisch homeopatyczny
homosexuell homoseksualny
Honig M miód *m*
Honorar N honorarium *n*
Hopfen M chmiel *m*
hörbar słyszalny
horchen nasłuchiwać
hören słuchać; (u)słyszeć **Hörer** M słuchacz *m*; TEL słuchawka **Hörerin** F słuchaczka *f* **Hörgerät** N aparat *m* słuchowy
Horizont M horyzont *m*
Horn N róg *m*
Hörnchen N rogalik *m*
Hornhaut F ANAT rogówka *f*; (*Schwiele*) odcisk *m*
Hornisse F szerszeń *m*
Horoskop N horospkop *m*
Horrorfilm M horror *m*
Hörsaal M sala *f* wykładowa **Hörspiel** N słuchowisko *n* **Hörsturz** M MED nagłe osłabienie *n* słuchu
horten (na)gromadzić
Hose F spodnie *pl* **Hosenanzug** M spodnium *n*, garnitur *m* damski **Hosenbein** N nogawka *f* **Hosenschlitz** M rozporek *m* **Hosentasche** F kieszeń *f* w spodniach **Hosenträger** M szelki *fpl*
Hotel N hotel *m* **Hoteldirektor(in)** M(F) dyrektor(ka) *m(f)* hotelu **Hotelkette** F sieć *f* hoteli **Hotelzimmer** N pokój *m* hotelowy
Hotline F gorąca linia *f*
Hubraum M AUTO objętość *f* skokowa
hübsch ładny
Hubschrauber M helikopter *m*
Huf M kopyto *n* **Hufeisen** N podkowa *f*
Hüfte F biodro *n*
Hügel M pagórek *m*, wzgórze *n* **hügelig** pagórkowaty (-to)
Huhn N kura *f* **Hühnchen** N kurczak *m*, kurczę *n* **Hühnerauge** N odcisk *m* **Hühnerbrühe** F rosół *m* z kury **Hühnerstall** M kurnik *m*
Hülle F powłoka *f*; osłona *f*
Hülse F łuska *f*; łupina *f*; (*Schote*) strączek *m* **Hülsenfrüchte** PL rośliny *fpl* strączkowe
human humanitarny; ludzki (po -ku) **humanitär** humanitarny
Hummel F trzmiel *m*
Hummer M homar *m*
Humor M humor *m* **humorvoll** dowcipny
humpeln *umg* utykać, kuleć
Hund M pies *m* **Hundeleine**

F smycz *f*
hundert sto **hundertfach** stokrotny **hundertjährig** stuletni **hundertprozentig** stuprocentowy **hundertste(r)** setny
Hündin F suka *f*, suczka *f*
Hüne M olbrzym *m*
Hunger M głód *m*; **~ haben** być głodnym **hungern** głodować **Hungerstreik** M strajk *m* głodowy **hungrig** głodny
Hupe F klakson *m* **hupen** trąbić, dawać ⟨dać⟩ sygnał
Hüpfburg F zamek *m* do skakania **hüpfen** podskakiwać
Hürde F *Sport* płotek *m* **Hürdenlauf** M bieg *m* przez płotki
Hure F *pop* dziwka *f*
husten ⟨za⟩kaszlać **Husten** M kaszel *m* **Hustenbonbon** M *od* N cukierek *m* na kaszel
Hustenmittel N środek *m* przeciwkaszlowy
Hut M kapelusz *m*
Hütte F chata *f*; szałas *m*; TECH huta *f*
hygienisch higieniczny
hysterisch histeryczny

I

ICE® M Intercity Express *m*
ich ja
ideal idealny
Ideal N ideał *m*
Idee F idea *f*; myśl *f*
identisch identyczny **Identität** F tożsamość *f*
Idiot(in) M(F) idiota *m*, idiotka *f* **idiotisch** idiotyczny
Idol N idol *m*
Idylle F idylla *f* **idyllisch** idylliczny
Igel M jeż *m*
ignorieren ⟨z⟩ignorować
ihm jemu, mu; **mit ~** z nim
ihn jego, go **ihnen** im; **mit ~** z nimi **Ihnen** pani, panu, państwu
ihr wy; *dat von* **sie** jej; *possessiv* jej; PL ich; swój, swoja, swoje; PL swoi, swoje **Ihr** pana, pani, państwa; swój, swoja, swoje; PL swoi, swoje **ihretwegen** z jej powodu; PL z ich powodu
illegal nielegalny
Illusion F iluzja *f* **illusorisch** iluzoryczny
Illustrierte F czasopismo *n* ilustrowane
Iltis M tchórz *m*
Imbiss M przekąska *f* **Imbissstube** F bufet *m*, bar *m*
Imitation F imitacja *f*
Imker M pszczelarz *m*
immer zawsze; **~ besser** coraz lepiej; **~ wieder** wciąż na nowo; **für ~** na zawsze
immerhin bądź co bądź **immerzu** nieustannie
Immigrant(in) M(F) imigrant(ka) *m(f)*
Immobilien FPL nieruchomoś-

ci *fpl* **Immobilienmakler(in)** M(F) agent(ka) *m(f)* nieruchomości
immun odporny (**gegen** *akk* na *akk*)
Immunschwäche F osłabienie *n* układu immunologicznego **Immunschwächekrankheit** F choroba *f* immunokigiczna **Immunsystem** N układ *m* immunologiczny
impfen ⟨za⟩szczepić **Impfpass** M karta *f* szczepień **Impfstoff** M szczepionka *f* **Impfung** F szczepienie *n*
imponieren ⟨za⟩imponować
Import M import *m* **importieren** importować
impotent cierpiący na impotencję
imstande: ~ **sein** być w stanie
in (*dat, akk*) w (*lok*); do (*gen*), na (*akk*)
inbegriffen łącznie z (*akk inst*)
Inbetriebnahme F uruchomienie *n*
indem podczas gdy; przez to, że
Inder(in) M(F) Hindus(ka) *m(f)*
Index M FIN wskaźnik *m*; (*Register*) indeks *m*
Indianer(in) *neg!* M(F) Indianin *m*, Indianka *f*
Indien N Indie *pl*
indirekt pośredni (-nio)
indisch indyjski
individuell indywidualny **Individuum** N jednostka *f*
Industrie F przemysł *m* **Industrie-** przemysłowy **Industriezweig** M gałąź *f* przemysłu
Infektion F infekcja *f*, zakażenie *n* **Infektionskrankheit** F choroba *f* zakaźna
infolge wskutek **infolgedessen** wskutek tego
Informatik F informatyka *f* **Informatiker(in)** M(F) informatyk *m*
Information F informacja *f*
informieren ⟨po⟩informować
Ingenieur(in) M(F) inżynier *m*
Inhaber(in) M(F) właściciel(ka) *m(f)*
inhaftieren ⟨za⟩aresztować
Inhalt M *Buch* treść *f*; *Tasche* zawartość *f*; *Glas* pojemność *f* **Inhaltsverzeichnis** N *Buch* spis *m* treści; spis *m* rzeczy
Injektion F zastrzyk *m*
inklusive włącznie
Inkrafttreten N wejście *n* w życie
Inland N: **im** ~ w kraju
Inliner PL SPORT łyżworolki *fpl*
inmitten pośród
innen wewnątrz; **nach** ~ do wewnątrz; **von** ~ od wewnątrz
Innenminister M minister *m* spraw wewnętrznych **Innenseite** F strona *f* wewnętrzna
Innenstadt F śródmieście *n*
innere(r) wewnętrzny **Innere(s)** N wnętrze *n* **innerhalb** wewnątrz; *zeitlich* w ciągu **innerlich** wewnętrzny

Innovation F innowacja *f*
inoffiziell nieoficjalny
insbesondere w szczególności; zwłaszcza
Inschrift F napis *m*
Insekt N owad *m* **Insektenschutzmittel** N środek *m* owadobójczy **Insektenstich** M ukąszenie *n* owada
Insel F wyspa *f*
insgeheim potajemnie
Insider(in) M(F) wtajemniczony *m*, wtajemniczona *f*
insofern (*falls*) o ile
Installateur M instalator *m*
installieren ⟨za⟩instalować
instand: ~ **halten** utrzymywać ⟨-mać⟩ w dobrym stanie; ~ **setzen** naprawiać ⟨-ić⟩, doprowadzać ⟨-dzić⟩ do porządku
Institut N instytut *m* **Institution** F instytucja *f*
Instrument N instrument *m*
Inszenierung F inscenizacja *f*
intakt w dobrym stanie, nienaruszony
intellektuell intelektualny
intelligent inteligentny **Intelligenz** F inteligencja *f*
intensiv intensywny **Intensivkurs** M intensywny kurs *m* **Intensivstation** F oddział *m* intensywnej terapii
interessant interesujący (-co), ciekawy (-wie) **Interesse** N zainteresowanie *n* **interessieren** ⟨za⟩interesować (**sich** się)
international międzynarodowy
Internet N internet *m* **Internetcafé** N kawiarnia *f* internetowa **Internetseite** F strona *f* internetowa **Internetzugang** M IT dostęp *m* do internetu
Interview N wywiad *m* **interviewen** przeprowadzać ⟨-dzić⟩ wywiad
investieren ⟨za⟩inwestować
Investition F inwestycja *f*
inzwischen tymczasem
Irak M Irak *m*
Iran M Iran *m*
irgendein jakikolwiek, jakiś **irgendjemand** ktokolwiek, ktoś **irgendwann** kiedykolwiek, kiedyś **irgendwas** cokolwiek, coś **irgendwelche(r)** którykolwiek **irgendwie** jakoś **irgendwo** gdziekolwiek, gdzieś **irgendwohin** dokądkolwiek
ironisch ironiczny
irre obłąkany **irreführen** wprowadzać ⟨-dzić⟩ w błąd **irren**: **sich** ~ ⟨po⟩mylić się **Irrsinn** M obłęd *m*; *fig* szaleństwo *n* **Irrtum** M pomyłka *f*, błąd *m* **irrtümlich** błędny, mylny; ADV przez pomyłkę
Islam M islam *m* **islamisch** islamski
Isolierband N taśma *f* izolacyjna
Italien N Włochy *pl* **Italiener(in)** M(F) Włoch *m*, Włoszka

f **italienisch** włoski (po -ku)

J

ja tak

Jacht F jacht *m*

Jacke F kurtka *f*; bluza *f*; żakiet *m* **Jackett** N marynarka *f*

Jagd F polowanie *n* **Jagdhund** M pies *m* myśliwski **Jagdrevier** N teren *m* łowiecki **jagen** polować; gonić **Jäger(in)** M(F) myśliwy *m*, łowczyni *f*

Jahr N rok *m*; **Jahre** *pl* lata *pl* **Jahrestag** M rocznica *f* **Jahreszeit** F pora *f* roku **Jahrgang** M rocznik *m* **Jahrhundert** N wiek *m*, stulecie *n* **jährlich** (co)roczny

jähzornig porywczy (-czo)

jämmerlich żałosny (-śnie) **jammern** lamentować

Januar M styczeń *m*; **im ~** w styczniu

Japan N Japonia *f* **Japaner(in)** M(F) Japończyk *m*, Japonka *f* **japanisch** japoński (po -ku)

jawohl tak jest

je kiedykolwiek; **~ zwei** co dwa; po dwa; **~ ... desto** im ... tym; **~ nach** zależnie od

Jeans F dżinsy *pl*

jedenfalls w każdym razie

jeder, jede, jedes każdy, każda, każde; **jedes Mal** za każdym razem

jederzeit o każdej porze

jedoch jednak, jednakże

jeglich wszelki, każdy

jeher: **von ~** od dawna

jemals kiedyś, kiedykolwiek **jemand** ktoś

jener, jene, jenes tamten, tamta, tamto; PL tamci, tamte; ów, owa, owe; PL owi, owe

jenseits z tamtej strony, po tamtej stronie

jetzig teraźniejszy

jetzt teraz, obecnie; **bis ~** dotychczas

jeweils każdorazowo

Job M praca *f* **jobben** pracować

joggen uprawiać jogging **Jogging** F jogging *m*

Joghurt M *od* N jogurt *m*

Johannisbeere F porzeczka *f*

Journal N dziennik *m*; żurnal *m* **Journalist(in)** M(F) dziennikarz *m*, dziennikarka *f*

Joystick M joystick *m*

jubeln radować się głośno; wiwatować **Jubiläum** N jubileusz *m*

jucken swędzieć **Juckreiz** M swędzenie *n*

Jude M Żyd *m* **Jüdin** F Żydówka *f* **jüdisch** żydowski (po -ku)

Jugend F młodość *f*; *pers* młodzież *f* **Jugendamt** N urząd *m* do spraw młodzieży **Jugendherberge** F schronisko

n młodzieżowe **Jugendliche** F nastolatka *f*; JUR nieletnia *f* **Jugendliche(r)** M nastolatek *m*; JUR nieletni *m*
Juli M lipiec *m*; **im ~** w lipcu
jung młody (-do)
Junge M chłopiec *m*, chłopak *m*
jünger młodszy (-dziej)
Junggeselle M kawaler *m*
jüngst najmłodszy; ADV niedawno, ostatnio
Juni M czerwiec *m*; **im ~** w czerwcu
Jurist(in) M(F) prawnik *m*, prawniczka *f* **juristisch** prawniczy
Justiz F sądownictwo *n* **Justizminister(in)** M(F) minister *m* sprawiedliwości **Justizministerium** N ministerstwo *n* sprawiedliwości
Juwelen FPL biżuteria *f* **Juwelier(in)** M(F) jubiler *m*

K

Kabel N kabel *m* **Kabelfernsehen** N telewizja *f* kablowa
Kabeljau M dorsz *m*
Kabine F kabina *f*; *Schiff* kajuta *f*
Kachel F kafel *m*
Käfer M chrząszcz *m*
Kaffee M kawa *f* **Kaffeemaschine** F ekspres *m* do kawy **Kaffeetasse** F filiżanka *f* do kawy
Käfig M klatka *f*
kahl goły (-ło); *pers* łysy
Kahn M łódka *f*; (*Lastkahn*) barka *f*
Kai M nabrzeże *n*
Kaiser(in) M(F) cesarz(owa) *m(f)*
Kaiserschnitt M MED cesarskie cięcie *n*
Kajüte F kajuta *f*
Kaktus M kaktus *m*
Kalb N cielę *n*, cielak *m* **Kalbfleisch** N cielęcina *f* **Kalbsbraten** M pieczeń *f* cielęca
Kalender M kalendarz *m*
Kalk M wapno *n* **Kalkstein** M wapień *m*
Kalorie F kaloria *f*
kalt zimny (-no); **es ist ~** zimno; **~ werden** ⟨o⟩stygnąć; *Wetter* oziębiać ⟨-ić⟩ się **kaltblütig** zimnokrwisty **Kälte** F zimno *n*; *fig* oziębłość *f*
Kalzium N wapń *m*
Kamel N wielbłąd *m*
Kamera F kamera *f*; (*Fotoapparat*) aparat *m* fotograficzny
Kamerad(in) M(F) kolega *m*, koleżanka *f*, towarzysz(ka) *m(f)* **kameradschaftlich** koleżeński (po -ku)
Kamille F rumianek *m*
Kamin M kominek *m*
Kamm M grzebień *m*; (*Bergkamm*) grzbiet *m* (górski), grań *f*
kämmen ⟨u⟩czesać (**sich** się)

Kammer F izba *f* **Kammermusik** F muzyka *f* kameralna **Kampf** M walka *f* **kämpfen** walczyć (**um, für** *akk* o *akk*) **Kämpfer(in)** M(F) bojownik *m*, bojowniczka *f* **Kampfrichter(in)** M(F) SPORT sędzia *m* **Kampfsport** M sport *m* walki
Kanada N Kanada *f* **Kanadier(in)** M(F) Kanadyjczyk *m*, Kanadyjka *f* **kanadisch** kanadyjski
Kanal M kanał *m*; ANAT przewód *m*
Kanarienvogel M kanarek *m*
Kandidat(in) M(F) kandydat(ka) *m(f)*
kandiert: **kandierte Früchte** owoce *mpl* kandyzowane
Kaninchen N królik *m*
Kanister M kanister *m*
Kanne F bańka *f*; (*Kaffeekanne*) dzbanek *m*
Kanone F armata *f*
Kante F krawędź *f*, kant *m*
Kantine F stołówka *f*; kantyna *f*
Kanu N kanu *n*; kajak *m*
Kanzlei F kancelaria *f*
Kanzler(in) M(F) kanclerz *m*
Kap N przylądek *m*
Kapelle F kaplica *f*; MUS kapela *f*
kapieren *umg* ⟨s⟩kapować
Kapital N kapitał *m* **kapitalistisch** kapitalistyczny
Kapitän M kapitan *m*
Kapitel N rozdział *m*
kapitulieren ⟨s⟩kapitulować
Kaplan M wikariusz *m*; kapelan *m*
Kappe F czapka *m*
Kapsel F MED kapsułka *f*
kaputt zepsuty; *Glas* rozbity; *Hose* podarty; *pers* skonany; **~ machen** ⟨po⟩psuć; ⟨s⟩tłuc; podrzeć *pf* **kaputtgehen** ⟨po⟩psuć się; ⟨s⟩tłuc się
Kapuze F kaptur *m*
Karaffe F karafka *f*
Karambolage F *umg* kraksa *f*
Karate N karate *n*
Kardinal M kardynał *m*
Karfreitag M Wielki Piątek *m*
kariert w kratkę
Karies F próchnica *f*
Karneval M karnawał *m*
Karosserie F karoseria *f*
Karotte F marchew *f*, marchewka *f*
Karpaten PL Karpaty *pl*
Karpfen M karp *m*
Karriere F kariera *f*
Karte F karta *f*; **Karten spielen** ⟨za⟩grać w karty
Kartei F kartoteka *f*
Kartenspiel gra *f* w karty; talia *f* kart
Kartentelefon N automat *m* telefoniczny na karty
Kartoffel F ziemniak *m*, kartofel *m* **Kartoffelpüree** N purée *n* ziemniaczane **Kartoffelsalat** M sałatka *f* ziemniaczana **Kartoffelsuppe** F zupa *f* ziemniaczana, kartoflanka *f*

Karton M karton *m*
Karussell N karuzela *f*
Karwoche F Wielki Tydzień *m*
Käse M ser *m* **Käsekuchen** M sernik *m*
Kaserne F koszary *pl*
Kaskoversicherung F ubezpieczenie *n* autocasco
Kasse F kasa *f*
Kassenarzt M lekarz *m* kasy chorych **Kassenbon** M paragon *m*
kassieren ‹za›inkasować **Kassierer(in)** M(F) kasjer(ka) *m(f)*
Kastanie F kasztan *m*
Kasten M skrzynia *f*, pudło *n*
Katalog M katalog *m*
Katalysator M katalizator *m*
Kater M kocur *m*, kot *m*; *umg fig* kac *m*
Kathedrale F katedra *f*
Katholik(in) M(F) katolik *m*, katoliczka *f* **katholisch** katolicki
Katze F kot *m*; *weiblich* kotka *f*
kauen żuć, przeżuwać
Kauf M kupno *n* **kaufen** kupować ‹-pić›
Käufer(in) M(F) kupujący *m*, kupująca *f*; (*Kunde*) klient(ka) *m(f)*
Kauffrau F handlowiec *m* **Kaufhaus** N dom *m* towarowy **Kaufmann** M handlowiec *m* **Kaufvertrag** M umowa *f* sprzedaży
Kaugummi M *od* N guma *f* do żucia
kaum prawie nie; chyba nie; ~ **zu glauben** trudno uwierzyć
Kaution F kaucja *f*; **gegen** ~ za kaucją
Kaviar M kawior *m*
Kegel M MATH stożek *m*; *Spiel* kręgiel *m* **Kegelbahn** F kręgielnia *f* **kegeln** ‹za›grać w kręgle
Kehle F gardło *n* **Kehlkopf** M krtań *f*
kehren zamiatać ‹-mieść›
Kehrseite F odwrotna strona *f*
Keil M klin *m*
Keiler M odyniec *m*
Keilriemen M pas *m* klinowy
Keim M zarodek *m* **keimfrei** jałowy, sterylny
kein żaden, żadna, żadne; PL żadni, żadne; **das ist ~ ...** to nie jest ...; **ich habe keine Zeit** nie mam czasu
keinesfalls w żadnym razie
keineswegs bynajmniej
keinmal ani razu
Keks M *od* N ciastko *n*, herbatnik *m*
Kelle F kielnia *f*; GASTR łyżka *f* wazowa
Keller M piwnica *f* **Kellergeschoss** N suterena *f*
Kellner(in) M(F) kelner(ka) *m(f)*
kennen znać (**sich** się, siebie); ~ **lernen** poznawać ‹-nać› (**sich** się)
Kenner(in) M(F) znawca *m*, znawczyni *f* **Kenntnis** F wiadomość *f*; **~se** *pl* znajomość *f*, wiedza *f* **Kennzeichen** N znak *m*, cecha *f*, oznaka *f*;

AUTO numer *m* rejestracyjny **kennzeichnen** <o>znakować; cechować
kentern wywracać <-wrócić> się (do góry dnem)
Keramik F ceramika *f*
Kerbe F karb *m*, nacięcie *n*
Kerl M *umg* facet *m*, chłop *m*
Kern M jądro *n*; (*Obstkern*) ziarnko *n*, pestka *f* **Kernenergie** F energia *f* jądrowa **kerngesund** zdrowy jak rydz **Kernkraft** F energia *f* jądrowa
Kerze F świeca *f*
Kessel M kocioł *m*
Ketchup M *od* N keczup *m*
Kette F łańcuch *m*; *Schmuck* łańcuszek *m* **Kettenraucher** M nałogowy palacz *m*
keuchen dyszeć, sapać **Keuchhusten** M koklusz *m*, krztusiec *m*
Keule F maczuga *f*; GASTR udziec *m*
Keyboard N keyboard *m*
Kfz N samochód *m*, pojazd *m* mechaniczny **Kfz-Brief** M książka *f* pojazdu
kichern <za>chichotać
Kiefer[1] M ANAT szczęka *f*
Kiefer[2] F sosna *f*
Kiemen FPL skrzela *npl*
Kies M żwir *m*
kiffen *umg* palić trawkę
Kilo N kilo *n* **Kilogramm** N kilogram *m*
Kilometer M kilometr *m* **Kilometerzähler** M licznik *m* kilometrów
Kind N dziecko *n*
Kinderarzt M pediatra *m*
Kinderermäßigung F zniżka *f* dla dzieci **Kindergarten** M przedszkole *n* **Kindergeld** N zasiłek *m* na dzieci **Kinderkrankheit** F choroba *f* dziecięca **Kinderkrippe** F żłobek *m* **Kindernahrung** F produkty *mpl* żywnościowe dla dzieci **Kindersicherung** F zabezpieczenie *n* przed dziećmi **Kindersitz** M fotelik *m* samochodowy **Kinderwagen** M wózek *m* dziecięcy **Kinderzimmer** N pokój *m* dziecięcy
Kindheit F dzieciństwo *n* **kindisch** dziecinny
Kinn N podbródek *m*, broda *f*
Kino N kino *n*
Kirche F kościół *m* **kirchlich** kościelny **Kirchturm** M wieża *f* kościelna
Kirmes F odpust *m*
Kirsche F wiśnia *f*; (*Süßkirsche*) czereśnia *f* **Kirschlikör** M likier *m* wiśniowy
Kissen N poduszka *f*
Kiste F skrzynia; *umg fig* (*Fahrzeug*) pudło *n*
kitschig kiczowaty (-to)
kitten <za>kitować
kitzeln <po>łaskotać **kitzlig** wrażliwy na łaskotanie
Kiwi F kiwi *n*
Klage F skarga *f*; JUR pozew *m*, powództwo *n* **klagen** <za>skarżyć; żalić się, skarżyć

się (**über** *akk* na *akk*)
Kläger(in) M(F) powód(ka) *m(f)*
kläglich żałosny (-śnie); (*dürftig*) marny
Klammer F klamra *f*; GRAM, MATH nawias *m*; (*Heftklammer*) spinacz *m*; (*Wäscheklammer*) klamerka *f* do bielizny **klammern**: **sich ~** uczepić *pf* się (**an** *akk gen*)
Klang M dźwięk *m*
Klappbett N składane łóżko *n*
Klappe F klapa *f*, przykrywka *f* **klappern** grzechotać; (*Storch*) klekotać **Klappstuhl** M składane krzesło *n*
klar przejrzysty (-ście); (*rein*) czysty (-to); *Himmel* jasny (-no); *umg* **alles ~!** (wszystko) jasne!
Kläranlage F oczyszczalnia *f* ścieków
klären oczyszczać ‹-ścić›; *fig* wyjaśniać ‹-ić› (**sich** się)
Klarheit F jasność *f* **klarkommen** ‹po›radzić sobie
klarstellen wyjaśniać ‹-ić›
klasse super, extra
Klasse F klasa *f* **Klassenarbeit** F klasówka *f* **Klassenlehrer(in)** M(F) wychowawca *m* (klasy), wychowawczyni *f* (klasy) **Klassenzimmer** N klasa *f*, sala *f* lekcyjna
klassisch klasyczny
Klatsch *umg* M *fig* plotki *fpl*
klatschen klaskać ‹-snąć›; *umg fig* plotkować; obgadywać
Klaue F szpon *m*, pazur *m*; *Huf* racica *f*
klauen *umg* buchnąć *pf*, zwędzić *pf*
Klausel F klauzula *f*
Klavier N pianino *n*; **~ spielen** grać na pianinie
Klebeband N taśma *f* samoprzylepna **kleben** V/T kleić; przylepiać ‹-ić› (*v/i* się) **klebrig** lepki (-ko) **Klebstoff** M klej *m*
Klecks M plama *f*, kleks *m*
Klee M koniczyna *f*
Kleid N suknia *f*, sukienka *f*
kleiden ubierać ‹ubrać› (**sich** się); **j-n gut ~** być komuś do twarzy
Kleiderbügel M wieszak *m*
Kleidersack M pokrowiec *m* na ubrania **Kleiderschrank** M szafa *f* na ubrania **Kleidung** F odzież *f*
klein mały
Kleingeld N drobne *pl* **Kleinigkeit** F drobnostka *f*
Kleinkind N małe dziecko *n*
kleinlich małostkowy (-wo)
kleinschreiben pisać małą literą
Kleinstadt F miasteczko *n*
Klemme F zacisk *m*; *umg* **in der ~ sitzen** być w tarapatach
klemmen V/I zacinać ‹-ciąć› się
Klempner M blacharz *m*
klettern wspinać ‹-iąć› się
Klettertour F wspinaczka *f*
Klettverschluss® M zapięcie *n* na rzep

klicken IT klikać ‹-knąć›
Klient(in) M(F) klient(ka) *m(f)*
Klima N klimat *m* **Klimaanlage** F klimatyzacja *f* **klimatisiert** klimatyzowany
Klinge F ostrze *n*
Klingel F dzwonek *m* **klingeln** ‹za›dzwonić **Klingelton** M TEL dzwonek *m* na komórkę
klingen dźwięczeć; brzmieć
Klinik F klinika *f*
Klinke F klamka *f*
Klippe F skała *f* podwodna, rafa *f*
klirren ‹za›brzęczeć
Klo *umg* N klozet *m* **Klobrille** *umg* F klapa *f* od sedesu
klopfen stukać, pukać; *Herz* bić; **auf die Schulter ~** ‹po›klepać po ramieniu
Kloß M knedel *m*; pyza *f*
Kloster N klasztor *m*
Klotz M kloc *m*, kłoda *f*
Klub M klub *m*
klug mądry (-rze) **Klugheit** F mądrość *f*
Klumpen M bryła *f*, gruda *f*
knabbern chrupać
Knäckebrot N pieczywo *n* chrupkie
knacken V/T *Nuss* rozłupywać ‹-pać›; V/I trzeszczeć
Knall M huk *m*, trzask *m* **knallen** trzaskać ‹-snąć›
knapp ciasny (-no); *Kleid* obcisły (-śle); ADV ledwo; prawie
knarren *Tür* skrzypieć
Knast *umg* M kryminał *m*, paka *f*
Knäuel M *od* N kłębek *m*
Knauf M gałka *f*
knausern *umg* skąpić (**mit** *dat gen*)
kneifen szczypać ‹uszczypnąć› **Kneifzange** F obcęgi *pl*
Kneipe F knajpa *f*
kneten *Teig* ‹za›gnieść; ‹u›lepić
Knick M załom *m*, zgięcie *n*
Knie N kolano *n* **Kniegelenk** N staw *m* kolanowy **knien** klęczeć; **sich ~** klękać ‹-knąć›
Kniescheibe F ANAT rzepka *f* **Knieschützer** MPL ochraniacze *mpl* na kolana **Kniestrümpfe** MPL podkolanówki *fpl*
Kniff M *fig* chwyt *m*, fortel *m*
knipsen *umg Fahrkarte* ‹prze›dziurkować; FOTO pstrykać ‹-knąć›
Knirps M malec *m*, brzdąc *m*
knirschen *Sand* chrzęścić; skrzypieć; *mit den Zähnen* zgrzytać
knistern szeleścić
knitterfrei niegniotący się
knittern ‹z›miąć (*v/i* się)
Knoblauch M czosnek *m*
Knöchel M kostka *f*
Knochen M kość *f* **Knochenbruch** M złamanie *n* kości
Knochenmark N szpik *m* kostny
Knödel M knedel *m*
Knopf M guzik *m* **Knopfdruck** M naciśnięcie *n* guzika

Knopfloch N dziurka *f* od guzika
Knorpel M chrząstka *f*
Knospe F pąk *m*, pączek *m*
Knoten M węzeł *m*, supeł *m*; MED guz *m* **Knotenpunkt** M węzeł *m* komunikacyjny
Knowhow N know-how *n*
Knüller *umg* M przebój *m*
knurren warczeć; *Magen* burczeć
knusprig chrupiący
knutschen *umg* obściskiwać się
Koch M kucharz *m* **Kochbuch** N książka *f* kucharska
kochen ⟨u⟩gotować (*v/i* się)
Köchin F kucharka *f* **Kochnische** F aneks *m* kuchenny
Kochrezept N przepis *m* kucharski **Kochtopf** M garnek *m*
Kode M kod *m*
Köder M przynęta *f*
koffeinfrei bezkofeinowy
Koffer M walizka *f* **Kofferanhänger** M przywieszka *f* (na walizkę) **Kofferband** N, **Koffergurt** M pasek *m* spinający walizkę **Kofferraum** M bagażnik *m* **Kofferwaage** F waga *f* bagażowa
Kognak M koniak *m*
Kohl M kapusta *f*
Kohle F węgiel *m*
Kohlendioxyd N dwutlenek *m* węgla **Kohlenhydrat** N węglowodan *m* **Kohlensäure** F kwas *m* węglowy **Kohlenstoff** M CHEM węgiel *m* **Kohlenwasserstoff** M węglowodór *m*
Kohlrabi M kalarepa *f* **Kohlroulade** F gołąbek *m* **Kohlrübe** F brukiew *f*
Kokain N kokaina *f*
Kokosnuss F orzech *m* kokosowy
Koks M koks *m*
Kolben M kolba *f*; TECH tłok *m*
Kolik F kolka *f*
Kolleg N wykład *m* **Kollege** M kolega *m* **Kollegin** F koleżanka *f*
Kollektion F kolekcja *f*
Köln N Kolonia *f*
Kolonne F kolumna *f*
Koma N śpiączka *f*
Kombi M kombi *m*
Kombination F kombinacja *f*
kombinieren ⟨s⟩kombinować, ⟨po⟩łączyć
komfortabel komfortowy (-wo)
Komiker(in) M(F) komik *m* **komisch** komiczny; (*seltsam*) dziwny
Komma N przecinek *m*
Kommando N dowództwo *n*; (*Befehl*) komenda *f*
kommen nadchodzić ⟨nadejść⟩, przychodzić ⟨przyjść⟩; *fig a.* zbliżać się; (*fahrend*) nadjeżdżać ⟨-jechać⟩, przyjeżdżać ⟨-jechać⟩; wchodzić ⟨wejść⟩ (in *akk* do *gen*)
Kommentar M komentarz *m*

kommerziell komercyjny
Kommilitone M kolega *m* ze studiów **Kommilitonin** F koleżanka *f* ze studiów
Kommissar(in) M(F) komisarz *m*
Kommission F komisja *f*
Kommunikation F komunikacja *f*
Kommunion F komunia *f*
Kommunismus M komunizm *m* **kommunistisch** komunistyczny
Komödie F komedia *f*
Kompass M kompas *m*
komplett kompletny
Kompliment N komplement *m*
Komplize M współsprawca *m*, pomocnik *m* przestępcy
kompliziert skomplikowany
Komplizin F współsprawczyni *f*, pomocnica *f* przestępcy
Komplott N spisek *m*, zmowa *f*
Komponist(in) M(F) kompozytor(ka) *m(f)*
Kompost M kompost *m* **Komposthaufen** M pryzma *f* kompostowa
Kompott N kompot *m*
Kompresse F kompres *m*
Kompromiss M kompromis *m*
Kondensmilch F mleko *n* skondensowane
Kondition F kondycja *f*
Konditor(in) M(F) cukiernik *m* **Konditorei** F cukiernia *f*
Kondom N kondom *m*
Konfektion F konfekcja *f* **Konfektionsgröße** F rozmiar *m* odzieży
Konferenz F konferencja *f*
Konfession F wyznanie *n*, religia *f*
Konfirmation F konfirmacja *f*
konfiszieren ⟨s⟩konfiskować
Konfitüre F konfitury *fpl*
Konflikt M konflikt *m*
konfus zmieszany
Kongress M kongres *m*
König(in) M(F) król(owa) *m(f)* **Königreich** N królestwo *n*
Konkurrenz F konkurencja *f*
können móc; umieć; **ich kann (nicht)** (nie) mogę; **man kann** można; **es kann sein** może być; **er kann Deutsch** on zna niemiecki
konsequent konsekwentny
konservativ konserwatywny
Konserve F konserwa *f* **Konservendose** F puszka *f* do konserw
Konsonant M spółgłoska *f*
Konsul(in) M(F) konsul *m* **Konsulat** N konsulat *m*
Konsum M konsumpcja *f* **Konsument(in)** M(F) konsument(ka) *m(f)*
Kontakt M kontakt *m* **Kontaktlinse** F szkło *n* kontaktowe, soczewka *f* kontaktowa
kontaktlos (*bezahlen*) bezdotykowo
Konto N konto *n*, rachunek *m* **Kontoauszug** M wyciąg *m* z konta **Kontoinhaber(in)**

M(F) właściciel(ka) *m(f)* konta **Kontonummer** F numer *m* konta **Kontrolle** F kontrola *f* **kontrollieren** ⟨s⟩kontrolować **Konzentration** F koncentracja *f* **Konzentrationslager** N HIST obóz *m* koncentracyjny **konzentrieren** ⟨s⟩koncentrować (**sich** się) **Konzept** N koncepcja *f*, projekt *m* **Konzert** N koncert *m* **Konzertsaal** N sala *f* koncertowa **koordinieren** koordynować **Kopf** M głowa *f*; (*Nagelkopf*) główka *f* **Kopfbedeckung** F nakrycie *n* głowy **Kopfhörer** M słuchawka *f* **Kopfkissen** N poduszka *f* **Kopfsalat** M sałata *f* głowiasta **Kopfschmerzen** F ból *m* głowy **Kopftuch** N chustka *f* na głowę **Kopie** F kopia *f* **kopieren** ⟨s⟩kopiować **Kopierer** M kopiarka *f* **Koralle** F koral *m* **Koran** M Koran *m* **Korb** M kosz *m*, koszyk *m* **Korken** M korek *m* **Korkenzieher** M korkociąg *m* **Korn**[1] M wódka *f* żytnia **Korn**[2] N ziarno *n*, ziarnko *n*; (*Getreide*) zboże *n* **Kornblume** F bławatek *m* **körnig** ziarnisty (-ście) **Körper** M ciało *n* **körperbehindert** niepełnosprawny **Körpergeruch** M zapach *m* ciała **Körpergröße** F wzrost *m* **Körperpflege** F higiena *f* osobista **Körperteil** M część *f* ciała **Körperverletzung** F uraz *m* ciała **korrekt** poprawny **Korrespondent(in)** M(F) korespondent(ka) *m(f)* **Korrespondenz** F korespondencja *f* **Korridor** M korytarz *m* **korrigieren** ⟨s⟩korygować **Korruption** F korupcja *f* **Kosmetik** F kosmetyka *f* **kosmisch** kosmiczny **Kost** F pożywienie *n*, wikt *m* **kostbar** kosztowny **kosten** V/T *Speise* ⟨s⟩kosztować; V/I kosztować; **was kostet ...?** ile kosztuje ...? **Kosten** PL koszt *m*, koszty *pl* **kostenlos** bezpłatny **kostenpflichtig** płatny **Kostenvoranschlag** M kosztorys *m* **köstlich** wyborny **kostspielig** kosztowny **Kostüm** N kostium *m* **Kot** M błoto *n*; (*Exkremente*) kał *m* **Kotelett** N kotlet *m* **Kotflügel** M błotnik *m* **kotzen** *pop* rzygać **Krach** M trzask *m*, hałas *m*, łoskot *m*; (*Streit*) awantura *f*; **~ machen** hałasować **krachen** trzeszczeć; huknąć *pf*; trzaskać ⟨-snąć⟩ **Kraft** F siła *f*, moc *f*; **in ~ treten** wejść w życie **Kraftfahr-**

zeug N samochód *m*, pojazd *m* mechaniczny **Kraftfahrzeugversicherung** F ubezpieczenie *n* pojazdu
kräftig silny, mocny
Kraftstoff M paliwo *n* silnikowe
Kragen M kołnierz(yk) *m*
Krähe F wrona *f*
Kralle F szpon *m*, pazur *m*; (*Lenkradkralle*) blokada *f* na kierownicę
Kram M rupiecie *mpl*
Krampf M kurcz *m*, spazm *m* **Krampfader** F żylak *m* **krampfhaft** kurczowy (-wo)
Kran M dźwig *m*, żuraw *m*
Kranich M ZOOL żuraw *m*
krank chory; **~ sein** być chorym; **~ werden** zachorować *pf* **Kranke** F chora *f* **Kranke(r)** M chory *m*
kränken dotykać ⟨-tknąć⟩, urażać ⟨-zić⟩
Krankengeld N zasiłek *m* chorobowy **Krankengymnastik** F gimnastyka *f* lecznicza **Krankenhaus** N szpital *m* **Krankenkasse** F kasa *f* chorych **Krankenpfleger(in)** M(F) pielęgniarz *m*, pielęgniarka *f* **Krankenschein** M książeczka *f* zdrowia **Krankenschwester** F pielęgniarka *f* **Krankenversicherung** F ubezpieczenie *n* zdrowotne **Krankenwagen** M karetka *f* pogotowia
krankhaft chorobliwy (-wie)
Krankheit F choroba *f*
Kränkung F zniewaga *f*, obraza *f*
Kranz M wieniec *m*, wianek *m*
Krapfen M pączek *m*
krass jaskrawy (-wo)
kratzen ⟨po⟩drapać; (*schaben*) skrobać **Kratzer** M zadrapanie *n*
Kraut N ziele *n*
Kräuterbutter F masło *n* ziołowe **Kräutertee** M herbata *f* ziołowa
Krawall M awantura *f*, burda *f*
Krawatte F krawat *m*
Krebs M ZOOL, MED rak *m*
Kredit M kredyt *m* **Kreditkarte** F karta *f* kredytowa
Kreide F kreda *f*
Kreis M koło *n*; *fig* grono *n*; *Gebiet* okręg *m*, powiat *m*
kreischen piszczeć ⟨-snąć⟩
Kreislauf M *Blut* krążenie *n* **Kreislaufkollaps** M zapaść *f* **Kreislaufstörung** F zaburzenia *npl* krążenia
Kreisstadt F miasto *n* okręgowe, miasto *n* powiatowe **Kreisverkehr** M ruch *m* okrężny
krepieren *umg Tier* zdychać ⟨zdechnąć⟩
Kreuz N krzyż *m*; *Karte* trefl *m*
kreuzen ⟨s⟩krzyżować (**sich** się) **Kreuzfahrt** F rejs *m* statkiem **Kreuzotter** F żmija *f* zygzakowata **Kreuzung** F *Straße* skrzyżowanie *n* **Kreuzworträtsel** N krzyżówka *f*

kriechen pełzać, czołgać się **Kriechtier** N gad *m*
Krieg M wojna *f*
kriegen *umg* dostawać ‹-tać›
Krimi M kryminał *m* **Kriminalität** F przestępczość *f* **Kriminalpolizei** F policja *f* kryminalna
kriminell przestępczy, kryminalny
Krippe F żłób *m*; (*Kinderkrippe*) żłobek *m*
Krise F kryzys *m*
Kritik F krytyka *f* **Kritiker(in)** M(F) krytyk *m*
kritisch krytyczny **kritisieren** ‹s›krytykować
Kroate M Chorwat *m* **Kroatien** N Chorwacja *f* **Kroatin** F Chorwatka *f* **kroatisch** chorwacki (po -ku)
Krokodil N krokodyl *m*
Krone F korona *f* **krönen** ‹u›koronować
Kronleuchter M żyrandol *m*
Krönung F koronacja *f*
Kröte F ropucha *f*
Krücke F kula *f*; **an Krücken gehen** chodzić o kulach
Krug M dzban *m*, dzbanek *m*
Krümel M okruszyna *f*, okruszek *m*
krumm krzywy (-wo); **~ werden** ‹wy›krzywić się
krümmen ‹za›krzywić; **sich ~** wić się (**vor** *dat* z *gen*)
Krüppel M *neg!* kaleka *m u. f*
Kruste F skorupa *f*; (*Brotkruste*) skórka *f*
Kuba N Kuba *f* **kubanisch** kubański
Kübel M kubeł *m*
Kubikmeter M *od* N metr *m* sześcienny
Küche F kuchnia *f*
Kuchen M ciasto *n*
Küchenchef M szef *m* kuchni **Küchenschrank** M szafa *f* kuchenna
Kuckuck M kukułka *f*
Kugel F kula *f* **kugelförmig** kulisty **Kugelschreiber** M długopis *m* **Kugelstoßen** N pchnięcie *n* kulą
Kuh F krowa *f*
kühl chłodny (-no) **Kühlbox** F lodówka *f* turystyczna **Kühle** F chłód *m* **kühlen** ‹o›chłodzić **Kühler** M chłodnica *f* **Kühlschrank** M lodówka *f* **Kühltasche** F torba *f* termoizolacyjna **Kühltruhe** F zamrażarka *f* **Kühlung** F chłodzenie *n* **Kühlwasser** N AUTO płyn *m* chłodniczy
Kuhstall M obora *f*
Küken N pisklę *n*
Kultur F kultura *f* **kulturell** kulturalny **Kulturtasche** F torba *f* na przybory toaletowe, kosmetyczka *f*
Kultusministerium N ministerstwo *n* oświaty
Kümmel M kminek *m*
Kummer M zmartwienie *n*
kümmern: **sich ~** troszczyć się (**um** *akk* o *akk*)
Kunde M klient *m*

Kundenberatung F poradnictwo *n* dla klientów **Kundendienst** M serwis *m*, obsługa *f* klientów **Kundenkarte** F karta *f* klienta **Kundennummer** F numer *m* klienta
Kundgebung F manifestacja *f*
kündigen wypowiadać ⟨-wiedzieć⟩ **Kündigung** F wypowiedzenie *n*, wymówienie *n* **Kündigungsschutz** M ochrona *f* przed wypowiedzeniem
Kundin F klientka *f* **Kundschaft** F klientela *f*
künftig przyszły; na przyszłość
Kunst F sztuka *f* **Kunstausstellung** F wystawa *f* dzieł sztuki **Kunstdünger** M nawóz *m* sztuczny **Kunstfaser** F włókno *n* syntetyczne **Kunstgewerbe** N rzemiosło *n* artystyczne **Kunsthandel** M handel *m* dziełami sztuki **Kunstleder** M imitacja *f* skóry
Künstler(in) M(F) artysta *m*, artystka *f* **künstlerisch** artystyczny
künstlich sztuczny
Kunstsammlung F zbiór *m* dzieł sztuki **Kunststoff** M tworzywo *n* sztuczne **Kunststück** N sztuczka *f*, wyczyn *m* **Kunstwerk** N dzieło *n* sztuki
Kupfer N miedź *f* **Kupfer-** miedziany **Kupferstich** M miedzioryt *m*
Kuppel F kopuła *f*
kuppeln AUTO sprzęgać ⟨sprząc⟩ **Kupplung** F AUTO sprzęgło *n*
Kur F kuracja *f*; **eine ~ machen** przechodzić kurację
Kurbel F korba *f*
Kürbis M dynia *f*
Kurgast M kuracjusz(ka) *m(f)*
Kurierdienst M serwis *m* kurierski
Kurort M uzdrowisko *n*
Kurs M kurs *m*
Kursleiter(in) M(F) prowadzący *m* kurs, prowadząca *f* kurs **Kursteilnehmer(in)** M(F) uczestnik *m* kursu, uczestniczka *f* kursu
Kurtaxe F opłata *f* uzdrowiskowa
Kurve F zakręt *m*; MATH krzywa *f* **kurvenreich** kręty
kurz krótki (-ko); **vor Kurzem** niedawno; **seit Kurzem** od niedawna; **~ nach** zaraz po
Kurzarbeit F praca *f* w niepełnym wymiarze godzin
Kürze F krótkość *f*; *fig* zwięzłość *f*; **in ~** wkrótce **kürzen** skracać ⟨skrócić⟩
Kurzfilm M film *m* krótkometrażowy **kurzfristig** krótkoterminowy
kürzlich niedawno
Kurznachrichten FPL skrót *m* wiadomości **Kurzschluss** M zwarcie *n*, krótkie spięcie *n*
Kurzsichtige F krótkowidz

m **Kurzsichtige(r)** M krótkowidz *m* **Kurzurlaub** M krótki urlop *m* **Kurzwellen** FPL fale *fpl* krótkie
Kusine F kuzynka *f*
Kuss M pocałunek *m* **küssen** ⟨po⟩całować (**sich** się)
Küste F wybrzeże *n* **Küstenwache** F straż *f* przybrzeżna
Küster M kościelny *m*
Kutteln FPL flaki *mpl*
Kuvert N koperta *f*

L

Labor N laboratorium *n*
Lache F kałuża *f*
lächeln uśmiechać ⟨-chnąć⟩ się **Lächeln** N uśmiech *m*
lachen śmiać się (**über** *akk* z *gen*) **Lachen** N śmiech *m*
lächerlich śmieszny; **~ machen** ośmieszać ⟨-szyć⟩ (**sich** się)
Lachs M łosoś *m* **Lachsschinken** M polędwica *f* wędzona
Lack M lakier *m* **lackieren** ⟨po⟩lakierować **Lackschaden** M uszkodzenie *n* lakieru
Ladegerät N ładowarka *f*
Ladekabel N (USB) kabel *m* ładujący, (*mit Netzteil*) ładowarka *f*
laden ładować; *Waffe* nabijać ⟨-ić⟩
Laden M sklep *m* **Ladendieb(in)** M(F) złodziej *m* sklepowy, złodziejka *f* sklepowa
Ladendiebstahl F kradzież *f* sklepowa
Ladung F ładunek *m*
Lage F położenie *n*, stan *m*; (*Schicht*) warstwa *f*; **in der ~ sein** być w stanie
Lager N obóz *m*; HANDEL skład *m*, magazyn *m*; TECH łożysko *n* **Lagerfeuer** N ognisko *n* **lagern** V/T ⟨z⟩magazynować; przechowywać; V/I obozować
lahm kulawy
lähmen ⟨s⟩paraliżować **Lähmung** F porażenie *n*, paraliż *m*
Laib M bochenek *m*, bochen *m*
Laie M laik *m*
Laken N prześcieradło *n*
Lakritze F lukrecja *f*
Laktose F laktoza *f* **laktosefrei** bezlaktozowe **Laktoseintoleranz** F, **Laktoseunverträglichkeit** F nietolerancja *f* laktozy
lallen bełkotać
Lamm N jagnię *n*, baranek *m* **Lammbraten** M pieczeń *f* jagnięca
Lampe F lampa *f*
Lampenfieber N trema *f*
Lampenschirm M abażur *m*
Land N kraj *m*; (*Festland*) ląd *m*; (*Acker*) ziemia *f*
Landebahn F pas *m* lądowania **landen** ⟨wy⟩lądować
Länderspiel N mecz *m* mię-

dzypaństwowy
Landesgrenze F granica *f* państwa
Landgericht N sąd *m* okręgowy **Landhaus** N dworek *m*
Landkarte F mapa *f* **Landkreis** M powiat *m*, okręg *m*
ländlich wiejski, sielski
Landschaft F krajobraz *m*, pejzaż *m*
Landstraße F szosa *f*; droga *f* lokalna
Landung F lądowanie *n*
Landwirt(in) M(F) rolnik *m*, rolniczka *f* **Landwirtschaft** F rolnictwo *n*; *Besitz* gospodarstwo *n* rolne **landwirtschaftlich** rolniczy, rolny
lang długi (-go); **zwei Meter ~** długi na dwa metry; **drei Tage ~** przez trzy dni
lange *zeitlich* długi (-go); **wie ~?** jak długo?; **seit Langem** od dawna
Länge długość *f* **Längengrad** M stopień *m* długości geograficznej
länger dłuższy (-żej)
Langeweile F nuda *f*
langfristig długoterminowy
langjährig długoletni
länglich podłużny
längs wzdłuż
langsam powolny (-li); ADV *a.* wolno
längst ADV dawno **längste(r)** najdłuższy; **am ~en** *zeitlich* najdłużej
Langstreckenflug M lot *m* długodystansowy
langweilen nudzić (**sich** się)
langweilig nudny (-no)
langwierig długotrwały (-le); przewlekły (-le)
Lappen M szmata *f*; ścierka *f*
Laptop M *od* N laptop *m*
Lärche F modrzew *m*
Lärm M hałas *m*, zgiełk *m* **lärmen** hałasować
Laserdrucker M drukarka *f* laserowa
lassen zostawiać ‹-ić›, pozostawiać ‹-ić›; ‹na›kazać; (*erlauben*) pozwalać ‹-wolić›, dawać ‹dać›; **lass das!** przestań!
lässig niedbały (-le)
Last F ciężar *m*; brzemię *n* **lasten** ciążyć **Laster** N nałóg *m*
lästern obmawiać (**über** *akk akk*)
lästig uciążliwy (-wie)
Lastkahn M barka *f* **Lastkraftwagen** M samochód *m* ciężarowy, ciężarówka *f* **Lastwagen** M → Lastkraftwagen
Latein N łacina *f* **lateinisch** łaciński (po -ku)
Laterne F latarnia *f*
Latte F listwa *f*
lau letni; *fig* zobojętniały
Laub N listowie *n*, liście *mpl* **Laubbaum** M drzewo *n* liściaste
Lauch M warzywo *n* cebulowe; (*Porree*) por *f*
lauern czatować
Lauf M bieg *m*; (*Verlauf*) ciąg *m*, tok *m*, przebieg *m*; (*Ge-*

wehrlauf) lufa *f*; **im Laufe** w ciągu **Laufbahn** F kariera *f*; SPORT bieżnia *f*
laufen biegać, ⟨po⟩biec, ⟨po⟩biegnąć; *Motor* pracować; *Gefäß* przeciekać, ciec **laufend** bieżący; *Nummer* porządkowy
Läufer M SPORT biegacz *m*; chodnik *m*; *Schach* goniec *m* **Läuferin** F SPORT biegaczka *f*
Laufwerk N IT stacja *f* dysków **Laufzeit** F SPORT, TECH czas *m* biegu; okres *m* ważności
Laune F humor *m*; kaprys *m* **launisch** kapryśny
Laus F wesz *f*
lauschen słuchać; *heimlich* podsłuchiwać ⟨-chać⟩
laut[1] głośny (-no), donośny
laut[2] PRÄP *(gen)* według *(gen)*, zgodnie z *(inst)*
Laut M dźwięk *m*; GRAM głoska *f*
lauten brzmieć
läuten ⟨za⟩dzwonić
lauter *(rein)* czysty; *(nichts als)* sam, sama, samo; PL same, sami
Lautsprecher M głośnik *m* **Lautstärke** F głośność *f*
lauwarm letni
Lawine F lawina *f*
leasen brać ⟨wziąć⟩ w leasing **Leasing** N leasing *m*
leben żyć; **lebe wohl!** bądź zdrów!, żegnaj! **Leben** N życie *n* **lebendig** żywy; ADV żywcem
Lebensalter N wiek *m* **Lebenserfahrung** F doświadczenie *n* życiowe **Lebensgefahr** F zagrożenie *n* życia **lebensgefährlich** zagrażający życiu **Lebensgefährte** M towarzysz *m* życia **Lebensgefährtin** F towarzyszka *f* życia **Lebenshaltungskosten** PL koszty *mpl* utrzymania
lebenslänglich dożywotni
Lebenslauf M życiorys *m* **Lebensmittel** NPL artykuły *mpl* żywnościowe **Lebensmittelgeschäft** N sklep *m* spożywczy **Lebensstandard** M stopa *f* życiowa **Lebensunterhalt** M utrzymanie *n* **Lebensversicherung** F ubezpieczenie *n* na życie
Leber F wątroba *f*; GASTR wątróbka *f* **Leberfleck** M plama *f* wątrobowa **Leberwurst** F pasztetowa *f*, wątrobianka *f*
Lebewesen N istota *f* żyjąca
lebhaft żywy (-wo); ożywiony; *Kind* ruchliwy (-wie)
Lebkuchen M piernik *m*
leblos bez życia
Leck N przeciek *m*
lecken V/T *Eis* lizać; V/I przeciekać
lecker smaczny **Leckerbissen** M smakołyk *m*
Leder N skóra *f* **ledern** skórzany **Lederwaren** FPL wyroby *mpl* skórzane
ledig *Mann* nieżonaty; *Frau* niezamężna

leer pusty (-to), próżny **Leere** F pustka *f* **leeren** opróżniać ⟨-ić⟩ (**sich** się) **Leerlauf** M bieg *m* jałowy
legal legalny
legen kłaść ⟨położyć⟩ (**sich** się); *Eier* znosić ⟨znieść⟩
Lehm M glina *f*
Lehne F poręcz *f*, oparcie *n* **lehnen** opierać ⟨oprzeć⟩ (**sich** się)
Lehrbuch N podręcznik *m*
Lehre F nauka *f*; *fig* nauczka *f* **lehren** V/T uczyć (*akk gen*); wykładać (**an** *dat* na *lok*)
Lehrer(in) M(F) nauczyciel(ka) *m(f)* **Lehrfach** N przedmiot *m* nauczania **Lehrgang** M kurs *m* **Lehrling** M uczeń *m*, uczennica *f*, praktykant(ka) *m(f)* **Lehrplan** M program *m* nauczania **Lehrstelle** F miejsce *n* dla uczącego się zawodu
leiblich cielesny; *Bruder* rodzony
Leibwächter(in) M(F) straż *f* przyboczna
Leiche F trup *m*, zwłoki *pl* **Leichenwagen** M karawan *m*
leicht lekki (-ko); (*mühelos*) łatwy (-wo)
Leichtathlet(in) M(F) lekkoatleta *m* (-tka *f*) **Leichtathletik** F lekkoatletyka *f*
leichter lżejszy (lżej); łatwiejszy (łatwiej) **leichtfertig** lekkomyślny **leichtgläubig** łatwowierny **leichtsinnig** lekkomyślny
Leid N ból *m*, cierpienie *n*
leiden znosić ⟨znieść⟩, doznawać ⟨-nać⟩; cierpieć (**an** *dat* na *akk*); **ich kann ihn nicht ~** nie cierpię go **Leiden** N cierpienie *n*; choroba *f* **leidend** cierpiący
Leidenschaft F namiętność *f* **leidenschaftlich** namiętny
leider niestety
leidtun: **es tut mir leid** przykro mi; **er tut mir leid** żal mi go
Leihbücherei F wypożyczalnia *f* książek **leihen** ⟨wy⟩pożyczać ⟨-czyć⟩ **Leihgebühr** F opłata *f* za wypożyczenie **Leihmutter** F matka *f* zastępcza, surogatka *f* **Leihwagen** M wynajęty samochód *m* **leihweise** tytułem pożyczki
Leim M klej *m* **leimen** ⟨s⟩kleić
Leine F linka *f*; sznur *m*; (*Hundeleine*) smycz *f*
leinen lniany **Leinen** N płótno *n*; len *m* **Leinwand** F *Kino* ekran *m*
Leipzig N Lipsk *m*
leise cichy (-cho); *Schlaf* lekki (-ko)
Leiste F listwa *f*; ANAT pachwina *f*
leisten dokonywać ⟨-nać⟩; *Eid* składać ⟨złożyć⟩; *Hilfe* udzielać ⟨-lić⟩; **sich ~** pozwalać ⟨-wolić⟩ sobie (*akk* na *akk*)
Leistenbruch M MED przepuklina *f* pachwinowa

Leistung F osiągnięcie *n*; *Geld, Sache* świadczenie *n*; *Schule* wyniki *mpl*; TECH wydajność *f*; *Motor* moc *f* **Leistungssport** M sport *m* wyczynowy
Leitartikel M artykuł *m* wstępny
leiten V/T kierować (*akk inst*); prowadzić (*akk*)
Leiter[1] M ELEK przewodnik *m*; *pers* kierownik *m*
Leiter[2] F drabina *f*
Leitplanke F poręcz *f* drogowa **Leitung** F kierownictwo *n*; ELEK przewód *m*; TEL linia *f* **Leitungswasser** N woda *f* z wodociągu , woda *f* bieżąca
Lektion F lekcja *f*
Lektüre F Lektüre *f*
lenken V/T ⟨s⟩kierować; *Fahrzeug* kierować (*akk inst*), prowadzić (*akk*) **Lenkrad** N kierownica *f* **Lenkradschloss** N blokada *f* kierownicy
Leopard M lampart *m*
Lerche F skowronek *m*
lernen ⟨na⟩uczyć się (*akk gen*)
lesbar czytelny
Lesbe F lesbijka *f* **lesbisch** lesbijski
lesen ⟨prze⟩czytać **Lesen** N czytanie *n* **Lesezeichen** N zakładka *f* do książki
lettisch łotewski (po -ku) **Lettland** N Łotwa *f*
letzte(r) ostatni; **letzte Woche** w ubiegłym tygodniu; **bis zum Letzten** do ostatka **letztens** ostatnio
leuchten świecić **Leuchtreklame** F reklama *f* świetlna **Leuchtturm** M latarnia *f* morska
leugnen V/T zaprzeczać ⟨-czyć⟩ (*akk dat*); wypierać ⟨wyprzeć⟩ się (*gen*)
Leukämie F białaczka *f*
Leute PL ludzie *pl*
Lexikon N leksykon *m*
Libelle F ważka *f*
liberal liberalny
licht jasny (-no); *Wald, Haar* rzadki (-ko)
Licht N światło *n* **lichtempfindlich** światłoczuły
lichten *Anker* podnosić ⟨-nieść⟩
Lichthupe F sygnał *m* świetlny **Lichtmaschine** F AUTO prądnica *f* **Lichtschalter** M wyłącznik *m* światła **Lichtschranke** F zapora *f* świetlna (fotokomórkowa) **Lichtschutzfaktor** M współczynnik *m* ochrony przeciwsłonecznej
Lichtung F polana *f*
Lid N powieka *f* **Lidschatten** M cień *m* do powiek
lieb miły (-le); (*geliebt*) kochany; **~ gewinnen** polubić *pf* **Liebe** F miłość *f* **lieben** kochać; **ich liebe dich** kocham cię
liebenswürdig uprzejmy (-mie) **Liebenswürdigkeit** F uprzejmość *f*
lieber raczej, chętniej; **ich**

trinke *usw* **~ ...** wolę ...
Liebesbrief M list *m* miłosny **Liebeskummer** M zawód *m* miłosny **Liebespaar** N para *f* zakochanych
liebevoll czuły (-le) **Liebhaber(in)** M(F) kochanek *m*, kochanka *f*; (*Fan*) miłośnik *m*, miłośniczka *f*, amator(ka) *m(f)*
lieblich *Geschmack* przyjemny
Liebling M ulubieniec *m*; *Anrede* kochanie *n* **Lieblings-** ulubiony
Lied N pieśń *f*, piosenka *f*
Lieferant M dostawca *m* **lieferbar**: **~ sein** być na składzie, być dostępnym **liefern** dostarczać ‹-czyć› **Lieferschein** M potwierdzenie *n* dostawy **Lieferung** F dostawa *f*
Liege F leżanka *f*
liegen leżeć; znajdować się; **~ lassen** zostawiać ‹-ić›
Liegestuhl M leżak *m* **Liegestütz** M SPORT pompka *f* **Liegewagen** M BAHN kuszetka *f*
Lift M winda *f*
Liga F SPORT liga *f*
liken V/T IT ‹za›lajkować
Likör M likier *m*
lila lila, liliowy (-wo)
Lilie F lilia *f*
Linde F lipa *f*
lindern ‹z›łagodzić, uśmierzać ‹-rzyć› **Linderung** F uśmierzenie *n*; ulga *f*
Lineal N linijka *f*, liniał *m*
Linie F linia *f*
Linienflug M lot *m* rejsowy **Linienrichter** M sędzia *m* liniowy **Linienverkehr** M regularny ruch *m* na trasie
liniert w linie
linke(r) lewy **Linke** F POL lewica *f*
links po lewej (stronie); **von ~** z lewej (strony); **nach ~** na lewo, w lewo
Linkshänder(in) M(F) mańkut *m*
Linse F soczewica *f*; FOTO soczewka *f*
Lippe F warga *f* **Lippenstift** M pomadka *f* do ust
lispeln seplenić
List F chytrość *f*; *konkret* podstęp *m*
Liste F lista *f*, spis *m*
listig chytry (-rze)
Litauen N Litwa *f* **Litauer(in)** M(F) Litwin(ka) *m(f)* **litauisch** litewski (po -ku)
Liter M *od* N litr *m*
literarisch → Literatur-
Literatur F literatura *f* **Literatur-** literacki
Litfaßsäule F słup *m* ogłoszeniowy
live live, na żywo **Livestream** M INTERNET audycja *f* na żywo
Lizenz F licencja *f*
Lkw M samochód *m* ciężarowy
Lob N pochwała *f* **loben** ‹po›chwalić **lobenswert** chwalebny, godny pochwały
Loch N dziura *f*; (*Erdloch*) jama *f*, dół *m* **lochen** dziurkować
Locher M dziurkacz *m*

löcherig dziurawy

Lockdown M *Ausgangssperre zur Eindämmung einer Epidemie* lockdown *m*

Locke F lok *m*, kędzior *m*

locken zwabiać ⟨-ić⟩

Lockenwickel M wałek *m* do włosów

locker luźny (-no); *Sand* sypki; *Boden* pulchny; *Zahn* chwiejący się **lockern** rozluźniać ⟨-ić⟩ (**sich** się); *Boden* spulchniać ⟨-ić⟩

lockig kędzierzawy, kręcony

Löffel M łyżka *f*

Loge F loża *f*

logisch logiczny

Lohn M płaca *f*; *fig* nagroda *f*

lohnen: **sich ~** opłacać się; **das lohnt sich nicht** to się nie opłaca **lohnend** opłacalny, zyskowny

Lohnerhöhung F podwyżka *f* płac(y) **Lohnsteuer** F podatek *m* od wynagrodzenia

lokal miejscowy

Lokal N lokal *m*

Lokführer(in) M(F) maszynista *m* **Lokomotive** F lokomotywa *f*

Lorbeer M laur *m* **Lorbeerblatt** N liść *m* laurowy

los: **~!** naprzód!; **was ist ~?** co się dzieje?, co się stało?

Los N los *m*

losbinden odwiązywać ⟨-zać⟩

löschen[1] ⟨z⟩gasić; *Tonträger* ⟨s⟩kasować

löschen[2] SCHIFF wyładowywać ⟨-ować⟩

lose luźny (-no); *Ware* luzem

Lösegeld N okup *m*

losen losować

lösen *Knoten, Vertrag usw* rozwiązywać ⟨-zać⟩; *Fahrkarte* kupować ⟨kupić⟩

losfahren wyjeżdżać ⟨-echać⟩, ⟨wy⟩ruszać ⟨-yć⟩ w drogę **losgehen** wychodzić ⟨wyjść⟩, wyruszać ⟨-szyć⟩; **es geht los** zaczyna się **loslassen** wypuszczać ⟨-ścić⟩

löslich rozpuszczalny

loslösen: **sich ~** odłączać ⟨-czyć⟩ się **losreißen** odrywać ⟨oderwać⟩ (**sich** się)

Lösung F rozwiązanie *n*; CHEM roztwór *m*

loswerden pozbywać ⟨-być⟩ się; (*verkaufen*) sprzedawać ⟨-dać⟩; (*verlieren*) ⟨z⟩gubić

Lot N *Metall* lut *m*; (*Senklot*) pion *m*

Lotse M SCHIFF pilot *m* **Lotsin** F SCHIFF pilot *m*

Lotterie F loteria *f*

Lotto N totolotek *m* **Lottoschein** M kupon *m* totolotka

Löwe M lew *m* **Löwin** F lwica *f*

Luchs M ryś *m*

Lücke F luka *f* **lückenhaft** niepełny, niekompletny **lückenlos** kompletny

Luft F powietrze *n* **Luftballon** M balon *m* **luftdicht** hermetyczny **Luftdruck** M ciśnienie *n* powietrza

lüften wietrzyć

Luftfahrt F lotnictwo *n* **Luftfeuchtigkeit** F wilgotność *f* powietrza **Luftfilter** M filtr *m* powietrza **luftig** przewiewny **Luftmatratze** F materac *m* nadmuchiwany **Luftpost** F poczta *f* lotnicza **Luftpumpe** F pompa *f* próżniowa **Luftröhre** F ANAT tchawica *f*

Lüftung F wentylacja *f*

Luftverkehr M komunikacja *f* lotnicza **Luftverschmutzung** F zanieczyszczenie *n* powietrza **Luftwaffe** F lotnictwo *n* wojskowe **Luftzug** M przeciąg *m*

Lüge F kłamstwo *n* **lügen** ⟨s⟩kłamać **Lügner(in)** M(F) kłamca *m*, kłamczucha *f*

Luke F właz *m*; SCHIFF luk *m*

Lumpen M gałgan *m*, szmata *f*

Lunge F płuco *n* **Lungenentzündung** F zapalenie *n* płuc **Lungenkrebs** M rak *m* płuc

Lupe F lupa *f*

Lust F ochota *f*, chęć *f*; rozkosz *f*; **~ haben** mieć ochotę (**auf** *akk* na *akk*); **ich habe keine ~** nie mam ochoty

lustig wesoły (-ło); **sich ~ machen** wyśmiewać się (**über** *akk* z *gen*)

Lustspiel N komedia *f*

lutschen ssać, lizać **Lutscher** M lizak *m*

luxuriös luksusowy (-wo)

Luxus M luksus *m*

Lymphdrüse F węzeł *m* chłonny **Lymphe** F chłonka *f*

Lymphknoten M → Lymphdrüse

Lyrik F liryka *f*

M

machbar realny, możliwy

machen ⟨z⟩robić; *Reise* odbywać ⟨-yć⟩; **wie viel macht das?** ile to wynosi?; **das macht nichts!** nie szkodzi!

Macht F siła *f*, moc *f*; władza *f*; (*Staat*) mocarstwo *n*

mächtig potężny

machtlos bezsilny

Mädchen N *klein* dziewczynka *f*; dziewczyna *f* **Mädchenname** M imię *n* żeńskie; (*Geburtsname*) nazwisko *n* panieńskie

Made F czerw *m*

Magen M żołądek *m* **Magen-Darm-Infektion** F infekcja *f* żołądkowo-jelitowa **Magengeschwür** N wrzód *m* żołądka **Magenschmerzen** MPL bóle *mpl* żołądka

mager chudy (-do) **Magermilch** F mleko *n* odtłuszczone **magersüchtig** chory na anoreksję

Magnet M magnes *m* **magnetisch** magnetyczny

Mahagoni N mahoń *m*

Mähdrescher M kombajn *m* zbożowy **mähen** ⟨s⟩kosić

mahlen ⟨ze⟩mleć **Mahlzeit** F posiłek *m*; **~!** smacznego! **Mähne** F grzywa *f* **mahnen** monitować; przypominać ⟨-mnieć⟩ (**an** *akk dat*) **Mahnung** F upomnienie *n*, monit *m*

Mai M maj *m* **Maiglöckchen** N konwalia *f* **Maikäfer** M chrabąszcz *m*

Mail F mail *m* **Mailbox** F skrzynka *f* mailowa **mailen** mailować

Mais M kukurydza *f* **Maiskolben** M kolba *f* kukurydzy

Majoran M majeranek *m*

makellos nieskazitelny

Make-up N makijaż *m*

Makkaroni PL makaron *m*

Makler(in) M(F) makler *m*, pośrednik *m*, pośredniczka *f* **Maklergebühr** F prowizja *f* maklerska

mal raz; **drei ~ zwei** trzy razy dwa

Mal¹ N raz; **das erste ~** po raz pierwszy

Mal² N znamię *n*, znak *n*

malen ⟨na⟩malować **Maler(in)** M(F) malarz *m*, malarka *f* **Malerei** F malarstwo *n*; *konkret* malowidło *n* **malerisch** malowniczy (-czo)

Malz N słód *m* **Malzbier** N piwo *n* słodowe

Mama F mama *f*

man: **~ sagt** mówi się; **~ muss** należy, trzeba; **wie macht ~ das?** jak to się robi?

Management N zarządzanie *n* **managen** zarządzać **Manager(in)** M(F) menadżer *m*, menedżer *m*

manche(r) niejeden, niektóry **manchmal** nieraz, czasem

Mandant(in) M(F) klient(ka) *m(f)* adwokata

Mandarine F mandarynka *f*

Mandel F migdał *m* **Mandelentzündung** F zapalenie *n* migdałków

Mangel¹ F magiel *m*

Mangel² M brak *m*, niedostatek *m*; wada *f*; **aus ~** z braku (**an** *dat gen*) **mangelhaft** wadliwy (-wie); *Zensur* niedostateczny **mangeln**: **es mangelt an** brakuje (*dat gen*)

Manieren PL maniery *pl*

Maniküre F manikiur *m*

Manipulation F manipulacja *f* **manipulieren** manipulować

Mann M mężczyzna *m*; (*Ehemann*) mąż *m* **Männchen** N ZOOL samiec *m* **Männer-** *in Zssgn* męski **männlich** męski (po -ku)

Mannschaft F załoga *f*; SPORT drużyna *f* **Mannschaftssieg** M zwycięstwo *n* drużynowe

Manöver N manewr *m* **manövrieren** manewrować

Manschette F mankiet *m* **Manschettenknopf** M spinka *f* do mankietów

Mantel M płaszcz *m*

manuell ręczny
Manuskript N rękopis *m*
Mappe F teczka *f*
Maracuja F marakuja *f*
Marathon M maraton *m* **Marathonläufer(in)** M(F) maratończyk *m*
Märchen N baśń *f*, bajka *f* **märchenhaft** bajeczny
Marder M kuna *f*
Margarine F margaryna *f*
Marienkäfer M biedronka *f*
Marine F marynarka *f*
mariniert marynowany
Marionette F marionetka *f*
Mark N BOT rdzeń *m*; (*Knochenmark*) szpik *m*
Marke F marka *f*; *in der Garderobe* numerek *m*; (*Spielmarke*) żeton *m* **markieren** ⟨o⟩znakować; zaznaczać ⟨-czyć⟩ **Markierung** F oznakowanie *n*
Markt M targ *m*; rynek *m* **Markthalle** F hala *f* targowa **Marktplatz** M rynek *m* **Marktstand** M stragan *m* **Marktwirtschaft** F gospodarka *f* rynkowa
Marmelade F marmolada *f*
Marmor M marmur *m* **Marmorkuchen** M ciasto *n* marmurkowe
Mars M Mars *m*
Märtyrer(in) M(F) męczennik *m*, męczennica *f*
März M marzec *m*; **im ~** w marcu
Marzipan N marcepan *m*
Masche F oczko *n*
Maschine F maszyna *f*; **~schreiben** pisać na maszynie
Maschinenbau M budowa *f* maszyn
Masern PL MED odra *f*
Maske F maska *f*
Maskenpflicht F obowiązek *m* noszenia masek
Maskottchen N maskotka *f*
Maß N miara *f*; (*Größe*) rozmiar *m*
Massage F masaż *m*
Masse F masa *f*
Maßeinheit F jednostka *f* miary
Massenartikel M artykuł *m* masowego użytku **massenhaft** masowo **Massenkarambolage** F karambol *m* **Massenmedien** NPL środki *mpl* masowego przekazu
Masseur(in) M(F) masażysta *m*, masażystka *f*
maßgebend miarodajny
maßhalten zachowywać ⟨-ować⟩ umiar
massieren masować
mäßig umiarkowany; mierny **mäßigen**: **sich ~** zachowywać ⟨-ować⟩ umiar; zmniejszać ⟨-yć⟩ się
massiv masywny
maßlos bez umiaru **Maßnahme** F środek *m*, krok *m* **Maßstab** M skala *f* **maßvoll** umiarkowany, pełen umiaru
Mast M maszt *m*
Mastdarm M odbytnica *f*
mästen ⟨u⟩tuczyć

Material N materiał *m*
Materie F materia *f* **materiell** materialny
Mathematik F matematyka *f* **Mathematiker(in)** M(F) matematyk *m*, matematyczka *f*
Matjeshering M maties *m*
Matratze F materac *m*
Matrose M marynarz *m*
Matsch M błoto *n*; (*Schneematsch*) roztopy *mpl* **matschig** błotnisty; rozmokły
matt matowy (-wo); *fig* słaby (-bo)
Matte F mata *f*
Mauer F mur *m*
Maul N pysk *m*; *pop* gęba *f* **Maulkorb** M kaganiec *m* **Maulwurf** M kret *m* **Maulwurfshügel** M kretowisko *n*
Maurer M murarz *m*
Maus F ZOOL, IT mysz *f* **Mausefalle** F pułapka *f* na myszy **Mausklick** M IT kliknięcie *n* myszy
Mautgebühr F opłata *f* drogowa **mautpflichtig** podlegający opłacie drogowej **Mautstraße** F droga *f* odpłatna
Mayonnaise F majonez *m*
Mechanik F mechanika *f* **Mechaniker(in)** M(F) mechanik *m* **mechanisch** mechaniczny **Mechanismus** M mechanizm *m*
meckern beczeć; *umg fig* gderać (**über** *akk* na *akk*)
Mecklenburg-Vorpommern N Meklemburgia-Pomorze *n* Przednie
Medaille F medal *m*
Medien PL media *pl*
Medikament N lek *m* **Medizin** F medycyna *f*; lek *m* **medizinisch** medyczny; *Hilfe* lekarski
Meer N morze *n* **Meerenge** F cieśnina *f* (morska) **Meeresfrüchte** FPL owoce *mpl* morza **Meeresspiegel** M poziom *m* morza
Meerrettich M chrzan *m* **Meerschweinchen** N świnka *f* morska
Megabyte N megabajt *m*
Mehl N mąka *f* **Mehlspeise** F potrawa *f* mączna; *süß* legumina *f*
mehr więcej; bardziej; **nicht ~** już nie; **immer ~** coraz bardziej; **um so ~** tym bardziej
mehrdeutig wieloznaczny
mehrere kilka, kilku, kilkoro **mehrfach** kilkakrotny **Mehrheit** F większość *f* **mehrmals** wielokrotnie
Mehrwertsteuer F podatek *m* od wartości dodanej, VAT *m* **Mehrzahl** F większość *f*; GRAM liczba *f* mnoga **Mehrzweck-** uniwersalny
meiden unikać (*akk gen*)
Meile F mila *f*
mein mój, moja, moje; PL moi, moje; swój, swoja, swoje; PL swoi, swoje
Meineid M krzywoprzysięst-

wo *n*
meinen uważać, sądzić
Meinung F zdanie *n*, opinia *f*; **meiner ~ nach** moim zdaniem **Meinungsumfrage** F badanie *n* opinii publicznej **Meinungsverschiedenheit** F różnica *f* zdań
Meise F sikorka *f*
meist: **am ~en** najwięcej; **die ~en** większość *f* **meistens** przeważnie, najczęściej
Meister(in) M(F) mistrz(yni) *m(f)*, majster *m* **Meisterschaft** F mistrzostwo *n*
melden ⟨za⟩meldować (**sich** się); zgłaszać ⟨-łosić⟩ (*akk akk*; **bei** *dat* do *gen*, w *lok*; **sich** się) **Meldepflicht** F obowiązek *m* zgłoszenia, obowiązek *m* zameldowania (się) **Meldung** F doniesienie *n*; meldunek *m*
melken ⟨wy⟩doić
Melodie F melodia *f*
Melone F melon *m*
Menge F ilość *f*; (*viel*) mnóstwo *n*; *Leute* tłum *m*
Mensch M człowiek *m* **menschenleer** bezludny **Menschenmenge** F tłum *m* **Menschenrechte** NPL prawa *npl* człowieka **Menschenwürde** F godność *f* ludzka
Menschheit F ludzkość *f* **menschlich** ludzki (po -ku)
Menstruation F menstruacja *f*
Mentalität F mentalność *f*
Menü N menu *n* **Menüleiste** F IT pasek *m* menu
Merkblatt N wskazówki *fpl*, instrukcja *f* **merken** spostrzegać ⟨-rzec⟩; **sich ~** zapamiętać *pf*
Merkmal N znak *m*; cecha *f*
merkwürdig osobliwy (-wie), dziwny
messbar wymierny
Messe F REL msza *f*; HANDEL targi *mpl*
messen ⟨z⟩mierzyć
Messer N nóż *m*
Messestand M stoisko *n* na targach
Messing N mosiądz *m*
Metall N metal *m* **Metallarbeiter** M metalowiec *m*
Meteorologe M meteorolog *m* **Meteorologin** F meteorolog *m* **meteorologisch** meteorologiczny
Meter M *od* N metr *m* **Metermaß** N taśma *f* miernicza
Methode F metoda *f*
Mettwurst F metka *f*
Metzger M rzeźnik *m*
mich mnie; *reflexiv* siebie, się; **über ~** o mnie
Miene F mina *f*
mies *umg* lichy (-cho); podły (-le)
Miete F najem *m*; *Wohnung* czynsz *m* **mieten** wynajmować ⟨-jąć⟩ **Mieter(in)** M(F) najemca *m*; *Wohnung* lokator(ka) *m(f)* **Mietvertrag** M umowa *f* najmu **Mietwagen**

M wynajęty samochód *m* **Mietwohnung** F wynajęte mieszkanie *n*

Migräne F migrena *f*

Mikrofon N mikrofon *m* **Mikrowelle** F PHYS mikrofala *f*; *umg* mikrofalówka *f* **Mikrowellenherd** M kuchenka *f* mikrofalowa

Milch F mleko *n* **Milcherzeugnisse** NPL nabiał *m* **Milchkaffee** M kawa *f* z mlekiem **Milchreis** M ryż *m* na mleku **Milchshake** M shake *m* mleczny

mild łagodny **mildern** ⟨z⟩łagodzić

Militär N wojsko *n* **militärisch** militarny, wojskowy

Milliarde F miliard *m*

Milligramm N miligram *m* **Millimeter** M *od* N milimetr *m*

Million F milion *m* **Millionär(in)** M(F) milioner(ka) *m(f)*

Milz F śledziona *f*

Minderheit F mniejszość *f* **minderjährig** małoletni **minderwertig** pośledni

mindest najmniejszy; minimalny **mindestens** przynajmniej, co najmniej **Mindestlohn** M płaca *f* minimalna

Mine F MIL Mina *f*; BERGB kopalnia *f*; (*Schreibmine*) wkład *m*

Mineralwasser N woda *f* mineralna

Minimum N minimum *n*

Minirock M minispódniczka *f*

Minister(in) M(F) minister *m* **Ministerium** N ministerstwo *n* **Ministerpräsident(in)** M(F) premier *m*

minus minus

Minute F minuta *f*

Minze F mięta *f*

mir mnie; *reflexiv* sobie; **von ~** ode mnie; o mnie; **mit ~** ze mną

mischen ⟨z⟩mieszać; *Karten* ⟨prze⟩tasować

Mischung F mieszanka *f*

miserabel lichy, nędzny

missachten ⟨z⟩lekceważyć

missbilligen nie pochwalać (*akk gen*)

Missbrauch M nadużycie *n* **missbrauchen** nadużywać ⟨-yć⟩ (*akk gen*); (*vergewaltigen*) wykorzystywać ⟨-tać⟩ seksualnie

Misserfolg M niepowodzenie *n* **Missernte** F nieurodzaj *m* **missfallen** nie podobać się **Missfallen** N niezadowolenie *n* **Missgeschick** N niepowodzenie *n* **missglücken** nie udawać ⟨udać⟩ się **missgönnen** zazdrościć (**j-m** *akk* k-u *gen*) **misshandeln** znęcać się (*akk* nad *inst*), maltretować (*akk*) **Misshandlung** F znęcanie *n* się, maltretowanie *n*; (*Prügel*) pobicie *n*

Mission F misja *f*

misslingen nie udawać ⟨udać⟩ się

misstrauen nie ufać, nie dowierzać **Misstrauen** N nieufność *f* **misstrauisch** nieufny, podejrzliwy (-wie)
Missverständnis N nieporozumienie *n* **missverstehen** źle ⟨z⟩rozumieć
Mist M obornik *m*, nawóz *m*; *umg* **~!** cholera!
Mistel F jemioła *f*
mit PRÄP (*dat*) z (*inst*); *oft nur inst*: **~ der Hand** ręką; **~ Gewalt** siłą
Mitarbeit F współpraca *f* **Mitarbeiter(in)** M(F) współpracownik *m*, współpracowniczka *f* **Mitbewohner(in)** M(F) współlokator(ka) *m(f)*
mitbringen przynosić ⟨-nieść⟩ *im Fahrzeug* przywozić ⟨-wieźć⟩ ze sobą **Mitbringsel** N upominek *m*
Mitbürger(in) M(F) współobywatel(ka) *m(f)* **Miteigentümer(in)** M(F) współwłaściciel(ka) *m(f)*
miteinander razem, wspólnie; z(e) sobą
Mitesser M wągier *m*
mitfahren ⟨po⟩jechać razem (**mit** *dat* z *inst*) **Mitfahrzentrale** F centrala *f* współjazdy
Mitgefühl N współczucie *n*
mitgehen iść ⟨pójść⟩ razem z
Mitglied N członek *m*
mithilfe: **~ von** z pomocą (*dat gen*)
mitkommen iść ⟨pójść⟩ razem z, towarzyszyć
Mitleid N litość *f* **mitleidig** litościwy (-wie); ADV *a.* z politowaniem
mitmachen brać ⟨wziąć⟩ udział (*akk* w *lok*) **mitnehmen** zabierać ⟨-brać⟩ (ze sobą)
Mitreisende(r) M(F) towarzysz(ka) *m(f)* podróży **Mitschüler(in)** M(F) kolega *m* szkolny, koleżanka *f* szkolna **Mitspieler(in)** M(F) partner(ka) *m(f)* (w grze)
Mittag M południe *n*; **zu ~ essen** jeść obiad; **am ~** w południe
Mittagessen N obiad *m* **mittags** w południe **Mittagsmenü** N (*nur zur Mittagszeit angebotenes Menü*) menu *n* dań obiadowych **Mittagspause** F przerwa *f* obiadowa **Mittagszeit** F pora *f* obiadowa
Mitte F środek *m*; **~ Mai** w połowie maja; **in der ~** pośrodku
mitteilen zakomunikować *pf*; zawiadamiać ⟨-domić⟩ (**j-m** *akk* **k-o** o *lok*) **Mitteilung** F wiadomość *f*
Mittel N środek *m*; MATH średnia *f* **Mittelalter** N średniowiecze *n* **Mittelfeld** N SPORT środek *m* pola **Mittelfinger** M palec *m* środkowy
mittelgroß średniej wielkości; *pers* średniego wzrostu **mittelmäßig** mierny, średni (-nio)

Mittelmeer N Morze *n* Śródziemne **Mittelohrentzündung** F zapalenie *n* ucha środkowego **Mittelpunkt** M punkt *m* środkowy, centrum *n* **Mittelstreifen** M pas *m* rozdzielający jezdnie **Mittelstürmer(in)** M(F) SPORT środkowy napastnik *m*, środkowa napastniczka *f* **Mittelwelle** F fala *f* średnia

mitten: ~ **in** pośrodku (*dat gen*); w sam środek (*akk gen*); ~ **durch** przez sam środek (*akk gen*)

mittendrin w samym środku **mittendurch** na wskroś

Mitternacht F północ *f*; **um** ~ o północy

mittlere(r) środkowy; *fig* średni **mittlerweile** tymczasem

Mittwoch M środa *f*

mitwirken współdziałać **Mitwirkung** F współudział *m*

mixen *Getränk* ⟨z⟩miksować **Mixer** M mikser *m*

mobben stosować mobbing

Möbel N mebel *m* **Möbelgeschäft** N sklep *m* meblowy **Möbelwagen** M meblowóz *m*

mobil ruchomy **Mobiltelefon** N telefon *m* komórkowy

möbliert umeblowany

Mode F moda *f* **Model** N modelka *f* **Model** N model(ka) *m(f)*

Modell N model *m*, wzór *m*

Modem N IT modem *m*

Modenschau F pokaz *m* mody

Moderator(in) M(F) moderator(ka) *m(f)*

modern nowoczesny; modny **modisch** modny

mogeln *umg* szachrować

mögen lubić

möglich możliwy (-wie) **Möglichkeit** F możliwość *f*

Mohn M mak *m*

Möhre F marchew *f* **Mohrrübe** F → Möhre

mollig pulchny, przy sobie

Moment M chwila *f*, moment *m* **momentan** chwilowy (-wo), obecny

Monarchie F monarchia *f*

Monat M miesiąc *m* **monatlich** miesięczny

Monatsgehalt M pensja *f* miesięczna **Monatskarte** F bilet *m* miesięczny **Monatsrate** F rata *f* miesięczna

Mönch M mnich *m*

Mond M księżyc *m* **Mondfinsternis** F zaćmienie *n* Księżyca **Mondschein** M blask *m* księżyca

Monitor M monitor *m*

Montag M poniedziałek *m*

Montage F montaż *m* **Monteur(in)** M(F) monter(ka) *m(f)*

montieren ⟨z⟩montować

Moor N torfowisko *n*, bagno *n*

Moos N mech *m*

Moral F moralność *f* **moralisch** moralny

Mord M morderstwo *n* **Mörder(in)** M(F) morderca *m*, mor-

derczyni *f*
morgen jutro; ~ **früh** jutro rano
Morgen M ranek *m*, poranek *m*; **am** ~ rankiem, z rana; **guten** ~! dzień dobry!
Morgendämmerung F świt *m* **Morgenmantel** M podomka *f*, szlafrok *m*
morgens rano
Morphium N morfina *f*
morsch spróchniały
Mörtel M zaprawa *f*
Moschee F meczet *m*
Moskau N Moskwa *f*
Most M moszcz *m*
Motel N motel *m*
Motivation F motywacja *f* **motivieren** motywować
Motor M silnik *m*, motor *m* **Motorboot** N motorówka *f*
Motorrad N motocykl *m* **Motorradfahrer(in)** M(F) motocyklista *m*, motocyklistka *f*
Motorroller M skuter *m* **Motorschaden** M uszkodzenie *n* silnika
Motte F mól *m*
Mountainbike N rower *m* górski
Möwe F mewa *f*
Mücke F komar *m* **Mückenstich** M ukąszenie *n* komara
müde zmęczony; ~ **werden** ‹z›zmęczyć się **Müdigigkeit** F zmęczenie *n*
muffig stęchły
Mühe F trud *m* **mühelos** ADV bez trudu
Mühle F młyn *m*
mühsam uciążliwy (-wie); mozolny, żmudny
Mulde F niecka *f*
Müll N śmieci *mpl* **Müllabfuhr** F wywóz *m* śmieci
Mullbinde F bandaż *m* z gazy
Müllcontainer M kontener *m* na śmieci
Mülleimer M wiadro *n* na śmieci **Müllhaufen** M śmietnik *m* **Müllkippe** F wysypisko *n* śmieci **Mülltonne** F pojemnik *m* na śmieci
Multiplikation F mnożenie *n* **multiplizieren** ‹po›mnożyć (**mit** *dat* przez *akk*)
München N Monachium *n*
Mund M usta *pl*
münden *Fluss* wpadać, uchodzić
Mundgeruch M zapach *m* z ust **Mundharmonika** F harmonijka *f* ustna **Mundhöhle** F jama *f* ustna **Mundschutz** M maska *f* ochronna
mündlich ustny
Mündung F *Fluss* ujście *n*
munter żywy (-wo); rześki (-ko)
Münze F moneta *f* **Münzwechsler** M automat *m* do rozmieniania pieniędzy
mürbe kruchy; ~ **werden** ‹s›kruszeć; *fig* ‹z›mięknąć
murren szemrać
mürrisch ponury (-ro); *Ton* mrukliwy (-wie)
Mus N mus *m*

Muschel F muszla *f*; ZOOL małż *m*
Museum N muzeum *n*
Musical N musical *m*
Musik F muzyka *f* **musikalisch** muzyczny; *pers* muzykalny **Musiker(in)** M(F) muzyk *m* **Musikinstrument** N instrument *m* muzyczny **Musikstück** N utwór *m* muzyczny
Muskatnuss F gałka *f* muszkatołowa
Muskel M mięsień *m* **Muskelkater** M ból *m* mięśni **Muskelriss** M rozerwanie *n* mięśnia
muskulös muskularny
Muslim(in) M(F) muzułmanin *m*, muzułmanka *f* **muslimisch** muzułmański
Muße F wolny czas *m*
müssen musieć; **ich muss mal** *umg* muszę się załatwić
Muster N wzór *m*; HANDEL próbka *f*; deseń *m*
mustern mierzyć wzrokiem, lustrować
Mut M odwaga *f*, męstwo *n*
mutig mężny, odważny **mutlos** przygnębiony
Mutter F matka *f*; TECH nakrętka *f* **mütterlich** macierzyński; matczyny **Muttermal** N znamię *n* **Muttersprache** F język *m* ojczysty
Mütze F czapka *f*
mysteriös tajemniczy (-czo)

N

na: ~ **also!** no więc?; ~ **bitte!** no proszę!; ~ **und?** no i co?
Nabel M pępek *m*
nach (*dat*) do (*gen*); po (*lok*); za (*inst*); według (*gen*); ~ **Berlin** do Berlina; ~ **dem Essen** po jedzeniu; ~ **und** ~ stopniowo; ~ **wie vor** nadal
nachahmen naśladować
Nachbar(in) M(F) sąsiad(ka) *m(f)* **Nachbarschaft** F sąsiedztwo *n*; *pers* sąsiedzi *mpl*
nachbestellen zamawiać <-mówić> dodatkowo
nachdem skoro, gdy; **je** ~ zależnie od
nachdenken zastanawiać <-nowić> się (**über** *akk* nad *inst*), rozmyślać (o *inst*) **nachdenklich** zamyślony
Nachdruck M nacisk *m* **nachdrücklich** dobitny
nacheifern starać się dorównać
nacheinander jeden po drugim, po kolei
Nachfolger(in) M(F) następca *m*, następczyni *f*
nachforschen badać, sprawdzać <-dzić> **Nachforschungen** FPL badania *npl*, dociekania *npl*
Nachfrage F HANDEL popyt *m*

nachfüllen dolewać ‹-lać› **Nachfüllpack** N opakowanie *n* uzupełniające
nachgeben V/I ulegać ‹ulec›, ustępować ‹-tąpić› **nachgehen** *Uhr* spóźniać się **nachgemacht** podrobiony, sfałszowany
Nachgeschmack M posmak *m*
nachgiebig uległy (-le), ustępliwy (-wie) **nachhaltig** trwały (-le), długotrwały (-le)
nachher potem
Nachhilfeunterricht M korepetycje *fpl*
nachholen nadrabiać ‹-robić›
nachkommen przychodzić ‹przyjść› później; *fig* spełniać ‹-ić› (*dat akk*)
Nachlass M HANDEL opust *m*; (*Erbe*) spuścizna *f*
nachlassen V/I słabnąć; *Schmerz* ustępować; opuszczać ‹-uścić› się (**in** *dat* **w** *lok*)
nachlässig niedbały (-le), niestaranny
nachlaufen biegać za, *umg* latać za (*dat inst*) **nachmachen** podrabiać ‹-robić›
Nachmittag M popołudnie *n* **nachmittags** po południu
Nachnahme F: **per ~** za pobraniem **Nachname** M nazwisko *n*
nachprüfen sprawdzać ‹-dzić› **nachrechnen** przeliczać ‹-czyć›
Nachricht F wiadomość *f* **Nachrichten** FPL RADIO wiadomości *fpl* **Nachrichtenagentur** F agencja *f* prasowa **Nachrichtendienst** M wywiad *m*
nachschauen ‹po›patrzeć za (*dat inst*) **nachschlagen** *im Buch* sprawdzać ‹-dzić›, ‹po›szukać **nachsenden** dosyłać ‹-słać›
Nachsicht F pobłażliwość *f* **nachsichtig** pobłażliwy (-wie)
nachsprechen powtarzać ‹-tórzyć› (*dat* za *inst*)
nächst najbliższy; (*folgend*) następny, przyszły; PRÄP (*dat*) tuż obok (*gen*); tuż po (*lok*); ADV **am ~en** najbliżej
nachstellen *Uhr* cofać ‹-fnąć›
Nacht F noc *f*; **gute ~!** dobranoc! **bei ~** nocą, w nocy **Nachtclub** M klub *m* nocny **Nachtdienst** M dyżur *m* nocny
Nachteil M niekorzyść *f*
Nachtfalter M ćma *f* **Nachthemd** N koszula *f* nocna
Nachtigall F słowik *m*
Nachtisch M deser *m*
Nachtrag M dopisek *m*; uzupełnienie *n*; *zum Vertrag* aneks *m* **nachträglich** dodatkowy (-wo), późniejszy (później)
Nachtruhe F nocny spoczynek *m*
nachts w nocy
Nachttisch M stolik *m* nocny
Nachtwächter M stróż *m*

nocny
Nachweis M stwierdzenie *n*; dowód *m* **nachweisen** V/T wykazywać ⟨-zać⟩; stwierdzać ⟨-dzić⟩
Nachwuchs M narybek *m*, potomstwo *n*
nachzahlen dopłacać ⟨-cić⟩
nachzählen przeliczać ⟨-czyć⟩ **Nachzahlung** F dopłata *f*
Nacken M kark *m* **Nackenkissen** N poduszka *f* dla śpiących na boku
nackt nagi (-go), goły (-ło)
Nadel F igła *f* **Nadelöhr** N ucho *n* igielne
Nagel M gwóźdź *m*; ANAT paznokieć *m* **Nagelfeile** F pilniczek *m* do paznokci **Nagellack** M lakier *m* do paznokci **Nagellackentferner** M zmywacz *m* do paznokci **Nagelschere** F nożyczki *pl* do paznokci
nagen obgryzać (an *dat akk*)
Nagetier N gryzoń *m*
nah bliski **nahe** PRÄP blisko (*dat gen*)
Nähe F bliskość *f*; **in der ~** w pobliżu; **aus der ~** z bliska
nähen ⟨u⟩szyć
näher bliższy (-żej); **Näheres** bliższe informacje *fpl*, szczegóły *mpl* **nähern**: **sich ~** zbliżać ⟨-żyć⟩ się
Nähgarn N nić *f* do szycia
Nähmaschine F maszyna *f* do szycia **Nähnadel** F igła *f* do szycia
nahrhaft pożywny
Nahrung F pokarm *m*, pożywienie *n* **Nahrungsergänzungsmittel** N suplement *m* diety **Nahrungsmittel** N środek *m* spożywczy
Naht F szew *m* **nahtlos** bez szwów
Nahverkehr M komunikacja *f* miejscowa
Nähzeug N przybory *mpl* do szycia
naiv naiwny
Name M (*Vorname*) imię *n*; (*Nachname*) nazwisko *n*; (*Benennung*) nazwa *f* **Namenstag** M imieniny *pl*
nämlich ADV mianowicie
Narbe F blizna *f*
Narkose F narkoza *f*
Narr M błazen *m*; głupiec *m*
naschen łasować, podjadać
Nase F nos *m* **Nasenbluten** N krwawienie *n* z nosa **Nasenloch** N nozdrze *n* **Nasentropfen** MPL krople *fpl* do nosa
Nashorn N nosorożec *m*
nass mokry (-ro); **~ machen** ⟨z⟩moczyć
Nässe F wilgoć *f*
Nation F naród *m*
national narodowy **Nationalhymne** F hymn *m* narodowy **Nationalität** F narodowość *f* **Nationalmannschaft** F kadra *f* narodowa
Nationalpark M park *m* na-

rodowy **Nationalspieler(in)** M(F) członek *m* kadry narodowej, członkini *f* kadry narodowej

Natrium N sód *m*

Natter F żmija *f*

Natur F przyroda *f*; natura *f* **Naturdenkmal** N zabytek *m* przyrody **Naturkatastrophe** F klęska *f* żywiołowa

natürlich naturalny; ADV *a.* oczywiście

Naturschutz M ochrona *f* przyrody **Naturschutzgebiet** N rezerwat *m* przyrody

Naturwissenschaften FPL nauki *fpl* przyrodnicze **Naturwissenschaftler(in)** M(F) przyrodnik *m*, przyrodniczka *f*

Navi N Navigationssystem M system *m* nawigacyjny

Nebel M mgła *f* **Nebelscheinwerfer** MPL światła *npl* przeciwmgielne

neben (*dat, akk*) obok (*gen*), przy (*lok*) **nebenan** tuż obok **nebenbei** dodatkowo; mimochodem

Nebenbeschäftigung F dodatkowe zajęcie *n*

nebeneinander obok siebie

Nebenfach N przedmiot *m* dodatkowy **Nebenkosten** PL koszty *mpl* uboczne **Nebensache** F rzecz *f* mniejszej wagi **Nebensaison** F czas *m* poza sezonem turystycznym **Nebenstraße** F boczna ulica *f* **Nebenverdienst** M dodatkowy zarobek *m* **Nebenwirkung** F działanie *n* uboczne

neblig mglisty (-to)

necken drażnić; żartować (*akk z gen*); **sich ~** przekomarzać się (*akk z inst*)

Neffe M (*Sohn des Bruders*) bratanek *m*; (*Sohn der Schwester*) siostrzeniec *m*

negativ negatywny

Negativ N FOTO negatyw *m*

nehmen brać ⟨wziąć⟩; *Arznei* zażywać ⟨-yć⟩; **zu sich ~** spożywać ⟨-yć⟩; **Platz ~** siadać ⟨usiąść⟩

Neid M zazdrość *f*, zawiść *f* **neidisch** zazdrosny (-śnie), zawistny

neigen schylać ⟨-lić⟩ (**sich** się) **Neigung** F pochyłość *f*; *fig* skłonność *f*

nein nie

Neiße F Nysa *f*

Nelke F goździk *m*

nennen nazywać ⟨-zwać⟩ (**sich** się)

Nerv M nerw *m* **Nervenzusammenbruch** M załamanie *n* nerwowe

nervös nerwowy (-wo) **Nervosität** F nerwowość *f*

Nerz M norka *f*

Nessel F pokrzywa *f*

Nest N gniazdo *n*

nett miły (-ło)

netto netto

Netz N sieć *f* (*a. fig*) **Netzanschluss** M przyłączenie *n* do sieci **Netzhaut** F ANAT siatkówka *f*

neu nowy; **von Neuem** od nowa **Neubau** M nowy budynek *m*; KOLL nowe budownictwo *n* **neuerdings** ostatnio **Neuerung** F innowacja *f*

Neugier F ciekawość *f* **neugierig** ciekawy

Neuheit F nowość *f* **Neuigkeit** F nowina *f*

Neujahr N Nowy Rok *m*; **Prosit ~!** Szczęśliwego Nowego Roku!

neulich niedawno **Neuling** M nowicjusz *m* **neumodisch** nowomodny **Neumond** M nów *m*

neun dziewięć **Neun** F dziewiątka *f* **neunhundert** dziewięćset **neunhundertste(r)** dziewięćsetny **neunmal** dziewięć razy **neunte(r)** dziewiąty **neunzehn** dziewiętnaście **neunzehnte(r)** dziewiętnasty **neunzig** dziewięćdziesiąt **neunzigste(r)** dziewięćdziesiąty

neutral neutralny

nicht nie; **~ mehr** już nie; **~ viel** niewiele

Nichte F (*Tochter des Bruders*) bratanica *f*; (*Tochter der Schwester*) siostrzenica *f*

nichtig błahy; JUR nieważny, niebyły

Nichtraucher(in) M(F) niepalący *m*, niepaląca *f* **Nichtraucherabteil** N BAHN przedział *m* dla niepalących

nichts nic; **das macht ~** nic nie szkodzi

Nichtschwimmer(in) M(F) osoba *f* nie umiejąca pływać

nichtsdestoweniger niemniej

Nickel N nikiel *m*

nicken skinąć *pf*, przytakiwać ⟨-knąć⟩

nie nigdy

nieder niski; ADV na dół

Niedergang M *fig* upadek *m*

niedergeschlagen przygnębiony **niederknien** klęczeć; **sich ~** klękać ⟨uklęknąć⟩

Niederlage F porażka *f*, klęska *f*

Niederlande PL Holandia *f*

Niederländer(in) M(F) Holender(ka) *m(f)* **niederländisch** niderlandzki (po -ku)

niederlassen: **sich ~** osiedlać ⟨-lić⟩ się **Niederlassung** F HANDEL filia *f*

niederlegen kłaść ⟨położyć⟩ (**sich** się); *Kranz* składać ⟨złożyć⟩; *Arbeit* przerywać ⟨-rwać⟩

Niedersachsen N Dolna Saksonia *f*

Niederschläge MPL opady *mpl* **niederschlagen** zwalać ⟨-lić⟩ z nóg; JUR umarzać ⟨-morzyć⟩

niederträchtig podły (-le), nikczemny

niedlich śliczny

niedrig niski (-ko); *Zahl* mały

niemals nigdy **niemand** nikt

Niere F nerka *f*; GASTR **Nieren**

pl cynaderki *fpl* **Nierenkolik** F kolka *f* nerkowa **Nierensteine** MPL kamienie *mpl* nerkowe
nieseln mżyć **Nieselregen** M mżawka *f*
niesen kichać ⟨kichnąć⟩
Niete F pusty los *m*
Nilpferd N hipopotam *m*
nirgends nigdzie
Nische F wnęka *f*, nisza *f*
nisten gnieździć się
Niveau N poziom *m*
noch jeszcze; **immer ~** wciąż jeszcze; **weder ... ~** ani ... ani
nochmals jeszcze raz
Nomade M koczownik *m*, nomada *m*
Nonne F zakonnica *f*
Norddeutschland N północne Niemcy *pl*
Norden M północ *f*; **im ~** na północy
nördlich północny; na północ (**von** *dat* od *gen*)
Nordpol M biegun *m* północny
Nordrhein-Westfalen N Nadrenia-Westfalia *f*
Nordsee F Morze *n* Północne **Nordwind** M wiatr *m* północny
nörgeln zrzędzić
Norm F norma *f*; reguła *f* **normal** normalny **normalerweise** zwykle, zazwyczaj
Norwegen N Norwegia *f* **Norweger(in)** M(F) Norweg *m*, Norweżka *f* **norwegisch** norweski (po -ku)
Not F nędza *f*, bieda *f*; **~ leidend** cierpiący biedę
Notar(in) M(F) notariusz(ka) *m(f)*
Notarzt M lekarz *m* pogotowia **Notärztin** F lekarka *f* pogotowia **Notarztwagen** M karetka *f* pogotowia
Notausgang M wyjście *n* awaryjne **Notbremse** F hamulec *m* bezpieczeństwa **Notdienst** M pogotowie *n*
notdürftig prowizoryczny
Note F MUS nuta *f*; *Schule* stopień *m*
Notebook N notebook *m*
Notfall M pilna potrzeba *f*, nagły wypadek *m* **notfalls** w razie potrzeby
notieren ⟨za⟩notować
nötig potrzebny; **es ist ~** trzeba, potrzeba
nötigen zmuszać ⟨-usić⟩ **Nötigung** F JUR wymuszenie *n*
Notiz F notatka *f* **Notizblock** M notatnik *m* **Notizbuch** N notes *m*
notlanden ⟨wy⟩lądować awaryjnie **Notlandung** F lądowanie *n* awaryjne **Notlüge** F kłamstwo *n* z konieczności
Notruf M TEL wywołanie *n* alarmowe **Notruftelefon** N telefon *m* awaryjny
Notwehr F obrona *f* konieczna
notwendig konieczny
November M listopad *m*; **im**

~ w listopadzie
nüchtern na czczo; (*nicht betrunken*) trzeźwy (-wo); **auf ~en Magen** na czczo, na pusty żołądek
Nudeln FPL makaron *m*, kluski *fpl* **Nudelsuppe** F zupa *f* z makaronem
null zero; **eins zu ~** jeden do zera
Null F zero *n*; **unter ~** poniżej zera
Nulltarif M: **zum ~** bezpłatnie
Nummer F numer *m* **nummerieren** ⟨po⟩numerować **Nummernschild** N AUTO tablica *f* rejestracyjna
nun teraz; więc; **von ~ an** odtąd; **was ~?** co dalej?
nur tylko
Nuss F orzech *m* **Nuss-** orzechowy **Nussbaum** M orzech *m* **Nussknacker** M dziadek *m* do orzechów
Nutte *umg* F dziwka *f*
nutzen V/T wykorzystywać ⟨-tać⟩; użytkować; V/I przydawać ⟨-dać⟩ się (**zu** *dat* na *akk*)
nützen → nutzen
Nutzen M korzyść *f*, pożytek *m*
nützlich pożyteczny, przydatny **nutzlos** bezużyteczny

O

Oase F oaza *f*
ob czy; **als ~** jak gdyby
obdachlos bezdomny
oben na górze, w górze, u góry; **nach ~** do góry, pod górę; **von ~** z góry, od góry
Ober M kelner *m*; **Herr ~!** kelner! **Oberarm** M ramię *n*
obere(r) górny; wierzchni; *fig* wyższy, starszy
Oberfläche F powierzchnia *f* **oberflächlich** powierzchowny
Obergeschoss N piętro *n*
oberhalb powyżej
Oberhaupt N *fig* głowa *f* **Oberkörper** M górna część *f* ciała **Oberlippe** F górna warga *f* **Oberschenkel** M udo *n* **Oberschwester** F siostra *f* przełożona
oberste(r) górny; *fig* najwyższy, naczelny
Oberteil N górna *f* część **Oberweite** F obwód *m* klatki piersiowej
obgleich → obwohl
Objekt N obiekt *m*, przedmiot *m*
objektiv obiektywny
Objektiv N obiektyw *m*
obligatorisch obowiązkowy
Obst N owoce *mpl* **Obstgar-**

ten M sad *m* **Obstkuchen** M ciasto *n* z owocami **Obstsaft** M sok *m* owocowy **Obstsalat** M sałatka *f* owocowa
obszön sprośny
obwohl chociaż
Ochse M wół *m*; *fig* dureń *m*
öde pusty (-to), odludny
oder lub
Oder F Odra *f*
Ofen M piec *m*
offen otwarty (-cie); **~ lassen** pozostawiać ‹-ić› otwartym
offenbar widoczny
Offenheit F otwartość *f* **offenherzig** prostoduszny, otwarty (-cie)
offensichtlich jawny, oczywisty; ADV niewątpliwie
offensiv ofensywny
öffentlich *Meinung* publiczny; *Verfahren* jawny; *Wohl* powszechny **Öffentlichkeit** F publiczność *f*, jawność *f*
offiziell oficjalny
offline off line
öffnen otwierać ‹-worzyć› **Öffnung** F otwarcie *n*; *konkret* otwór *m* **Öffnungszeiten** FPL godziny *fpl* otwarcia
oft często **öfter** częściej **öfters** często, nieraz **oftmals** często, nieraz
ohne (*akk*) bez (*gen*)
Ohnmacht F omdlenie *n*; *fig* bezsilność *f* **ohnmächtig** omdlały, *fig* bezsilny; **~ werden** zemdleć *pf*
Ohr N ucho *n*
Ohrenarzt M laryngolog *m* **Ohrenärztin** F laryngolog *m* **Ohrenschmalz** M woskowina *f* **Ohrenschmerzen** MPL ból *m* ucha
Ohrfeige F policzek *m* **Ohrläppchen** N płatek *m* małżowiny usznej **Ohrring** M kolczyk *m*
okay okej
ökologisch ekologiczny
ökonomisch ekonomiczny
Ökosystem N ekosystem *m*
Oktober M październik *m*; **im ~** w październiku
Öl N olej *m* **Ölfarbe** F farba *f* olejna **Ölfilter** M filtr *m* olejowy **Ölgemälde** N obraz *m* olejny **Ölheizung** F ogrzewanie *n* olejowe
Olive F oliwka *f* **Olivenöl** N oliwa *f*
Ölsardinen FPL sardynki *fpl* w oleju **Ölteppich** M plama *f* ropy **Ölwechsel** M wymiana *f* oleju
Olympiade F olimpiada *f* **olympisch** olimpijski; **Olympische Spiele** *npl* igrzyska *npl* olimpijskie
Oma F babcia *f*
Omelett N omlet *m*
Omnibus M autobus *m*
Onkel M (*Bruder der Mutter*) wuj *m*; (*Bruder des Vaters*) stryj *m*
online online, on-line **Onlinebanking** N INTERNET bankowości *pl* online **On-**

line-Check-in M INTERNET odprawa *f* online **Online-shop** M INTERNET sklep *m* internetowy
Opa M dziadek *m*
Openairkonzert N koncert *m* na wolnym powietrzu
Oper F opera *f*
Operation F operacja *f*
Operette F operetka *f*
operieren ⟨z⟩operować
Opernsänger(in) M(F) śpiewak *m* operowy, śpiewaczka *f* operowa
Opfer N ofiara *f* **opfern** ofiarować *pf*
Opposition F opozycja *f*
Optiker(in) M(F) optyk *m*
optimal optymalny
Optimist(in) M(F) optymista *m*, optymistka *f* **optimistisch** optymistyczny
oral doustny; oralny **Oralverkehr** M stosunek *m* oralny
orange pomarańczowy (-wo)
Orange F pomarańcza *f*
Orangensaft M sok *m* pomarańczowy
Orchester N orkiestra *f*
Orchidee F orchidea *f*, storczyk *m*
Orden M order *m*; REL zakon *m*
ordentlich porządny; *Professor* zwyczajny
ordinär ordynarny
ordnen ⟨u⟩porządkować
Ordner M *pers* porządkowy *m*; segregator *m*; IT katalog *m*
Ordnung F porządek *m* **Ordnungswidrigkeit** F wykroczenie *n*
Organ N narząd *m*; organ *m* (*a. fig*)
Organisation F organizacja *f*
organisieren ⟨z⟩organizować
Organismus M organizm *m*
Orgasmus M orgazm *m*
Orgel F organy *pl*
Orient M Wschód *m*, Orient *m*
orientalisch wschodni, orientalny
orientieren: **sich ~** ⟨z⟩orientować się **Orientierung** F orientacja *f*
original oryginalny **Original** N oryginał *m*
Orkan M huragan *m*
Ort M (*Platz*) miejsce *n*; (*Ortschaft*) miejscowość *f*
Orthografie F ortografia *f*
örtlich miejscowy
Ortschaft F miejscowość *f*
Ortsgespräch N rozmowa *f* miejscowa
Öse F uszko *n*
Ostdeutschland N Niemcy *pl* Wschodnie **Osten** M wschód *m*; **von ~** ze wschodu
Osterei N jajko *n* wielkanocne
Osterhase M zając *m* wielkanocny
Ostern N Wielkanoc *f*; **Frohe ~!** Wesołych Świąt (Wielkanocnych)!
Österreich N Austria *f* **Österreicher(in)** M(F) Austriak *m*, Austriaczka *f* **österreichisch**

austriacki
östlich wschodni; na wschód (**von** *dat* od *gen*)
Ostsee F Bałtyk *m*, Morze *n* Bałtyckie
Otter M (*Schlange*) żmija *f*; (*Fischotter*) wydra *f*
outen: **sich ~** przyznawać ⟨-nać⟩ się do homoseksualizmu
Ozean M ocean *m*
Ozon N ozon *m* **Ozonloch** N dziura *f* ozonowa

P

paar: **ein ~** parę, kilka **Paar** N para *f* **paarweise** parami
Pacht F dzierżawa *f* **pachten** ⟨wy⟩dzierżawić
Pächter(in) M(F) dzierżawca *m*
Pachtvertrag M umowa *f* dzierżawy
Päckchen N paczka *f*, paczuszka *f*
packen ⟨s⟩pakować; chwytać ⟨-ycić⟩ (**an** *dat* za *akk*)
Packpapier N papier *m* pakowy **Packung** F paczka *f*; MED okład *m*
Pädagoge M pedagog *m* **Pädagogin** F pedagog *m* **pädagogisch** pedagogiczny
Paddelboot N kajak *m*
Paket N paczka *f*; pakiet *m*
Paketannahme F nadawanie *n* paczek **Paketkarte** F etykieta *f* adresowa
Palast M pałac *m*
Palästina N Palestyna *f*
Palme F palma *f*
Pandemie F pandemia *f*
Panik F panika *f*
Panne F awaria *f* **Pannenhilfe** F pogotowie *n* techniczne, autopomoc *f*
Papa M tata *m*
Papagei M papuga *f*
Papier N papier *m*; **Papiere** *pl* dokumenty *mpl* **Papierkorb** M kosz(yk) *m* na papier **Papiertonne** F pojemnik *m* na papier
Pappbecher M kubek *m* papierowy **Pappe** F tektura *f*
Pappel F topola *f*
Paprika M papryka *f*
Papst M papież *m*
Paradies N raj *m*
parallel równoległy (-le)
Parasit M pasożyt *m*
Parfüm N perfumy *pl*
Park M park *m*
parken ⟨za⟩parkować
Parkett N parkiet *m*; THEAT parter *m*
Parkhaus N garaż *m* parkingowy **Parklücke** F (wolne) miejsce *n* do parkowania
Parkplatz M parking *m*
Parkscheibe F karta *f* parkingowa **Parkscheinautomat** M parkomat *m* **Parkuhr** F parkometr *m* **Parkverbot**

N zakaz *m* parkowania **Parlament** N parlament *m* **Partei** F POL partia *f*; JUR strona *f* **parteiisch** stronniczy (-czo) **Parteimitglied** N członek *m* partii **Parterre** N parter *m* **Partner(in)** M(F) partner(ka) *m(f)* **Partnerschaft** N partnerstwo *n* **Party** F przyjęcie *n*, party *n* **Partyservice** M *od* N firma *f* cateringowa **Pass** M przełęcz *f*; (*Reisepass*) paszport *m* **Passage** F pasaż *m* **Passagier(in)** M(F) pasażer(ka) *m(f)* **Passant(in)** M(F) przechodzień *m* **Passbild** N zdjęcie *n* paszportowe **passen** pasować (**zu** *dat* do *gen*); **das passt mir** to mi odpowiada **passend** odpowiedni, stosowny **passieren** V/T przechodzić ⟨przejść⟩; *Grenze* przekraczać ⟨-roczyć⟩; V/I zdarzać ⟨-rzyć⟩ się; **was ist passiert?** co się stało? **passiv** bierny **Passkontrolle** F kontrola *f* paszportowa **Passwort** N hasło *n* **Paste** F pasta *f* **Pastor(in)** M(F) pastor *m* **Pate** M ojciec *m* chrzestny **Patenkind** N chrześniak *m*, chrześniaczka *f* **Patient(in)** M(F) pacjent(ka) *m(f)* **Patin** F matka *f* chrzestna **Pauke** F MUS kocioł *m* **pauschal** ryczałtowy **Pauschale** F ryczałt *m* **Pauschalreise** F wycieczka *f* zorganizowana **Pause** F *Schule* przerwa *f*; pauza *f* **Pazifik** M Pacyfik *m* **PC** M komputer *m* osobisty **PCR-Test** M test *m* PCR **Pech** N *fig* pech *m*; smoła *f* **Pechvogel** *umg* M pechowiec *m* **Pedal** N pedał *m* **Pegel** M wodowskaz *m*; poziom *m* wody **peinlich** przykry (-ro), kłopotliwy (-wie) **Pellkartoffeln** FPL ziemniaki *mpl* w mundurkach **Pelz** M futro *n*; (*Schafpelz*) kożuch *m* **Pelzmantel** M futro *n* **Pendel** N wahadło *n* **pendeln** wahać się; *fig* jeździć tam i z powrotem **Pendelverkehr** M ruch *m* wahadłowy **Pendler(in)** M(F) osoba *f* dojeżdżająca do pracy *od* szkoły **Penis** M penis *m* **Pension** F (*Unterkunft*) pensjonat *m*; (*Rente*) emerytura *f* **Pensionär(in)** M(F) emeryt(ka) *m(f)* **pensioniert** emerytowany

perfekt doskonały (-le)
Pergament N pergamin *m*
Periode F okres *m* **periodisch** periodyczny
Perle F perła *f* **Perlmutt** N masa *f* perłowa
Person F osoba *f* **Personal** N personel *m* **Personalabteilung** F dział *m* kadr **Personaltrainer(in)** M(F) trener osobisty *m*, trenerka osobista *f* **Personalausweis** M dowód *m* osobisty **Personenzug** M pociąg *m* osobowy
persönlich osobisty (-ście) **Persönlichkeit** F osobowość *f*; *pers* osobistość *f*
Perücke F peruka *f*
pervers perwersyjny
pessimistisch pesymistyczny
Pest F dżuma *f*
Petersilie F pietruszka *f*
Petroleum N nafta *f*
Pfad M ścieżka *f* **Pfadfinder(in)** M(F) harcerz *m*, harcerka *f*
Pfahl M pal *m*
Pfand N zastaw *m*
Pfandflasche F butelka *f* zwrotna
Pfändung F JUR zajęcie *n*
Pfanne F patelnia *f* **Pfannkuchen** M naleśnik *m*; (*Krapfen*) pączek *m*
Pfarrei F parafia *f* **Pfarrer(in)** M(F) proboszcz *m*
Pfau M paw *m*
Pfeffer M pieprz *m* **Pfefferkuchen** M piernik *m* **Pfefferminze** F mięta *f* pieprzowa
Pfeife F gwizdek *m*; (*Tabakspfeife*) fajka *f*
pfeifen ⟨za⟩gwizdać, gwizdnąć *pf*
Pfeil M strzała *f*; (*Richtungspfeil*) strzałka *f* **Pfeiler** M słup *m*, filar *m*
Pferd N koń *m* **Pferdeschwanz** M koński ogon *m*
Pfiff M gwizd *m*, świst *m*
Pfifferling M kurka *f*
Pfingsten N Zielone Świątki *pl* **Pfingstmontag** M poniedziałek *m* Zielonych Świątek **Pfingstsonntag** M niedziela *f*
Pfirsich M brzoskwinia *f*
Pflanze F roślina *f* **pflanzen** ⟨po⟩sadzić
Pflaster N bruk *m*; MED plaster *m*
Pflaume F śliwka *f*; *Baum* śliwa *f* **Pflaumenmus** N powidła *pl* śliwkowe
Pflege F pielęgnacja *f*; (*Fürsorge*) opieka *f* **pflegen** pielęgnować; opiekować się (*akk inst*) **Pfleger(in)** M(F) pielęgniarz *m*, pielęgniarka *f* **Pflegeversicherung** F ubezpieczenie *n* pielęgnacyjne
Pflicht F obowiązek *m* **pflichtbewusst** obowiązkowy
pflücken zrywać ⟨zerwać⟩; *Beeren* zbierać ⟨zebrać⟩
pflügen ⟨za⟩orać
Pförtner(in) M(F) portier(ka)

m(f), dozorca *m*, dozorczyni *f*
Pfosten M słup *m*, słupek *m*
Pfote F łapa *f*
Pfropfen M korek *m*, zatyczka *f*
pfui! fe!
Pfund N funt *m*
pfuschen *umg* ‹s›partaczyć
Pfütze F kałuża *f*
Phantasie F → Fantasie **phantastisch** → fantastisch
Phase F faza *f*
Philosophie F filozofia *f*
Photo *usw* → Foto
Physik F fizyka *f* **physikalisch** fizyczny, fizykalny
physisch fizyczny
Pianist(in) M(F) pianista *m*, pianistka *f*
Pickel M pryszcz *m*
picken dziobać ‹-bnąć›
Picknick N piknik *m*
piepsen piszczeć
Piercing N piercing *m*
pikant pikantny
Pilger M pielgrzym *m* **Pilgerfahrt** F pielgrzymka *f*
Pille F pigułka *f*
Pilot(in) M(F) pilot(ka) *m(f)*
Pils N pilzner *m*
Pilz M grzyb *m* **Pilzkrankheit** F grzybica *f* **Pilzvergiftung** F zatrucie *n* grzybami
PIN F PIN *m*
pink różowy (-wo)
pinkeln *umg* sikać
Pinsel M pędzel *m*
Pinzette F pęseta *f*
Piste F SPORT stok *m* (narciarski); szlak *m*, trasa *f*
Pizza F pizza *f* **Pizzaservice** M pizzeria *f* oferująca pizze z dostawą
Plage F plaga *f* **plagen**: **sich** ~ męczyć się (**mit** *dat* nad *inst*)
Plakat N plakat *m*
Plan M plan *m*
Plane F plandeka *f*
planen ‹za›planować
Planet M planeta *f*
planlos bezplanowy (-wo)
planmäßig planowy (-wo)
Planung F planowanie *n*
plappern paplać
Plastik[1] N plastik *m*
Plastik[2] F rzeźba *f*
plastisch plastyczny
plätschern pluskać się; *Bach* szemrać
platt płaski (-ko); spłaszczony
plattdeutsch dolnoniemiecki
Platte F płyta *f*; GASTR półmisek *m*
Plattform F pomost *m*, platforma *f* **Plattfuß** M płaskostopie *n*; *umg* AUTO guma *f*
Platz M miejsce *n*; plac *m*; SPORT boisko *n*
platzen pękać ‹-knąć›
Platzkarte F miejscówka *f*
Platzregen M ulewa *f*, oberwanie *n* chmury **Platzreservierung** F rezerwacja *f* miejsca **Platzwunde** F pęknięcie *n* skóry
plaudern gawędzić
pleite: ~ **sein** zbankrutować
Pleite *umg* F plajta *f*
Plombe F plomba *f*

plötzlich nagły (-le)
plump niezgrabny
Plüschtier N pluszowe zwierzątko *n*
pöbeln *umg* zaczepiać ⟨-ić⟩ po chamsku
pochen pukać, kołatać
poetisch poetyczny
Pokal M puchar *m* **Pokalspiel** N SPORT mecz *m* o puchar
Pol M biegun *m* **polar** polarny
Pole M Polak *m* **Polen** N Polska *f*
Police F polisa *f*
polieren ⟨wy⟩polerować
Polin F Polka *f*
Politik F polityka *f* **Politiker(in)** M(F) polityk *m* **politisch** polityczny
Polizei F policja *f* **Polizeirevier** N komisariat *m* policji **Polizeistreife** F patrol *m* policyjny
Polizist(in) M(F) policjant(ka) *m(f)*
polnisch polski (po -ku) **Polnisch** N polski *m*, język *m* polski; ~ **sprechen** mówić po polsku
Polstermöbel NPL meble *mpl* tapicerowane
Polterabend M wieczór *m* kawalersko-panieński
Pommern N Pomorze *n*
Pommes, **Pommes frites** PL frytki *fpl*
Pony M grzywka *f*
Popcorn N popcorn *m*
Popmusik F muzyka *f* pop
populär popularny
Pore F *in der Haut* por *m*
pornografisch pornograficzny
porös porowaty (-to)
Porree M por *m*
Portal N brama *f*, portal *m*; IT portal *m*
Portemonnaie N portmonetka *f*
Portion F porcja *f*
Porto N porto *n*, opłata *f* pocztowa
Porträt N portret *m*
Portugal N Portugalia *f* **Portugiese** M Portugalczyk *m* **Portugiesin** F Portugalka *f* **portugiesisch** portugalski (po -ku)
Portwein M porto *n*
Porzellan N porcelana *f*
Posaune F puzon *m*
Pose F poza *f*
Position F pozycja *f*; (*Beruf*) stanowisko *n*
positiv pozytywny
Post® F poczta *f* **Postamt** N urząd *m* pocztowy **Postbank** F bank *m* pocztowy
Posten M posada *f*; MIL posterunek *m*; *Rechnung* pozycja *f*
Poster N *od* M plakat *m*
Postfach N skrytka *f* pocztowa
Postkarte F pocztówka *f*
Postleitzahl F kod *m* pocztowy **Poststempel** M stempel *m* pocztowy

Potenz F MED potencja *f*

Pracht F przepych *m* **prächtig** okazały (-le)

Prädikat N GRAM orzeczenie *n*

prahlen chełpić się (**mit** *dat inst*) **prahlerisch** chełpliwy (-wie)

Praktik F praktyka *f* **Praktikant(in)** M(F) praktykant(ka) *m(f)* **Praktikum** N staż *m*, praktyki *fpl* **praktisch** praktyczny **praktizieren** praktykować

Praline F pralinka *f*

prallen wpadać ⟨wpaść⟩ (**gegen** *akk* na *akk*), uderzać ⟨-rzyć⟩ (w *akk*)

Prämie F premia *f*

Präposition F GRAM przyimek *m*

Präservativ N prezerwatywa *f*

Präsident(in) M(F) prezydent *m*

Praxis F praktyka *f*

präzise precyzyjny

predigen wygłaszać ⟨-łosić⟩ kazanie **Predigt** F kazanie *n*

Preis M cena *f*; nagroda *f* **Preisausschreiben** N konkurs *m* z nagrodami

Preiselbeere F brusznica *f*

Preiserhöhung F podwyżka *f* cen, wzrost *m* cen **preisgünstig** niedrogi (-go) **Preisliste** F cennik *m* **Preisnachlass** M rabat *m* **Preissenkung** F obniżka *f* cen

Preisträger(in) M(F) laureat(ka) *m(f)*

Premiere F premiera *f*

Presse F prasa *f* (*a. Tech*) **Pressekonferenz** F konferencja *f* prasowa

pressen TECH ⟨wy⟩tłoczyć; (*drücken*) przyciskać ⟨-snąć⟩

Preußen N Prusy *pl* **preußisch** pruski

Priester(in) M(F) kapłan(ka) *m(f)*, ksiądz *m*

prima świetny, fajny; **~!** świetnie!

Primel F pierwiosnek *m*

primitiv prymitywny

Prinz M książę *m* **Prinzessin** F księżniczka *f*

Prinzip N zasada *f* **prinzipiell** zasadniczy (-czo)

Priorität F priorytet *m*

Prise F *Salz* szczypta *f*

privat prywatny

pro: **~ Person** na osobę; **~ Stück** za sztukę

Probe F próba *f*; HANDEL próbka *f* **Probefahrt** F jazda *f* próbna **probeweise** na próbę **Probezeit** F okres *m* próbny

probieren ⟨s⟩próbować (*akk gen*)

problematisch problematyczny

Produkt N produkt *m*; MATH iloczyn *m* **Produktion** F produkcja *f* **produktiv** wydajny

produzieren ⟨wy⟩produkować

Professor(in) M(F) profesor *m*

Profi M profesjonalista *m* **Profil** N profil *m* **Profilfoto** N zdjęcie *n* do profilu **Profit** M zysk *m* **profitieren** profitować **Prognose** F prognoza *f* **Programm** N program *m* **programmieren** ⟨za⟩programować **Programmierer(in)** M(F) programista *m*, programistka *f* **Projekt** N projekt *m* **prominent** prominentny **Prospekt** M prospekt *m* **prost!** na zdrowie! **Prostituierte** F prostytutka *f* **Protest** M protest *m* **protestieren** ⟨za⟩protestować **Prothese** F proteza *f* **Protokoll** N protokół *m* **protzen** chełpić się **Provider** M provider *m* **Provinz** F prowincja *f* **Provision** F prowizja *f* **provisorisch** prowizoryczny **provozieren** ⟨s⟩prowokować **Prozent** N procent *m* **Prozess** M proces *m* **prozessieren** procesować się **Prozession** F procesja *f* **Prozessor** M IT procesor *m* **prüde** pruderyjny **prüfen** ⟨z⟩badać, sprawdzać ⟨-dzić⟩; *pers* ⟨prze⟩egzaminować **Prüfung** F egzamin *m* **Prügelei** F bójka *f* **prügeln** bić, tłuc (**sich** się) **PS** N koń *m* mechaniczny **Psychiater(in)** M(F) psychiatra *m* **psychisch** psychiczny **Psychologe** M psycholog *m* **Psychologin** F psycholog *m* **psychologisch** psychologiczny **psychosomatisch** psychosomatyczny **Pubertät** F okres *m* dojrzewania **Publikum** N publiczność *f* **Pudding** M budyń *m* **Puder** M puder *m*; MED zasypka *f* **pudern** pudrować (**sich** się) **Pullover** M sweter *m* **Puls** M tętno *n* **Pulsader** F tętnica *f* **Pulver** N proszek *m*; (*Schießpulver*) proch *m* **Pumpe** F pompa *f* **pumpen** pompować; *umg fig* pożyczać ⟨-czyć⟩ **Pumps** PL czółenka *npl* **Punkt** M punkt *m*; *im Satz* kropka *f* **pünktlich** punktualny **Pupille** F źrenica *f* **Puppe** F lalka *f*; ZOOL poczwarka *f* **pur** czysty **Püree** N piure *n*, purée *n* **Purzelbaum** M koziołek *m* **pusten** dmuchać ⟨-chnąć⟩ **Pute(r)** F(M) indyczka *f*, indyk *m* **Putz** M ARCH tynk *m* **putzen** ⟨wy⟩czyścić; **sich die Nase ~** wycierać ⟨wytrzeć⟩ (sobie) nos **Putzfrau** F sprzątaczka *f* **Putzlappen** M ścier-

ka *f* **Putzmittel** F środek *m* czyszczący
Puzzle N puzzle *pl*
Pyjama M piżama *f*, pidżama *f*

Q

Quadrat N kwadrat *m* **quadratisch** kwadratowy (-wo)
Quadratmeter M *od* N metr *m* kwadratowy
quaken rechotać; skrzeczeć
Qual F męka *f* **quälen** dręczyć, męczyć (**sich** się)
Qualität F jakość *f*
Qualle F meduza *f*
Qualm M dym *m* **qualmen** *Kerze* dymić; *umg* (*rauchen*) kopcić
Quantität F ilość *f*
Quark M twaróg *m*
Quartett N kwartet *m*
Quartier N kwatera *f*
Quatsch *umg* M bzdura *f* **quatschen** *umg* gadać, pleść
Quelle F źródło *n* **quellen** VI ⟨na⟩pęcznieć; tryskać ⟨-snąć⟩
quer ADV w poprzek; wszerz **querfeldein** na przełaj
Querschnitt M przekrój *m* poprzeczny **querschnittsgelähmt** z porażeniem poprzecznym
Quetschung F MED zgniecenie *n*, zmiażdżenie *n*
quietschen piszczeć; *Tür* skrzypieć
Quirl M trzepaczka *f*
quitt: **wir sind ~** jesteśmy kwita
quittieren ⟨po⟩kwitować **Quittung** F pokwitowanie *n*, kwit *m*
Quiz N kwiz *m*, teleturniej *m*
Quote F udział *m*, ilość *f*

R

Rabatt M rabat *m*
Rabbi M rabbi *m*
Rabbiner M rabin *m*
Rabe M kruk *m*
rabiat rozjuszony; brutalny
Rache F zemsta *f*
Rachen M gardło *n*; *Tier* paszcza *f*
rächen ⟨po⟩mścić; **sich ~** ⟨ze⟩mścić się (**an** *dat* na *lok*)
Rad N koło *n*; (*Fahrrad*) rower *m*; **~ fahren** jeździć na rowerze
Radarkontrolle F kontrola *f* radarowa
Radfahrer(in) M(F) rowerzysta *m*, rowerzystka *f*
radieren wycierać ⟨-trzeć⟩ gumką **Radiergummi** N gumka *f* do wycierania
Radieschen N rzodkiewka *f*
radikal radykalny

Radio [N] radio *n*; **im ~** w radiu
radioaktiv promieniotwórczy
Radkappe [F] kołpak *m* koła **Radlerhose** [F] spodenki *pl* kolarskie **Radrennen** [N] wyścig *m* kolarski **Radsportler(in)** [M(F)] kolarz *m* **Radtour** [F] wycieczka *f* rowerowa **Radweg** [M] ścieżka *f* rowerowa
raffiniert *fig* wyrafinowany
Ragout [N] potrawka *f*
Rahm [M] śmietana *f*
Rahmen [M] rama *f*
Rakete [F] rakieta *f*
rammen wbijać ⟨-ić⟩; *Auto* ⟨s⟩taranować
Ramsch *umg* [M] tandeta *f*
Rand [M] brzeg *m*, krawędź *f*, skraj *m*; margines *m*
randalieren awanturować się
Randstreifen [M] pobocze *n*
Rang [M] ranga *f*, stopień *m*; THEAT balkon *m*
rangieren [VI] zajmować pozycję
ranken: **sich ~** piąć się
Ranzen [M] (*Schulranzen*) tornister *m*
ranzig zjełczały
Raps [M] rzepak *m*
rar rzadki **Rarität** [F] rzadkość *f*, rarytas *m*
rasant bardzo szybki (-ko)
rasch szybki (-ko)
rascheln ⟨za⟩szeleścić
rasen szaleć; (*eilen*) pędzić, gnać
Rasen [M] murawa *f*; trawnik *m* **Rasenmäher** [M] kosiarka *f* do trawy
Rasierapparat [M] maszynka *f* do golenia **Rasiercreme** [F] krem *m* do golenia **rasieren** ⟨o⟩golić (**sich** się) **Rasierklinge** [F] żyletka *f* **Rasierwasser** [N] płyn *m* po goleniu
Raspel [F] tarka *f* **raspeln** GASTR ⟨u⟩trzeć na tarce
Rasse [F] *a. neg!* rasa *f*
rasseln *Motor* ⟨za⟩warczeć
rassistisch rasistowski
Rast [F] odpoczynek *m*; postój *m* **rasten** odpoczywać ⟨-cząć⟩ **Raststätte** [F] restauracja *f* przy autostradzie
Rat [M] rada *f*; *pers* radny *m*
Rate [F] rata *f*
raten ⟨po⟩radzić; *Rätsel* zgadywać ⟨-dnąć⟩
Ratenkauf [M] kupno *n* na raty **Ratenzahlungen** [FPL] płatność *f* w ratach
Ratgeber [M] (*Berater*) doradca *m*; (*Buch*) poradnik *m*
Rathaus [N] ratusz *m*
Ration [F] racja *f*, porcja *f*
rationalisieren ⟨z⟩racjonalizować
ratlos bezradny **ratsam** wskazany
Rätsel [N] zagadka *f* **rätselhaft** zagadkowy (-wo)
Ratte [F] szczur *m*
rau szorstki (-ko); *Klima* surowy; *Ton* ochrypły; *Oberfläche* nierówny
Raub [M] grabież *f*, rabunek *m*
rauben ⟨z⟩rabować; (*kidnap-*

pen) porywać ⟨-rwać⟩

Raubkopie F kopia *f* piracka **Raubmord** M morderstwo *n* na tle rabunkowym **Raubtier** N drapieżnik *m* **Raubüberfall** M napad *m* rabunkowy

Rauch M dym *m* **rauchen** V/T palić; V/I dymić (się) **Raucher(in)** M(F) palacz(ka) *m(f)*

Räucherlachs M łosoś *m* wędzony **räuchern** ⟨u⟩wędzić

Rauchmelder M czujka *f* dymowa **Rauchverbot** N zakaz *m* palenia **Rauchvergiftung** F zatrucie *n* czadem

Raum M przestrzeń *f*; *(Zimmer)* pomieszczenie *n*; *(Platz)* miejsce *n*

räumen usuwać ⟨-unąć⟩, uprzątać ⟨-tnąć⟩; *Wohnung* opróżniać ⟨-ić⟩

Raumfähre F prom *m* kosmiczny **Raumfahrt** F astronautyka *f*; podróż *f* kosmiczna **Rauminhalt** M pojemność *f*

räumlich przestrzenny

Räumung F usuwanie *n*; opróżnienie *n*

Raupe F gąsienica *f*

Raureif M szadź *f*, szron *m*

Rausch M zamroczenie *n*; *fig* upojenie *n*

rauschen ⟨za⟩szumieć

Rauschgift N narkotyk *m*; ~ **nehmen** brać narkotyki **Rauschgiftsüchtige** F narkomanka *f* **Rauschgiftsüchtige(r)** M narkoman *m*

rausfliegen *umg* wylatywać ⟨-lecieć⟩

räuspern: **sich** ~ odchrząkiwać ⟨-knąć⟩

reagieren ⟨za⟩reagować **Reaktion** F reakcja *f*

real realny **realisieren** ⟨z⟩realizować **realistisch** realistyczny **Realität** F rzeczywistość *f* **Realschule** F rodzaj szkoły ponadpodstawowej w Niemczech

Rebhuhn N kuropatwa *f*

Rechen M grabie *pl*

Rechenfehler M błąd *m* rachunkowy

rechnen ⟨po⟩liczyć; liczyć (auf *akk* na *akk*); zaliczać ⟨-czyć⟩ (**zu** *dat* do *gen*) **Rechner** M komputer *m* **Rechnung** F rachunek *m*

recht *(passend)* właściwy (-wie); *(richtig)* słuszny; *Winkel* prosty; ~ **haben** mieć rację

Recht N prawo *n*; **mit** ~ słusznie

Rechte F prawica *f*

Rechteck N prostokąt *m* **rechteckig** prostokątny

rechte(r) prawy

rechtfertigen usprawiedliwiać ⟨-wić⟩ (**sich** się) **rechtlich** prawny **rechtlos** pozbawiony praw **rechtmäßig** prawowity (-cie)

rechts po prawej stronie; **nach** ~ na prawo; **von** ~ z prawej strony

Rechtsanwalt M adwokat *m* **Rechtsanwältin** F adwokat

m
Rechtschreibung F pisownia *f*
Rechtshänder(in) M(F) praworęczny *m*, praworęczna *f*
rechtskräftig prawomocny **Rechtsmittel** N środek *m* prawny
rechtsradikal skrajnie prawicowy
Rechtsschutzversicherung F ubezpieczenie *n* od kosztów ochrony prawnej **Rechtsstreit** M spór *m* prawny **rechtswidrig** bezprawny
rechtwinklig prostokątny **rechtzeitig** w porę, na czas, w terminie
Recycling N recykling *m*
Redakteur(in) M(F) redaktor(ka) *m(f)* **Redaktion** F redakcja *f*
Rede F mowa *f*, przemówienie *n*
reden mówić, rozmawiać (**über** *akk*, **von** *dat* o *lok*)
Redewendung F zwrot *m*, wyrażenie *n*
Redner(in) M(F) mówca *m*, mówczyni *f* **redselig** rozmowny
reduzieren ⟨z⟩redukować
reel → real
Reform F reforma *f* **Reformhaus** N sklep *m* ze zdrową żywnością **reformieren** ⟨z⟩reformować
Regal N półka *f*, regał *m*
Regel F reguła *f* **regelmäßig** regularny **regeln** ⟨u⟩regulować **Regelung** F uregulowanie *n*; regulacja *f*
Regen M deszcz *m* **Regenbogen** M tęcza *f* **Regenmantel** M płaszcz *m* przeciwdeszczowy **Regenschauer** M przelotne opady *mpl* **Regenschirm** M parasol *m*, parasolka *f* **Regenwald** M las *m* tropikalny **Regenwetter** N słota *f* **Regenwurm** M dżdżownica *f*
Regie F THEAT reżyseria *f*
regieren rządzić (*akk* *inst*); *Herrscher* panować **Regierung** F rząd *m*
Region F region *m* **regional** regionalny
Regisseur(in) M(F) reżyser(ka) *m(f)*
Register N rejestr *m*; skorowidz *m*
Regler M regulator *m*
regnen: **es regnet** pada deszcz **regnerisch** dżdżysty, deszczowy
regulieren ⟨wy⟩regulować
regungslos nieruchomy (-mo); ADV *a.* bez ruchu
Reh N sarna *f* **Rehbraten** M pieczeń *f* z sarny
Reibe F tarka *f* **Reibeisen** N tarka *f*
reiben ⟨po⟩trzeć; V/I trzeć, ocierać **Reibung** F tarcie *n* **reibungslos** gładki (-ko), zgodny
reich bogaty (-to)
reichen V/T podawać ⟨-dać⟩;

sięgać (**bis** do *gen*)
reichhaltig bogaty (-to)
reichlich obfity (-cie); ADV dość
Reichtum N bogactwo *n*
Reichweite F zasięg *m*
reif dojrzały (-le) **Reife** F dojrzałość *f* **reifen** dojrzewać ⟨-eć⟩
Reifen M obręcz *f*; AUTO opona *f* **Reifenpanne** F przebicie *n* opony **Reifenwechsel** M wymiana *f* opon
Reihe F rząd *m*, szereg *m*; **der ~ nach** po kolei, kolejno **Reihenfolge** F kolejność *f* **Reihenhaus** N dom *m* szeregowy
Reiher M czapla *f*
Reim M rym *m* **reimen** rymować (**sich** się)
rein czysty (-to)
Reinfall M porażka *f*
Reinheit F czystość *f*
reinigen oczyszczać ⟨-yścić⟩, ⟨wy⟩czyścić **Reinigung** F czyszczenie *n*; *Betrieb* pralnia *f* chemiczna **Reinigungsmittel** N środek *m* czystości
Reis M ryż *m*
Reise F podróż *f*; **gute ~!** szczęśliwej podróży! **Reisebüro** N biuro *n* podróży **Reisebus** M autokar *m* **Reiseführer** M *pers* przewodnik *m*; (*Buch*) przewodnik *m* turystyczny **Reiseführerin** F przewodniczka *f* **Reisegepäckversicherung** F ubezpieczenie *n* bagażu **Reisegruppe** F grupa *f* wycieczkowa **Reiseleiter(in)** M(F) pilot(ka) *m(f)* wycieczki
reisen podróżować; ⟨po⟩jechać (**nach** *dat*, **in** *akk* do *gen*)
Reisende F podróżna *f* **Reisende(r)** M podróżny *m*
Reisepass M paszport *m*
Reiserücktritt(s)versicherung F ubezpieczenie *n* w razie rezygnacji z podróży w ostatniej chwili **Reisetasche** F torba *f* podróżna **Reiseunterlagen** FPL dokumenty *pl* na podróż **Reiseveranstalter** M organizator *m* podróży **Reiseziel** N cel *m* podróży
reißen V/T ⟨po⟩rwać; V/I urywać ⟨urwać⟩ się **Reißverschluss** M zamek *m* błyskawiczny **Reißzwecke** F pinezka *f*
reiten jeździć konno **Reiter(in)** M(F) jeździec *m* **Reitpferd** N wierzchowiec *m*
Reitsport M jeździectwo *n*
Reiz M bodziec *m*; *fig* urok *m*, wdzięk *m* **reizbar** drażliwy
reizen V/T drażnić; (*verlocken*) ⟨z⟩nęcić, ⟨s⟩kusić **reizend** uroczy (-czo) **Reizung** F podrażnienie *n*
Reklamation F reklamacja *f*
Reklame F reklama *f* **reklamieren** ⟨za⟩reklamować
Rekord M rekord *m*
relativ względny

relaxen ⟨z⟩relaksować się
Relief N płaskorzeźba *f*
Religion F religia *f* **religiös** religijny
Rennbahn F tor *m* wyścigowy **rennen** biegać, ⟨po⟩biec, *umg* ⟨po⟩lecieć, latać **Rennen** N wyścigi *pl* **Rennrad** N rower *m* wyścigowy **Rennstrecke** F trasa *f* wyścigu
renovieren odnawiać ⟨-nowić⟩ **Renovierung** F renowacja *f*
rentabel rentowny, dochodowy
Rente F emerytura *f*; renta *f* **Rentenalter** N wiek *m* emerytalny **Rentenversicherung** F ubezpieczenie *n* emerytalne
Rentier N renifer *m*
Rentner(in) M(F) rencista *m*, rencistka *f*
Reparatur F naprawa *f*, remont *m* **Reparaturwerkstatt** F warsztat *m* naprawczy
reparieren naprawiać ⟨-ić⟩, ⟨wy⟩remontować
Reportage F reportaż *f* **Reporter(in)** M(F) reporter(ka) *m(f)*
Republik F republika *f*
Reserve F rezerwa *f* **Reserverad** N koło *n* zapasowe
reservieren ⟨za⟩rezerwować
resignieren ⟨z⟩rezygnować
Respekt M respekt *m* **respektieren** respektować, szanować
Rest M reszta *f*; (*Überrest*) ostatek *m*, resztka *f*; **Reste** *pl* resztki *fpl*
Restaurant N restauracja *f*
restaurieren ⟨od⟩restaurować
restlos doszczętny
Resultat N wynik *m*, rezultat *m*
retten ⟨u⟩ratować (**sich** się), ocalać ⟨-lić⟩
Rettich M rzodkiew *f*
Rettung F ratunek *m*, ocalenie *n* **Rettungsboot** N łódź *f* ratunkowa **Rettungsring** M koło *n* ratunkowe **Rettungswagen** M karetka *f* pogotowia (ratunkowego)
Reue F skrucha *f*
revanchieren: **sich ~** ⟨z⟩rewanżować się
Revolution F rewolucja *f*
Rezept N GASTR przepis *m*; MED, *fig* recepta *f*
Rezeption F recepcja *f*
rezeptpflichtig na receptę
Rhein M Ren *m*
Rheuma N reumatyzm *m*
Rhythmus M rytm *m*
richten ⟨s⟩kierować (**auf** *akk* na *akk*, **an** *akk* do *gen*); *Bitte usw* zwracać ⟨-rócić⟩ się (**an** *akk* do *gen* z *inst*); **sich ~** ⟨za⟩stosować się (**nach** *dat* do *gen*)
Richter(in) M(F) sędzia *m*
Richtgeschwindigkeit F zalecana prędkość *f* jazdy
richtig właściwy (-wie), słuszny

Richtlinie F wytyczna *f*, dyrektywa *f*
Richtung F kierunek *m*
riechen V/T ‹po›wąchać; V/I pachnieć (**nach** *dat inst*)
Riegel M *Verschluss* rygiel *m*; zasuwa *f*, zasuwka *f*; (*Schokoriegel*) baton *m*, batonik *m*
Riemen M rzemień *m*; pas *m*
rieseln sypać się
riesig olbrzymi
Riff N rafa *f*
Rille F bruzda *f*, rowek *m*
Rind N bydlę *n*; KOLL bydło *n*; (*Fleisch*) wołowina
Rinde F kora *f*; (*Brotrinde*) skórka *f*
Rinderbraten N pieczeń *f* wołowa **Rindfleisch** N wołowina *f*
Ring M pierścień *m*; (*Fingerring*) pierścionek *m*; (*Trauring*) obrączka *f*; SPORT ring *m*
ringen mocować się, zmagać się (**mit** z *inst*) **Ringen** N SPORT zapasy *pl* **Ringer(in)** M(F) SPORT zapaśnik *m*, zapaśniczka *f*
Ringfinger M palec *m* serdeczny
ringsherum naokoło, wokół
ringsum → ringsherum
Rinne F rynna *f*, korytko *n*
rinnen ciec, sączyć się **Rinnstein** M rynsztok *m*
Rippchen NPL GASTR żeberka *npl* **Rippe** F żebro *n* **Rippenfellentzündung** F zapalenie *n* opłucnej
Risiko N ryzyko *n*
riskant ryzykowny **riskieren** ‹za›ryzykować
Riss M rozdarcie *n*; rysa *f* **rissig** popękany
Ritt M konna przejażdżka *f*
Ritter M rycerz *m*
Ritze F szpara *f* **ritzen** nacinać ‹-ciąć›, wydrapywać ‹-pać›; *Haut* zadrasnąć *pf*
Rivale M rywal *m* **Rivalin** F rywalka *f*
Robbe F foka *f*
Roboter M robot *m*
robust krzepki (-ko), wytrzymały
röcheln charczeć
Rock M spódnica *f*
Rockmusik F muzyka *f* rockowa
Rodelbahn F tor *m* saneczkowy **rodeln** jeździć na sankach
roden ‹wy›karczować
Roggen M żyto *n* **Roggenbrot** N chleb *m* żytni
roh surowy (-wo); *fig* brutalny **Rohkostsalat** M surówka *f*
Rohr N rura *f*; BOT trzcina *f* **Rohrbruch** M pęknięcie *n* rury
Röhre F rura *f*, rurka *f*; (*Backröhre*) piekarnik *m*
Rohrleitung F rurociąg *m*
Rohstoff M surowiec *m*
Rolle F rolka *f*; krążek *m*; (*Papierrolle*) rulon *m*; rola *f* (*a.* THEAT)
rollen ‹po›toczyć (*v/i* się)
Roller M hulajnoga *f*; skuter

m **Rollerskates** MPL łyżworolki *fpl*
Rollkoffer M walizka *f* na kółkach **Rollkragen** M golf *m* **Rollkragenpullover** M golf *m* **Rollladen** M żaluzja *f* **Rollstuhl** M wózek *m* inwalidzki **Rolltreppe** F schody *pl* ruchome
Roman M powieść *f*
Romantik F romantyzm *m* **romantisch** romantyczny
römisch rzymski **römisch-katholisch** rzymsko-katolicki
röntgen prześwietlać ⟨-lić⟩ **Röntgenbild** N zdjęcie *n* rentgenowskie **Röntgenuntersuchung** F badanie *n* rentgenowskie
rosa różowy (-wo)
Rose F róża *f*
Rosenkohl M brukselka *f* **Rosenkranz** M REL różaniec *m*
Rosine F rodzynek *m*
Rost[1] M rdza *f*
Rost[2] M ruszt *m* **Rostbraten** M pieczeń *f* z rusztu **Rostbratwurst** F kiełbasa *f* z rusztu
rosten ⟨za⟩rdzewieć
rösten *Brot* opiekać ⟨-ec⟩
rostig zardzewiały
rot czerwony (-no); *Haare* rudy; **~ werden** ⟨za⟩czerwienić się; **Rotes Kreuz** Czerwony Krzyż
Röte F *Gesicht* rumieniec *m* **röten**: **sich ~** ⟨za⟩czerwienić się
rothaarig rudowłosy
Rotkehlchen N rudzik *m*
Rotkohl M, **Rotkraut** N kapusta *f* czerwona
Rotlichtviertel F dzielnica *f* czerwonych *od* różowych latarni
Rotwein M czerwone wino *n*
Roulade F rolada *f*
Route F trasa *f*
Routine F rutyna *f*
Rowdy M chuligan *m*
Rübe F rzepa *f*
rücken przesuwać ⟨-unąć⟩, posuwać ⟨-unąć⟩ (*v/i* się)
Rücken M grzbiet *m*, plecy *pl* **Rückenlehne** F oparcie *n* **Rückenschmerzen** F bóle *mpl* pleców
Rückfahrkamera F miniaturowa kamera *f* cofania przy samochodzie **Rückfahrkarte** F bilet *m* powrotny **Rückfahrt** F powrót *m*, jazda *f* powrotna **Rückfall** M recydywa *f*; MED nawrót *m* choroby **Rückflug** M lot *m* powrotny **Rückgabe** F zwrot *m* **Rückgang** M spadek *m*, zmniejszenie *n* się **rückgängig**: **~ machen** anulować *pf* **Rückgrat** N kręgosłup *m* **Rückkehr** F powrót *m* **Rücklicht** N światło *n* tylne
Rucksack M plecak *m*
Rückschlag N odbicie *n*; *fig* zmiana *f* na gorsze **Rückschritt** M regresja *f* **Rückseite** F odwrotna strona *f*
Rücksicht F wzgląd *m*; **mit ~ auf** ze względu na **rück-**

sichtslos bezwzględny
Rückspiegel M lusterko *n* wsteczne **Rückspiel** N rewanż *m*; mecz *m* rewanżowy
Rückstand M zaległość *f*
rückständig *fig* zacofany
Rückständigkeit F zacofanie *n*
Rücktritt M ustąpienie *n*, dymisja *f*
rückwärts wstecz **Rückwärtsgang** M bieg *m* wsteczny
Rückweg M droga *f* powrotna
rückwirkend działający wstecz (**von** *dat* od *gen*)
Ruder N wiosło *n*; (*Steuer*) ster *m* **Ruderboot** N łódź *f* wiosłowa **Ruderer** M wioślarz *m*
Ruderin F wioślarka *f* **rudern** wiosłować
Ruf M (za)wołanie *n*; *fig* opinia *f*, reputacja *f* **rufen** ⟨za⟩wołać; wzywać ⟨wezwać⟩ **Rufname** M imię *n*
Ruhe F spokój *m*; (*Erholung*) odpoczynek *m* **ruhen** spoczywać, odpoczywać ⟨-cząć⟩ **Ruhestand** M emerytura *f* **Ruhetag** M dzień *m* wolny od pracy
ruhig spokojny
Ruhm M sława *f*, chwała *f*
rühmen sławić, chwalić
Rührei N jajecznica *f*
rühren ruszać ⟨-szyć⟩ (**sich** się); (*umrühren*) ⟨za⟩mieszać; *fig* wzruszać ⟨-szyć⟩
rührend wzruszający (-co)
Rührung F wzruszenie *n*
Ruin M ruina *f* **Ruine** F ruiny *fpl* **ruinieren** ⟨z⟩rujnować
rülpsen *umg* bekać ⟨-knąć⟩, odbijać się
Rum M rum *m*
Rumäne M Rumun *m* **Rumänien** N Rumunia *f* **Rumänin** F Rumunka *f* **rumänisch** rumuński (po -ku)
Rummelplatz M wesołe miasteczko *n*
Rumpf M tułów *m*
rümpfen: **die Nase ~** kręcić nosem
rund okrągły (-ło) **Runde** F kolejka *f*; SPORT okrążenie *n*; runda *f* **Rundfahrt** F wycieczka *f* (autokarem), przejażdżka *f*
Rundfunk M radiofonia *m*; radio *n* **Rundfunksendung** F audycja *f* radiowa
Rundgang M obchód *m*
rundherum dokoła
Rundreise F wycieczka *f* objazdowa
rupfen ⟨o⟩skubać
Ruß M sadza *f*
Russe M Rosjanin *m*
Rüssel M ryj *m*, ryjek *m*; *Elefant* trąba *f*
Russin F Rosjanka *f* **russisch** rosyjski (po -ku) **Russland** N Rosja *f*
rüsten: **sich ~** szykować się, przygotowywać ⟨-ować⟩ się (**für** *akk*, **zu** *dat* do *gen*)
rüstig krzepki (-ko)

Rutsch M: **guten ~!** do siego roku! **Rutschbahn** F zjeżdżalnia *f*; *Eis* ślizgawka *f* **Rutsche** F zsuwnia *f* **rutschen** ślizgać się; *Erde* obsuwać ⟨-unąć⟩ się **rutschig** śliski
rütteln trząść, potrząsać

S

s. patrz
S. str.
Saal M sala *f*
Saarland N Kraj *m* Saary
Saat F (za)siew *m*
Sachbearbeiter(in) M(F) referent(ka) *m(f)*
Sache F rzecz *f*; *fig* sprawa *f* **Sachkenntnis** F znajomość *f* rzeczy **sachkundig** kompetentny **sachlich** rzeczowy (-wo)
sächlich GRAM nijaki
Sachschaden M szkoda *f* materialna
Sachsen N Saksonia *f* **Sachsen-Anhalt** N Saksonia-Anhalt *f*
sächsisch saski
Sachverhalt M stan *m* rzeczy **Sachverständige** F rzeczoznawca *m*, biegła *f* **Sachverständige(r)** M rzeczoznawca *m*, biegły *m*
Sack M worek *m* **Sackgasse** F ślepa uliczka *f*
säen ⟨za⟩siać
Safe M sejf *m*
Saft M sok *m* **saftig** soczysty (-ście) **Saftschorle** F woda *f* mineralna pół na pół z sokiem
Sage F podanie *n*, legenda *f*
Säge F piła *f*
sagen mówić ⟨powiedzieć⟩
sägen piłować
Sahne F śmietana *f*, śmietanka *f* **Sahnetorte** F tort *m* z kremem śmietanowym
Saison F sezon *m* **Saisonarbeiter(in)** M(F) robotnik *m* sezonowy, robotnica *f* sezonowa
Saite F struna *f* **Saiteninstrument** N instrument *m* strunowy
Sakko M marynarka *f*
Salami F salami *n*
Salat M sałatka *f*; (*Kopfsalat*) sałata *f* **Salatschüssel** F salaterka *f* **Salatsoße** F sos *m* sałatkowy
Salbe F maść *f*
Salbei M szałwia *f*
Salz N sól *f*
salzarm zawierający mało soli **salzen** ⟨po⟩solić **salzig** słony (-no)
Salzstange F słony paluszek *m* **Salzstreuer** M solniczka *f*
Same(n) M nasienie *n*
sammeln zbierać ⟨zebrać⟩
Sammler(in) M(F) zbieracz(ka) *m(f)* **Sammlung** F zbiórka *f*; *im Museum* zbiór *m*, kolekcja *f*

Samstag M sobota *f*
Samt M aksamit *m*
sämtliche wszystkie, wszyscy
Sand M piasek *m*
Sandale F sandał *m*
Sandbank F mielizna *f* **sandig** piaszczysty (-to) **Sandkasten** M piaskownica *f*
sanft łagodny
Sänger(in) M(F) śpiewak *m*, śpiewaczka *f*
sanieren remontować, dokonywać ⟨-nać⟩ renowacji; HANDEL ⟨z⟩restrukturyzować, uzdrawiać ⟨-rowić⟩
sanitär sanitarny **Sanitäter(in)** M(F) sanitariusz(ka) *m(f)*
Sardine F sardynka *f*
Sarg M trumna *f*
Satellit M satelita *m* **Satellitenfernsehen** N telewizja *f* satelitarna **Satellitenschüssel** F antena *f* satelitarna
Satire F satyra *f* **satirisch** satyryczny
satt syty; ADV do syta; ~ **werden** nasycać ⟨-cić⟩ się; *fig* **es ~ haben** mieć dość (*akk gen*)
Sattel M siodło *n*
sättigen ⟨na⟩sycić
Satz M komplet *m*, zestaw *m*; GRAM zdanie *n*; (*Steuersatz*) stawka *f*; SPORT set *m* **Satzung** F statut *m*
Sau F maciora *f*
sauber czysty (-to) **Sauberkeit** F czystość *f*
säubern ⟨wy⟩czyścić
sauer kwaśny (-no); GASTR *a.* kiszony; *Milch* zsiadły; ~ **werden** ⟨s⟩kwaśnieć; *fig* rozzłościć się *pf*
Sauerkirsche F wiśnia *f* **Sauerkraut** N kiszona kapusta *f*
Sauerstoff M tlen *m*
saufen *pop* chlać **Säufer(in)** *pop* M(F) pijak *m*, pijaczka *f*
saugen ssać **Sauger** M smoczek *m*
Säugetier N ssak *m* **Säugling** M niemowlę *n*
Säule F kolumna *f*; (*Rauchsäule*) słup *m*
Saum M obrębь *m*
Sauna F sauna *f*
Säure F kwas *m*
S-Bahn® F szybka kolej *f* miejska
scannen ⟨ze⟩skanować **Scanner** M skaner *m*
schäbig nędzny; *Kleidung* wytarty
Schach N szachy *pl* **Schachbrett** N szachownica *f* **Schachfigur** F figura *f* szachowa **schachmatt** szach mat **Schachspieler(in)** M(F) szachista *m*, szachistka *f*
Schacht M BERGB, TECH szyb *m*
Schachtel F pudło *n*, pudełko *n*
schade szkoda (**um** *akk gen*)
Schädel M czaszka *f* **Schädelbruch** M pęknięcie *n* czaszki
schaden ⟨za⟩szkodzić **Schaden** M szkoda *f* **Schadener-**

satz M odszkodowanie *n*, wyrównanie *n* strat **Schadenfreude** F radość *f* z cudzego nieszczęścia
schadhaft uszkodzony
schädigen ⟨za⟩szkodzić (*akk dat*) **schädlich** szkodliwy (-wie) **Schädling** M szkodnik *m*
Schadstoff M substancja *f* szkodliwa **schadstoffarm** o niskiej zawartości substancji szkodliwych
Schaf N owca *f*
Schäfer(in) M(F) owczarz *m* **Schäferhund** M owczarek *m*
schaffen V/T ⟨z⟩robić, wykonywać ⟨-nać⟩; dokonywać ⟨-nać⟩ (*akk gen*); **es nicht ~** nie dać rady
Schaffner(in) M(F) konduktor(ka) *m(f)*
Schafskäse M ser *m* owczy
Schaft M trzonek *m*; *Stiefel* cholewa *f*
Schafwolle F wełna *f* owcza
schal zwietrzały
Schal M szal(ik) *m*
Schale F (*Schüssel*) miska *f*, salaterka *f*; (*Eierschale*) skorupka *f*; (*Nussschale*) łupina *f*; *Obst* skórka *f*
schälen obierać ⟨obrać⟩ (ze skórki)
Schall M dźwięk *m* **Schalldämpfer** M tłumik *m* (dźwięku)
schalten ELEK łączyć; przełączać ⟨-czyć⟩; AUTO włączać ⟨-czyć⟩ bieg
Schalter M ELEK przełącznik *m*, wyłącznik *m*; (*Bankschalter*) okienko *n* **Schalterhalle** F sala *f* kasowa **Schaltjahr** N rok *m* przestępny **Schaltknüppel** M AUTO dźwignia *f* zmiany biegów **Schaltung** F układ *m* elektryczny; AUTO skrzynia *f* biegów; *Fahrrad* przerzutka *f*
schämen: **sich ~** wstydzić się (**wegen** *gen* z powodu *gen*)
schamhaft wstydliwy (-wie) **schamlos** bezwstydny
Schande F hańba *f*
schändlich haniebny
Schanze F SPORT skocznia *f*
scharf *a. fig* ostry (-ro); **auf etwas ~ sein** mieć ochotę na coś
Schärfe F ostrość *f* **schärfen** ⟨na⟩ostrzyć
scharfsinnig bystry
Scharlach M MED płonica *f*, szkarlatyna *f*
Scharnier N zawias *m*
Schaschlik N szaszłyk *m*
Schatten M cień *m* **schattig** cienisty (-ście)
Schatz M skarb *m*
schätzen oceniać ⟨-ić⟩, ⟨o⟩szacować; (*achten*) cenić
Schatzkammer F skarbiec *m* **Schatzmeister** M skarbnik *m*
Schätzung F (o)szacowanie *n* **schätzungsweise** szacunkowo, w przybliżeniu
Schau F rewia *f*, pokaz *m*;

(*Ausstellung*) wystawa *f*
schauen ⟨po⟩patrzeć, spoglądać ⟨spojrzeć⟩
Schauer M dreszcz; ~ *pl* przelotne opady *mpl*
Schaufel F szufla *f* **schaufeln** szuflować; *Loch* ⟨wy⟩kopać
Schaufenster N okno *n* wystawowe
Schaukel F huśtawka *f* **schaukeln** huśtać (się), kołysać (się) **Schaukelstuhl** M fotel *m* bujany
Schaum M piana *f* **Schaumbad** N kąpiel *f* z pianą
schäumen pienić się; *Wein* musować
Schaumgummi M guma *f* piankowa **Schaumwein** M wino *n* musujące
Schauplatz M widownia *f* **Schauspiel** N przedstawienie *n*, widowisko *n* **Schauspieler(in)** M(F) aktor(ka) *m(f)*
Scheck M czek *m* **Scheckkarte** F karta *f* czekowa
Scheibe F plasterek *m*; *Brot* kromka *f*; (*Glasscheibe*) szyba *f*; TECH tarcza *f*; SPORT dysk *m* **Scheibenwischer** M wycieraczka *f* (szyb)
Scheide F pochwa *f* (*a.* ANAT)
scheiden V/T oddzielać ⟨-lić⟩; *Ehe* rozwodzić ⟨-wieść⟩, udzielać ⟨-lić⟩ rozwodu; **sich ~ lassen** rozwieść się **Scheidung** F JUR rozwód *m*
Schein[1] M zaświadczenie *n*; świadectwo *n*; (*Geldschein*) banknot *m*
Schein[2] M blask *m*, światło *n*; *fig* **zum ~** dla pozoru **scheinbar** pozorny; ADV na pozór
scheinen świecić; *fig* wydawać ⟨-dać⟩ się **scheinheilig** obłudny
Scheinwerfer M reflektor *m*
Scheiße F *pop* gówno *n*; **~!** cholera!
Scheitel M przedziałek *m*
scheitern nie powieść się *pf*
Schema N schemat *m* **schematisch** schematyczny
Schemel M stołek *m*, taboret *m*
Schenkel M ANAT udo *n*
schenken podarować *pf*
Scherbe F skorupa *f*
Schere F nożyce *pl*; ZOOL kleszcze *pl*
Scherereien *umg* FPL kłopoty *mpl*
Scherz M żart *m* **scherzen** ⟨za⟩żartować (**über** *akk* **z** *gen*)
scherzhaft żartobliwy (-wie)
scheu bojaźliwy (-wie); *Tier* płochliwy
scheuchen ⟨wy⟩płoszyć
scheuen V/I ⟨s⟩płoszyć się (**vor** *dat gen*); V/T unikać (*gen*), stronić (od *gen*); **sich ~** nie śmieć
scheuern obcierać ⟨obetrzeć⟩; *Boden* ⟨wy⟩szorować
Scheune F stodoła *f*
scheußlich szkaradny, po-

tworny
Schicht F warstwa *f*; *Arbeit* zmiana *f*
schichten układać ⟨ułożyć⟩ warstwami
schick szykowny
schicken posyłać ⟨-słać⟩, wysyłać ⟨-słać⟩
Schicksal N los *m*
schieben *Möbel* przesuwać ⟨-unąć⟩; *Auto* pchać ⟨popchnąć⟩
Schiebetür F drzwi *pl* przesuwane
Schiedsrichter(in) M(F) SPORT sędzia *m*
schief krzywy (-wo); ukośny
schiefgehen *umg* nie udać się *pf*
schielen zezować
Schienbein N piszczel *f od m*
Schiene F BAHN, MED szyna *f*
schießen strzelać ⟨-lić⟩
Schießerei F strzelanina *f* **Schießscheibe** F tarcza *f* strzelnicza **Schießsport** M strzelectwo *n* **Schießstand** M strzelnica *f*
Schiff N statek *m*, okręt *m* **Schifffahrt** F żegluga *f* **Schiffsreise** F podróż *f* statkiem
Schikane F szykana *f* **schikanieren** szykanować
Schild N szyld *m*, wywieszka *f*
Schilddrüse F tarczyca *f*
schildern opisywać ⟨-sać⟩
Schildkröte F żółw *m*
schillern mienić się
Schimmel M BOT pleśń *f*; *Pferd* siwek *m* **schimmelig** spleśniały **schimmeln** ⟨s⟩pleśnieć
Schimmer M (słaby) blask *m*, poświata *f* **schimmern** połyskiwać; (*durchschimmern*) przeświecać
schimpfen V/I kląć; wymyślać (**auf** *akk dat*); pomstować (na *akk*)
Schimpfwort N wyzwisko *n*
Schinken M szynka *f*
Schirm M parasol *m*, parasolka *f*; (*Bildschirm*) ekran *m*; *Mütze* daszek *m*
Schlacht F bitwa *f*
schlachten zarzynać ⟨-rżnąć⟩ **Schlachter(in)** M(F) rzeźnik *m* **Schlachthof** M rzeźnia *f*
Schlaf M sen *m* **Schlafanzug** M piżama *f*, pidżama *f* **Schlafcouch** F tapczan *m*
Schläfe F skroń *f*
schlafen spać **schlafend** śpiący (-co)
schlaff obwisły, luźny (-no)
Schlaflosigkeit F bezsenność *f* **Schlafmittel** N środek *m* nasenny
schläfrig senny
Schlafsack M śpiwór *m* **Schlaftablette** F tabletka *f* nasenna **Schlafwagen** M wagon *m* sypialny **Schlafzimmer** N sypialnia *f*
Schlag M uderzenie *n*; (*Hieb*) raz *m*, cios *m* **Schlagader** F

tętnica *f* **Schlaganfall** M udar *m* mózgu

schlagen V/T *a. Rekord usw* ⟨po⟩bić; uderzać ⟨-rzyć⟩ (*a.* **an** *akk* o *akk*; **sich** się); *Baum* zrąbać *pf*; V/I *Uhr, Herz* bić

Schlager M przebój *m*, szlagier *m*

Schläger M (*Tennisschläger*) rakieta *f*; (*Golfschläger*) kij *m*

Schlägerei F bójka *f*

schlagfertig cięty, błyskotliwy (-wie)

Schlagloch N wybój *m* **Schlagsahne** F bita śmietana *f* **Schlagzeile** F nagłówek *m* **Schlagzeug** N MUS perkusja *f*

Schlamm M szlam *m*, muł *m* **schlammig** mulisty

schlampig niechlujny

Schlange F wąż *m*; (*Warteschlange*) kolejka *f*; **~ stehen** stać w kolejce

schlängeln: **sich ~** wić się

schlank szczupły (-ło), smukły (-ło)

schlapp osłabiony

Schlappe F fiasko *n*, *umg* klapa *f*

schlau chytry (-rze)

Schlauch M (*Gartenschlauch*) wąż *m*; AUTO dętka *f* **Schlauchboot** N ponton *m*

Schlaufe F pętelka *f*

schlecht zły (źle), marny; **mir wird ~** robi mi się niedobrze **schlechter** gorszy (-rzej)

schleichen skradać się; *umg* (*langsam gehen*) wlec się

Schleier M welon *m* **schleierhaft** zagadkowy (-wo)

Schleife F kokarda *f*; (*Kurve*) pętla *f* **schleifen** *Messer* ⟨na⟩ostrzyć; *Glas* ⟨o⟩szlifować

Schleim M śluz *m*

Schleimhaut F błona *f* śluzowa **schleimig** śluzowaty (-to); *fig* pochlebczy

schlendern spacerować, przechadzać się

schleppen ciągnąć, wlec; *Auto, Schiff* holować

Schlesien N Śląsk *m* **Schlesier(in)** M(F) Ślązak *m*, Ślązaczka *f* **schlesisch** śląski (po -ku)

Schleuder F proca *f*; (*Wäscheschleuder*) wirówka *f* **schleudern** ciskać ⟨-snąć⟩; V/I *Auto* zarzucać ⟨-cić⟩

schleunigst czym prędzej, natychmiast

Schleuse F śluza *f*

schlicht skromny, prosty (-to)

schlichten *Streit* ⟨za⟩łagodzić

schließen zamykać ⟨-mknąć⟩; *Ehe, Vertrag* zawierać ⟨-wrzeć⟩; *fig* ⟨wy⟩wnioskować (**aus** *dat* z *gen*); V/I ⟨za⟩kończyć (**mit** *dat inst*)

Schließfach N *für Gepäck* skrytka *f* na bagaż; (*Postfach*) skrytka *f* pocztowa **schließlich** wreszcie, w końcu

Schließung F zamknięcie *n*

Schliff M *fig* ogłada *f*

schlimm zły (źle) **schlimmstenfalls** w najgorszym razie

Schlinge F pętla *f*; (*Falle*) sidła *npl*; MED temblak *m*
Schlips M krawat *m*
Schlitten M sanie *pl*, sanki *pl* **Schlittenfahrt** F sanna *f*
Schlittschuh M łyżwa *f*; **~ laufen** jeździć na łyżwach **Schlittschuhläufer(in)** M(F) łyżwiarz *m*, łyżwiarka *f*
Schlitz M (*Hosenschlitz*) rozporek *m*; (*Münzschlitz*) szczelina *f*
Schloss N zamek *m*
Schlosser(in) M(F) ślusarz *m*
Schlucht F wąwóz *m*, jar *m*
schluchzen łkać, szlochać
Schluck M łyk *m* **Schluckauf** M czkawka *f*
schlucken połykać ⟨-łknąć⟩
Schlummer M drzemka *f* **schlummern** drzemać
schlüpfen *Küken* wykluwać ⟨-uć⟩ się; (*anziehen*) wkładać ⟨włożyć⟩ (**in** *akk akk*) **schlüpfrig** śliski (-ko)
Schlupfwinkel M kryjówka *f*
schlürfen siorbać
Schluss M koniec *m*, zakończenie *n*; (*Folgerung*) wniosek *m*; **bis zum ~** do końca; **zum ~** na zakończenie
Schlüssel M klucz *m* **Schlüsselbein** N obojczyk *m* **Schlüsselbund** M pęk *m* kluczy **Schlüsselloch** N dziurka *f* od klucza
Schlusslicht N światło *n* tylne **Schlussverkauf** M wyprzedaż *f*
schmächtig szczupły (-le), drobny (-no)
schmackhaft smaczny
schmal wąski (-ko)
schmälern *Anteil* uszczuplać ⟨-lić⟩; *Rechte* ograniczać ⟨-czyć⟩
Schmalz N smalec *m*
Schmarotzer(in) M(F) pasożyt *m*; *pers a.* darmozjad *m*
schmatzen mlaskać
schmecken smakować
Schmeichelei F pochlebstwo *n* **schmeichelhaft** pochlebny **schmeicheln** pochlebiać ⟨-ić⟩
schmeißen V/T ciskać ⟨-snąć⟩; *umg Runde* stawiać ⟨postawić⟩
schmelzen V/I ⟨roz⟩topić się, ⟨s⟩topnieć; V/T roztapiać ⟨-topić⟩
Schmelzkäse M ser *m* topiony
Schmerz M ból *m* **schmerzen** boleć; **es schmerzt mich** boli mnie **schmerzhaft** bolesny (-śnie) **schmerzlich** bolesny (-śnie)
Schmerzmittel N środek *m* przeciwbólowy
schmerzstillend przeciwbólowy (-wo)
Schmetterling M motyl *m*
schmettern V/T trzaskać ⟨-snąć⟩; SPORT ścinać ⟨ściąć⟩; MUS rozbrzmiewać
Schmied M kowal *m* **schmieden** ⟨wy⟩kuć; **Pläne ~** snuć plany
schmiegen: **sich ~** przytulać

〈-lić〉 się (**an** *akk* do *gen*)
schmiegsam elastyczny; *Körper* gibki
schmieren 〈po〉smarować; *fig* dawać 〈dać〉 łapówkę
Schmiererei F bazgranina *f*
Schmiergeld N *umg* łapówka *f*
Schminke F makijaż *f*, szminka *f* **schminken** 〈z〉robić makijaż (**sich** sobie), malować (**sich** się)
Schmirgelpapier N papier *m* ścierny
schmollen dąsać się
Schmorbraten M pieczeń *f* duszona **schmoren** V/T GASTR 〈u〉dusić
Schmuck M ozdoba *f*; (*Juwelen*) biżuteria *f*
schmücken 〈przy〉ozdabiać (**mit** *dat inst*); **sich ~** stroić się
Schmuggel M przemyt *m*
schmuggeln przemycać 〈-cić〉 **Schmuggler(in)** M(F) przemytnik *m*, przemytniczka *f*
schmunzeln uśmiechać 〈-chnąć〉 się
schmusen pieścić się
Schmutz M brud *m* **schmutzig** brudny (-no)
Schnabel M dziób *m*
schnalzen *Zunge* mlaskać 〈-snąć〉; *Finger* pstrykać 〈-knąć〉
Schnäppchen N okazyjny zakup *m*
schnappen 〈z〉łapać (**nach** *dat akk*); *Luft* zaczerpnąć *pf* (*gen*); *Schloss* zatrzasnąć się *pf*
Schnappschuss M migawka *f*
Schnaps M wódka *f*
schnarchen chrapać
schnattern *Ente* kwakać; *Gans* gęgać
schnaufen sapać, dyszeć
Schnauzbart M wąsy *mpl*
Schnauze F pysk *m*, morda *f*
Schnecke F ślimak *m*
Schnee M śnieg *m* **Schneeball** M śnieżka *f* **Schneeflocke** F płatek *m* śniegu
Schneeketten FPL łańcuchy *mpl* przeciwślizgowe **Schneematsch** M topniejący śnieg *m* **Schneeregen** M deszcz *m* ze śniegiem **Schneesturm** M zamieć *f* śnieżna **schneeweiß** śnieżnobiały (-ło)
Schneide F ostrze *n* **schneiden** 〈po〉krajać, 〈po〉ciąć; *Haare* 〈o〉strzyc
Schneider(in) M(F) krawiec *m*, krawcowa *f*
Schneidezahn M siekacz *m*
schneien: **es schneit** pada śnieg
schnell szybki (-ko) **schneller** szybszy (-bciej)
Schnellhefter M skoroszyt *m*
Schnelligkeit F szybkość *f*
Schnellimbiss M bar *m* szybkiej obsługi **Schnellstraße** F droga *f* szybkiego ruchu
Schnelltest M *med* szybki test *m*
Schnipsel M skrawek *m*
Schnitt M cięcie *n*; (*Kleider-*

schnitt) krój *m*
Schnitte F kromka *f*
Schnittkäse M ser *m* w plastrach **Schnittlauch** M szczypiorek *m* **Schnittwunde** F rana *f* cięta
Schnitzel N sznycel *m*
schnitzen ⟨wy⟩rzeźbić **Schnitzerei** F rzeźba *f*
Schnorchel F rurka *f* oddechowa **schnorcheln** nurkować z rurką oddechową
schnüffeln węszyć
Schnuller M smoczek *m*
Schnupfen M katar *m*
schnuppern ⟨po⟩wąchać (**an** *dat akk*)
Schnur F sznur *m*, sznurek *m*
schnüren związywać ⟨-zać⟩ sznurkiem; *Schuh* ⟨za⟩sznurować
Schnurrbart M wąsy *mpl*
schnurren *Katze* mruczeć
Schnürsenkel M sznurowadło *n*
Schock M szok *m* **schockieren** ⟨za⟩szokować
Schokolade F czekolada *f* **Schokoriegel** M baton *m* czekoladowy
Scholle[1] F bryła *f*; (*Eisscholle*) kra *f*
Scholle[2] F (*Fisch*) gładzica *f*
schon już; ~ **wieder** znowu
schön piękny, ładny; ~! ładnie!
schonen oszczędzać (**sich** się) **schonend** delikatny, ostrożny
Schönheit F piękność *f*
Schonkost F żywność *f* dietetyczna **Schonung** F oszczędzanie *n* (się); (*Waldschonung*) szkółka *f* leśna
schöpfen czerpać ⟨zaczerpnąć⟩; nabierać ⟨-brać⟩ (*akk gen*) **Schöpfer** M twórca *m*; REL Stwórca *m* **Schöpferin** F twórczyni *f* **schöpferisch** twórczy (-czo) **Schöpfung** F REL stworzenie *n*
Schorf M strup *m*
Schorle F sok *m* jabłkowy *od* wino *n* z wodą mineralną
Schornstein M komin *m* **Schornsteinfeger** M kominiarz *m*
Schoß M łono *n*; **auf dem ~** na kolanach
Schote F strączek *m*, strąk *m*
Schotte M Szkot *m*
Schotter M tłuczeń *m*; żwir *m*
Schottin F Szkotka *f* **schottisch** szkocki (po -ku) **Schottland** N Szkocja *f*
schraffieren kreskować
schräg skośny, ukośny
Schramme F blizna *f*
Schrank M szafa *f*
Schranke F bariera *f*; BAHN szlaban *m*
Schrankwand F meblościanka *f*
Schraube F śruba *f*; (*Holzschraube*) wkręt *m*; FLUG śmigło *n* **schrauben** przyśrubowywać ⟨-ować⟩ **Schraubenmutter** F nakrętka *f* **Schrau-**

benzieher M śrubokręt *m* **Schraubstock** M imadło *n* **Schraubverschluss** M nakrętka *f*

Schreck M strach *m*, lęk *m* **schreckhaft** lękliwy (-wie) **schrecklich** straszny

Schrei M krzyk *m*

schreiben ⟨na⟩pisać **schreibgeschützt** IT tylko do odczytu

Schreibtisch M biurko *n* **Schreibwaren** FPL artykuły *mpl* papiernicze

schreien krzyczeć

Schreiner(in) M(F) stolarz *m*

Schrift F pismo *n*

schriftlich pisemny

Schriftsteller(in) M(F) pisarz *m*, pisarka *f* **Schriftstück** N pismo *n* **Schriftwechsel** M korespondencja *f*

schrill przeraźliwy (-wie), przenikliwy (-wie)

Schritt M krok *m* **Schrittgeschwindigkeit** F wolne tempo *n* **schrittweise** stopniowy (-wo); krok za krokiem

schroff stromy (-mo); *fig* szorstki (-ko)

Schrott M złom *m* **Schrottplatz** M złomowisko *n*

schrubben ⟨wy⟩szorować **Schrubber** M szczotka *f* do szorowania

schrumpfen ⟨s⟩kurczyć się

Schubkarre F taczka *f* **Schublade** F szuflada *f*

schubsen szturchać ⟨-chnąć⟩

schüchtern nieśmiały (-ło)

Schuft M łajdak *m*

Schuh M but *m* **Schuhbeutel** M pokrowiec *m* na buty **Schuhcreme** F pasta *f* do butów **Schuhgeschäft** N sklep *m* obuwniczy **Schuhgröße** F numer *m* buta **Schuhlöffel** M łyżka *f* do butów **Schuhmacher(in)** M(F) szewc *m*

Schulabschluss M świadectwo *n* ukończenia szkoły **Schulbuch** N podręcznik *m* szkolny

schuld: ~ **sein** być winnym (**an** *dat gen*)

Schuld F wina *f*; ~ **haben** być winnym (**an** *dat gen*); ~**en** *pl* długi *mpl*

schulden być dłużnym

schuldig winny **schuldlos** niewinny

Schuldner(in) M(F) dłużnik *m*, dłużniczka *f* **Schuldschein** M kwit *m* dłużny

Schule F szkoła *f*

Schüler(in) M(F) uczeń *m*, uczennica *f* **Schüleraustausch** M wymiana *f* międzyszkolna **Schülerausweis** M legitymacja *f* szkolna

Schulferien PL wakacje *pl*, ferie *pl* **schulfrei** wolny od zajęć **Schuljahr** N rok *m* szkolny **Schulklasse** F klasa *f* **Schulleiter(in)** M(F) dyrektor(ka) *m(f)* szkoły

Schulter F ramię *n*; bark *m*

Schulterblatt N łopatka *f*
Schultergelenk N staw *m* barkowy
Schulung F szkolenie *n*
Schulwesen N szkolnictwo *n*
Schund M tandeta *f*
Schuppe F łuska *f*; **Schuppen** *pl im Haar* łupież *m*
Schuppen M szopa *f*; buda *f*
Schürfwunde F otarcie *n*
Schürze F fartuch *m*
Schuss M strzał *m*, wystrzał *m*
Schüssel F misa *f*, miska *f*; (*Salatschüssel*) salaterka *f*
Schusswaffe F broń *f* palna
Schuster M szewc *m*
Schutt M gruz *m*
Schüttelfrost M dreszcze *mpl*
schütteln potrząsać ‹-snąć› (*akk inst*); **die Hand ~** uścisnąć *pf* rękę
schütten ‹w›sypać; *Suppe* rozlewać ‹-lać›
Schutz M ochrona *f*, opieka *f*
Schutzblech N błotnik *m*
Schutzbrille F okulary *pl* ochronne
Schütze M strzelec *m*
schützen V/T ‹o›chronić (**vor** *dat*, **gegen** *akk* przed *inst*, od *gen*); strzec (*akk gen*)
Schutzheilige F patronka *f*
Schutzheilige(r) M patron *m* **Schutzhelm** M kask *m*
Schutzimpfung F szczepienie *n* ochronne
schwach słaby (-bo); *fig* marny
Schwäche F słabość *f*
schwächen osłabiać ‹-ić›
schwachsinnig *neg!* niedorozwinięty umysłowo *neg!*
Schwachstelle F słaby punkt *m*
Schwächung F osłabienie *n*
Schwager M szwagier *m*
Schwägerin F szwagierka *f*
Schwalbe F jaskółka *f*
Schwamm M gąbka *f*
Schwan M łabędź *m*
schwanger ciężarna
Schwangerschaft F ciąża *f*
Schwangerschaftsabbruch M aborcja *f* **Schwangerschaftstest** M test *m* ciążowy
schwanken chwiać się; *fig* wahać się
Schwanz M ogon *m*
schwänzen: **die Schule ~** wagarować
Schwarm M *Vögel* stado *n*; *Bienen* rój *m*
schwärmen roić się; *fig* zachwycać ‹-cić› się (**von** *dat inst*)
Schwarte F skóra *f* słoniny
schwarz czarny (-no)
Schwarzarbeit F praca *f* na czarno **Schwarzbrot** N chleb *m* razowy
schwarzfahren ‹po›jechać na gapę **Schwarzfahrer(in)** M(F) pasażer(ka) *m(f)* na gapę
Schwarzmarkt M czarny rynek *m*
Schwarzwald M Schwarzwald *m*
schwarz-weiß czarno-biały

schwatzen pleść, paplać **Schwätzer(in)** M(F) gaduła *m u. f*
Schwebe F: **in der ~** w zawieszeniu **schweben** unosić się, bujać
Schwede M Szwed *m* **Schweden** N Szwecja *f* **Schwedin** F Szwedka *f* **schwedisch** szwedzki (po -ku)
Schwefel M siarka *f*
schweigen milczeć **Schweigen** N milczenie *n* **schweigend** milczący (-co)
schweigsam małomówny
Schwein N świnia *f* **Schweinebraten** M pieczeń *f* wieprzowa **Schweinefleisch** N wieprzowina *f* **Schweinerei** F świństwo *n*
Schweiß M pot *m*
schweißen TECH spawać
Schweißfüße PL pocące się nogi *fpl*
Schweiz F Szwajcaria *f* **Schweizer** M Szwajcar *m*; ADJ szwajcarski **Schweizerdeutsch** N szwajcarski niemiecki *m* **Schweizerin** M Szwajcarka *f* **schweizerisch** szwajcarski
Schwelle F próg *m*; BAHN podkład *m*
schwellen V/I nabrzmiewać ⟨-eć⟩; ⟨s⟩puchnąć **Schwellung** F MED obrzęk *m*
schwenken V/T machać, wywijać (*akk inst*); obracać ⟨obrócić⟩; V/I skręcać ⟨-cić⟩
schwer ciężki (-ko); *fig* trudny (-no); **~ krank** ciężko chory; **~ verdaulich** ciężko strawny; **~ verständlich** trudny do zrozumienia
Schwerbehinderte F *neg!* ciężko upośledzona *f* **Schwerbehinderte(r)** M *neg!* ciężko upośledzony *m*
schwerfällig ociężały (-le)
schwerhörig przygłuchy
Schwerindustrie F przemysł *m* ciężki **Schwerpunkt** M środek *m* ciężkości; *fig* priorytet *m*
Schwert N miecz *m*
Schwertlilie F kosaciec *m*, irys *m*
schwerwiegend ważki (-ko), doniosły (-śle)
Schwester F siostra *f*
Schwiegereltern PL teściowie *pl* **Schwiegermutter** F teściowa *f* **Schwiegersohn** M zięć *m* **Schwiegertochter** F synowa *f* **Schwiegervater** M teść *m*
schwierig trudny (-no)
Schwierigkeit F trudność *f*
Schwimmbad N pływalnia *f* **Schwimmbecken** N basen *m* pływacki
schwimmen pływać, ⟨po⟩płynąć **Schwimmer(in)** M(F) pływak *m*, pływaczka *f* **Schwimmreifen** M koło *n* do pływania **Schwimmweste** F kamizelka *f* ratunkowa
Schwindel M zawrót *m* głowy;

fig oszustwo *n* **schwindelfrei** nie mający zawrotów głowy
schwindeln *umg* kręcić, bujać
Schwindler(in) *umg* M(F) krętacz(ka) *m(f)*, kanciarz *m*
schwindlig: **mir wird ~** kręci mi się w głowie
schwingen V/I wahać się; ELEK, RADIO drgać **Schwingung** F drganie *n*; wahanie *n*
Schwips *umg* M: **einen ~ haben** mieć w czubie
schwirren *Fliegen* brzęczeć
schwitzen pocić się
schwören przysięgać ⟨-siąc⟩
schwul *umg* homoseksualny
schwül duszny (-no), parny (-no)
Schwule(r) M *umg* gej *m*
Schwung M rozpęd *m*, rozmach *m*; *fig* werwa *f* **schwungvoll** zamaszysty (-ście); *fig adv* z werwą
Schwur M przysięga *f*
sechs sześć **Sechs** F szóstka *f* **sechsfach** sześciokrotny **sechshundert** sześćset **sechsjährig** sześcioletni **sechsmal** sześć razy
sechste(r) szósty **sechzehn** szesnaście **sechzehnte(r)** szesnasty **sechzig** sześćdziesiąt **sechzigste(r)** sześćdziesiąty
See[1] M jezioro *n*
See[2] F morze *n*; **an der ~** nad morzem **Seegang** M falowanie *n* **Seehund** M foka *f* **seekrank** cierpiący na morską chorobę
Seele F dusza *f* **seelisch** duchowy (-wo)
Seelöwe M lew *m* morski **Seepferdchen** N konik *m* morski **Seereise** F podróż *f* morska **Seerose** F lilia *f* wodna **Seestern** M rozgwiazda *f* **Seetang** M BOT, GASTR wodorosty *pl*
Segel N żagiel *m* **Segelboot** N żaglówka *f* **Segelfliegen** N szybownictwo *n* **Segelflieger(in)** M(F) szybownik *m* **segeln** żeglować **Segelschiff** N żaglowiec *m* **Segelsport** M żeglarstwo *n*
Segen M błogosławieństwo *n*
Segler(in) M(F) żeglarz *m*, żeglarka *f*
segnen ⟨po⟩błogosławić
sehbehindert mający wadę wzroku
sehen widzieć, zobaczyć *pf* (**sich** się); **sich ~ lassen** pokazywać ⟨-zać⟩ się
Sehenswürdigkeit F osobliwość *f*, zabytek *m*
Sehne F ANAT ścięgno *n*; *Bogen*, MATH cięciwa *f*
sehnen: **sich ~** tęsknić (**nach** *dat* za *inst*)
Sehnenzerrung F naciągnięcie *n* ścięgna
Sehnsucht F tęsknota *f*
sehnsüchtig tęskny, z tęsknotą
sehr bardzo; **zu ~** zanadto; **~ gern** bardzo chętnie

Sehvermögen N wzrok *m*
seicht płytki (-ko)
Seide F jedwab *m* **Seiden-** jedwabny
Seife F mydło *n* **Seifenblase** F bańka *f* mydlana
Seil N lina *f* **Seilbahn** F kolej *f* linowa
sein[1] być; **ich bin** jestem; **du bist** jesteś; **er ist** (on) jest; **sie sind** (oni) są; **es wird** ~ będzie; **lass das** ~ zostaw to
sein[2] PRON *possessiv* jego; swój, swoja, swoje; PL swoi, swoje **seinerseits** z jego strony **seinetwegen** z powodu niego, przez niego
seit PRÄP (*dat*) od (*gen*) **seitdem** odtąd; KONJ odkąd
Seite F strona *f*; bok *m*; (*Buchseite*) stronica *f*; **von der** ~ z boku; **zur** ~ na bok; na stronę
Seiteneingang M boczne wejście *n* **Seitensprung** M skok *m* w bok **Seitenstechen** N kolka *f* **Seitenstraße** F boczna ulica *f*
seither od tego czasu **seitlich** boczny; ADV z boku
Sekretär(in) M(F) sekretarz *m*, sekretarka *f*
Sekt M wino *n* musujące, szampan *m*
Sekte F sekta *f*
Sekunde F sekunda *f* **Sekundenkleber** M klej *m* szybkoschnący
selbst sam; ADV nawet
Selbstauslöser M samowyzwalacz *m* **Selbstbedienung** F samoobsługa *f* **Selbstbefriedigung** F masturbacja *f* **Selbstbeherrschung** F opanowanie *n* **Selbstbeteiligung** F udział *m* własny ubezpieczonego
selbstbewusst pewny siebie **selbstgemacht** zrobiony własnoręcznie
Selbstgespräch N monolog *m* **Selbsthilfegruppe** F grupa *f* samopomocy **Selbstkostenpreis** M cena *f* kosztów własnych
selbstlos bezinteresowny
Selbstmord M samobójstwo *n*
selbstständig samodzielny **Selbstständigkeit** F samodzielność *f*
selbstsüchtig samolubny **selbstverständlich** oczywisty (-ście)
Selbstvertrauen N wiara *f* w siebie
Selfie N selfie *n*
selig REL błogosławiony
Sellerie M *od* F seler *m*
selten rzadki (-ko) **Seltenheit** F rzadkość *f*
seltsam dziwny
Semester N semestr *m* **Semesterferien** PL przerwa *f* semestralna; *Sommer* wakacje *pl*
Semikolon N średnik *m*
Seminar N seminarium *n*
Semmel F bułka *f*
senden wysyłać ⟨-słać⟩; RADIO nadawać ⟨-dać⟩ **Sender** M

RADIO nadajnik *m*; rozgłośnia *f* **Sendung** F przesyłka *f*; RADIO audycja *f*
Senf M musztarda *f*
Senior(in) M(F) senior(ka) *m(f)* **Seniorenpass** M legitymacja *f* seniora
senken spuszczać ⟨-ścić⟩; *Stimme, Preis* obniżać ⟨-żyć⟩ **senkrecht** prostopadły (-le), pionowy (-wo)
Sensation F sensacja *f*
Sense F kosa *f*
sensibel wrażliwy (-wie), czuły (-le)
sentimental sentymentalny
separat oddzielny
September M wrzesień *m*; **im ~** we wrześniu
Serbe M Serb *m* **Serbien** N Serbia *f* **Serbin** F Serbka *f* **serbisch** serbski (po -ku)
Serie F seria *f*; *Fernsehen* serial *m*
seriös poważny; porządny
Server M IT serwer *m*
Service M serwis *m*
servieren podawać ⟨-dać⟩ do stołu; *Tennis* ⟨za⟩serwować
Serviette F serwetka *f*
Servolenkung F wspomaganie *n* kierownicy
Sessel M fotel *m* **Sessellift** M wyciąg *m* krzesełkowy
setzen sadzać ⟨posadzić⟩; **sich ~** siadać ⟨usiąść⟩
Seuche F zaraza *f*
seufzen wzdychać ⟨westchnąć⟩ **Seufzer** M westchnienie *n*
Sex M seks *m* **Sexualität** F seksualność *f* **Sexualverbrechen** N przestępstwo *n* na tle seksualnym **sexuell** seksualny
sich PRON *akk* siebie, się; *dat* sobie
sicher bezpieczny; pewny; ADV *a.* na pewno
Sicherheit F bezpieczeństwo *n*; pewność *f* **Sicherheitsabstand** M bezpieczny odstęp *m* **Sicherheitsgurt** M pas *m* bezpieczeństwa **sicherheitshalber** dla pewności **Sicherheitsnadel** F agrafka *f*
sicherlich zapewne, z pewnością **sichern** zabezpieczać ⟨-czyć⟩ (**sich** się); zapewniać ⟨-ić⟩ **sicherstellen** zabezpieczać ⟨-czyć⟩; zapewniać ⟨-ić⟩, ⟨za⟩gwarantować
Sicherung F ELEK bezpiecznik *m*
Sicht F widoczność *f* **sichtbar** widoczny **Sichtweite** F widoczność *f*
sie PRON ona, *akk* ją; PL oni, one, *akk* ich, je
Sie PRON pan, pani; PL państwo
Sieb N sitko *n*, sito *n*
sieben[1] przesiewać ⟨-siać⟩
sieben[2] siedem **Sieben** F siódemka *f* **siebenhundert** siedemset **siebenjährig** siedmioletni **siebte(r)** siódmy
siebzehn siedemnaście **siebzehnte(r)** siedemnasty **sieb-**

zig siedemdziesiąt **siebzigste(r)** siedemdziesiąty
siedend: ~ **heiß** gorący jak wrzątek, wrzący
Siedlung F osada *f*; osiedle *n*
Sieg M zwycięstwo *n*
Siegel N pieczęć *f*
siegen zwyciężać ⟨-żyć⟩ (**über** *akk akk*) **Sieger(in)** M(F) zwycięzca *m*, zwyciężczyni *f* **siegreich** zwycięski (-ko)
siezen zwracać się do kogoś per pan *od* pani
Signal N sygnał *m*
Silbe F sylaba *f*
Silber N srebro *n* **Silberhochzeit** F srebrne wesele *n* **Silbermedaille** F srebrny medal *m* **silbern** srebrny
Silvester N sylwester *m*
simpel prosty (-to)
simsen wysyłać ⟨-słać⟩ SMS
simulieren symulować
Sinfonie F symfonia *f* **Sinfonieorchester** N orkiestra *f* symfoniczna
singen ⟨za⟩śpiewać
sinken opadać ⟨-paść⟩; *fig* spadać ⟨spaść⟩; *Schiff* ⟨za⟩tonąć
Sinn M zmysł *m*; (*Bedeutung*) sens *m* **sinngemäß** oddający sens **sinnlich** zmysłowy (-wo) **sinnlos** bezsensowny **sinnvoll** sensowny
Sippe F ród *m*, klan *m*
Sirup M syrop *m*
Sitte F zwyczaj *m*, obyczaj *m* **sittlich** moralny; przyzwoity (-cie)
Situation F sytuacja *f*
Sitz M siedzenie *n*; (*Wohnsitz*) siedziba *f* **sitzen** siedzieć **Sitzplatz** M miejsce *n* siedzące **Sitzung** F posiedzenie *n*
Sizilien N Sycylia *f*
Skala F podziałka *f*, skala *f*
Skandal M skandal *m*
Skandinavien N Skandynawia *f*
Skateboard N deskorolka *f* **skaten** jeździć na deskorolce
Skelett N szkielet *m*
skeptisch sceptyczny
Ski M narta *f*; ~ **laufen** jeździć na nartach **Skianzug** M kombinezon *m* narciarski **Skibrille** F gogle *pl* narciarskie **Skihose** F spodnie *pl* narciarskie **Skikurs** M kurs *m* narciarski **Skilauf** M bieg *m* narciarski **Skiläufer(in)** M(F) narciarz *m*, narciarka *f* **Skilehrer(in)** M(F) instruktor(ka) *m(f)* jazdy na nartach **Skilift** M wyciąg *m* narciarski **Skispringen** N skoki *mpl* narciarskie **Skistiefel** M but *m* narciarski **Skistock** M kijek *m* narciarski **Skiurlaub** M urlop *m* narciarski
Skizze F szkic *m* **skizzieren** ⟨na⟩szkicować
Sklave M niewolnik *m* **Sklavin** F niewolnica *f*
Skulptur F rzeźba *f*
skypen INTERNET (*mit Skype® telefonieren*) rozmawiać przez Skype'a
Slawen MPL Słowianie *mpl* **sla-**

wisch słowiański
Slip M (*Herrenslip*) slipy *pl*, (*Damenslip*) figi *pl* **Slipeinlage** F wkładka *f* higieniczna
Slowake M Słowak *m* **Slowakei** F Słowacja *f* **Slowakin** F Słowaczka *f* **slowakisch** słowacki (po -ku)
Slowenien N Słowenia *f* **slowenisch** słoweński (po -ku)
Smog M smog *m* **Smogalarm** M alarm *m* smogowy
SMS F SMS *m*
so tak; (*also*) więc; ~ **bald wie möglich** tak szybko, jak to możliwe; ~ **ein** taki; ~ **viel** tyle
sobald skoro tylko
Social Media PL media społecznościowe *pl*
Socke F skarpetka *f*
Sockel M cokół *m*
Sodawasser N woda *f* sodowa
Sodbrennen N zgaga *f*
soeben dopiero co
Sofa N sofa *f*, kanapa *f*
sofern o ile **sofort** natychmiast
Software F IT oprogramowanie *n*
sogar nawet
sogenannt tak zwany
Sohle F podeszwa *f*
Sohn M syn *m*
Soja F *od* N BOT, GASTR soja *f* **Sojabohne** F BOT, GASTR ziarno *n* soi **Sojasoße** F GASTR sos *m* sojowy **Sojasprosse** F BOT, GASTR kiełki *pl* sojowe
solange dopóki
solch taki
Soldat(in) M(F) żołnierz *m*
Solidarität F solidarność *f*
solide solidny
Soll N FIN debet *m*
sollen: **ich soll** M (po)winienem, *f* (po)winnam; **du sollst** *m* (po)winieneś, *f* (po)winnaś; **er soll in ... sein** ma być w ...; podobno jest w ...
Sommer M lato *n*; **im** ~ w lecie **Sommerfahrplan** M letni rozkład *m* jazdy **Sommerferien** PL wakacje *pl* letnie **Sommerreifen** MPL opony *mpl* letnie **Sommersprossen** FPL piegi *mpl*
Sonderangebot N oferta *f* specjalna
sonderbar dziwny
sondern KONJ lecz
Sonnabend M sobota *f*
Sonne F słońce *n* **sonnen**: **sich** ~ wygrzewać się na słońcu, opalać się
Sonnenaufgang M wschód *m* słońca **Sonnenblume** F słonecznik *m* **Sonnenbrand** M oparzenie *n* słoneczne **Sonnenfinsternis** F zaćmienie *n* słońca **Sonnenmilch** F mleczko *n* do opalania **Sonnenschein** M blask *m* słońca **Sonnenschirm** M parasol *m* słoneczny **Sonnenschutz** M preparat *m* chroniący przed szkodliwym wpływem promieniowania słonecznego **Son-**

nenspray N spray *m* ochronny z filtrami SPF **Sonnenstich** M udar *m* słoneczny **Sonnenuntergang** M zachód *m* słońca
sonnig słoneczny
Sonntag M niedziela *f*
sonst w przeciwnym razie, inaczej; **was ~?** co jeszcze?; **~ jemand?** jeszcze ktoś?; **wie ~** jak zwykle; **~ nichts** nic więcej
Sorge F troska *f*
sorgen troszczyć się (**für** *akk* o *akk*); **sich ~** niepokoić się, martwić się **sorgfältig** staranny **sorglos** beztroski (-ko)
Sorte F gatunek *m* **sortieren** ⟨po⟩sortować
Soße F sos *m*
soviel KONJ o ile **sowie** (*und auch*) jak również; (*sobald*) jak tylko **sowieso** tak czy owak; i tak
sowohl: **~ ... als auch** zarówno ... jak też ..., nie tylko ... lecz także
sozial społeczny, socjalny **Sozialamt** N wydział *m* opieki społecznej **Sozialhilfe** F pomoc *f* społeczna **Sozialversicherung** F ubezpieczenie *n* społeczne
sozusagen niejako, że tak powiem
Spaghetti PL spaghetti *n*
Spalt M szczelina *f*, szpara *f*
Spalte F szczelina *f*; TYPO kolumna *f*, szpalta *f* **spalten** rozszczepiać ⟨-ić⟩ (**sich** się)
Spange F klamra *f*, sprzączka *f*
Spanien N Hiszpania *f* **Spanier(in)** M(F) Hiszpan(ka) *m(f)*
spanisch hiszpański (po -ku)
Spanne F rozpiętość *f* **spannen** napinać ⟨-piąć⟩; naciągać ⟨-gnąć⟩ **spannend** *fig* zajmujący (-co), ciekawy (-wie)
Spannung F naprężenie *n*; ELEK, *fig* napięcie *n*
Sparbuch N książeczka *f* oszczędnościowa **Sparbüchse** F skarbonka *f* **sparen** oszczędzać ⟨-dzić⟩
Spargel M szparag *m*
Sparkasse F kasa *f* oszczędnościowa
spärlich skąpy (-po); *Haare* rzadki (-ko)
sparsam oszczędny
Spaß M żart *m*; **... macht mir ~** ... sprawia mi przyjemność; **viel ~!** dobrej zabawy!
spät późny (-no); **wie ~ ist es?** która godzina?
Spaten M szpadel *m*, łopata *f*
später późniejszy (później)
spätestens najpóźniej
Spatz M wróbel *m*
spazieren spacerować; **~ gehen** iść ⟨pójść⟩ na spacer
Spaziergang M przechadzka *f*, spacer *m*
Specht M dzięcioł *m*
Speck M słonina *f*, sadło *n*
Spedition F spedycja *f*
Speer M oszczep *m* **Speerwerfen** N rzut *m* oszczepem
Speiche F szprycha *f*

Speichel M ślina *f*
Speicher M *Getreide* spichlerz *m*; skład *m*; IT pamięć *f*
Speise F potrawa *f*, danie *n* **Speisekammer** F spiżarnia *f* **Speisekarte** F karta *f* dań **Speiseröhre** F przełyk *m* **Speisesaal** M sala *f* jadalna **Speisewagen** M wagon *m* restauracyjny
Spende F datek *m*, dar *m* **spenden** ofiarow(yw)ać (**für** *akk* na *akk*) **spendieren** ⟨za⟩fundować
Sperling M wróbel *m*
Sperre F przegroda *f*; blokada *f* **Sperrholz** N sklejka *f* **Sperrstunde** F godzina *f* policyjna
Spesen PL koszty *mpl*; (*Reisespesen*) dieta *f*
Spezialfach N specjalność *f* **Spezialist(in)** M(F) specjalista *m*, specjalistka *f* **Spezialität** F specjalność *f*
speziell specjalny
Spiegel M lustro *n* **Spiegelbild** N odbicie *n* lustrzane **Spiegelei** N jajko *n* sadzone **spiegeln** odzwierciedlać ⟨-lić⟩ (**sich** się) **Spiegelreflexkamera** F lustrzanka *f*
Spiel N gra *f*; *Kinder* zabawa *f*; SPORT mecz *m*
spielen ⟨za⟩grać (*akk* w *akk*); ⟨po⟩bawić się (**mit** *dat inst*)
spielend ADV *fig* bez trudu
Spieler(in) M(F) gracz *m* **Spielfeld** N SPORT boisko *n* **Spielfilm** M film *m* fabularny **Spielkarte** F karta *f* do gry **Spielkonsole** F konsola *f* do gier **Spielplatz** M plac *m* zabaw **Spielverderber(in)** M(F) osoba *f* psująca zabawę **Spielzeug** N zabawka *f*
Spieß M (*Bratspieß*) rożen *m*
Spießer(in) M(F) *umg* kołtun(ka) *m(f)* **spießig** kołtuński (-ko)
Spinat M szpinak *m*
Spinne F pająk *m*
spinnen: **du spinnst!** żarty sobie robisz!
Spinnwebe F pajęczyna *f*
Spion(in) M(F) szpieg *m* **Spionage** F szpiegostwo *n* **spionieren** szpiegować
Spirituosen PL spirytualia *pl*
spitz spiczasty (-to); ostry (-ro) **Spitze** F ostrze *n*; (*Schuhspitze*) czubek *m*; (*Gewebe*) koronka *f*; (*Bergspitze*) szczyt *m*
spitzen *Bleistift* ⟨na⟩ostrzyć, ⟨za⟩temperować
Spitzengeschwindigkeit F prędkość *f* maksymalna
Spitzname M przezwisko *n*
Splitter M odłamek *m*; (*Holzsplitter*) drzazga *f*
sponsern sponsorować
Sponsor(in) M(F) sponsor(ka) *m(f)*
spontan spontaniczny
Sport M sport *m* **Sportart** F dyscyplina *f* sportowa **Sportlehrer(in)** M(F) nauczyciel(ka) *m(f)* wychowania fizycznego

Sportler(in) M(F) sportowiec *m*, sportsmenka *f* **sportlich** sportowy **Sportplatz** M boisko *n* sportowe **Sporttasche** F torba *f* sportowa **Sportverein** M związek *m* sportowy **Sportwagen** M samochód *m* sportowy **Sportzeug** N *umg* ubranie *n* sportowe
Spott M kpiny *fpl*, drwiny *fpl* **spottbillig** śmiesznie tani (-nio) **spotten** kpić, drwić **spöttisch** drwiący (-co)
Sprache F mowa *f*; język *m* **Sprachführer** M rozmówki *pl* **Sprachkenntnisse** FPL znajomość *f* języka **Sprachkurs** M kurs *m* językowy **sprachlos** *fig* oniemiały (**vor** *dat* z *gen*) **Sprachschule** F szkoła *f* językowa
Spray N spray *m*, aerozol *m*
sprechen mówić; rozmawiać
Sprecher(in) M(F) rzecznik *m*, rzeczniczka *f*; prezenter(ka) *m(f)* **Sprechstunde** F godziny *fpl* przyjęć **Sprechzimmer** F gabinet *m* (przyjęć)
sprengen wysadzać ‹-dzić› (**in die Luft** w powietrze); *Rasen* polewać ‹-lać›
Sprengstoff M materiał *m* wybuchowy
Sprichwort N przysłowie *n*
Springbrunnen M fontanna *f*
springen skakać ‹skoczyć›
Sprit M *umg* spirytus *m*; (*Benzin*) paliwo *n*
Spritze F MED strzykawka; (*Injektion*) zastrzyk **spritzen** pryskać ‹-snąć›, bryzgać ‹-znąć›; MED wstrzykiwać ‹-knąć›
spröde kruchy
Sprosse F szczebel *m*
Spruch M sentencja *f*; JUR orzeczenie *n*
Sprudel M woda *f* mineralna gazowana **sprudeln** kipieć; pienić się, musować
sprühen pryskać ‹-snąć›; mżyć
Sprung M skok *m*; (*Riss*) rysa *f*, pęknięcie *n* **Sprungbrett** N odskocznia *f* **Sprungschanze** F skocznia *f* (narciarska)
Spucke F ślina *f* **spucken** pluć ‹-unąć›
spuken: **es spukt hier** tu straszy
spülen ‹o›płukać; *Geschirr* zmywać ‹-yć› **Spülmaschine** F zmywarka *f* do naczyń
Spur F ślad *m*
spüren V/T wyczuwać ‹-uć›; *Schmerz* odczuwać ‹-uć›
spurlos bez śladu
Staat M państwo *n* **staatlich** państwowy
Staatsangehörigkeit F obywatelstwo *n* **Staatsanwalt** M prokurator *m* **Staatsanwältin** F prokuratorka *f*
Stab M pręt *m*; drążek *m*; SPORT tyczka *f* **Stabhochspringer(in)** M(F) skoczek *m* o tyczce **Stabhochsprung** M skok *m* o tyczce

stabil stabilny
Stachel M kolec *m*; *Biene* żądło *n* **Stachelbeere** F agrest *m* **Stacheldraht** M drut *m* kolczasty
Stadion N stadion *m*
Stadt F miasto *n* **Stadtautobahn** F autostrada *f* miejska **Stadtbahn** F kolej *f* miejska **Stadtbezirk** M dzielnica *f* **Städtetour** F zwiedzanie *n* miast **Stadtführer(in)** M(F) przewodnik *m* miejski, przewodniczka *f* miejska **Stadtführung** F oprowadzanie *n* po mieście **städtisch** miejski
Stadtplan M plan *m* miasta **Stadtrundfahrt** F zwiedzanie *n* miasta autokarem **Stadtteil** M dzielnica *f*
Stahl M stal *f*
Stall M obora *f*, *Pferde* stajnia *f*, *Schweine* chlew *m*
Stamm M pień *m* **Stammbaum** M rodowód *m*
stammen pochodzić (**von** *dat* od, z *gen*)
Stammgast M stały gość *m* **Stammkunde** M stały klient *m* **Stammtisch** M stały stolik *m* (w restauracji)
stampfen V/I tupać ‹-pnąć› (**mit** *dat inst*); V/T ubijać ‹-ić›
Stand M stan *m*; pozycja *f*; *Markt* stoisko *n*
Standby-Betrieb M tryb *m* stand-by
Ständer M stojak *m*
Standesamt N urząd *m* stanu cywilnego
standhaft wytrwały (-le)
standhalten wytrzymywać ‹-mać›
ständig stały (-le)
Standlicht N AUTO światło *n* postojowe **Standpunkt** M stanowisko *n*
Stange F drąg *m*, żerdź *f*; pręt *m*
Stängel M łodyga *f*
Stapel M stos *m* **stapeln** układać ‹ułożyć› w stos
Star[1] M ZOOL szpak *m*
Star[2] M MED zaćma *f*, katarakta *f*
Star[3] M *Film* gwiazda *f*
stark silny, mocny (-no)
Stärke F siła *f*, moc *f* **stärken** wzmacniać ‹-mocnić›
starr sztywny (-no) **starren** wlepiać ‹-ić› wzrok **starrköpfig** uparty
Start M start *m* **Startbahn** F FLUG pas *m* startowy **starten** V/I ‹wy›startować; V/T *Motor* zapuszczać ‹-ścić› **Starter** M AUTO rozrusznik *m*
Station F stacja *f*; MED oddział *m* **stationär** stacjonarny **Stationsarzt** M ordynator *m* **Stationsärztin** F ordynator *m*
Statist(in) M(F) statysta *m*, statystka *f* **Statistik** F statystyka *f*
statt zamiast **stattfinden** odbywać ‹-yć› się **stattlich** postawny, okazały (-le)

Statue F statua *f*, posąg *m*
Stau M *Verkehr* korek *m*; **im ~ stehen** stać w korku
Staub M pył *m*, kurz *m* **staubsaugen** odkurzać ⟨-rzyć⟩ **Staubsauger** M odkurzacz *m* **Staubtuch** N ścierka *f* do kurzu
Staudamm M zapora *f* (wodna) **stauen**: **sich ~** gromadzić się; *Wasser* spiętrzać ⟨-rzyć⟩
staunen ⟨z⟩dziwić się (**über** *akk dat*)
Stausee M zbiornik *m* zaporowy
stechen ⟨u⟩kłuć; *Karte* przebijać ⟨-ić⟩; VI kłuć; *Sonne* palić
Steckdose F gniazdo *m* wtyczkowe
stecken VT wtykać ⟨wetknąć⟩; VI tkwić; **~ bleiben** utknąć *pf*; ugrzęznąć *pf*
Stecker M ELEK wtyczka *f*
Stecknadel F szpilka *f*
Steg M kładka *f*
stehen stać; (*passen*) być do twarzy; **~ bleiben** zatrzymywać ⟨-mać⟩ się, stanąć *pf*; **~ lassen** pozostawiać ⟨-ić⟩
stehlen ⟨u⟩kraść
Stehplatz M miejsce *n* stojące
steif sztywny (-no)
steigen wzrastać ⟨-rosnąć⟩, podnosić ⟨-nieść⟩ się
steigern zwiększać ⟨-szyć⟩
Steigerung F zwiększenie *n*
steil stromy (-mo) **Steilhang** M strome zbocze *n*
Stein M kamień *m*; *Obst* pestka *f* **Steinbock** M koziorożec *m* **steinig** kamienisty **Steinpilz** M prawdziwek *m*
Stelle F miejsce *n*; (*Arbeitsstelle*) posada *f*
stellen stawiać ⟨postawić⟩; *Frage* zadawać ⟨-dać⟩; *Antrag* składać ⟨złożyć⟩ **stellenweise** miejscami **Stellplatz** M miejsce *n* postojowe **Stellung** F stanowisko *n*, pozycja *f*
Stellvertreter(in) M(F) zastępca *m*, zastępczyni *f*
stemmen: **sich ~** opierać ⟨oprzeć⟩ się (**gegen** *akk* o *akk*)
Stempel M pieczątka *f*, stempel *m* **stempeln** ⟨przy⟩pieczętować
Steppdecke F kołdra *f* pikowana
sterben umierać ⟨umrzeć⟩
Sterbeurkunde F akt *m* zgonu
Stereoanlage F wieża *f* hi-fi
steril sterylny, jałowy
Stern M gwiazda *f* **Sternbild** gwiazdozbiór *m* **Sternwarte** F obserwatorium *n* astronomiczne **Sternzeichen** N znak *m* zodiaku
stetig stały (-le), ustawiczny
stets stale, zawsze
Steuer[1] N ster *m*; (*Lenkrad*) kierownica *f*; **am ~** za kierownicą
Steuer[2] F podatek *m* **Steuerberater(in)** M(F) doradca *m* podatkowy **Steuererklärung** F deklaracja *f* podatko-

wa **steuerfrei** nie podlegający opodatkowaniu
steuern → lenken **Steuerung** F sterowanie *n*; TECH *a.* rozrząd *m*
Steuerzahler(in) M(F) podatnik *m*
Stich M ukłucie *n*; (*Mückenstich*) ukąszenie *n*; *Naht* ścieg *m*; *Kunst* sztych *m*; *Kartenspiel* lewa *f*; **im ~ lassen** zostawić na lodzie
Stichprobe F próba *f* losowa
Stichtag M (ostateczny) termin *m* **Stichwort** N hasło *n*
sticken ⟨wy⟩haftować **Sticker** M naklejka *f*
stickig duszny (-no) **Stickstoff** M azot *m*
Stiefbruder M brat *m* przyrodni
Stiefel M but *m* z cholewą
Stiefkind N pasierb(ica) *m(f)*
Stiefmutter F macocha *f*
Stiefsohn M pasierb *m*
Stieftochter F pasierbica *f*
Stiefvater M ojczym *m*
Stiel M trzonek *m*; BOT łodyga *f*
Stier M byk *m*
Stift M kołek *m*, *zum Schreiben umg* pisak
stiften ⟨u⟩fundować; (*gründen*) zakładać ⟨założyć⟩; ofiarowywać ⟨-ować⟩ (**für** *akk* na *akk*) **Stiftung** F fundacja *f*
Stil M styl *m*
still cichy (-cho); **~ werden** ⟨u⟩cichnąć **Stille** F cisza *f*
stillen *Kind* ⟨na⟩karmić piersią; *Durst* ⟨u⟩gasić; *Blut* ⟨za⟩tamować
stillhalten nie poruszać się
Stillstand M bezruch *m*; zastój *m*
Stimmbruch M mutacja *f* głosu **Stimme** F głos *m*
stimmen V/I głosować (**für** *akk* za *inst*); V/T ⟨na⟩stroić; **das stimmt (nicht)** to się (nie) zgadza
Stimmrecht N prawo *n* do głosowania
Stimmung F *fig* nastrój *m*
stinken cuchnąć, śmierdzieć
Stipendium N stypendium *n*
Stirn F czoło *n*
stochern dłubać, grzebać
Stock[1] M kij *m*; laska *f*
Stock[2] M piętro *n*
stocken ustawać ⟨-tać⟩; utykać ⟨utknąć⟩
Stockwerk N → Stock[2]
Stoff M materiał *m*
stöhnen stękać ⟨-knąć⟩
Stollen[1] M strucla *f*
Stollen[2] M BERGB sztolnia *f*
stolpern potykać ⟨-tknąć⟩ się
stolz dumny **Stolz** M duma *f*
stopfen V/T zapychać ⟨-pachać⟩; wtykać ⟨wetknąć⟩ (**in** *akk* do *gen*); *Strumpf* ⟨za⟩cerować
stopp stop **stoppen** zatrzymywać ⟨-mać⟩ (*v/i* się); SPORT mierzyć czas stoperem
Stoppschild N znak *m* stop
Stoppuhr F stoper *m*
Stöpsel M korek *m*, zatyczka

f; ELEK wtyczka *f*

Storch M bocian *m*

stören przeszkadzać ⟨-szkodzić⟩ (**j-n bei** *dat* k-u w *lok*); *Ruhe* zakłócać ⟨-cić⟩

stornieren *Betrag* stornować; *Bestellung* anulować

Störung F zakłócenie *n*

Stoß M uderzenie *n*, pchnięcie *n* **Stoßdämpfer** M amortyzator *m*

stoßen V/T popychać ⟨-pchnąć⟩; *mit dem Fuß* kopać ⟨-pnąć⟩; V/I natykać ⟨-tknąć⟩ się (**auf** *akk* na *akk*); **sich ~** uderzać ⟨-rzyć⟩ się (**an** *dat* o *akk*) **Stoßstange** F zderzak *m*

stottern V/I jąkać się

strafbar karalny **Strafe** F kara *f*

straff napięty, wyprężony

straflos bezkarny **Strafraum** M SPORT pole *n* karne **Strafrecht** N prawo *n* karne **Strafstoß** M SPORT rzut *m* karny **Straftat** F czyn *m* karalny **Strafverfahren** N postępowanie *n* karne **Strafzettel** M mandat *m*

Strahl M promień *m*; (*Wasserstrahl usw*) strumień *m* **strahlen** promieniować; *Sonne* świecić

Strahlung F promieniowanie *n*

Strähne F kosmyk *m*; *Garn* pasmo *n*

Strampelhöschen N śpioszki *pl*

Strand M plaża *f* **Strandkorb** M kosz *m* plażowy **Strandurlaub** M wczasy *pl* nad morzem

Strang M powróz *m*

Strapaze F trud *m*, męka *f*

strapazieren męczyć, ⟨z⟩mordować

Straße F ulica *f*; (*Landstraße*) szosa *f*

Straßenbahn F tramwaj *m* **Straßenbeleuchtung** F oświetlenie *n* ulic **Straßenkreuzung** F skrzyżowanie *n* ulic, skrzyżowanie *n* dróg **Straßenrand** M pobocze *n* **Straßenverkehr** M ruch *m* drogowy, ruch *m* uliczny **Straßenverkehrsordnung** F kodeks *m* drogowy

Strategie F strategia *f*

sträuben ⟨na⟩stroszyć (**sich** się); *fig* **sich ~** opierać się (**gegen** *akk dat*)

Strauch M krzak *m*, krzew *m*

Strauß M (*Blumen*) bukiet *m*

Streamingportal N portal *m* streamingowy

streben dążyć (**nach** *dat* do *gen*) **Streber(in)** M(F) karierowicz(ka) *m(f)*

Strecke F odcinek *m*; BAHN trasa *f*; SPORT *a.* dystans *m*

strecken wyciągać ⟨-gnąć⟩ (**sich** się)

Streich M *fig* figiel *m*, psota *f*

streicheln ⟨po⟩głaskać

streichen V/T ⟨po⟩malować; (*tilgen*) skreślać ⟨-lić⟩

Streichholz N zapałka *f*

Streichholzschachtel F pudełko *n* zapałek
Streife F patrol *m* **Streifen** M pas *m*, pasek *m*, prążek *m* **Streifenwagen** M wóz *m* patrolowy
Streik M strajk *m* **streiken** strajkować
Streit M spór *m*; sprzeczka *f* **streiten** spierać się, kłócić się **streitsüchtig** kłótliwy (-wie)
streng surowy (-wo), srogi (-go) **Strenge** F surowość *f*, srogość *f*
Stress M stres *m* **stressig** stresujący
streuen rozsiewać ⟨-siać⟩; posypywać ⟨-pać⟩ (*akk inst*)
Streuselkuchen M placek *m* z kruszonką
Strich M kreska *f* **Strichcode** M kod *m* kreskowy
Strick M powróz *m* **stricken** ⟨z⟩robić na drutach **Strickjacke** F sweter *m* rozpinany **Stricknadel** F drut *m* (do robót ręcznych)
Stripper M striptizer *m* **Stripperin** F striptizerka *f* **Striptease** N striptiz *m*
Stroh N słoma *f* **Strohdach** N słomiany dach *m* **Strohhalm** M słomka *f* **Strohhut** M kapelusz *m* słomkowy
Strom M *Blut, Wasser* strumień *m*; ELEK prąd *m* **Stromausfall** M przerwa *f* w dostawie prądu
strömen płynąć; lać się (strumieniem) **Strömung** F prąd *m*, nurt *m*
Stromverbrauch M zużycie *n* prądu **Stromzähler** M licznik *m* prądu
Strophe F zwrotka *f*, strofa *f*
Strudel M wir *m*; GASTR strudel *m*, strucla *f*
Struktur F struktura *f*
Strumpf M pończocha *f* **Strumpfhose** F rajstopy *pl*
struppig nastroszony
Stube F izba *f*, pokój *m*
Stuck M ARCH stiuk *m*
Stück N kawałek *m*; sztuka *f* (*a.* THEAT); MUS utwór *m* **stückweise** kawałkami; na sztuki
Student(in) M(F) student(ka) *m(f)* **Studentenausweis** M legitymacja *f* studencka **Studentenwohnheim** N dom *m* studencki, akademik *m*
Studie F studium *n* **Studienplatz** M miejsce *n* na studiach **studieren** studiować (**an** *dat* na *lok*) **Studium** N studia *pl*
Stufe F *Treppe* stopień *m*; (*Niveau*) poziom *m* **stufenweise** stopniowo
Stuhl M krzesło *n* **Stuhlgang** M stolec *m*
stumm niemy (-mo)
Stummel M *Zigarette* niedopałek *m*; *Kerze* ogarek *m*
stumpf tępy (-po); *Winkel* rozwarty
Stumpf M *Baum* pień *m*, *Arm*,

Bein kikut *m*
Stunde F godzina *f*; (*Unterrichtsstunde*) lekcja *f* **stundenlang** całymi godzinami **Stundenlohn** M płaca *f* godzinowa **Stundenplan** M rozkład *m* zajęć
stündlich cogodzinny; ADV co godzinę
stur uparty (-cie) **Sturheit** F upór *m*
Sturm M burza *f*; SPORT atak *m*
stürmen V/T szturmować, zdobywać; SPORT atakować **Stürmer(in)** M(F) SPORT napastnik *m*, napastniczka *f* **Sturmflut** F powódź *f* spowodowana sztormem **stürmisch** burzliwy (-wie)
Sturz M spadek *m*; POL upadek *m*
stürzen V/T obalać ‹-lić›; V/I spadać ‹spaść›; runąć *pf*; **sich ~** rzucać ‹-cić› się (**auf** *akk* na *akk*)
Sturzhelm M hełm *m* ochronny
Stute F klacz *f*
Stütze F podpora *f*
stutzen V/I zawahać się *pf*
stützen podpierać ‹podeprzeć›; **sich ~** opierać ‹oprzeć› się
subjektiv subiektywny
Substanz F substancja *f*
Subvention F subwencja *f*
Suche F poszukiwanie *n* **suchen** szukać (*akk gen*) **Suchmaschine** F IT wyszukiwarka *f*
Sucht F nałóg *m*, uzależnienie *n*; (*Verlangen*) żądza *f*
süchtig uzależniony; żądny
Süd- południowy **Süden** M południe *n* **südlich** południowy; na południe (**von** *dat* od *gen*)
Sülze F galareta *f*
Summe F suma *f*
summen brzęczeć
Sumpf M bagno *n* **sumpfig** bagnisty
Sünde F grzech *m* **Sünder(in)** M(F) grzesznik *m*, grzesznica *f*
sündigen ‹z›grzeszyć
super super **Supermarkt** M supermarket *m*
Suppe F zupa *f* **Suppengrün** N włoszczyzna *f*
Surfbrett N deska *f* surfingowa **surfen** SPORT pływać na desce surfingowej; IT surfować
süß słodki (-ko) **süßen** ‹o›słodzić **Süßigkeiten** FPL słodycze *pl* **süßsauer** słodko-kwaśny **Süßstoff** M słodzik *m*
Symbol N symbol *m* **symbolisch** symboliczny
Sympathie F sympatia *f* **sympathisch** sympatyczny
System N system *m* **systematisch** systematyczny
Szene F scena *f*

T

Tabak M tytoń *m*

Tabelle F tabela *f*

Tablett N taca *f*

Tablette F tabletka *f*

Tabulator M tabulator *m*

Tachometer M prędkościomierz *m*

Tadel M nagana *f* **tadellos** nienaganny **tadeln** ⟨z⟩ganić (**wegen** *gen* za *akk*)

Tafel F tablica *f*; *Schokolade* tabliczka *f*; (*Tisch*) stół *m*

Tafelwein M wino *n* stołowe

Tag M dzień *m*; (*24 Stunden*) doba *f*; **am Tage** w dzień; **bei Tage** za dnia; **von ~ zu ~** z dnia na dzień; **guten ~!** dzień dobry!

Tagebuch N pamiętnik *m* **tagelang** całymi dniami

Tagesanbruch M świt *m* **Tageskarte** F GASTR menu *n*; bilet *m* jednodniowy **Tagesordnung** F porządek *m* dzienny **Tageszeitung** F dziennik *m*

täglich codzienny; **dreimal ~** trzy razy dziennie **tagsüber** w ciągu dnia

Tagung F konferencja *f*

Taille F talia *f* **tailliert** wcięty w talii

Taktik F taktyka *f*

taktlos nietaktowny **Taktlosigkeit** F nietakt *m* **taktvoll** taktowny

Tal N dolina *f*

Talent N talent *m* **talentiert** utalentowany

Talkmaster(in) M(F) prowadzący *m* talk show, prowadząca *f* talk show **Talkshow** F talk show *m*

Talsperre F zapora *f* wodna

Tampon M tampon *m*

Tank M zbiornik *m* **tanken** ⟨za⟩tankować **Tankstelle** F stacja *f* benzynowa

Tanne F jodła *f*

Tante F ciotka *f*

Tanz M taniec *m* **Tanzbar** F dansing *m* **tanzen** ⟨za⟩tańczyć **Tänzer(in)** M(F) tancerz *m*, tancerka *f* **Tanzkurs** M kurs *m* tańca **Tanzlehrer(in)** M(F) nauczyciel(ka) *m(f)* tańca **Tanzstunde** F lekcja *f* tańca

Tapete F tapeta *f*

tapfer waleczny, dzielny

Tarif M taryfa *f* **Tarifvertrag** M umowa *f* zbiorowa

tarnen ⟨za⟩maskować

Tasche F kieszeń *f*; (*Reisetasche*) torba *f*

Taschendieb(in) M(F) kieszonkowiec *m* **Taschengeld** N kieszonkowe *n* **Taschenlampe** F latarka *f* kieszonkowa **Taschenmesser** N scyzoryk *m* **Taschenrechner** M kalkulator *m* **Taschentuch** N chusteczka *f* do nosa

Tasse F filiżanka *f*
Tastatur F IT klawiatura *f* **Taste** F klawisz *m*; ELEK przycisk *m* **tasten** macać, szukać po omacku (**nach** *dat gen*)
Tat F czyn *m*, uczynek *m*
Täter(in) M(F) sprawca *m*, sprawczyni *f*
tätig czynny **Tätigkeit** F czynność *f*; działalność *f*
tatkräftig energiczny
Tatort M miejsce *n* przestępstwa
tätowieren ⟨wy⟩tatuować
Tatsache F fakt *m* **tatsächlich** faktyczny
Tattoo M *od* N tatuaż *m*
Tatze F łapa *f*
Tau¹ N lina *f*
Tau² M rosa *f*
taub głuchy
Taube F gołąb *m*
Taubheit F głuchota *f*
tauchen zanurzać ⟨-rzyć⟩ (*v/i* się); SPORT nurkować **Taucher(in)** M(F) nurek *m* **Tauchkurs** M kurs *m* nurkowania
Tauchsieder M grzałka *f* nurkowa
tauen tajać; topnieć; **es taut** jest odwilż
Taufe F chrzest *m* **taufen** ⟨o⟩chrzcić
taugen nadawać ⟨-dać⟩ się (**zu** *dat* do *gen*); **... taugt nichts ...** jest do niczego **tauglich** zdatny
taumeln zataczać się
Tausch M zamiana *f*, wymiana *f* **tauschen** wymieniać ⟨-nić⟩, zamieniać ⟨-nić⟩ (**gegen** *akk* na *akk*); zamienić się (**mit** *dat* z *inst*)
täuschen łudzić, mylić; **sich ~** zawodzić ⟨zawieść⟩ się (**in** *dat* na *lok*), ⟨po⟩mylić się (co do *gen*) **Täuschung** F złudzenie *n*; (*Betrug*) oszustwo *n*
tausend tysiąc **tausendste(r)** tysięczny
Tauwetter N odwilż *f*
Taxi N taksówka *f* **Taxifahrer(in)** M(F) taksówkarz *m* **Taxistand** M postój *m* taksówek
Team N zespół *m*; SPORT drużyna *f*
Technik F technika *f* **Techniker(in)** M(F) technik *m* **technisch** techniczny
Tee M herbata *f* **Teebeutel** M torebka *f* herbaty **Teegebäck** N herbatniki *mpl* **Teekanne** F dzbanek *m* do herbaty **Teelöffel** M łyżeczka *f* do herbaty
Teich M staw *m*
Teig M ciasto *n* **Teigwaren** FPL wyroby *mpl* mączne
Teil M część *f* **teilen** ⟨po⟩dzielić (**sich** się); *Meinung* podzielać **Teilhaber(in)** M(F) wspólnik *m*, wspólniczka *f*
Teilnahme F uczestnictwo *n*, udział *m* **teilnehmen** brać ⟨wziąć⟩ udział (**an** *dat* w *lok*)
Teilnehmer(in) M(F) uczestnik *m*, uczestniczka *f*
Teilung F podział *m* **teilwei-**

se częściowy (-wo) **Teilzeit** F niepełny wymiar *m* czasu pracy
Teint M cera *f*
Telefon N telefon *m* **Telefonanschluss** M łącze *n* telefoniczne **Telefonat** N rozmowa *f* telefoniczna **Telefonbuch** N książka *f* telefoniczna
telefonieren ⟨za⟩telefonować (**mit** *dat* do *gen*) **Telefonkarte** F karta *f* telefoniczna
Telefonnummer F numer *m* telefonu **Telefonrechnung** F rachunek *m* telefoniczny **Telefonzelle** F budka *f* telefoniczna
Teller M talerz *m*
Temperament N temperament *m* **temperamentvoll** pełen temperamentu, żywiołowy (-wo)
Temperatur F temperatura *f*
Tendenz F tendencja *f*
Tennis N tenis *m* **Tennisball** M piłka *f* tenisowa **Tennisplatz** M kort *m* tenisowy **Tennisschläger** M rakieta *f* tenisowa **Tennisspieler(in)** M(F) tenisista *m*, tenisistka *f* **Tennisturnier** N turniej *m* tenisowy
Teppich M dywan *m* **Teppichboden** M wykładzina *f* (dywanowa)
Termin M termin *m* **Terminkalender** M terminarz *m*
Terrasse F taras *m*
Terror M terror *m* **Terroranschlag** M zamach *m* terrorystyczny **Terrorismus** M terroryzm *m* **Terrorist(in)** M(F) terrorysta *m*, terrorystka *f*
Test M test *m*
Testament N testament *m*
testen sprawdzać ⟨-dzić⟩
Testergebnis N wynik *m* testu
teuer drogi (-go)
Teufel M diabeł *m* **Teufelskreis** M błędne koło *n*
Text M tekst *m*
Textilien PL tekstylia *pl*
Theater N teatr *m* **Theaterstück** N sztuka *f* teatralna
Theke F *in e-m Lokal* bufet *m*; *in e-m Geschäft* lada *f*
Thema N temat *m*
theoretisch teoretyczny **Theorie** F teoria *f*
Therapeut(in) M(F) terapeuta *m*, terapeutka *f* **Therapie** F terapia *f*
Thermometer N termometr *m* **Thermoskanne®** F termos *m*
ticken tykać
Ticket N bilet *m*
tief głęboki (-ko); *Stimme* niski (-ko) **Tief** N niż *m*, depresja *f*
Tiefe F głębokość *f* **tiefer** głębszy (-biej); *weiter unten* niższy (-żej) **Tiefgarage** F garaż *m* podziemny **tiefgekühlt** mrożony **Tiefkühlkost** F mrożonki *fpl* **Tiefkühltruhe** F zamrażarka *f*
Tier N zwierzę *n* **Tierarzt** M weterynarz *m* **Tierärztin** F

weterynarz *m* **Tierpark** M ogród *m* zoologiczny **Tierschützer(in)** M(F) obrońca *m* zwierząt, obrończyni *f* zwierząt
Tiger M tygrys *m*
Tinte F atrament *m* **Tintenstrahldrucker** M drukarka *f* atramentowa
tippen pisać na maszynie; *fig* typować
Tisch M stół *m*; **am ~** przy stole; **zu ~** do stołu **Tischdecke** F obrus *m* **Tischler(in)** M(F) stolarz *m* **Tischtennis** N tenis *m* stołowy **Tischtennisschläger** M rakieta *f* pingpongowa
Titel M tytuł *m* **Titelverteidiger(in)** M(F) SPORT obrońca *m* tytułu, obrończyni *f* tytułu
Toast M toast *m*; GASTR tost *m*, grzanka *f* **Toaster** M toster *m*
toben szaleć; *Kind* dokazywać
Tochter F córka *f*
Tod M śmierć *f*, zgon *m*
Todesanzeige F nekrolog *m*
Todestag M dzień *m* zgonu
todkrank śmiertelnie chory
tödlich śmiertelny **todmüde** śmiertelnie zmęczony
Toilette F toaleta *f* **Toilettenpapier** N papier *m* toaletowy
tolerant tolerancyjny
toll (*prima*) świetny, fantastyczny, super **Tollwut** F wścieklizna *f*
Tomate F pomidor *m* **Tomatenmark** N koncentrat *m* pomidorowy
Ton M dźwięk *m*, ton *m*
tönen brzmieć, dźwięczeć
Toner M toner *m*
Tonleiter F skala *f*, gama *f*
Tonne F tona *f*; (*Fass*) beczka *f*
Tontechniker(in) M(F) realizator(ka) *m(f)* dźwięku
Top N top *m*, bluzka *f* na ramiączkach
Topf M garnek *m*
Tor N brama *f*; SPORT bramka *f*
Torf M torf *m*
Torhüter(in) M(F) bramkarz *m*
töricht nierozsądny
torkeln zataczać się
Torte F tort *m*
Torwart(in) M(F) bramkarz *m*
tot martwy, zmarły; *Tier* zdechły
Totalschaden M szkoda *f* całkowita
Tote F zmarła *f* **Tote(r)** M zmarły *m*
töten zabijać <-ić> (**sich** się)
Totenschein M świadectwo *n* zgonu **Totschlag** M zabójstwo *n*
Tour F wycieczka *f*
Tourismus M turystyka *f*
Tourist(in) M(F) turysta *m*, turystka *f* **touristisch** turystyczny
traben (*im Trab laufen*) <po>biec kłusem
Tracht F strój *m*, ubiór *m*
Tradition F tradycja *f* **traditionell** tradycyjny

Trage F nosze *pl*
träge ociężały (-le)
tragen nosić, ⟨po⟩nieść
Träger M tragarz *m*; ARCH dźwigar *m*
Tragfläche F FLUG powierzchnia *f* nośna
tragisch tragiczny
Tragödie F tragedia *f*
Tragweite F zasięg *m*; *fig* doniosłość *f*
Trainer(in) M(F) trener(ka) *m(f)*
trainieren ⟨wy⟩trenować **Training** N trening *m* **Trainingsanzug** M dres *m*
Traktor M traktor *m*
trampeln tupać
trampen podróżować autostopem **Tramper(in)** M(F) autostopowicz(ka) *m(f)*
Träne F łza *f*
Tränke F wodopój *m* **tränken** ⟨na⟩poić; (*durchtränken*) nasycać ⟨-cić⟩
transgender transpłciowy
Transitverkehr M ruch *m* tranzytowy **Transitvisum** N wiza *f* tranzytowa
transparent przezroczysty
Transplantation F transplantacja *f*
Transport M transport *m*, przewóz *m* **transportieren** ⟨prze⟩transportować
Traube F grono *n* **Traubenzucker** M cukier *m* gronowy
trauen V/I ufać; V/T udzielać ⟨-lić⟩ ślubu; **sich ~** odważać ⟨-żyć⟩ się; **sich ~ lassen** brać ⟨wziąć⟩ ślub
Trauer F żałoba *f* **trauern** opłakiwać (**um** *akk akk*)
Traum M sen *m* **träumen** V/I śnić (**von** *dat* o *lok*); V/T ⟨przy⟩śnić się **Träumer(in)** M(F) marzyciel(ka) *m(f)* **traumhaft** bajeczny
traurig smutny (-no) **Traurigkeit** F smutek *m*
Trauring M obrączka *f* ślubna
Trauschein M akt *m* ślubu
Trauung F ślub *m* **Trauzeuge** M świadek *m* ślubu **Trauzeugin** F świadek *m* ślubu
treffen V/T trafiać ⟨-ić⟩; (*begegnen*) spotykać ⟨-tkać⟩ **Treffen** N spotkanie *n* **treffend** trafny **Treffer** M trafienie *n* **Treffpunkt** M miejsce *n* spotkania
treiben V/T ⟨po⟩pędzić; *Sport* uprawiać; V/I unosić się, płynąć
Treiber M IT sterownik *m*
Treibhaus N cieplarnia *f*
Treibstoff M paliwo *n* (silnikowe)
trennen dzielić, oddzielać ⟨-lić⟩, rozdzielać ⟨-lić⟩, rozłączać ⟨-czyć⟩; *Naht* rozpruwać ⟨-uć⟩; **sich ~** rozstawać ⟨-tać⟩ się **Trennung** F rozdzielenie *n*; rozłąka *f*; *Ehe* separacja *f*
Treppe F schody *pl* **Treppenhaus** N klatka *f* schodowa
Tresor M *in e-r Bank* skarbiec *m*, (*Panzerschrank*) sejf *m*
treten V/I stąpać; następować

⟨-tąpić⟩ (**auf** *akk* na *akk*); stawać ⟨stanąć⟩ (**vor** *akk* przed *inst*); V/I kopać ⟨-pnąć⟩

treu wierny **Treue** F wierność *f*

Tribüne F trybuna *f*

Trichter M lejek *m*

Trick M trik *m*; (*List*) podstęp *m* **Trickfilm** M film *m* animowany

Trieb M popęd *m*; BOT pęd *m*

triftig ważki, przekonywający

Trikot N trykot *m*

trinkbar zdatny do picia **trinken** ⟨*v/t* wy⟩pić **Trinker(in)** M(F) pijak *m*, pijaczka *f* **Trinkflasche** F butelka *f*, bidon *m* **Trinkgeld** N napiwek *m* **Trinkspruch** M toast *m* **Trinkwasser** N woda *f* pitna

Tritt M krok *m*; (*Fußtritt*) kopniak *m* **Trittbrett** N AUTO stopień *m*

Triumph M triumf *m* **triumphieren** ⟨za⟩triumfować

trocken suchy (-cho) **Trockenheit** F suchość *f*; (*Dürre*) susza *f* **trockenlegen** *Baby* przewijać ⟨-inąć⟩

trocknen V/T ⟨wy⟩suszyć; V/I ⟨wy⟩schnąć **Trockner** M suszarka *f*

Trödelmarkt M pchli targ *m*

Trolley M walizka *f* na kółkach

Trommel F bęben *m* **Trommelfell** N ANAT bębenek *m* **trommeln** bębnić

Trompete F trąbka *f* **Trompeter** M trębacz *m*

Tropen PL tropiki *mpl*

Tropf M MED kroplówka *f*; **am ~ hängen** być podłączonym do kroplówki **tropfen** kapać **Tropfen** M kropla *f*

tropisch tropikalny

Trost M pocieszenie *n* **trösten** pocieszać ⟨-szyć⟩ (**mit** *dat inst*; **sich** się) **trostlos** *Kranker* zrozpaczony; *Wetter* beznadziejny; (*öde*) ponury (-ro) **Trostpreis** M nagroda *f* pocieszenia

Trottel *umg* M kretyn *m*, dureń *m*

trotz mimo, pomimo

Trotz M przekora *f*; upór *m*; **zum ~** na złość

trotzdem ADV mimo to; KONJ chociaż

trotzen stawiać ⟨-ić⟩ czoło

trotzig przekorny

trübe mętny; *Himmel* pochmurny (-no)

Trubel M rwetes *m*, zgiełk *m*

trüben mącić; **sich ~** ⟨z⟩mętnieć; *Himmel* ⟨za⟩chmurzyć się **trübsinnig** przygnębiony

trügerisch zwodniczy (-czo)

Truhe F skrzynia *f*

Trümmer PL gruzy *pl*, szczątki *mpl*

Trumpf M atut *m*

Truppen FPL wojsko *n*

Truthahn M indyk *m*

Tscheche M Czech *m* **Tschechien** N Czechy *n* **Tschechin** F Czeszka *f* **tschechisch** czeski (po -ku)

tschüs(s)! cześć!, pa!
T-Shirt N T-shirt *m*, koszulka *f* z krótkimi rękawami
Tube F tubka *f*
Tuberkulose F gruźlica *f*
Tuch N *Stoff* sukno *n*; chusta *f*, chustka *f*
tückisch podstępny
Tugend F cnota *f*
Tulpe F tulipan *m*
Tumor M guz *m*, nowotwór *m*
Tumult M zgiełk *m*, wrzawa *f*
tun ⟨z⟩robić, ⟨u⟩czynić; *Unrecht* wyrządzać ⟨-dzić⟩; **so ~ als ob** udawać ⟨udać⟩, że
Tuner M tuner *m*
Tunnel M tunel *m*
Tür F drzwi *pl*
Türke M Turek *m* **Türkei** F Turcja *f* **Türkin** F Turczynka *f* **türkisch** turecki (po -ku)
Türklinke F klamka *f*
Turm M wieża *f*
turnen gimnastykować się **Turnhalle** F sala *f* gimnastyczna
Turnier N turniej *m*
Turnschuhe MPL obuwie *n* gimnastyczne
Tüte F torebka *f* (papierowa)
Typ M typ *m*
typisch typowy (-wo)

U

U-Bahn F metro *n*
übel zły (źle); **~ nehmen** brać ⟨wziąć⟩ za złe; **mir ist ~** jest mi niedobrze **Übelkeit** F mdłości *pl*
üben ⟨wy⟩ćwiczyć; **sich ~** ćwiczyć się (**in** *dat* w *lok*)
über PRÄP (*akk, dat*) nad (*akk, inst*); przez (*akk*); ponad (*inst*)
überall wszędzie
überanstrengen przemęczać ⟨-czyć⟩ (**sich** się) **überarbeiten** przerabiać ⟨-robić⟩; **sich ~** przepracowywać ⟨-ować⟩ się
überbacken zapiekać ⟨-piec⟩
Überblick M *fig* orientacja *f*, rozeznanie *n* **überblicken** ogarniać ⟨-nąć⟩ wzrokiem
überbringen przynosić ⟨-nieść⟩; *Gruß* przekazywać ⟨-zać⟩
überbrücken *fig Zeit* wypełniać ⟨-ić⟩ **überdauern** przetrwać *pf*
überdrüssig: **~ sein** mieć dość (*gen, akk gen*)
übereilt pochopny
übereinander jeden na(d) drugim
übereinstimmen zgadzać ⟨zgodzić⟩ się (**mit** *dat* z *inst*)
Übereinstimmung F zgoda

f; zgodność *f*
überfahren przejechać *pf* **Überfahrt** F *mit dem Schiff* przeprawa *f*
Überfall M napad *m* **überfallen** napadać ‹-paść› (*akk akk*, na *akk*) **überfällig** *Zahlung* zaległy, po terminie **überflügeln** prześcigać ‹-ścignąć›
Überfluss M nadmiar *m*, obfitość *f* **überflüssig** zbyteczny, zbędny
überfordern przeciążać ‹-żyć› **überführen** przewozić ‹-wieźć›; udowadniać ‹-wodnić› (j-n *gen* k-u *akk*)
überfüllt przepełniony
Übergabe F przekazanie *n*; (*Aushändigung*) wręczenie *n*
Übergang M przejście *n*; *Bahn* przejazd *m*
übergeben wręczać ‹-czyć›; **sich ~** ‹z›wymiotować **übergehen** przechodzić ‹przejść› (**zu** *dat* do *gen*); pomijać ‹-minąć›
Übergewicht N nadwaga *f*; *fig* przewaga *f*
übergießen oblewać ‹-lać› (**mit** *dat inst*)
überhandnehmen mnożyć się
überhäufen zasypywać ‹-pać› (**mit** *dat inst*)
überhaupt w ogóle; **~ nicht** wcale nie
überheblich arogancki (-ko), wyniosły (-śle)
überhitzen przegrzewać ‹-rzać› (**sich** się)
überholen wyprzedzać ‹-dzić›; *Motor* dokonywać ‹-nać› przeglądu **Überholspur** F pas *m* do wyprzedzania **Überholverbot** N zakaz *m* wyprzedzania
überhören nie dosłyszeć *pf*, nie usłyszeć *pf* **überlassen** pozostawiać ‹-ić›; (*abtreten*) odstępować ‹-stąpić› **überlasten** przeciążać ‹-żyć›
überlaufen przelewać ‹-lać› się; *fig* przechodzić ‹przejść› (**zu** *dat* do *gen*)
überleben przeżyć *pf*; (po)zostać *pf* przy życiu **Überlebende** F ocalała *f* **Überlebende(r)** M ocalały *m*
überlegen[1] VT rozważać ‹-żyć› (*akk*; *a.* **sich** sobie)
überlegen[2] ADJ przewyższający, z przewagą **Überlegenheit** F przewaga *f*
überlisten przechytrzać ‹-rzyć›
übermäßig nadmierny; ADV *a.* zbyt
übermitteln przekazywać ‹-zać›
übermorgen pojutrze **übermüdet** przemęczony
übernächste(r): **am übernächsten Tag** pojutrze
übernachten ‹prze›nocować
Übernachtung F nocleg *m*
Übernahme F przejęcie *n*; *Amt* objęcie *n* **übernehmen** *Amt* obejmować ‹objąć›; *in*

Besitz przejmować ⟨przejąć⟩

überprüfen sprawdzać ⟨-dzić⟩ **Überprüfung** F sprawdzenie *n*; kontrola *f*

überraschen zaskakiwać ⟨-skoczyć⟩ **überraschend** zaskakujący (-co) **Überraschung** F niespodzianka *f*

überreden namawiać ⟨-mówić⟩ (**zu** *dat* do *gen*) **überreichen** wręczać ⟨-czyć⟩ **überschätzen** przeceniać ⟨-ić⟩

überschlagen *Kosten* obliczać ⟨-czyć⟩ w przybliżeniu; **sich ~** przewracać ⟨-wrócić⟩ się, przekoziołkować *pf*

überschneiden: **sich ~** ⟨s⟩krzyżować się

Überschrift F nagłówek *m*

Überschuss M nadwyżka *f*

überschütten zasypywać ⟨-pać⟩ (**mit** *dat inst*)

Überschwemmung F powódź *f*

übersehen *Fehler usw* przeoczyć *pf*

übersetzen *Text* ⟨prze⟩tłumaczyć **Übersetzer(in)** M(F) tłumacz(ka) *m(f)* **Übersetzung** F tłumaczenie *n*; TECH przekładnia *f*

Übersicht F przegląd *m* **übersichtlich** przejrzysty (-ście)

übersinnlich nadzmysłowy, nadprzyrodzony **überspannt** przesadny; ekscentryczny

überspringen przeskakiwać ⟨-skoczyć⟩ **überstehen** V/T przetrwać *pf* **übersteigen** *fig* przewyższać ⟨-szyć⟩ **überstimmen** przegłosowywać ⟨-ować⟩

Überstunden FPL godziny *fpl* nadliczbowe

überstürzt → übereilt

übertragen powierzać ⟨-rzyć⟩; RADIO transmitować **Übertragung** F RADIO transmisja *f*

übertreffen przewyższać ⟨-szyć⟩

übertreiben przesadzać ⟨-dzić⟩ (*akk* z *inst*) **Übertreibung** F przesada *f* **übertreten** przekraczać ⟨-kroczyć⟩; *Gesetz* naruszać ⟨-szyć⟩ **übertrieben** przesadny

überwachen nadzorować; czuwać (*akk* nad *inst*) **Überwachung** F nadzór *m*

überwältigen obezwładniać ⟨-ić⟩

überweisen *Patienten* ⟨s⟩kierować; *Geld* przelewać ⟨-lać⟩, przekazywać ⟨-zać⟩ **Überweisung** F (*Geldüberweisung*) przelew *m*, przekaz *m*; *Patienten* skierowanie *n*

überwiegend przeważający; ADV przeważnie **überwinden** pokonywać ⟨-nać⟩ **überwintern** ⟨prze⟩zimować **überzählig** nadliczbowy

überzeugen przekonywać ⟨-nać⟩ (**von** *dat* o *lok*; **sich** się) **Überzeugung** F przekonanie *n*

überziehen wkładać ‹włożyć›; powlekać ‹-lec› (**mit** *dat inst*) **Überziehungskredit** M kredyt *m* dyspozycyjny **Überzug** M (*Schicht*) powłoka *f*; pokrowiec *m* **üblich** zwykły, normalny **U-Boot** N łódź *f* podwodna **übrig** pozostały; ~ **bleiben** pozostawać ‹-tać›; ~ **lassen** pozostawiać ‹-ić› **übrigens** zresztą, poza tym **Übung** F ćwiczenie *n* **Ufer** N brzeg *m* **Uhr** F zegar *m*, zegarek *m*; (*Uhrzeit*) godzina *f*; **um fünf** ~ o piątej (godzinie) **Uhrzeiger** M wskazówka *f* zegara **Uhu** M puhacz *m* **Ukraine** F Ukraina *f* **Ukrainer(in)** M(F) Ukrainiec *m*, Ukrainka *f* **ukrainisch** ukraiński (po -ku) **ulkig** pocieszny **Ultraschalluntersuchung** F USG *n*; *umg* **eine** ~ **machen** zrobić badanie USG **um** PRÄP (*akk*) dokoła, dookoła (*gen*); za (*inst*); *zeitlich* o (*gen*); ADV (*etwa*) około; ~ **so besser** tym lepiej; KONJ ~ **zu** aby **umarmen** uściskać *pf*, uścisnąć *pf*; obejmować ‹objąć› **Umarmung** F uścisk *m*, objęcie *n* **umbauen** przebudowywać ‹-ować› **umbenennen** przemianowywać ‹-ować› **umbinden** zawiązywać ‹-zać› **umblättern** przewracać ‹-wrócić› kartkę **umbringen** zabijać ‹-ić› **umbuchen** HANDEL przeksięgowywać ‹-ować›; zmieniać ‹-nić› rezerwację **umdrehen** obracać ‹-rócić› (**sich** się) **umfahren** potrącić *pf*, najechać *pf* **umfallen** przewracać ‹-wrócić› się **Umfang** M MATH obwód *m*; *fig* rozmiar *m* **umfangreich** obszerny, rozległy (-le) **umfassen** obejmować ‹objąć›; (*enthalten*) zawierać **umformen** przekształcać ‹-cić› **Umfrage** F ankieta *f* **Umgang** M obchodzenie *n* się (**mit** *dat* z *inst*); (*Beziehung*) stosunki *mpl* **umgeben** otaczać ‹-toczyć› **Umgebung** F otoczenie *n*; (*Gegend*) okolica *f* **umgehen** obchodzić ‹obejść› się (**mit** *dat* z *inst*) **umgehend** bezzwłoczny; ADV *a.* od ręki **Umgehungsstraße** F obwodnica *f* **umgekehrt** odwrotny **Umhang** M peleryna *f* **umher** wokoło, wokół, dokoła, dookoła **umherirren** błąkać się **umhüllen** owijać ‹-inąć›, okrywać ‹-yć› **Umkehr** F powrót *m* **umkehren** V/I zawracać ‹-wrócić› **umkippen** przewracać ‹-wrócić› (*v/i* się) **umklammern**

kurczowo obejmować ⟨objąć⟩ (*akk gen*)
Umkleidekabine F przebieralnia *f*
umkommen ⟨z⟩ginąć
Umkreis M obwód *m*
umladen przeładowywać ⟨-ować⟩
Umlaut M przegłos *m*
umleiten ⟨s⟩kierować inną drogą **Umleitung** F objazd *m*
umliegend okoliczny
umrechnen przeliczać ⟨-czyć⟩ **Umrechnungskurs** M kurs *m* przeliczeniowy
umringen otaczać ⟨-toczyć⟩
Umriss M zarys *m*, kontur *m*
umrühren ⟨za⟩mieszać
Umsatz M obrót *m* **Umsatzsteuer** F podatek *m* obrotowy
umschalten VT przełączać ⟨-czyć⟩ **umschauen** → umsehen
Umschlag M *Wetter* nagła zmiana *f*; *Hose* mankiet *m*; (*Briefumschlag*) koperta *f*; *Buch* okładka *f*; MED okład *m*
umschnallen przypasywać ⟨-sać⟩ **umschreiben** przepisywać ⟨-sać⟩; *fig* opisywać ⟨-sać⟩
Umschulung F przekwalifikowanie *n*
umschütten rozlewać ⟨-lać⟩
Umschwung M *fig* nagła zmiana *f*, zwrot *m*
umsehen: **sich ~** rozglądać ⟨-zejrzeć⟩ się; oglądać ⟨obejrzeć⟩ się (**nach** *dat* za *inst*)
umseitig na odwrocie (strony)
umsetzen przesadzać ⟨-sadzić⟩
Umsicht F rozwaga *f*, przezorność *f* **umsichtig** rozważny
umsonst za darmo; (*vergeblich*) daremnie
Umstände MPL okoliczności *fpl*; **unter diesen Umständen** w tych okolicznościach; **ohne ~** bez ceregieli **umständlich** drobiazgowy (-wo)
umsteigen przesiadać ⟨-siąść⟩ się **umstellen** przestawiać ⟨-ić⟩ (**sich** się) **umstoßen** przewracać ⟨-rócić⟩
umstritten sporny
umstürzen VT obalać ⟨-lić⟩; VI runąć *pf*
Umtausch M wymiana *f*, zamiana *f* **umtauschen** wymieniać ⟨-ić⟩, zamieniać ⟨-ić⟩ (**gegen** *akk* na *akk*)
umwandeln przekształcać ⟨-cić⟩ **Umwandlung** F przekształcenie *n*
Umweg M droga *f* okrężna; **einen ~ machen** nadłożyć *pf* drogi
Umwelt F środowisko *n* (naturalne) **Umweltschutz** M ochrona *f* środowiska **Umweltschützer(in)** M(F) obrońca *m* środowiska, obrończyni *f* środowiska **Umweltverschmutzung** F zanieczyszczenie *n* środowiska **um-**

weltverträglich przyjazny dla środowiska **umwerfen** → umstoßen **umwickeln** owijać ⟨-inąć⟩ **umzäunen** ogradzać ⟨-rodzić⟩ **umziehen** VI przeprowadzać ⟨-dzić⟩ się; VT przebierać ⟨-brać⟩ (**sich** się)
Umzug M przeprowadzka *f*; (*Festzug*) pochód *m*, procesja *f*
unabhängig niezależny **Unabhängigkeit** F niezależność *f*; POL niepodległość *f*
unabkömmlich niezbędny **unablässig** nieustanny **unabsichtlich** nieumyślny
unachtsam nieuważny **Unachtsamkeit** F nieuwaga *f*
unangenehm nieprzyjemny **unannehmbar** nie do przyjęcia
Unannehmlichkeiten FPL nieprzyjemności *fpl*, przykrości *fpl*
unansehnlich niepozorny **unanständig** nieprzyzwoity
unauffällig dyskretny **unauffindbar** niedający się odnaleźć **unaufmerksam** nieuważny **unaufrichtig** nieszczery (-rze)
unbeabsichtigt niezamierzony (-rzenie) **unbedenklich** ADV bez obawy **unbedeutend** nieistotny; nieznaczny **unbedingt** bezwarunkowy (-wo); ADV koniecznie **unbefriedigend** niezadowalający (-co) **unbefristet** bezterminowy (-wo) **unbefugt** nieuprawniony **unbegreiflich** niepojęty **unbegrenzt** nieograniczony (-czenie) **unbegründet** nieuzasadniony **unbehaglich** nieprzyjemny **unbekannt** nieznany **unbeliebt** nielubiany **unbemerkt** niezauważony; ADV niepostrzeżenie **unbequem** niewygodny **unberechtigt** nieuprawniony; *Vorwurf usw* niesłuszny
unbeschreiblich nieopisany **unbeständig** niestały, zmienny **unbestechlich** nieprzekupny **unbestimmt** nieokreślony
unbeteiligt niezainteresowany **unbewacht** niestrzeżony **unbeweglich** nieruchomy (-mo) **unbewusst** nieświadomy; ADV mimo woli **unbezahlbar** *fig* nieoceniony
unbrauchbar nieprzydatny
und i, a; ~ **zwar** a mianowicie; **na** ~? no i co?
undankbar niewdzięczny **undeutlich** niewyraźny **undicht** nieszczelny **undurchsichtig** nieprzezroczysty
unecht nieprawdziwy **unendlich** nieskończony (-czenie)
unentbehrlich niezbędny **unentgeltlich** nieodpłatny **unentschieden** nierozstrzygnięty **unentschlossen** niezdecydowany
unerbittlich nieubłagany **un-**

erfahren niedoświadczony **unerfreulich** niepomyślny; przykry (-ro) **unerheblich** nieznaczny **unerhört** niesłychany **unerklärlich** niewytłumaczalny **unerlaubt** niedozwolony
unermüdlich niestrudzony (-dzenie) **unerreichbar** nieosiągalny **unersättlich** nienasycony (-cenie) **unerschöpflich** niewyczerpany **unerschrocken** nieustraszony (-szenie) **unersetzlich** niezastąpiony; *Verlust* niepowetowany **unerträglich** nieznośny **unerwartet** nieoczekiwany **unerwünscht** niepożądany
unfähig niezdolny (**zu** *dat* do *gen*)
unfair nie fair
Unfall M (nieszczęśliwy) wypadek *m* **Unfallstation** F stacja *f* pogotowia ratunkowego **Unfallstelle** F miejsce *n* wypadku **Unfallversicherung** F ubezpieczenie *n* od następstw nieszczęśliwych wypadków
unfassbar niepojęty **unfreundlich** nieuprzejmy, niemiły; nieprzyjazny **unfruchtbar** niepłodny
Unfug M wybryk *m*
Ungar(in) M(F) Węgier(ka) *m(f)* **ungarisch** węgierski (po -ku) **Ungarn** N Węgry *pl*
ungebildet niewykształcony **ungebräuchlich** nieużywany, rzadki
Ungeduld F niecierpliwość *f* **ungeduldig** niecierpliwy (-wie)
ungeeignet nieodpowiedni, nienadający się (**für** *akk* do *gen*)
ungefähr przybliżony; ADV około, mniej więcej **ungefährlich** niegroźny; nieszkodliwy
ungelegen ADV nie w porę; nie na rękę **ungemütlich** nieprzytulny **ungenau** niedokładny **ungeniert** bezceremonialny
ungenießbar niejadalny **ungenügend** niedostateczny **ungepflegt** zaniedbany **ungerade** *Zahl* nieparzysty **ungerecht** niesprawiedliwy (-wie) **ungerechtfertigt** nieusprawiedliwiony, bezpodstawny
ungern niechętnie
ungeschickt niezręczny **ungesetzlich** bezprawny; nielegalny **ungestört** niezakłócony; ADV w spokoju **ungesund** niezdrowy (-wo) **ungewiss** niepewny **ungewöhnlich** niezwykły (-le)
Ungeziefer N robactwo *n*
ungezogen niegrzeczny, *Kind* niewychowany **ungezwungen** niewymuszony **unglaublich** nieprawdopodobny **unglaubwürdig** niewiarogodny **ungleichmäßig**

nierównomierny **Unglück** N nieszczęście *n* **unglücklich** nieszczęśliwy (-wie) **unglücklicherweise** na nieszczęście **Unglücksfall** M nieszczęśliwy wypadek *m*
ungültig nieważny **ungünstig** niepomyślny, nieprzychylny
Unheil N zło *n*, nieszczęście *n* **unheilbar** nieuleczalny
unheimlich niesamowity (-cie) **unhöflich** nieuprzejmy (-mie)
Uni *umg* F uniwerek *m* **Uniform** F mundur *m* **Union** F unia *f* **Universität** F uniwersytet *m*
unklar niejasny (-no) **unklug** niemądry (-rze)
Unkosten PL koszty *mpl* **Unkraut** N chwast *m*
unlängst niedawno **unleserlich** nieczytelny **unlogisch** nielogiczny
Unlust F niechęć *f*
unmäßig nieumiarkowany, nadmierny
Unmenge F mnóstwo *n*
unmenschlich nieludzki (-ko) **unmerklich** niedostrzegalny **unmissverständlich** jednoznaczny **unmittelbar** bezpośredni (-nio) **unmodern** nienowoczesny (-śnie), niemodny **unmöglich** niemożliwy (-wie) **unnötig** niepotrzebny
unordentlich nieporządny **Unordnung** F nieporządek *m*
unparteiisch bezstronny **unpassend** niestosowny **unpersönlich** bezosobowy (-wo) (*a.* GRAM) **unpraktisch** niepraktyczny **unpünktlich** niepunktualny **unrasiert** nie ogolony
Unrecht N krzywda *f*, niesprawiedliwość *f*; **zu ~** niesłusznie; **j-m ein ~ (an)tun** wyrządzić komuś krzywdę **unrechtmäßig** niezgodny z prawem
unregelmäßig nieregularny
unreif niedojrzały (-le)
Unruhe F niepokój *m*; **Unruhen** *pl* rozruchy *pl* **unruhig** niespokojny
uns *dat* nam, *reflexiv* sobie; *akk* nas, *reflexiv* siebie, się, **bei ~** u nas; **mit ~** z nami; **zu ~** do nas
unsauber nieczysty (-to) **unscheinbar** niepokaźny, niepozorny **unschlagbar** niepokonany; *Beweis* niezbity (-cie)
unschlüssig niezdecydowany
Unschuld F niewinność *f* **unschuldig** niewinny
unser nasz, nasza, nasze, *pl* nasze, nasi; *reflexiv* swój, swoja, swoje, swoi
unseriös niepoważny **unsicher** niepewny **unsichtbar** niewidzialny
Unsinn M nonsens *m*, bzdura *f* **unsinnig** bezsensowny
unsterblich nieśmiertelny
unsympathisch niesympa-

tyczny **untätig** bezczynny **untauglich** niezdatny; *pers* niezdolny
unten na dole, u dołu; **nach ~** w dół; **von ~** od dołu, z dołu
unter (*dat, akk*) pod (*inst, akk*); (*zwischen*) wśród (*gen*); (*weniger als*) poniżej
Unterarm M przedramię *n*
Unterbewusstsein N podświadomość *f*
unterbrechen przerywać ⟨-rwać⟩ **Unterbrechung** F przerwa *f*, przerwanie *n*
unterbringen umieszczać ⟨-mieścić⟩ **unterdrücken** gnębić; *fig* ⟨s⟩tłumić
untere(r) dolny; *Klasse usw*: niższy **untereinander** między sobą
unterentwickelt niedorozwinięty; *Land* zacofany **unterernährt** niedożywiony
Unterführung F przejazd *m* pod mostem, przejście *n* dołem
Untergang M *Sonne* zachód *m*; *Schiff* zatonięcie *n*
untergehen zachodzić ⟨zajść⟩; *Schiff* ⟨za⟩tonąć
Untergewicht N niedowaga *f*
Untergrund M podłoże *n*; *fig* tło *n*; POL podziemie *n*
unterhalb poniżej
Unterhalt M utrzymanie *n*
unterhalten V/T utrzymywać ⟨-mać⟩; *Gäste* zabawiać; **sich ~** rozmawiać **Unterhaltspflicht** F obowiązek *m* alimentacji **Unterhaltung** F rozmowa *f*; (*Zeitvertreib*) rozrywka *f*
Unterhemd N podkoszulek *m*
Unterhose F *kurz* majtki *pl*; *lang* kalesony *pl*
unterirdisch podziemny
Unterkiefer M szczęka *f* dolna
Unterkunft F kwatera *f* **Unterlage** F podkładka *f*; (*Beleg*) dokument *m*
unterlassen V/T zaniechać *pf*; zaprzestawać ⟨-tać⟩ (*akk gen*)
Unterleib M podbrzusze *n*
unterliegen *fig* podlegać
Unterlippe F dolna warga *f*
Untermieter(in) M(F) sublokator(ka) *m(f)*, podnajemca *m*
unternehmen przedsiębrać ⟨-ęwziąć⟩ **Unternehmen** N (*Betrieb*) przedsiębiorstwo *n*
Unternehmensberater(in) M(F) doradca *m* przedsiębiorstwa **Unternehmer(in)** M(F) przedsiębiorca *m* **unternehmungslustig** przedsiębiorczy
unterordnen podporządkowywać ⟨-ować⟩ (**sich** się)
Unterricht M nauka *n*, lekcje *fpl* **unterrichten** udzielać lekcji, uczyć (**in** *dat gen*); zawiadamiać ⟨-domić⟩ (**von** *dat* o *lok*)
untersagen zabraniać ⟨-ronić⟩ **unterschätzen** niedoceniać ⟨-ić⟩ (*gen*) **unterscheiden** odróżniać ⟨-ić⟩ (**sich** się)

Unterschenkel M goleń *f*, podudzie *n*
unterschieben podsuwać ⟨-unąć⟩
Unterschied M różnica *f* **unterschiedlich** różny
unterschlagen sprzeniewierzać ⟨-rzyć⟩
unterschreiben podpisywać ⟨-sać⟩ **Unterschrift** F podpis *m*
unterspülen podmywać ⟨-myć⟩ **unterstellen** podstawiać ⟨-ić⟩; *im Keller* odstawiać ⟨-ić⟩; insynuować, przypisywać
unterste(r) najniższy
unterstreichen podkreślać ⟨-lić⟩
unterstützen wspierać ⟨wesprzeć⟩ **Unterstützung** F wsparcie *n*; *Geld* zapomoga *f*
untersuchen ⟨z⟩badać; JUR ⟨prze⟩prowadzić dochodzenie **Untersuchung** F badanie *n*; JUR dochodzenie *n* **Untersuchungshaft** F areszt *m* śledczy **Untersuchungsrichter(in)** M(F) sędzia *m* śledczy
Untertasse F spodek *m* **Unterteil** N dolna część *f* **Untertitel** M podtytuł *m*; *Film* napis *m* **Unterwäsche** F bielizna *f*
unterwegs w drodze
unterwerfen podbijać ⟨-ić⟩
unterzeichnen podpisywać ⟨-sać⟩ **unterziehen** poddawać ⟨-dać⟩ (**sich** się)
untragbar nieznośny **untrennbar** nierozłączny
untreu niewierny **Untreue** niewierność *f*; (*Verrat*) wiarołomstwo *n*
unüberlegt nierozważny **unübertroffen** niezrównany
unüberwindlich nieprzezwyciężony
unüblich niezwykły, niezwyczajny
unumwunden ADV bez ogródek, otwarcie **ununterbrochen** nieprzerwany; ADV *a.* bez przerwy
unveränderlich niezmienny
unverantwortlich nieodpowiedzialny **unverbesserlich** niepoprawny **unverbindlich** niezobowiązujący **unverdaulich** niestrawny
unvereinbar sprzeczny, nie do pogodzenia (**mit** *dat* z *inst*)
unvergänglich nieprzemijający **unvergesslich** niezapomniany **unvergleichlich** niezrównany **unverheiratet** → ledig
unverkäuflich nie na sprzedaż **unvermeidlich** nieunikniony **unvermutet** nieoczekiwany **unvernünftig** nierozsądny
unverschämt bezczelny **unversehrt** cały (-ło); *Sache* nienaruszony **unverständlich** niezrozumiały (-le) **unverträglich** nieznośny **unver-**

zeihlich niewybaczalny **unverzüglich** niezwłoczny
unvollendet niedokończony
unvollkommen niedoskonały (-le) **unvollständig** niepełny, niekompletny
unvorbereitet nieprzygotowany **unvorhergesehen** nieprzewidziany **unvorsichtig** nieostrożny **unvorstellbar** niewyobrażalny
unwahrscheinlich nieprawdopodobny **unwesentlich** nieistotny
Unwetter N burza *f*
unwichtig nieważny **unwiderruflich** nieodwołalny **unwillkürlich** mimowolny **unwirksam** bezskuteczny
unwissend niedoświadczony, nieuświadomiony **Unwissenheit** F niewiedza *f*
unwohl niedysponowany **unzählig** niezliczony
unzerbrechlich nietłukący się **unzertrennlich** nierozłączny
unzufrieden niezadowolony **Unzufriedenheit** F niezadowolenie *n*
unzugänglich niedostępny
unzulässig niedopuszczalny
unzumutbar niewykonalny
unzutreffend nietrafny **unzuverlässig** niepewny, zawodny
unzweckmäßig niecelowy, nieodpowiedni
Update N IT uaktualnienie *n*
üppig bujny; *Essen* obfity
uralt prastary
Uraufführung F prapremiera *f* **Urenkel(in)** M(F) prawnuk *m*, prawnuczka *f* **Urgroßeltern** PL pradziadkowie *pl* **Urheber(in)** M(F) sprawca *m*, sprawczyni *f*; (*Autor*) autor(ka) *m(f)*
Urin M mocz *m*
Urkunde F dokument *m*
Urlaub M urlop *m*; **im ~** na urlopie **Urlaubsort** M miejscowość *f* wypoczynkowa **Urlaubszeit** F sezon *m* urlopowy
Urne F urna *f*
Ursache F przyczyna *f*; **keine ~!** nie ma za co!
Ursprung M początek *m*, pochodzenie *n* **ursprünglich** pierwotny, początkowy (-wo)
Urteil N sąd *m*, osąd *m*; JUR wyrok *m* **urteilen** osądzać, sądzić
Urwald M puszcza *f*
USA PL: **die ~** USA *pl*
USB-Stick M pendrive *m*
User(in) M(F) IT użytkownik *m*, użytkowniczka *f*
Utensilien PL przybory *mpl*
UV-Strahlung F promieniowanie *n* nadfioletowe

V

vage niejasny
Vagina F ANAT pochwa *f*
Vakuum N próżnia *f* **vakuumverpackt** pakowany próżniowo
Vanille F wanilia *f*
variabel zmienny
Vase F wazon *m*
Vater M ojciec *m* **Vaterland** N ojczyzna *f* **Vaterschaft** F ojcostwo *n* **Vaterunser** N Ojcze *m* nasz **Vati** M tatuś *m*
vegan (*Gericht*) wegański
Veganer(in) M(F) weganin *m*, weganka *f*
Vegetarier(in) M(F) wegetarianin *m*, wegetarianka *f* **vegetarisch** wegetariański
Veilchen N fiołek *m*
Vene F żyła *f*
Ventil N zawór *m* **Ventilator** M wentylator *m*
verabreden umawiać ⟨-mówić⟩ (**sich** się) **Verabredung** F umowa *f*; (*Treffen*) (umówione) spotkanie *n*
verabscheuen nie znosić (*akk gen*)
verabschieden ⟨po⟩żegnać (**sich** się, **von** *dat* z *inst*); *Gesetz* uchwalać ⟨-lić⟩
verachten pogardzać, gardzić (*akk inst*) **verächtlich** pogardliwy (-wie) **Verachtung** F pogarda *f*
verallgemeinern uogólniać ⟨-ić⟩
veraltet przestarzały (-le)
Veranda F weranda *f*
verändern zmieniać ⟨-ić⟩ (**sich** się) **Veränderung** F zmiana *f*
Veranlagung F skłonność *f*; *Steuer* wymiar *m*
veranlassen ⟨s⟩powodować
veranschaulichen unaoczniać ⟨-ić⟩
veranstalten urządzać ⟨-dzić⟩, ⟨z⟩organizować **Veranstalter(in)** M(F) organizator(ka) *m(f)* **Veranstaltung** F *konkret* impreza *f* **Veranstaltungsort** M miejsce *n* imprezy
verantworten odpowiadać (*akk* za *akk*) **verantwortlich** odpowiedzialny **Verantwortung** F odpowiedzialność *f*
verarbeiten przerabiać ⟨-robić⟩, przetwarzać ⟨-worzyć⟩
verärgern ⟨z⟩irytować
Verb N GRAM czasownik *m*
Verband M związek *m*; MED opatrunek *m* **Verbandskasten** M apteczka *f* podręczna **Verbandszeug** N materiały *mpl* opatrunkowe
verbergen ukrywać ⟨-yć⟩ (**sich** się)
verbessern *Erfindung* ulepszać ⟨-szyć⟩, *Fehler, Rekord* poprawiać ⟨-ić⟩ **Verbesserung** F ulepszenie *n*, poprawa *f*

verbiegen zginać ⟨-giąć⟩ (**sich** się) **verbieten** zabraniać ⟨-ronić⟩
verbilligt przeceniony, po obniżonej cenie
verbinden ⟨po⟩łączyć (**sich** się); *Wunde* opatrywać ⟨-trzyć⟩
verbindlich wiążący (-co)
Verbindung F połączenie *n*; *Verkehr*, TEL *a.* łączność *f*; CHEM związek *m*
verbissen zaciekły (-le) **verbittert** rozgoryczony **verblüfft** zaskoczony, osłupiały (-le)
verblühen przekwitać ⟨-tnąć⟩
verbluten wykrwawiać ⟨-ić⟩ się
verborgen skryty (-ycie), ukryty
Verbot N zakaz *m* **verboten** zakazany, wzbroniony
verbrannt spalony
Verbrauch M zużycie *n*; (*Konsum*) spożycie *n* **verbrauchen** zużywać ⟨-yć⟩ **Verbraucher(in)** M(F) konsument(ka) *m*(*f*)
Verbrechen N przestępstwo *n*, zbrodnia *f* **Verbrecher(in)** M(F) przestępca *m*, przestępczyni *f*, zbrodniarz *m*, zbrodniarka *f*
verbreiten rozpowszechniać ⟨-ić⟩; szerzyć (**sich** się) **verbreitern** poszerzać ⟨-rzyć⟩
Verbreitung F rozpowszechnianie *n*; szerzenie *n* (się)
verbrennen ⟨s⟩palić (*v/i* się)
Verbrennung F spalanie *n*; MED oparzenie *n*
verbringen *Zeit* spędzać ⟨-dzić⟩ **verbrühen** sparzyć *pf* (**sich** się) **verbüßen** *Strafe* odbywać ⟨-yć⟩
Verdacht M podejrzenie *n*
verdächtig podejrzany **verdächtigen** podejrzewać, posądzać ⟨-dzić⟩ (**j-n** *gen* k-o o *akk*)
verdammen potępiać ⟨-ić⟩
verdammt diabelny, przeklęty; **~!** do diabła! **verdampfen** wyparowywać ⟨-ować⟩
verdanken zawdzięczać ⟨-czyć⟩
verdauen ⟨s⟩trawić **Verdauung** F trawienie *n*
Verdeck N dach *m* składany
verdecken zasłaniać ⟨-łonić⟩
verderben V/T ⟨po⟩psuć (*v/i* się) **verderblich** nietrwały, psujący się
verdienen zarabiać ⟨-robić⟩; *fig* zasługiwać ⟨-użyć⟩ (*akk* na *akk*) **Verdienst**[1] N zasługa *f*
Verdienst[2] M zarobek *m*
verdient zasłużony (-żenie)
verdoppeln podwajać ⟨-woić⟩
verdorben zepsuty
verdrängen wypierać ⟨-przeć⟩ **verdrehen** *fig* przekręcać ⟨-cić⟩ **verdreifachen** potrajać ⟨-troić⟩ **verdunsten** V/I ulatniać ⟨-lotnić⟩ się, ⟨wy⟩parować **verdursten** umierać ⟨-mrzeć⟩ z pragnienia
verehren REL czcić; uwielbiać

Verehrer(in) M(F) wielbiciel(ka) *m(f)* **verehrt** szanowny

vereidigt zaprzysiężony, przysięgły

Verein M związek *m*, stowarzyszenie *n*

vereinbaren uzgadniać ⟨-godnić⟩ **Vereinbarung** F ugoda *f*, porozumienie *n*

vereinfachen upraszczać ⟨-rościć⟩ **vereinigen** ⟨z⟩jednoczyć (**sich** się)

vereint zjednoczony **vereinzelt** sporadyczny

vereiteln udaremniać ⟨-ić⟩

vererben zostawiać ⟨-ić⟩ w spadku **verfahren**: **sich ~** zabłądzić, zjechać z drogi

Verfahren N postępowanie *n* (*a.* JUR); metoda *f* (*a.* TECH)

Verfall M ruina *f*; upadek *m*

verfallen[1] V/I *Haus* niszczeć; *Gutschein* przepadać ⟨-paść⟩

verfallen[2] ADJ zapuszczony, zdewastowany; *Gutschein, Lebensmittel* przeterminowany

Verfallsdatum N termin *m* przydatności do użytku *od* spożycia

verfassen układać ⟨ułożyć⟩, ⟨z⟩redagować; *Testament* sporządzać ⟨-dzić⟩ **Verfasser(in)** M(F) autor(ka) *m(f)* **Verfassung** F POL konstytucja *f*; (*Zustand*) stan *m*, forma *f*

verfaulen ⟨z⟩gnić **verfehlen** chybiać ⟨-ić⟩ (*akk gen*); *pers* minąć się (z *inst*) *pf*

verfeindet poróżniony

verfluchen przeklinać ⟨-kląć⟩

verfolgen ścigać; (*beobachten*) śledzić; POL prześladować **Verfolger(in)** M(F) ścigający *m*, ścigająca *f*; prześladowca *m* **Verfolgung** F pościg *m*, ściganie *n*; POL prześladowanie *n*

verfrüht przedwczesny (-śnie)

verfügbar będący do dyspozycji **verfügen** V/T zarządzać ⟨-dzić⟩; V/I dysponować (**über** *akk inst*) **Verfügung** F zarządzenie *n*, rozporządzenie *n*; **zur ~ haben** mieć do dyspozycji

verführen uwodzić ⟨-wieść⟩; ⟨s⟩kusić (**zu** *dat* do *gen*) **Verführer(in)** M(F) uwodziciel(ka) *m(f)* **verführerisch** *fig* uwodzicielski (-ko), kuszący (-co)

vergangen ADJ miniony, przeszły **Vergangenheit** F przeszłość *f*

Vergaser M AUTO gaźnik *m*

vergeben przebaczać ⟨-czyć⟩

vergebens na próżno **vergeblich** daremny **Vergebung** F przebaczenie *n*

vergehen przemijać ⟨-minąć⟩, mijać ⟨minąć⟩; *Schmerz usw* przechodzić ⟨-przejść⟩; *Zeit* upływać ⟨-ynąć⟩; **sich ~** wykraczać ⟨-kroczyć⟩ (**gegen** *akk* przeciw *dat*)

vergessen zapominać ⟨-mnieć⟩ (**sich** się) **vergesslich** roztargniony, zapominal-

ski
vergeuden ⟨z⟩marnować; *Geld* ⟨roz⟩trwonić
vergewaltigen ⟨z⟩gwałcić **Vergewaltigung** F zgwałcenie *n*, gwałt *m*
vergewissern: **sich ~** upewniać ⟨-ić⟩ się (*gen* o *lok*)
vergießen rozlewać ⟨-lać⟩
vergiften ⟨o⟩truć (**sich** się); *Luft usw* zatruwać ⟨-uć⟩ **Vergiftung** F MED zatrucie *n*; *Luft* skażenie *n*
Vergleich M porównanie *n*; JUR ugoda *f* **vergleichen** porównywać ⟨-nać⟩
vergnügen: **sich ~** bawić się, zabawiać ⟨-ić⟩ się **Vergnügen** N przyjemność *f*; rozrywka *f* **vergnügt** wesoły (-ło), zadowolony
vergoldet pozłacany
vergraben V/T zakopywać ⟨-pać⟩
vergriffen *Buch* wyczerpany; *Ware* wyprzedany
vergrößern powiększać ⟨-szyć⟩ (**sich** się) **Vergrößerung** F powiększenie *n*
Vergünstigung F przywilej *m*
Vergütung F wynagrodzenie *n*
verhaften ⟨za⟩aresztować **Verhaftung** F aresztowanie *n*
verhalten: **sich ~** zachowywać ⟨-ować⟩ się **Verhalten** N zachowanie *n* (się)
Verhältnis N stosunek *m*; (*Liebesverhältnis*) romans *m* **verhältnismäßig** stosunkowy (-wo)
verhandeln negocjować (**über** *akk akk*), pertraktować (o *lok*); JUR rozpoznawać ⟨-nać⟩ (*akk*) **Verhandlung** F pertraktacje *pl*; negocjacje *pl*; JUR rozprawa *f*
verhängnisvoll fatalny **verhasst** znienawidzony **verheerend** katastrofalny
verheimlichen zatajać ⟨-taić⟩, ukrywać ⟨-yć⟩
verheiraten: **sich ~** *Mann* ⟨o⟩żenić się (*akk* z *inst*); *Frau* wychodzić ⟨wyjść⟩ za mąż **verheiratet** *Mann* żonaty; *Frau* zamężna
verhindern przeszkadzać ⟨-szkodzić⟩ (*akk dat*)
Verhör N przesłuchanie *n* **verhören** przesłuchiwać ⟨-chać⟩; **sich ~** przesłyszeć się *pf*
verhüllen zasłaniać ⟨-łonić⟩
verhungern umierać ⟨umrzeć⟩ z głodu
verhüten zapobiegać ⟨-biec⟩ (*akk dat*) **Verhütungsmittel** M MED środek *m* antykoncepcyjny
verirren: **sich ~** zabłądzić *pf*, zabłąkać się *pf*
verjagen przepędzać ⟨-pędzić⟩
verjähren JUR ulegać ⟨-lec⟩ przedawnieniu **Verjährung**

F przedawnienie *n*

Verkauf M sprzedaż *f*; **zum ~** do sprzedania **verkaufen** sprzedawać ⟨-dać⟩ **Verkäufer(in)** M(F) sprzedawca *m*, sprzedawczyni *f* **verkäuflich** do sprzedania

Verkehr M ruch *m*, komunikacja *f*; *fig* stosunki *mpl* **verkehren** utrzymywać stosunki (**mit** *dat* z *inst*); BAHN *usw* kursować

Verkehrsampel F sygnalizator *m* świetlny **Verkehrsdichte** F natężenie *n* ruchu (drogowego) **Verkehrsfunk** M komunikaty *mpl* radiowe dla kierowców **Verkehrsmittel** N środek *m* komunikacyjny **Verkehrspolizei** F policja *f* drogowa **Verkehrsregeln** FPL przepisy *mpl* ruchu drogowego **Verkehrsschild** N znak *m* drogowy **Verkehrsunfall** M wypadek *m* drogowy **Verkehrszeichen** N znak *m* drogowy

verkehrt odwrotny; *fig* opaczny; ADV na opak

verklagen zaskarżać ⟨-żyć⟩

verkleiden przebierać ⟨-brać⟩ (**sich** się) **Verkleidung** F przebranie *n*

verkleinern zmniejszać ⟨-szyć⟩ (**sich** się)

verkommen ADJ *pers* wykolejony

verkörpern uosabiać ⟨-sobić⟩

verkraften uporać się (*akk* z *inst*)

verkrampft kurczowy; *pers* skrępowany

verkürzen skracać ⟨-rócić⟩

verladen załadowywać ⟨-ować⟩

Verlag M wydawnictwo *n*

verlangen ⟨za⟩żądać (*akk* **von** *dat gen* od *gen*)

verlängern przedłużać ⟨-żyć⟩ **Verlängerung** F przedłużenie *n* **Verlängerungskabel** N przedłużacz *m*

verlangsamen zwalniać ⟨-wolnić⟩

verlassen[1] V/T opuszczać ⟨-uścić⟩; **sich ~** polegać (**auf** *akk* na *lok*)

verlassen[2] ADJ porzucony, opuszczony

Verlauf M przebieg *m*, tok *m* **verlaufen** przebiegać; odbywać się

verlegen[1] *Sitz, Termin* przenosić ⟨-nieść⟩; *Ding* zapodziewać ⟨-dziać⟩; *Buch* wydawać ⟨-dać⟩

verlegen[2] ADJ zakłopotany

Verleih M wypożyczalnia *f* **verleihen** wypożyczać ⟨-czyć⟩; *Preis* nadawać ⟨-dać⟩

verleiten skłaniać ⟨-łonić⟩

verlernen zapominać ⟨-mnieć⟩ (*akk gen*)

verletzen ⟨s⟩kaleczyć (**sich** się); *Gefühle* ⟨z⟩ranić; *Recht* naruszać ⟨-szyć⟩ **Verletzte** F ranna *f* **Verletzte(r)** M ranny *m* **Verletzung** F skaleczenie

n, uszkodzenie *n*; *fig* naruszenie *n*
verleumden oczerniać ⟨-ić⟩, zniesławiać ⟨-ić⟩ **Verleumdung** F oszczerstwo *n*, zniesławienie *n*
verlieben: **sich ~** zakochać się *pf* (**in** *akk* w *lok*) **verliebt** zakochany
verlieren V/T ⟨z⟩gubić; *fig* ⟨s⟩tracić; *Spiel* przegrywać ⟨-rać⟩
verloben: **sich ~** zaręczać ⟨-czyć⟩ się **verlobt** zaręczony **Verlobte** F narzeczona *f* **Verlobte(r)** M narzeczony *m* **Verlobung** F zaręczyny *pl*
verlockend nęcący (-co) **Verlockung** F pokusa *f*
verlogen zakłamany
verloren ADJ zgubiony; *fig* stracony; **~ gehen** ⟨z⟩gubić się, przepaść *pf*
verlosen rozlosowywać ⟨-ować⟩ **Verlosung** F rozlosowanie *n*
Verlust M zguba *f*; FIN, *fig* strata *f*, utrata *f*
Vermächtnis N ostatnia wola *f*
vermehren rozmnażać ⟨-nożyć⟩ (**sich** się) **vermeiden** unikać ⟨-knąć⟩ (*akk gen*)
Vermerk M adnotacja *f*
vermessen V/T wymierzać ⟨-rzyć⟩
vermieten wynajmować ⟨-jąć⟩; **zu ~** do wynajęcia **Vermieter(in)** M(F) odnajmujący *m*, odnajmująca *f*
vermindern zmniejszać ⟨-szyć⟩ (**sich** się)
vermissen V/T stwierdzać ⟨-dzić⟩ brak (*akk gen*) **vermisst** *pers* zaginiony
vermitteln pośredniczyć (**bei** *dat* przy *lok*; **in** *dat* w *lok*) **Vermittler(in)** M(F) pośrednik *m* (-czka *f*) **Vermittlung** F pośrednictwo *n*; TEL centrala *f*
vermögen zdołać *pf* **Vermögen** N majątek *m*
vermuten przypuszczać ⟨-uścić⟩ **vermutlich** przypuszczalny; ADV zapewne **Vermutung** F przypuszczenie *n*
vernachlässigen zaniedbywać ⟨-bać⟩
vernehmen ⟨u⟩słyszeć; *Zeugen* przesłuchiwać ⟨-chać⟩ **Vernehmung** F przesłuchanie *n*
verneinen zaprzeczać ⟨-czyć⟩ (*akk dat*)
vernichten ⟨z⟩niszczyć **vernichtend** niszczący, druzgocący **Vernichtung** F *Akten* zniszczenie *n*; zagłada *f*
Vernunft F rozsądek *m* **vernünftig** rozsądny
veröffentlichen ⟨o⟩publikować **Veröffentlichung** F publikacja *f*
verordnen zarządzać ⟨-dzić⟩; *Arznei* zapisywać ⟨-sać⟩ **Verordnung** F zarządzenie *n*, rozporządzenie *n*; *Arznei* przepisanie *n*, zalecenie *n*

verpachten wydzierżawiać ⟨-ić⟩

verpacken ⟨za⟩pakować **Verpackung** F opakowanie *n*

verpassen VT *Chance* przegapiać ⟨-ić⟩; *Zug* spóźniać ⟨-ić⟩ się (*akk* na *akk*) **verpfänden** zastawiać ⟨-ić⟩

verpflegen ⟨wy⟩żywić, stołować (**sich** się) **Verpflegung** F prowiant *m*; wyżywienie *n*

Verpflichtung F zobowiązanie *n*

verpfuschen *umg* ⟨s⟩partaczyć **verprügeln** ⟨z⟩bić, ⟨s⟩tłuc

Verrat M zdrada *f* **verraten** zdradzać ⟨-dzić⟩ (**sich** się) **Verräter(in)** M(F) zdrajca *m*, zdrajczyni *f* **verräterisch** zdradziecki (-ko)

verrechnen rozliczać ⟨-liczyć⟩; **sich ~** przeliczać ⟨-czyć⟩ się **Verrechnungsscheck** M czek *m* rozrachunkowy

verrecken *pop* zdechnąć *pf*

verreisen wyjeżdżać ⟨-jechać⟩

verrenken zwichnąć *pf* **Verrenkung** F zwichnięcie *n*

verriegeln ⟨za⟩ryglować; TECH ⟨za⟩blokować **verringern** (*vermindern*) zmniejszać ⟨-szyć⟩; (*senken*) obniżać ⟨-żyć⟩

verrostet zardzewiały

verrückt zwariowany; **~ werden** ⟨z⟩wariować **Verrückte** F wariatka *f* **Verrückte(r)** M wariat *m*

Vers M wiersz *m*

versagen odmawiać ⟨-mówić⟩ (*akk gen*); VI zawodzić ⟨-wieść⟩, nie dopisać *pf* **Versagen** N zawodność *f* **Versager(in)** M(F) nieudacznik *m*

versalzen przesalać ⟨-solić⟩

versammeln ⟨z⟩gromadzić, zbierać ⟨zebrać⟩ (**sich** się) **Versammlung** F zebranie *n*, zgromadzenie *n*

Versand M wysyłka *f* **Versandhaus** N dom *m* sprzedaży wysyłkowej

versäumen *Pflicht* zaniedbywać ⟨-bać⟩; *Schule* opuszczać ⟨-ścić⟩ **Versäumnis** N zaniedbanie *n*

verschaffen wystarać się *pf* (*akk* o *akk*) **verschärfen** zaostrzać ⟨-rzyć⟩ (**sich** się)

verschätzen: **sich ~** przeliczyć *pf* się

verschenken ⟨po⟩darować

verschicken wysyłać ⟨słać⟩

verschieben przesuwać ⟨-unąć⟩ (**sich** się); *Termin* odraczać ⟨-roczyć⟩

verschieden różny **verschiedenartig** rozmaity, różnorodny **Verschiedenheit** F różnorodność *f*; odmienność *f*

verschimmelt spleśniały

verschlafen[1] zaspać *pf*

verschlafen[2] ADJ zaspany

verschlechtern pogarszać

⟨-gorszyć⟩ (**sich** się) **verschleiern** *fig* ukrywać ⟨-yć⟩

verschließbar zamykany

verschließen zamykać ⟨-mknąć⟩

verschlimmern pogarszać ⟨-gorszyć⟩ (**sich** się) **verschlingen** *fig* pochłaniać ⟨-chłonąć⟩

verschlossen zamknięty; *fig* skryty

verschlucken połykać ⟨-łknąć⟩

Verschluss M zamknięcie *n*

verschmutzen zanieczyszczać ⟨-ścić⟩, ⟨po⟩brudzić (*v/i* się) **verschnaufen** odetchnąć *pf*

verschnupft zakatarzony; *fig* nadąsany **verschollen** zaginiony

verschonen oszczędzać ⟨-dzić⟩ (**j-n mit** *dat* k-u *gen*) **verschönern** upiększać ⟨-szyć⟩

verschreiben *Arznei* zapisywać ⟨-sać⟩; **sich ~** ⟨po⟩mylić się przy pisaniu **verschreibungspflichtig** tylko na receptę

verschulden V/T zawinić *pf* **verschuldet** zadłużony

verschütten *Kaffee* rozlewać ⟨-lać⟩; *Zucker* rozsypywać ⟨-pać⟩ **verschweigen** przemilczeć *pf*

verschwenden roztrwaniać ⟨-wonić⟩ **verschwenderisch** rozrzutny **Verschwendung** F marnotrawstwo *n*; trwonienie *n* (**von** *dat gen*)

verschwiegen dyskretny

verschwinden znikać ⟨-knąć⟩

verschwören: **sich ~** sprzysięgać ⟨-siąc⟩ się (**gegen** *akk* przeciw *dat*) **Verschwörung** F spisek *m*, zmowa *f*

versehen zaopatrywać ⟨-trzyć⟩ (**mit** *dat* w *akk*); *Amt* sprawować; **sich ~** ⟨po⟩mylić się **Versehen** N pomyłka *f*; **aus ~** przez przeoczenie **versehentlich** omyłkowy (-wo), niechcący

versenden wysyłać ⟨-słać⟩

versenken pogrążać ⟨-żyć⟩ (**sich** się); *Schiff* zatapiać ⟨-topić⟩ **versetzen** V/T *Schüler* promować; *Schlag* zadawać ⟨-dać⟩; *Beamte* przenosić ⟨-nieść⟩; (*verpfänden*) zastawiać ⟨-ić⟩ **verseuchen** zarażać ⟨-razić⟩; *radioaktiv* skażać ⟨-azić⟩

versichern ubezpieczać ⟨-czyć⟩ (**gegen** *akk* od *gen*); zapewniać ⟨-ić⟩ (**j-n** *gen* k-o o *lok*) **Versicherung** F ubezpieczenie *n*; zapewnienie *n*

versickern wsiąkać ⟨-knąć⟩

versinken zapadać ⟨-paść⟩ się; *Schiff* ⟨za⟩tonąć

versöhnen ⟨po⟩godzić **Versöhnung** F pojednanie *n*

versorgen zaopatrywać ⟨-trzyć⟩ (**mit** *dat* w *akk*) **Versorgung** F zaopatrzenie *n*

verspäten: **sich ~** opóźniać

⟨-ić⟩ się; (*zu spät kommen*) spóźniać ⟨-ić⟩ się **verspätet** *Zug* opóźniony; spóźniony **Verspätung** F opóźnienie *n*, spóźnienie *n*
versperren zagradzać ⟨-rodzić⟩ **verspotten** V/T szydzić, kpić (*akk z gen*)
versprechen obiecywać ⟨-cać⟩ **Versprechen** N obietnica *f*
verspüren odczuwać ⟨-uć⟩
Verstand M rozum *m*, rozsądek *m*
verständigen zawiadamiać ⟨-domić⟩; **sich ~** porozumiewać ⟨-eć⟩ się **Verständigung** F porozumiewanie *n* się **verständlich** zrozumiały (-le) **Verständnis** N zrozumienie *n* **verständnisvoll** pełny zrozumienia, ze zrozumieniem
verstärken wzmacniać ⟨-mocnić⟩ **Verstärker** M wzmacniacz *m*
verstaubt zakurzony
verstauchen: **sich den Fuß ~** skręcić *pf* sobie nogę
Versteck N kryjówka *f*, *für Sachen* schowek *m* **verstecken** ukrywać ⟨-yć⟩, ⟨s⟩chować (**sich** się)
verstehen ⟨z⟩rozumieć; (*können*) umieć
versteigern licytować **Versteigerung** F licytacja *f*
verstellbar przestawny, regulowany **verstellen** przestawiać ⟨-ić⟩; *Weg* zastawiać ⟨-ić⟩; **sich ~** udawać ⟨udać⟩
versteuern ⟨za⟩płacić podatek (*akk od gen*)
verstimmt rozstrojony
verstopfen zatykać ⟨-tkać⟩ **Verstopfung** F MED zaparcie *n*
verstorben zmarły
Verstoß M naruszenie *n*, uchybienie *n* **verstoßen** naruszać ⟨-szyć⟩ (**gegen** *akk akk*), wykraczać ⟨-kroczyć⟩ (przeciw *dat*)
verstreichen upływać ⟨-ynąć⟩ **verstreuen** rozsypywać ⟨-pać⟩
Versuch M próba *f*; TECH, CHEM doświadczenie *n* **versuchen** ⟨s⟩próbować (*akk gen*)
vertagen odraczać ⟨-roczyć⟩
vertauschen zamieniać ⟨-ić⟩
verteidigen bronić (*akk gen*), obronić *pf* (*akk*) **Verteidiger(in)** M(F) obrońca *m*, obrończyni *f* **Verteidigung** F obrona *f*
verteilen rozdzielać ⟨-lić⟩ **Verteilung** F rozdzielanie *n*; (*Vertrieb*) dystrybucja *f*
vertiefen *Graben* pogłębiać ⟨-ić⟩; zagłębiać ⟨-ić⟩ (**sich** się) **Vertiefung** F pogłębienie *n*; *konkret* wgłębienie *n*
Vertrag M umowa *f*
vertragen znosić ⟨-nieść⟩; **sich ~** żyć w zgodzie
vertraglich umowny

vertrauen ufać, dowierzać **Vertrauen** N zaufanie *n* **vertraulich** poufny; (*intim*) poufały (-le) **vertraut** zaufany

vertreiben wypędzać ‹-dzić›, przepędzać ‹-dzić›; *Ware* rozprowadzać ‹-dzić›; **sich die Zeit ~** spędzać czas (**mit** *dat* na *lok*) **Vertreibung** F wypędzenie *n*

vertreten zastępować ‹-tąpić› **Vertreter(in)** M(F) (*Stellvertreter*) zastępca *m*, zastępczyni *f*; przedstawiciel(ka) *m(f)* **Vertretung** F zastępstwo *n*; POL, HANDEL przedstawicielstwo *n*

Vertrieb M dystrybucja *f*

Vertriebene F wypędzona *f* **Vertriebene(r)** M wypędzony *m*, wysiedleniec *m* (przymusowy)

verunglücken ulegać ‹-lec› wypadkowi; *tödlich* zginąć *pf* w wypadku **verunreinigen** zanieczyszczać ‹-ścić› **veruntreuen** sprzeniewierzać ‹-rzyć› **verursachen** ‹s›powodować

verurteilen potępiać ‹-ić›; JUR skazywać ‹-zać› **Verurteilung** F potępienie *n*; JUR skazanie *n*

vervielfältigen powielać ‹-lić›

vervollkommnen udoskonalać ‹-lić› **vervollständigen** uzupełniać ‹-ić›

verwählen: **sich ~** wybrać *pf* zły numer telefonu **verwahren** przechowywać ‹-ować›; **sich ~** ‹za›protestować (**gegen** *akk* przeciw *dat*)

verwahrlost zaniedbany

verwalten zarządzać (*akk inst*) **Verwalter(in)** M(F) administrator(ka) *m(f)* **Verwaltung** F administracja *f*

verwandeln przemieniać ‹-ić› (**sich** się) **Verwandlung** F przemiana *f*

verwandt spokrewniony **Verwandte** F krewna *f* **Verwandte(r)** M krewny *m* **Verwandtschaft** F pokrewieństwo *n*; *pers* krewni *mpl*

verwarnen upominać ‹-mnieć› **Verwarnung** F upomnienie *n*

verwechseln ‹po›mylić, ‹po›plątać **Verwechslung** F pomyłka *f*, pomieszanie *n*

verweigern odmawiać ‹-mówić› (*akk gen*)

Verweis M (*Rüge*) nagana *f*; *im Text* odsyłacz *m* **verweisen** odsyłać ‹odesłać›, ‹s›kierować (**an** *akk* do *gen*); wydalać ‹-lić› (*gen* z *gen*)

verwelken ‹z›więdnąć

verwenden używać ‹-yć› (**zu** *dat* do *gen*) **Verwendung** F zastosowanie *n*

verwerten ‹z›użytkować, wykorzystywać ‹-tać›

Verwesung F rozkład *m*, gnicie *n*

verwirklichen urzeczywistniać ⟨-nić⟩, ⟨z⟩realizować

verwirren ⟨po⟩plątać; *pers* zmieszać *pf* **verwirrt** *fig* zmieszany

verwischen zacierać ⟨zatrzeć⟩; zamazywać ⟨-zać⟩

verwittert zwietrzały **verwitwet** owdowiały **verwöhnt** wybredny, wymagający **verworren** zawiły (-le)

verwunden ⟨z⟩ranić

verwunderlich dziwny **Verwunderung** F zdziwienie *n*

verwundet ranny **Verwundete** F ranna *f* **Verwundete(r)** M ranny *m* **Verwundung** F zranienie *n*; (*Wunde*) rana *f*

verwüsten ⟨s⟩pustoszyć **verzählen**: **sich ~** ⟨po⟩mylić się w liczeniu **verzaubern** *fig* oczarowywać ⟨-ować⟩ **verzehren** spożywać ⟨-yć⟩

Verzeichnis N spis *m*, wykaz *m*

verzeihen przebaczać ⟨-czyć⟩ **Verzeihung** F przebaczenie *n*; **~!** przepraszam!

Verzicht M zrzeczenie *n* się, rezygnacja *f* **verzichten** zrzekać ⟨-rzec⟩ się (**auf** *akk gen*), ⟨z⟩rezygnować (z *gen*)

verzieren ozdabiać ⟨-dobić⟩ **Verzierung** F ozdoba *f*

verzinst oprocentowany

verzögern odwlekać ⟨-lec⟩ (**sich** się) **Verzögerung** F zwłoka *f*

verzollen ⟨o⟩clić

Verzug M zwłoka *f*

verzweifeln rozpaczać; zwątpić *pf* (**an** *dat* w *akk*) **verzweifelt** rozpaczliwy (-wie) **Verzweiflung** F rozpacz *f*

Videokamera F kamera *f* wideo

Vieh N bydło *n*

viel wiele, dużo; **so viele** tyle, tak dużo **vielfach** wielokrotny

vielleicht może

vielmals wielokrotnie **vielmehr** raczej **vielseitig** wielostronny

vier cztery **Vier** F czwórka *f*

Viereck N czworokąt *m* **viereckig** czworokątny

vierfach poczwórny **vierhundert** czterysta **vierjährig** czteroletni **vierspurig** czteropasmowy **vierte(r)** czwarty

Viertel N ćwierć *f*, ćwiartka *f*; (*Stadtviertel*) dzielnica *f* **Viertelfinale** N ćwierćfinał *m* **Vierteljahr** N kwartał *m* **Viertelstunde** F kwadrans *m*

vierzehn czternaście **vierzehnte(r)** czternasty **vierzig** czterdzieści **vierzigste(r)** czterdziesty

Villa F willa *f*

violett fioletowy (-wo)

Violine F skrzypce *pl*

Virus M *od* N wirus *m*

Visitenkarte F wizytówka *f*

Visum N wiza *f*

Vitamin N witamina *f*
Vogel M ptak *m*
Vokabel F (obce) słówko *n*
Volk N naród *m*; *Leute* lud *m*
Völkerrecht N prawo *n* międzynarodowe
Volksfest N zabawa *f* ludowa, festyn *m* **Volkshochschule** F uniwersytet *m* powszechny, centrum *m* kształcenia dla dorosłych **Volkskunst** F sztuka *f* ludowa **Volkslied** N pieśń *f* ludowa **Volksmusik** F muzyka *f* ludowa
volkstümlich ludowy
voll pełny, pełen (*gen* **von, mit** *dat gen*)
Vollbremsung F hamowanie *n* pełne
vollbringen dokonywać ‹-nać› (*akk gen*) **vollenden** dokańczać ‹-kończyć› **Volleyball** M siatkówka *f*
Vollgas N; **mit ~** na pełnym gazie
völlig całkowity (-cie), zupełny
volljährig pełnoletni **vollkommen** doskonały (-le)
Vollmacht F pełnomocnictwo *n* **Vollmilch** F mleko *n* pełnotłuste **Vollmond** M pełnia *f* (księżyca) **Vollnarkose** F narkoza *f* **Vollpension** F całodzienne utrzymanie *n*
vollständig kompletny, całkowity (-cie)
vollwertig pełnowartościowy
vollzählig kompletny
von PRÄP (*dat*) (~ *wo?*) od, z, ze (*gen*); (~ *wem?*) od (*gen*); (*über*) o (*lok*); (*woraus?*) z, ze (*gen*); **~ ihm** od niego; **~ Berlin** z Berlina; **~ heute an** od dziś; **~ hier** stąd
voneinander jeden od drugiego
vor PRÄP (*dat*; *wo?*, *wann?*) przed (*inst*); *Grund* z (*gen*); (*akk*; *wohin?*) przed (*akk*); **~ der Tür** przed drzwiami; **~ Angst** ze strachu; **~ allem** przede wszystkim
Vorabend M przeddzień *m*, wigilia *f*
voran naprzód **vorangehen** iść ‹pójść› przodem (*dat* przed *inst*); *fig* poprzedzać ‹-dzić›
vorankommen posuwać ‹-unąć› się do przodu
Voranmeldung F: uprzednie zgłoszenie *n*
voraus: **im Voraus zahlen** ‹za›płacić z góry **vorausgesetzt** zakładając, przyjmując
Voraussage F przepowiednia *f* **voraussagen** przepowiadać ‹-iedzieć›
voraussehen przewidywać ‹-idzieć›
voraussetzen zakładać ‹założyć› **Voraussetzung** F założenie *n*
voraussichtlich przypuszczalny, przewidywany
Vorauszahlung F płatność *f* z góry
Vorbehalt M zastrzeżenie *n*
vorbehalten: **sich ~** zastrze-

gać ⟨-rzec⟩ sobie
vorbei ADV koło, obok (**an** *dat gen*) **vorbeibringen** przynosić ⟨-nieść⟩ **vorbeifahren** przejeżdżać ⟨-jechać⟩ (**an** *dat* obok *gen*) **vorbeigehen** przechodzić ⟨przejść⟩ **vorbeikommen** mijać ⟨minąć⟩ **vorbeilassen** przepuszczać ⟨-ścić⟩
vorbereiten przygotowywać ⟨-ować⟩ (**auf** *akk* do *gen*; **sich** się) **Vorbereitung** F przygotowanie *n*
vorbestellen ⟨za⟩rezerwować **Vorbestellung** F rezerwacja *f*
vorbestraft uprzednio karany
vorbeugen zapobiegać ⟨-biec⟩; **sich ~** wychylać ⟨-lić⟩ się do przodu **vorbeugend** zapobiegawczy (-czo) **Vorbeugung** F MED zapobieganie *n*, profilaktyka *f*
Vorbild N wzór *m* **vorbildlich** wzorowy (-wo)
Vorderachse F oś *f* przednia
vordere(r) przedni **Vordergrund** M pierwszy plan *m*
Vorderteil M *od* N przód *m*, przednia część *f*
voreilig przedwczesny (-śnie), pochopny **voreingenommen** uprzedzony
vorenthalten ukrywać ⟨-yć⟩ (*dat* przed *inst*)
Vorfahrt F pierwszeństwo *n* przejazdu **Vorfahrtsschild** N znak *m* pierwszeństwa przejazdu
Vorfall M zajście *n*, incydent *m*
vorführen ⟨za⟩prezentować; *Film* wyświetlać ⟨-lić⟩ **Vorführung** F pokaz *m*
Vorgang M proces *m*; (*Geschehnis*) przebieg *m* **Vorgänger(in)** M(F) poprzednik *m*, poprzedniczka *f*
vorgehen *Uhr* spieszyć się; występować ⟨-tąpić⟩ (**gegen** *akk* przeciw *dat*)
Vorgesetzte F przełożona *f*
Vorgesetzte(r) M przełożony *m*
vorgestern przedwczoraj
vorhaben zamierzać **Vorhaben** N zamiar *m*
vorhanden: **~ sein** być; istnieć
Vorhang M zasłona *f*; THEAT kurtyna *f* **Vorhängeschloss** N kłódka *f*
vorher przedtem **Vorhersage** F przepowiednia *f*; METEO prognoza *f* **vorhersagen** przepowiadać ⟨-iedzieć⟩ **vorhersehen** przewidywać ⟨-idzieć⟩
vorhin przed chwilą
vorig poprzedni; *Jahr, Woche* zeszły, ubiegły
vorinstalliert IT preinstalowany
Vorkehrung F: **~en treffen** przedsiębrać ⟨-sięwziąć⟩ kroki
Vorkenntnisse FPL elementarne wiadomości *fpl*

vorkommen V/I występować; (*passieren*) zdarzać ⟨-rzyć⟩ się; (*scheinen*) wydawać ⟨-dać⟩ się **Vorkommnis** N zdarzenie *n*
vorladen wzywać ⟨wezwać⟩ **Vorladung** F wezwanie *n*
Vorlage F wzór *f*
vorläufig tymczasowy (-wo); ADV *a.* tymczasem
Vorlesung F wykład *m*
vorletzte(r) przedostatni
Vorliebe F upodobanie *n* (**für** *akk* do *gen*)
vorliegen leżeć (*dat* przed *inst*) **vorliegend** niniejszy
vormachen; *fig* wmawiać ⟨-mówić⟩ **vormerken** zapisywać ⟨-sać⟩
Vormittag M przedpołudnie *n*; **am ~** przed południem
Vormund M opiekun *m*, kurator *m*
vorn z przodu; **nach ~** do przodu; **von ~** z przodu; (*von Neuem*) od początku
Vorname F imię *n*
vornehm wytworny
vornehmen: **sich ~** zamierzać ⟨-rzyć⟩
vornherein: **von ~** z góry, od razu
Vorort M przedmieście *n*
Vorrang M pierwszeństwo *n* **vorrangig** priorytetowy (-wo)
Vorrat M zapas *m* **vorrätig** na składzie, w zapasie
Vorrecht N przywilej *m* **Vorrichtung** F urządzenie *n*, przyrząd *m* **Vorruhestand** M wcześniejsza emerytura *f*
Vorsatz F postanowienie *n*, zamiar *m* **vorsätzlich** umyślny
Vorschlag M propozycja *f* **vorschlagen** ⟨za⟩proponować
vorschreiben V/T przepisywać ⟨-sać⟩ **Vorschrift** F przepis *m* **vorschriftsmäßig** zgodny z przepisami
Vorschuss M zaliczka *f*
vorsehen przeznaczać ⟨-czyć⟩ (**für** *akk* na *akk*); **sich ~** uważać
Vorsicht F ostrożność *f*; **~!** ostrożnie!, uwaga! **vorsichtig** ostrożny **vorsichtshalber** dla ostrożności
Vorsilbe F przedrostek *m*
Vorsitz M przewodnictwo *n* **Vorsitzende** F przewodnicząca *f* **Vorsitzende(r)** M przewodniczący *m*
Vorsorge F zapobiegliwość *f* **Vorsorgeuntersuchung** F badanie *n* profilaktyczne **vorsorglich** ADV przezornie
Vorspeise F przekąska *f* **Vorspiel** N MUS preludium *n*; *Sex* gra *f* wstępna **Vorsprung** M ARCH występ *m*; SPORT przewaga *f* **Vorstadt** F przedmieście *n* **Vorstand** M zarząd *m*
vorstellen przedstawiać ⟨-ić⟩ (**sich** się); **sich ~** wyobrażać ⟨-razić⟩ sobie **Vorstellung** F przedstawienie *n a.* THEAT; wyobrażenie *n* **Vorstel-**

lungsgespräch N rozmowa *f* kwalifikacyjna **Vorstrafe** F kara *f* uprzednia
vorstrecken wysuwać ⟨-unąć⟩; *Geld* pożyczać ⟨-czyć⟩
vortäuschen ⟨u⟩pozorować, symulować
Vorteil M korzyść *f* **vorteilhaft** korzystny
Vortrag M wykład *m* **vortragen** *Gedicht* ⟨wy⟩recytować; *Bitte* przedstawiać ⟨-ić⟩
vortrefflich wyborny
vortreten występować ⟨-stąpić⟩ naprzód
vorüber → vorbei **vorübergehend** przejściowy (-wo)
Vorurteil N uprzedzenie *n* **Vorverkauf** M przedsprzedaż *f* **Vorwahl** F numer *m* kierunkowy **Vorwand** M pretekst *m*
vorwärts naprzód
vorwegnehmen uprzedzać ⟨-dzić⟩ **vorweisen** okazywać ⟨-zać⟩ **vorwerfen** *fig* zarzucać ⟨-cić⟩
vorwiegend ADV przeważnie
Vorwort N przedmowa *f*
Vorwurf M zarzut *m* **vorwurfsvoll** pełen zarzutów
Vorzeichen N znak *m*, oznaka *f*
vorzeigen pokazywać ⟨-zać⟩ **vorzeitig** przedwczesny **vorziehen** *fig* woleć; *pers* faworyzować
Vorzug M zaleta *f* **vorzüglich** wyśmienity (-cie)
Votum N wotum *n*
vulgär wulgarny
Vulkan M wulkan *m*

W

Waage F waga *f* **waagerecht** poziomy (-mo)
wach: ~ **sein** nie spać; ~ **werden** ⟨o⟩budzić się
Wache F straż *f*; warta *f* **wachen** czuwać; nie spać
Wachs N wosk *m*
wachsam czujny
wachsen ⟨u⟩rosnąć; *fig* wzrastać ⟨-rosnąć⟩ **Wachstum** N rośnięcie *n*, wzrastanie *n*; wzrost *m*
Wächter(in) M(F) stróż *m*, wartownik *m*, wartowniczka *f*
Wachtposten M warta *f*
wackelig chwiejny **Wackelkontakt** M styk *m* chwiejny
wackeln ⟨za⟩chwiać się
Wade F łydka *f*
Waffe F broń *f*
Waffel F wafel *m*
Waffenschein M pozwolenie *n* na broń
wagen ⟨za⟩ryzykować, ⟨od⟩ważyć się
Wagen M samochód *m*; *mit Pferden* wóz *m*; BAHN wagon *m* **Wagenheber** M podnośnik *m*

waghalsig ryzykowny
Wahl F wybór *m*; POL **~en** *pl* wybory *pl*
wählen wybierać ⟨-brać⟩ **Wähler(in)** M(F) wyborca *m*
wählerisch wybredny
Wahlkampf M kampania *f* wyborcza **wahllos** ADV jak popadnie, nie wybierając **Wahlrecht** N prawo *n* wyborcze **Wahlwiederholung** F TEL ponowne wybieranie *n* numeru
Wahnsinn M MED obłąkanie *n*; *fig* szaleństwo *n*; **~!** obłęd! **wahnsinnig** obłąkany; szalony (-lenie)
wahr prawdziwy; **nicht ~?** nieprawdaż?
während PRÄP podczas, w czasie; KONJ podczas gdy **währenddessen** tymczasem
Wahrheit F prawda *f*
wahrnehmen postrzegać, spostrzegać ⟨-rzec⟩
wahrsagen ⟨wy⟩wróżyć **Wahrsager(in)** M(F) wróżbiarz *m*, wróżka *f*
wahrscheinlich prawdopodobny **Wahrscheinlichkeit** F prawdopodobieństwo *n*
Währung F waluta *f*
Wahrzeichen N symbol *m*
Waise F sierota *m u. f*
Wal M wieloryb *m*
Wald M las *m* **Waldbrand** M pożar *m* lasu **Walderdbeere** F poziomka *f* **Waldsterben** N obumieranie *n* lasów **Waldweg** M droga *f* leśna *od* przez las
Wall M wał *m*
Wallfahrt F pielgrzymka *f* **Wallfahrtsort** M cel *m* pielgrzymek, obiekt *m* kultu
Walnuss F orzech *m* włoski
wälzen ⟨po⟩toczyć (**sich** się); zwalać ⟨-lić⟩ (**auf** *akk* na *akk*)
Walzer M walc *m*
Wand F ściana *f*
Wandel M zmiana *f* **wandeln** zmieniać ⟨-ić⟩ (**sich** się)
Wanderer M wędrowiec *m* **Wanderin** F wędrowiec *f*
wandern wędrować **Wanderschuh** M but *m* trekkingowy **Wanderstiefel** M but*m* trekkingowy z cholewką
Wanderung F wędrówka *f*; wycieczka *f* piesza **Wanderurlaub** M wypoczynek *pl* aktywny, piesza *f* wędrówka **Wanderweg** M trasa *f* piesza
Wandschrank M szafa *f* wbudowana **Wanduhr** F zegar *m* ścienny
Wange F policzek *m*
wanken ⟨za⟩chwiać się; *fig* wahać się
wann kiedy; **seit ~?** odkąd?
Wanne F wanna *f*
Wappen N *e-r Familie* herb *m*; *e-s Staates* godło *n*
Ware F towar *m* **Warenhaus** N dom *m* towarowy **Warensortiment** N asortyment *m* towarów
warm ciepły (-ło) **Wärme** F

ciepło *n* **wärmen** podgrzewać ⟨-rzać⟩, ogrzewać ⟨-rzać⟩ (**sich** się) **Wärmflasche** F termofor *m*
Warnblinkanlage F światła *npl* awaryjne **Warndreieck** N trójkąt *m* ostrzegawczy **warnen** ostrzegać ⟨-rzec⟩ **Warnung** F ostrzeżenie *n*, przestroga *f*
warten ⟨za⟩czekać
Wartesaal M *im Bahnhof* poczekalnia *f* **Wartezimmer** N *beim Arzt* poczekalnia *f*
Wartung F przegląd *m* techniczny, konserwacja *f*
warum dlaczego
Warze F brodawka *f*
was co; **~ für ein?** co za?; **~ kostet ...?** ile kosztuje ...?
Waschanlage F myjnia *f* **Waschbecken** N umywalka *f*
Wäsche F bielizna *f*; (*das Waschen*) pranie *n* **Wäscheklammer** F klamerka *f* do bielizny **Wäscheleine** F sznur *m* do wieszania bielizny
waschen ⟨u⟩myć (**sich** się); *Wäsche* ⟨wy⟩prać
Wäscherei F pralnia *f* **Wäscheständer** M suszarka *f* stojąca do bielizny **Wäschetrockner** M suszarka *f* do bielizny
Waschmaschine F pralka *f* **Waschpulver** N proszek *m* do prania **Waschraum** M umywalnia *f* **Waschsalon** M pralnia *f* publiczna **Waschstraße** F myjnia *f* automatyczna
Wasser N woda *f* **Wasserball** M SPORT piłka *f* wodna **wasserdicht** wodoszczelny; *Stoff* nieprzemakalny **Wasserfall** M wodospad *m* **Wasserhahn** M kran *m*, kurek *m* wodociągowy **Wasserkocher** M czajnik *m* elektryczny **Wasserkraftwerk** N elektrownia *f* wodna **Wasserleitung** F wodociąg *m* **wasserlöslich** rozpuszczalny w wodzie
Wassermann M Wodnik *m*
Wassermelone F arbuz *m*
Wasserschaden M szkody *fpl* wyrządzone przez wodę **wasserscheu** mający wstręt do wody, bojący się wody **Wasserski** MPL narty *fpl* wodne
Wassersport M sport *m* wodny **Wasserspülung** F spłuczka *f* **Wasserstoff** M wodór *m* **Wassertemperatur** F temperatura *f* wody **wasserundurchlässig** wodoszczelny, nieprzemakalny **Wasserverbrauch** M zużycie *n* wody
waten brodzić
Watt[1] N GEOG równia *f* pływowa, watt *m*
Watt[2] N ELEK wat *m*
Watte F wata *f*
WC N WC *n* **WC-Reiniger** M środek *m* do czyszczenia toalet
Web N IT web *m* **Webseite** F

IT strona *f* internetowa

Wechsel M zmiana *f*; *Geld* wymiana *f*; FIN weksel *m* **Wechselgeld** N (*Kleingeld*) drobne *pl*; reszta *f* **wechselhaft** zmienny **Wechseljahre** PL klimakterium *n* **Wechselkurs** M kurs *m* wymiany

wechseln V/T zmieniać ⟨-ić⟩; *Geldschein* rozmieniać ⟨-ić⟩; *Fremdwährung, Blicke, Worte* wymieniać ⟨-ić⟩

Wechselstrom M prąd *m* przemienny **Wechselstube** F kantor *m od* punkt *m* wymiany (walut)

wecken ⟨z⟩budzić **Wecker** M budzik *m* **Weckruf** M pobudka *f*

wedeln *Hund* merdać (ogonem)

weder: ~ ... **noch** ani ... ani

weg ADV precz; ~ **da!** z drogi!; **weit** ~ daleko, oddalony

Weg M droga *f*; trasa *f*

wegbleiben nie zjawiać ⟨-ić⟩ się **wegbringen** wynosić ⟨-nieść⟩, wywozić ⟨-wieźć⟩

wegen z powodu

wegfahren V/I odjeżdżać ⟨-jechać⟩; V/T wywozić ⟨-wieźć⟩ **Wegfahrsperre** F immobilizer *m*

weggeben oddawać ⟨-dać⟩ **weggehen** odchodzić ⟨odejść⟩ **wegkommen** odchodzić ⟨odejść⟩; *Sache* ⟨z⟩ginąć; **gut/schlecht** ~ dobrze/źle wychodzić ⟨-wyjść⟩

weglaufen uciekać ⟨-ciec⟩ **weglegen** odkładać ⟨odłożyć⟩ (na bok) **wegnehmen** odbierać ⟨odebrać⟩ **wegräumen** sprzątać ⟨-tnąć⟩; usuwać ⟨-unąć⟩ **wegrennen** uciekać ⟨-ciec⟩ **wegschicken** odsyłać ⟨odesłać⟩ **wegschmeißen** *umg* wyrzucać ⟨-cić⟩ **wegsehen** odwracać ⟨-wrócić⟩ wzrok **wegstellen** odstawiać ⟨-ić⟩ **wegstoßen** odpychać ⟨odepchnąć⟩

Wegweiser M drogowskaz *m*

wegwerfen wyrzucać ⟨-ucić⟩ **Wegwerfflasche** F butelka *f* jednorazowa

wegziehen V/T odciągać ⟨-gnąć⟩; V/I wyprowadzić się *pf*

wehen ⟨po⟩wiać; *Fahne* powiewać

wehmütig rzewny, smętny

Wehrdienst M służba *f* wojskowa **wehren**: **sich** ~ bronić się **wehrlos** bezbronny **Wehrpflicht** F obowiązek *m* służby wojskowej

wehtun sprawiać ⟨-ić⟩ ból; **mir tut** ... **weh** boli mnie ...

Weibchen N ZOOL samica *f* **weiblich** kobiecy (-co); GRAM żeński

weich miękki (-ko); ~ **gekocht** *Ei* ugotowany na miękko

Weiche F BAHN zwrotnica *f*

weichen[1] V/T ⟨wy⟩moczyć

weichen[2] V/I ustępować ⟨-tąpić⟩

Weichheit F miękkość *f*

Weichspüler M płyn *m* do płukania tkanin
Weide F pastwisko *n*; BOT wierzba *f*
weiden paść (*v/i* się)
weigern: **sich ~** wzbraniać się **Weigerung** F odmowa *f*
Weihnachten N Boże Narodzenie *n*; **fröhliche ~!** wesołych świąt!
Weihnachtsbaum M choinka *f* **Weihnachtsgeschenk** N prezent *m* na gwiazdkę **Weihnachtslied** N kolęda *f* **Weihnachtsmann** M Święty Mikołaj *m* **Weihnachtsmesse** F pasterka *f*
Weihrauch M kadzidło *n* **Weihwasser** N woda *f* święcona
weil ponieważ
Wein M wino *n* **Weinberg** M winnica *f* **Weinbrand** M winiak *m*
weinen płakać
Weinglas N kieliszek *m* do wina **Weinkarte** F karta *f* win **Weinkeller** M piwnica *f* na wino **Weinlese** F winobranie *n* **Weinprobe** F degustacja *f* wina **Weinrebe** F winorośl *f* **Weinstube** F winiarnia *f* **Weintraube** F winogrono *n* **Weinverkostung** F degustacja *f* wina
weise mądry (-rze) **Weise[1]** M *u.* F mędrzec *m*
Weise[2] F sposób *m*; MUS melodia *f*
Weisheit F mądrość *f* **Weisheitszahn** M ząb *m* mądrości
weiß biały (-ło)
Weißbrot N biały chleb *m* **Weißkraut** N biała kapusta *f* **Weißwein** M białe wino *n*
weit daleki (-ko); (*ausgedehnt*) szeroki (-ko); *Kleid* obszerny, luźny; **~ verbreitet** szeroko rozpowszechniony; **von Weitem** z daleka **Weite** F dal *f*; (*Entfernung*) odległość *f* **weiten** rozszerzać ⟨-rzyć⟩ (**sich** się)
weiter dalszy (-lej); **und so ~** i tak dalej **weiterfahren** ⟨po⟩jechać dalej **weitergeben** podawać ⟨-dać⟩ dalej **weitergehen** iść dalej **weiterleiten** skierowywać ⟨-ować⟩ dalej, przekazywać ⟨-zać⟩ **weitermachen** kontynuować
weitgehend daleko idący; ADV w dużej mierze **weitsichtig** dalekowzroczny
Weitsprung M SPORT skok *m* w dal
Weizen M pszenica *f* **Weizenbier** N piwo *n* pszeniczne **Weizenmehl** N mąka *f* pszenna
welch: **~ ein** ... co za ..., jaki ...
welcher, welche, welches jaki, jaka, jakie; który, która, które; PL jakie, jacy; które, którzy
welk zwiędły **welken** więdnąć

Welle F fala *f*
Wellengang M falowanie *n* **Wellenlänge** F długość *f* fali **Wellenreiten** N surfing *m* **Wellensittich** M papużka *f* falista
Wellness F wellness *n* **Wellnessbereich** M centrum *n* wellness & SPA **Wellnesshotel** N hotel *n* z wellness & SPA
Welpe M szczenię *n*
Welt F świat *m* **Weltall** N wszechświat *m* **Weltanschauung** F światopogląd *m* **Weltkrieg** M wojna *f* światowa
weltlich świecki
Weltmeister(in) M(F) mistrz (-yni) *m(f)* świata **Weltraum** M przestrzeń *f* kosmiczna **Weltreise** F podróż *f* dookoła świata **Weltrekord** M rekord *m* świata **weltweit** światowy, o zasięgu światowym
wem komu; **mit ~** z kim; **von ~** od kogo; **zu ~** do kogo
wen kogo; **über ~** o kim; na kogo
Wende F *fig* zwrot *m*, przełom *m* **Wendekreis** M GEOG zwrotnik *m*
Wendeltreppe F kręte schody *pl*
wenden obracać ⟨-rócić⟩ (**sich** się); **sich ~** zwracać ⟨-rócić⟩ się (**an** *akk* do *gen*) **Wendepunkt** M punkt *m* zwrotny
Wendung F obrót *m*; (*Redewendung*) zwrot *m*
wenig mało **wenige** kilka **weniger** mniej **wenigstens** przynajmniej
wenn jeśli; (*sobald*) skoro; **~ auch** chociaż
wer kto; **~ auch immer** ktokolwiek
Werbefernsehen N reklama *f* telewizyjna **werben** *neue Abonnenten* ⟨z⟩werbować; (*Reklame machen*) ⟨za⟩reklamować; zabiegać (**um** *akk* o *akk*) **Werbespot** M spot *m* reklamowy
Werbung F reklama *f* **Werbungskosten** PL koszty *mpl* uzyskania przychodu
werden stawać ⟨stać⟩ się (*nom inst*); *pers* zostawać ⟨-stać⟩ (*inst*)
werfen rzucać ⟨-cić⟩
Werk N dzieło *n*; (*Tat*) czyn *m*; (*Betrieb*) zakład *m*; TECH mechanizm *m* **Werkstatt** F warsztat *m* **Werktag** M dzień *m* roboczy **Werkzeug** N narzędzie *n*
Wermut M BOT piołun *m*; *Wein* wermut *m*
wert wart; **~ sein** być wartym, zasługiwać; **nichts ~** nic nie wart
Wert M wartość *f* **wertlos** bezwartościowy **Wertpapiere** PL papiery *mpl* wartościowe **Wertsachen** PL przedmioty *mpl* wartościowe **wertvoll** cenny
Wesen N (*Lebewesen*) istota *f*;

natura *f*, charakter *m*
wesentlich istotny; ADV (*sehr*) znacznie
weshalb dlaczego
Wespe F osa *f*
wessen czyj, czyja, czyje
Westdeutschland N zachodnie Niemcy *pl*; (*BRD*) Niemcy *pl* Zachodnie
Weste F kamizelka *f*
Westen M zachód *m*; POL Zachód *m* **Westeuropa** N Europa *f* Zachodnia **westlich** zachodni; na zachód (**von** *dat* od *gen*)
Wettbewerb M współzawodnictwo *n*; konkurs *m* **Wettbüro** N punkt *m* przyjmowania zakładów **Wette** F zakład *m*
wetteifern współzawodniczyć, rywalizować **wetten** zakładać ⟨założyć⟩ się (**um** *akk* o *akk*)
Wetter N pogoda *f* **Wetterbericht** M komunikat *m* o stanie pogody **Wettervorhersage** F prognoza *f* pogody
Wettkampf M zawody *pl*
Wettkämpfer(in) M(F) zawodnik *m*, zawodniczka *f*
Wettlauf M *a. fig* wyścig *m*
Wettrennen N → Wettlauf
WG F → Wohngemeinschaft
Whirlpool® M jacuzzi® *n*
Whisky M whisky *f*
wichtig ważny **Wichtigkeit** F ważność *f*
wickeln *Haare* zawijać ⟨-winąć⟩; *Kind* przewijać ⟨-winąć⟩
Wickelraum M pomieszczenie *n* do przewijania dzieci
Wickeltisch M przewijak *m*
Widder M baran *m*
wider PRÄP (*akk*) przeciw, wbrew (*dat*); **~ Willen** mimo woli **widerlegen** obalać ⟨-lić⟩, odpierać ⟨odeprzeć⟩
widerlich wstrętny, ohydny
widerrechtlich bezprawny
widerrufen odwoływać ⟨-łać⟩
widersetzen: **sich ~** sprzeciwiać ⟨-ić⟩ się
widersinnig niedorzeczny
widerspenstig krnąbrny
widerspiegeln odzwierciedlać ⟨-lić⟩ (**sich** się)
widersprechen przeczyć **Widerspruch** M sprzeczność *f*; (*Protest*) sprzeciw *m*
Widerstand M opór *m*; ELEK opornik *m* **widerstandsfähig** odporny, wytrzymały **widerstehen** opierać ⟨oprzeć⟩ się
widerwärtig wstrętny
Widerwille F odraza *f* **widerwillig** niechętny
widmen poświęcać ⟨-cić⟩ (**sich** się) **Widmung** F dedykacja *f*
wie jak; **~ alt ist er?** ile on ma lat?; **~ viel?** ile?; **~ viel Uhr?** która godzina?
wieder znów; **immer ~** wciąż na nowo
Wiederaufnahme F wznowienie *n* **wiedererkennen** poznawać ⟨-nać⟩ **Wiederga-**

be F zwrot *m*; *Ton usw* odtwarzanie *n* **wiedergeben** oddawać ‹-dać›; odtwarzać ‹-worzyć›
wiederherstellen przywracać ‹-wrócić›
wiederholen powtarzać ‹-tórzyć› **wiederholt** powtórny, ponowny **Wiederholung** F powtórzenie *n*
Wiederhören N: **auf ~!** do usłyszenia!
wiederkommen powracać ‹-wrócić›, wracać ‹wrócić›
wiedersehen: **sich ~** zobaczyć się *pf* znowu **Wiedersehen** N ponowne zobaczenie *n* się; **auf ~!** do widzenia!
Wiedervereinigung F zjednoczenie *n*
Wiege F kołyska *f*, kolebka *f*
wiegen *Ware* ‹z›ważyć
wiehern ‹za›rżeć
Wien N Wiedeń *m*
Wiese F łąka *f*
wieso dlaczego
wild dziki (-ko)
Wild N zwierzyna *f* łowna; *Fleisch* dziczyzna *f* **Wildleder** N zamsz *m* **Wildpark** M rezerwat *m* dzikich zwierząt **Wildschwein** N dzik *m*
Wille M wola *f* **willen**: **um Himmels ~!** na Boga! **Willenskraft** F siła *f* woli **willig** chętny, ochoczy (-czo)
willkommen pożądany, mile widziany; **herzlich ~!** serdecznie witam(y)!
Willkür F samowola *f* **willkürlich** samowolny; (*zufällig*) przypadkowy
wimmeln roić się (**von** *dat* od *gen*)
wimmern jęczeć
Wimper F rzęsa *f* **Wimperntusche** F tusz *m* do rzęs
Wind M wiatr *m*
Windel F pielucha *f*
winden wić (**sich** się)
windig wietrzny
Windjacke F wiatrówka *f* **Windmühle** F wiatrak *m* **Windpocken** PL ospa *f* wietrzna **Windrad** N wiatrak *m* **Windschutzscheibe** F szyba *f* przednia **Windstärke** F siła *f* wiatru **Windstille** F cisza *f* **Windstoß** M poryw *m* wiatru **windsurfen** uprawiać windsurfing
Wink M znak *m*; (*Hinweis*) wskazówka *m*
Winkel M kąt *m* (*a.* MATH)
winken machać; kiwać ‹-wnąć› (*dat* na *akk*)
Winter M zima *f*; **im ~** zimą **Wintermantel** M płaszcz *m* zimowy **Winterreifen** MPL opony *fpl* zimowe **Wintersport** M sport *m* zimowy
Winzer M właściciel *m* winnicy
winzig malusieńki
Wipfel M *Baum* wierzchołek *m*
wir my; **~ sind** jesteśmy; **~ waren** byliśmy
Wirbel M wir *m*; ANAT kręg *m* **Wirbelsäule** F kręgosłup *m*

wirken działać; (*Wirkung zeigen*) ‹po›skutkować **wirklich** rzeczywisty (-ście) **Wirklichkeit** F rzeczywistość *f* **wirksam** skuteczny **Wirkung** F działanie *n*, skutek *m* **wirkungslos** bezskuteczny **wirr** bezładny; *Haar* rozczochrany **Wirsing** M kapusta *f* włoska **Wirt(in)** M(F) gospodarz *m*, gospodyni *f* **Wirtschaft** F gospodarka *f*; (*Gastwirtschaft*) gospoda *f* **wirtschaften** gospodarować **wirtschaftlich** gospodarczy **Wirtschafts-** gospodarczy **Wirtshaus** N karczma *f*

wischen *Staub* ścierać ‹zetrzeć›; *Fußboden* wycierać ‹wytrzeć› **Wischer** M wycieraczka *f* **Wischlappen** M ścierka *f*

wissen wiedzieć **Wissen** N wiedza *f*; **ohne mein ~** bez mojej wiedzy

Wissenschaft F nauka *f* **Wissenschaftler(in)** M(F) naukowiec *m* **wissenschaftlich** naukowy (-wo)

wissentlich świadomy (-mie)

wittern V/T ‹z›węszyć

Witwe(r) F(M) wdowa *f*, wdowiec *m*; **~ werden** owdowieć *pf*

Witz M dowcip *m* **witzig** dowcipny

WLAN N IT bezprzewodowa sieć *f* lokalna **WLAN-Hotspot** M IT otwarty punkt *m* dostępu umożliwiający połączenie z internetem za pomocą bezprzewodowej sieci lokalnej

wo gdzie; **von ~** skąd **woanders** gdzie indziej **wobei** przyczym

Woche F tydzień *m*; **in zwei Wochen** za dwa tygodnie **Wochenende** N weekend *m* **Wochentag** M dzień *m* powszedni **wöchentlich** tygodniowy (-wo) **Wochenzeitschrift** F tygodnik *m*

Wodka M wódka *f*

wodurch przez co, czym **wofür** za co; na co, do czego **woher** skąd **wohin** dokąd

wohl ADV (*vermutlich*) zapewne, chyba; **lebe ~!** bądź zdrów! **Wohl** N dobro *n*, pomyślność *f*; **zum ~!** na zdrowie! **Wohlbefinden** N dobre samopoczucie *n* **wohlbehalten** zdrów, cały **wohlbekannt** dobrze znany **wohlfühlen**: **sich ~** czuć się dobrze **wohlhabend** zamożny **Wohlstand** M dobrobyt *m* **wohltätig** dobroczynny **Wohlwollen** N życzliwość *f* **wohlwollend** życzliwy (-wie)

wohnen mieszkać **Wohnfläche** F powierzchnia *f* mieszkalna **Wohngeld** N do-

datek *m* mieszkaniowy **Wohngemeinschaft** F mieszkanie *n* we wspólnocie
wohnhaft zamieszkały
Wohnhaus N dom *m* mieszkalny **Wohnort** M miejsce *n* zamieszkania **Wohnraum** M pomieszczenie *m* mieszkalne **Wohnsitz** M miejsce *n* zamieszkania
Wohnung F mieszkanie *n* **Wohnungsamt** N urząd *m* mieszkaniowy **Wohnungsbau** M budownictwo *n* mieszkaniowe **Wohnungstür** M drzwi *pl* mieszkania
Wohnverhältnisse NPL warunki *mpl* mieszkaniowe **Wohnwagen** M przyczepa *f* turystyczna **Wohnzimmer** M pokój *m* dzienny
Wölbung F wypukłość *f*
Wolf M wilk *m*
Wolke F chmura *f*, obłok *m* **Wolkenbruch** M oberwanie *n* się chmury **Wolkenkratzer** M drapacz *m* chmur **wolkenlos** bezchmurny **wolkig** zachmurzony, pochmurny
Wolldecke F koc *m* wełniany **Wolle** F wełna *f*
wollen[1] V/T chcieć (*akk akk, gen*)
wollen[2] ADJ wełniany
womit czym; z czym
womöglich (być) może
wonach czym; o co; (*gemäß*) do czego
woran *denken* o czym; *arbeiten* nad czym; *erkennen* po czym; *glauben* w co **worauf** na czym; *warten* na co **woraus** z czego **worin** w czym
Wort N wyraz *m*, słowo *n* **Wörterbuch** N słownik *m* **Wortlaut** M brzmienie *n* **wörtlich** dosłowny **Wortschatz** M słownictwo *n* **Wortspiel** N gra *f* słów
worüber *sprechen* o czym; *lachen* z czego **wovon** o czym; od czego **wozu** do czego, po co
Wrack N wrak *m*
wuchern *Pflanzen* rozrastać ⟨-rosnąć⟩ się
Wuchs M wzrost *m*
Wucht F impet *m*, siła *f* **wuchtig** potężny, silny
wühlen V/I ryć; szperać (**in** *dat* w *lok*) **Wühlmaus** F nornik *m*
wund *Fuß* obtarty **Wunde** F rana *f*
Wunder M cud *m* **wunderbar** cudowny **wundern**: **sich ~** dziwić się (**über** *akk dat*) **wunderschön** prześliczny
Wunsch M życzenie *n*; **nach ~** według życzenia
wünschen życzyć (**sich** sobie) **wünschenswert** pożądany
Würde F godność *f* **würdig** dostojny; (*wert*) godny
Wurf M rzut *m*; ZOOL miot *m*, pomiot *m*
Würfel M kostka *f*; MATH sześcian *m* **würfeln** V/I ⟨za⟩grać w kości; V/T ⟨po⟩kroić w kostkę

Würfelzucker M cukier *m* w kostkach
würgen VT dusić; VI dławić się (**an** *dat inst*)
Wurm M robak *m*
Wurst F kiełbasa *f* **Würstchen** N kiełbaska *f*
Wurzel F korzeń *m*; MATH pierwiastek *m*
würzen przyprawiać ⟨-ić⟩ **würzig** aromatyczny, pikantny
Wüste F pustynia *f*
Wut F złość *f*, wściekłość *f* **wüten** wściekać się; *Sturm* szaleć **wütend** wściekły (-le)

X

X-Beine NPL nogi *fpl* w iks
x-beliebig byle jaki; byle kto
x-mal iks razy
Xylofon N ksylofon *m*

Yacht F → Jacht
Yoga N joga *f*
Ypsilon N igrek *m*

Z

Zacke F ząbek *m* **Zacken** M → Zacke **zackig** zębaty (-to)
zaghaft nieśmiały (-ło)
zäh *Fleisch* łykowaty (-to); *Widerstand* uporczywy (-wie)
Zahl F liczba *f*; (*Anzahl*) ilość *f* **zahlbar** płatny **zahlen** ⟨za⟩płacić (**für** *akk* za *akk*) **zählen** ⟨po⟩liczyć **Zähler** M licznik *m* (*a.* MATH) **zahllos** niezliczony **zahlreich** liczny **Zahlung** F zapłata *f* **Zählung** F liczenie *n*, obliczanie *n*
zahm oswojony **zähmen** oswajać ⟨-woić⟩
Zahn M ząb *m*
Zahnarzt M dentysta *m*
Zahnärztin F dentystka *f*
Zahnbürste F szczoteczka *f* do zębów **Zahnersatz** M proteza *f* zębowa **Zahnfleisch** N dziąsło *n* **Zahnfleischbluten** N krwawienie *n* dziąseł **Zahnseide** F nitka *f* do zębów **Zahnseidestick** M wykałaczka *f* z nitką
Zander M sandacz *m*
Zange F obcęgi *pl*; *beim Zahnarzt* kleszcze *pl*, szczypce *pl*
zanken: **sich ~** kłócić się
Zäpfchen N MED czopek *m*
Zapfen M czop *m*; (*Eiszapfen*)

sopel *m*; BOT szyszka *f* **Zapfsäule** F dystrybutor *m* paliwa
zappeln miotać się
zart delikatny; *Fleisch* kruchy **zartbitter** lekko gorzki
zärtlich czuły (-le) **Zärtlichkeit** F czułość *f*
Zauber M czar *m*, urok *m* **Zauberei** F magia *f* **zauberhaft** *fig* uroczy (-czo) **Zauberkünstler(in)** M(F) magik *m* **zaubern** czarować **Zauberspruch** M (czarodziejskie) zaklęcie *n*
Zaun M płot *m*, parkan *m*
Zebra N zebra *f* **Zebrastreifen** M zebry *fpl*
Zecke F kleszcz *m* **Zeckenstich** M ukąszenie *n* przez kleszcza
Zehe F palec *m* (u stopy)
zehn dziesięć **Zehn** F dziesiątka *f* **zehnfach** dziesięciokrotny **zehntausend** dziesięć tysięcy **zehnte(r)** dziesiąty **Zehntel** N jedna dziesiąta
Zeichen N znak *m*; (*Merkmal*) cecha *f* **Zeichenblock** N blok *m* rysunkowy **Zeichentrickfilm** M film *m* rysunkowy
zeichnen V/T ⟨na⟩rysować; TECH ⟨na⟩kreślić **Zeichner(in)** M(F) rysownik *m*, rysowniczka *f*; TECH kreślarz *m*, kreślarka *f* **Zeichnung** F rysunek *m*
Zeigefinger M palec *m* wskazujący **zeigen** pokazywać ⟨-zać⟩ (**sich** się); wskazywać ⟨-zać⟩ (**auf** *akk* na *akk*) **Zeiger** M wskazówka *f*
Zeile F wiersz *m*; (*Reihe*) rząd *m*
Zeit F czas *m*; (*Tageszeit*) pora *f*; **von ~ zu ~** od czasu do czasu
zeitgemäß aktualny **zeitgenössisch** współczesny (-śnie) **zeitig** wczesny (-śnie) **zeitlich** czasowy
Zeitlupe F *Film* zwolnione tempo *n* **Zeitpunkt** M chwila *f* **Zeitraum** M przedział *m* czasu, okres *m* **Zeitschrift** F czasopismo *n*
Zeitung F gazeta *f*, dziennik *m* **Zeitungsannonce** F ogłoszenie *n* w gazecie **Zeitungsartikel** F artykuł *m* prasowy
Zeitunterschied M różnica *f* czasu **Zeitvertreib** M spędzanie *n* czasu **zeitweise** czasami **Zeitzone** F strefa *f* czasowa
Zelle F komórka *f*; *Raum* cela *f*
Zelt N namiot *m* **zelten** obozować w namiotach **Zeltplatz** M pole *n* namiotowe
Zement M cement *m*
Zensur F cenzura *f*; (*Note*) stopień *m*
Zentimeter M *od* N centymetr *m*
Zentner M cetnar *m*, centnar *m*
zentral centralny **Zentrale** F

centrala *f* **Zentralheizung** F centralne ogrzewanie *n* **Zentralverriegelung** F zamek *m* centralny

Zentrum N centrum *n*

zerbeißen rozgryzać ⟨-yźć⟩

zerbrechen ⟨z⟩łamać (*v/i* się) **zerbrechlich** łamliwy, kruchy

zerdrücken zgniatać ⟨-ieść⟩

Zerfall M rozkład *m*, rozpad *m* **zerfallen** rozpadać ⟨-paść⟩ się

zerfetzen rozszarpywać ⟨-pać⟩ **zerfließen** rozpływać ⟨-ynąć⟩ się **zerfressen** przeżerać ⟨-żreć⟩ **zerkleinern** rozdrabniać ⟨-robnić⟩

zerknittert pognieciony

zerkratzen podrapać *pf*; porysować *pf* **zerlegen** rozbierać ⟨-zebrać⟩ (na części)

zerquetschen ⟨roz⟩gnieść **zerreiben** rozcierać ⟨-zetrzeć⟩ **zerreißen** ⟨po⟩drzeć, rozdzierać ⟨-zedrzeć⟩

zerren szarpać, targać (**an** *dat* za *akk*)

zerrissen rozdarty, podarty

Zerrung F MED naciągnięcie *n*

zerrütten *Nerven* rozstrajać ⟨-roić⟩; (*ruinieren*) ⟨z⟩rujnować **zerschlagen** rozbijać ⟨-ić⟩ (*fig* **sich** się); ⟨s⟩tłuc **zerschneiden** ⟨roz⟩krajać, rozcinać ⟨-ciąć⟩ **zersetzen**: **sich ~** rozkładać ⟨-złożyć⟩

Zerstäuber M rozpylacz *m*

zerstören ⟨z⟩niszczyć **zerstört** zniszczony; zburzony **Zerstörung** F (z)niszczenie *n*

zerstreut roztargniony **Zerstreuung** F rozproszenie *n*; (*Zeitvertreib*) rozrywka *f*

zerteilen ⟨po⟩dzielić (na kawałki)

Zertifikat N certyfikat *m*

zertreten rozdeptywać ⟨-tać⟩ **zertrümmern** ⟨z⟩druzgotać, rozbijać ⟨-ić⟩

Zerwürfnis N poróżnienie *n*

Zettel M kartka *f*

Zeug N (*Sachen*) rzeczy *fpl*; (*Nähzeug usw*) przybory *pl*; **dummes ~!** nonsens!

Zeuge M świadek *m*

zeugen *Kind* ⟨s⟩płodzić

Zeugnis N świadectwo *n*

Zickzack M: **im ~ laufen** biec zygzakiem

Ziege F koza *f*

Ziegel M cegła *f*; (*Dachziegel*) dachówka *f*

Ziegenkäse M kozi ser *m*

ziehen ⟨po⟩ciągnąć (**an** *dat* za *akk*); *Zahn* wyrywać ⟨-rwać⟩; V/I *Tee* naciągać

Ziehharmonika F akordeon *m* **Ziehung** F losowanie *n*

Ziel N cel *m*; SPORT meta *f* **zielen** ⟨wy⟩celować (**auf** *akk* do *gen*) **Zielgruppe** F grupa *f* docelowa **ziellos** bezcelowy **Zielscheibe** F tarcza *f*

ziemlich spory, znaczny; ADV dość

zierlich zgrabny, drobny

Ziffer F cyfra *f* **Zifferblatt** N

tarcza *f* zegarowa
Zigarette F papieros *m* **Zigarettenautomat** M automat *m* z papierosami **Zigarettenschachtel** F paczka *f* papierosów **Zigarettenstummel** M niedopałek *m* papierosa
Zigarillo M *od* N cygaretka *f*
Zigarre F cygaro *n*
Zimmer N pokój *m* **Zimmermädchen** N pokojówka *f* **Zimmermann** M cieśla *m* **Zimmerservice** M serwis *m* pokojowy **Zimmervermittlung** F pośrednictwo *n* wynajmu kwater
Zimt M cynamon *m*
Zink N cynk *m*
Zinn N cyna *f*
Zinsen PL FIN odsetki *mpl*
Zipfel M koniuszek *m*
zirka około
Zirkel M cyrkiel *m*; *fig* kółko *n*
Zirkus M cyrk *m*
zirpen *Grille* cykać
zischen ⟨za⟩syczeć
Zitat N cytat *m* **zitieren** ⟨za⟩cytować
Zitrone F cytryna *f* **Zitronensaft** M sok *m* cytrynowy
Zitrusfrüchte FPL owoce *mpl* cytrusowe
zittern ⟨za⟩drżeć, trząść się
zivil cywilny **Zivil** N ubranie *n* cywilne; **in ~** po cywilnemu **Zivildienst** M służba *f* zastępcza **zivilisiert** cywilizowany
zocken *umg* grać hazardowo
zögerlich opieszały (-le) **zögern** zwlekać
Zoll M cło *m* **Zollamt** N urząd *m* celny **Zollbeamte(r)** M celnik *m* **Zollbeamtin** F celniczka *f* **Zollerklärung** F deklaracja *f* celna **zollfrei** wolny od cła **Zollkontrolle** F kontrola *f* celna
Zöllner(in) M(F) celnik *m*, celniczka *f*
zollpflichtig podlegający ocleniu
Zollstock M calówka *f*
Zoo M zoo *n* **zoologisch** zoologiczny
Zoom M *od* N zoom *m*
Zopf M warkocz *m*
Zorn M gniew *m* **zornig** rozgniewany, gniewny
zu PRÄP (*dat*) (*wohin?*) do (*gen*), na (*akk*); przez (*akk*); (*wo?*) w, na, po (*lok*); **zum Arzt** do lekarza; **~ Hause** w domu; ADV **~ sehr** zbyt, za bardzo; **~ groß** za duży; **~ viel** za dużo; **~ wenig** za mało
Zubehör N akcesoria *npl*
zubereiten *Speisen* przyrządzać ⟨-dzić⟩ **Zubereitung** F przyrządzanie *n*
zubinden zawiązywać ⟨-zać⟩
Zubringerstraße F droga *f* dojazdowa
Zucchini PL cukinia *f*
Zucht F hodowla *f*
züchten ⟨wy⟩hodować **Züchter(in)** M(F) hodowca *m*, hodowczyni *f*

zucken drgać <-gnąć>; *Achseln* wzruszać <-szyć> (*akk inst*)
Zucker M cukier *m* **Zuckerdose** F cukierniczka *f* **zuckerkrank** chory na cukrzycę **zuckern** (*mit Zucker süßen*) <o>słodzić **Zuckerrübe** F burak *m* cukrowy **Zuckerwatte** F wata *f* cukrowa
zudecken przykrywać <-yć>
zudem nadto
zudrehen zakręcać <-cić>
zudringlich natrętny
zuerst najpierw
Zufahrt F dojazd *m* **Zufahrtsstraße** F droga *f* dojazdowa
Zufall M przypadek *m* **zufällig** przypadkowy (-wo)
Zuflucht F schronienie *n*
Zufluss M dopływ *m*
zufolge: ... ~ według ... (*dat gen*)
zufrieden zadowolony (**mit** *dat* z *gen*) **Zufriedenheit** F zadowolenie *n* **zufriedenstellen** zadowalać <-wolić>
zufügen *Schmerz* zadawać <-dać>; *Schaden* wyrządzać <-dzić>
Zufuhr F dowóz *m*; *Gas:* dopływ *m*
Zug M BAHN pociąg *m*; *Schach* posunięcie *n*, ruch *m*; (*Luftzug*) przeciąg *m*; (*Festzug*) pochód *m*; *beim Rauchen* zaciągnięcie *n* się; *Gesicht* rys *m*
Zugabe F dodatek *m*
Zugang M dostęp *m* **zugänglich** dostępny
zugeben dodawać <-dać>; (*gestehen*) przyznawać <-nać> się **zugegeben** istotnie
zugehen zamykać <-mknąć> się; zbliżać <-żyć> się (**auf** *akk* do *gen*)
Zugehörigkeit F przynależność *f*
Zügel M cugle *pl* **zügellos** *fig* nieokiełznany
Zugeständnis N ustępstwo *n* **zugestehen** przyznawać <-nać>
Zugführer M kierownik *m* pociągu
zügig *Arbeit* sprawny; *Verkehr* płynny
Zugluft F przeciąg *m*
zugreifen <s>chwycić *pf*; **greifen Sie zu!** proszę się częstować!
Zugrestaurant N wagon *m* restauracyjny
zugrunde: **~ gehen** <z>ginąć; **~ legen** brać <wziąć> za podstawę; **~ richten** zrujnować *pf*
zugunsten na korzyść
Zugverbindung F połączenie *n* kolejowe
zuhalten *Ohren* zatykać <-tkać>; *Augen* zasłaniać <-łonić>
Zuhälter M sutener *m*
Zuhause N dom *m*
zuheilen <za>goić się
zuhören słuchać (*dat gen*) **Zuhörer(in)** M(F) słuchacz(ka) *m(f)*

zukleben zaklejać ‹-eić›

zuknöpfen zapinać ‹-piąć›

zukommen: **j-m etw ~ lassen** przekazywać ‹-zać› coś komuś

Zukunft F przyszłość *f*

zukünftig przyszły

zulassen dopuszczać ‹-puścić› (**zu** *dat* do *gen*); *Auto* dopuścić *pf* do ruchu; (*erlauben*) pozwalać ‹-wolić›

zulässig dopuszczalny

Zulassung F dopuszczenie *n*; AUTO dowód *m* rejestracyjny

zuletzt jako ostatni; *fig* w końcu; **bis ~** do końca

zuliebe: **j-m ~** ze względu na kogoś

zumachen zamykać ‹-mknąć›

zumuten wymagać (**j-m** *akk gen* od k-o)

zunähen zaszywać ‹-yć›

Zunahme F wzrost *m*, przyrost *m*

Zuname M nazwisko *n*

Zündholz N zapałka *f*

Zündkerze F AUTO świeca *f* zapłonowa

Zündschloss M AUTO stacyjka *f*

Zündschlüssel M AUTO kluczyk *m* do stacyjki

Zündung F AUTO zapłon *m*

zunehmen wzrastać ‹-rosnąć›; *an Gewicht* ‹u›tyć

Zuneigung F sympatia *f*

Zunge F język *m*; *Tier* ozór *m*

zunichtemachen ‹z›niweczyć

zupacken chwytać ‹schwycić›

zupfen targać ‹-gnąć›

zurechnungsfähig poczytalny

zurechtfinden: **sich ~** ‹z›orientować się

zurechtkommen zdążyć *pf*; dawać ‹dać› sobie radę (**mit** *dat* z *inst*)

zurechtmachen: **sich ~** ‹wy›szykować się

zureden perswadować

zurück z powrotem; (*nach hinten*) wstecz

zurückbekommen otrzymywać ‹-mać› z powrotem

zurückbleiben pozostawać ‹-ać› (w tyle)

zurückbringen odnosić ‹-nieść› z powrotem

zurückfahren V/I ‹po›jechać z powrotem

zurückfliegen V/I ‹po›lecieć z powrotem

zurückgeben oddawać ‹-dać› z powrotem

zurückgehen iść ‹pójść› z powrotem, wracać ‹wrócić›

zurückhalten powstrzymywać ‹-mać› (**sich** się)

zurückholen przynosić ‹-nieść› z powrotem

zurückkehren wracać ‹wrócić›

zurückkommen wracać ‹wrócić›

zurücklassen (po)zostawiać ‹-ić›

zurücklegen odkładać ‹odłożyć› na bok

zurücknehmen odbierać ‹odebrać› (z powrotem)

zurückrufen oddzwaniać ‹-wonić›

zurückschicken odsyłać ‹odesłać› z powrotem

zurückstellen *Uhr* cofać ‹cofnąć›; *Plan* odraczać ‹-roczyć⟩ **zurückstoßen** odpychać ⟨odepchnąć⟩ **zurücktreten** odstępować ⟨-tąpić⟩ **zurückverlangen** ⟨za⟩żądać zwrotu

zurückweichen cofać ⟨-fnąć⟩ się **zurückweisen** odrzucać ⟨-cić⟩ **zurückzahlen** spłacać ⟨-cić⟩ **zurückziehen** odsuwać ⟨-nąć⟩; *fig* wycofywać ⟨-fać⟩ (**sich** się)

Zusage F zgoda *f*; (*Versprechen*) obietnica *f* **zusagen** przyrzekać ⟨-rzec⟩

zusammen razem (**mit** *dat* z *inst*) **Zusammenarbeit** F współpraca *f* **zusammenbinden** związywać ⟨-zać⟩ **zusammenbrechen** V/I załamywać ⟨-mać⟩ się **Zusammenbruch** M załamanie *n* (się) **zusammendrücken** ściskać ⟨-snąć⟩ **zusammenfalten** składać ⟨złożyć⟩

zusammenfassen ⟨z⟩reasumować **Zusammenfassung** F streszczenie *n*

zusammenfügen ⟨po⟩łączyć (w całość); spajać ⟨-poić⟩ **zusammengehören** tworzyć całość

zusammengesetzt złożony

zusammenhalten trzymać się razem

Zusammenhang M związek *m* **zusammenhängend** spójny **zusammenhangslos** bezładny

zusammenheften spinać ⟨-iąć⟩ **zusammenkleben** V/T sklejać ⟨-eić⟩

Zusammenkunft F spotkanie *n* **Zusammenleben** N współżycie *n*

zusammennähen zszywać ⟨-yć⟩ **zusammennehmen**: **sich ~** opanowywać ⟨-ować⟩ się **zusammenpacken** ⟨s⟩pakować **zusammenrechnen** zliczać ⟨-czyć⟩ **zusammenrücken** przysuwać ⟨-unąć⟩ (się) do siebie **zusammenrufen** zwoływać ⟨-łać⟩

zusammensetzen zestawiać ⟨-ić⟩; **sich ~** składać się (**aus** *dat* z *gen*) **Zusammensetzung** F skład *m*

zusammenstellen zestawiać ⟨-ić⟩; *Liste* układać ⟨ułożyć⟩

Zusammenstellung F zestawienie *n*

Zusammenstoß M zderzenie *n* **zusammenstoßen** V/I zderzać ⟨-rzyć⟩ się

zusammenstürzen ⟨za⟩walić się

zusammentreffen spotykać ⟨-tkać⟩ się **Zusammentreffen** N spotkanie *n*

zusammenwachsen zrastać ⟨-rosnąć⟩ się **zusammenzählen** zliczać ⟨-czyć⟩, dodawać ⟨-dać⟩ **zusammenziehen** ściągać ⟨-gnąć⟩, *Schlinge* zaciskać ⟨-snąć⟩; **sich ~** nadciągać ⟨-gnąć⟩

Zusatz M dodatek *m*; do-

mieszka *f* **zusätzlich** dodatkowy (-wo)
zuschauen przyglądać się
Zuschauer(in) M(F) widz *m*
Zuschauertribüne F trybuna *f*
zuschicken przysyłać ‹-słać›
Zuschlag M *Geld* dopłata *f* **zuschlagspflichtig** z dopłatą
zuschließen zamykać ‹-mknąć› na klucz **zuschnüren** ‹za›sznurować
Zuschrift F pismo *n*, list *m*
Zuschuss M dotacja *f*
zuschütten zasypywać ‹-pać›
zusehen → zuschauen
zusichern zapewniać ‹-ić›
Zusicherung F zapewnienie *n*
zuspitzen zaostrzać ‹-rzyć› (**sich** się)
Zustand M stan *m*; **Zustände** *pl* warunki *mpl*
zustande: ~ **bringen** doprowadzić do skutku; ~ **kommen** dochodzić ‹dojść› do skutku
zuständig właściwy, odpowiedzialny (**für** *akk* za *akk*) **Zuständigkeit** F kompetencja *f*
zustehen przysługiwać
Zustellbett N łóżko *n*/łóżeczko *n* dostawne
zustellen *Post* doręczać ‹-czyć› **Zustellgebühr** F opłata *f* za doręczenie **Zustellung** F doręczenie *n*
zustimmen przytakiwać ‹-knąć›; zgadzać ‹zgodzić› się (*dat* z *inst*) **Zustimmung** F zgoda *f*
zustopfen zatykać ‹-tkać›
zustoßen V/I przytrafiać ‹-ić› się
Zutaten FPL GASTR składniki *mpl*
zuteilen przydzielać ‹-lić›
zutragen: **sich** ~ zdarzać ‹-rzyć› się
zutrauen spodziewać się (**j-m** *ukk* po kimś *gen*) **Zutrauen** N zaufanie *n*
zutreffen okazywać ‹-zać› się słusznym; odnosić ‹-nieść› się (**auf** *akk* do *gen*) **zutreffend** trafny
Zutritt M wstęp *m*
zuverlässig pewny, godny zaufania
Zuversicht F ufność *f* **zuversichtlich** ufny, optymistyczny
zuvor przedtem **zuvorkommen** uprzedzać ‹-dzić› (*dat akk*) **zuvorkommend** uprzejmy (-mie)
zuweisen wyznaczać ‹-czyć›
zuwider PRÄP wbrew, przeciw
zuzahlen dopłacać ‹-cić› **zuziehen** zaciągać ‹-gnąć›; **sich** ~ nabawiać ‹-ić› się (*akk gen*)
zuzüglich z doliczeniem
Zwang M przymus *m* **zwanglos** niewymuszony (-szenie)
Zwangslage F rozpaczliwa sytuacja *f* **Zwangsräumung** F eksmisja *f* **Zwangsvollstreckung** F JUR egzekucja *f* (sądowa) **zwangsweise** ADV

przymusowo
zwanzig dwadzieścia **Zwanziger** M dwudziestka *f* **zwanzigste(r)** dwudziesty
zwar wprawdzie; **und ~** a mianowicie
Zweck M cel *m* **zwecklos** bezcelowy (-wo) **zweckmäßig** stosowny, celowy
zwecks celem, w celu
zwei dwa; **um ~ Uhr** o drugiej godzinie **Zwei** F dwójka *f* **Zweibettzimmer** N pokój *m* dwuosobowy **zweideutig** dwuznaczny **zweifach** dwukrotny
Zweifel M wątpliwość *f* **zweifelhaft** wątpliwy (-wie) **zweifellos** niewątpliwy (-wie) **zweifeln** wątpić (**an** *dat* w *akk*) **Zweifelsfall** M: **im ~** w razie wątpliwości
Zweig M gałąź *f* **Zweigstelle** F filia *f*
zweihundert dwieście **zweihundertste(r)** dwusetny
Zweikampf M pojedynek *m*
zweimal dwa razy **zweimonatig** dwumiesięczny **zweiseitig** dwustronny **zweisprachig** dwujęzyczny **zweispurig** dwutorowy **zweistöckig** dwupiętrowy
zweit: **zu ~** we dwójkę **zweite(r)** drugi **zweiteilig** dwuczęściowy **zweitens** po drugie **zweitgrößte(r)** drugi pod względem wielkości
Zweitschlüssel M zapasowy klucz *m*
Zwerchfell N przepona *f*
Zwerg(in) M(F) karzeł *m*, karlica *f*
zwicken szczypać ⟨uszczypnąć⟩
Zwieback M suchar *m*, sucharek *m*
Zwiebel F cebula *f*
Zwilling M bliźniak *m*
zwingen zmuszać ⟨-sić⟩ (**zu** *dat* do *gen*)
zwinkern mrugać ⟨-gnąć⟩
Zwirn M nić *f*
zwischen PRÄP (*dat, akk*) między (*inst, akk*) **zwischendurch** od czasu do czasu
Zwischenfall M zajście *n*
Zwischenlandung F międzylądowanie *n* **Zwischenraum** M odstęp *m*; przerwa *f*
Zwischenstopp M postój *m*
Zwischenzeit F: **in der ~** tymczasem, w tym czasie
zwitschern szczebiotać
zwölf dwanaście **Zwölf** F dwunastka *f* **zwölfte(r)** dwunasty
Zylinder M cylinder *m* **zylinderförmig** cylindryczny **Zylinderkopfdichtung** F uszczelka *f* głowicy
zynisch cyniczny
Zypern N Cypr *m*

Anhang

Zahlen | Liczebniki

Grundzahlen | Liczebniki główne

1 *ein(s)* jeden *m*, jedna *f*, jedno *n*
2 *zwei* dwa *m u. n*, dwie *f*, dwaj *m od.* dwóch (*männl. Pers.*)
3 *drei* trzy *m, f, n*, trzej *m od.* trzech (*männl. Pers.*)
4 *vier* cztery, czterej *m od.* czterech (*männl. Pers.*)
5 *fünf* pięć, pięciu (*männl. Pers.*)
6 *sechs* sześć
7 *sieben* siedem
8 *acht* osiem
9 *neun* dziewięć
10 *zehn* dziesięć
11 *elf* jedenaście
12 *zwölf* dwanaście
13 *dreizehn* trzynaście
14 *vierzehn* czternaście
15 *fünfzehn* piętnaście
16 *sechzehn* szesnaście
17 *siebzehn* siedemnaście
18 *achtzehn* osiemnaście
19 *neunzehn* dziewiętnaście
20 *zwanzig* dwadzieścia
21 *einundzwanzig* dwadzieścia jeden
30 *dreißig* trzydzieści
40 *vierzig* czterdzieści
50 *fünfzig* pięćdziesiąt
60 *sechzig* sześćdziesiąt
70 *siebzig* siedemdziesiąt
80 *achtzig* osiemdziesiąt
90 *neunzig* dziewięćdziesiąt
100 (*ein*)*hundert* sto
101 (*ein*)*hunderteins* sto jeden
200 *zweihundert* dwieście
300 *dreihundert* trzysta
400 *vierhundert* czterysta
500 *fünfhundert* pięćset
600 *sechshundert* sześćset
700 *siebenhundert* siedemset
800 *achthundert* osiemset
900 *neunhundert* dziewięćset
1000 (*ein*)*tausend* tysiąc *m*
2000 *zweitausend* dwa tysiące
3000 *dreitausend* trzy tysiące
5000 *fünftausend* pięć tysięcy
100 000 *hunderttausend* sto tysięcy
1 000 000 *eine Million* milion *m*

Ordnungszahlen | Liczebniki porządkowe

1. *erste* pierwszy *m*, pierwsza *f*, pierwsze *n*
2. *zweite* drugi *m*, druga *f*, drugie *n*
3. *dritte* trzeci
4. *vierte* czwarty
5. *fünfte* piąty
6. *sechste* szósty
7. *sieb(en)te* siódmy
8. *achte* ósmy
9. *neunte* dziewiąty
10. *zehnte* dziesiąty
11. *elfte* jedenasty
12. *zwölfte* dwunasty
13. *dreizehnte* trzynasty
14. *vierzehnte* czternasty
15. *fünfzehnte* piętnasty
16. *sechzehnte* szesnasty
17. *siebzehnte* siedemnasty
18. *achtzehnte* osiemnasty
19. *neunzehnte* dziewiętnasty
20. *zwanzigste* dwudziesty
21. *einundzwanzigste* dwudziesty pierwszy

30. *dreißigste* trzydziesty
40. *vierzigste* czterdziesty
50. *fünfzigste* pięćdziesiąty
60. *sechzigste* sześćdziesiąty
70. *siebzigste* siedemdziesiąty
80. *achtzigste* osiemdziesiąty
90. *neunzigste* dziewięćdziesiąty
100. *hundertste* setny
101. *hunderterste* sto pierwszy
200. *zweihundertste* dwusetny
300. *dreihundertste* trzechsetny
400. *vierhundertste* czterechsetny
500. *fünfhundertste* pięćsetny
600. *sechshundertste* sześćsetny
700. *siebenhundertste* siedemsetny
800. *achthundertste* osiemsetny
900. *neunhundertste* dziewięćsetny
1000. *tausendste* tysięczny
2000. *zweitausendste* dwutysięczny
3000. *dreitausendste* trzytysięczny
5000. *fünftausendste* pięciotysięczny
100 000. *hunderttausendste* stutysięczny
1 000 000. *millionste* milionowy

Bruchzahlen | Liczebniki ułamkowe

$1/2$ *ein halb* pół
$1\,1/2$ *anderthalb* półtora
$1/3$ *ein Drittel* jedna trzecia
$2/3$ *zwei Drittel* dwie trzecie
$1/4$ *ein Viertel* cwierć, jedna czwarta
$3/4$ *drei Viertel* trzy czwarte
$1/5$ *ein Fünftel* jedna piąta
$5/8$ *fünf Achtel* pięć ósmych

Rechenarten | Działania matematyczne

$4 + 3 = 7$ *vier und drei ist sieben*
cztery plus trzy równa się siedem
$2 \times 2 = 4$ *zweimal zwei ist vier*
dwa razy dwa równa się cztery
$10 - 4 = 6$ *zehn weniger vier ist sechs*
dziesięć minus cztery równa się sześć
$20 : 5 = 4$ *zwanzig geteilt durch fünf ist vier*
dwadzieścia podzielić przez pięć równa się cztery

einmal raz
zweimal dwa razy

Sprachführer | Rozmówki turystyczne

Das Allerwichtigste

Guten Morgen!	**Dzień dobry!**
Guten Tag!	**Dzień dobry!**
Guten Abend!	**Dobry wieczór!**
Auf Wiedersehen!	**Do widzenia!**
…, bitte!	**Proszę …**
Danke!	**Dziękuję!**
Nichts zu danken!	**Nie ma za co!**
Ja.	**Tak.**
Nein.	**Nie.**
Entschuldigung!	**Przepraszam!**
In Ordnung.	**W porządku!**
Hilfe!	**Na pomoc!**
Rufen Sie schnell einen Arzt!	**Proszę szybko wezwać lekarza!**
Rufen Sie schnell einen Krankenwagen!	**Proszę szybko wezwać karetkę pogotowia!**
Wo ist die Toilette?	**Gdzie są toalety?**
Wann …?	**Kiedy …?**
Was …?	**Co …?**
Wo ist …?	**Gdzie jest …?**
Wo gibt es …?	**Gdzie jest / są …?**

Hier.	**Tutaj. / Tu.**
Dort.	**Tam.**
Rechts.	**Na prawo.**
Links.	**Na lewo.**
Geradeaus.	**Prosto.**
Heute.	**Dzisiaj.**
Morgen.	**Jutro.**
Haben Sie ...?	**Czy ma pan** (*m*) **/ pani** (*f*) **...?**
Ich möchte ...	**Chciałbym** (*m*) **/ Chciałabym** (*f*) **/ Chcę / Proszę ...**
Was kostet das?	**Ile to kosztuje?**
Ich will nicht.	**Nie chcę.**
Ich kann nicht.	**Nie mogę.**
Einen Moment bitte.	**Chwileczkę!**
Lassen Sie mich in Ruhe!	**Proszę zostawić mnie w spokoju!**

Verständigung

Haben Sie verstanden?	**Czy pan / pani zrozumiał** (*m*) **/ zrozumiała** (*f*)**?**
Hast du verstanden?	**Zrozumiałeś** (*m*) **/ Zrozumiałaś** (*f*)**?**
Ich habe verstanden.	**Zrozumiałem** (*m*) **/ Zrozumiałam** (*f*)**.**
Ich verstehe.	**Rozumiem.**
Ich habe das nicht verstanden.	**Nie zrozumiałem** (*m*) **/ zrozumiałam** (*f*)**.**
Sagen Sie es bitte noch einmal.	**Proszę powtórzyć.**

Bitte sprechen Sie etwas langsamer.	**Proszę mówić trochę wolniej.**
Bitte schreiben Sie mir das auf!	**Proszę to napisać!**

Small Talk

Wie heißen Sie?	**Jak się pan** (*m*) **/ pani** (*f*) **nazywa?**
Wie heißt du?	**Jak się nazywasz?**
Ich heiße …	**Nazywam się … / Mam na imię …**
Woher kommen Sie?	**Skąd pan / pani jest?**
Ich komme aus …	**Jestem z …**
Deutschland.	**Niemiec.**
Österreich.	**Austrii.**
der Schweiz.	**ze Szwajcarii.**
Wie alt sind Sie?	**Ile ma pan** (*m*) **/ pani** (*f*) **lat?**
Wie alt bist du?	**Ile masz lat?**
Ich bin … Jahre alt.	**Mam … lat.**
Was machen Sie beruflich?	**Kim pan** (*m*) **/ pani** (*f*) **jest z zawodu?**
Was machst du beruflich?	**Kim jesteś z zawodu?**
Ich bin … (Ich arbeite als …)	**Jestem … (Pracuję jako …)**
Sind Sie / bist du zum ersten Mal hier?	**Czy jest pan** (*m*) **/ pani** (*f*) **w Polsce po raz pierwszy? / Czy jesteś w Polsce po raz pierwszy?**
Nein, ich war schon zweimal / mehrmals in Polen.	**Nie, byłem** (*m*) **/ byłam** (*f*) **już dwa razy / parę razy w Polsce.**
Wie lange sind Sie schon hier?	**Jak długo już pan** (*m*) **/ pani** (*f*) **tutaj jest?**

Wie lange bist du schon hier?	**Jak długo już tutaj jesteś?**
Seit … Tagen / Wochen.	**Od … dni / tygodni.**
Wie lange sind Sie noch hier?	**Jak długo pan** (*m*) **/ pani** (*f*) **jeszcze tutaj będzie?**
Wie lange bist du noch hier?	**Jak długo jeszcze tutaj będziesz?**
Noch eine Woche / zwei Wochen.	**Jeszcze tydzień / dwa tygodnie.**
Wie gefällt es Ihnen hier?	**Jak się tu panu** (*m*) **/ pani** (*f*) **podoba?**
Wie gefällt es dir hier?	**Jak ci się tu podoba?**
Es gefällt mir (sehr) gut.	**Podoba mi się (bardzo)!**

Unterwegs …

Entschuldigung, wo ist … ?	**Przepraszam, gdzie jest …?**
Wie komme ich nach / zu … ?	**Jak dojść do …?**
Wie komme ich zur Autobahn?	**Jak dojechać do autostrady?**
Wie komme ich am schnellsten / am billigsten zum …	**Jak dojechać najszybciej / najtaniej …**
Bahnhof?	**na dworzec?**
Busbahnhof?	**na dworzec autobusowy?**
Flughafen?	**na lotnisko?**
Hafen?	**do portu?**
in die Innenstadt?	**do centrum?**
Przykro mi, ale nie wiem.	Tut mir leid, das weiß ich nicht.

Musi pan (*m*) **/ pani** (*f*) **zawrócić.**	Sie müssen zurück.
Prosto.	Geradeaus.
W prawo.	Nach rechts.
W lewo.	Nach links.
Najlepiej taksówką.	Am besten mit dem Taxi.

… und über Nacht

Für mich ist bei Ihnen ein Zimmer reserviert.	**Zarezerwowałem** (*m*) **/ Zarezerwowałam** (*f*) **u pana** (*m*) **/ pani** (*f*) **pokój.**
Mein Name ist …	**Nazywam się …**
Hier ist meine Bestätigung.	**Tu jest moje potwierdzenie.**
Poproszę voucher / talon.	Dürfte ich bitte Ihren Voucher / Gutschein haben?
Haben Sie ein Doppelzimmer / Einzelzimmer frei …	**Czy ma pan** (*m*) **/ pani** (*f*) **wolny pokój dwuosobowy / jednoosobowy …**
für eine Nacht / für … Nächte?	**na jedną noc / … noce / nocy?**
mit Bad/Dusche und WC?	**z łazienką / z prysznicem i toaletą?**
mit Blick aufs Meer?	**z widokiem na morze?**
Niestety nie mamy wolnych pokoi.	Wir sind leider ausgebucht.
Jutro będziemy mieć wolny pokój.	Morgen wird ein Zimmer frei.

Wie viel kostet es …	**Ile kosztuje …**
mit / ohne Frühstück?	**ze śniadaniem / bez śniadania?**
mit Halbpension / Vollpension?	**ze śniadaniem i obiadokolacją / z pełnym wyżywieniem?**
Die Rechnung bitte.	**Proszę o rachunek!**

Shopping

Wo bekomme ich …?	**Gdzie dostanę …?**
Czym mogę służyć?	Was möchten Sie?
Czy mogę panu (*m*) **/ pani** (*f*) **pomóc?**	Kann ich Ihnen helfen?
Danke, ich sehe mich nur um.	**Dziękuję bardzo, tylko oglądam.**
Ich werde schon bedient.	**Jestem już obsługiwany** (*m*) **/ obsługiwana** (*f*).
Haben Sie …?	**Czy ma pan** (*m*) **/ pani** (*f*) **…?**
Ich hätte gerne eine Flasche Wasser.	**Proszę butelkę wody.**
Niestety nie mamy już …	Es tut mir leid, wir haben keine … mehr.
Was kostet / kosten …?	**Ile kosztuje / kosztują …?**
Das gefällt mir (sehr). Ich nehme es.	**To mi się (bardzo) podoba! Wezmę to.**
Czy życzy sobie pan (*m*) **/ pani** (*f*) **coś jeszcze?**	Darf es sonst noch etwas sein?
Danke, das ist alles.	**Dziękuję, to wszystko.**
Kann ich mit dieser Kreditkarte bezahlen?	**Czy mogę zapłacić tą kartą kredytową?**

Im Restaurant

Die Karte / Getränkekarte bitte.	**Proszę kartę (dań) / kartę napojów.**
Ich möchte nur eine Kleinigkeit essen.	**Chciałbym** *(m)* **/ Chciałabym** *(f)* **tylko coś przekąsić.**
Co podać do picia / jedzenia?	Was möchten Sie trinken / essen?
Ich möchte …	**Poproszę …**
einen halben Liter / einen Liter Wasser.	**pół litra / litr wody.**
ein Glas Rotwein.	**kieliszek czerwonego wina.**
ein großes / kleines Bier.	**duże / małe piwo.**
Haben Sie vegetarische Gerichte?	**Czy mają państwo ma dania jarskie?**
Co podać jako przystawkę / na deser?	Was möchten Sie als Vorspeise / als Nachtisch?
Danke, ich nehme keine Vorspeise / keinen Nachtisch.	**Dziękuję, nie chcę przystawki / deseru.**
Smakowało panu *(m)* **/ pani** *(f)***?**	Hat es Ihnen geschmeckt?
Danke, das Essen war sehr gut.	**Dziękuję, jedzenie było bardzo dobre.**
Ich möchte zahlen.	**Poproszę o rachunek.**

Jadłospis | Speisekarte

Zupy | Suppen

barszcz czerwony	Rote-Bete-Suppe
chłodnik	Rote-Bete-Kaltschale
flaczki, flaki	Kuttelflecke
grochówka	Erbsensuppe
kapuśniak	Sauerkrautsuppe
krupnik	Graupensuppe
krupnik z ryżu	Reissuppe
rosół	(Fleisch)Brühe
– z makaronem	– mit Nudeleinlage
rosół z kury	Hühnerbrühe
zupa fasolowa	Bohnensuppe
zupa jarzynowa	Gemüsesuppe
zupa pomidorowa	Tomatensuppe
zupa szczawiowa	Sauerampfersuppe
żurek	saure Mehlsuppe

Przystawki | Vorspeisen

befsztyk tatarski	Tatar(beefsteak)
galaretka	Sülze
kiełbasa	Wurst
pasztet	Pastete
półmisek szwedzki	Schwedenplatte
rolmops	Rollmops

ryba w galarecie	Fisch in Aspik
sałatka śledziowa	Heringssalat
sałatka włoska	italienischer Salat
sałatka z drobiu	Geflügelsalat
sardynki w oliwie	Ölsardinen
śledź w majonezie	Hering in Mayonnaise
śledź w oliwie	Hering in Öl
wędliny	Aufschnitt

Warzywa, dodatki | Gemüse, Beilagen

brukselka	Rosenkohl
buraczki	Rote Bete
cebulka smażona	Röstzwiebeln
chrzan	Meerrettich
ćwikła	Rote-Bete-Salat
fasola	Bohnen
fasolka zielona	grüne Bohnen
frytki	Pommes frites
groch	Erbsen
groszek zielony	Palerbsen
grzyby	Pilze
kalafior	Blumenkohl
kapusta	(Weiß)Kohl, Kraut
kapusta czerwona	Rotkohl
kapusta kiszona	Sauerkraut
kurki	Pfifferlinge
marchewka	Möhren, Karotten
mizeria	Gurkensalat

ogórki	Gurken
ogórek konserwowy	Delikatessgurke
papryka	Paprika(schote)
pieczarki	Champignons
pomidory	Tomaten
por	Porree
rzodkiewka	Radieschen
sałatka z pomidorów	Tomatensalat
sałata zielona	grüner Salat
sałatka z selera	Selleriesalat
szczypiorek	Schnittlauch
szparagi	Spargel
szpinak	Spinat
ziemniaki	Kartoffeln
purée ziemniaczane	Kartoffelpüree
ziemniaki z wody	Salzkartoffeln

Potrawy z ryżem, kaszą, makaronem i warzywami | Gerichte mit Reis, Grütze, Nudeln und Gemüse

bigos	Sauerkraut mit Fleisch, gedünstet
gołąbki	Kohlrouladen
kasza gryczana	Buchweizengrütze
kluski	Mehlklößchen, Nudeln
knedle	Knödel
makaron zapiekany	Makkaroniauflauf
naleśniki	Pfannkuchen

– z twarogiem	– mit Quark
– z dżemem	– mit Marmelade
pierogi, pierożki	gefüllte Teigtaschen
– z kapustą	– mit Krautfüllung
– z mięsem	– mit Fleischfüllung
– z serem	– mit Quarkfüllung
ryż na mleku	Milchreis
ryż zapiekany	Reisauflauf
uszka z mięsem	Fleischpastetchen

Ryby, skorupiaki | Fische, Schalentiere

dorsz	Dorsch, Kabeljau
gładzica	Scholle
karmazyn	Rotbarsch
karp	Karpfen
krewetki	Garnelen, Krabben
lin	Schleie
łosoś	Lachs
– wędzony	– geräuchert
małże	Muscheln
okoń	Barsch
pstrąg	Forelle
sandacz	Zander
szczupak	Hecht
śledź	Hering
tuńczyk	Thunfisch
węgorz	Aal

Dziczyzna i drób | Wild und Geflügel

comber jeleni	Hirschziemer
gęś pieczona	Gänsebraten
indyk	Truthahn
indyk pieczony	Putenbraten
kaczka pieczona	Entenbraten
królik	Kaninchen
kura pieczona	Brathuhn
kura duszona w jarzynach	Huhn mit Gemüse gedünstet
kurczę pieczone	Backhähnchen
pieczeń z dzika	Wildschweinbraten
pieczeń z sarny	Rehbraten
pieczeń zajęcza	Hasenbraten
podroby gęsie	Gänseklein
potrawka z kury	Hühnerfrikassee
zając	Hase

Potrawy mięsne | Fleischgerichte

antrykot	Entrecote
baranina	Hammelfleisch
– comber barani	Hammelrücken
– udziec barani	Hammelkeule
befsztyk	Beefsteak
cielęcina	Kalbfleisch
– cielęcina w potrawce	Kalbsfrikassee
cynaderki wieprzowe	Schweinenieren
golonka	Eisbein

gulasz	Gulasch
kiełbasa smażona	Bratwurst
klops	Klops, Fleischkloß
kotlet	Kotelett
– kotlet mielony	Frikadelle
– kotlet schabowy	Schweinekotelett
medalion cielęcy	Kalbsmedaillon
medalion wieprzowy	Schweinemedaillon
nerki cielęce	Kalbsnieren
ozór peklowany	Pökelzunge
paprykarz	Paprikagulasch
pieczeń barania	Hammelbraten
pieczeń na dziko	Sauerbraten
pieczeń wołowa	Rinderbraten
polędwica	Filet, Lende
potrawka	Ragout
rozbratel	Rostbraten
rolada	Roulade
rumsztyk	Rumpsteak
schab peklowany	Rippenspeer
schab pieczony	Schweinekarree
stek	Steak
szaszłyk	Schaschlik
sznycel cielęcy	Kalbsschnitzel
sznycel po wiedeńsku	Wiener Schnitzel
sztufada wołowa	Rinderschmorbraten
sztuka mięsa	gekochtes Rindfleisch
szynka pieczona w cieście	Schinken in Brotteig
wątróbka	Leber
wieprzowina	Schweinefleisch

wołowina	Rindfleisch
zrazy, zraziki	gedünstete Lendenschnitte
zrazy siekane	Hackfleischsteaks
żeberka	Rippchen

Sery, owoce, desery | Käse, Obst, Nachtisch

bryndza	Schafskäse
brzoskwinie	Pfirsiche
ciasto z owocami	Obstkuchen
czarne jagody	Blaubeeren
czereśnie	Süßkirschen
galaretka owocowa	Obstgelee
gruszka	Birne
jabłko	Apfel
kompot	Fruchtsaftgetränk
krem	Creme
lody	Eis
maliny	Himbeeren
morele	Aprikosen
orzechy	Nüsse
owoce	Obst, Früchte
piernik	Lebkuchen
pomarańcza	Apfelsine
porzeczki	Johannisbeeren
sałatka owocowa	Obstsalat

ser (tylżycki)	(Tilsiter) Käse
– pleśniowy	Edelpilzkäse
– szwajcarski	Schweizer Käse
– wędzony	Räucherkäse
serek kremowy	Frischrahmkäse
serek ziołowy	Kräuterkäse
sernik	Käsekuchen
szarlotka	Apfelkuchen
śliwki	Pflaumen
tort	Torte
truskawki	Erdbeeren
twaróg	Quark, Topfen
winogrona	Weintrauben
wiśnie	Sauerkirschen

Abkürzungen und Symbole | Skróty i symbole

a.	auch	także
ADJ, *adj*	Adjektiv	przymiotnik
ADV, *adv*	Adverb	przysłówek
AGR	Landwirtschaft	rolnictwo
akk	Akkusativ	biernik
ANAT	Anatomie	anatomia
ARCH	Architektur	architektura
ASTRON	Astronomie	astronomia
AUTO	Auto, Verkehr	motoryzacja
BAHN	Eisenbahn	kolejnictwo
BERGB	Bergbau	górnictwo
bes	besonders	szczególnie
BIOL	Biologie	biologia
BOT	Botanik	botanika
CHEM	Chemie	chemia
dat	Dativ	celownik
e-e	eine	(rodzajnik nieokreślony)
ELEK	Elektrotechnik, Elektronik	elektrotechnika
e-m	einem	(rodzajnik nieokreślony)
e-n	einen	(rodzajnik nieokreślony)
e-r	einer	(rodzajnik nieokreślony)
e-s	eines	(rodzajnik nieokreślony)
etw	etwas	coś
F, *f*	Femininum	rodzaj żeński
fig	figurativ, übertragen	w przenośni

FIN	Finanzen	finanse
FLUG	Luftfahrt	lotnictwo
FOTO	Fotografie	fotografia
FPL, *fpl*	Femininum Plural	liczba mnoga rodzaju żeńskiego
GASTR	Kochkunst, Gastronomie	gastronomia
gen	Genitiv	dopełniacz
GEOG	Geografie	geografia
GRAM	Grammatik	gramatyka
HANDEL	Handel	handel
hist	historisch	historyczny
HIST	Geschichte	historia
IMPF, *impf*	imperfektives Verb	czasownik niedokonany
instr	Instrumental	narzędnik
IT	Informationstechnologie	informatyka, komputery
j-m, j-m	jemandem	komu
j-n, j-n	jemanden	kogo
j-s	jemandes	kogoś, czyjś
JUR	Jura, Rechtswesen	prawo
k-o	kogo	jemanden, jemandes
KOLL	Kollektivwort	wyraz zbiorowy
KONJ, *konj*	Konjunktion	spójnik
k-u	komu	jemandem
lok	Lokativ	miejscownik
M, *m*	Maskulinum	rodzaj męski
MAL	Malerei	malarstwo
MATH	Mathematik	matematyka
MED	Medizin	medycyna
M/F, *m/f*	Maskulinum und Femininum	rodzaj męski i żeński

M(F), *m(f)*	Maskulinum mit zusätzlicher Femininendung in Klammern	rodzaj męski z końcówką rodzaju żeńskiego w nawiasie
M/F(M), *m/f(m)*	Maskulinum und Femininum mit zusätzlicher Maskulinendung in Klammern	rodzaj męski i żeński z końcówką męskiego w nawiasie
MIL	Militär	wojskowość
MPL, *mpl*	Maskulinum Plural	liczba mnoga rodzaju męskiego
mst	meistens	najczęściej
MUS	Musik	muzyka
N, *n*	Neutrum	rodzaj nijaki
neg!	wird oft als beleidigend empfunden	uważane za obraźliwe
nom	Nominativ	mianownik
NPL, *npl*	Neutrum Plural	liczba mnoga rodzaju nijakiego
od	oder	lub
PARTIKEL	Partikel	partykuła
pers	Person	osoba
PF, *pf*	perfektives Verb	czasownik dokonany
PHYS	Physik	fizyka
PL, *pl*	Plural	liczba mnoga
POL	Politik	polityka
pop	populär, derb	wyraz pospolity, rubaszny
PRÄP, *präp*	Präposition	przyimek
PRON, *pron*	Pronomen	zaimek